Soziologie der Migration

Sozialwissenschaftliche Einführungen

Herausgegeben von
Rainer Schützeichel

Band 2

Soziologie der Migration

Eine systematische Einführung

Herausgegeben von
Thomas Faist

Unter Mitwirkung von
Başak Bilecen, Kerstin Schmidt und Christian Ulbricht

DE GRUYTER
OLDENBOURG

ISBN 978-3-11-068062-1
e-ISBN (PDF) 978-3-11-068063-8
e-ISBN (EPUB) 978-3-11-068080-5
ISSN 2570-0529

Library of Congress Control Number: 2020944585

Bibliografische Information der Deutschen Nationalbibliothek
Die Deutsche Nationalbibliothek verzeichnet diese Publikation in der Deutschen
Nationalbibliografie; detaillierte bibliografische Daten sind im Internet über
http://dnb.dnb.de abrufbar.

© 2020 Walter de Gruyter GmbH, Berlin/Boston
Satz: le-tex publishing services GmbH, Leipzig
Druck und Bindung: CPI books GmbH, Leck

www.degruyter.com

Danksagung

Dieses Lehrbuch geht auf vielfältige Erfahrungen in Lehre und Forschung im Feld der Migrationssoziologie an der Fakultät für Soziologie der Universität Bielefeld zurück. Die systematische konzeptuelle und methodische Perspektive aus der Transnationalisierungs- und Ungleichheitsforschung spiegelt den Zugriff wider, den wir am *Center on Migration, Citizenship and Development* (COMCAD) in den letzten 16 Jahren entwickelten.

Das Buch und seine Texte entstanden in mancherlei Diskussionen, an denen alle Autor*innen und die herausgeberisch Mitwirkenden aktiv beteiligt waren. Ihnen allen sei für ihre kontinuierliche Mitarbeit gedankt.

Ein Werk lebt immer von der herausgeberischen Begleitung. In unserem Falle konnten wir uns als Herausgeber und Autor*innen glücklich schätzen, dass Herr Prof. Dr. Rainer Schützeichel die Entstehung des Manuskripts stets unterstützend begleitet hat.

Ein herzlicher Dank gebührt Frau Astrid Dinter, die unermüdlich die Formatierungen und die Rechtschreibung des Manuskripts geprüft hat. Besonderer Dank geht auch an Frau Anica Waldendorf für ihre detaillierte und umsichtige Durchsicht des Gesamtmanuskripts.

Zuletzt sei der kompetenten Begleitung durch die Mitarbeiter*innen im Verlag De Gruyter Oldenbourg gedankt. Herr Dr. Stefan Giesen und Frau Lucy Jarman waren durchweg ansprechbar und verschafften uns Orientierung.

Auf Rückmeldungen zu diesem Lehrbuch durch Studierende und Lehrende sind wir gespannt. Sie werden uns helfen, dieses Werk kontinuierlich weiterzuentwickeln.

Bielefeld, im Mai 2020   Thomas Faist

https://doi.org/10.1515/9783110680638-201

Inhalt

Teil I: **Einleitung**

Thomas Faist

1 Annäherungen an eine Soziologie der Migration

Wie ist soziale Ordnung möglich? Warum gibt es diese und keine andere soziale Ordnung? Was wären Alternativen? Es ist ertragreich, derart grundsätzliche Fragen auch an eine Soziologie der Migration zu stellen: In welcher sozialen Ordnung vollzieht sich transnationale bzw. grenzüberschreitende Migration? Dazu gehören in der Migrationssoziologie Fragen wie: Welche Wanderungen werden überhaupt als Migration kategorisiert (Kapitel 3 und 4)? Was verursacht Migration (Kapitel 5)? Wie prägen soziale Ungleichheiten im Hinblick auf Einkommen, Sicherheit oder Lebensverhältnisse das Migrationsgeschehen und umgekehrt? Dabei geht es auch darum, welche Konzepte und theoretischen Perspektiven die Dynamiken von Mobilität, Immobilität und deren Folgen zu erfassen vermögen. Erst dann können Fragen beantwortet werden wie etwa: Wie werden potenzielle Migrant*innen tatsächlich für Wanderung mobilisiert (Kapitel 6)? Welche Rolle spielen grenzübergreifende bzw. transnationale soziale Bindungen für das Migrationsgeschehen (Kapitel 7)? Welche sozialen und politischen Konflikte und Anpassungen gehen mit Migration einher? Eine solche Frage betrifft zentral die Politik von Emigration und Immigration und Fragen rund um Mitgliedschaft in politischen Gemeinschaften (Kapitel 8), Diskussionen um Assimilation (Kapitel 9), Integration (Kapitel 15) und die Lebensverhältnisse von Migrant*innen (Kapitel 14). Dabei gilt es den Blick selbstverständlich auch über Europa hinaus zu richten, bspw. auf Fluchtmigration in Afrika (Kapitel 16). Zudem sind in der jüngsten Migrationsgeschichte mit Flucht und Vertreibung auch Formen von Zwangsmigration (*forced migration*) in den Vordergrund getreten, die keine klare Unterscheidung zwischen freiwilliger und unfreiwilliger Migration im Kontext wirtschaftlicher Krisen und Umweltzerstörung bzw. Klimawandel zulassen (Kapitel 18).

Aus sozialwissenschaftlicher Sicht ist es dabei zentral, systematische Methoden zur Analyse all dieser Prozesse angeben zu können. Welche methodologischen Herangehensweisen passen zu einem Ansatz, der nicht einfach Nationalstaaten oder eine andere Analyseebene zum Ausgangspunkt nimmt, sondern verschiedene Ebenen berücksichtigt, wie die globalen, nationalen, lokalen bzw. querliegenden transnationalen Verflechtungen (Kapitel 10)? Was leisten qualitative und quantitative Vorgehensweisen (Kapitel 11 und 12)? Wird eine engere Verschränkung von quantitativen und qualitativen Ansätzen benötigt, d. h. Mixed Methods, um komplexe Fragen wie etwa soziale Positionen von Migrant*innen in den Herkunfts- und Zielländern bestimmen zu können (Kapitel 13)?

https://doi.org/10.1515/9783110680638-001

Migrationsforschung: Bündelung grundlegender soziologischer Fragen

Die leitende Annahme dieses Buches ist, dass die Beschäftigung mit grenzüberschreitender Migration hilft, diese allgemeinen und sehr weitreichenden Fragen im Hinblick auf soziale Ordnung zu bündeln. Da Migration ganz verschiedene Bereiche des sozialen Lebens betrifft, vermittelt dieser Band einen Einblick in eine Vielzahl von relevanten Themen, angefangen von Migrationsursachen und der Initiierung von Migration, über die Rolle von Netzwerken und Problemen der Sozialintegration von Migrant*innen und Sesshaften, bis hin zu ungleichheitsrelevanten Kategorisierungen von Merkmalen wie Religion und Ethnizität. Der Fokus auf Migration vermag exemplarisch einen Einblick darin zu geben, wie soziale Ordnung als stratifizierte und hierarchische soziale Ungleichheit begriffen werden kann. Und nicht zuletzt möchte dieses Buch zum Nachdenken darüber anregen, wie alternative Ordnungen von Migration aussehen könnten, in der etwa Zwangsmigration erheblich reduziert wäre.

Der Begriff soziale Ordnung bezieht sich hier auf die Beobachtung, dass Institutionen wie Staaten, Staatsbürgerschaft und zivilgesellschaftliche Einheiten, gepaart mit sozialen Normen wie Reziprozität und Solidarität, das Zusammenleben von Menschen in Gesellschaften regeln (Durkheim [1893] 1977; Parsons [1937] 1968: 89). Von hoher Bedeutung ist es für das menschliche Zusammenleben, ob eine soziale Ordnung als legitim angesehen wird (Weber [1922] 1972: 16–7). Beispielsweise kann eine als nicht legitim angesehene soziale Ordnung massiven Protest, Opportunismus oder auch Abwanderung durch Migration hervorrufen. Grundlage für die Legitimität sozialer und politischer Ordnungen ist immer auch die Struktur sozialer Ungleichheit (Faist 2019a), hier verstanden als die relativ dauerhafte ungleiche Verteilung von wichtigen materiellen (z. B. Einkommen) und symbolischen Ressourcen (z. B. sozialer Status) mit Folgen für die jeweiligen Lebensbedingungen. Die Frage nach der Ordnung, den regelhaft vorfindlichen Mustern sozialer Ungleichheiten und deren Folgen für das soziale Zusammenleben ist ein wichtiger Beitrag, den eine Soziologie der Migration für vielfältige Fragen leisten kann. So können soziale Ungleichheiten in Form unterschiedlicher Lebensverhältnisse zu den Ursachen und Treibern von Migration zählen. Migration selbst kann wiederum soziale Ungleichheiten etwa in der Einkommensverteilung verstärken oder abmildern, z. B. über Rücküberweisungen von Migrant*innen in ihre Herkunftsländer, von denen vor allem Familienangehörige profitieren. Auch andere Arten von Ungleichheiten sind involviert, so etwa sozialer Status in Immigrationsstaaten im Hinblick auf die Anerkennung religiöser Praktiken oder die soziale Stellung in den Emigrationsregionen, die möglicherweise über sichtbare Erfolge im Ausland und Investitionen im Herkunftsort verbessert werden kann.

Im Folgenden geht es in vier Teilen um eine systematische Entwicklung der Perspektive dieses Buches. Zuerst steht das transnationale Migrationsgeschehen im Kontext von Differenzen bzw. Heterogenitäten zwischen sozialen Einheiten wie Gruppen, Staaten und Regionen im Mittelpunkt. Unter Heterogenitäten werden hier Unterschiede zwischen Menschen und Gruppen verstanden, z. B. Alter, Geschlecht, Klasse, Religion oder Ethnizität. Zu diesem Themenbereich gehört das mit Migration einhergehende Wachstum von kultureller Vielfalt in den Zielländern: von Migration zu Heterogenitäten. Danach wird zweitens der Zusammenhang von Heterogenitäten und sozialen Ungleichheiten erläutert. Dieser Teil behandelt bspw. die Kategorisierungen von Migrant*innen in erwünscht und unerwünscht: von Heterogenitäten zu sozialen Ungleichheiten. Es geht also um Themen wie (un-)gleiche Lebensverhältnisse von Migrant*innen und relativ Immobilen. In einem dritten Teil wird erläutert, was hier unter der transnationalisierten sozialen Frage verstanden wird, d. h. ein Zustand, in dem soziale Ungleichheiten bzw. Ungerechtigkeiten rund um grenzübergreifende Migration politisiert bzw. politisch bearbeitet werden: von sozialen Ungleichheiten zur transnationalisierten sozialen Frage. Ein vierter und abschließender Teil behandelt die Ziele dieses Textbuchs und platziert die einzelnen Kapitel in dessen Gesamtstruktur.

Von Migration zu Heterogenitäten

Grenzüberschreitende bzw. transnationale Migration bezeichnet die Bewegung von Menschen aus ihrem Wohnland in andere Staaten, was zu kurzfristigen oder auch langfristigen Formen von Niederlassung, aber auch Weiterwanderung bzw. Rückkehr führen kann (Kapitel 3). Seit den 1950er-Jahren hat in westeuropäischen Gesellschaften die kulturelle Vielfalt im Hinblick auf Religionen, Sprachen, ethnische Wir-Gruppen, transnationale Bindungen und Herkunftsländer durch Migration (wieder einmal) immens zugenommen (Basch et al. 1994). Es kommt also zu einer stärkeren Pluralisierung von Heterogenitäten. Heterogenität bezeichnet zunächst einmal bloße Verschiedenheit und indiziert noch nicht *per se* soziale Ungleichheit (Diewald & Faist 2011). Der Begriff bezieht sich prinzipiell auf alles, was die Vielfalt und Unterschiedlichkeit von Individuen und Kollektiven ausmacht, z. B. Alter, Geschlecht, Ethnizität, Nationalität, Kompetenzen, Klasse, Religion, Weltanschauung, (Staats-)Bürgerschaft und Lebensstil.

Definitionen von Migration und Migrant*in
Der Begriff Migrant*in bezieht sich in diesem Buch auf Personen, die sich in anderen Ländern als dem Herkunftsland niederlassen, während die Begriffe

„Emigrant*in" und „Immigrant*in" auf den Auswanderungs- bzw. Einwanderungskontext Anwendung finden. Während es in öffentlichen und teilweise auch akademischen Diskussionen gebräuchlich ist, zwischen Arbeitsmigrant*innen und Geflüchteten zu unterscheiden, wird in diesem Buch zumeist der Oberbegriff „Migrant*in" benutzt und im jeweiligen Kontext spezifiziert. Unter Migrant*in wird hier eine Person verstanden, die länger als ein Jahr in einem anderen Land als dem Herkunftsland weilt (UN DESA 2019).

Dieser Arbeitsdefinition ist sogleich hinzuzufügen, dass es keine verbindliche Definition des Begriffs Migrant*in gibt. So stellt sich die Frage, ob bspw. internationale Studierende als Migrant*innen gelten können. Gerade solche internationale Studierende, die Abschlüsse erwerben, wohnen in der Regel mehrere Jahre im Studienland (u. a. King & Raghuram 2013). Ähnliche Überlegungen können für wiederkehrende Saisonarbeiter*innen, entsandte Arbeitnehmer*innen oder Manager*innen im Auslandseinsatz angestellt werden. In diesem Buch wird der Begriff Migrant*in auf ganz verschiedene Typen von Mobilen angewandt: niedergelassene Immigrant*innen; Personen, die erzwungen migrieren, darunter Asylbewerber*innen und Geflüchtete; Personen, die aus Ermangelung an beruflichen Perspektiven ihre Wohnorte verlassen; Menschen, die im Rahmen von Heirat oder Familienzusammenführung wandern; Personen, die vom Land in die Stadt migrieren; Personen, die aufgrund sich verschlechternder ökologischer und ökonomischer Bedingungen abwandern; oder auch Menschen, für die Transitländer nach einer gewissen Zeit keine Durchgangsstation bilden und somit eine Niederlassung erfolgt. Darüber hinaus ist zu beachten, dass Personen auch häufig die Kategorien wechseln: Beispielsweise betreten sie ein anderes Land als Tourist*in bzw. Besucher*in, verlängern aber ihren Aufenthalt, indem sie anfangen zu arbeiten oder zu studieren. Auch Migrant*innen, die innerhalb von Staaten wandern, migrieren in einem zweiten Schritt manchmal international (Van Hear et al. 2009).

Etwa 3,5 Prozent der Menschheit sind Migrant*innen, das sind ca. 272 Millionen Menschen weltweit (UN DESA 2019, Tabelle 1.1). Der Anteil von Migrant*innen an der Weltbevölkerung wuchs von 2,5 Prozent (1960) auf 3,5 Prozent (2019; Tabelle 1.2). Nicht vergessen werden sollte, dass in diesem Zeitraum von fast 60 Jahren die Weltbevölkerung von 5,32 Milliarden auf 7,71 Milliarden zunahm, d. h., dass die absoluten Anteile stark anwuchsen; von 75,5 Millionen auf 272 Millionen Menschen. Dabei liegt der Anteil von Migrant*innen an der Gesamtbevölkerung im globalen Norden höher als im globalen Süden, also in den „entwickelten Regionen" über dem in den sich „entwickelnden Regionen". Der Bestand an Migrant*innen stieg bspw. in den in der *Organisation for Economic Co-operation and Development* (OECD) zusammengeschlossenen Ländern von 1960 bis 2019 von 3,4 auf 12 Prozent. Der höhere Anteil von Migrant*innen an der Gesamtbevölkerung

Tab. 1.1: Globale Migration (*stocks*), 1960–2019 in Millionen (Quelle: Population Division of the Department of Economic and Social Affairs of the United Nations Secretariat [2019]. International migrant stock at mid-year by sex and by major area, region, country or area, 1990–2019. https://www.un.org/en/development/desa/population/migration/data/estimates2/estimates19.asp, letzter Aufruf: 11.02.2020)

Jahr:	1960	1970	1980	1990	2000	2010	2019
Region:							
Welt	75,5	81,3	99,3	153,0	173,6	220,8	271,6
Entwickelte Regionen	32,3	38,4	47,5	82,8	104,0	130,6	152,1
Weniger entwickelte Regionen	43,1	43,0	51,8	70,2	59,6	79,7	103,3
Am wenigsten entwickelte Länder	6,4	7,2	9,1	11,1	10,1	10,4	16,3

Bemerkung: Im Original heißen die Regionen: „*world*", „*more developed regions*", „*less developed regions*" und „*least developed countries*". „Region" bezieht sich hier auf den Aufenthaltsort, nicht auf die Herkunft der Migrant*innen. Die Grenzen einiger Regionen haben sich zwischen 1985 und 1990 verschoben (vgl. die Definitionen der Population Division of the Department of Economic and Social Affairs of the United Nations Secretariat 2006a).

Tab. 1.2: Globale Migration (*stocks*), 1960–2019 als Prozentsatz der Bevölkerung (Quelle: Daten der Population Division of the Department of Economic and Social Affairs of the United Nations Secretariat [2019]. International migrant stock at mid-year by sex and by major area, region, country or area, 1990–2019. https://www.un.org/en/development/desa/population/migration/data/estimates2/estimates19.asp, letzter Aufruf: 11.02.2020)

Jahr:	1960	1970	1980	1990	2000	2010	2019
Region:							
Welt	2,5	2,2	2,2	2,9	2,8	3,2	3,5
Entwickelte Regionen	3,4	3,6	4,2	7,2	8,7	10,6	12,0
Weniger entwickelte Regionen	2,1	1,6	1,6	1,6	1,4	1,6	1,6
Am wenigsten entwickelte Länder	2,6	2,3	2,3	2,2	1,5	1,2	1,9

im globalen Norden sollte allerdings nicht darüber hinwegtäuschen, dass ebenso die absoluten Zahlen an Migrant*innen im globalen Süden stark angewachsen sind.

Wenn der Blick von solchen Migrationsbeständen (*stocks*) hin zu Bewegungen (*flows*) gerichtet wird, dann ergibt sich ein etwas anderes Bild. In einer weltweiten Betrachtung hat sich die Quote an grenzübergreifender Migration in den letzten 20 Jahren kaum verändert (Abel & Sander 2014). Bilateral geordnete Daten in Fünf-Jahres-Schritten zeigen, dass seit 1995 jeweils etwa 0,6 Prozent der Weltbevölkerung über Grenzen hinweg mobil war. Europa ist dabei nicht das Zentrum solcher Bewegungen: Die größten grenzübergreifenden Bewegungen gab es zwischen Südasien und Westasien, von Lateinamerika nach Nordamerika und innerhalb Afrikas (Abbildung 1.1; vgl. Faist et al. 2019). Die am stärksten wachsenden Wanderungsbewegungen verlaufen vom globalen Süden in den globalen Norden, obwohl auch Süd-Süd Migration einen hohen und wachsenden Anteil hat (Wihtol de Wenden 2016). Migration ist geschlechtlich strukturiert: Während die Migrationsquote bei Frauen inzwischen genauso hoch ist wie bei Männern, schlagen sich Veränderungen in kulturellem Kapital (Bildungsabschlüsse) geografisch nieder: Seit 1990 migrieren mehr als Hochqualifizierte kategorisierte Frauen als Männer in die Staaten des globalen Nordens. Inzwischen gibt es auch immer mehr Frauen, die selbständig bzw. als Haushaltsvorstände migrieren. Damit hängt zusammen, dass Frauen in der Regel in Länder mit relativ weniger diskriminierenden sozialen Institutionen migrieren, in denen sie auch gleichzeitig die besten wirtschaftlichen Möglichkeiten auffinden (IOM 2019). Dies ist ein Hinweis darauf, dass Merkmale wie Geschlecht und Bildungsstand miteinander interagieren.

Dieses Porträt grenzübergreifender Migration ist allerdings aus drei empirischen und einem konzeptuellen Grund noch unzureichend. Denn erstens erfasst die Definition der Vereinten Nationen (UN) nicht die grenzüberschreitende Mobilität, die kürzer als ein Jahr dauert. Darunter fallen etwa Saisonarbeiter*innen, die in der Regel nur einige Monate in einem anderen Land, etwa zur Erntehilfe, weilen und dann wieder in ihre Herkunftsländer zurückkehren. Zu beachten ist dabei, dass gerade Saisonarbeit sich jedes Jahr wiederholt. Zweitens erfasst die Definition der UN nicht die Rückkehrmigration von den ehemaligen Zielländern zurück in ihre Herkunftsländer, z. B. nach Abschluss des regulären Berufslebens oder auch schon früher. Wir wissen etwa, dass selbst in den sogenannten klassischen Einwanderungsländern wie den USA in den 1950er-Jahren etwa ein Drittel derjenigen, die eine Immigrationsabsicht hatten, schon nach einigen Jahren wieder in ihre Herkunftsländer zurückkehrten. Der Prozentsatz liegt heute noch höher (Faist 2000: 250, 310). Drittens gibt es Kategorien von Mobilen, die viel länger als ein Jahr in einem anderen Land als dem Herkunftsland leben, in der Regel aber von offiziellen Stellen nicht als Migrant*innen kategorisiert werden. Darunter fallen etwa internationale Studierende – etwa 5 Millionen im Jahre 2020 – und entsandte Manager (*expatriates*). Angesichts dieser drei Beobachtungen verwundert es nicht, dass in der Europäischen Union (EU) der Anteil der EU-Bürger*innen, die in grenzübergreifender Migration involviert war bzw. ist, weit über 3,5 Prozent liegt, nämlich bei etwa 11 Prozent (Recchi et al. 2019).

Ein ganz zentrales konzeptuelles Problem bei der Messung von Migration ergibt sich daraus, dass entweder die Bestände (*stocks*) in den Zielländern oder die Flüsse aus den Herkunftsländern in die Zielländer gemessen werden. Es herrscht

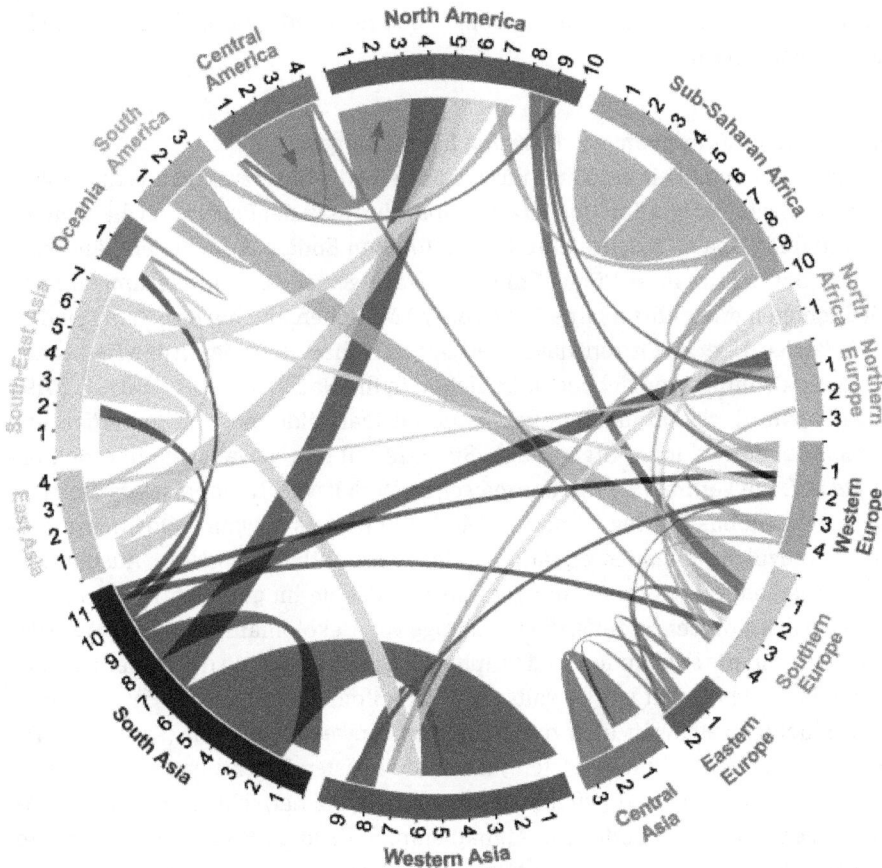

Abb. 1.1: Migration zwischen und in verschiedenen Weltregionen, 2005–2010 (*flows*) (Quelle: Abel & Sander 2014: 1520)

also das Bild einer Einbahnstraße vor, dem auch ein Idealbild der Sesshaftigkeit zugrunde liegt (Faist 2013). Eine solche Konzeptualisierung und darauf aufbauende Operationalisierung von Migration übersieht, dass die Zahl der Länder, die sowohl signifikante Auswanderung als auch Einwanderung zu verzeichnen haben, in den vergangenen Jahrzehnten stark gewachsen ist.[1] In anderen Worten ist jede*r Immigrant*in gleichzeitig ein*e Emigrant*in. Daher wird in diesem Buch

[1] Eigene Berechnungen auf der Grundlage der UN Population Division: https://www.un. org/en/development/desa/population/migration/data/estimates2/estimates17.asp (letzter Aufruf: 19.01.2020).

die transnationale soziale Frage sowohl in den Herkunfts- als auch in den Zielländern thematisiert.

Migration als Kontinuum von freiwillig bis erzwungen

Migration kann auf einem Kontinuum von freiwillig bis erzwungen gedacht werden. Bei Zwangsmigration (*forced migration*) sind es in der Regel auch die ärmeren und in der globalen Machthierarchie am unteren Ende angesiedelten Länder, in denen der Schutz ihrer Bürger*innen in Frage gestellt ist. Die Gesamtzahl von Geflüchteten erreichte im Jahre 2018 über 70 Millionen, die höchste Zahl seit dem 2. Weltkrieg. Über 80 Prozent davon verbleiben bisher allerdings in den Herkunftsländern als Binnenvertriebene oder fliehen in die Nachbarländer (UNHCR 2019). Häufig tritt Flucht im Rahmen von Nationalstaatsbildung (*state formation* und *nation-building*) durch Bürgerkriege, Staatszerfall und gewaltsame interne Konflikte auf. Die Verbreitung des europäischen Modells des Nationalstaats über den gesamten Globus hinweg ist damit Teil des Kontextes sowohl staatsinterner als auch grenzübergreifender Migration. Es ist offensichtlich, dass diese Ausbreitung oft einhergeht mit externer Intervention der Mächte im globalen Norden in die Staaten des globalen Südens, die im Gefolge von Dekolonialisierung zur Mitte des 20. Jahrhunderts entstanden sind (Kapitel 5). Die Übersetzung des Nationalstaatsmodells wird begleitet von gewaltsamen Kämpfen, die in interner Entwurzelung und Fluchtbewegungen über diese Grenzen hinweg resultieren (Kapitel 4). Die Staaten, aus denen in den letzten Jahren die meisten Flüchtlinge hervorgingen, sind solche, in denen kein effektives Gewaltmonopol herrscht. Laut Global Peace Index gehören dazu Länder wie Afghanistan, Südsudan, Eritrea, Syrien und Somalia (UNHCR 2019; vgl. Donini et al. 2016). Machtasymmetrien sind also nicht nur im Feld der Wirtschaft zu finden, die sich bspw. in Einkommensungleichheiten widerspiegeln, sondern auch im politischen Feld (Zolberg et al. 1989). Dies bedeutet, dass Staatsbürgerschaft als Merkmal der Heterogenität sowohl für materielle Ungleichheiten als auch für körperliche Sicherheit eine wichtige Rolle spielt.

Eine transnationale Perspektive auf Migration

Schon an dieser Stelle wird deutlich, dass sich Migrationsforschung nicht primär in einer verengten Perspektive auf die Sozialintegration von Migrant*innen in Immigrationsländern erschöpfen kann (Gold & Nawyn 2018). Darüber hinaus sind Nationalstaaten aber entscheidende Akteure bei der Steuerung von Migration. Weiterhin gehören dazu etwa Migrationsnetzwerke, internationale Organisationen, Nichtregierungsorganisationen und Religionsgemeinschaften und selbstverständlich Migrant*innen selbst. Nationalstaatliche bzw. nationalgesellschaftliche Engführungen gilt es zu überwinden, weil Ursachen und Anreize für Migration, ihre Regulierung, die Beziehungen von Migrant*innen und Prozesse sozialer Integration häufig über staatliche Grenzen hinaus reichen.

Es bedarf eines transnationalen Ansatzes, um über ein Verständnis von Migration als eine Einbahnstraße hinauszugehen. Eine grundlegende Beobachtung ist dabei, dass Migrant*innen gewöhnlich ihre Kontakte in die Herkunftsländer und zu den dazugehörigen Gruppen wie Familien nicht abbrechen, wenn sie sich in anderen Ländern niederlassen. Vielmehr kann festgestellt werden, dass sie häufig Bindungen zu Angehörigen aufrechterhalten und sogar neue etablieren (Faist et al. 2014). Zu grenzübergreifenden Aktivitäten zählen z. B., regelmäßig Geld zu überweisen oder politische Vorgänge im Herkunftsland zu verfolgen. Solche Schlussfolgerungen können über ethnografische Beobachtungen hinaus auch aus den Daten des Sozio-ökonomischen Panels (SOEP) zu grenzübergreifenden Finanztransaktionen unter Migrant*innen in Deutschland gezogen werden. Diese weisen darauf hin, dass ein Zehntel bis ein Drittel aller Migrant*innen als stark transnational definiert werden können, je nach den Referenzwerten für Regelmäßigkeit und Intensität solcher Transaktionen (Holst et al. 2012). Ein anderes Beispiel ist soziale Sicherung durch Informationen, Pflege und Geldleistungen unter Migrant*innen aus Kasachstan, Polen und der Türkei (Faist et al. 2015). Transnationale Bindungen können zurück in die Herkunftsregionen reichen, aber auch in andere Länder, in denen sich Angehörige niedergelassen haben. Ein besonders prägnantes Beispiel sind Migrant*innen aus der Türkei, die sich in signifikanter Zahl in Ländern wie Deutschland, Frankreich und den Niederlanden niedergelassen haben und gleichzeitig Verbindungen zwischen diesen Ländern aufrechterhalten (Abadan-Unat 2011). Kurzum, ein transnationaler Ansatz berücksichtigt die vielschichtigen und grenzübergreifenden Bindungen von Individuen, Gruppen und Organisationen und deren mitunter simultanes Engagement über die Grenzen von Staaten hinweg. Solche Transaktionen können sich sowohl auf innerfamiliäre finanzielle Unterstützung als auch auf die Praktiken nationalistischer Diasporas beziehen (Kapitel 8).

Eine transnationale Perspektive ist auf dem Hintergrund eines Rätsels zu sehen: Das soziale Leben ist immer mehr geprägt von grenzübergreifenden Trans- und Interaktionen (Heldt et al. 1999), nicht zuletzt durch Migration und Handel, aber auch die Wahrnehmung grenzübergreifender Probleme wie Umweltzerstörung und Klimawandel. Jedoch ist die politische Regulierung immer noch eng gekoppelt an Nationalstaaten und internationale Organisationen; ergänzt durch supranationale Gebilde wie die EU. Auf nationalstaatlicher Ebene sozialer Ordnung ist das u. a. der Wohlfahrtsstaat im globalen Norden (Münch 2009) und dessen funktionale Entsprechung im globalen Süden, der Entwicklungsstaat. Letzterer ist ein Produkt der (post-)kolonialen Herrschaft in einer von politischen und ökonomischen Machtungleichgewichten geprägten Welt. Daher ist es nicht nur notwendig, über das Migrationsgeschehen in Zielländern hinauszugehen und Transit- und Herkunftsländer einzubeziehen, sondern den Blick auch auf die nicht staatlichen Beziehungen zu lenken, die Migrant*innen und deren Gruppen, zivilgesellschaftliche Organisationen wie Religionsgemeinschaften, Menschenrechtsorganisationen und Firmen mit einschließen. Und nicht zuletzt gilt es immer mehrere Ebenen zu berücksichtigen, die globale, die regionale (z. B. EU), die nationalstaatliche und die lokale.

Migration als Mobilität

Neben der transnationalen Perspektive hat auch noch eine andere paradigmatische Wende die Migrationssoziologie erreicht, der „mobility turn". Diese Wende ist die neueste Version zeitdiagnostischer Perspektiven, wie etwa „linguistic turn", „cultural turn" und „spatial turn". Wie viele andere Perspektivenwechsel, generalisiert die Mobilitätswende einen Aspekt gegenwärtiger Gesellschaften und überhöht ihn (Faist 2013). Fast könnte man angesichts des Fokus auf geografische Mobilität meinen, dass Mobilität und nicht Sesshaftigkeit nun zu einer neuen Leitidee im „Zeitalter der Migration" avanciert wäre (Castles et al. 2014). Es ist eine Art nomadisches Leben, das gefeiert wird (Hardt & Negri 2002). Zwar könnte man aufgrund paläoanthropologischer Forschung durchaus so weit gehen, räumliche Mobilität als anthropologische Konstante zu bezeichnen, zumal sie die für die Evolution der Menschheit mit Wanderungen in und aus Afrika heraus, die Neugier des homo sapiens und damit die Verquickung von räumlicher Mobilität mit Innovation hervorhebt (Schenk 2008; Manning 2012). Und schon einer der Gründer der sozialwissenschaftlichen Migrationsforschung, Ernest G. Ravenstein, schlussfolgerte: „Migration means life and progress, a sedentary population stagnation" (Ravenstein 1889: 288). Jedoch übertüncht die Dichotomie Sesshaftigkeit vs. Nomadentum die Beobachtung, dass heute gerade ein dritter Typ dominant ist: der*die Sesshafte, der*die mobil ist – häufig nicht nur, bzw. nicht so sehr, über Grenzen hinweg als Migrant*in, sondern im Wohnland selbst. Dazu kommt, dass staateninterne Migration, darunter auch Fluchtmigration, grenzübergreifende Migration bei weitem übertrifft. So betrug schon im Jahre 2010 allein die Zahl der offiziell registrierten Binnenmigrant*innen in China weit über 220 Millionen (Chan 2013). Gerade deshalb ist die Kontrolle von Mobilität sowohl innerhalb als auch außerhalb der Grenzen der jeweiligen Nationalstaaten zentral und konstitutiv für die soziale Ordnung. Aber letztlich ist es nicht Mobilität an sich, die positiv oder negativ zu bewerten ist. Vielmehr gilt es herauszuarbeiten, wie Migrant*innen bzw. Mobile sozial kategorisiert werden.

Die Produktion von Migrant*innenkategorien

Grenzübergreifende Mobilität wird normativ in politischen Debatten evaluiert und dies schlägt sich auch in Immigrationsregulierungen nieder. Diese Beobachtung wird in Deutschland an der Hierarchisierung von Migrant*innen in öffentlichen Debatten sichtbar (Faist & Ulbricht 2015). Dabei handelt es sich in der Regel um zwei Kategorien, die zur Sprache kommen. Kategorie 1 – Arbeitsmigrant*innen – ist wirtschaftlich nachgefragt, aber soziokulturell nicht unbedingt willkommen (Zolberg 1987). Hingegen sind Angehörige von Kategorie 2 – Hochqualifizierte –wirtschaftlich nachgefragt, während die soziokulturelle Seite kaum thematisiert wird. In den öffentlichen Debatten werden Arbeitsmigrant*innen weit häufiger als Hochqualifizierte mit negativen Konnotationen bis hin zu ihrer Darstellung als „soziales Problem" gefasst. Interessanterweise erscheint Kategorie 1 diskursiv als „Migrant*in". Im Unterschied dazu wird in EU Dokumenten Kategorie 1 inklusive intra-EU Migrant*innen eher als „Mobile" gefasst (Faist 2013).

Grenzübergreifende Bindungen von Migrant*innen wie soziale Beziehungen ins Herkunftsland – Transnationalität als Heterogenität – werden bei Kategorie 1 stärker als hinderlich für Integration im Zielland gesehen. Aus dieser Sicht ist Transnationalität zwar hilfreich für Migrant*innen, damit sie im Zielland Fuß fassen können. Letztlich aber münde diese Form der Integration in einer Situation, die migrationssoziologisch als *„ethnic mobility trap"* bezeichnet wurde (Wiley 1967; vgl. Treibel 2011). Transnationalität von Migrant*innen verhindere also soziale Integration im Zielland.

In starkem Unterschied dazu wird in öffentlichen Debatten die Transnationalität von Hochqualifizierten tendenziell als ökonomisch effizient und sozial wünschenswert betrachtet. Fragen der sozialen Integration sind im Hinblick auf diese Kategorie kaum zu finden. Es erscheint, als ob eine ideale *„win-win-win"* Situation herrschen würde, also Vorteile für Herkunftsländer, Zielländer und die Migrant*innen selbst. Diese diskursive Rahmung wird auch in den Immigrationspolitiken von Nationalstaaten sichtbar. Wirtschaftliche Konkurrenz unter Volkswirtschaften führe zu einem *„global hunt for talent"* (Kapur & McHale 2005). Wissensgesellschaften bräuchten nun einmal hochqualifizierte Nachwuchskräfte, auch aus dem Ausland. Dies sei gerade angesichts des demografischen Wandels, welcher u. a. in einer abnehmenden Erwerbsbevölkerung sichtbar wird, geboten. Darüber hinaus gibt es seit den frühen 2000er-Jahren wieder eine Debatte um Migrant*innen als Entwicklungsagent*innen. Ausgehend von der Beobachtung, dass weltweit der Betrag an finanziellen Rücküberweisungen jährlich denjenigen an offizieller Entwicklungshilfe übersteigt, argumentierten Organisationen wie die Weltbank, zunehmend aber auch Regierungen der Zielländer, dass Migrant*innen eine zentrale Rolle in der Entwicklungsfinanzierung zukäme. Diese Beobachtung, die zuvor schon in anderer Form in den 1960er-Jahren gemacht wurde, vernachlässigt die Erkenntnis, dass zwar Rücküberweisungen durchaus für Familien von Migrant*innen wichtige Funktionen in der Gesundheits- und Bildungsversorgung übernehmen, aber ganz sicher nicht politisch gewollte ökonomische Maßnahmen wie eine Landreform ersetzen können (Kapitel 8).

Insgesamt sind die in öffentlichen Debatten vorfindlichen Gegenüberstellungen von Kategorie 1 und 2 ein Hinweis darauf, dass Kategorien eine Rolle in der Produktion von sozialen Ungleichheiten spielen können. In diesem Falle handelt es sich um den sozialen Mechanismus der Hierarchisierung von Arbeitsmigrant*innen und von Hochqualifizierten. Staatliche Grenzen (*borders*) sind ein spezieller Typus von Grenzziehungen (*boundaries*) und damit von Kategorisierungen. Diese Grenzen unterscheiden zwischen Kategorien von Menschen, ihrem rechtlichen und sozialen Status und damit auch der Anerkennung ihrer sozialen Praktiken wie Sprache und Religion.

Von Heterogenitäten zu sozialen Ungleichheiten

Manche Heterogenitäten werden häufig binär gefasst, z. B. Geschlecht; andere wiederum entlang eines Kontinuums, z. B. Alter. Wichtig ist die Beobachtung, dass durch negative Kategorisierungen derartiger Heterogenitäten die Lebensverhältnisse von Personen und Gruppen beeinträchtigt werden können. Ein Beispiel ist die Stereotypisierung bestimmter Migrant*innengruppen für spezifische Tätigkeiten; z. B. Arbeiter*innen aus Rumänien als Reinigungskräfte. Dies ist dann problematisch, wenn vorhandene Kategorisierungen verhindern, dass diese Migrant*innen langfristig gesehen eine Chance haben, attraktivere Positionen einzunehmen. Kategorisierungen entlang von Heterogenitäten können also soziale Ungleichheiten herstellen bzw. verstärken.

Dabei ist das Konzept soziale Ungleichheit selbst relativ neu. Es wurde in den Sozialwissenschaften erst in den 1970er-Jahren zu einem stehenden Begriff. In diesem Buch wird das Konzept im Plural verwendet, da es über eine Dimension wie Einkommen (ökonomisch) hinausgeht und Ungleichheiten auch in der politischen und kulturellen Sphäre erfasst. Soziale Ungleichheiten beziehen sich auf die ungleiche Verteilung von Kosten und Gewinn in Bezug auf Güter in und zwischen sozialen Einheiten wie Individuen, Gruppen, Organisationen und Staaten. Die involvierten Güter können dabei ökonomischer (z. B. Einkommen, Land, Arbeitskraft), politischer (z. B. fiskalische Befugnisse, Arbeitsplatzkontrolle, Regierungsmacht), kultureller (z. B. Lebensstil, kulturelles Kapital), sozialer (z. B. Zugang zu sozialen Netzwerken, Prestige, Reputation) und rechtlicher (z. B. Pflichten und Rechte, Bürgerschaft) Art sein. Soziale Ungleichheiten, die aus Kategorisierungen von Heterogenitäten entstehen, wie etwa Einkommens- und Vermögensunterschiede entlang von Geschlechtergrenzen oder ethnischen Grenzen, resultieren in ungleichen Erträgen, die häufig relativ stabil sind, also „dauerhafte Ungleichheiten" (*durable inequalities*) darstellen (Tilly 1998).

Heterogenitäten und soziale Ungleichheiten: Das Beispiel Einkommen

Globale Einkommensungleichheiten[2] sind heute noch höher als im 19. Jahrhundert. Als Karl Marx und Friedrich Engels „Das Kommunistische Manifest" verfassten – ein Aufruf zur Überwindung des Kapitalismus und eine Schilderung seiner sozialistischen bzw. kommunistischen Alternative – war die wirtschaftliche Situation der Arbeiter(-klasse) auf der Welt im Vergleich zu heute egalitärer (Marx & Engels 1848). Die überwiegende Mehrheit der Arbeiter*innen, verstanden im Marx'schen Sinne als Eigentümer ihrer Arbeitskraft, aber nicht der Produktionsmittel, lebte unter dem Durchschnittseinkommen des jeweiligen Landes. Arbeiter*innen in Europa und Nordamerika verdienten seinerzeit etwa das Doppelte im Vergleich zu den Arbeiter*innen außerhalb dieser Regionen. Es bestand also ein Verhältnis von 2:1. Heute aber ist das Verhältnis schon 10:1, d. h. die Arbeiter*innen in den reichen Ländern der Welt haben ein Einkommen, das nun schon zehn Mal höher liegt als das ihrer Vergleichsgruppe in den ärmeren Ländern (Milanovic 2016: Kapitel 3; vgl. Bourguignon & Morrisson 2002). Hinzu kommt, dass Ungleichheiten zwischen den Ländern im 20. Jahrhundert höher waren als solche innerhalb eines Nationalstaats (Oxfam 2017; Korzeniewicz & Moran 2009).

Durch die aufstrebenden BRIC Länder – Brasilien, Russland, Indien, China – hat sich in den letzten beiden Jahrzehnten die globale Einkommensungleichheit zwischen den Staaten etwas reduziert, während die Ungleichheiten innerhalb der Länder jeweils zunahmen (Pavcnik 2011). Obwohl es etliche Kontroversen über gegenläufige Trends in den letzten Jahrzehnten gegeben hat, u. a. wegen der steigenden Einkommensniveaus in Ländern wie China und Indien und einer schnell wachsende Mittelklasse in diesen Staaten (vgl. Bourguignon 2015), ist das Muster der ungleichen Verteilung von Einkommen im Weltmaßstab in den letzten beiden Jahrhunderten bemerkenswert stabil geblieben (Lindert & Williamson 2003; vgl. Weiß 2005).

---

2 „Globale Einkommensungleichheit" ist ein Konzept, das sowohl Ungleichheiten zwischen den Staaten als auch innerhalb von Staaten berücksichtigt, d. h. die Summe der Unterschiede des durchschnittlichen persönlichen Einkommens (*personal income*) zwischen den Staaten und die Summe der Ungleichheiten der Einkommen innerhalb der Staaten (Milanovic 2016: 126–7).

Klasse und Staatsbürgerschaft als Ausdruck von Ungleichheiten

Sicherlich ist die Einkommensverteilung nicht der einzige Indikator für Ungleichheiten, aber ein gewichtiger. Wenn man die globale Einkommensverteilung näher betrachtet, so war um 1820 die Klassenposition – verstanden im marxistischen Sinne als Zugehörigkeit zu Proletariat oder Bourgeoisie – der wichtigste Bestimmungsfaktor. Wird ein Modell angewendet, das zwei Heterogenitäten berücksichtigt – Klasse und Staatsbürgerschaft – trug Klasse damals etwa 80 Prozent zur Stellung in der globalen Einkommenshierarchie bei, während Wohnland bzw. Staatsbürgerschaft nur um die 20 Prozent ausmachten. Im Jahr 2000 hatte sich dieses Verhältnis fast umgekehrt. Heutzutage macht der Staat, in dem eine Person wohnt, um die 80 Prozent aus, während Klasse nur ca. 20 Prozent zum Unterschied beiträgt (Milanovic 2016: 128).

Würde demnach eine Landkarte der globalen Einkommensungleichheit angefertigt werden, welche die Position jedes Haushalts bzw. Individuums im Gesamtgefüge angibt, dann wäre die relative Position jedes Haushalts oder Individuums vor allem dadurch bestimmt, ob er*sie in einem armen oder reichen Land angesiedelt wäre. Kurz gesagt, die Staatsbürgerschaft eines Landes bzw. ein relativ sicherer rechtlicher Status kann neben anderen Heterogenitäten als ein wichtiger Hinweis für soziale Ungleichheiten angesehen werden. Daraus resultiert die Bedeutung des Wohnortes bzw. der Staatsbürgerschaft für das jeweilige Einkommensniveau: „*Nearly all the differences in wages between individuals in rich and poor countries are explained by the location of the work, not their personal characteristics*" (Pritchett 2006: 20). Einkommen ist zwar nur einer von mehreren Indikatoren zur Bestimmung materieller Ungleichheiten. Dennoch gilt, dass Ort bzw. Staat und Mitgliedschaft, insbesondere Staatsbürgerschaft, in den letzten 150 Jahren immer wichtiger für die Lebensverhältnisse von Individuen und Gruppen geworden sind. Ganz generell kann festgehalten werden, dass die Bedeutung des Merkmals legaler Status bzw. staatlicher Mitgliedschaft im Vergleich zur Klassenzugehörigkeit in den letzten Jahrzehnten angestiegen ist.

Die Position eines Staates im Geflecht der politischen und ökonomischen Hierarchien ist sowohl für die Prozesse der grenzüberschreitenden Mobilität als auch für die Sozialintegration in den jeweiligen Emigrations-, Transit- und Immigrationsstaaten von Bedeutung. Dabei ist Mitgliedschaft in Staaten für den Zugang und die Verwirklichung von zivilen, politischen, sozialen und kulturellen Rechten zentral, auch wenn all diese heute menschenrechtlich fundiert werden. Volle Mitgliedschaft in einer politischen Gemeinschaft (*polity*) differenziert kategorisch zwischen Inklusion der Zugehörigen und der Exklusion der Fremden. Diese Art des Zusammenhangs von Inklusion und Exklusion ermöglicht den Insidern aktive Partizipation. Man könnte zugespitzt formulieren, dass volle Mitgliedschaft in Form von Staatsbürgerschaft als eine zentrale institutionelle Vorkehrung bzw.

Mechanismus der sozialen Schließung fungiert, durch den Menschen aus ärmeren Ländern in den Zielländern der Migration ausgeschlossen werden (Brubaker 1994; vgl. Carens 2014 & Shachar 2009). Eine solche Überlegung bezieht sich jedoch hauptsächlich auf den Zutritt zum Territorium eines Immigrationsstaates. In der Regel sind derartige Staaten im globalen Norden Wettbewerbsstaaten, die „billige und willige" oder auch hochqualifizierte Arbeitskräfte anheuern, aber auch Wohlfahrtsstaaten, in denen in der Regel soziale Rechte unter bestimmten Umständen auch für relativ sesshafte Nichtbürger*innen zugänglich sind.

Die gewachsene Bedeutung von Staatsbürgerschaft für Lebensverhältnisse wird durch eine Art Migrationsschere noch erhöht: Es ist zu beobachten, dass in puncto Lebensverhältnisse große Unterschiede zwischen Ländern herrschen. Aber dennoch sind derzeit nur ca. 3,5 Prozent der Menschen Migrant*innen, das sind ca. 272 Millionen Menschen weltweit (UN DESA 2019). Einerseits sind die globalen wirtschaftlichen Ungleichheiten und die politischen Machtasymmetrien viel höher als im 19. Jahrhundert. Außerdem verbreiten sich auch über soziale Medien Bilder und Vorstellungen eines besseren Lebens über den ganzen Globus. Andererseits sind die Möglichkeiten erfolgreicher grenzübergreifender Mobilität sehr limitiert. Die Hürden sind aufgrund restriktiver Migrationskontrollen für die große Mehrheit an potenziellen Migrant*innen sogar gestiegen. Die Schere zwischen vielfältigen Anreizen und Treibern von Migration auf der einen und den Mobilitätsrestriktionen auf der anderen Seite hat sich so immer weiter geöffnet. Eine der wichtigsten Optionen für die Verbesserung von Lebensverhältnissen ist damit zunehmend beschränkt. Die Optionen für Auswanderungswillige sind demnach eingeschränkter. Beispielsweise gibt es heutzutage keine Siedlerkolonien mehr, in die Migrant*innen ähnlich europäischen Emigrant*innen, im 19. Jahrhundert einwandern könnten. Staaten im globalen Süden beherbergen eine große Zahl jüngerer Menschen, die angesichts der massiven demografischen Transition (Zelinsky 1971) nur teilweise von den dortigen Arbeitsmärkten aufgenommen werden können. Auch die Arbeitsmärkte der wohlhabenden Volkswirtschaften im globalen Norden vermögen nur einen Bruchteil all dieser Arbeitsuchenden zu absorbieren. Insgesamt sind also die Möglichkeiten für grenzüberschreitende Migration u. a. aufgrund erhöhter Kontrollkapazitäten von Staaten im Laufe der letzten anderthalb Jahrhunderte sogar geringer geworden.

Vielfältige Heterogenitäten in postkolonialer Migration

Bisher ging es vor allem um zwei Merkmale bzw. Heterogenitäten, die für soziale Ungleichheiten eine Rolle spielen: ökonomische Ressourcen am Beispiel von Einkommen und legaler Status am Beispiel von Staatsbürgerschaft. Selbstverständlich gibt es noch weitere Differenzen bzw. Heterogenitäten, die für die Lebensverhältnisse von Migrant*innen und ihren Angehörigen relevant sein können, z. B. Ethnizität, Geschlecht, Religion, Alter und sexuelle Orientierung. Exemplarisch kann hier Religion betrachtet werden. Dieses Merkmal hat etwa für Aspekte der sozialen Schließung innerhalb von Immigrationsstaaten eine bedeutende Rolle gespielt. So wurden in den USA um die Mitte des 19. Jahrhunderts irische und deutsche Katholik*innen von migrationsfeindlichen politischen Strömungen als fünfte Kolonne eines autoritären und nicht demokratisch gesinnten Papstes in Rom betrachtet (de Tocqueville [1835/1840] 1988). Heutzutage können ähnlich pauschalisierende Vorwürfe des Illiberalismus bzw. der kulturellen Rückständigkeit gegenüber der Kategorie Muslime in Europa gefunden werden (Triadafilopoulos et al. 2011).

In letzter Konsequenz ist insbesondere Süd-Nord Migration auch eine Folge der europäischen und später auch der nordamerikanischen Dominanz der Welt durch Kolonialismus und Imperialismus (vgl. Schwenken 2018). Im weitesten Sinne ist ein Großteil transnationaler Migration ein post-kolonialer Fluss in die umgekehrte Richtung von Süd nach Nord, ausgelöst durch die europäische Herrschaft über viele Teile der Welt. Vorstellungen über kulturelle Heterogenitäten wie Rasse (im Folgenden: Rassifizierung) oder Ethnizität wurden entscheidend durch koloniale und imperiale Expansion geprägt und werden heute auf bestimmte, häufig statusniedrige, Kategorien von Migrant*innen angewandt. In der Politik um soziale Ungleichheiten und Migration spielte schon im 19. Jahrhundert neben Klasse auch Rassifizierung, Ethnizität, Religion und Sprache eine wichtige Rolle. Als Beispiele dafür mögen die rigorose Restriktion von Migration aus Süd- und Südostasien in die USA vom Ende des 19. Jahrhunderts bis in den 2. Weltkrieg (*Chinese exclusion*) und die Politik gegenüber polnisch stämmigen Migrant*innen im Deutschen Reich Ende des 19. Jahrhunderts und zu Beginn des 20. Jahrhunderts gelten (Faist 2019a: Kapitel 2). Kolonialismus und Imperialismus und damit einhergehende Klassifizierungen von Personen wurden somit durch Immigration auch im globalen Norden repliziert; u. a. in der Abwertung kultureller Merkmale von Migrant*innen, die aus Sicht migrationsrestriktiver Strömungen nicht den Standards der Moderne entsprachen.

Die nun allgegenwärtigen Debatten um Anerkennung und soziale Identitäten sind heute durch eine Interaktion bzw. Intersektion von Klasse, Ethnizität, Staatsbürgerschaft und anderen Heterogenitäten wie Geschlecht oder Religion geprägt (Balibar & Wallerstein 1991). Somit rücken die Verflechtungen von Klasse und kulturellen Heterogenitäten in den Blickpunkt. In den Immigrationsländern weisen die verbreiteten Diskussionen um traditionalistische Migrant*innen, die nicht geeignet für die liberale Demokratie seien, u. a. auf die Intersektion, d. h. die Überschneidung von Klasse und Religion hin. Denn die Diskussion bezieht sich häufiger auf die Nachkommen von ehemaligen Arbeitsmigrant*innen und weit weniger auf statushöhere Hochqualifizierte. Auch in Auswanderungskontexten spielen kulturelle und Statusfragen eine wichtige Rolle in der Beziehung zwischen Staaten und Diaspora. Appelle an die gemeinsame Ethnizität bzw. Nationalität oder Religion sollen ein Band zwischen diasporischen Akteuren und Staaten schaffen (Bauböck & Faist 2010).

Grenzen und Migrationskontrolle

Würden in einer Welt ohne staatliche Grenzen die angeführten Kategorisierungen von Heterogenitäten und damit sogar soziale Ungleichheiten verschwinden oder doch zumindest geringer ausfallen? Einige Beobachter*innen behaupten, dass ein wirklich freier Fluss von Menschen über Grenzen hinweg der schnellste Weg wäre, um die oben geschilderte globale Stratifikation (z. B. von Einkommen), die sich über die letzten zwei Jahrhunderte herausbildete, zu überwinden (Hamilton & Whaley 1984). Manche Positionen gehen sogar so weit, zu behaupten, dass die wohlfahrtsgenerierenden Auswirkungen von grenzübergreifender Migration die von Freihandel übersteigen würden (u. a. Rodrik 2001). Allerdings zeigen die vorhandenen empirischen Daten, dass wir weit von einem solchen Szenario entfernt sind. Die Migrationsquote von derzeit ca. 3,5 Prozent der Weltbevölkerung ist einfach zu gering, damit sich über diesen Weg weltweit die Einkommensverhältnisse annähern könnten (Fischer et al. 1997). Obwohl es überzeugende Argumente für offene Grenzen gibt, gilt es, den Begründungen für völlig offene Grenzen in einer Welt von Nationalstaaten gegenüber skeptisch zu sein. Unter anderem ist der Grad der Durchlässigkeit von Grenzen nicht nur in ökonomischer Hinsicht relevant, sondern wirft auch Fragen der Politik rund um das kulturelle Selbstverständnis in den jeweiligen Ziel- und Herkunftsländern auf (vgl. Kapitel 3, 8, 9 und 15).

Von sozialen Ungleichheiten zur transnationalisierten sozialen Frage

Die Themenstränge, die bis jetzt angesprochen wurden, nämlich Heterogenitäten und soziale Ungleichheiten im Kontext sozialer Ordnung, spitzen sich in der transnationalisierten sozialen Frage zu: Dies bedeutet, dass die Frage danach aufgeworfen wird, welche sozialen Ungleichheiten und Ungerechtigkeiten in Bezug auf zentrale Bereiche wie Einkommen, Vermögen, Bildung, Gesundheitsversorgung, Anerkennung, Status und andere Lebensbedingungen für das Migrationsgeschehen politisch relevant sind und Thema politischer Konflikte werden. Dies geschieht in einer grenzübergreifenden bzw. transnationalen Perspektive, d. h. Migration ist für viele Ebenen der Betrachtung und Analyse relevant: lokal in Familien, Nachbarschaften und Städten, national in Staaten, regional in Einheiten wie der EU und global auf einen Welthorizont bezogen. Die soziale Frage ist daher auch heute eine transnationalisierte Frage, d. h. jede dieser Ebenen ist bei Migrationsprozessen immer grenzübergreifend zu denken. In diesem Kontext verhandeln Mitglieder von Familien in den Herkunfts-, Transit und Zielländern darüber, wer welche Unterstützung einfordern kann bzw. zu leisten hat. Nationalstaaten streiten und verständigen sich über bilaterale Abkommen oder Maßnahmen für den Arbeitsschutz von Emigrant*innen bzw. Immigrant*innen. Ein Beispiel dafür ist die sozialrechtliche Hilfestellung, welche die philippinische Regierung ihren Staatsbürger*innen im Ausland manchmal zukommen lässt (Mosuela 2018). Supranationale Einheiten wie die EU bauen Klauseln über Rücknahme von Migrant*innen und Geflüchteten in Handelsverträge ein; so etwa in das Abkommen von Cotonou mit Staaten aus Afrika, der Karibik und des Pazifikraums (AKP Staaten). Und Diasporagruppen betätigen sich im Feld kollektiver Rücküberweisungen, wobei sie etwa Projekte in ihren Herkunftsländern finanzieren oder neue Ideen zur Organisation von Bildung und Verwaltung transferieren (Faist 2008).

Die soziale Frage

Der Begriff „soziale Frage" ist nicht einfach ein anderer Ausdruck für soziale Ungleichheiten, die hier im Hinblick auf ihre Entstehung aus Kategorisierungen von Heterogenitäten heraus diskutiert werden. Soziale Ungleichheiten können als Verteilungsmuster verstanden werden, bei dem einige Akteur*innen aufgrund ihrer sozialen Position häufiger als andere wertvolle soziale und materielle Güter erhalten. Das Konzept soziale Frage verweist wiederum auf die Wahrnehmung und die politische Mobilisierung in Bezug auf soziale Ungleichheiten. Die Mobilisierung im Hinblick auf die soziale Frage verweist auf Normen der Gleichheit, die als unfair oder ungerecht eingestuft werden. Die Meta-Norm Gleichheit in demokratischen Systemen (de Tocqueville [1835/1840] 1988) treibt die Aufdeckung und Skandalisierung von Ungleichheiten voran. Die Gleichheitsnorm, die verschiedenen Akteur*innen als Maßstab für die Wahrnehmung und Bewertung von sozialen Ungleichheiten dient, steht in direktem Widerspruch zu den verbreiteten Formen der Naturalisierung und damit der Rechtfertigung von Ungleichheiten. Beispielsweise organisierten sich die Arbeiterbewegungen im 19. Jahrhundert nicht um die Frage der individuellen Armut herum, sondern um die Vision der Gleichheit. Diese sozialen Bewegungen kritisierten damit auch die Auffassung, dass bestehende Ungleichheiten zwischen „arm" und „reich" quasi „natürlich" seien (Thompson [1963] 1991).

Heute kann im Hinblick auf Migration eine Mobilisierung und Politisierung um vielfältige Aspekte sozialer (Un-)Gleichheiten konstatiert werden. Neben

Aspekten materieller Ungleichheiten in Arbeits- und Wohnungsmärkten ist auch die kulturelle Dimension von Bedeutung, z. B. die (Nicht-)Anerkennung von Lebensweisen und Religionen. Und nicht zuletzt geht es um Staatsbürgerschaft, welche für Mitglieder politische Gleichheit durch gleiche politische Rechte garantiert, aber Nicht-Mitglieder kategorisch ausschließt (vgl. Messina & Lahav 2006). Die soziale Frage betrifft also nicht ausschließlich die Verteilung materieller Ressourcen und damit einhergehende soziale Mechanismen wie Entfremdung und Ausbeutung. Vielmehr stehen auch Prozesse kultureller Dominanz im Blickpunkt (Fraser 2000), insbesondere die Nichtanerkennung oder mangelnder Respekt gegenüber kulturellen Praktiken von Migrant*innengruppen, etwa durch den Mechanismus der Unterdrückung. Dies drückt sich bspw. in Konflikten um den Status der Herkunftssprachen von Migrant*innen in Schulen aus oder in der Rolle von Religion im öffentlichen Leben (Zolberg & Woon 1999). Es ist leicht ersichtlich, dass Migration eine jener Sphären ist, die Konflikte um Normen der Gleichheit und die fortwährende Aufdeckung von Ungleichheiten wie in einem Brennglas erscheinen lassen. Gerade im Hinblick auf Nichtmigrant*innen deuten die verfügbaren Forschungsergebnisse für Europa in den letzten sechs Jahrzehnten darauf hin, dass die Wahrnehmung der Bedrohung kultureller Identifikationen auf Seiten von Gruppen in Immigrationsländern wichtiger als die von ökonomischen Gefahren waren, um Opposition gegenüber Immigration zu erklären (Hampshire 2013: 23–24).

Von Klasse zu Kultur?
Eine häufig gemachte Beobachtung ist, dass sich Kategorisierungen verschoben haben: Noch in den 1950er- und 1960er-Jahren diente Klasse als Merkmal bzw. Heterogenität, die darauf abzielte, Migrant*innen als Angehörige der Arbeiterklasse zu sehen. So können in der Migrationsforschung und öffentlichen Debatten dieser Zeit viele Hinweise auf Migrant*innen als Arbeiter*innen gefunden werden (Castles & Kosack 1973). Heute ist in Europa eher die Rede von Migrant*innen als politisch-kulturelle Akteur*innen, so etwa als Mitglieder von religiösen Gemeinschaften (Wiktorowicz 2004). Es ist also teilweise ein Wandel des Diskurses von der sozioökonomischen Kategorie Klasse hin zu sozialem Status und damit verknüpften kulturellen Praktiken zu beobachten.

Dabei muss festgehalten werden, dass Klasse im Laufe der vergangenen beiden Jahrhunderte nicht von Status und Kultur bzw. dazugehörigen Heterogenitäten als ursächlich für soziale Ungleichheiten ersetzt worden ist. Es kann also nicht einfach von einem Nullsummenspiel der abnehmenden Relevanz von Klasse und der zunehmenden Bedeutung von Kultur bzw. Status gesprochen werden. Vielmehr ist primär eine zunehmende Bedeutung von legalem Status bzw.

Wohnort und kulturalisierten Heterogenitäten zu beobachten, ohne dass Klasse als Ausdruck des Verhältnisses von Heterogenitäten und Ungleichheiten verschwunden wäre. Klasse wird allerdings weniger häufig als Heterogenität betont, die für Migrant*innen relevant ist. Die Analysen dieses Buches berücksichtigen diesen Wandel und nehmen ihn als Ausgangspunkt. Dadurch stehen die Beiträge in der Tradition der Soziologie, sich drängenden Fragen des sozialen Wandels bzw. sozialer Transformation anzunehmen. Klassische Beispiele dafür sind Karl Marx' Analysen des industriellen Kapitalismus (Marx [1867] 1962), Max Webers' Studien zur Rolle von kulturellen und insbesondere religiösen Grundlagen des Kapitalismus (Weber [1904, 1920] 1980) oder auch Mark Granovetters Einsichten in die Rolle „schwacher Bindungen" für die soziale Kohäsion von Gegenwartsgesellschaften (Granovetter 1973).

Die transnationalisierte soziale Frage des 21. Jahrhunderts unterscheidet sich stark von der des 19. Jahrhunderts. Damals waren es emigrationsseitig europäische Länder, aus denen Arme und Dissident*innen in die weißen Siedlerkolonien Amerikas und andernorts wanderten, etwa nach Australien und Südafrika. Es entstand bspw. ein Atlantisches Migrationssystem. Ähnliche Überlegungen können auch für das (Ost-)Asiatische Migrationssystem angestellt werden, mit China als dem Hauptherkunftsland (McKeown 2004). Für Europa wirkte Migration in die Siedlerkolonien und die Kolonien in Afrika und Asien wie ein demografisches und politisches Sicherheitsventil (Hoerder 2003). Durch Abwanderung (*exit*) wurde also teilweise Widerspruch (*voice*) verringert (Hirschman 1970). In den Herkunftsländern verliefen politische Konflikte häufig entlang der Kategorie Klasse; in Immigrationsländern wie den USA allerdings schon seinerzeit mit multiplen Spaltungslinien entlang von Ethnizität und Religion.

Auf der Immigrationsseite – bspw. in Nordamerika und Australien – gab es im 19. und 20. Jahrhundert durchaus Widerstand gegen Arbeitsmigrant*innen und Geflüchtete. Ähnlich wie heute ging es bei politischen Konflikten um Immigration nicht nur darum, ob Migrant*innen wirtschaftlich nachgefragt oder aus humanitären Gründen geduldet waren, sondern auch darum, ob sie in kultureller Hinsicht willkommen waren. Allerdings waren rassistische und nationalistische Exklusion etwa von chinesischen Migrant*innen in Kalifornien oder polnischen Arbeiter*innen im Deutschen Reich nicht Teil einer Politik, in der, wie heute, kulturelle Vielfalt gegen kulturelle Homogenität stand. Vielmehr wirkten im Zeitalter von Nationalismus und Kolonialismus Vorstellungen nationaler Homogenität und Überlegenheit noch hegemonialer als in der Gegenwart. Darüber hinaus sind heute die Barrieren für Immigration auch aufgrund von effektiveren Immigrationskontrollen und deren Fernsteuerung (*remote control*) in den Herkunfts- und Transitländern höher als im 19. und noch zu Anfang des 20. Jahrhunderts. Ein markantes Beispiel erfolgreicher Kontrolle und sogar effektiver Abschottung ist der „EU-Türkei Deal" aus dem Jahre 2016 (vgl. Faist 2019b). Dieses Abkommen hat im Vergleich zu 2015 bisher Migration über die Türkei nach Europa auf eine kleine Zahl reduziert. Zwar wurde bisher nicht, wie vorgesehen, für jeden aus Griechenland in die Türkei zurückgeschickten bzw. deportierten Flüchtling ein solcher aus der Türkei in EU-Staaten, transferiert, aber die Türkei erfüllte die Rolle eines Pufferstaates (Stand: Anfang 2020). Ein weiteres Beispiel für eine zumindest kurzfristig gesehen effektive Steuerung von Immigration ist, dass ein immer größerer Anteil der Migrant*innen in den Ländern des globalen Nordens hohe Bildungsqualifikationen mitbringt. So wuchs etwa der Anteil der Hochqualifizierten, in der Regel mit Universitätsabschluss, unter den Migrant*innen in den OECD Ländern um zwei Drittel seit dem Jahr 2000, so dass 2010 schon ein Drittel Hochqualifizierte waren (Beine et al. 2016).

Migration im Rahmen sozialer Transformation

Obwohl grenzüberschreitende Migration in ihren gegenwärtigen Erscheinungsformen nicht ursächlich für soziale Transformation ist, so können doch Anzeichen dafür gefunden werden, dass Migration als Teil von Prozessen eines tiefgreifenden sozialen Wandels verstanden werden kann (Castles 2010). Die Revolution der Menschenrechte (*rights revolution*) hat seit den 1970er-Jahren dazu beigetragen, dass neben Klasse nun vermehrt auch Kultur- bzw. Statusfragen in den Vordergrund getreten sind. Teil der sozialen Transformation, die eine transnationalisierte soziale Frage hervorbrachte, ist die „dritte Generation" an Rechten. Während sich die Abwehr- und Freiheitsrechte, also zivile und politische Rechte (erste Generation) und die wirtschaftlichen und sozialen Rechte als Teilhaberechte (zweite Generation) vorwiegend auf Individuen bezogen, konzentriert sich diese dritte Generation auf Kollektivrechte, so etwa zur Förderung der Solidarität unter Menschen, Gruppen und Gemeinschaften. Diese beinhalten bspw. ein Recht auf Ausübung spezifischer kultureller Praktiken (z. B. Sprache), Rechte auf Nutzung der Umwelt durch angestammte Bewirtschaftungsmethoden oder nachhaltige sozioökonomische Entwicklung (Kymlicka 2009; vgl. Winter 2011). Obwohl nun höchst umstritten ist, ob kulturelle Rechte wirklich ein Bestandteil von Menschen- und vor allem Bürgerrechten sind und ob kollektive Rechte überhaupt mit individuellen Abwehr- und Freiheitsrechten innerhalb der Kollektive vereinbar sind, zeigt die Debatte um Multikulturalismus, dass sich das Universum an Rechten, Ansprüchen und Forderungen erweitert hat. Festgehalten werden kann hier, dass die politische Thematisierung von individuellen und kollektiven Rechten eine Voraussetzung dafür ist, dass soziale Ungleichheiten als transnationalisierte soziale Frage gefasst werden können; bspw. im Hinblick auf Geschlechter(un-)gleichheiten, die Migrant*innen betreffen (Joly & Wadia 2017).

Während die Revolution der Menschenrechte die rechtliche Stellung von Migrant*innen tendenziell verbessert, ruft Immigration auch Vorstellungen nationaler Homogenität auf den Plan. Diese sei durch Migrant*innen gefährdet (z.B. Huntington 2003 für die USA; Sarrazin 2010 für Deutschland). Migration kann dabei als Irritation für Gruppen in den Immigrationsländern wirken, die sich aufgrund ethnisch homogen gedachter Staatsbürgerschaft gegenüber bestimmten Kategorien von Migrant*innen abgrenzen. Irritationen können vor allem dann in Konflikte umschlagen, wenn sie als Bedrohung für eine als kulturell homogen vorgestellte Nation wahrgenommen wird. In der älteren Assimilationstheorie der *Chicago School of Sociology* wurden derartige konfliktreiche Prozesse in einem Modell der Abfolge von Stufen gefasst: Immigration – Konflikt – Akkommodation (Konfliktlösung) – Assimilation (vgl. Kapitel 9); wobei die Abwesenheit starker Diskriminierung gegenüber Migrant*innen eine Voraussetzung für Akkommodation und Assimilation bilde. Die wachsende Bedeutung soziokultureller und politischer Aspekte im Verlaufe von Migrationsprozessen geht über die Immigrationsseite hinaus und trifft auch auf die Emigrationsseite zu. Migrant*innen organisieren sich bspw. häufig in herkunftsortbezogenen Vereinen. So sind etwa Vereine türkischer und polnischer Migrant*innen sowohl in Fragen der Partizipation und Anerkennung im Hinblick auf das Ziel- als auch das Herkunftsland tätig (u.a. Amelina & Faist 2008). Und aus nachvollziehbaren Gründen schließen sich politisch Verfolgte häufig zu Interessenorganisationen zusammen, die Ansprüche als Diaspora erheben (Shain 2005). Beispiele dafür sind Kurden, Tamilen und Sikhs in verschiedenen europäischen Ländern. Regierungen der Herkunftsländer wiederum versuchen, ihre Diaspora an sich zu binden und zu kontrollieren, indem sie bspw. doppelte Staatsbürgerschaften tolerieren oder gar fördern (Kapitel 8).

Zu Beginn von Immigrationsprozessen befinden sich Migrant*innen in der Regel am unteren Ende der politischen Machthierarchie. Die Konfigurationen von Macht (Lukes 1974) haben sich im Verlaufe der vergangenen Jahrzehnte in der Politik europäischer Gesellschaft verändert: Während etwa in Deutschland in Anfangsphasen der transnationalen Arbeitsmigration nach dem 2. Weltkrieg in den 1960er-Jahren Mitglieder der Immigrationsgesellschaft als eine Art „Platzanweiser" und Migrant*innen als „fremde Gäste" (Hüttermann 2018) fungierten, stellten Migrant*innen im Laufe der Jahre die in einer solchen Rollenverteilung zu Tage kommende Arbeitsteilung der Macht zunehmend in Frage. Heutzutage verlaufen politische Konflikte häufig auf Fragen der Zugehörigkeit zu kulturell gedachten Kollektiven wie Religionen, z.B. in Europa vorwiegend der Islam.

Die Frage ist dann, ob und unter welchen Bedingungen Konflikte etwa in urbanen Räumen als Phänomene auftreten, die als durch Migration verursacht wahrgenommen werden und bspw. entlang der Trennlinie Migrant*innen vs. Nichtmigrant*innen verlaufen. Insgesamt sind die Machtbeziehungen zwischen „Etablierten" und „Außenseitern" (Elias [1965] 1994) einem permanenten Wandel unterworfen, wobei Letztere mit der Zeit sichtbarer als politische Akteur*innen hervortreten können – in diesem Falle angetrieben durch die Revolution der Menschenrechte.

Die transnationalisierte soziale Frage

Die transnationalisierte soziale Frage ist immer auch eine nach dem kollektiven Subjekt, das Veränderungen aktiv vorantreibt. Noch im „Kommunistischen Manifest" von 1848 hatten Karl Marx und Friedrich Engels behauptet: „Ein Gespenst geht um in Europa – das Gespenst des Kommunismus." Damit verwiesen sie auf die Klassenbasis der sozialen Frage. In Anlehnung an diese Aussage ließe sich heutzutage konstatieren: „Während der gesamten Geschichte der Moderne haben die Mobilität und die Migration der Arbeitskräfte die Disziplinierungen, denen die Arbeiter unterworfen waren, gesprengt [...]. Ein Gespenst geht um in der Welt, und sein Name ist Migration." (Hardt & Negri 2002: 224–5) Aus dieser Sicht fungiert Migration als eine Form des spontanen Widerstands und damit als Widerspruch zum kapitalistischen Wirtschaftssystem. Dies weist Ähnlichkeiten mit der Wahrnehmung von vagabundierenden Armen als Kennzeichen der sozialen Frage im 19. Jahrhundert auf. Die Reaktion auf diese Mobilen trug wesentlich zu einem Elitenkonsens zur Etablierung von Wohlfahrtsstaaten bei; so etwa in der Bismarck'schen Sozialpolitik in Deutschland (de Swaan 1988). Der dabei entstandene Wohlfahrtsstaat bzw. Sozialstaat und dessen Politik der teilweisen Umverteilung und sozialen Sicherung haben seitdem wesentlich zur Befriedung der sozialen Frage im ausgehenden 19. Jahrhundert und im 20. Jahrhundert beigetragen. Welchen Beitrag der Wohlfahrtsstaat angesichts wachsender individualisierter Risiken im 21. Jahrhundert leisten kann, ist eine offene Frage. Darüber hinaus ist, transnational gesehen, der Wohlfahrtsstaat nicht nur eine Lösung für die nationale soziale Frage (Freeman 1986). Er trägt durch den Einschluss von Zugehörigen und den Ausschluss von Nicht-Zugehörigen auch gleichzeitig zur Konstituierung der transnationalisierten sozialen Frage bei. So ist bspw. die territoriale Ausgrenzung von als illegal bezeichneten Migrant*innen und Geflüchteten ein zentraler Anknüpfungspunkt für Fragen globaler Gerechtigkeit. Die spannende Frage ist, welche Art sozialer Ordnung sich in der Folge gegenwärtiger sozialer Transformationen und Migrationen herausbilden wird.

Ziel und Aufbau dieser Einführung

Diese Soziologie der Migration geht über die bisher vorliegenden Einführungen insofern hinaus, als nicht einfach die Integration von Migrant*innen in soziale Formationen wie „ethnische Kolonien" (Elwert 1982; vgl. Esser 1986) oder nationale politische Gemeinschaften bzw. Gesellschaften der Zielländer des globalen Nordens im Mittelpunkt steht. Stattdessen bemühen sich die Beiträge, grenzüberschreitende Migration in einen breiteren Zusammenhang zu stellen, der soziale Ungleichheiten und den Wandel der sozialen Frage hin zu einer transnationalisierten sozialen Frage als einen zentralen Konflikt unserer Zeit betrachtet. Dabei geht es weder um eine Wiederbelebung der Klassenanalyse von Migration der 1960er- und 1970er-Jahre noch um eine pauschale Zurückweisung der soziokulturell fokussierten Analysen, die seitdem sehr prominent sind. Vielmehr bietet dieses Buch eine umfassendere Perspektive, die über eine Klassenanalyse hinausgeht und die kulturellen und Statusdimensionen von Migration als Ungleichheitsprozesse mitberücksichtigt. Nichtsdestotrotz können nicht alle wichtigen Themen der Migrationssoziologie in Form von eigenständigen Kapiteln berücksichtigt werden. So fehlen in diesem Band bspw. separate Beiträge zu Migration aus postkolonialer Perspektive (siehe aber Sylla & Schultz 2019), zur Migration von Hochqualifizierten (z. B. Faist et al. 2017) oder zum inzwischen allgegenwärtigen Thema von Sozialintegration, nämlich Migration und Religion (z. B. Tezcan 2012). Jedoch können auch diese Themen mit Hilfe des hier skizzierten Rahmens analysiert werden.

Transnationalisierung und transnationalisierte soziale Frage
Da Transnationalisierung in unterschiedlichem Ausmaß in allen Bereichen sozialen Lebens beobachtet werden kann, muss über den „Container" des Nationalstaates als einzige und unbestrittene Analyse- oder Referenzeinheit hinausgegangen werden (Faist 2000; Pries 2008). Dadurch können transnationale Praktiken wie Überweisungen von Geld, Auslandsaufenthalte, Kontakte zu Familienangehörigen und Freunden, kulturellen Austausch, politische Aktivitäten und Investitionen verstanden und erklärt werden. Aus einer solchen Perspektive (Faist & Özveren 2004 am Beispiel deutsch-türkischer sozialer Räume; Chambon et al. 2012) folgt eine Kritik am sogenannten „methodologischen Nationalismus" (Wimmer & Glick Schiller 2003) und eine Suche nach Methoden, welche diesen überwinden (Kapitel 10). Konsequenterweise wäre auch zu fragen, inwieweit nicht nur Migrant*innen transnational interagieren, sondern auch Nichtmigrant*innen. So ist inzwischen gut belegt, dass auch relativ Immobile transnatio-

nale Bindungen unterhalten, z. B. nicht migrierte deutsche Staatsbürger*innen (Mau 2007).

Ziel dieses Buches ist es, über eine normative Bewertung von Migration und Ungleichheiten hinaus zu einer analytischen Durchdringung von Konflikten um Ursachen und Folgen von grenzübergreifender Mobilität zu ermuntern. Die einzelnen Beiträge gehen dabei auf konkrete Aspekte der transnationalisierten sozialen Frage ein, indem sie klassische Fragen bspw. nach Ursachen und Treibern von Migration oder der Sozialintegration der von Migrationsprozessen Betroffenen vor dem Hintergrund einer transnational orientierten Ungleichheitsanalyse behandeln. Weiterhin möchte dieses Buch dazu anregen, die Positionen der Forscher*innen zu hinterfragen: Stellen sie Migrant*innen vorwiegend als Opfer oder als eigenständig Handelnde dar?

Dieses Lehrbuch ist in vier Teile gegliedert: Einleitung (Teil I), Theorien und Konzepte (Teil II), Methodologie und Methoden (Teil III) und Forschungsperspektiven (Teil IV). Ein Glossar mit wichtigen Begriffen aus der Migrationssoziologie rundet die Darstellung ab.

Fragen und Konzepte der Migrationsforschung

In Teil 1 führt dieses erste Kapitel anhand einer substanziellen Frage in die Thematik ein: Wie kann Migration anhand grundlegender sozialer Ungleichheiten in grenzübergreifender Perspektive als transnationalisierte soziale Frage verstanden werden? Danach folgen Handreichungen für den didaktischen Umgang mit diesem Buch: Welche Lernziele lassen sich formulieren und wie können Lehrende und Studierende mit diesem Werk arbeiten (Kapitel 2)? Die zu entwickelnde Kernkompetenz betrifft das systematische Fragen im Hinblick auf Migration aus soziologischer Sicht auf der Basis von Konzepten, Theorien und entsprechenden Methoden.

Teil II gibt einen Überblick zu Konzepten und Theorien der sozialwissenschaftlichen und insbesondere soziologischen Migrationsforschung (Kapitel 3 bis 9). Dabei wird neben Typologien und Ursachen der Migration auch die Dynamik von Migrationsbewegungen behandelt. Dieser Teil beleuchtet zuerst die Kategorisierung von Mobilen bzw. Migrant*innen (Kapitel 3). Es ist besonders wichtig, die Verbindung von Kategorisierungen zur Herstellung von sozialen Ungleichheiten zu betonen. Dies gilt umso mehr angesichts der vielfältigen legalen Statuskategorien, z. B. „Asylbewerber*innen" und der ebenso zahlreichen, abwertenden sozialen Kategorisierungen, wie etwa der Begriff „Wirtschaftsflüchtlinge" in manchen Massenmedien. Kapitel 4 gibt einen Einblick in die Begriffsdiskussionen um Flüchtlinge. Dieser Beitrag weitet den Blick über die üblicherweise dichotomen Kategorien freiwillig vs. unfreiwillig, Arbeitsmigration vs. Fluchtmigration hinaus und nimmt Zwangsmigration in den Blick.

Diesem Auftakt schließt sich ein Überblick zu Theorien der Ursachen bzw. der Initiierung grenzübergreifender Migration an, der sowohl makro- als auch mikrotheoretische Ansätze darstellt (Kapitel 5). Die Überlegungen gehen von der Erkenntnis aus, dass Migration immer auch Teil fundamentalen sozialen Wandels ist, also ein Element sozialer Transformation. Damit ist auch ein Rahmen gegeben, um bspw. zu verstehen, warum die reale, weltweite Migrationsquote relativ gering ist und wie angesichts massiver Immobilität Migration überhaupt in Gang kommt und sich selbst verstärkt. Dazu ist eine Analyse über die Mikro- und Makroebene hinaus auf die Mesoebene notwendig, die komplexere Fragen der Migrationsdynamik wie etwa nach der Rolle von Netzwerken zu beantworten vermag (Kapitel 6). Eine zentrale Frage ist in diesem Zusammenhang, warum die weltweite Migrationsquote relativ gering ist, aber dennoch im Hinblick auf manche Regionen von Massenmigration gesprochen werden kann. Der Schwerpunkt auf die Mesoebene charakterisiert auch ein wichtiges Konzept für dieses Buch, Transnationalisierung. Im Unterschied zur Globalisierungsforschung werden regional ganz unterschiedlich ausgeprägte Prozesse der grenzüberschreitenden Transaktionen (Transnationalisierung), die soziale Struktur transnationaler Prozesse (Transnationale Soziale Räume) und das Transnationale als Merkmal von Heterogenität (Transnationalität) in den Mittelpunkt gestellt (Kapitel 7).

Teil II schließt mit zwei Beiträgen zu Prozessen der Post-Migration. Der Wert einer transnationalen Perspektive wird auch bei politischen Konflikten in Nationalstaaten und Mitgliedschaft in Staaten (Staatsbürgerschaft) deutlich, so etwa in dem raschen Wachstum der Toleranz gegenüber doppelter Staatsbürgerschaft (Kapitel 8). Diese kann als transnationalisierte Form politischer Mitgliedschaft angesehen werden. Der darauffolgende Beitrag zu Assimilation als Theorie der Sozialintegration zeigt, dass der ungleichheitsrelevanten Kategorisierung von Heterogenitäten eine zentrale Rolle für Sozialintegration zukommt (Kapitel 9). Beispielsweise steht schon zu Beginn der Assimilationsidee in der *Chicago School of Sociology* die Einsicht, dass erfolgreiche Integration nur unter Abwesenheit starker Diskriminierung Aussicht auf Erfolg haben kann.

Methodologie, Methoden und Empirie der Migrationsforschung

In Teil III geht es nach den theoretisch und konzeptuell ausgerichteten Beiträgen folgerichtig um Methodologie und Methoden der Migrationsforschung (Kapitel 10 bis 13). Dieser Teil verdeutlicht, dass theoriegeleitete empirische Analyse immer auf dem systematischen Einsatz einer ganzen Reihe wissenschaftlicher Methoden beruht. Die Beiträge in diesem Teil behandeln die unterschiedliche Logik von quantitativen und qualitativen Ansätzen und fragen nach Möglichkeiten ihrer Verbindung durch gemischte Vorgehensweisen, also Mixed Methods. Zuallererst gilt es, die methodologischen Prinzipien von Analysen zu etablieren, die eine transnationale Perspektive erlauben (Kapitel 10). Während bei qualitativen Methoden in der Regel das Verstehen im Vordergrund steht (Kapitel 11), ist es bei quantitativen Ansätzen das Ziel der Erklärung (Kapitel 12). Quantitative Methoden sind insbesondere dafür geeignet, die „objektive" Situation der Akteur*innen und der sozialen Strukturen zu beleuchten, während qualitative Methoden die „subjektive" Perspektive der jeweiligen Akteur*innen in den Vordergrund stellen und damit stärker Aspekte der sozialen Konstruktion der Wirklichkeit (Berger & Luckmann 1969) hervorheben. Mixed Methods berücksichtigen, dass empirische Fragen in der Forschung noch produktiver bearbeitet werden können, wenn quantitative und qualitative Methoden, je nach der jeweiligen Fragestellung, parallel oder konsekutiv angewendet werden (Kapitel 13).

Teil IV präsentiert abschließend in exemplarischer Weise Fallstudien, welche die zuvor geschilderten Konzepte, Theorien und Methoden in ausgewählten Feldern wie den sozialen Bindungen von internationalen Studierenden, der transnationalen Integration von Studierenden, der Fluchtmigration in Afrika, genderspezifischen Migrationsprozessen und der Mobilität im Zeitalter des menschengemachten Klimawandels – Anthropozän – anwenden (Kapitel 14 bis 18). Anhand des Fallbeispiels der Lebenssituation internationaler Studierender aus China in Deutschland werden die Grundlinien quantitativ orientierter Forschung verdeutlicht (Kapitel 14). Dies geschieht anhand eines Einblicks in eine in den vergangenen Jahrzehnten rapide expandierende Methodologie, die Netzwerkanalyse. Die daran anschließende Fallstudie zur Integration in die Welt der Künste und Musik unter japanischen Studierenden in Deutschland macht deutlich, dass Integrationsfragen weit über den nationalstaatlichen Rahmen hinausreichen und nicht ohne Integration in bestimmte transnationale Felder wie Kunst (*art worlds*) verstanden werden können (Kapitel 15). Die Studie zu Fluchtmigration in Afrika stellt heraus, dass sich die Situation Geflüchteter mittels vereinfachter Narrative über den „Katastrophenkontinent" Afrika oder über „die" Flüchtlinge nur unzureichend erfassen lässt (Kapitel 16).

Die letzten beiden Kapitel behandeln beispielhaft Forschungsfelder, deren Forschungsobjekte teilweise quer zu den vorangehenden Beiträgen liegen. Eine „gendersensible" Migrationsforschung analysiert Perspektiven auf Fürsorge (*care*) und transnationale Familien ebenso wie Ansätze zu Grenzregime, Bürgerschaft und Postkolonialität (Kapitel 17). Angesichts aktueller Entwicklungen nimmt die Beschäftigung mit den Formen von Migration, in der zentrale Protagonist*innen wechselweise als „Klimaflüchtlinge" oder „Klimamigrant*innen" bezeichnet werden, einen immer wichtigeren Stellenwert ein (Kapitel 18). Hierbei wird deutlich, dass die transnationalisierte soziale Frage ganz wesentlich um eine ökologische Komponente zu ergänzen ist. Sie wird damit zu einer sozio-ökologischen Frage, da sie Fragen hinsichtlich der ökologischen Voraussetzungen sozialer Ordnung thematisiert.

In der Summe handelt es sich hier nicht nur um ein klassisches Lehrbuch zur Soziologie der Migration, obwohl es auch als solches einsetzbar ist. Vielmehr hat es auch den Charakter einer einführenden und strukturierten Textsammlung, die flexibel – auch in Kombination mit anderen Texten – verwendbar ist. Dieses Buch ist ein Instrument, das Lehrende und Studierende je nach ihren spezifischen Bedürfnissen nutzen können. Es soll vor allem Anregungen zur systematischen Analyse von Migrationsprozessen bieten. Die Schwierigkeitsgrade einzelner Texte sind dabei verschieden.

Literatur

Abadan-Unat, N., 2011: *Turks in Europe: From Guest Worker to Transnational Citizen*. Oxford: Berghahn.

Abel, G. J. & N. Sander, 2014: Quantifying Global International Migration Flows. *Science* 343(6178):1520–1522.

Amelina, A. & T. Faist, 2008: Les associations turques de migrants en Allegmagne: entre pression à l'intégration et liens transnationaux. *Revue Européennes des Migrations Internationales* 24(2):91–120.

Balibar, É. & I. Wallerstein, 1991: *Race, Nation, Class: Ambiguous Identities*. London: Verso.

Basch, L., N. Glick Schiller & C. Szanton Blanc, 1994: *Nations Unbound: Transnational Projects, Postcolonial Predicaments and Deterritorialized Nation-States*. New York, NY: Gordon and Breach Science Publishers.

Bauböck, R. & T. Faist (Hrsg.), 2010: *Diaspora and Transnationalism: Concepts, Theories, Methodologies*. Amsterdam: Amsterdam University Press.

Beine, M., A. Boucher, B. Burgoon, M. Crock, J. Gest, M. Hiscox, P. McGovern, H. Rapoport, J. Schaper & E. Thielemann, 2016: Comparing Immigration Policies: An Overview from the IMPALA Database. *International Migration Review* 50(4):827–863.

Berger, P. L. & T. Luckmann, 1969: *Die gesellschaftliche Konstruktion der Wirklichkeit: Eine Theorie der Wissenssoziologie*. Frankfurt a. M.: S. Fischer.

Bourguignon, F., 2015: *The Globalization of Inequality*. Princeton, NJ: Princeton University Press.

Bourguignon, F. & C. Morrisson, 2002: Inequality among World Citizens: 1820–1992. *American Economic Review* 92(4):727–744.

Brubaker, R., 1994: *Citizenship and Nationhood in France and Germany*. Cambridge, MA: Harvard University Press.

Carens, J., 2000: *The Ethics of Immigration*. New York: Oxford University Press.

Castles, S., 2010: Understanding Global Migration. A Social Transformation Perspective. *Journal of Ethnic and Migration Studies* 36(10):1565–1586.

Castles, S., H. de Haas & M. Miller, 2014: *The Age of Migration: International Population Movements in the Modern World*. Basingstoke: Palgrave Macmillan, 5. Aufl.

Castles, S. & G. Kosack, 1973: *Immigrant Workers and Class Structure in Western Europe*. Oxford: Oxford University Press.

Chambon, A., W. Schröer & C. Schweppe (Hrsg.), 2012: *Transnational Social Support*. New York, NY: Routledge.

Chan, K. W., 2013: China, Internal Migration. In: Ness, I. & P. Bellwood (Hrsg.), *The Encyclopedia of Global Migration*. Oxford: Blackwell. doi:10.1002/9781444351071.wbeghm124.

Diewald, M. & T. Faist, 2011: Von Heterogenitäten zu Ungleichheiten: Soziale Mechanismen als Erklärungsansatz der Genese sozialer Ungleichheiten. *Berliner Journal für Soziologie* 21(1):91–114.

Donini, A., A. Monsutti & G. Scalettaris, 2016: Afghans on the Move: Seeking Protection and Refuge in Europe. Global Migration Research Paper Nr. 17/2016, The Graduate Institute, Genf. https://repository.graduateinstitute.ch/record/293919 (letzter Aufruf: 14.05.2020).

Durkheim, É., [1893] 1977: *Über die Teilung der sozialen Arbeit*. Frankfurt a. M.: Suhrkamp.

Elias, N., [1965] 1994: Introduction: A Theoretical Essay on Established and Outsider Relations. In: Elias, N. & J. L. Scotson (Hrsg.), *The Established and the Outsiders: A Sociological Enquiry into Community Problems*, S. xv–lii. London: SAGE.

Elwert, G., 1982: Probleme der Ausländerintegration. Gesellschaftliche Integration durch Binnenintegration? *Kölner Zeitschrift für Soziologie und Sozialpsychologie* 34(3):717–731.

Esser, H., 1986: Ethnische Kolonien: „Binnenintegration" oder gesellschaftliche Isolation? In: Hoffmeyer-Zlotnik, J. H. (Hrsg.), *Segregation und Integration. Die Situation von Arbeitsmigranten im Aufnahmeland*, S. 106–117. Mannheim: Forschung, Raum und Gesellschaft.

Faist, T., 2000: *The Volume and Dynamics of International Migration and Transnational Social Spaces*. Oxford: Oxford University Press.

Faist, T., 2008: Migrants as Transnational Development Agents: An Inquiry into the Newest Round of the Migration-Development Nexus. *Population, Space and Place* 14(1):21–42.

Faist, T., 2013: The Mobility Turn: A New Paradigm for the Social Sciences? *Ethnic and Racial Studies* 36(6):1637–1646.

Faist, T., 2019a: Contested Externalisation: Responses to Global Inequalities. *Comparative Migration Studies* 7:45. doi:10.1186/s40878-019-0158-y.

Faist, T., 2019b: *The Transnationalized Social Question: Migration and the Politics of Social Inequalities in the Twenty-First Century*. Oxford: Oxford University Press.

Faist, T., M. Aksakal & K. Schmidt, 2017: Migration von indischen Hochqualifizierten und Studierenden nach Deutschland. In: Bertelsmann Stiftung (Hrsg.), *Faire Fachkräftezuwanderung nach Deutschland*, S. 143–160. Gütersloh: Verlag Bertelsmann Stiftung.

Faist, T., B. Bilecen, K. Barglowski & J. J. Sienkiewicz (Hrsg.), 2015: *Safety Nets of Migrants Across Borders: An Inquiry into Social Mechanisms of Inequality*: Band 21(3) von *Special Issue of Population, Space and Place*.

Faist, T., M. Fauser & E. Reisenauer, 2014: *Das Transnationale in der Migration*. Weinheim und Basel: Beltz Juventa.

Faist, T., T. Gehring & S. U. Schultz, 2019: Mobilität statt Exodus: Migration und Flucht in und aus Afrika. Working Paper 165/2019, COMCAD – Centre on Migration, Citizenship and Development, Bielefeld. https://www.uni-bielefeld.de/soz/ab6/ag_faist/downloads/WP_165.pdf (letzter Aufruf: 11.02.2020).

Faist, T. & E. Özveren (Hrsg.), 2004: *Transnational Social Spaces: Agents, Networks and Institutions*. Aldershot: Ashgate.

Faist, T. & C. Ulbricht, 2015: Constituting Nationality Through Transnationality: Categorizations and Mechanisms of Inequality in German Integration Debates. In: Foner, N. & P. Simon

(Hrsg.), *Fear and Anxiety over National Identity*, S. 189–212. New York: Russell Sage Foundation.

Fischer, P. A., R. Martin & T. Straubhaar, 1997: Should I Stay or Should I Go? In: Hammar, T., G. Brochmann, K. Tamas & T. Faist (Hrsg.), *International Migration, Immobility and Development: Multidisciplinary Perspectives*, S. 49–90. Oxford: Berg.

Fraser, N., 2000: Rethinking Recognition. *New Left Review* 3 (May–June): 107–120.

Freeman, G. P., 1986: Migration and the Political Economy of the Welfare State. *The Annals of the American Academy of Political and Social Science* 485:51–63.

Gold, S. J. & S. J. Nawyn (Hrsg.), 2018: *Routledge International Handbook of Migration Studies*. Abingdon: Routledge, 2. Aufl.

Granovetter, M., 1973: The Strength of Weak Ties. *American Journal of Sociology* 78(4):1360–1380.

Hamilton, B. & J. Whaley, 1984: Efficiency and Distributional Implications of Global Restrictions on Labor Mobility. *Journal of Development Economics* 14(1):61–75.

Hampshire, J., 2013: *The Politics of Immigration: Contradictions of the Liberal State*. Cambridge: Polity Press.

Hardt, M. & A. Negri, 2002: *Empire. Die neue Weltordnung*. Frankfurt a. M.: Suhrkamp.

Hirschman, A. O., 1970: *Exit, Voice, and Loyalty*. Cambridge, MA: Harvard University Press.

Hoerder, D., 2003: *Cultures in Contact: World Migrations in the Second Millennium*. Durham, NC: Duke University Press.

Holst, E., A. Schäfer & M. Schrooten, 2012: Gender and Remittances: Evidence from Germany. *Feminist Economics* 18(2):201–229.

Huntington, S., 2003: *Who Are We? The Challenges to America's National Identity*. New York, NY: Simon & Schuster.

Hüttermann, J., 2018: *Figurationsprozesse der Einwanderungsgesellschaft. Zum Wandel der Beziehungen zwischen Alteingesessenen und Migranten in deutschen Städten*. Bielefeld: transcript.

IOM (International Organization for Migration), 2019: *Global Migration Data Analysis Centre. 2018: Data Bulletin Series Informing the Implementation of the Global Compact for Migration*. Genf: IOM.

Joly, D. & K. Wadia, 2017: *Muslim Women and Power: Political and Civic Engagement in West European Societies*. Basingstoke: Palgrave Macmillan.

Kapur, D. & J. McHale, 2005: *Give Us Your Best and Brightest: The Global Hunt for Talent and Its Impact on the Developing World*. Washington, DC: Center for Global Development.

King, R. & P. Raghuram, 2013: International Student Migration: Mapping the Field and New Research Agendas. *Population, Space and Place* 19(1):127–137.

Korzeniewicz, R. P. & T. P. Moran, 2009: *Unveiling Inequality: A World-Historical Perspective*. New York, NY: Russell Sage Foundation.

Kymlicka, W., 2009: *Multicultural Odysseys: Navigating the New International Politics of Diversity*. Oxford: Oxford University Press.

Lindert, P. H. & J. G. Williamson, 2003: Does Globalization Make the World More Unequal? In: Bordo, M. D., A. M. Taylor & J. G. Williamson (Hrsg.), *Globalization in Historical Perspective*, S. 227–271. Chicago, IL: University of Chicago Press.

Lukes, S., 1974: *Power: A Radical View*. London: Macmillan Press.

Manning, P., 2012: *Migration in World History*. London: Routledge.

Marx, K., [1867] 1962: *Das Kapital*: Band 1 (MEW, Band 23). Berlin: Dietz.

Marx, K. & F. Engels, 1848: *Manifest der Kommunistischen Partei*. London. http://www. deutschestextarchiv.de/book/view/marx_manifestws_1848?p=3 (letzter Aufruf: 11.02.2020).

Mau, S., 2007: *Transnationale Vergesellschaftung. Die Entgrenzung sozialer Lebenswelten*. Frankfurt a. M.: Campus.

McKeown, A. M., 2004: Global Migration, 1846–1940. *Journal of World History* 15(2):155–189.

Messina, A. M. & G. Lahav (Hrsg.), 2006: *The Migration Reader: Exploring Politics and Policies*. London: Lynne Rienner.

Milanovic, B., 2016: *Global Inequality: A New Approach for the Age of Globalization*. Cambridge, MA: Harvard University Press.

Mosuela, C., 2018: *Injecting Moral-Laden Discourses into Global Migration Governance: The Case of the Recruitment of Filipino Nurses to Germany*. Dissertationsschrift, Fakultät für Soziologie. Universität Bielefeld.

Münch, R., 2009: *Das Regime des liberalen Kapitalismus: Inklusion und Exklusion im neuen Wohlfahrtsstaat*. Frankfurt a. M.: Campus.

Oxfam, 2017: *An Economy for the 99 %. Oxfam Briefing Papers*. Oxford: Oxfam International.

Parsons, T., [1937] 1968: *The Structure of Social Action*: Band 1. New York: The Free Press.

Pavcnik, N., 2011: Globalization and Within-Country Income Inequality. In: Bacchetta, M. & M. Jansen (Hrsg.), *Making Globalization Socially Sustainable*, S. 233–259. Genf: International Labour Organization (ILO); Washington, DC: World Trade Organization (WTO).

Pries, L., 2008: Transnational Societal Spaces: Which Units of Analysis, Reference, and Measurement? In: Pries, L. (Hrsg.), *Rethinking Transnationalism: The Meso-Link of Organisations*, S. 1–20. London: Routledge.

Pritchett, L., 2006: *Let Their People Come: Breaking the Gridlock of Global Labor Mobility*. Washington, DC: Center for Global Development.

Ravenstein, Sir E. G., 1889: The Laws of Migration. *Journal of the Royal Statistical Society* 52 (June): 241–305.

Rodrik, D., 2001: The Global Governance of Trade as If Development Really Mattered. United Nations Development Programme Background Paper (October), Social Development Group, Bureau for Development Policy, United Nations Development Programme, New York.

Sarrazin, T., 2010: *Deutschland schafft sich ab. Wie wir unser Land aufs Spiel setzen*. München: Deutsche Verlags-Anstalt.

Schenk, F., 2008: *Die Frühzeit des Menschen. Der Weg zum Homo sapiens*. München: C. H. Beck, 5., vollständig neubearbeitete und ergänzte Aufl.

Schwenken, H., 2018: *Globale Migration. Zur Einführung*. Hamburg: Junius.

Shachar, A., 2009: *The Birthright Lottery. Citizenship and Global Inequality*. Cambridge, MA: Harvard University Press.

Shain, Y., 2005: *The Frontier of Loyalty*. Ann Arbor: University of Michigan Press.

de Swaan, A., 1988: *In Care of the State: Health Care, Education, and Welfare in Europe and America During the Modern Era*. Oxford: Oxford University Press.

Sylla, A. & S. U. Schultz, 2019: Mali: Abschiebungen als postkoloniale Praxis. *PERIPHERIE* 39(3):389–411.

Tezcan, L., 2012: *Das muslimische Subjekt. Verfangen im Dialog der Deutschen Islamkonferenz*. Konstanz: Konstanz University Press.

Thompson, E. P., [1963] 1991: *The Making of the English Working Class*. Toronto: Penguin Books.

Tilly, C., 1998: *Durable Inequalities*. Berkeley, CA: University of California Press.

de Tocqueville, A., [1835/1840] 1988: *Democracy in America. Hrsg. Jacob-Peter Mayer und übersetzt von George Lawrence.* New York, NY: Harper & Row.

Treibel, A., 2011: *Migration in modernen Gesellschaften. Soziale Folgen von Einwanderung, Gastarbeit und Flucht.* Weinheim: Juventa, 5. Aufl.

Triadafilopoulos, P., F. Adamson & A. R. Zolberg, 2011: The Limits of the Liberal State: Migration, Identity and Belonging in Europe. *Journal of Ethnic and Migration Studies* 37(6):843–59.

UN DESA (United Nations Department of Economic and Social Affairs), 2019: International Migration Report. Forschungsbericht, United Nations. Department of Economic and Social Affairs, New York. https://www.un.org/en/development/desa/population/migration/data/estimates2/estimates19.asp (letzter Aufruf: 11.02.2020).

UNHCR (United Nations High Commissioner for Refugees), 2019: *Global Trends: Forced Displacement in 2018.* Genf: United Nations High Commissioner for Refugees. http://www.internal-displacement.org/database/displacement-data (letzter Aufruf: 20.01.2020).

Van Hear, N., R. Brubaker & T. Bessa, 2009: Managing Mobility for Human Development: The Growing Salience of Mixed Migration. Human Development Reports, Research Paper 2009/20, United Nations Development Programme. www.hdr.undp.org/sites/default/files/hdrp_2009_20.pdf (letzter Aufruf: 15.05.2019).

Weber, M., [1904, 1920] 1980: Die protestantische Ethik und der Geist des Kapitalismus. In: *Gesammelte Aufsätze zur Religionssoziologie*, S. 17–206. Tübingen: J. C. B. Mohr (Paul Siebeck).

Weber, M., [1922] 1972: *Wirtschaft und Gesellschaft. Grundriß der verstehenden Soziologie.* Studienausgabe. 5., revidierte Auflage, Nachdruck 1980. Besorgt von Johannes Winckelmann. Tübingen: J. C. B. Mohr.

Weiß, A., 2005: The Transnationalization of Social Inequality: Conceptualizing Social Positions on a World Scale. *Current Sociology* 53(4):707–728.

Wihtol de Wenden, C., 2016: *Atlas des migrations: Un équilibre mondial à inventer.* Paris: Autrement.

Wiktorowicz, Q., 2004: *Islamic Activism: A Social Movement Theory Approach.* Bloomington, IN: Indiana University Press.

Wiley, N., 1967: The Ethnic Mobility Trap and Stratification Theory. *Social Problems* 15(2):147–159.

Wimmer, A. & N. Glick Schiller, 2003: Methodological Nationalism, the Social Sciences, and the Study of Migration: An Essay in Historical Epistemology. *International Migration Review* 37(3):576–610.

Winter, E., 2011: *Us, Them, and Others. Pluralism and National Identity in Diverse Societies.* Toronto: University of Toronto Press.

Zelinsky, W., 1971: The Hypothesis of the Mobility Transition. *Geographical Review* 61(2):219–249.

Zolberg, A. R., 1987: Wanted But Not Welcome: Alien Labor in Western Development. In: Alonso, W. (Hrsg.), *Population in an Interacting World*, S. 36–73. Cambridge, MA: Harvard University Press.

Zolberg, A. R., A. Suhrke & S. Aguayo, 1989: *Escape from Violence: Conflict and the Refugee Crisis in the Developing World.* New York, NY: Cambridge University Press.

Zolberg, A. R. & L. L. Woon, 1999: Why Islam is Like Spanish: Cultural Incorporation in Europe and the United States. *Politics & Society* 27(1):5–38.

Natalya Kashkovskaya

2 Zur Didaktik der Soziologie der Migration

Denken wir an das Ereignis, dass Personen für längere Zeit von A nach B umziehen. Im Zusammenhang damit stellen Migrationssoziolog*innen verschiedene Fragen, wie z. B.: Wie ist es dazu gekommen, dass die Personen ihren Wohnort
wechseln? Können die Entscheidungen als freiwillig bezeichnet werden? Wer sind
diese Personen in Bezug auf verschiedene Merkmale? Wovon hängt es ab, ob sie
als Migrant*innen bezeichnet werden? Wie werden sie kategorisiert und wahrgenommen? Wie wird das Leben am neuen Ort eingerichtet? Wer sind die sozialen
Kontakte dieser Personen nach dem Umzug, wie kommen sie zustande und wie
werden sie gepflegt? Wie wird das Thema in der Politik wahrgenommen und bearbeitet? Wer würde auch umziehen, aber kann nicht, und warum? Wer will nicht
umziehen, obwohl er oder sie könnte?

   Diese komplexen Fragen sind für Migrationssoziolog*innen interessant und
lohnend nachzugehen, nicht nur weil sie das Umzugsereignis, seine Gründe und
Folgen besser beschreiben und verstehen, sondern auch weil sie dadurch mehr
über die ganze Gesellschaft lernen können. Beginnend mit den Grenzen dieser Gesellschaft: Wenn die grenzübergreifenden sozialen Beziehungen von Migrant*innen mit Familienmitgliedern, Freund*innen, Geschäftspartner*innen im
Herkunftsland in den Blick genommen werden, sieht man, dass die Gesellschaft
nicht mit der Gesamtheit aller im Territorium des Staates lebenden Menschen
gleichgesetzt werden kann. Die Vorstellung von Gesellschaft ist nicht automatisch mit dem Nationalstaat gleichzusetzen, also „die" deutsche Gesellschaft. Die
hier favorisierte soziologische Perspektive auf Migration zeichnet sich dadurch
aus, dass der Fokus auf Migration es erlaubt, eine Perspektive auf die grenzübergreifenden Problemstellungen zu bekommen.

   Ausgehend von dieser Auffassung, unterstützt dieses einführende Buch zur
Soziologie der Migration die Entwicklung einer Kernkompetenz, nämlich angemessene Fragen aus migrationssoziologischer Perspektive zu stellen und mit einer passenden Methode zu bearbeiten. Diese Fähigkeit ist nicht nur für die Studierenden notwendig, die später in der Wissenschaft arbeiten, sondern auch für
diejenigen, die sich in einem praxisbezogenen Berufsfeld mit migrationsrelevanten Prozessen und Themen auseinandersetzen.

   Für die Erkennung und Analyse von migrationssoziologischen Problemstellungen sind verschiedene Arten von Wissen, Fähigkeiten und Fertigkeiten notwendig. Um sie zu systematisieren, wird die von Dee Fink (2013) entwickelte Taxonomie des nachhaltigen Lernens (*„significant learning"*) als konzeptuelles Ge-

https://doi.org/10.1515/9783110680638-002

rüst herangezogen. Er unterscheidet sechs Arten des Lernens je nach Lerninhalten und -zielen:

- Wissensgrundlage (*foundational knowledge*): Die Studierenden verstehen und behalten zentrale Wissenselemente, Ideen und Perspektiven.
- Anwendung (*application*): Die Studierenden lernen, das Wissen anzuwenden, indem sie praktische Fähigkeiten erwerben.
- Integration/Verknüpfung (*integration*): Bei dieser Lernart geht es um die Suche nach Verbindungen, Gemeinsamkeiten und Wechselwirkungen zwischen Ideen, Perspektiven und anderen Lerninhalten.
- menschliche Dimension (*human dimension*): Dee Fink spricht hier von den Lernerfahrungen, die den Studierenden ermöglichen, über sich selbst zu lernen, Menschen besser zu verstehen und mit ihnen zu interagieren.
- Werte (*caring*): Lernen bedeutet auch persönliche Veränderungen in Form von der Entwicklung neuer Gefühle, Interessen oder Werte.
- Lernen, wie man lernt (*learning how to learn*): Die Studierenden lernen, effektiv zu lernen.

Eine wichtige Eigenschaft dieser Taxonomie ist, dass alle Lernarten in einer interaktiven, synergetischen Beziehung zu einander stehen. Verschiedene Lernziele werden demnach nicht separat erreicht. Vielmehr beeinflussen und stimulieren die aufgeführten Lernarten einander. Der Beitrag benutzt deshalb die Taxonomie von Dee Fink als konzeptionelle Unterscheidung und schlägt in jedem Abschnitt Lernaktivitäten und Aufgaben vor, die eine bestimmte Lernart in den Fokus nehmen. Dabei schwingen andere Lernarten jedoch immer mit.

In diesem Beitrag werden vier der sechs Lernarten (Wissensgrundlage, Anwendung, Integration/Verknüpfung und menschliche Dimension) im jeweiligen Abschnitt behandelt. Für die Kategorien „Werte" und „Lernen, wie man lernt" werden keine eigenen Methoden vorgeschlagen, da sie bei jeder Methode implizit mitgedacht sind. Was neue Werte und Interessen angeht, kann das Buch vor allem mit seinem Querschnittsthema der Multiperspektivität begeistern. Es lässt sich z. B. mit dem Buch gut illustrieren, wie die Frage der Mitgliedschaft von Migrant*innen aus unterschiedlichen Perspektiven betrachtet werden kann, nämlich als Assimilation in transnationale Familien (Kapitel 6) oder in eine überwiegend nationalstaatlich eingegrenzte Gesellschaft (Kapitel 9), als Integration in überlappende Nationalstaaten oder transnationale Gemeinschaften wie eine Diaspora (Kapitel 8), oder als Integration in einen transnationalen gesellschaftlichen Teilbereich, z. B. in Kunstwelten (Kapitel 15). Multiperspektivität ist auch in den Kapiteln 10–13 deutlich spürbar, die aufzeigen, wie sich qualitative und quantitative Methodologien den Problemen der Migrationsforschung unterschiedlich annähern und wie diese Perspektiven fruchtbar kombiniert werden können. Neue

Interessen entwickeln sich insbesondere dann, wenn die Studierenden sich mit den Themen der Migrationsforschung praktisch auseinandersetzen (siehe Abschnitt zur Anwendung) und die Erträge einer soziologischen Perspektive auf Migration herausarbeiten (siehe Abschnitt zu den Verbindungen zwischen Wissensinhalten). Eine Vorstellung vom effektiven Lernen („Lernen, wie man lernt") entwickeln die Studierenden, indem sie über eingesetzte Lernaufgaben diskutieren und über das Gelernte reflektieren.

Der Lernprozess in der Soziologie der Migration soll vorrangig durch fortschreitende Distanzierung vom Alltagswissen zu Migration begleitet werden. Viele Studierende kommen in eine einführende Veranstaltung zur Soziologie der Migration, weil sie bspw. viel von diesem Thema in den Medien gelesen/gehört haben, in denen die Migration oft als Problem und aus der Perspektive eines Nationalstaates behandelt wird. Bei anderen Studierenden wurde das Interesse an der Soziologie der Migration durch persönliches Engagement in sozialen Projekten geweckt, die sich an Migrant*innen in verschiedenen Problemlagen richten. Studierende der zweiten Generation berichten oft bei der Vorstellungsrunde, dass ihr Interesse von Problemen, die ihre Eltern als Migrant*innen bewältigen mussten, geprägt ist. Solche Vorerfahrungen können die Studierenden dazu verleiten, bei der Migrationsforschung primär an die Integrationsforschung zu denken. Diese verengte Perspektive erlaubt ihnen nicht, andere Migrant*innentypen und Migrationsdynamiken zu sehen, die gewöhnlich nicht unter dem Integrationsvorzeichen thematisiert werden. Didaktische Methoden, die in diesem Beitrag behandelt werden, legen deswegen ein besonderes Augenmerk auf die Distanzierung vom Alltagswissen. Beispielsweise bei der Arbeit mit Konzepten der Soziologie der Migration werden die Alltagskategorien kritisch betrachtet, die anfangs oft die Wahrnehmung und Analysen von Studierenden strukturieren. Die praktischen Forschungserfahrungen und die Auseinandersetzung mit der Frage, über welche verschiedenen Lebens- und Forschungsbereiche die Soziologie der Migration lehrt, helfen den Studierenden, zu sehen, dass es nicht nur um die Migrant*innen in einem für diese neuen Nationalstaat geht, sondern auch um andere relevante Akteur*innen (z. B. Organisationen der Einwanderungsgesellschaft oder auch Nichtmigrant*innen) und verschiedene soziale Räume (z. B. Religionsgemeinschaften, Familien).

Konzepte der Soziologie der Migration als Wissensgrundlage

Die deutsche Übersetzung vom ersten Element in Dee Finks Taxonomie *„foundational knowledge"* als „Fachwissen" (vgl. Dee Fink 2009) ist breit gefasst und richtet die Aufmerksamkeit auf eine schwer festzulegende Gesamtheit theoretischer und methodischer Ansätze sowie den Stand der Forschung. Es ist deshalb hilfreicher, über Grund- oder Basiswissen der Soziologie der Migration nachzudenken. Was dient als Wissensgrundlage dafür, eine migrationssoziologische Fragestellung zu entwickeln und bearbeiten zu können? Eine weitere hilfreiche Frage für didaktische Reflexion, die Dee Fink empfiehlt, ist „Was sollen die Studierenden nach mehreren Jahren [nach der Arbeit mit dem Buch] immer noch wissen?" (Dee Fink 2009). Der hier vorgestellte Vorschlag besteht darin, die Wissensgrundlagen der Migrationssoziologie über ihre Konzepte zu vermitteln.

Studierende eignen sich das Grundwissen an, indem sie Konzepte, die Migrationssoziolog*innen benutzen, kennenlernen und verstehen. Mit den zum Einsatz kommenden Konzepten lernen sie einerseits die Sprache kennen, mit der Migrationssoziolog*innen über empirische Beobachtungen reden. Auf dieser Grundlage können sie mit der Kenntnis und dem Verständnis von Konzepten die Theorien schnell begreifen, denn Konzepte sind ihre Bausteine. Wer die gängigen Begriffe der Migrationssoziologie im Kontext versteht, kennt sich gleichzeitig mit zentralen Themen und Perspektiven der Soziologie der Migration aus.

Das vorliegende Buch eignet sich gut dafür, die Vielfalt der Konzepte, die in der Migrationssoziologie zur Anwendung kommen, ebenso wie ihre verschiedenen Verwendungssituationen kennenzulernen. Die Studierenden verstehen, wie ein Konzept funktioniert, indem sie seinen Einsatz in unterschiedlichen Forschungskontexten beobachten. Außerdem lernen sie reflexiv mit Konzepten umzugehen, d. h. dem kontextabhängigen Bedeutungsgehalt eines Konzeptes Rechnung zu tragen. Das Mapping von Konzepten wird hier als Lernmethode vorgeschlagen, weil es die Relationen zwischen Konzepten in den Blick nimmt. Es geht dabei darum, Landkarten von Konzepten nach verschiedenen Klassifikationskriterien zu erstellen. Im Prozess der Erstellung der Landkarten werden Studierende angeregt, Konzepte zu vergleichen, Relationen zwischen ihnen zu sehen, Perspektiven zu wechseln und auf diese Weise über Konzepte zu reflektieren. Diese Methode eignet sich sowohl für die Arbeit mit dem ganzen Buch als auch mit ausgewählten Texten und Textgruppen. Die Aufgabe kann individuell oder in Kleingruppen bearbeitet werden, im Anschluss werden die Ergebnisse im Plenum diskutiert. Im Folgenden werden zwei Schritte dieser Arbeitsmethode, zum einen das Sammeln und zum anderen die Relationierung von Konzepten, vorgestellt.

Im ersten Schritt werden grundsätzlich alle Konzepte gesammelt, die man in den Texten gelesen hat (z. B. auf Klebezetteln). Bei der Suche nach Konzepten können Studierende an „Begriffe" oder „Fachworte" denken oder auch folgende Definition von Strauss und Corbin (1996: 43) als Unterstützung benutzen: „Konzeptuelle Bezeichnungen oder Etiketten, die einzelnen Ereignissen, Vorkommnissen oder anderen Beispielen für Phänomene zugeordnet werden". Zur Inspiration für die Suche nach Konzepten hilft es zuvor gemeinsam zu überlegen, um welche Arten von Konzepten es gehen kann.

– Zum Beispiel können Konzepte ein unterschiedliches Anwendungsgebiet und/oder unterschiedliche Reichweiten haben. Es gibt spezifische migrationssoziologische Konzepte, die in der Migrationsforschung gängig sind, wie z. B. Herkunftsgesellschaft; Einwanderungsgesellschaft; Mehrheitsgesellschaft; Migrationssystem; Diaspora; erste und zweite Generation; Migrationshintergrund; verschiedene Migrant*innentypen, wie z. B. Rückkehrmigrant*innen, irreguläre Migrant*innen oder Arbeitsmigrant*innen. Diese Begriffe haben die Studierenden wahrscheinlich in den anderen Veranstaltungen noch nicht wahrgenommen und sie werden vor allem unmittelbar in Bezug auf Migrationsprozesse benutzt. Man sollte die Suche aber nicht auf solche Konzepte begrenzen und darüber hinaus allgemeinsoziologische Begriffe, wie z. B. Handeln, Netzwerk, Mitgliedschaft, Gruppen, soziale Ungleichheit, soziale Ordnung, soziale Transformation, transnationale soziale Frage, Kapitalismus, notieren.

– Ein anderer Denkanstoß für die Such- und Sammelaufgabe ist die Frage, welche Arten der Phänomene die Konzepte bezeichnen können. Einige Konzepte bezeichnen Akteur*innen, wie z. B. Haushalte, Nichtmigrant*innen, (National-)Staat, Organisationen und andere. Demnach lässt sich die Suche von der Frage leiten, wer die zentralen Akteur*innen in Migrationsprozessen sind. Hilfreich ist dabei, auf Ausdrücke wie „wird gesehen" und „wird unterschieden" zu achten und sich zu fragen, welche Akteur*innen dabei gemeint sind. Eine andere Gruppe der Konzepte bezieht sich auf Ressourcen oder Kapitalformen, sowohl symbolische als auch materielle. Somit kann die Frage aufgeworfen werden, was den Akteur*innen wichtig ist, worum sie konkurrieren. Ähnlich kann man verschiedene soziologische Begriffe – Räume, Kontexte, Diskurse, Institutionen und weitere – auf die Texte anwenden und analysieren, welche Konzepte man dabei finden kann. Diese Übung ist auch dafür hilfreich, eine soziologische Perspektive auf Migration zu aktivieren und die soziologischen Begriffe einzuführen oder aufzufrischen, je nachdem, wie die Gruppe zusammengesetzt ist.

Nachdem ein Pool von Konzepten gesammelt worden ist, fangen die Studierenden im zweiten Schritt damit an, sie nach vorgeschlagenen Prinzipien zu sortieren, klassifizieren und systematisieren. Es kann durch den Einsatz von Farben, durch die räumliche Anordnung der Begriffe oder Metaplankarten, die bewegt werden können, stattfinden. Die Konzepte werden angeordnet und die Beziehungen zwischen ihnen werden durch Pfeile und/oder Verbindungslinien aufgezeigt. Es geht dabei nicht darum, dass es eine einzige richtige Lösung und Zuordnungsmöglichkeit gibt, sondern vielmehr, sich mit den Kategorien zu beschäftigen, über ihre Funktion nachzudenken und durch verschiedene Schwerpunkte der Klassifizierungssysteme verschiedene Dimensionen von Konzepten zu sehen. Auf diese Weise können die Studierenden am Ende die Konzepte besser verstehen und verwenden.

Für diese Aufgabe können sich die Lehrenden unterschiedliche Klassifizierungssysteme überlegen, je nachdem, worauf der Fokus gesetzt werden soll. In diesem Beitrag werden drei Vorschläge geschildert, die sich mit dem Buch besonders gut bearbeiten lassen.

Kategorisierungen von Migration

Die erste Klassifizierungsaufgabe zielt darauf ab, sich mit den unterschiedlichen Kategorisierungen der Migration zu beschäftigen. Die Studierenden lernen verschiedene Formen/Typen der Migration kennen und reflektieren darüber.

Für die Vorbereitung auf die Aufgabe eignet sich das Kapitel 3 als Einführung in das Thema. Weitere Beiträge beschäftigen sich mit einer konkreten Kategorie, wie „Flüchtlinge" (Kapitel 4 und 16) und „internationale Studierende" (Kapitel 14 und 15). Auch die Beiträge im Teil II „Methoden in der Soziologie der Migration" geben einen breiten Einblick, wie mit verschiedenen Migrationsformen in der Forschungspraxis umgegangen wird.

Nach dem Sammeln von Konzepten wird man erwartungsgemäß verschiedene Migrant*innenkategorien beobachtet haben. Die Studierenden sollten auch an die Kategorien denken, die nicht (so häufig) in den Beiträgen vorkommen, z. B. zirkuläre Migration. Außerdem wird man mehrere gegensätzliche Begriffspaare gesammelt haben, die die Migrationsformen zu beschreiben versuchen, wie freiwillig – unfreiwillig, legal – illegal, temporär – permanent und so weiter. Bei der Zuordnung von Kategorien zu diesen Beschreibungen kann man sich fragen: Kann der betrachtete Migrant*innentyp eindeutig an einem der beiden Extremen situiert werden? Bilden die Begriffspaare eher eine Dichotomie oder ein Kontinuum?

Beim Mapping von anderen Konzepten – Arbeitsmarkt, Ethnizität, Gründe der Migration u. a. – zu Migrant*innenkategorien wird veranschaulicht, dass verschiedene Migrationsformen nicht entlang gleicher Kriterien konstruiert werden, weil z. B. die Position und die Qualifikation auf dem Arbeitsmarkt bei manchen Migrant*innenkategorien eine wichtige Funktion übernimmt und bei anderen nicht. Anschließend kann gemeinsam herausgearbeitet werden, welche Dimensionen für welche Kategorie ausschlaggebend sind und welche dabei ausgeblendet und nicht thematisiert werden. Welche Folgen hat es für die Arbeit mit diesen Kategorien und für das Verständnis von Migrationsprozessen?

Die Zuordnung von verschiedenen Akteur*innen zu Migrant*innenkategorien lenkt unsere Aufmerksamkeit auf die Prozesse der Konstruktion und Reproduktion der Kategorien: Von wem werden die Kategorien definiert? Von wem werden sie benutzt? So kommt auch die Frage der Selbst- und Fremdbeschreibung ans Licht. Wie gehen die Akteur*innen mit Kategorien um, denen sie zugeordnet werden? Zur Veranschaulichung können verschiedene Strategien von individuellen Akteur*innen für den Umgang mit Kategorien aufgezeigt und diskutiert werden, wie z. B. Ablehnung und Abneigung, oder Aneignung und Umdeutung von Kategorien. Kapitel 16 geht auf unterschiedliche Arten und Weisen ein, wie sich Flüchtlinge zu der dominanten Kategorisierung als passive Opfer verhalten können: *victimcy* (man spielt aktiv die Rolle des passiven Opfers), Widerstand gegen die ihnen zugeschriebene Rolle, oder ein Handeln erzeugen, das mit dieser Beschreibung nicht in Einklang zu bringen ist. Die Studierenden können zunächst verschiedene Strategien des Umgangs mit Kategorisierung sammeln und im Anschluss daran nach Beispielen in Medien, Musik oder Kunst suchen.

In diesem Zusammenhang wäre auch die Frage von Kategorienwechsel interessant: Wie und von wem kann die Kategorienzuordnung von einer Person geändert werden? Welche Kategorie ist leicht zu ändern, welche schwieriger? Womit hängt es zusammen? Was sagt es über die soziale Ungleichheit aus? Die Diskussion kann mit dem Beispiel von Kategorien wie „Verräter*innen" und „Held*innen" für Migrant*innen (Kapitel 8) oder mit der nicht immer einfachen Unterscheidung von Asylsuchenden und Arbeitsmigrant*innen, bzw. zwischen freiwilliger (ökonomischer) und unfreiwilliger (politischer) Migration (Kapitel 4) eingeleitet werden.

Wenn es um das Mapping von Akteur*innen geht, darf die Rolle der Wissenschaftler*innen nicht vergessen werden. Zur Einleitung der Diskussion wird die Frage aufgestellt: Wann sollen die wissenschaftlichen Kategorien der Selbstwahrnehmung der Menschen entsprechen und wann ist dies nicht unbedingt ratsam? Des Weiteren sollte man darauf achten, ob ein Konzept, das einer bestimmten Migrant*innenkategorie zugeordnet wird, eine Eigenschaft bezeichnet, die den Angehörigen dieser Kategorie zugeschrieben wird (wie z. B. Armut oder bessere Integrationsfähigkeit)? Welche Auswirkungen haben die der Kategorie zugeschriebenen Bedeutungen auf die Benutzung von dieser Kategorie in der Forschung? Wie soll ein*e Sozialwissenschaftler*in damit umgehen? So wird z. B. in Kapitel 16 diskutiert, wie die Forscher*innen mit den verbreiteten Vorstellungen von den Flüchtlingen als gleichförmige, homogene Gruppe umgehen sollten. Zum einen sollten sie die Zugehörigkeit der Flüchtlinge zu unterschiedlichen sozialen Gruppen in den Blick nehmen, zum anderen sollten sie aber auch der Frage nachgehen, wer in wissenschaftlichen und öffentlichen Diskursen über Fluchtmigration zu Wort kommt.

Bei der Bearbeitung dieser Aufgabe werden Studierende sicherlich merken, dass viele Konzepte nicht nur eine Definition haben. Demnach kann man gemeinsam ausarbeiten, wovon es abhängt. Zum Beispiel hat ein Konzept unterschiedliche Bedeutung, je nachdem, ob es als sozialwissenschaftliche oder politische Kategorie benutzt wird (siehe „Flüchtling" in Kapitel 4). Auch in der Wissenschaft kann ein Konzept je nach der Forschungsfrage unterschiedlich definiert werden (siehe „Person mit Migrationshintergrund" in Kapitel 12). Mit Kapitel 16 zu Flucht und Vertreibung in Afrika kann die Frage der sozialräumlichen Universalität von Konzepten eingeleitet werden. Welche Konzepte sind unterschiedlich/gleich gut für die Forschung im globalen Norden und globalen Süden geeignet? Unter welchen Bedingungen können die Konzepte, die im globalen Norden entwickelt wurden, bei der Forschung im globalen Süden eingesetzt werden? Eine herkunftsdiverse Zusammensetzung in der jeweiligen Lehrveranstaltung kann hier hilfreich sein. Die Studierenden können miteinander teilen, wie bestimmte Kategorien in anderen Kontexten benutzt werden, mit denen sie vertraut sind. Das kann einige Besonderheiten von der Benutzung der Kategorien im deutschen Kontext ans Licht bringen, die sonst als selbstverständlich gelten.

Als weiterführende Aufgabe zur kritischen Auseinandersetzung mit den Kategorisierungen der Migration kann als Methode „*follow the category*", angelehnt an Marcus (1995), vorgeschlagen werden. Mit Beispielen wie „soziale Frage" (Kapitel 1) oder „Migrationshintergrund" (Kapitel 12) sollten Studierende versuchen, verschiedene Bedeutungen von einer ausgewählten Kategorie und ihre Entwicklung über die Zeit aufzuzeichnen.

Im Anschluss an die Mapping-Aufgabe können die Studierenden über Benutzung der Migrant*innenkategorien in der soziologischen Forschung debattieren. Zwei Gruppen sollen mit Hilfe von Buchbeiträgen und Ergebnissen der Mapping-Aufgabe Argumente für und gegen die Benutzung der Migrant*innenkategorien in der Migrationssoziologie sammeln. Helfen oder behindern sie bei der Erforschung der sozialen Realität der Migration? Sind sie ein nützliches Gerüst, um die Daten zu strukturieren oder stören sie uns dabei, andere wichtige Differenzierungsmerkmale im Feld wahrzunehmen? Am Ende werden gemeinsam wichtige Punkte herausgearbeitet, welche Wissenschaftler*innen bei der Benutzung von diesen Kategorien bedenken müssen.

Kategorisierung nach Mikro-, Meso- und Makroebene

Mit Kapitel 6 als Grundlage nimmt man eine weitere Klassifizierung von gesammelten Konzepten vor, nämlich nach Makro-, Meso- und Mikroebene. Die Studierenden lernen zu erkennen, auf welchem Analyseniveau sie selbst und die anderen Wissenschaftler*innen sich bewegen. Welche Art von Forschungsfragen kann ein*e Forscher*in auf welcher Ebene stellen und beantworten?

Bei dieser Aufgabe ist entscheidend zu verstehen, dass die meisten Konzepte nicht ausschließlich einem Niveau zugeordnet werden können (bspw. der Staat auf der Makroebene und das Individuum auf der Mikroebene). Vielmehr können viele Konzepte auf allen Niveaus benutzt werden, aber sie funktionieren unterschiedlich. Zum Beispiel wird der Staat auf der Mesoebene als Teil der Umwelt einer Migrant*innenorganisation gesehen, auf der Makroebene – als Entscheider über die Migrationspolitik. Rassismus wiederum kann als individuelle Einstellungen auf der Mikroebene oder als gesellschaftliche Struktur mit bestimmten Ausschlussmechanismen auf der Makroebene verstanden werden.

Kategorisierung von sozialen Räumen

Ein dritter Klassifizierungsvorgang orientiert sich in hohem Maße an Kapitel 7 und möchte den Studierenden die Konzepte der Transnationalisierungsperspektive nahebringen. Man kann das Mapping mit der für Migration üblichen Visualisierung anfangen, nämlich mit Sende- und Aufnahmeland. Ähnlich wie in der Aufgabe mit Analyseebenen können die Konzepte, wie z. B. Diaspora, Rücküberweisungen, Freundschaft, Familie, Solidarität, themenbezogene Netzwerke, soziale Sicherung, Professionsfeld, Kunstwelten nicht ausschließlich dem einen oder dem anderen Land zugewiesen werden. Selbst wenn einige Elemente, wie z. B. bestimmte Familienmitglieder der internationalen Studierenden, physisch ausschließlich innerhalb der Staatsgrenzen eines Staates positioniert werden können, spannen sich die sozialen Beziehungen zwischen den Familienmitgliedern in diesen Familien unausweichlich über die Ländergrenzen hinweg. Die Visualisierung hilft dabei, zu sehen, was sich ändert, wenn die transnationalen Phänomene nur aus der Perspektive eines Staates betrachtet werden. So z. B. bei der Betrachtung der Sicherungsstrategien von Migrant*innen und ihren Familienangehörigen würde man nur einen Teil der sozialen Sicherung sehen, die von Akteur*innen in Anspruch genommen werden kann (vgl. Kapitel 13).

Anwendung: Methodologie und praktische Übungen

Die Methoden, die im vorigen Abschnitt zu Wissensgrundlagen vorgeschlagen wurden, haben bereits die Anwendungsaspekte berücksichtigt, indem die Studierenden z. B. für die Kontextabhängigkeit von Konzepten sensibilisiert wurden. Wenn die Anwendung im Fokus des Lernens steht, sollte man gezielt auf die empirische Vorgehensweise von Migrationssoziolog*innen eingehen. In diesem Abschnitt geht es deshalb darum, dass die Studierenden lernen, zentrale methodologische Herausforderungen der Migrationssoziologie zu erkennen und zu meistern und praktische Erfahrungen in der Durchführung kleiner Forschungsprojekte sammeln.

Die wichtigsten methodologischen Herausforderungen in der Migrationssoziologie, nämlich methodologischer Nationalismus, Gruppismus, Essenzialisierung von Kultur und Identität und Positionalität, werden im Kapitel 10 zur transnationalen Methodologie beschrieben. Um die Denkweise, die diese Herausforderungen überwindet, einzuüben, können die Studierenden einen Katalog mit sensibilisierenden Fragen an Forschungsprojekte entwickeln, die helfen sollen, die typischen Denkfehler zu erkennen und zu vermeiden. Dafür kann man zuerst die Forschungsprojekte, die im Buch beschrieben werden, unter die Lupe nehmen und schauen: Welche zentralen Konzepte benutzt der*die Forschende? In welche Gruppen werden die Akteur*innen unterteilt? Mit welcher Begründung werden diese Unterteilungskriterien benutzt? Welche Rolle spielt der (National-)Staat in diesem Forschungsdesign? Welche anderen Analysekontexte/sozialen Räume sind möglich, werden angesprochen? Wie unterscheidet sich sein*ihr Gebrauch von diesen Konzepten vom Gebrauch in Zeitschriften, öffentlichem Diskurs, von Informant*innen/Interviewteilnehmer*innen? Welche Rolle spielen Konzepte, wie Ethnizität und Kultur in der Forschung und wie werden sie definiert? Wenn das Forschungsprojekt von einem transnationalen Team durchgeführt wurde, stehen z. B. folgende Fragen im Mittelpunkt (siehe vor allem Projektbeispiele in den Kapiteln 13–16): Gibt es Anzeichen der Asymmetrie in der Ausstattung von Forscher*innen in Ressourcen und der Macht? Mit welchen Maßnahmen, die das Forschungsdesign und die Gestaltung der Zusammenarbeit betreffen, hat das Team dem Einfluss dieser Asymmetrie auf die Forschung entgegengewirkt?

Die praktischen Kompetenzen und die Fähigkeit, eigenständig Forschungsprojekte durchzuführen, werden am besten in Empirie- und Praxisprojekten eingeübt, die Bestandteil der Lehrveranstaltungen oder ergänzenden Veranstaltungen sind. Idealerweise entwickeln Studierende selbstständig kleine empirische Forschungsprojekte (möglicherweise zu einem gemeinsam eingegrenzten Thema) und besprechen nach jeder Forschungsphase Ergebnisse, Probleme und offene Fragen in Gruppen oder im Plenum. Die empirische Forschung muss nicht unbedingt in vollem Umfang durchgeführt werden. Wichtig ist es vielmehr, die Methoden auszuprobieren. Das heißt, dass die Studierenden z. B. selbst ein Interview führen und/oder auswerten oder einen Fragebogen entwickeln und einen Pretest durchführen. Auch wenn die Studierenden nicht ins Feld gehen, können sie praktische Erfahrungen sammeln, indem sie an einem Konzept die Operationalisierung üben und unterschiedliche Möglichkeiten der Definition/Operationalisierung sammeln. Im Kontext transnationaler Migrationsforschung wären z. B. Konzepte „sozialer Status", „Familie" oder „Transnationalität" interessant. Im Anschluss an diese Aufgabe diskutieren die Studierenden, was die Vielfalt der Operationalisierungsmöglichkeiten für die Vergleichbarkeit der Forschungsergebnisse bedeutet.

Falls die Zeit für eine praktische Anwendung nicht ausreicht, können die Studierenden zumindest Projektskizzen anfertigen und sie besprechen, ohne das Projekt tatsächlich durchzuführen. Eine Projektskizze enthält ein Ausgangsproblem, eine Fragestellung, eine kurze Beschreibung des theoretischen Rahmens und Überlegungen zur Methode, mit der sich diese Fragestellung bearbeiten lassen könnte. Wenn die Studierenden eigene Projekte durchführen oder entwerfen, können sie den oben beschriebenen sensibilisierenden Fragenkatalog zu methodologischen Herausforderungen auf das eigene Forschungsdesign anwenden und anschließend diskutieren, welche Fragen tatsächlich hilfreich sind, um methodologische Herausforderungen zu überwinden.

Eine weitere Alternative wäre ein gemeinsamer Feldforschungsaufenthalt mit anschließender Diskussion. Beispielsweise können der*die Lehrende und die Studierenden eine mehrstündige ethnografische Beobachtung in urbanen Räumen mit unterschiedlicher sozialer Zusammensetzung durchführen. Am besten soll ein Ort dabei sein, der oft als Treffpunkt von bestimmten Migrant*innengruppen genutzt wird. Die Lehrenden können mit Studierenden besprechen, für welche Forschungsfragen eine derartige Art der Feldforschung passen würde und für welche nicht. Studierende lernen außerdem, wie und welche Ungleichheiten man beobachten bzw. nicht beobachten kann und welche Sprache sie benutzen können, um das (Nicht-)Beobachtete festzuhalten. Es soll auch thematisiert werden, dass die Dauer einer ethnografischen Feldforschung mindestens ein paar Wochen betragen soll (siehe „fokussierte Ethnografie" in Kapitel 11). Bei einer Beobachtung an einem einzelnen Tag ist die Gefahr groß, Stereotype über beobachtete Akteur*innen zu reproduzieren. Jedoch können Studierende angeregt werden, die Methode zu kritisieren und zu überlegen, womit sie diese ergänzen könnten (z. B. könnten sie mit Passant*innen in Kontakt treten und reflektieren, welche Fragen an sie gestellt werden könnten).

Über Verbindungen zwischen Wissensinhalten lernen: Warum Migrationssoziologie?

Bei der Lernart „Integration/Verknüpfung" sollen Studierende laut Dee Fink nach Verbindungen zwischen Lerninhalten innerhalb der Lehrveranstaltung, mit Wissensinhalten aus anderen Lehrveranstaltungen, oder auch mit Wissen aus anderen Lebensbereichen suchen. Diese Lernart kommt der Hauptthese dieses Buches am meisten nahe, nämlich dass der Fokus auf Migration den Forscher*innen dabei hilft, die grundlegenden soziologischen Fragen zur sozialen Ordnung in verschiedenen sozialen Formationen exemplarisch zu bearbeiten (vgl. Kapitel 1). Die in diesem Abschnitt vorgeschlagenen Arbeitsformen richten besonderes Augenmerk auf die Frage, was man über andere Lebens- und Forschungsbereiche lernt, wenn man sich mit migrationsrelevanten Phänomenen beschäftigt. Die Methoden, die Studierende für diese Frage sensibilisieren können, sind:

–   Nach der Lektüre jedes Beitrags kann der*die Lehrende an die Studierenden die Frage stellen, was sie aus diesem Beitrag gelernt haben. Dabei sollten sie die Begriffe Migration oder Migrant*innen nicht erwähnen. Das können verschiedene Arten von Erkenntnissen sein. Einige davon beziehen sich auf zentrale Analyseperspektiven, z. B. Mikro- und Makrotheorien (Kapitel 5), sozial-relationale Perspektiven (Kapitel 6) oder eine sozial-ökologische Herangehensweise (Kapitel 18). Andere sind Beobachtungen, die sowohl auf Migrant*innen als auch Nichtmigrant*innen zutreffen, wie z. B., dass Selbstwahrnehmung und Fremdwahrnehmung nicht immer übereinstimmen (Kapitel 3 und 16). Studierende können auch eine der zentralen Thesen, die ein bestimmter Beitrag vorträgt, erwähnen, wie z. B., dass ethnische oder nationale Gruppen keine natürlichen Einheiten darstellen (Kapitel 7). In jedem Fall verdeutlichen solche Feststellungen die Verbindungen der Soziologie der Migration mit anderen Wissens- und Lebensbereichen.

–   Bei jedem Beitrag können die Studierenden überlegen, aus welcher anderen soziologischen oder sozialwissenschaftlichen Perspektive er hätte geschrieben werden können und was dabei anders gewesen wäre: Was wäre der Fokus gewesen? Wie wären die Hauptfragen formuliert worden? Wie hätten die Beiträge ausgesehen, wenn ein Bildungssoziologe oder eine Bildungssoziologin die Kapitel 14 und 15 geschrieben hätte? Diese Übung veranschaulicht die Verbindungen der Migrationssoziologie zu anderen soziologischen Forschungsfeldern.

–   Lehrende können die beiden folgenden Fragen, die in Kapitel 1 eingeführt werden, zur Diskussion vorschlagen: „Was wäre anders, wenn es keine Grenzen gäbe und jede*r frei migrieren dürfte?" und „Was wäre anders, wenn niemand migrieren dürfte?". Dabei sollten die Studierenden nicht nur daran denken, was die Folgen dieser imaginäreren Situationen sind, sondern auch das politische und soziale System beschreiben, indem solche Situationen möglich sind. Auf diese Fragen können die Lehrenden nach der Lektüre von jedem Buchkapitel zurückkommen, da sie auf unterschiedliche Weise zur Antwortsuche beitragen.

– Schließlich kann die Frage „Warum sollte man sich mit der Migration beschäftigen?" offen gestellt werden. Nach der Lektüre von jedem Artikel führt der*die Lehrende eine Antwortrunde auf diese Frage durch. Die Antwortlänge ist dabei auf einen Satz oder sogar auf ein Wort begrenzt. Das ist eine gute Vorbereitungsübung für zukünftige Wissenschaftler*innen, denn bei jeder Forschungsfrage soll die Verbindung zu einem breiteren Anliegen in der Disziplin und der gesellschaftlichen Relevanz aufgezeigt werden.

Menschliche Dimension:
Reflexion über die eigene soziale Position

In der soziologischen Perspektive spielt die Wechselwirkung vom Lernen über sich selbst und vom Lernen über die Anderen eine besondere Rolle. Diese Lernprozesse verlaufen simultan und beeinflussen sich gegenseitig. Soziologisch gesehen lernt man z. B. sich selbst kennen, indem man lernt, sich mit den Augen von anderen Menschen zu sehen (z. B. Mead 1934). Andererseits wird es oft betont, dass bei einer empirischen Forschung, in der ein*e Forscher*in neue Informationen über andere Menschen herausfinden möchte, er*sie zuerst die eigene Position (gegenüber Forschungsprojektpartner*innen oder Forschungsobjekten) gründlich reflektieren muss, weil sie diesen Erkenntnisprozess beeinflusst (vgl. Kapitel 11). Die im Folgenden vorgeschlagenen Methoden orientieren sich an der Simultanität dieser Lernprozesse und folgen dem Motto „*help students learn about self and they will likely learn about others, and vice versa*" (Dee Fink 2013: 54).

– Die Auseinandersetzung mit der eigenen sozialen Position kann damit eingeleitet werden, dass die Studierenden Ideen dazu sammeln, was es aus soziologischer Perspektive heißt, über sich selbst zu lernen, welche Unterschiede es zu anderen Perspektiven gibt (z. B. zur Psychologie und Pädagogik, wo eher Begriffe wie „Persönlichkeit" wichtig sind). Wir können bspw. aus Kapitel 14 lernen, dass man sich über die Zusammensetzung eigener sozialer Beziehungen zu anderen Personen (egozentriertes Netzwerk) besser verstehen kann.

– Eine weiterführende Aufgabe ist eine kritische Diskussion der empirischen Forschungsprojekte, die im Buch beschrieben werden, anhand folgender Fragen: Welchen Einfluss oder welche Einschränkungen kann die Positionierung von der*dem Forscher*in auf dieses empirische Projekt haben? Hat sie z. B. einen Einfluss auf Kontaktaufbau mit Informant*innen, oder auf Analysekategorien, die der*die Forscher*in benutzt? Welche*r Forscher*in hat welche Vorteile für die Durchführung von einem solchen Forschungsprojekt? Welche persönliche Motivation könnte man für solche Forschung haben? Welche

Schwierigkeiten sind mit der Position (weiße*r, in Europa sozialisierte*r) Forscher*innen gegenüber Afrika und gegenüber Flüchtlingen verbunden, und wie lassen sich diese bewältigen? (vgl. Kapitel 16)

- Wenn die Atmosphäre in der Seminargruppe vertrauensvoll ist und die Studierenden bereit sind, offen über persönliche Positionen miteinander zu sprechen, kann man die Diversität im Seminarraum für Lernprozesse nutzen. Hier sollte der*die Lehrende aber vorsichtig vorgehen, da bestimmte soziale Positionen mit Diskriminierungserfahrungen verbunden sind. Eine Person in einer solchen Position kann retraumatisiert werden, wenn diese Erfahrungen nicht ernst genommen werden, indem ihre Interpretationen und/oder Wahrnehmungen hinterfragt werden („Man hat es [diskriminierende Aussagen] doch nicht so gemeint") oder die Wichtigkeit dieser Erfahrungen abgesprochen wird („Es ist gar nicht so schlimm. Anderen Menschen passieren schlimmere Sachen, du solltest dich deshalb nicht so aufregen"). Es lohnt sich deswegen, Studierende vorher dafür zu sensibilisieren und gemeinsame Regeln für den Umgang mit diesen Themen im Seminar auszuarbeiten.

  Wenn z. B. genug internationale Studierende im Seminar sind, kann man Chancen und Eingrenzungen für die Forschung zu Migration in Deutschland, die mit den Positionen international/einheimisch verbunden sind, besprechen, sowie Fragen des Insider-Outsider-Seins beleuchten. Einerseits verfügen internationale Studierende vermutlich über weniger Vorwissen als in Deutschland aufgewachsene Studierende über gesellschaftliche Debatten zu Migration und Migrationsströmungen in Deutschland und/oder haben schlechteren Zugang zu bestimmten Institutionen aufgrund der Sprache oder fehlendem Kontextwissen. Andererseits haben sie eine andere Perspektive auf Migrant*innen aus ihnen vertrauten Herkunftsländern, aus denen sie andere Aspekte der Forschungssituation als einheimische Studierende erfahren können. Sie werden eventuell auf andere Weise in diesen Migrant*innengruppen wahrgenommen, und dieser Zugang erlaubt ihnen, teilweise zu anderen Erkenntnissen zu gelangen.

- Um die Diversität produktiv im Unterricht zu nutzen, lassen sich Tandems zwischen einheimischen und internationalen Studierenden für die Forschungsarbeit bilden, damit sie im Forschungsprozess einander bereichern. Alternativ können Tandems zwischen Personen gebildet werden, die in einem anderen für das Forschungsprojekt relevanten Merkmal, z. B. Gender, unterschiedlich sind. Die Studierende diskutieren vor und nach der Forschungsphase, ob unterschiedliche Ausprägungen des ausgewählten Merkmals mit verschiedenen Perspektiven und forschungspraktischen Vorteilen verbunden sind.

Fazit

Das Anliegen dieses Buches besteht darin, die Besonderheiten und Stärken einer soziologischen Perspektive auf migrationsbezogene Phänomene herauszuarbeiten. Vor diesem Hintergrund zeigt dieser Beitrag, wie das Buch im Lernprozess eingesetzt werden kann. Mithilfe von Dee Finks Taxonomie des nachhaltigen Lernens werden die Lernziele der Soziologie der Migration konzeptuell unterschieden. Die Arbeitsformen mit den Beiträgen dieses Buches werden strukturiert nach diesen Lernzielen behandelt. Alle Aufgaben tragen dazu bei, dass die Studierenden in der Lage sind, migrationssoziologische Fragen zu entwickeln und zu bearbeiten.

Dieses Buch zeigt den Studierenden die Vielfältigkeit der Fragen und Perspektiven in der Soziologie der Migration über die Integrationsforschung hinaus, insbesondere ihren Beitrag zum Verständnis der sozialen Ungleichheiten und transnationalen sozialen Formationen. Das legt den Grundstein dafür, Begeisterung für migrationssoziologische Themen zu schaffen und damit die Nachhaltigkeit des Lernens zu gewährleisten.

Literatur

Dee Fink, L., 2009: Leitfaden zur Konzeption und Planung von Lehrveranstaltungen, die nachhaltiges Lernen fördern. https://www.deefinkandassociates.com/German_SelfDirectedGuide.pdf (letzter Aufruf: 30.09.2019).

Dee Fink, L., 2013: *Creating Significant Learning Experiences. An Integrated Approach to Designing College Courses*. San Francisco: Jossey-Bass.

Marcus, G. E., 1995: Ethnography in/of the World System: The Emergence of Multi-Sited Ethnography. *Annual Review of Anthropology* 24(1):95–117.

Mead, G. H., 1934: *Mind, Self, and Society: From the Standpoint of a Social Behaviorist*. Chicago, IL: University of Chicago Press.

Strauss, A. L. & J. M. Corbin, 1996: *Grounded Theory: Grundlagen Qualitativer Sozialforschung*. Weinheim: Beltz.

Teil II: **Theoretische Konzepte**

https://doi.org/10.1515/9783110680638-part02

Die Migrationssoziologie bedient sich zahlreicher theoretischer Konzepte, die durchaus nicht immer eindeutig definiert sind und die in verschiedenen Forschungskontexten auf unterschiedliche Art und Weise Anwendung finden. Trotz oder gerade wegen dieser Ambivalenzen ist eine tiefgründige Beschäftigung mit Konzepten und Theorien, die die Auslöser und Folgen verschiedener Formen von freiwilliger und unfreiwilliger Migration zu erklären und mit anderen gesellschaftlichen Prozessen zu verknüpfen versuchen, aus mindestens drei Gründen sehr wichtig.

Erstens leistet die soziologische Migrationsforschung einen wichtigen Beitrag zu einem theoretischen Verständnis von Migrations- und Integrationsprozessen. Dabei erscheint es aufgrund der Komplexität von Migrationsursachen, -prozessen und -folgen nicht möglich (und auch nicht unbedingt wünschenswert), eine allumfassende soziologische Migrationstheorie zu verfassen, die diese Komplexität reduziert. Jedoch kann eine soziologische Perspektive auf Migration zu einem besseren wissenschaftlichen Verständnis von gesellschaftlichen Prozessen, die Migrationsbewegungen auslösen, befördern oder auch reduzieren, sowie den Auswirkungen von Migrationsbewegungen auf Gesellschaften in den Herkunfts- und Zielländern von Migrant*innen beitragen. Auf der anderen Seite sind verschiedene Formen von Auswanderung und Einwanderung zunehmend Teil von gesellschaftlichen Realitäten in den meisten Teilen der Welt. Ein soziologisches Verständnis von gesellschaftlichen Prozessen, wie z. B. der Entstehung von sozialen Ungleichheiten – wie in diesem Sammelband fokussiert – bedarf deshalb auch eines Verständnisses der Wechselwirkung von verschiedenen Formen von Migration mit diversen anderen gesellschaftlichen Phänomenen und Prozessen, mit denen sich die Soziologie beschäftigt.

Zweitens dienen theoretische Konzepte in der Migrationssoziologie auch dazu, die wissenschaftliche Beschäftigung mit menschlichen Wanderungsbewegungen von politischen, medialen und öffentlichen Debatten abzugrenzen. Die Art und Weise wie Begriffe im Alltag benutzt werden stimmt dabei häufig nicht mit den in der sozialwissenschaftlichen Forschung diskutierten Bedeutungen überein. Des Weiteren werden migrationssoziologische Begriffe häufig auch in politischen Debatten verwendet, wobei es manchmal zu durchaus tiefgreifenden Bedeutungsveränderungen kommt (siehe Faist und Ulbricht 2017 für das Beispiel des Begriffs „Integration"). Daher ist eine Beschäftigung mit Konzepten und Theorien in der Migrationssoziologie, ebenso wie das Verständnis von in der migrationssoziologischen Forschung angewendeten Methodologien und Methoden (siehe Teil III in diesem Sammelband) wichtig für die Unterscheidung zwischen einem Alltagsverständnis und einem wissenschaftlichen Zugang zum Thema Migration.

Drittens bildet ein grundlegendes Verständnis theoretischer und konzeptueller Begriffe und Zusammenhänge die Basis für einen Zugang zu empirischen Studien. Diese bedienen sich häufig dieser theoretischen Konzepte, um beispielhaft Einblicke in die Lebenswelten von Migrant*innen und ihren „signifikanten Anderen", wie Familienangehörigen, Freund*innen und Arbeitskolleg*innen (Faist et al. 2014) zu ermöglichen (siehe Teil IV in diesem Sammelband).

In diesem Teil des vorliegenden Sammelbandes beschäftigen wir uns mit drei wichtigen Betrachtungsweisen eines theoretischen und konzeptuellen Zugangs zur Migrationssoziologie; (1) Formen und Kategorien von Migration und Zwangsmigration und der unterschiedlichen Verwendung der Begriffe in Wissenschaft, Politik und öffentlichen Debatten, (2) sozialwissenschaftlichen Erklärungsansätzen für Migration auf der Makro-, Mikro- und Mesoebene sowie der Frage, warum unter ähnlichen Bedingungen manche Menschen migrieren und andere nicht; und (3) sozialwissenschaftlichen Erklärungsansätzen für gesellschaftliche Entwicklungen und politische Praktiken in Zielländern von Migrant*innen und in transnationalen sozialen Räumen.

Die folgenden sieben Kapitel lassen sich diesen drei genannten Blickwinkeln zuordnen. So beschäftigen sich die Beiträge von Kerstin Schmidt (Kapitel 3) und Johanna Paul (Kapitel 4) mit rechtlichen und sozialen Kategorisierungen von Migrant*innen bzw. Zwangsmigrant*innen. Der Beitrag von Schmidt bietet dabei einen generellen einführenden Überblick über Kategorisierungen von Migrant*innen und die gesellschaftlichen Folgen dieser Prozesse. Der Beitrag von Paul fokussiert verschiedene Formen von Zwangsmigration und hinterfragt kritisch, warum manche Gründe für erzwungene Migration rechtlich als Fluchtursachen anerkannt werden und andere nicht. Darüber hinaus beschäftigt sich der Beitrag mit den Folgen dieser Kategorisierungen für betroffene Individuen und Gesellschaften.

Die Beiträge von Mustafa Aksakal (Kapitel 5) und Thomas Faist (Kapitel 6) stellen die Frage nach den Ursachen für Migration bzw. Immobilität und somit nach den Voraussetzungen, die Migrationsprozesse begünstigen oder behindern. Das Kapitel von Aksakal fokussiert dabei Erklärungsansätze auf der Makroebene, die strukturelle Abhängigkeiten zwischen Herkunfts- und Zielländern von Migrant*innen in den Vordergrund stellen. Außerdem werden in diesem Kapitel Erklärungsansätze auf der Mikroebene vorgestellt und individuelle Bedürfnisse und Lebensentwürfe, die zu Migrationsentscheidungen führen, betrachtet. Der Beitrag von Faist hingegen stellt die Frage nach der Selektivität von Migrationsprozessen, d. h. warum aus manchen Orten der Welt besonders viele und aus anderen nur sehr wenige Menschen migrieren. Der Beitrag analysiert insbesondere die Rolle ortsgebundener Ressourcen und die Bedeutung von transnationaler Migration zur Transnationalisierung dieser Ressourcen.

Die Beiträge von Thomas Faist und Başak Bilecen (Kapitel 7), Thomas Faist (Kapitel 8) und Christian Ulbricht (Kapitel 9) beschäftigen sich mit den Folgen von Migration in den Zielländern von Migrant*innen sowie in transnationalen sozialen Räumen. Dabei stellt der Beitrag von Faist und Bilecen grundlegende Konzepte der transnationalen Migrationssoziologe wie „Transnationalisierung", „Transnationale soziale Räume" und „Transnationalität" vor. Basierend auf dieser Einführung beschäftigt sich der folgende Beitrag von Faist dann mit der zunehmenden Transnationalisierung formaler Zugehörigkeiten, die sich nicht mehr nur auf eindeutig definierte Staatsbürgerschaften in Nationalstaaten beschränken lassen. Vielmehr umfassen grenzübergreifende Bürgerschaften auch doppelte oder multiple Mitgliedschaften in mehren Nationalstaaten aber auch verschachtelte Zugehörigkeiten, wie z. B. bei deutschen Staatsbürger*innen, die gleichzeitig auch Bürger*innen der Europäischen Union (EU) sind. Der abschließende Beitrag von Ulbricht lenkt den Blick zurück auf die nationalstaatliche Perspektive. In diesem Kapitel werden assimilations- und integrationstheoretische Ansätze vorgestellt, die gesellschaftliche Prozesse in den Zielländern von Migrant*innen erklären. Dabei ist es wichtig, Theorien der Integration in einer breiten Perspektive zu sehen. In der empirischen Forschung wird deutlich, dass ein Theoriestrang häufig nicht das ganze Spektrum der Erfahrungen einer bestimmten Gruppe von Immigrant*innen erfassen kann. Das wird bspw. an der Immigration aus Polen nach Deutschland sichtbar, zu deren Analyse Theorien der Assimilation, des kulturellen Pluralismus und der grenzübergreifenden Expansion von sozialen Räumen notwendig sind (Faist 2001).

Literatur

Faist, T., 2001: Integration(en) von Immigranten aus Polen in Deutschland: Assimilation, Pluralismus und Transstaatliche Integration. In: Krasnodębski, Z. & N. Krampen (Hrsg.), *Polen in Deutschland. Eine unsichtbare Minderheit?*, S. 27–56. Bremen: Kooperation Universität Arbeiterkammer.

Faist, T., M. Fauser & E. Reisenauer, 2014: *Das Transnationale in der Migration: Eine Einführung. Grundlagentexte Soziologie.* Weinheim: Beltz Juventa.

Faist, T. & C. Ulbricht, 2014: Von Integration zu Teilhabe? Anmerkungen zum Verhältnis von Vergemeinschaftung und Vergesellschaftung. *Sociologia Internationalis* 52(1):119–147.

Kerstin Schmidt

3 Formen und Kategorisierungen von Migration

Einleitung

Welche Rolle spielen verschiedene Formen von Migration und Mobilität in modernen Gesellschaften? Wer nimmt die Zuordnung von Menschen in Migrant*innenkategorien vor, und warum werden diese Zuordnungen vorgenommen? Welche Auswirkungen können Kategorisierungen für Individuen und Gesellschaften haben? Dieser Beitrag beschäftigt sich mit diesen und ähnlichen Fragen aus einer migrationssoziologischen Perspektive. Wenn über verschiedene Formen menschlicher Migration und Mobilität gesprochen wird, werden sowohl in der sozialwissenschaftlichen Migrationsforschung als auch in politischen Diskursen häufig Kategorisierungen von Menschen anhand bestimmter Charakteristika vorgenommen. Bei der zugrunde liegenden Logik dieser Zuordnungen in verschiedene Migrant*innenkategorien kann man zwischen mindestens zwei Dimensionen unterscheiden.

Erstens wird Zuwanderung durch von den Regierungen der Zielländer definierte rechtliche Kategorien geregelt. Dabei sind die Erteilung eines Einreisevisums sowie die erlaubte Länge des Aufenthalts an bestimmte Bedingungen geknüpft, die häufig den Zweck des Aufenthaltes bestimmen. Beispiele hierfür sind internationale Studierende, die für die Dauer ihres Studiums an einer deutschen Universität ein Visum erhalten oder hochqualifizierte Arbeitnehmer*innen, die in bestimmten Fällen bereits nach einer kurzen Aufenthaltsdauer eine Niederlassungserlaubnis im Zielland bekommen. Die Zuwanderungspolitik in vielen Zielländern von Migrant*innen ist über die vergangenen Jahrzehnte im Allgemeinen nicht restriktiver sondern selektiver geworden. Dabei ist der Antrag eines Visums für internationale Studierende und hochqualifizierte Arbeitnehmer*innen häufig vergleichsweise einfach, während Flüchtlinge und Menschen, die zum Zwecke einer Familienzusammenführung einwandern wollen, vor größeren Hürden stehen (de Haas et al. 2018a).

Diese Unterscheidung zwischen erwünschter und weniger erwünschter Zuwanderung in politischen Diskursen wird am Beispiel zweier zeitgleich Ende 2019 stattgefundener öffentlicher Debatten in Deutschland deutlich. Zum einen wurde das im März 2020 in Kraft getretene Fachkräfteeinwanderungsgesetz von Seiten der Bundesregierung als notwendiger Schritt hin zu einer aktiven Anwerbung von Fachkräften begrüßt. So sagte Bundeskanzlerin Angela Merkel am 16. Dezember

https://doi.org/10.1515/9783110680638-003

2019 auf einer Pressekonferenz: „Das Fachkräfteeinwanderungsgesetz, von der Bundesregierung verabschiedet, ist ein Paradigmenwechsel in unserer Art, wie wir auf Fachkräfte auch außerhalb der Europäischen Union zugehen wollen."[1] Im Zusammenhang mit der Diskussion um eine gerechte Verteilung der mit der Aufnahme Geflüchteter verbundenen finanziellen und sozialen Kosten sagte Außenminister Heiko Maas einen Tag später in einer Rede zur Eröffnung des Globalen Flüchtlingsforums: „Wir haben in den letzten Jahren erlebt, dass es selbst für ein Land unserer Größe und Wirtschaftskraft nicht leicht ist, hunderttausende Flüchtlinge aufzunehmen und zu integrieren".[2] Gleichzeitig betonte er, wie wichtig es sei, die Potenziale von Geflüchteten zu fördern und ihre Fähigkeiten und ihr Wissen für den Arbeitsmarkt zu nutzen.

An diesem Beispiel kann die öffentliche Debatte um die potenziellen Kosten und den Nutzen von Zuwanderung verdeutlicht werden. Migrant*innen und Geflüchtete, die kulturelles Kapital – oder wie in den Wirtschaftswissenschaften gebräuchlich: Humankapital – wie z. B. Bildungsabschlüsse und/oder Fachwissen (siehe auch Kapitel 6) mitbringen, sind auf dem deutschen Arbeitsmarkt erwünscht. Diejenigen, von denen man keinen wirtschaftlichen Nutzen erwartet, oder deren Zuwanderung für das Zielland Kosten verursacht, sind häufig nicht willkommen. Dabei verlangen internationale Abkommen, wie z. B. die „Genfer Flüchtlingskonvention", den Schutz und die Gewährung von Rechten für Zwangsmigrant*innen (siehe dazu auch Kapitel 4 zum Thema erzwungene Migration und Kapitel 8 zum Thema grenzübergreifende Mitgliedschaften und zur Frage, wie Wohlfahrtsstaaten mit der Gewährung von Menschenrechten für Migrant*innen umgehen).

Zweitens können Kategorien analytische und heuristische Werkzeuge sein, um eine bestimmte Form von Migration oder Mobilität idealtypisch von einer anderen abzugrenzen. Dies geschieht häufig basierend auf den angenommenen Beweggründen, aus denen Menschen von einem Land in ein anderes Land (internationale Migration) oder von einer Region in einem Land in eine andere Region im selben Land (Binnenmigration) umziehen. Dies kann z. B. dann von Nutzen sein, wenn Forscher*innen intendieren, den Zusammenhang zwischen Migration und einem anderen gesellschaftlichen, ökonomischen, ökologischen oder politischen Phänomen zu analysieren. Ein konkretes Beispiel hierfür ist Migration im

---

1 https://www.bundeskanzlerin.de/bkin-de/aktuelles/pressekonferenz-von-bundeskanzlerin-merkel-bundesminister-altmaier-bundesminister-heil-bundesminister-scholz-und-bda-praesident-kramer-zum-spitzengespraech-der-bundesregierung-zur-fachkraeftezuwanderung-1707576 (letzter Aufruf: 07.05.2020).
2 https://www.auswaertiges-amt.de/de/newsroom/maas-globales-fluchtlingsforum/2288688 (letzter Aufruf: 07.05.2020).

Kontext von Klimawandel. Obwohl „Klimamigrant*innen" keine rechtliche Kategorie darstellen, wird der Zusammenhang zwischen klimatischen Veränderungen und menschlicher Mobilität seit Anfang der 2000er-Jahre – bisher ohne schlüssige empirische Ergebnisse – untersucht (Piguet et al. 2011). Eine ausführliche Analyse des Zusammenhangs zwischen Klimawandel und Migration sowie der Hintergründe der Debatte über den Begriff „Klimamigrant*innen" findet sich im Kapitel 18. Ein weiteres Beispiel ist Migration innerhalb der Europäischen Union (EU). Basierend auf dem Prinzip der Freizügigkeit von Personen innerhalb der EU können Bürger*innen eines EU Staats ihren Arbeits- und Wohnort in einem anderen EU Staat frei wählen, solange ihr Lebensunterhalt gesichert ist. Daher gibt es auch keine Unterteilung von Migration innerhalb der EU in spezifische rechtliche Kategorien, wohl aber in analytische Kategorien. So wird Migration innerhalb der EU im Hinblick auf ihre Bedeutung für verschiedene Bereiche des Lebens wie Bildung (Brooks & Waters 2011), Arbeit (Bartolini et al. 2017) und Freizeit (Williams et al. 2000) untersucht.

Die sozialwissenschaftliche Migrationsforschung beschäftigt sich mit verschiedenen Formen menschlicher räumlicher Mobilität, die in akademischen, öffentlichen und politischen Debatten unterschiedlich diskutiert werden. In diesem Beitrag sollen einige dieser verschiedenen Perspektiven auf Migration und Mobilität aufgezeigt und diverse Migrant*innenkategorien diskutiert werden. Zunächst werden die wichtigsten rechtlichen Kategorien von Migrant*innen vorgestellt. Diese werden von den Zielländern – meist im Globalen Norden – definiert und sind mit unterschiedlichen Einreise- und Aufenthaltsbedingungen verbunden. Danach werden Kategorisierungen in der sozialwissenschaftlichen Migrationsforschung, die in manchen Fällen – aber durchaus nicht zwangsläufig – den rechtlichen Migrant*innenkategorien folgen, kritisch diskutiert. Ein wichtiges Merkmal bei der Kategorisierung von Migrant*innen – insbesondere auch im Hinblick auf öffentliche Diskurse über erwünschte und weniger erwünschte Zuwanderung – ist die begriffliche Unterscheidung zwischen Migration und Mobilität, die danach im Kontext des sogenannten *„mobility turns"* in der sozialwissenschaftlichen Migrationsforschung dargestellt wird. Im Fazit wird ein Ausblick auf die Bedeutung von Kategorisierungen von Migrant*innen für neuere Entwicklungen in der Migrationssoziologie gegeben, und die mit Kategorisierungen verbundenen sozialen Ungleichheiten werden herausgestellt.

Rechtliche Migrant*innenkategorien

Entgegen dem in der Einleitung erwähnten zunehmenden akademischen Verständnis der Problematik von vereinfachenden Zuordnungen von Migrant*innen in Kategorien bleibt diese Zuordnung auf der politischen Ebene weiterhin bestehen. Kategorisierungen von Zugewanderten sind im Hinblick auf die Vergabe von Rechten und Pflichten im Zielland, insbesondere in Ländern des Globalen Nordens, von Bedeutung. So hat die Zugehörigkeit zu einer bestimmten Migrant*innenkategorie Auswirkungen auf die erlaubte Dauer des Aufenthalts aber auch auf die Tätigkeiten, die während des Aufenthaltes im Zielland zulässig oder nicht gestattet sind. Daher sollen die häufigsten rechtlichen Kategorien und ihre Bedeutungen für Migrant*innen im Folgenden kurz diskutiert werden.

Arbeitsmigrant*innen

Ein Großteil der Migration findet zum Zwecke der Aufnahme einer selbständigen oder unselbständigen Erwerbstätigkeit statt und wird daher als Arbeitsmigration bezeichnet. So schätzt die Internationale Arbeitsorganisation (ILO 2018), dass im Jahr 2017 164 Millionen der damals insgesamt 258 Millionen internationalen Migrant*innen Arbeitsmigrant*innen waren. Die Internationale Organisation für Migration (IOM) definiert Arbeitsmigration als: „Die Bewegung von Personen von einem Staat in einen anderen oder innerhalb eines Landes zum Zwecke der Beschäftigung. Arbeitsmigration wird von den meisten Zielländern in ihren Einwanderungsgesetzen reguliert. Darüber hinaus übernehmen einige Herkunftsstaaten eine aktive Rolle bei der Regulierung der Abwanderung von Arbeitskräften" (IOM 2004).

Dabei werden Arbeitsmigrant*innen häufig im Hinblick auf ihre Qualifikationen unterschieden. Hochqualifizierte und qualifizierte Facharbeiter*innen werden diskursiv eher der globalen mobilen Elite zugeordnet, wohingegen geringer qualifizierte Arbeitnehmer*innen in öffentlichen Diskursen häufig als Migrant*innen bezeichnet werden (Faist et al. 2016). In diesem Kontext werden in öffentlichen Diskursen geringer qualifizierte Arbeitsmigrant*innen als Konkurrenz zu lokalen Arbeiter*innen verstanden. Wie das Beispiel des Fachkräfteeinwanderungsgesetzes in Deutschland bereits zeigte, werden in vielen Zielländern von Arbeitsmigrant*innen die Einwanderungsgesetze zunehmend selektiver, was zumindest zu einem gewissen Grad mit den öffentlichen Diskursen im Zusammenhang zu stehen scheint. Daher bieten Einwanderungsgesetze (hoch-)qualifizierten Migrant*innen und internationalen Studierenden verschiedene Möglichkeiten der legalen Einreise und des Aufenthalts, die geringer qualifizierten Arbeitsmigrant*innen häufig verwehrt bleiben (Beine et al. 2015). Dabei kann zwischen zwei Formen von Einwanderungssystemen unterschieden werden. Bei nachfragesteuerten Systemen wie z. B. der Blauen Karte EU können Arbeitgeber*innen aktiv Arbeitnehmer*innen rekrutieren. Diese erhalten dann zunächst eine befristete Aufenthaltserlaubnis und können, bei ausreichenden Sprachkenntnissen, nach weniger als zwei Jahren Aufenthalt bereits eine unbefristete Aufenthaltserlaubnis (Niederlassungserlaubnis) erhalten. Der Nachzug von Familienmitgliedern, d. h. minderjährigen Kindern und Ehepartner*innen, nicht jedoch von Eltern oder Geschwistern oder anderen Mitgliedern der erweiterten Familie ist ebenfalls möglich (Faist et al. 2017). Das Ziel von nachfragegesteuerten Systemen ist es, konkrete Stellen, die bestimmte Fähigkeiten verlangen, zu besetzen. Bei angebotsgesteuerten Systemen hingegen, auch Punktesysteme genannt, erhalten Migrant*innen mit bestimmten Charakteristika (Alter, Erfahrung, Sprachkenntnisse) Zugang zum Arbeitsmarkt. So soll längerfristig ein struktureller Mangel an Arbeitskräften ausgeglichen werden (King 2012). Beispiele für Länder mit punktebasierten Einwanderungssystemen sind Kanada und Australien.

Für geringer qualifizierte Arbeitsmigrant*innen gibt es oft bilaterale und zeitlich begrenzte Arbeitsprogramme (z. B. für Migrant*innen aus Asien in den Golfstaaten oder Osteuropäer*innen in Westeuropa). Beispiele für zeitlich begrenzte Programme für Arbeitsmigration in der Vergangenheit sind das sogenannte Gastarbeiterprogramm in einigen Staaten West- und Nordeuropas, u. a. auch in Deutschland, oder das *Programa Bracero* in den USA. Neben diesen legalen Zugängen zu den Arbeitsmärkten für geringer qualifizierte Migrant*innen gibt es das Phänomen der irregulären Arbeitsmigration. Dabei überqueren Menschen entweder staatliche Grenzen ohne ein gültiges Visum oder eine andere Form der Einreiseerlaubnis, oder sie verbleiben länger im Zielland als es ihr Visum ihnen erlaubt. Wie das Beispiel der undokumentierten Migration in die USA unter der Regierung Trump – aber auch durchaus vor dessen Amtsübernahme – zeigt, verwenden Regierungen in den Zielländern häufig eine scharfe Rhetorik gegenüber illegalen Formen des Grenzübertritts. Gleichzeitig werden Beschäftigungsverhältnisse von undokumentierten Migrant*innen häufig stillschweigend toleriert (Castles 2004). Dies birgt die Gefahr der Ausbeutung von Migrant*innen, die ihre Rechte z. B. gegenüber Arbeitgeber*innen aufgrund ihres irregulären Aufenthaltsstatus nicht geltend machen können (Castles 2017).

Internationale Studierende

Die internationale Migration bzw. Mobilität von Studierenden wird wegen der Ambivalenz im Hinblick auf den Gebrauch des Begriffs im Englischen auch als ISM, d. h. als „*international student mobility/migration*" bezeichnet (King & Raghuram 2013). Dabei wird allgemein zwischen zwei Formen studentischer Mobilität unterschieden, dem kompletten Studium im Ausland, während dem ein Bachelor- oder Masterabschluss erworben wird oder der Teilnahme an einem Austauschprogramm, wie z. B. Erasmus, während dem Studierende Teile der benötigten Creditpoints für ihr Studium im Ausland erwerben. Internationale Studierende haben bis vor kurzem wenig Aufmerksamkeit in der Migrationsforschung erfahren (vgl.

auch Kapitel 14 und 15). Dahingegen wird Bildungsmobilität in der akademischen Literatur oft als eine Ausdrucksform von Globalisierung oder als Teil der Internationalisierung des Hochschulsystems diskutiert (Kehm & Teichler 2014).

Auch in öffentlichen Debatten werden internationale Studierende selten als Migrant*innen wahrgenommen. Wie aus qualitativen Interviews mit internationalen Studierenden, die im Kontext der Forschungsprojekte EURA-NET[3] und YMOBILITY[4] befragt wurden, hervorging, nehmen sich internationale Studierende selbst auch selten als Migrant*innen wahr. Die meisten der Befragten bezogen sich eher auf ihren Status als Studierende und als Mitglieder der Hochschule im Zielland sowie der Hochschule im Herkunftsland. Dabei ist der Begriff „internationale Studierende" sowohl in öffentlichen als auch in politischen Debatten durchaus positiv konnotiert. Bildungsaufenthalte in anderen Ländern gelten sowohl bei Arbeitgeber*innen als auch in der breiten Öffentlichkeit als Pluspunkte im Lebenslauf.

Daneben haben auch die Regierungen vieler Länder zum Ziel Bildungsmobilität zu fördern. In den Hauptzielländern internationaler Studierender, insbesondere im Globalen Norden, betreiben viele Hochschulen eine aktive Internationalisierungspolitik, um begabte Studierende aus dem Ausland anzuwerben. Andererseits vergeben die Regierungen einiger Länder des Globalen Südens sowie internationale Organisationen auch Stipendien, damit einige Bürger*innen aus dem Globalen Süden im Globalen Norden studieren können. Auch die Vereinten Nationen erkennen diese Stipendien als Werkzeuge an, um das vierte Ziel der „Ziele für Nachhaltige Entwicklung" (*Sustainable Development Goals*, SDG) „Chancengerechte und hochwertige Bildung" zu erreichen. So sollen Studierende Wissen erlangen, Fähigkeiten trainieren und Kontakte knüpfen, um die soziale, wirtschaftliche und politische Entwicklung in ihren Herkunftsländern voranzutreiben (Campbell et al. 2019).

Neben finanziellen Interessen in den Zielländern und entwicklungspolitischen Überlegungen aus der Sicht der Herkunftsländer kann die Mobilität internationaler Studierender auch als Maßnahme zur Stärkung der sozialen Kontakte zwischen jungen Menschen aus verschiedenen Ländern verstanden werden. So verfolgt die EU mit dem Erasmus+ Programm das Ziel, die europäische Integration durch die Mobilität junger Menschen innerhalb der EU zu fördern (Jacobone & Moro 2015). Zusätzlich soll im Kontext des Erasmus Mundus Programms und

---

3 https://www.uni-bielefeld.de/soz/ab6/ag_faist/forschung/EURA-NET.html (letzter Aufruf: 07.05.2020).
4 https://www.uni-bielefeld.de/soz/ab6/ag_faist/forschung/YMOBILITY.html (letzter Aufruf: 07.05.2020).

des Erasmus+ Programms ein Austausch zwischen Studierenden europäischer Universitäten und Hochschulen außerhalb Europas ermöglicht werden.

Flüchtlinge und andere Zwangsmigrant*innengruppen
Zwangsmigration und Flucht werden auf verschiedene Arten und Weisen von Arbeitsmigration und internationaler Studierendenmobilität abgegrenzt. Im akademischen Bereich haben sich, insbesondere im anglosächsischen Raum, zwei getrennte Forschungsfelder etabliert, die sich entweder mit dem Thema Flucht und Zwangsmigration oder mit dem Thema freiwilliger Migration, sprich Arbeitsmigration, beschäftigen. Dabei beziehen sich Migrationstheorien und migrationssoziologische empirische Studien im Allgemeinen eher auf die Ursachen und Auswirkungen von Arbeitsmigration. Die von Castles (2003) bereits vor geraumer Zeit geforderte „Soziologie der Zwangsmigration", und der Hinweis auf die Notwendigkeit, Zwangsmigration im Kontext globaler Transformationsprozesse (Faist et al. 2018) zu verstehen, hat sich bisher wenig durchsetzen können. In Deutschland hat sich die Fluchtforschung als eigenes Forschungsfeld überhaupt erst nach der Zunahme der Zuwanderung Geflüchteter im Sommer 2015 zu etablieren begonnen (Kleist 2015).

Artikel 1 der „Genfer Flüchtlingskonvention" definiert einen Flüchtling als

> Person, die sich außerhalb des Landes befindet, dessen Staatsangehörigkeit sie besitzt oder in dem sie ihren ständigen Wohnsitz hat und die wegen ihrer Rasse, Religion, Nationalität, Zugehörigkeit zu einer bestimmten sozialen Gruppe oder wegen ihrer politischen Überzeugung eine wohlbegründete Furcht vor Verfolgung hat und den Schutz dieses Landes nicht in Anspruch nehmen kann oder wegen dieser Furcht vor Verfolgung nicht dorthin zurückkehren kann.

Wie im folgenden Kapitel 4 jedoch detailliert diskutiert wird, gibt es verschiedene Formen von Flucht, ebenso wie verschiedene Formen von (freiwilliger) Migration. Die eindeutige Zuschreibung des Flüchtlingsstatus basierend auf der „Genfer Flüchtlingskonvention", oder die Gewährung einer anderen Form von rechtlichem Schutz wie z. B. subsidiärer Schutz, ist essenziell für die Wahrnehmung von Rechten auf Aufenthalt, Partizipation im Arbeits- und Bildungsmarkt, sowie Familiennachzug. Subsidiärer Schutz wird dann gewährt, wenn das Herkunftsland nicht sicher ist, aber keine personenbezogene Verfolgung festgestellt wird. Anerkannte Flüchtlinge nach der Genfer Konvention haben in Deutschland mehr Rechte als subsidiär Schutzberechtigte. Subsidiärer Schutz wird hingegen zunächst für ein Jahr gewährt, während anerkannte Flüchtlinge nach der Genfer Konvention in Deutschland zunächst drei Jahre Aufenthaltsrecht haben, in manchen anderen europäischen Ländern, wie z. B. den Niederlanden und Frankreich auch länger. Auch der Familiennachzug ist für subsidiär Schutzberechtigte in Deutschland schwieriger als für anerkannte Flüchtlinge nach der Genfer Konvention.

Das heißt, dass rechtliche Kategorien, insbesondere im Hinblick auf Zwangsmigration, von großer Bedeutung für die Lebenschancen von Menschen in den Zielländern sind. Nichtsdestotrotz gibt es in der Migrationsforschung verstärkt Hinweise auf die Notwendigkeit, Freiwilligkeit und Zwang in Migrationsentscheidungen weniger als Dichotomien, sondern eher als Stationen auf einem Kontinuum zu denken (King 2012). Auch gibt es, insbesondere in der policy-orientierten Forschung, zunehmend Forderungen nach einer Erweiterung der „Genfer Flüchtlingskonvention", z. B. um Menschen, die von den Auswirkungen des Klimawandels betroffen sind, Schutz zu gewähren. Allerdings wird dieser Ansatz seit Jahrzehnten sehr kontrovers diskutiert (Black et al. 2011; vgl. auch Kapitel 18).

Neben der Gewährung von Rechten, kann der Status des Flüchtlings allerdings auch negative Konsequenzen für die betroffenen Menschen haben. Die öffentliche Wahrnehmung von Geflüchteten, die oftmals in medialen Diskursen reflektiert wird, zeigt, dass verschiedene Wahrnehmungen oder Frames über Geflüchtete existieren. Diese verschiedenen Diskurse verstehen Geflüchtete zum einen als hilfsbedürftige Menschen, die Opfer von Gewalt geworden sind und ihre Rolle als eigenständige Akteure verloren haben. Zum anderen werden Geflüchtete als Verursacher*innen gesellschaftlicher Probleme wie Kriminalität, Terrorismus und der Überlastung des Wohlfahrtsstaates oder auch als eine Gefahr für die kulturellen Werte des Ziellandes gesehen. Generell werden sie als eine anonyme Masse von Menschen dargestellt, was sich durch Metaphern wie Wellen, Ströme und ähnliche Begriffe ausdrückt (Greussing & Boomgaarden 2017).

Familienmigration

Hollifield (2004) identifizierte zwei Faktoren, die Migration bedingen. Zum einen besteht die Annahme, dass die Kräfte des Marktes Angebot und Nachfrage nach Arbeitskräften regulieren. Darauf basieren einige in den Wirtschaftswissenschaften entstandene klassische Migrationstheorien (vgl. hierzu auch Kapitel 5). Zum anderen reduzieren Familien- und Verwandtschaftsnetzwerke die Transaktionskosten, die durch den Umzug in ein anderes Land entstehen. Das bedeutet, dass Netzwerke genutzt werden, um den Prozess der Migration zu erleichtern. So kann, z. B. der Zugang zum Arbeitsmarkt für Neuankömmlinge erleichtert werden, wenn sie auf die Erfahrungen von alteingesessenen Migrant*innen zurückgreifen können. Ebenso bieten Netzwerke Migrant*innen, die vor kurzem erst angekommen sind, ein Umfeld, in dem sie Informationen über das Zielland gewinnen und soziale Unterstützung bei Schwierigkeiten erfahren können.

Somit können soziale Netzwerke als Strukturen, die Migrationsbewegungen erleichtern und die diese häufig auch verstärken, verstanden werden. Wie Massey (1990) zeigte, bedingen Netzwerke zwischen Migrant*innen und Nichtmigrant*innen im Zusammenspiel mit anderen individuellen Faktoren und lokalen Bedingungen die Entstehung kumulativer Effekte von Migration. Dabei sind insbesondere die Beziehungen auf der Mesoebene zwischen Individuen in Verwandtschafts- Familien- und Freundschaftsgruppen, aber auch in formellen Organisationen für Entscheidungen für oder gegen Migration wichtig (vgl. dazu auch Kapitel 6). Studien über den Einfluss sozialer Netzwerke, einschließlich transnationaler Netzwerke, tragen daher zu einem Verständnis von Migration bei, das über bloße Push-und-Pull Faktoren auf der Makroebene sowie individuelle rationale Wahlmöglichkeiten hinausgeht (vgl. Kapitel 5). Dies wurde unter anderem am Beispiel des Wissensaustauschs in Netzwerken internationaler Doktorand*innen diskutiert (Bilecen & Faist 2015; siehe auch Kapitel 14 zu Netzwerken internationaler Studierender).

Eine besondere Form der Nutzung von Netzwerken ist die Migration zum Zwecke der Familienzusammenführung. Darunter versteht man den Nachzug von Angehörigen aus Drittstaaten zu einem*r bereits im Zielland lebenden Partner*in oder von minderjährigen Kindern zu den Eltern oder zu einem Elternteil. Dabei definiert im Allgemeinen nationales Recht, wer nachziehen darf und welche Aufenthaltsrechte die nachziehenden Personen haben. Schwierigkeiten für Migrant*innen, die teilweise auch Auswirkungen auf deren Bleibeperspektive im Zielland haben, können sich z. B. dann ergeben, wenn die Bedeutung des Begriffs Familie im Herkunfts- und im Zielland divergiert. Dies zeigte sich etwa im Falle von hochqualifizierten Migrant*innen aus Indien, die ihre Eltern nicht nach Deutschland nachziehen lassen konnten und deshalb häufig über eine Rückkehr nach Indien nachdachten (Faist et al. 2017). Wie dieses Beispiel zeigt, können rechtliche Kategorisierungen daher durchaus auch kontraproduktiv im Hinblick auf die erwünschte Anwerbung von hochqualifizierten Migrant*innen sein.

Kategorisierungen in der sozialwissenschaftlichen Migrationsforschung

Die Anzahl internationaler Migrant*innen weltweit hat sich zwischen 2010 und 2019 von etwa 220 Millionen auf etwa 272 Millionen Menschen erhöht (UN DESA 2019). Neben diesem zahlenmäßigen Anstieg wird in der Migrationssoziologie auch davon ausgegangen, dass sich Migrationsbewegungen in den letzten Jahren und Jahrzehnten verändert haben (Meissner & Vertovec 2014). Dies wird z. B.

im Hinblick auf die Gründe für Migration (Kumin 2014) aber auch durch die Veränderung der Zusammensetzung der Herkunfts- und Zielländer internationaler Migrant*innen diskutiert. So zeigen Hein de Haas und Kolleg*innen (2018b) eine Diversifizierung der Herkunftsländer von internationalen Migrant*innen bei einer gleichzeitigen Reduzierung der Anzahl der Zielländer. Das heißt, dass aus der Perspektive der Zielländer, häufig im Globalen Norden, Migration diverser wird, da Menschen aus vielen Herkunftsländern einwandern. Dahingegen verlieren Migrationswege an Diversität aus der Perspektive der Herkunftsländer, häufig im Globalen Süden, da die meisten Menschen in die gleichen Länder auswandern.

Gesellschaftliche Transformationsprozesse, wie z. B. Verschiebungen globaler politscher Allianzen und Machtverhältnisse, Veränderungen von Wirtschaftssystemen im Kontext der Globalisierung, Veränderungen der natürlichen Umwelt im Kontext des Klimawandels, sowie die Möglichkeiten, die Entwicklungen in der Kommunikationstechnologie bieten, können ebenfalls Migrationsbewegungen beeinflussen und werden teilweise auch von diesen beeinflusst (Faist et al. 2018). Dieser Zusammenhang zwischen Migration und anderen gesellschaftlichen Prozessen ist in den letzten Jahren komplexer geworden. Insbesondere haben sich die Einwanderungspolitiken vieler Länder verändert (Castles & Ozkul 2013) und teilweise als Antwort darauf hat die Migrationsindustrie, d. h. die Gruppe der an der Organisation von legalen und zunehmend auch illegalen Wegen der Migration Beteiligten, an Bedeutung gewonnen (Gammeltoft-Hansen & Sørensen 2013).

In akademischen Diskursen entstand in Anbetracht der sich wandelnden Diversität und Komplexität von Migrationsbewegungen der Begriff der gemischten Migration (*mixed migration*, siehe Van Hear et al. 2009). In diesem Sinne wird auf einer theoretischen Ebene argumentiert, dass die Grenzen zwischen Migrant*innenkategorien zunehmend verschwimmen (King 2012). In gleicher Weise haben auch empirische Studien in verschiedenen Kontexten auf die Schwierigkeit der Abgrenzung zwischen Migrationsformen hingewiesen. So zeigte Vullnetari (2012) am Beispiel der Migration von Roma, dass sich Elemente von freiwilliger Migration zum Zwecke der Familienzusammenführung und/oder Aufnahme einer Erwerbsarbeit mit Elementen von Zwangsmigration vermischen. Ein anderes Beispiel illustrieren Wilken und Ginnerskov-Dahlberg (2017) in ihrer Studie zu internationalen Studierenden in Dänemark. Sie zeigen, dass aufgrund verschiedener Möglichkeiten der Finanzierung des Studiums internationale Studierende mit einem schwächeren sozioökonomischen Hintergrund häufig arbeiten müssen, um ihren Lebensunterhalt zu bestreiten. Daher gehen junge hochqualifizierte Menschen, die zum Zweck des Studiums nach Dänemark gekommen waren, gleichzeitig ungelernten Tätigkeiten nach, was wiederum in manchen Fällen ihren Studienerfolg gefährdet.

Eine kritische Betrachtung von Migrant*innenkategorien aus einer sozial-wissenschaftlichen Perspektive wirft daher verschiedene Arten von Fragen auf. Zunächst lautet eine praktische Frage in der Migrationssoziologie, inwiefern eine wissenschaftliche Auseinandersetzung mit Migrant*innen der Unterteilung dieser Menschen in verschiedene Kategorien bedarf. Hier kann man auf der einen Seite argumentieren, dass eine klare Abgrenzung des Forschungsgegenstandes ein allgemein akzeptierter grundlegender Bestandteil wissenschaftlichen Arbeitens ist. Außerdem ist es denkbar, dass in vielen Fällen sowohl der rechtliche Status von Zugewanderten und der Zweck des Aufenthaltes im Zielland als auch die Motive für die Wanderung Einfluss auf empirische Forschungsergebnisse haben. So erscheint es z. B. plausibel, dass unterschiedliche rechtliche Rahmenbedingungen – insbesondere bezüglich der Einreise, der Dauer des Aufenthalts und der mit dem Aufenthalt verbundenen Rechte, wie der Erlaubnis, im Zielland einer Erwerbstätigkeit nachzugehen – die Wahrnehmung der Migrant*innen über ihren Aufenthalt und ihre Perspektiven im Zielland beeinflussen. Daher kann die Berücksichtigung der Zugehörigkeit von Migrant*innen zu verschiedenen rechtlichen Kategorien unter anderem ein Ausgangspunkt für eine vergleichende Analyse ihrer bisherigen Erfahrungen und zukünftigen Erwartungen sein. Auf der anderen Seite besteht bei dieser Herangehensweise die Gefahr der essenzialistischen Zuschreibung von Eigenschaften, die die Angehörigen einer bestimmten Migrant*innenkategorie vermeintlich teilen. Ähnlich wie bei der Auswahl der Befragten, die auf den Kriterien Nationalität oder Ethnizität basieren, sollten Forschende daher auch die Grundannahmen, die der Auswahl der Befragten anhand der Zugehörigkeit zu einer Migrant*innenkategorie unterliegen, kritisch hinterfragen. Für weitere Erläuterungen zur Vermeidung von Essenzialismus in der Migrationssoziologie siehe auch Kapitel 10 und 11 in diesem Band.

Des Weiteren wirft die Einteilung von Migrant*innen in unterschiedliche Kategorien auch ethische und menschenrechtliche Fragen auf. Warum dürfen manche Menschen (z. B. Hochqualifizierte) ohne größere Hürden in das Zielland einreisen und dort längerfristig bleiben, während andere Menschen (z. B. geringer Qualifizierte) nicht einreisen dürfen oder das Land nach einiger Zeit wieder verlassen müssen? Auf der einen Seite werden insbesondere geringer qualifizierte Migrant*innen und Geflüchtete in öffentlichen und politischen Diskursen häufig als unerwünscht portraitiert. Auf der anderen Seite wird die Migration von Hochqualifizierten und internationalen Studierenden häufig diskursiv als Ausdruck einer modernen und globalisierten Gesellschaft verstanden. Daher ist anzunehmen, dass die Einteilung von Migrant*innen in verschiedene Kategorien schwerwiegende Auswirkungen auf ihre Lebenschancen hat (Amelina 2017). Dies erscheint besonders signifikant hinsichtlich des Zugangs zum Arbeitsmarkt und zum Bildungssystem, aber auch im Hinblick auf andere Formen gesellschaftlicher Integration, wie z. B. den Aufbau und die Vertiefung sozialer Kontakte sowie das Finden von Wohnraum. Ein weiteres Beispiel für die Auswirkungen von Kategorisierungen von Migrant*innen ist die Zuschreibung von höherem oder geringerem sozialen Status (Robertson 2018).

Für die sozialwissenschaftliche Migrationsforschung ist es daher essenziell, die Frage kritisch zu diskutieren, inwiefern die wissenschaftliche Beschäftigung mit Migration eben diese politischen und gesellschaftlichen diskursiven Zuschreibungen von „guten" und „schlechten" Migrant*innen reproduziert (Dahinden 2016). Auch aus einer wissenschaftlichen Perspektive werden zunehmend Zweifel an dem analytischen Potenzial von Migrant*innenkategorien erhoben. Dies hat verschiedene Gründe. So warnen Forscher*innen seit geraumer Zeit vor vereinfachten Versuchen, die Ursachen und Auswirkungen von Migration und Mobilität zu erklären. Dabei stellen sie insbesondere die Multikausalität von Migration (Kritz et al. 1992), die Vermischung von Elementen freiwilliger und unfreiwilliger Migration (Van Hear et al. 2009), sowie die von temporärer und permanenter Migration (Engbersen 2018) und den Zusammenhang zwischen Binnenmigration und internationaler grenzüberschreitender Migration (King & Skeldon 2010) heraus. Die analytische Abgrenzung zwischen verschiedenen Kategorien und Formen von Migration ist daher schwierig. Dies ist insbesondere dann der Fall, wenn sich die Gründe für Migrationsentscheidungen bzw. die Motive für den Aufenthalt im Zielland, wie z. B. Arbeit, Studium oder Schutz vor Gefahren nicht eindeutig bestimmen oder von anderen Ursachen abgrenzen lassen.

Die Bedeutung von Migration und Mobilität im Kontext des „*mobility turn*"

Mit dem „*mobility turn*" wurde zu Beginn der 2000er-Jahre ein paradigmatischer Wandel in der Soziologie ausgerufen. Ein wichtiges Anliegen des britischen Soziologen John Urry war es, den Fokus soziologischer Betrachtungen von Gesellschaften auf die wachsende Mobilität innerhalb und zwischen modernen Gesellschaften zu legen. Dabei bezog er sich nicht nur auf die Mobilität von Menschen zum Zwecke von Arbeits- und Studienaufenthalten, Urlaubsreisen und dem Pendeln zwischen dem Wohnort und dem Arbeitsplatz, sondern auch auf die Mobilität von Objekten, Bildern und Informationen sowie auf die komplexen Zusammenhänge zwischen diesen Formen von Mobilität und auf die daraus resultierenden sozialen Konsequenzen. Daher ist ein weiterer wichtiger Aspekt seiner Überlegungen zur Bedeutung von Mobilität der Zusammenhang zwischen räumlicher und sozialer Mobilität (Urry 2000). Ob es sich beim „*mobility turn*" um einen Paradigmenwechsel handelt oder, ob durch den Fokus auf Mobilität nur ein einzelner Aspekt moderner Gesellschaften beleuchtet wird, den es schon seit langer Zeit gibt (Faist 2013), wird in akademischen Debatten kontrovers diskutiert.

Nichtsdestotrotz ist die Unterscheidung zwischen den Begriffen „Migration" und „Mobilität" von zentraler Bedeutung und wird auf verschiedene Arten und Weisen gehandhabt. Im ursprünglichen Sinne kann man argumentieren, dass Migration eine Unterform von Mobilität ist, d. h. jede Form von Migration ist auch Mobilität aber nicht jede Form von Mobilität ist auch Migration. Ein relativ einfaches Unterscheidungsmerkmal bezieht sich dabei auf die Länge des Aufenthalts am Zielort. So definieren die Vereinten Nationen Migration als den Wechsel des Aufenthaltsortes von Personen über den Zeitraum von mindestens einem Jahr. Mit dem Begriff Mobilität hingegen wird eher die zunehmende Entwicklung hin zu zeitlich begrenzten Aufenthalten am Zielort verbunden (King et al. 2016).

Neben dem zeitlichen Kriterium wird die Unterscheidung zwischen Migration und Mobilität häufig auch im Zusammenhang mit der unterschiedlichen normativen Wertung verschiedener Formen menschlicher Wanderung diskutiert. So ist der Begriff Migration, der einen eher längerfristigen Aufenthalt bezeichnet, in öffentlichen Diskursen oft negativ belegt und wird im Zusammenhang mit dem Streben von Migrant*innen nach ökonomischen Vorteilen diskutiert. Außerdem werden in diesen Debatten häufig die Unterschiede zwischen Migrant*innen und etablierten Mitgliedern der Gesellschaft im Herkunftsland betont. Die Herausstellung dieser Unterschiede bezieht sich im Allgemeinen auf verschiedene sprachliche und kulturelle Hintergründe und ist häufig mit der Forderung nach der Integration von Migrant*innen in die Gesellschaft im Zielland verbunden (siehe auch Kapitel 9). Darüber hinaus konzentrieren sich öffentliche Diskurse zunehmend auf illegale Formen des Grenzübertritts, was dazu führt, dass Migrant*innen in der öffentlichen Wahrnehmung als Bedrohung empfunden werden (Andersson 2014). Im europäischen Kontext wird dies besonders durch die in letzter Zeit verstärkt angewandte Externalisierungspolitik deutlich. Diese zielt insbesondere darauf ab, Migrant*innen, die aus Drittstaaten auf dem Weg nach Europa sind, von diesem Vorhaben abzubringen, noch bevor sie die europäischen Grenzen erreichen (Faist 2019).

Demgegenüber wird das Konzept Mobilität zunehmend als Ausdrucksform moderner Gesellschaften verstanden. Dies wird insbesondere im Fall von Diskursen über die Globalisierung von Arbeitsmärkten Hochqualifizierter (Castles 2011) und die Internationalisierung von Hochschulen (King & Raghuram 2013) deutlich. Dabei wird Mobilität als Teil des Lebensstils globaler Eliten verstanden und stellt sogar in einigen Branchen eine Voraussetzung für einen erfolgreichen Karriereweg dar. Diese Entwicklung steht im Einklang mit dem expliziten Ziel der Europäischen Union, Fachkräfte dazu zu bewegen, „Arbeitskräftelücken zu decken, auf die demografischen Bedürfnisse einzugehen und eine wissensbasierte Wirtschaft zu entwickeln" (Cerna 2013: 181; eigene Übersetzung).[5]Um dieses Ziel zu erreichen, sollen Zuwanderungssysteme wie die Blaue Karte EU Migrant*innen aus Drittstaaten mit Kompetenzen in bestimmten Sektoren wie IT Spezialist*innen und Ingenieur*innen anziehen (Cerna 2014). Auch die Mobilität internationaler Studierender ist generell positiv konnotiert und wird in Zusammenhang mit wirtschaftlicher Entwicklung und kulturellem Austausch gebracht.

Fazit: Kategorisierungen von Migrant*innen und soziale Ungleichheit

Wie in diesem Kapitel deutlich wurde, dienen Kategorisierungen von Migrant*innen auf der politischen Ebene der Vergabe unterschiedlicher Rechte, insbesondere im Hinblick auf die Einreise in das Zielland und auf den Aufenthalt in diesem Land. Die Unterscheidung verschiedener Formen von Migration erscheint daher zunächst eingängig. Im akademischen Kontext kann sie außerdem dazu dienen, die Komplexität menschlicher Mobilität zu reduzieren, indem empirisch zu erforschende und analytisch zu verstehende Gruppen von Menschen voneinander abgegrenzt werden.

Andererseits kann, wie in der Einleitung zu diesem Sammelband gezeigt wird, Migration und Flucht auch soziale Ungleichheiten mit sich bringen, bzw. bestehende soziale Ungleichheiten verstärken. Dies ist auch im Hinblick auf Kategorisierungen von Migrant*innen der Fall. Angehörigen von Migrant*innenkategorien, die zumeist durch Einwanderungsgesetze in den Zielländern definiert werden, werden unterschiedliche Rechte zuerkannt, die Auswirkungen auf die mögliche Aufenthaltsdauer, aber auch den Zugang zum Arbeitsmarkt und ins Bildungssystem haben können. Dabei wird die Integration, bezogen auf jegliche Form von Zuwanderung, in öffentlichen Diskursen häufig als ein wichtiger Bestandteil des gesellschaftlichen Zusammenlebens diskutiert (vgl. auch Kapitel 9). Soziale Ungleichheiten können jedoch entstehen oder verstärkt werden, wenn Migration und Integration in die Gesellschaft im Zielland für einige Menschen mit höheren Hindernissen verbunden ist als für andere. Dies wird am Beispiel der bereits diskutierten Unterscheidung zwischen hochqualifizierten und geringqualifizierten Arbeitnehmer*innen deutlich. Während Hochqualifizierte und

---

5 Original: „To fill labour shortages, respond to demographic needs and develop a knowledge-based economy".

internationale Studierende in vielen Zielländern relativ einfach Zugang zum Arbeitsmarkt erhalten, ist dies für geringer Qualifizierte in den meisten Fällen nur schwer möglich.

Außerdem werden Migrant*innen in öffentlichen und politischen Diskursen häufig in essenzialistischer Weise Eigenschaften zugeschrieben, die Einfluss auf ihre gesellschaftliche Wahrnehmung und Akzeptanz haben. In diesem Zusammenhang spielt auch die begriffliche Unterscheidung zwischen Migration und Mobilität eine Rolle. So werden Angehörige von positiv konnotierten Migrant*innenkategorien, wie z. B. hochqualifizierte Zugewanderte und internationale Studierende oft auch als mobile Menschen bezeichnet, während geringer qualifizierte Arbeitsmigrant*innen dem klassischen gesellschaftlichen Verständnis der kulturell anderen und schwer integrierbaren Migrant*innen entsprechen (Ulbricht 2017). Dadurch entstehen weitere Ursachen für soziale Ungleichheiten, wenn Menschen aufgrund der Art und Weise, wie sie in den Gesellschaften in den Zielländern wahrgenommen werden, geringere Chancen in verschiedenen gesellschaftlichen Teilbereichen haben.

Aus einer akademischen Perspektive weist dies auf die Notwendigkeit hin, die sozialen Folgen der Zuordnung von Menschen in rechtliche Migrant*innenkategorien zu analysieren. Auf politischer Ebene wirft es die Frage auf, inwiefern abstrakte Kategorisierungen von Migrant*innen die Spaltung von Gesellschaften fördern und wie dieser Entwicklung eventuell entgegen gewirkt werden könnte. Diese Überlegungen sind besonders wegen der rechtspopulistischen Entwicklungen in vielen EU-Mitgliedstaaten, aber auch im Hinblick auf den Zusammenhalt der Europäischen Union, von wachsender aktueller Bedeutung. Daher sind die Unterteilung von Migrant*innen in Kategorien und die Unterscheidung zwischen den Begriffen Migration und Mobilität auf der einen Seite von Bedeutung für die Migrationssoziologie, auf der anderen Seite aber auch wichtig für das öffentliche und politische Verständnis von Migration, das in Policy-Debatten und in gesellschaftlichen Diskursen reflektiert wird.

Literatur

Amelina, A., 2017: *After the Reflexive Turn in Migration Studies: Towards the Doing Migration Approach*. Nr. Nr. 13 in Working Paper Series „Gender Diversity and Migration". Frankfurt: Goethe Universität. https://www.fb03.uni-frankfurt.de/67001816/amelina_doing_migration.pdf (letzter Aufruf: 14.05.2020).

Andersson, R., 2014: Time and the Migrant Other: European Border Controls and the Temporal Economics of Illegality. *American Anthropologist* 116(4):795–809.

Bartolini, L., R. Gropas & A. Triandafyllidou, 2017: Drivers of Highly Skilled Mobility from Southern Europe: Escaping the Crisis and Emancipating Oneself. *Journal of Ethnic and Migration Studies* 43(4):652–673.

Beine, M., B. B. Burgoon, M. Crock, J. Gest, M. Hiscox, P. McGovern & E. Thielemann, 2015: Measuring Immigration Policies: Preliminary Evidence from IMPALA. *CESifo Economic Studies* 61(3–4):527–559.

Bilecen, B. & T. Faist, 2015: International Doctoral Students as Knowledge Brokers: Reciprocity, Trust and Solidarity in Transnational Networks. *Global Networks* 15(2):217–235.

Black, R., D. Kniveton & K. Schmidt-Verkerk, 2011: Migration and Climate Change: Towards an Integrated Assessment of Sensitivity. *Environment and Planning A* 43(2):431–450.

Brooks, R. & J. Waters, 2011: *Student Mobilities, Migration and the Internationalization of Higher Education*. Dordrecht: Springer.

Campbell, A. C. & M. Mawer, 2019: Clarifying Mixed Messages: International Scholarship Programmes in the Sustainable Development Agenda. *Higher Education Policy* 32:167–184.

Castles, S., 2003: Towards a Sociology of Forced Migration and Social Transformation. *Sociology* 37(1):13–34.

Castles, S., 2004: Why Migration Policies Fail. *Ethnic and Racial Studies* 27(2):205–227.

Castles, S., 2011: Migration, Crisis, and the Global Labour Market. *Globalizations* 8(3):311–324.

Castles, S., 2017: Migration Policies are Problematic – Because They Are About Migration. *Ethnic and Racial Studies* 40(9):1538–1543.

Castles, S. & D. Ozkul, 2013: Circular Migration: Triple Win, or a New Label for Temporary Migration? In: Battistella, G. (Hrsg.), *Global and Asian Perspectives on International Migration*, S. 27–49. Cham: Springer.

Cerna, L., 2013: Understanding the Diversity of EU Migration Policy in Practice: The Implementation of the Blue Card initiative. *Policy Studies* 34(2):180–200.

Cerna, L., 2014: The EU Blue Card: Preferences, Policies, and Negotiations between Member States. *Migration Studies* 2(1):73–96.

Dahinden, J., 2016: A Plea for the „De-migranticization" of Research on Migration and Integration. *Ethnic and Racial Studies* 39(13):2207–2225.

Engbersen, G., 2018: Liquid Migration and its Consequences for Local Integration Policies. In: Scholten, P. & M. van Ostaijen (Hrsg.), *Between Mobility and Migration*, IMISCOE Research Series, S. 63–76. Cham: Springer.

Faist, T., 2013: The Mobility Turn: A New Paradigm for the Social Sciences? *Ethnic and Racial Studies*. 36(11):1637–1646.

Faist, T., 2019: Contested Externalisation: Responses to Global Inequalities. *Comparative Migration Studies* 7(45):1–8.

Faist, T., M. Aksakal & K. Schmidt, 2017: *Indian High-skilled Migrants and International Students in Germany: Migration Behaviours, Intentions and Development Effects*. Gütersloh: Bertelsmann Stiftung.

Faist, T., M. Aksakal & K. Schmidt, 2018: Migration and Social Transformation. In: Vihalemm, P., A. Masso & S. Opermann (Hrsg.), *The Routledge International Handbook of European Social Transformation*, S. 283–297. London: Routledge.

Faist, T., K. Schmidt & C. Ulbricht, 2016: Inclusion, Exclusion, and Citizenship: An Overview of European Practice. In: Ambrosini, M. (Hrsg.), *Europe – No Migrant's Land?*, S. 89–108. Mailand: Italian Institute for International Political Studies.

Gammeltoft-Hansen, T. & N. N. Sørensen (Hrsg.), 2013: *The Migration Industry and the Commercialization of International Migration*. London: Routledge.

Greussing, E. & H. G. Boomgaarden, 2017: Shifting the Refugee Narrative? An Automated Frame Analysis of Europe's 2015 Refugee Crisis. *Journal of Ethnic and Migration Studies*. online publication. doi:10.1080/1369183X.2017.1282813.

de Haas, H., M. Czaika, M. L. Flahaux, E. Mahendra, K. Natter, S. Vezzoli & M. Villares-Varela, 2018a: International Migration: Trends, Determinants, and Policy Effects. *Population and Development Review* 45(4):885–922.

de Haas, H., K. Natter & S. Vezzoli, 2018b: Growing Restrictiveness or Changing Selection? The Nature and Evolution of Migration Policies. *International Migration Review* 52(2):324–367.

Hollifield, J. F., 2004: The Emerging Migration State. *International Migration Review* 38(3):885–911.

ILO (International Labour Organization), 2018: *ILO Global Estimates on International Migrant Workers: Results and Methodology*. Genf: Internationale Arbeitsorganisation.

IOM (International Organization for Migration), 2004: *Glossary on Migration*. Wien: Internationale Organisation für Migration.

Jacobone, V. & G. Moro, 2015: Evaluating the Impact of the Erasmus Programme: Skills and European Identity. *Assessment and Evaluation in Higher Education* 40(2):309–328.

Kehm, B. M. & U. Teichler, 2014: *Higher Education Studies in a Global Environment*. Kassel: INCHER.

King, R., 2012: Theories and Typologies of Migration: An Overview and a Primer. Working Paper, Malmö: Universität Malmö.

King, R., A. Lulle, L. Morosanu & A. Williams, 2016: International Youth Mobility and Life Transitions in Europe: Questions, Definitions, Typologies and Theoretical Approaches. Working Paper Nr. 86, Sussex Centre for Migration Research., Brighton.

King, R. & P. Raghuram, 2013: International Student Migration: Mapping the Field and New Research Agendas. *Population, Space and Place* 19(2):127–137.

King, R. & R. Skeldon, 2010: „Mind the Gap!" Integrating Approaches to Internal and International Migration. *Journal of Ethnic and Migration Studies* 36(10):1619–1646.

Kleist, J. O., 2015: Über Flucht forschen. Herausforderungen der Flüchtlingsforschung. *PERIPHERIE* 35(2):150–169.

Kritz, M. M. & H. Zlotnik, 1992: Global Interactions: Migration Systems, Processes, and Policies. In: Kritz, M., L. L. Lim & H. Zlotnik (Hrsg.), *International Migration Systems – A Global Approach*, S. 1–16. Oxford: Clarendon Press.

Kumin, J., 2014: The Challenge of Mixed Migration by Sea. *Forced Migration Review* 45:49–51.

Massey, D. S., 1990: Social Structure, Household Strategies, and the Cumulative Causation of Migration. *Population Index* 56(1):3–26.

Meissner, F. & S. Vertovec, 2014: Comparing Super-Diversity. *Ethnic and Racial Studies* 38(4):1–15.

Piguet, E., A. Pécoud & P. De Guchteneire, 2011: Migration and Climate Change: An Overview. *Refugee Survey Quarterly* 30(3):1–23.

Robertson, S., 2018: Status-making: Rethinking Migrant Categorization. *Journal of Sociology* 55(2):219–233.

Ulbricht, C., 2017: *Ein- und Ausgrenzungen von Migranten: Zur sozialen Konstruktion (un-) erwünschter Zuwanderung*. Bielefeld: transcript.

UN DESA (United Nations Department of Economic and Social Affairs), 2019: *International Migrant Stock 2019*. New York: Hauptabteilung Wirtschaftliche und Soziale Angelegenheiten der Vereinten Nationen.

Urry, J., 2000: *Sociology Beyond Societies: Mobilities for the Twenty-first Century*. London: Routledge.

Van Hear, N., R. Brubaker & T. Bessa, 2009: *Managing Mobility for Human Development: The Growing Salience of Mixed Migration*. IDEAS Working Paper Series. Federal Reserve Bank of St. Louis.

Vullnetari, J., 2012: Beyond „Choice or Force": Roma Mobility in Albania and the Mixed Migration Paradigm. *Journal of Ethnic and Migration Studies* 38(8):1305–1321.

Wilken, L. & M. Ginnerskov-Dahlberg, 2017: Between International Student Mobility and Work Migration: Experiences of Students from EU's Newer Member States in Denmark. *Journal of Ethnic and Migration Studies* 43(8):1347–1361.

Williams, A. M., R. King, A. Warnes & G. Patterson, 2000: Tourism and International Retirement Migration: New Forms of an Old Relationship in Southern Europe. *Tourism Geographies* 2(1):28–49.

Johanna Paul

4 Formen und Kategorisierungen von erzwungener Migration

Einleitung

Die Zahl der Menschen, die sich aufgrund von Verfolgung, Konflikt oder gene-
ralisierter Gewalt gezwungen sahen, ihr Zuhause zu verlassen, ist dem Flüchtlingshilfswerk der Vereinten Nationen (UNHCR) zufolge in den vergangenen zehn
Jahren um mehr als das Doppelte gestiegen (UNHCR 2019). In seinem jährlichen
„Global Trends"-Bericht gab es an, dass Ende 2018 weltweit offiziell 70,8 Millionen
Menschen zwangsweise vertrieben waren, darunter 25,9 Millionen Flüchtlinge,
41,3 Millionen Binnenvertriebene und 3,5 Millionen Asylsuchende. Dies stellt seit
Ende des Zweiten Weltkriegs, welcher allein auf dem europäischen Kontinent
zur Vertreibung von mindestens 30 Millionen Menschen führte (Zolberg et al.
1989: 21), einen neuen Höchststand dar. Von den langanhaltenden Konflikten,
die zu großen Fluchtbewegungen geführt haben, ist derzeit in Europa insbesondere der Krieg in Syrien im öffentlichen Bewusstsein. Von den etwa 20 Millionen
Flüchtlingen unter dem Schutz des UNHCR kommen etwa 6,7 Millionen allein aus
Syrien, 3,6 Millionen von ihnen sind im Nachbarland Türkei registriert. Weitere
6,2 Millionen befinden sich als Binnenvertriebene noch immer in Syrien und stellen aktuell die weltweit zweithöchste Population an Binnenvertriebenen (UNHCR
2019). Aufgrund der vielen ebenfalls in Europa ankommenden Schutzsuchenden aus Syrien werden die Konsequenzen des Krieges auch hier spürbar. Zudem
zeigt ihre Präsenz, dass Flüchtlingsschutz und Asyl in Politik und Gesellschaft
der Ankunftsstaaten kontrovers diskutiert werden. Davon zeugten fast tägliche
Berichte und öffentliche Auseinandersetzungen über die Herausforderungen der
spontanen Aufnahme einer hohen Anzahl neuankommender Schutzsuchender
im „langen Sommer der Migration" 2015 durch die noch offene „Balkanroute"
(Ratfisch & Schwiertz 2015), sowie die umstrittene bilaterale Vereinbarung zwischen der Europäischen Union (EU) und der Türkei („EU-Türkei-Abkommen")
im Folgejahr, welches die „irreguläre" Einreise weiterer Schutzsuchender in EU-
Staaten verhindern soll, die über die gefährliche Route zwischen der Türkei und
Griechenland das Mittelmeer überqueren.

Unterstrichen wird die Aktualität von Fluchtmigration nicht nur durch stei-
gende Zahlen schutzsuchender Personen und derer, die beim Versuch scheitern oder umkommen, sondern auch durch die zunehmende wissenschaftliche

https://doi.org/10.1515/9783110680638-004

Auseinandersetzung mit Prozessen der Fluchtmigration. Während bereits verschiedene Formen bzw. Kategorisierungen von Migration und Mobilität besprochen wurden (vgl. Kapitel 3), beleuchtet dieses Kapitel Formen unfreiwilliger Migration als ein spezifisches Interessengebiet der soziologischen Migrationsforschung. Fluchtforschung als multidisziplinärer Forschungszweig wurde in den 1980er-Jahren institutionalisiert und in Auseinandersetzung mit jeweils aktuellen Trends in der Politikgestaltung und humanitären Praxis weiterentwickelt. Das ist besonders im englischsprachigen Raum deutlich, wo die Bezeichnung als *„refugee and forced migration studies"* die Ausweitung und Systematisierung des Forschungsfeldes reflektiert (Chimni 2009; Chatty & Marfleet 2013). In der deutschsprachigen Forschungslandschaft hingegen ist „Flüchtlingsforschung" kaum institutionalisiert, disziplinär zersplittert und bisher hauptsächlich auf Prozesse in der Ankunftsgesellschaft beschränkt, während Fluchtprozesse im globalen Zusammenhang erst seit wenigen Jahren mehr Aufmerksamkeit erfahren (Kleist 2015).

Wie in diesem Kapitel gezeigt wird, existieren unterschiedliche Verwendungen des Begriffs „Flüchtling" – etwa unter politischen Entscheidungsträger*innen, Forscher*innen oder in der Flüchtlingsarbeit. Bei der Unterscheidung zwischen Flüchtlingen und anderen Migrant*innen ist der Verlust grundlegender Rechte und die Suche nach der Wiederherstellung dieser entscheidend (Kleist 2015: 153). Somit geht es darum, wem Staaten (temporär oder dauerhaft) Schutz gewähren sollen. Leitend ist hierfür das Verständnis eines Flüchtlings als Person, die über internationale Grenzen flieht und aufgrund individueller Verfolgung berechtigt ist, einen Rechtsstatus als Flüchtling nach der „Genfer Flüchtlingskonvention" zu beanspruchen. Dem gegenüber steht ein breites Allgemeinverständnis zur Beschreibung von Personen, die sich aufgrund lebensbedrohlicher Situationen gezwungen sehen, ihr Herkunftsland zu verlassen (Shacknove 1985: 274).

Um die Konturen des Forschungsgebietes abstecken zu können, muss daher die Frage gestellt werden: Mit wem befassen wir uns eigentlich? Unter Forscher*innen besteht kein Konsens, was zu anregenden, noch nicht abgeschlossenen Debatten in diesem sich schnell entwickelnden und erweiternden Forschungsgebiet geführt hat (Fiddian-Qasmiyeh 2014: 1). Klar ist, es handelt sich um eine besondere, nämlich (irgendwie) unfreiwillige Form der Migration. Doch bereits die Frage, ob es überhaupt Migrationsbewegungen gibt, die nicht auf einem gewissen Grad an Zwang beruhen, deutet an, dass es nicht einfach ist, eine spezifische Personengruppe eindeutig zu umreißen. So kann zwischen einer engen und einer weiten Auslegung des Gegenstandsbereichs unterschieden werden (Fiddian-Qasmiyeh 2014). Neben der genannten strikten Auslegung, die sich auf Flüchtlinge als rechtliche Kategorie beruhend auf dem Kriterium der individuellen Verfolgung beschränkt, befassen sich Forscher*innen und Politik-gestalter*innen auch mit weiteren Personengruppen, etwa Asylsuchenden, Bin-nenvertriebenen, „irregulären" Migrant*innen, von Menschenhandel betroffenen Personen (*trafficking*), durch Entwicklungsprojekte oder Umweltveränderungen vertriebenen Personen, von Abschiebung bedrohten Personen oder Nachkommen von einst geflohenen Personen. Aufgrund der Diversität gegenwärtiger Vertrei-bungsprozesse, die sich allein durch die Beschäftigung mit Personen mit einem rechtlichen Flüchtlingsstatus nicht erfassen lässt, sprechen Forschende zuneh-mend von „erzwungener Migration", um die komplexen Treiber, Prozesse und Auswirkungen dieser Dynamiken konzeptualisieren zu können (Zetter 2019: 19). Zwangsmigration als allgemeiner Begriff schließt somit verschiedene, in diesem Kapitel näher zu erläuternde Kategorien ein, etwa Flüchtlinge, Asylsuchende und Binnenvertriebene, die vor Konflikten, Hungersnöten, Entwicklungsprojek-ten oder Umweltkatastrophen fliehen (Bloch & Donà 2019: 3).

Als spezifisches Interessengebiet der Migrationsforschung zeichnet sich er-zwungene Migration durch einen Fokus auf Migrationsprozesse in und aus Kon-flikt-/Krisenregionen, humanitäre Bedürfnisse, Grundrechte und Flüchtlingspo-litik aus und leistet somit einen Beitrag zu breiteren Fragestellungen hinsichtlich sozialer Ungleichheiten, rechtlicher Problemstellungen und Integration (Kleist 2015: 153). Da erzwungene Migration eng verwoben ist mit globalen Prozessen wie Entwicklung und Konflikt (Castles 2003), wird das Forschungsfeld darüber hinaus bereichert durch multidisziplinäre Perspektiven, etwa aus den Globalisierungs-, Entwicklungs- und Menschenrechtsstudien oder dem Feld der Internationalen Beziehungen (Fiddian-Qasmiyeh 2014). Dies zeigt sich, wie in der Migrations-soziologie allgemein (Faist et al. 2018), in Fragen über die Zusammenhänge von erzwungener Migration und Prozessen sozialer Transformation (Castles 2003). Ei-ne „Soziologie der erzwungenen Migration" versteht heutige Fluchtbewegungen als zentralen Bestandteil von Globalisierungsprozessen und Nord-Süd-Beziehun-gen seit Ende des Kalten Krieges (Castles 2003). Erzwungene Migration ist auf vielfältige und komplexe Weise mit Prozessen des sozialen Wandels in den Her-kunfts- sowie Zufluchtsländern verbunden, und die Erforschung dieser Prozesse ist zentral für ein Verständnis komplexer Fluchtursachen sowie die sich wan-delnden Lebenswelten von Flüchtenden (Essed et al. 2004: 4). Wiederum treiben fliehende Personen sowohl im Herkunfts- als auch im Zielland Prozesse des so-zialen Wandels aktiv voran oder verstärken diese (Faist et al. 2018: 284). Aktuelle Forschungen heben daher die Bedeutung transnationaler sozialer Beziehungen von Geflohenen und ihren Bezugspersonen im Herkunftsland und in anderen Ländern hervor (vgl. Kapitel 7).

Das Kapitel ist in drei Teile gegliedert. Im ersten Teil werden überblicksartig wichtige rechtliche und politische Begriffe und Kategorien eingeführt. Dabei wird gezeigt, dass die Art und Weise, wie Fluchtmigration rechtlich reguliert ist, ein Produkt der Erfahrungen aus dem Zweiten Weltkrieg ist und sich das internationale System des Flüchtlingsschutzes seither weiterentwickelt hat. Im zweiten Teil wird auf das migrationssoziologische Verständnis von Fluchtmigration eingegangen und diskutiert, welche konzeptuellen Herausforderungen sich bei der Unterscheidung von „freiwilliger" und „erzwungener" Migration stellen. Der dritte Teil greift diese konzeptuellen Schwierigkeiten auf und zeigt anhand von Beispielen, wie die (transnationale) Migrationssoziologie mit diesen Problemstellungen umgeht.

Überblick: Zentrale Kategorien und Unterscheidungen im Bereich der Fluchtmigration

Dieser Abschnitt führt in die wichtigsten rechtlichen und politischen Kategorien ein, denen fliehende Personen zugeordnet werden. Diese Kategorien haben sich seit der Entstehung des internationalen Systems des Flüchtlingsschutzes entwickelt und reflektieren zentrale Diskurse der hauptsächlich durch Aufnahmestaaten im Globalen Norden geprägten Flüchtlingspolitik (Chimni 2009). Dem Überblick über das internationale System des Flüchtlingsschutzes folgen Anmerkungen über die Diskussion von Fluchtursachen.

Das internationale System des Flüchtlingsschutzes und die rechtliche Flüchtlingsdefinition der „Genfer Flüchtlingskonvention"

Zunächst muss geklärt werden, welche Personen nach internationaler Rechtslage als Flüchtlinge anerkannt werden. Das wichtigste Dokument des internationalen Flüchtlingsschutzes ist das „Abkommen über die Rechtsstellung der Flüchtlinge", meist kurz als „Genfer Flüchtlingskonvention" (GFK) bezeichnet. Es wurde 1951 verabschiedet und trat 1954 in Kraft. Zusammen mit dem 1950 gegründeten UNHCR bildet es die Grundpfeiler des heutigen internationalen Systems des Flüchtlingsschutzes, welches nach dem Zweiten Weltkrieg entstand.

Der im Abkommen enthaltenen völkerrechtlichen Definition nach gilt eine Person als Flüchtling, die

> aus der begründeten Furcht vor Verfolgung wegen ihrer Rasse, Religion, Nationalität, Zugehörigkeit zu einer bestimmten sozialen Gruppe oder wegen ihrer politischen Überzeugung sich außerhalb des Landes befindet, dessen Staatsangehörigkeit sie besitzt, und den Schutz dieses Landes nicht in Anspruch nehmen kann oder wegen dieser Befürchtungen nicht in Anspruch nehmen will (Art. 1A(2)).

Des Weiteren legt das Abkommen Mindeststandards für den Umgang mit Personen fest, die die Voraussetzung der Flüchtlingseigenschaft erfüllen. Das wichtigste Prinzip des Flüchtlingsschutzes, dem sich die Unterzeichnerstaaten der Konvention verpflichten, ist das so-genannte „Non-Refoulement" (franz. *refouler*, zurückdrängen, abweisen), das Verbot der Zurückweisung (Art. 33). Demnach ist es Staaten untersagt, eine fliehende Person in das Herkunftsland oder ein anderes Land, in dem ihr Gefahr vor Verfolgung droht, zurückzusenden oder abzuschieben. Im Gegensatz zu anderen Menschenrechtsabkommen bezieht sich die Konvention auf den *Status* von Flüchtlingen, nicht auf ihre individuellen Rechte, d. h., sie stellt nicht das Individuum in den Mittelpunkt. Sie formuliert nicht, was einem Flüchtling zusteht oder nicht verwehrt werden darf, sondern ist in einer staatszentrierten Sprache gehalten (Goodwin-Gill 2014: 43): Staaten verpflichten sich, bestimmte Rechte und Leistungen zu respektieren, zu schützen und zu gewähren. Flüchtlingsrechte leiten sich aus den staatlichen Kompetenzen ab. Wenn bspw. Art. 33 besagt: „Keiner der vertragschließenden Staaten wird einen Flüchtling auf irgendeine Weise über die Grenzen von Gebieten ausweisen oder zurückweisen, in denen sein Leben oder seine Freiheit [...] bedroht sein würde", leitet sich daraus das Recht von Flüchtlingen ab, nicht zurückgewiesen zu werden. Weitere enthaltene Standards umfassen etwa Bewegungsfreiheit, Schutz vor Folter, Zugang zu medizinischer Versorgung, Bildung und Arbeit, Ausstellung von Ausweis- und Reisedokumenten, und Einbürgerungsverfahren. Laut Goodwin-Gill (2014: 40–41) sind es insbesondere die Standards der sozialen Sicherung oder des Zugangs zum Arbeitsmarkt, die den eurozentrischen Entstehungskontext des Abkommens erkennen lassen und denen gegenüber insbesondere weniger ressourcenstarke Staaten Vorbehalte haben. Mindestens jedoch sollen Flüchtlinge wie andere Nicht-Staatsbürger*innen behandelt werden.

Der Inhalt der Flüchtlingskonvention, wie auch die Bedeutung ihrer Errungenschaft, sind vor ihrem historischen Entstehungshintergrund zu lesen. Nach dem Zweiten Weltkrieg sah sich das Nachkriegseuropa mit den Konsequenzen des Holocaust, den Herausforderungen massenhafter Vertreibung, sowie der Verschiebung nationalstaatlicher Grenzen auf dem Kontinent konfrontiert (Mavroudi & Nagel 2016: 123). Lager für Vertriebene, die angesichts sowjetischer Besatzung und aus Furcht vor Vergeltung nicht nach Osteuropa zurückkehren konnten oder wollten, gab es bspw. noch bis in die 1960er-Jahre hinein. Die ursprüngliche Flüchtlingsdefinition war daher nur auf Personen bezogen, die sich aufgrund von Ereignissen in Europa vor 1951 außerhalb ihres Herkunftslandes befanden. Dies wurde mit den seit Ende der 1940er-Jahre auftretenden Fluchtbewegungen im Zuge von Konflikten außerhalb Europas als Folge kolonialistischer Herrschaft sowie der Politisierung humanitärer Praxis gegenüber Exilierten aus der Sowjetunion zunehmend problematisch (Fontanari 2019: 19; Chimni 2009).

Erst 1967 wurde die zeitliche und geografische Einschränkung des Geltungs-
bereichs der Konvention durch das „Protokoll über die Rechtsstellung der Flüchtlinge" fallengelassen. Das Protokoll wird oftmals als ein Zusatzprotokoll verstanden, de facto ist es aber eigenständig: Staaten können dem Protokoll beitre-
ten, ohne zuvor das Abkommen von 1951 ratifiziert zu haben: So sind bis heute
142 Staaten dem Abkommen und dem Protokoll beigetreten; Kap Verde, die USA
und Venezuela sind nur dem Protokoll beigetreten; Madagaskar und St. Kitts und
Nevis haben nur das Abkommen unterzeichnet; zudem haben Madagaskar, Mo-
naco, Republik Kongo und die Türkei bis heute die geografische Beschränkung
beibehalten und nehmen keine Flüchtlinge aus Ländern außerhalb Europas auf
(UNHCR 2011). Dass bspw. die Türkei als geografischer Scheideweg zwischen
Europa, Asien und Afrika weiterhin nur Flüchtlinge aus Europa anerkennt (zuletzt in den 1990er-Jahren mit Fluchtbewegungen während des kriegerischen
Zerfalls Jugoslawiens eingetroffen), ist bedeutsam unter aktuellen Umständen,
die die Türkei zu einem der Hauptaufnahmeländer machen: Seit 2011 aus Syrien fliehende Menschen erhalten aufgrund der geografischen Einschränkung
keinen Flüchtlingsstatus, sondern nur temporären Schutz. Die Türkei entwickelt
sich zunehmend von einem Transit- zu einem Zufluchtsland für Flüchtlinge aus
dem Nahen und Mittleren Osten und hat an europäischen Regelungen orientierte
Gesetze und Institutionen für Migration und Asyl geschaffen (Ekşi 2016).

Während die Grundpfeiler des internationalen Flüchtlingsschutzes unverändert bestehen, hat sich die Welt unter ungleichen Globalisierungsprozessen
verändert und verlangt nach neuen institutionellen Antworten auf Flüchtlingsaufkommen (Colic-Peisker 2005: xv). Welche Errungenschaft das bestehende
System darstellt, wird deutlich angesichts der heutigen Herausforderung, in der
internationalen Gemeinschaft einen Konsens für eine zeitgemäße Reform zu finden. Diese muss neben humanitären Aspekten auch politische, ökonomische
und ökologische Aspekte adressieren (Colic-Peisker 2005: xv). Zudem gibt es
weiterhin, vorangetrieben durch Menschenrechtsdiskurse, Fortentwicklungen
im regionalen Flüchtlingsrecht und in der Praxis des Flüchtlingsschutzes. Ein
aktuelles Beispiel ist die Anerkennung von sexueller Orientierung als Merkmal
einer sozialen Gruppe. Die 2011 geänderte Fassung der EU-Qualifikationsricht-
linie 2004/83/EC stellt einen Fortschritt in der Gewährleistung der Rechte von
asylsuchenden LGBTI-Personen[1] dar, indem sie explizit Geschlechtsidentität sowie sexuelle Orientierung als Verfolgungsgrund anerkennt (Tsourdi 2013).

---

1 Die Abkürzung steht für die englischen Bezeichnungen lesbian, gay, bisexual, transsexual/
transgender und intersexual, zu Deutsch lesbisch, schwul, bisexuell, transsexuell/transgender
und intersexuell.

Flüchtlingsdefinitionen jenseits der Flüchtlingskonvention

Neben der GFK mit ihrer engen und individualisierenden Bestimmung des Flüchtlingsstatus wurden regionale Konventionen mit weiter gefassten Auslegungen beschlossen. Diese erkennen weitere Ursachen von Flucht an. Der 1969 von der Organisation der Afrikanischen Einheit (*Organization of African Unity*, OAU) verabschiedeten „*Convention Governing the Specific Aspects of Refugee Problems in Africa*" nach gelten in den Unterzeichnerstaaten nicht nur die individuelle Verfolgung, sondern auch äußere Aggression, Besatzung, ausländische Vorherrschaft oder Ereignisse, die im ganzen Land oder einzelnen Landesteilen die öffentliche Ordnung stören (etwa Bürgerkrieg, bürgerkriegsähnliche Zustände) als Fluchtgründe. Aufgrund der historischen Erfahrungen im Zuge der Entkolonialisierung und neuen Grenzziehungen in Afrika berücksichtigt sie auf diese Weise soziale und politische Umstände (etwa Staatszerfall) von Flüchtlingsaufkommen (Godwin-Gill 2014: 41). Die „*Cartagena Declaration on Refugees*" von 1984 erweitert den Flüchtlingsbegriff für den zentralamerikanischen Raum. Die Unterzeichnerstaaten verpflichten sich, Personen als Flüchtling anzuerkennen, die ihr Land verlassen haben, da ihr Leben, ihre Sicherheit oder ihre Freiheit durch Situationen generalisierter Gewalt, ausländische Aggression, interne Konflikte, massive Menschenrechtsverletzung oder Umstände, die ernsthaft die öffentliche Ordnung stören, bedroht wurden.

Das UN-Flüchtlingshilfswerk und weitere schutzbedürftige Gruppen („populations of concern")

Das Hochkommissariat für Flüchtlinge der Vereinten Nationen (UNHCR), wurde 1950 von der Generalversammlung der Vereinten Nationen (UN) mit dem Mandat ausgestattet, über die Umsetzung der GFK zu wachen. Es löste die seit 1946 operierende Internationale Flüchtlingsorganisation (*International Refugee Organization*, IRO) ab, welche für die Rückführung der Vertriebenen im Nachkriegseuropa zuständig war. Seit 1951 ist das Flüchtlingshilfswerk darum bemüht, für den humanitären und rechtlichen Schutz von Flüchtlingen zu sorgen und dauerhafte Lösungen für sie zu finden.[2] Sein Mandat war dem ursprünglichen Statut von 1951 nach generell und universell, aber zunächst zeitlich begrenzt, mit dem Ziel, innerhalb weniger Jahre die damals bestehende Flüchtlingssituation zu lösen. Bald darauf wurde es auch in neu auftretenden Krisensituationen aktiv und etablierte sich fest im UN-System. Jedoch erst im Jahr 2003 stellte die UN-Gene-

---

2 Als einzige Ausnahme fallen palästinensische Flüchtlinge nicht unter das Mandat des UNHCR, sondern das der *United Nations Relief and Works Agency for Palestine Refugees in the Near East* (UNRWA).

ralversammlung das Mandat auf eine dauerhafte Grundlage, solange „bis das Flüchtlingsproblem gelöst" ist. Trotz der intendierten Komplementarität gab es zunächst eine Diskrepanz zwischen dem Mandat des UNHCR – universell und allgemein, geografisch und zeitlich uneingeschränkt – und der in der GFK verankerten engen, individualistischen Flüchtlingsdefinition mit geografischer und zeitlicher Einschränkung. Sie reflektierte das Zögern der Staaten, Verantwortung für unabsehbare zukünftige Flüchtlingsaufkommen einzugehen. Erst das Protokoll von 1967 schloss die durch geografische oder zeitliche Einschränkungen bestehende Kluft. Es besteht aber weiterhin eine Diskrepanz zwischen der Vertreibung großer Bevölkerungsgruppen und dem eingeschränkten Anspruch auf Flüchtlingsstatus aufgrund politischer Verfolgung (Goodwin-Gill 2014: 38).

Damit Flüchtlinge nicht auf ewig Flüchtlinge bleiben, ist es eine Kernaufgabe des UNHCR, dauerhafte Lösungen für Flüchtlingssituationen zu finden (*durable solutions*). Drei Möglichkeiten haben sich etabliert: Die (1) freiwillige Rückkehr (*voluntary repatriation*) in den Herkunftsstaat gilt als die präferierte Lösung. Sollte diese nicht möglich sein, kommen (2) die Integration im Aufnahmestaat (*local integration*), also die permanente Niederlassung einschließlich der Möglichkeit, die Staatsbürgerschaft anzunehmen, oder (3) die Neuansiedlung in einem Drittstaat (*resettlement*) in Frage. Das Resettlement soll Personen, denen es unmöglich ist, zurückzukehren oder dauerhaft im Erstaufnahmestaat zu bleiben, eine nachhaltige Möglichkeit der Niederlassung bieten und Aufnahmestaaten mit relativ hohen Aufnahmezahlen entlasten. Dem liegt die Idee einer internationalen Lastenverteilung zwischen ressourcenstärkeren und -schwächeren Staaten zur Aufrechterhaltung der grundlegenden Prinzipien des Flüchtlingsschutzes zugrunde – ein Anliegen, welches nur zu selten wirksam umgesetzt wird (Goodwin-Gill 2014: 43). Trotz des Zögerns westlicher Staaten kommt das Resettlement meist dann in Frage, wenn Menschen *en masse* bspw. in afrikanische oder asiatische Nachbarstaaten fliehen, wo ihre große Anzahl die Kapazitäten der Aufnahmestaaten übersteigen. Einige westliche Staaten (bspw. die USA, Kanada, Australien, Schweden und Großbritannien) stellen jährliche Aufnahmekontingente zur Verfügung (Colic-Peisker 2005: xi), oftmals für besonders Schutzbedürftige. Die Zahl von Menschen, die auf diese Weise umsiedeln können, ist proportional sehr gering im Vergleich zu den großen Flüchtlingsaufkommen in ressourcenschwachen Ländern. Machten sie um die Jahrtausendwende noch 5–10 Prozent der globalen Flüchtlingspopulation aus (Colic-Peisker 2005: xii), waren es 2018 angesichts steigender Flüchtlingszahlen und zugleich sinkender Aufnahmebereitschaft der Staaten gerade einmal 0,45 Prozent: 92.400 von 20,4 Millionen Flüchtlingen wurden in Drittstaaten umgesiedelt, während geschätzt 1,4 Millionen diese Unterstützung benötigten (UNHCR 2019).

Die Flüchtlingsdefinition der GFK lässt viele Personen außen vor, die sich gezwungen sehen, ihren Wohnort zu verlassen und Unterstützung benötigen. Daher wurde der Aufgabenbereich des UNHCR um weitere Gruppen (*„populations of concern"*) erweitert. Zu diesen gehören heute auch Asylsuchende, Binnenvertriebene, Staatenlose und Rückkehrer*innen. Folgend wird näher auf Asylsuchende und Binnenvertriebene eingegangen.

Als Asylsuchende werden Personen bezeichnet, die sich außerhalb ihres Herkunftslandes aufhalten und in dem Staat, in dem sie sich aufhalten, einen Asylantrag gestellt haben. Das Asylverfahren, welches über ihren Schutzanspruch entscheidet, wurde jedoch noch nicht abgeschlossen. Ein internationales Abkommen, welches „Asyl" und damit einhergehende Rechte definiert, gibt es nicht. Artikel 14 der Allgemeinen Erklärung der Menschenrechte von 1948 besagt: „Jeder hat das Recht, in anderen Ländern vor Verfolgung Asyl zu suchen und zu genießen." Unter Einbehaltung internationaler und regionaler Standards ist es jedoch der Souveränität der Staaten überlassen, über die Gründe zur Gewährung von Asyl zu entscheiden (Goodwin-Gill 2014: 42). In der Bundesrepublik Deutschland gilt bspw. das Grundrecht auf Asyl für politisch Verfolgte nach Artikel 16(a) des Grundgesetzes. *De facto* ist jedoch das Grundrecht auf Asyl seit der Asylrechtsreform von 1993 von geringerer Bedeutung, da es nur von Personen in Anspruch genommen werden kann, die nicht über den Landweg aus einem sicheren Drittstaat eingereist sind. Da Deutschland von sogenannten sicheren Drittstaaten umgeben ist, wird es nur bei Einreise über den Luftweg und über einen Staat, der kein sicherer Drittstaat ist, wirksam. Asylberechtigte haben zunächst einen Anspruch auf eine Aufenthaltserlaubnis für drei Jahre. Verbessert sich in dieser Zeit die Situation im Herkunftsland nicht, wird die Aufenthaltserlaubnis anschließend verlängert und es kann unter bestimmten Voraussetzungen ein dauerhafter Aufenthaltstitel (Niederlassungserlaubnis) erteilt werden.

Seit den 1980er-Jahren und mit Ende des Kalten Krieges stieg in westlichen Staaten die Zahl von Asylsuchenden infolge neu aufkommender Konflikte sowie strikterer Regulierungen von Arbeitsmigration und der Schließung legaler Einwanderungswege. Die zu dieser Zeit eingeführte Kategorie von Asylsuchenden entstand aus der zunehmenden Schwierigkeit, zwischen ökonomischer und politischer Migration zu unterscheiden und dem politischen Unwillen, langfristig humanitäre Verpflichtungen einzugehen. In der Tat kamen viele Asylsuchende aus krisengeschüttelten Regionen, in denen politische Unruhen mit Gewalt, ökonomischer Instabilität und Menschenrechtsverletzungen einhergehen (Turton 2003: 14). Zugleich blieb angesichts der zunehmend strikteren Auslegung der GFK der Weg über das Asylsystem für „Geringqualifizierte" die einzige Option, um Zugang zu Erwerbsmöglichkeiten in reicheren Staaten zu finden (Van Hear et al. 2009). Die daraus resultierende bürokratische Überforderung bei der Überprüfung großer Zahlen von Asylanträgen führt regelmäßig zu der medialen Repräsentation einer (*de facto* politisch produzierten) „Krise": Europa würde „überrannt" von Migrannt*innen, die Asylsysteme zum Zwecke der Einwanderung missbrauchen (Mavroudi & Nagel 2016: 127). Tatsächlich haben es Staaten des Globalen Nordens nicht mit einer „Flut" von Flüchtlingen, sondern lediglich mit einem Bruchteil des globalen Flüchtlingsaufkommens zu tun (vgl. Kapitel 16), was sich auch in der vergleichsweise niedrigeren Zahl an Asylsuchenden als einer Kategorie der Zwangsmigration widerspiegelt: Aktuell befinden sich 84 Prozent aller Flüchtenden im Globalen Süden – ein Drittel in den „am wenigsten entwickelten Ländern" (UNHCR 2019), wo sie in der Regel vom UNHCR in den Nachbarstaaten ihrer Herkunftsländer auf prima facie Basis *en masse* anerkannt werden – hierin zeigt sich die erwähnte Diskrepanz zwischen der engen Flüchtlingsdefinition und der Aufgabe des UNHCR, große Bevölkerungsgruppen auf der Flucht zu unterstützen.

Binnenvertriebene (*internally displaced persons*, IDPs) sind laut der „*Guiding Principles on Internal Displacement*" von 1998 „Personen oder Personengruppen, die zur Flucht gezwungen oder verpflichtet wurden oder ihre Häuser oder üblichen Wohnsitze verlassen mussten, insbesondere infolge von oder zum Zwecke der Vermeidung der Auswirkungen von bewaffneten Konflikten, Situationen allgemeiner Gewalt, Menschenrechtsverletzungen oder natürlichen oder von Menschen verursachten Katastrophen, und die keine international anerkannte Staatsgrenze überquert haben". Die Aufmerksamkeit für die besondere Problemlage vertriebener Menschen, die sich innerhalb ihres Herkunftslandes befinden, wuchs seit Ende der 1980er-Jahre. Diese weitaus größere Gruppe von Betroffenen schafft es meist nicht, über staatliche Grenzen zu fliehen und ist oftmals in ihrer Situation gefangen. Gab es 1990 21,3 Millionen, so sind es aktuell 41,3 Millionen IDPs (IDMC 2019), und damit in etwa doppelt so viele wie es aktuell Flüchtlinge gibt (UNHCR 2019). Die Guiding Principles sind kein rechtlich bindendes Abkommen, spezifizieren jedoch bestehende Menschenrechte und humanitäres Völkerrecht für IDPs. Sie stellen eine bedeutsame Entwicklung dahingehend dar, dass sie einerseits, neben individueller Verfolgung und Konflikt weitere Fluchtursachen benennen und andererseits anerkennen, dass sich Binnenvertriebene häufig vor ähnliche Probleme gestellt sehen wie Flüchtlinge. Im Gegensatz zu Flüchtlingen haben IDPs aber keinen international regulierten rechtlichen Status; es gibt lediglich regionale und nationale Instrumente (Koser 2011), etwa die 2009 beschlossene „*African Union Convention for the Protection and Assistance of Internally Displaced Persons in Africa*", kurz „Kampala Konvention" genannt. Dieser Umstand resultiert daraus, dass sie im Unterschied zu Flüchtlingen meistens Anspruch auf den vollen

Umfang staatsbürgerlicher Rechte des Herkunftstaates, in dem sie sich weiterhin befinden, haben. Jedoch sind sie besonderen Risiken ausgesetzt, die mit der Vertreibung einhergehen (bspw. Menschenrechtsverletzungen, Verlust von Eigentum und Lebensgrundlage, schlechte Wohnsituation oder Furcht vor Repressalien durch staatliche Institutionen, Verlust von Ausweisdokumenten). Die Schwierigkeit, eine Lösung für ihre besonderen Bedürfnisse zu finden, erwächst aus dem Umstand, dass der Staat, der primär für ihren Schutz zuständig ist, den Schutz dieser Bevölkerungsgruppe oftmals nicht garantieren kann oder will (etwa im Fall ethnischer Minderheiten) (Koser 2011).

Debatten um weitere Fluchtursachen
und die Erweiterung der Flüchtlingskategorie
Die bisherigen Ausführungen beziehen sich hauptsächlich auf Personen, die vor politischer Verfolgung und gewaltsamen Konflikten fliehen. Konfliktgenerierte Fluchtmigration ist primär durch politische Gewalt verursacht (etwa durch religiöse Konflikte und Nationalismus, repressive Regime, zwischenstaatliche Kriege, Bürgerkriege, separatistische Bestrebungen). Darüber hinaus werden meist zwei weitere Ursachenkomplexe diskutiert, insbesondere Umweltveränderungen und Entwicklungsprozesse (vgl. Kapitel 18). Die Treiber von erzwungenen Bewegungen sind jedoch nicht monokausal, sondern bei weitem komplexer. In jedem Kontext treten mehrfache, sich überlappende strukturelle Ursachen auf, die oftmals schwer zu bestimmen sind. Beispielsweise ist es im Zuge von Umweltveränderungen äußerst schwierig, natürliche, ökonomische und politische Faktoren zu unterscheiden, weshalb z. B. der Begriff „Umwelt-" oder „Klimaflüchtling" von komplexen, ineinandergreifenden Ursachen ablenkt (McLeman et al. 2016). Bei Umweltveränderungen kann es sich um plötzlich auftretende Umweltkatastrophen (mit natürlichen Ursachen, bspw. Stürme, Fluten, Erdbeben; oder anthropogen verursacht, bspw. Industrie- oder Atomunfälle) oder um langfristige Klima- und Umweltveränderungen wie Desertifikation, steigender Meeresspiegel oder Landverödung handeln. Unter einem weiteren Komplex werden Vertreibungen infolge umfangreicher Infrastrukturprojekte zusammengefasst, die zu nationalen Entwicklungsprozessen beitragen sollen, etwa der Bau von Staudämmen, Häfen und Flughäfen, Fernverkehrsverbindungen, die Errichtung von Sonderwirtschaftszonen, die Modernisierung urbaner Räume, Bergbau sowie Abholzung, oder die Einrichtung von Naturreservaten.

Das Bewusstsein für Ursachenkomplexe, die nicht unmittelbar auf Konflikte zurückzuführen sind, und wie diesen durch staatliche und internationale Akteure begegnet wird, ist in den Staaten des Globalen Nordens gering ausgeprägt, was auch daran liegt, dass diese meist im Globalen Süden auftreten und Betroffene in der Region bleiben bzw. nicht über internationale Grenzen migrieren (McDowell & Morrell 2010: 1). Das Ausmaß an Betroffenen, die aufgrund von Entwicklungsprozessen „für das allgemeine Wohl" oder aufgrund von verschlechterten Umweltbedingungen und Klimaveränderungen ihre Existenzgrundlage verlieren, ist kaum zuverlässig in Zahlen zu bestimmen, aber weitaus größer als bei konfliktgenerierter Flucht (McDowell & Morrell 2010: 117). Die internationale Gemeinschaft geht mit diesen nicht primär konfliktgenerierten Ursachenkomplexen anders um, auch wenn sich Betroffene in einer flüchtlingsähnlichen Situation befinden, gleichermaßen Menschenrechtsverletzungen ausgesetzt sind und ähnliche humanitäre Bedürfnisse haben. Das liegt insbesondere daran, dass sich Betroffene meist weiterhin innerhalb der Grenzen des Staates befinden, dessen Staatsbürgerschaft sie besitzen. Die daraus resultierenden Schutzdefizite stellen die internationale Gemeinschaft rechtlich und humanitär vor besondere Herausforderungen.

Vorschläge über eine Ausweitung des rechtlichen Schutzes etwa durch die GFK erscheinen daher nicht zielführend und politisch kaum durchsetzbar. Allein zahlenmäßig geht es um weitaus größere Bevölkerungsgruppen, als dass eine rechtliche Antwort bürokratisch handhabbar wäre. Vor allem aber bietet sie keine Antwort auf globale strukturelle Ungleichheiten und Herausforderungen (Williams 2008). Erzwungene Migration ist nur ein, wenn auch besonders sichtbares Symptom tiefgehender struktureller Probleme, für das allein rechtliche oder humanitäre Strategien kein Heilmittel darstellen. Beispielsweise verlangen die Folgen des Klimawandels neue Wege einer starken internationalen und regionalen Kooperation, um auf Migrationsbewegungen und weitere Auswirkungen angemessen reagieren zu können (McDowell & Morrell 2010: 7). An dieser Stelle sollte es nachdenklich machen, dass ohnehin vulnerablere Bevölkerungsteile von diesen Fluchtursachen ungleich stärker betroffen sind. Ein Flüchtlingsstatus stellt gewissermaßen ein Privileg dar, welches für diejenigen leichter zu erlangen ist, die sich bereits in einer sozioökonomisch besseren Situation befinden, in welcher sie leichter und sicherer einen wohlhabenderen Staat erreichen können. Andere wiederum haben kaum Ressourcen, um sich aus ihrer miserablen Situation am Herkunftsort zu lösen, können weder fliehen, noch sind sie für humanitäre Hilfe erreichbar. Hierbei sind verletzlichere Bevölkerungsgruppen, etwa indigene oder ethnische Minderheiten, benachteiligte Gruppen in ländlichen oder urbanen Räumen ungleich stärker betroffen. Das betrifft bspw. Personen, die aufgrund großer Infrastrukturmaßnahmen oder durch Umweltveränderungen von ihrem Wohnort vertrieben werden und ihre Existenzgrundlage verlieren. Ihre vulnerable Situation bleibt in flüchtlingspolitischen Debatten im Globalen Norden noch immer weitgehend unsichtbar (McLeman et al. 2016; McDowell & Morell 2010; vgl. Kapitel 18).

Konzeptuelle Schwierigkeiten
der Bestimmung erzwungener Migration

Welches Verständnis erzwungener Migration wird in der sozialwissenschaftlichen Forschung vertreten? Probleme der analytischen Abgrenzung zwischen verschiedenen Kategorien von Migrant*innen wurden bereits besprochen (vgl. Kapitel 3). Im Folgenden geht es genauer um die Frage der Konzeptualisierung von erzwungener Migration und die Probleme, die eine Unterscheidung zwischen „freiwilliger" und „erzwungener Migration" verursacht.

Flüchtlinge: Sozialwissenschaftliche Definitionsvorschläge

Im vorhergehenden Teil wurde deutlich, dass der engen und individualistischen rechtlichen Flüchtlingsdefinition das Phänomen massenhafter Vertreibung gegenübersteht. Es gibt eine Diskrepanz zwischen der einerseits großen Zahl von Personen, die sich gezwungen sehen, ihren Wohnort zu verlassen, und einer andererseits kleinen Zahl von Personen, die entsprechend der GFK als Flüchtlinge anerkannt werden. Mit Variationen im Kontext und disziplinärem Zugang (Kleist 2015) ist es vielen sozialwissenschaftlichen Vorschlägen zur Definition von „Flüchtlingen" gemein, dass sie eine weitere Gruppe als nur „Konventionsflüchtlinge" umfassen. So schlagen die Anthropologinnen Harrell-Bond und Voutira (1992: 7) vor, Personen als Flüchtlinge anzusehen, *„who have undergone a violent ‚rite' of separation and unless or until they are ‚incorporated' as citizens into their host state (or return to their state of origin) find themselves in ‚transition' or in a state of ‚liminality'"*. Ähnlich beschreibt Gibney (2004: 7): *„[...] those people in need of a new state of residence, either temporarily or permanently, because if forced to return home or remain where they are they would – as a result of either the brutality or inadequacy of their state – be persecuted or seriously jeopardise their physical security or vital subsistence needs."* In einer Auseinandersetzung mit juristischen Auffassungen beschreibt Shacknove (1985: 277) Flüchtlinge als Personen, die ihrer grundlegenden Rechte beraubt sind, sich nicht an ihren Herkunftsstaat wenden können und daher Zugang zu internationalem Schutz benötigen: *„[...] in essence, persons whose basic needs are unprotected by their country of origin, who have no remaining recourse other than to seek international restitution of their needs, and who are so situated that international assistance is possible."*

Diesen Definitionsversuchen ist zweierlei gemein: Zum einen sind sie offen gehalten im Hinblick auf Fluchtgründe. Hierin deuten sich die ungelösten konzeptuellen Schwierigkeiten an, die nachfolgend diskutiert werden. Zum anderen liegt ihnen ein Verständnis zugrunde, dass die Situation eines Flüchtlings aus einem besonderen Umstand erwächst, nämlich einem Bruch in der „normalen"

Beziehung einer Person zu ihrem Herkunftsstaat, in welcher ein Staat seinen Mitgliedern grundlegende Rechte und Freiheiten garantiert. Viele migrationssoziologische Ansätze hinterfragen die historisch mit der Gründung von Nationalstaaten im 19. Jahrhundert entstandene Annahme der Normalität von Nationalstaaten und „Sesshaftigkeit" – und Migration als Abweichung von dieser – in einer Staatenwelt, in der es primordiale Zugehörigkeiten von Individuen zu ihren Herkunftsstaaten gleichsam naturgemäß gäbe. Sie betrachten das Aufkommen von Fluchtmigration als Folge und zugleich inhärenten Bestandteil der Bildung von oft als homogen imaginierten Nationalstaaten als Modell der Organisierung politischer Gemeinschaften (Zolberg et al. 1989). Etwa als ethnische oder religiöse Minderheiten entsprechen Flüchtende oftmals nicht den Merkmalen der national gedachten „Mehrheitsgesellschaft". Unabhängig von den sehr unterschiedlichen Fluchterfahrungen teilen sie den Umstand dieser zerrütteten Beziehung, die dadurch gekennzeichnet ist, dass der Herkunftsstaat ihren Schutz nicht gewähren kann oder will. Sie suchen daher internationalen Schutz.

Probleme der Unterscheidung zwischen freiwilliger und erzwungener Migration
Diese Definitionsversuche stellen die besondere Schutzbedürftigkeit der betroffenen Personen in den Mittelpunkt. Jedoch erlauben sie keine trennscharfe Antwort darauf, wann Migration freiwillig und wann sie erzwungen ist. Zunächst erscheint es angesichts distinkter Bedürfnisse analytisch sinnvoll, zwischen Formen der „freiwilligen" und „erzwungenen" Migration zu unterscheiden. Praktisch birgt eine Unterscheidung jedoch methodologische und ethische Probleme (Turton 2003: 8). Methodologisch erscheint es oftmals unmöglich, in der realen Welt eine eindeutige Unterscheidung vorzunehmen. Migration ist meist eine von verschiedenen möglichen Reaktionen auf komplexe Sets an äußeren Zwängen und vorhergehenden Ereignissen, die in ihrer Tragweite und ihren Auswirkungen kontextgebunden variieren. Anstatt also eine binäre Trennung in „freiwillig/erzwungen" vorzunehmen, mag die Betrachtung entlang eines Kontinuums „proaktiv-reaktiv" (Richmond 1994) bzw. „mehr-weniger Wahlmöglichkeiten" (Van Hear 1998) zu einem besseren Verständnis davon beitragen, dass dem Entscheidungsprozess stets Zwänge und Wahlmöglichkeiten zugrunde liegen (Van Hear et al. 2009).

Ebenso lässt sich nicht immer eindeutig zwischen Migration zur Sicherung und Verbesserung der ökonomischen Existenzsicherung einerseits und politischer Verfolgung andererseits unterscheiden (Mavroudi & Nagel 2016: 119). Stattdessen liegt oftmals eine Verschränkung ökonomischer und soziopolitischer Faktoren (wobei ökonomische Krisen immer auch politisch verursacht werden), sowie struktureller und individueller Faktoren vor: Primär als „freiwillig" kategorisierte ökonomische Migration ist ebenso durch Zwänge charakterisiert, etwa wenn für Personen mit geringem sozioökonomischen Status unter lokal vorgefundenen Umständen Migration zur Absicherung einer Haushaltsgemeinschaft notwendig ist (Van Hear et al. 2009: 1). Umgekehrt ist es wahrscheinlich, dass Personen, die vor politischer Instabilität und Gewalt fliehen und (temporär) auf humanitären Schutz angewiesen sind, auch nach zukünftigen Einkommensmöglichkeiten suchen und ihre Zielorte entsprechend wählen. Nichtsdestotrotz gibt es gewisse Migrationsbewegungen, die primär durch Gefahren für die eigene Sicherheit statt durch ökonomische Interessen angetrieben sind und auf weniger Wahlmöglichkeiten beruhen als andere (Mavroudi & Nagel 2016: 119).

Erzwungene Migration ist ein komplexes Phänomen, welches mit Dynamiken ungleicher ökonomischer Entwicklung und gesellschaftlicher Transformation verschränkt ist. Globalisierung führt nicht nur zur Entstehung von Zentren ökonomischen Wachstums und in diese gerichtete Migration von Arbeitskräften, sondern verstärkt Ungleichheiten, Exklusion und Konflikte, die wiederum Fluchtmigration auslösen. Dass Migration und Flucht manchmal kaum noch voneinander unterscheidbar sind, ist Ausdruck dieser Entwicklungen, die seit Ende der Ost-West-Konfrontation an Umfang und Bedeutung zugenommen haben. Seither haben sich Fluchtbewegungen von Ost–West zu Süd–Nord verschoben. Entsprechend sollte erzwungene Migration eng mit ökonomischen Migrationsbewegungen in Beziehung gesehen und als integraler Bestandteil von Nord-Süd-Machtbeziehungen verstanden werden (Castles 2003: 16 f.).

Trotz aller Schwierigkeiten erscheint es uns heute als selbstverständlich, eine Unterscheidung zwischen freiwilliger (ökonomischer) und unfreiwilliger (politischer) Migration vorzunehmen. Historisch betrachtet war das jedoch bis zur zweiten Hälfte des 20. Jahrhunderts nicht der Fall. Wie Kati Long (2013) zeigt, gab es diese Unterscheidung zwischen 1920, als das erste internationale Flüchtlingsregime entstand, bis zur Entstehung des heutigen internationalen Systems des Flüchtlingsschutzes um 1950 so nicht. Stattdessen wurden Flüchtlinge als von einem politischen Gemeinwesen ausgeschlossene Personen als mittellose Migrant*innen angesehen. Statt humanitärer Versorgung wurde es daher als primäres Ziel angesehen, dafür zu sorgen, dass sie sich durch Zugang zu bestehenden Migrationskanälen und Arbeitsmärkten ihren Lebensunterhalt sichern können. Besonders der durch die Russische Revolution 1917 verursachte Exodus war Auslöser dafür, dass der Völkerbund 1922 den „*Nansen Passport*" als ein Reisedokument für Flüchtlinge einführte. Er ermöglichte internationale Grenzübertritte auf einem Kontinent, auf dem gerade im Zuge von Nationalstaatsbildung die Einführung von Grenzkontrollen Bewegungsfreiheit eingrenzte (Torpey 2000). In der Zwischenkriegszeit hatte die Unterscheidung also keine zentrale migrationspolitische Steuerfunktion. Des Weiteren war Ende der 1920er-Jahre die Internationale Arbeitsorganisation (*International Labour Organization*, ILO) operativ für Flüchtlinge zuständig und versuchte, den Bedarf an Arbeitskräften außerhalb Europas durch deren Migration zu decken (Long 2013: 10). Erst die Erfahrung des folgenschweren Versagens in den 1930er-Jahren adäquaten Schutz für Personen zu bieten, die versuchten vor der Naziherrschaft zu fliehen, führten zur Entstehung des heutigen Flüchtlingsregimes. Ab den 1950er-Jahren wurde in der humanitären und politischen Praxis die Suche nach Lösungen für Flüchtlinge von anderen Migrationskanälen getrennt.

Heute hingegen ist die Unterscheidung zentral für die Aufrechterhaltung selektiver Migrationspolitiken der Staaten des Globalen Nordens und der humanitären Praxis, die vom Interesse geleitet sind, Migrationsbewegungen zu kontrollieren und regional einzudämmen. Mittels restriktiver Maßnahmen sind die Zahlen der im Globalen Norden ankommenden Flüchtlinge Mitte der 1990er-Jahre drastisch reduziert worden, was zu ihrer Eindämmung in den Herkunftsregionen und mehr Menschenschmuggel geführt hat (Castles 2003: 14). Des Weiteren zeichnet sich die Entwicklung des internationalen Migrationsregimes durch eine Zunahme bürokratischer Kategorien aus, an die variierende Rechte geknüpft sind. Durch diese kategoriale Unterscheidung versuchen politische Akteur*innen im Globalen Norden Migrant*innen und Schutzsuchende administrativ zu verwalten (Zetter 2007: 174). Paradoxerweise sind jedoch genau diese Unterscheidungen immer schwieriger angesichts globaler Transformationsprozesse und führen zunehmend zur Ausgrenzung eben jener Personen, denen sie zum Zweck des Flüchtlingsschutzes eigentlich zugutekommen sollte: Sie sehen sich vor immer größere Hürden gestellt, einen Asylantrag zu stellen und zu beweisen, dass sie politisch verfolgt werden (Mavroudi & Nagel 2016: 120). Zetter (2007) bringt diese Entwicklung mit der Umschreibung „*More labels, fewer refugees*" auf den Punkt.

Diese Ausführungen deuten bereits an, dass Versuche einer Einordnung von Migration in „freiwillig/erzwungen" auch ethische Probleme beinhalten, da sie auf Bewertungen beruhen, wer einen Flüchtlingsstatus „verdient". Darüber hinaus ist die Vorstellung problematisch, dass Menschen, die sich gezwungen sehen, ihr Herkunftsland zu verlassen, diesen Ereignissen ohnmächtig gegenüberstehen. Diese Vorstellung würde eine grundlegende menschliche Eigenschaft ignorieren, nämlich ihre Handlungsmacht (*agency*). Darunter wird das individuelle Vermögen verstanden, selbst unter scheinbar ausweglosen Umständen zielgerichtet handeln und entscheiden zu können (Turton 2003: 10). Das kann bspw. die kontextgebundene Entscheidung darüber sein, wann, wohin und wie (etwa mittels welcher Transportmittel, entlang welcher Route) Flucht stattfindet. Migrieren impliziert immer einen gewissen, wenn auch beschränkten Grad an Agency, an Einfluss auf das Geschehen – man migriert und wird nicht migriert –

auch wenn die Flucht sehr spontan ergriffen wird. Daher sollte auch vermieden werden, Flüchtlinge als passive Opfer oder Hilfsempfänger*innen zu sehen (Essed et al. 2004: 2).

Wie geht die migrationssoziologische Forschung mit diesen methodologischen und ethischen Problemstellungen um? Im letzten Teil wird anhand einiger Beispiele gezeigt, dass in der Migrationssoziologie insbesondere eine transnationale Perspektive auf Migrationsprozesse Ansätze bietet, mit diesen Herausforderungen umzugehen.

Transnationale Perspektiven auf erzwungene Migration

Transnationale Ansätze in der Migrationsforschung (vgl. Kapitel 7) haben das Anliegen, Dynamiken von Migrationsprozessen auch aus der Akteur*innenperspektive zu verstehen, etwa durch die Erforschung von verschiedenen grenzüberschreitenden Praktiken, Strategien und sozialen Beziehungen zwischen migrierenden Personen und ihren (teils immobilen) Bezugspersonen im Herkunftsland oder in weiteren Staaten je nach verfügbaren Ressourcen und kontextgebundenen Umständen. Damit können sie auch einen bedeutsamen Beitrag zum Verständnis über die Lebensrealität von Personen leisten, die sich gezwungen sehen, ihren Wohnort zu verlassen. Moderne Kommunikationstechnologien und Transportmöglichkeiten beeinflussen auch Bedingungen für Fluchtwege, die Aufrechterhaltung sozialer Beziehungen und die Gestaltung der Lebensführung im Exil stark. Beispielsweise können transnationale soziale Netzwerke eine unterstützende Rolle spielen bei Entscheidungsprozessen über die Wahl des Ziellandes und der Route, sowie bei der Ankunft und Orientierung im Zielland, indem sie finanzielle Unterstützung sowie andernfalls schwer zugängliches Wissen, etwa über Fluchtwege und staatliche Aufnahmeprozeduren, vermitteln.

Gemischte Migrationsbewegungen
und transnationale Strategien der Lebensführung als „dauerhafte Lösungen"

Wie diskutiert wurde, ist es oft schwierig, zwischen „freiwilliger" (ökonomischer) und „erzwungener" (politischer) Migration zu unterscheiden. Da in politisch und ökonomisch geschwächten Herkunftsländern Armut, Ungleichheit und politische Konflikte als komplexe Treiber von Zwangsmigration meist koexistieren, sind auch Migrationsverläufe komplex und divers (Zetter 2019: 38). Menschen, die aufgrund von Konflikt, Verfolgung und Menschenrechtsverletzungen fliehen, können zugleich einen Ausweg aus der schwierigen wirtschaftlichen Lage suchen, welche ihrerseits Konflikte befeuern kann. Das bedeutet, dass sowohl

Beweggründe zur Migration als auch die Zusammensetzung der Migrationsströme während unterschiedlicher Migrationsetappen gemischt und komplex sein können – sei es hinsichtlich der Motive bei der Entscheidung zum und im Verlauf des Migrationsprozesses, der Wahl der Route und Transportmittel, oder der Zusammensetzung der Gemeinschaften aus dem Herkunftsland während der Migration oder am Zielort (etwa „Asylsuchende" neben „Arbeitsmigrant*innen") (Van Hear et al. 2009). Diese mittels transnationaler Forschung gewonnenen Einsichten bieten eine akteurszentrierte Antwort auf die methodologischen Probleme der Bestimmung erzwungener Migration. Sie werden unter dem Begriff *„mixed migration"* verhandelt und haben unlängst Eingang in Diskussionen der Politikgestaltung und humanitären Organisationen gefunden (Van Hear et al. 2009). Diese Diskussionen veranschaulichen, wie eng im Bereich der Fluchtmigration Politikgestaltung, humanitäre Praxis und Forschung miteinander verbunden sind und sich gegenseitig vorantreiben.

Transnationale Ansätze stellen frühere migrationssoziologische Annahmen über die Eindirektionalität und Einmaligkeit von Migrationsbewegungen „von A nach B" infrage und schlagen stattdessen ein prozessuales Verständnis von Migrationsbewegungen vor. In diesem werden Hin-und-Her-Bewegungen und Austauschprozesse in den Blick genommen, aus denen transnationale Lebensführungen resultieren. Diese Möglichkeiten, Ressourcen an den Herkunfts- und Zielorten zu suchen und zwischen diesen auszutauschen, sowie die eben genannten gemischten Migrationsbewegungen bieten für die Politikgestaltung und humanitäre Hilfe neue Perspektiven auf oben erläuterte konventionelle Ansätze für „dauerhafte Lösungen" im Kontext von Flucht (Van Hear et al. 2009: 26–30). Unterstützungsprogramme könnten an mehreren Orten koordiniert behilflich sein und neben humanitärer Versorgung auch Zugang zu legalen Migrationswegen fördern, statt sie zu unterbinden. Geht man einen Schritt weiter, kann transnationale Lebensführung selbst als eine alltagsnahe „dauerhafte Lösung" gedacht werden oder Ansätze für neue Lösungen bieten (Van Hear et al. 2009: 28–29): So kann während und nach gewaltvollen Konflikten die geographische Zerstreuung von Familien innerhalb des Landes, in Nachbarländern (etwa schutzbedürftige Familienmitglieder in Flüchtlingslagern) und entfernteren, wohlhabenderen Ländern eine Strategie darstellen, Ressourcen und Möglichkeiten der Existenzsicherung an verschiedenen Orten zu nutzen und den Lebensunterhalt zu sichern, oder sogar den Wiederaufbau im Herkunftsland zu fördern. Transnationale soziale Netzwerke und Mobilität stellen hierbei bedeutsame, unmittelbare Ressourcen dar, und die Durchsetzung bestimmter Top-down-Lösungen durch internationale und nationale Akteure kann deren Nutzung einschränken und somit den Praktiken und Intentionen der Betroffenen entgegenstehen. Beispielsweise kann die dauerhafte Rückkehr einiger Familienmitglieder auf der Bedingung beruhen, dass andere weiterhin im Ausland bleiben, von wo aus sie finanzielle Mittel senden, und erst zurückkehren, wenn die Familienexistenz im Herkunftsland wieder dauerhaft abgesichert ist. In ähnlicher Weise zeigt Eastmond (2006) Strategien „transnationaler Rückkehr" bosnischer Flüchtlinge in Schweden. In den Nachkriegsjahren nutzten diese ihren sicheren legalen Status und erworbene Fähigkeiten in Schweden, um jenseits von Förderprogrammen über längere Zeiträume hinweg ihre Rückkehr als einen offenen Prozess zu organisieren. Ihre Praktiken transnationaler Mobilität und die Strategie, sich Möglichkeiten sowohl im Herkunfts- wie im Zufluchtskontext offenzuhalten, stellen Rückkehr als einmalige Migrationsbewegung sowie eine klare Unterscheidung von Flüchtlingen und Rückkehrenden in Frage. Die Berücksichtigung dieser transnationalen Strategien kann dazu beitragen, nachhaltige Ansätze der Rückkehr- und Wiederaufbauförderung zu entwickeln.

Agency, Identität und Repräsentation
Flucht wird von den Betroffenen sehr unterschiedlich erlebt. (Transnationale) migrationssoziologische und -anthropologische Ansätze können subjektive Perspektiven der Akteur*innen integrieren, welche basierend auf ihren Erfahrungen, Identitätskonstruktionen, verfügbaren Fähigkeiten und Ressourcen handeln (Essed et al. 2004: 2). Sie vermeiden damit voreilige Generalisierungen, indem sie danach fragen, wie Flucht – beeinflusst durch Geschlecht, Alter, sexuelle Orientierung oder Gesundheitszustand, Trennung von Familienmitgliedern, zur Verfügung stehenden Ressourcen oder Netzwerken – unterschiedlich erfahren wird (vgl. Kapitel 16). Solche zugrundeliegende Einflussfaktoren beeinflussen die Handlungsmöglichkeiten und die Art und Weise, wie Individuen, Haushalte oder Gruppen ihre Entscheidungen vor dem Hintergrund dieser treffen, anpassen und verändern (Turton 2003: 11 f.).

Agency-fokussierte Studien tragen auf vielfältige Weise zu einem Verständnis von Identitätskonstruktionen im Kontext von Flucht bei (Binder & Tošić 2003: 454). Erfahrungen vor und während der Flucht und veränderte Lebensbedingungen im Aufnahmeland können bestehende Identitätskonstruktionen und soziale Beziehungen erschüttern. Al-Ali (2002) zeigt, wie sich traditionelle Geschlechterbeziehungen und Familiendynamiken in bosnischen Flüchtlingsfamilien durch den Verlust früherer sozioökonomischer Statuspositionen der Ehepartner*innen sowie neu hinzutretende Möglichkeiten in den Zufluchtsländern stark veränderten. Zudem können kollektive Identitäten infrage gestellt oder sogar verstärkt werden, wobei letzteres durch die Erfahrung als Minderheit und Diskriminierung in westlichen Aufnahmegesellschaften beeinflusst werden kann. Diese Prozesse werden auch in den an Popularität gewinnenden Studien über Diasporaformierung und -mobilisierung hervorgehoben (Lyons & Mandaville 2012).

Malkkis (1995) Ethnografie über aus Burundi geflohene Hutu in Tansania zeigt unterschiedliche Prozesse politischer Identitäts- und Zugehörigkeits(re-) konstruktionen im Kontext von Vertreibung. Die im Flüchtlingscamp lebenden Flüchtlinge hielten stark an ihrer Hutu-Identität fest. Im Exil erlebten sie diese als sinnstiftend und versuchten, die Geschichte einer Burundi-Nationalität aufrechtzuerhalten. Im Gegensatz dazu reagierten diejenigen, die in urbanen Räumen außerhalb der Camps lebten, auf ihre Vertreibung, indem sie sich in ihre neue Umgebung zu integrieren versuchten. Sie lehnten eine exklusive nationale Identität und Zuschreibungen durch die internationale Gemeinschaft ab und präferierten eine eher kosmopolitische Identität.

Die Pluralität an Erfahrungen abzubilden bietet auch eine Möglichkeit, der Gefahr der Reproduktion negativer und passivierender Repräsentationen von Flüchtlingen entgegenzuwirken und Strukturen und Mechanismen zu ergründen, die zu diesen negativen, homogenisierenden Darstellungen beitragen (Fiddian-Qasmiyeh 2014: 6). Einige Forschende weisen darauf hin, dass Forschende somit auch einen Schritt weit ihrer Verantwortung gerecht werden, durch Wissensproduktion einen Beitrag zum Wohlergehen und der Stärkung der Rechte von schutzsuchenden Personen zu leisten (Binder & Tošić 2003: 451), d. h., Wissen nicht nur über, sondern für diese zu produzieren (Fiddian-Qasmiyeh 2014: 2; Chatty & Marfleet 2013).

Humanitäre Diskurse und die Praxis von Hilfsorganisationen tendieren bspw. zur Viktimisierung, der einseitigen Darstellung von flüchtenden Personen als Opfer von Gewalt und passive Hilfsempfänger*innen. Mit Aufkommen zahlreicher Konflikte und humanitärer „Krisen" im Globalen Süden entstand in den 1970er-Jahren die Vorstellung vom „Dritte-Welt-Flüchtling", die in den Hintergrund drängt, dass Fluchtbewegungen stets eine historische Konstante auf dem europäischen Kontinent darstellten (Mavroudi & Nagel 2016: 120). Um diese großen Flüchtlingspopulationen hat sich ein Regime humanitärer Hilfe aus internationalen Organisationen und Nichtregierungsorganisationen (*Non-governmental organization*, NGOs) entwickelt, die mit dem Ziel einen Exodus einzudämmen, (Zetter 2007: 175) den Empfänger*innen in Flüchtlingslagern humanitäre Hilfe „aufzwingen", wie Harrell-Bond (1986) mit ihrem ethnografischen Werk *„Imposing Aid"* kritisiert. Diese Form der Hilfe tendiert dazu, zu übersehen, dass diese Individuen ihr Leben vor, während und nach der Flucht aktiv gestalten und Wege aus den existenziell schwierigen Umständen suchen: „Der Schritt von der offensichtlichen Hilfsbedürftigkeit zur stillschweigend implizierten Handlungsunfähigkeit der Flüchtlinge ist klein." (Binder & Tošić 2003: 454). Ethnografische Arbeiten in Flüchtlingslagern (Inhetveen 2010; Horst 2006) hingegen haben gezeigt, dass

Flüchtlinge eine Stimme haben, ihre „eigene Agenda" verfolgen und Strategien entwickeln, durch ihren Alltag zu navigieren und dabei die *top-down* Interessen internationaler Geberorganisationen infrage stellen (Harrell-Bond 1986). Solche Studien leisten einen Beitrag zum Verständnis über tatsächliche Bedürfnisse von Flüchtlingen und die Wirkung von Hilfsmaßnahmen, und können Verbesserungsstrategien anleiten (Binder & Tošić 2003: 451 f.).

Zum anderen ermöglicht dieser kritische Blick geflohene Personen nicht nur als anerkannte Flüchtlinge, Asylsuchende, abgelehnte Asylbewerber*innen, Ausreisepflichtige, IDPs und so weiter wahrzunehmen. Somit kann vermieden werden, politisch und rechtlich konstruierte Kategorien zu reproduzieren, deren Zweck es ist, zu legitimieren, wer humanitäre Hilfe erhalten soll (v. a. im Global Süden) (Zetter 2007: 174) oder bestimmte Mitgliedschafts- und Ausschlusskriterien zu definieren (v. a. im Globalen Norden) (Turton 2003: 12–13). In der Fluchtforschung ist es daher bedeutsam, sich bewusst zu machen, welche Machtbeziehungen hinter diesen bürokratischen Kategorisierungsprozessen stehen und welche Wirkmächtigkeit sie entfalten (Stepputat & Nyberg Sørensen 2014: 89; Zetter 2007): Sie haben einen entscheidenden Einfluss auf den Schutzstatus und Zugang zu Rechten und folglich auf die Möglichkeiten der persönlichen Lebensgestaltung derjenigen, die unter diesen Kategorien erfasst und kontrolliert werden (Zetter 2007: 173). Wood (1985) nennt dies eine Verdinglichung der betroffenen Personen, indem diese durch Labelling, d. h., durch die Reduzierung auf eine bestimmte zugeschriebene Charaktereigenschaft durch die Zuordnung zu einer Kategorie, von ihrer persönlichen Geschichte entkoppeln und in standardisierte Fälle eingeordnet werden, die in Verwaltungsakten bearbeitet werden können (bspw. das Ausstellen von Papieren).

Dass solche Kategorisierungen keine Entsprechung in der realen Welt finden, veranschaulichen zwei Beispiele: Zum einen sind sie nicht statisch. Menschen können im Zeitverlauf mehrfach zwischen Kategorien wechseln. Beispielsweise wurden durch den Bosnienkrieg (1992–1995) viele Personen zunächst zu IDPs und flüchteten dann in Nachbarstaaten und weiter entfernte Staaten. In Deutschland verharrten sie als „Geduldete" jahrelang in einem unsicheren Status, bis sie bspw. in die USA übersiedelten oder nach unfreiwilliger Rückkehr erneut zu IDPs wurden, da eine Rückkehr an frühere Wohnorte unmöglich oder zu unsicher war (Halilovich 2013). Zum anderen reflektieren Kategorien als Zuschreibungen nicht die gelebte Welt der Betroffenen (Zetter 2007: 173). „Flüchtling sein" entspricht nicht unbedingt dem primären Selbstverständnis. Stattdessen können Personen mit diesem Schutzstatus andere Aspekte ihrer Identität – Geschlecht, Bildungsniveau, sozialer Status, Nationalität, als „Genozidüberlebende", „Aktivist*innen" – als bedeutsamer empfinden und sich gegen eine zugeschriebene, uniforme Identität im Exil wehren, die sie in ihrer Persönlichkeit verletzt

(Binder & Tošić 2003: 454). Umgekehrt können fehlende Kategorisierungen dazu führen, dass bestimmte Personengruppen unsichtbar gemacht werden (Stepputat & Nyberg Sørensen 2014: 90). Das betrifft etwa die wachsende Zahl an Flüchtlingen und IDPs, die sich in urbanen Räumen im Globalen Süden ansiedeln, wo sie sich einen besseren Zugang zu wirtschaftlichen Ressourcen erhoffen, jedoch auch verletzlich und schwer erreichbar für humanitäre Hilfe sind (Jacobsen 2006). Deren besondere Situation blieb lange Zeit unterbeleuchtet. Eine Untersuchung der politischen und administrativen Dynamiken der Kategorisierungen vermag somit mehr über die sie erschaffenden Akteur*innen, Strukturen oder Auswirkungen lehren als über die Personen, die mit diesen versehen werden (Stepputant & Nyberg Sørensen 2014: 90). Die Beispiele zeigen, dass es sinnvoll ist, eine Unterscheidung vorzunehmen zwischen einerseits legal-positivistischen und diskursiv geschaffenen Kategorisierungen und andererseits Typologien, die aus empirischen Beobachtungen der Lebensrealität der betreffenden Personengruppen generiert werden (Turton 2003: 15).

Literatur

Al-Ali, N., 2002: Loss of Status or New Opportunities? Gender Relations and Transnational Ties Among Bosnian Refugees. In: Bryson, F. D. & D. Vourella (Hrsg.), *The Transnational Family. New European Frontiers and Global Networks*, S. 83–102. Oxford: Berg Publishers.

Binder, S. & J. Tošić, 2003: Flüchtlingsforschung. Sozialanthropologische Ansätze und genderspezifische Aspekte. *SWS-Rundschau* 43(4):450–472.

Bloch, A. & G. Donà, 2019: Forced Migration: Setting the Scene. In: Bloch, A. & G. Donà (Hrsg.), *Forced Migration. Current Issues and Debates*, S. 1–19. Abingdon und New York, NY: Routledge.

Castles, S., 2003: Towards a Sociology of Forced Migration and Social Transformation. *Sociology* 37(1):13–34.

Chatty, D. & P. Marfleet, 2013: Conceptual Problems in Forced Migration. *Refugee Survey Quarterly* 32(2):1–13.

Chimni, B. S., 2009: The Birth of a „Discipline": From Refugee to Forced Migration Studies. *Journal of Refugee Studies* 22(1):11–29.

Colic-Peisker, V., 2005: Humanitarianism vs. Realpolitik in the West. In: Waxman, P. & V. Colic-Peisker (Hrsg.), *Homeland Wanted: Interdisciplinary Perspectives on Refugee Resettlement in the West*, S. xi–xxii. New York, NY: Nova Science Publishers.

Eastmond, M., 2006: Transnational Returns and Reconstruction in Post-War Bosnia and Herzegovina. *International Migration* 44(3):141–166.

Ekşi, N., 2016: Turkey's Asylum Policy: An Overview. 6.7.2016. www.bpb.de/gesellschaft/migration/laenderprofile/229968/turkeys-asylum-policy (letzter Aufruf: 15.05.2019).

Essed, P., G. Frerks & J. Schrijvers, 2004: Introduction: Refugees, Agency and Social Transformation. In: Essed, P., G. Frerks & J. Schrijvers (Hrsg.), *Refugees and the Transformation of Societies. Agency, Policies, Ethics and Politics*, S. 1–16. New York, NY: Berghahn Books.

Faist, T., M. Aksakal & K. Schmidt, 2018: Migration and Social Transformation. In: Vihalemm, P., A. Masso & S. Opermann (Hrsg.), *The Routledge International Handbook of European Social Transformation*, S. 283–297. London: Routledge.

Fiddian-Qasmiyeh, E., G. Loescher, K. Long & N. Sigona, 2014: Introduction: Refugee and Forced Migration Studies in Transition. In: Fiddian-Qismeyeh, E., G. Loescher, K. Long & N. Sigona (Hrsg.), *The Oxford Handbook of Refugee and Forced Migration Studies*, S. 1–20. Oxford: Oxford University Press.

Fontanari, E., 2019: *Lives in Transit. An Ethnographic Study of Refugees' Subjectivity Across European Borders*. New York, NY: Routledge.

Gibney, M. J., 2004: *The Ethics and Politics of Asylum: Liberal Democracy and the Response to Refugees*. Cambridge: Cambridge University Press.

Goodwin-Gill, G. S., 2014: The International Law of Refugee Protection. In: Fiddian-Qismeyeh, E., G. Loescher, K. Long & N. Sigona (Hrsg.), *The Oxford Handbook of Refugee and Forced Migration Studies*, S. 36–47. Oxford: Oxford University Press.

Halilovich, H., 2013: *Places of Pain. Forced Displacement, Popular Memory and Trans-local Identities in Bosnian War-torn Communities*. New York, NY: Berghahn Books.

Harrell-Bond, B. E., 1986: *Imposing Aid: Emergency Assistance to Refugees*. Oxford: Oxford University Press.

Harrell-Bond, B. E. & E. Voutira, 1992: Anthropology and the Study of Refugees. *Anthropology Today* 8(4):6–11.

Horst, C., 2006: *Transnational Nomads: How Somalis Cope with Refugee Life in the Dadaab Camps of Kenya*. New York, NY und Oxford: Berghahn Books.

IDMC (Internal Displacement Monitoring Center), 2019: Number of IDPs and Refugees. www.internal-displacement.org/database/displacement-data (letzter Aufruf: 15.05.2019).

Inhetveen, K., 2010: *Die politische Ordnung des Flüchtlingslagers*. Bielefeld: transcript.

Jacobsen, K., 2006: Refugees and Asylum Seekers in Urban Areas: A Livelihoods Perspective. *Journal of Refugee Studies* 19(3):273–286.

Kleist, J. O., 2015: Über Flucht forschen. Herausforderungen der Flüchtlingsforschung. *PERIPHERIE* 35(2):150–169.

Koser, K., 2011: Internally Displaced Persons. In: Betts, A. (Hrsg.), *Global Migration Governance*, S. 210–223. Oxford: Oxford University Press.

Long, K., 2013: When Refugees Stopped Being Migrants: Movement, Labour and Humanitarian Protection. *Migration Studies* 1(1):4–26.

Lyons, T.& P. Mandaville, 2012: Introduction: Politics from Afar: Transnational Diasporas and Networks. In: Lyons, T. & P. Mandaville (Hrsg.), *Politics from Afar: Transnational Diasporas and Networks*, S. 1–15. New York, NY: Columbia University Press.

Malkki, L., 1995: *Purity and Exile. Violence, Memory and National Cosmology Among Hutu Refugees in Tanzania*. Chicago, IL: University of Chicago Press.

Mavroudi, E. & C. Nagel, 2016: Refugees. In: Mavroudi, E. & C. Nagel (Hrsg.), *Global Migration. Patterns, Processes, and Politics*, S. 118–150. London, New York, NY: Routledge.

McDowell, C. & G. Morrell, 2010: *Displacement Beyond Conflict. Challenges for the 21st Century*. New York, NY: Berghahn Books.

McLeman, R., J. Schade & T. Faist, 2016: *Environmental Migration and Social Inequality*. Cham: Springer International Publishing.

Ratfisch, P. & H. Schwiertz, 2015: Konsequenzen anti-migrantischer Politik. Von den europäischen Außengrenzen bis in die deutsche Provinz. *PERIPHERIE* 138/139:327–335.

Richmond, A., 1994: *Global Apartheid*. Oxford: Oxford University Press.

Shacknove, A. E., 1985: Who Is a Refugee? *Ethics* 95(2):274–284.

Stepputat, F. & N. Nyberg Sørensen, 2014: Sociology and Forced Migration. In: Fiddian-Qis-meyeh, E., G. Loescher, K. Long & N. Sigona (Hrsg.), *The Oxford Handbook of Refugee and Forced Migration Studies*, S. 86–98. Oxford: Oxford University Press.

Torpey, J. C., 2000: *The Invention of the Passport: Surveillance, Citizenship and the State*. Cambridge: Cambridge University Press.

Tsourdi, E., 2013: Sexual Orientation and Gender Identity: Developments in EU law. *Migration Review* 42:20–21.

Turton, D., 2003: Conceptualizing Forced Migration. Refugee Studies Center Working Paper Series Nr. 12, University of Oxford. www.rsc.ox.ac.uk/files/publications/working-paper-series/wp12-conceptualising-forced-migration-2003.pdf (letzter Aufruf: 15.05.2019).

UNHCR (United Nations High Commissioner for Refugees), 2011: States Parties to the 1951 Convention relating to the Status of Refugees and the 1967 Protocol. www.unhcr.org/protect/PROTECTION/3b73b0d63.pdf (letzter Aufruf: 15.05.2019).

UNHCR (United Nations High Commissioner for Refugees), 2019: Global Trends. Forced Displacement in 2018. https://www.unhcr.org/statistics/unhcrstats/5d08d7ee7/unhcr-global-trends-2018.html (letzter Aufruf: 15.08.2019).

Van Hear, N., 1998: *New Diasporas*. London: UCL Press.

Van Hear, N., R. Brubaker & T. Bessa, 2009: Managing Mobility for Human Development: The Growing Salience of Mixed Migration. Research Paper 2009/20, United Nations Development Programme, Human Development Reports. www.hdr.undp.org/sites/default/files/hdrp_2009_20.pdf (letzter Aufruf: 15.05.2019).

Williams, A., 2008: Turning the Tide: Recognizing Climate Change. Refugees in International Law. *Law & Policy* 30(4):502–529.

Wood, G., 1985: The Politics of Development Policy Labeling. *Development and Change* 16:347–73.

Zetter, R., 2007: More Labels, Fewer Refugees: Remaking the Refugee Label in an Era of Globalization. *Journal of Refugee Studies* 20(2):172–192.

Zetter, R., 2019: Conceptualising Forced Migration: Praxis, Scholarship and Empirics. In: Bloch, A. & G. Donà (Hrsg.), *Forced Migration. Current Issues and Debates*, S. 19–43. Abingdon und New York: Routledge.

Zolberg, A. R., A. Suhrke & S. Aguayo, 1989: *Escape from Violence. Conflict and the Refugee Crisis in the Developing World*. New York, NY: Oxford University Press.

Mustafa Aksakal

5 Warum verlassen Menschen ihre Lebensorte? Ein Überblick über Ansätze zur Erklärung der Initiierung von Wanderung

Einleitung

Globale Migration bildet einen wichtigen gesellschaftlichen Trend der Gegenwart ab. Aktuelle Migrationsphänomene stellen zwar unter Berücksichtigung früherer Wanderungen keineswegs eine Besonderheit dar (Oltmer 2016), dennoch werfen sie zahlreiche für die Soziologie interessante Fragen auf. Migrationssoziolog*innen sind daher bemüht, Fragestellungen hinsichtlich der relevanten Akteur*innen, Gründe, Prozesse oder Auswirkungen von Wanderung (White & Woods 1980) genauer zu analysieren.

Dieses Kapitel widmet sich vornehmlich der Initiierung von Migrationsprozessen. Es geht somit darum, wie in der Migrationsforschung die Frage, *warum* Menschen ihre Herkunftsregion überhaupt verlassen, beantwortet wird. Dafür werden in der nachfolgenden Diskussion sozialwissenschaftliche Ansätze vorgestellt, in denen unterschiedliche Einflussfaktoren, wie etwa strukturelle Bedingungen auf der Makroebene oder menschliche Kognitionen auf der Mikroebene und darauf aufbauende soziale Handlungen, im Zentrum der Analyse stehen.

In der sozialwissenschaftlichen Diskussion kann zwischen dem Konzept der Ursachen (*root causes*) und dem der Treiber (*drivers*) unterschieden werden. Unter Ursachen von Migration versteht man strukturelle Zusammenhänge, wie etwa Armut oder Umweltzerstörung (Castles & Van Hear 2011). Unter dem Konzept der Treiber können zum einen akute und direkte Einflussgrößen gefasst werden, wie z. B. ökonomische, ökologische oder politische Krisen. Zum anderen können sich Treiber auch in Praktiken von externen Akteuren (z. B. Rekrutierungsmaßnahmen von Staaten und privaten Wirtschaftsakteuren) widerspiegeln (Faist et al. 2019). Ebenso können aber auch Migrationsnetzwerke, die dafür sorgen, dass Migrationsbewegungen aufrechtgehalten werden (Carling & Talleraas 2016), als Treiber betrachtet werden. In diesem Kapitel wird, nachdem die menschlichen Bestrebungen, Entscheidungen und Handlungen diskutiert worden sind, ein besonderes Augenmerk auf die Ursachen gelegt.

Ursachen können mit strukturellen Dynamiken, wie etwa ökonomischen, politischen, religiösen, ethnischen oder genderspezifischen Ungleichheiten zwi-

https://doi.org/10.1515/9783110680638-005

schen Regionen und Menschen, verbunden sein. Diese Dynamiken können soweit auf die Lebenschancen von Menschen einwirken, dass die Auswanderung nicht selten das wirkungsvollste Ausweichventil darstellt. Aus einer historischen Perspektive betrachtet, standen diese Disparitäten zwischen Gesellschaftsmitgliedern häufig in Verbindung mit diversen Transformationsprozessen (Osterhammel 2014: Kapitel 5). Es verwundert somit nicht, dass seit der Etablierung der Soziologie als eigenständige Disziplin sich auch deswegen diverse Denker*innen mit den Triebkräften von gesellschaftlichem Wandel und ihren Auswirkungen auf die soziale Ordnung befasst haben.[1] So erkannte Georg Simmel ([1908] 1992) z. B. eine wachsende Individualisierung als Kennzeichen des gesellschaftlichen Wandels, die nach seiner Auffassung zu einer modernen bürgerlichen Gesellschaft führen sollte. Die Konstitution der modernen bürgerlichen Gesellschaft ging mit der allmählichen Loslösung der Menschen aus ihren familiären und dörflichen Gemeinschaften einher. Nach Auffassung des Soziologen hatte diese Dynamik einen erheblichen Einfluss auf die Selbstdefinitionen und Zugehörigkeitsgefühle von Menschen. Vor diesem analytischen Hintergrund wird auch deutlich, warum Simmel in seinen Schriften zu Migrationsgeschehnissen (z. B. im Diskurs über den Fremden, Simmel ([1908] 1992): Kapitel 9) an den sich verändernden sozialen Beziehungen und Identitäten von Menschen, einschließlich Migrant*innen, interessiert war. Auch Max Weber ([1922] 1980) war der Überzeugung, dass der damals voranschreitende Kapitalismus zu gesellschaftlichen Veränderungen führte, die er allerdings hauptsächlich in Bezug auf eine wachsende Rationalisierung analysierte. In seiner Studie zu den Verhältnissen der ostelbischen Landarbeiter*innen beobachtete er, dass sich dieser Rationalisierungsprozess bei den Großgrundbesitzer*innen in wirtschaftlichem Kalkül ausdrückte. Dies manifestierte sich durch die zunehmende Beschäftigung von osteuropäischen Wanderarbeiter*innen mit der Absicht, Lohnkosten einzusparen. Es führte zu einem Wandel in den sozialen Beziehungen zwischen Großgrundbesitzer*innen und einheimischen Landarbeiter*innen und insbesondere zu einem allgemeinen Lohnverfall und wachsender Verarmung der Arbeiter*innen (Weber [1892] 2014). Obwohl diese klassischen Denker der Soziologie den sozialen Wandel mit Wanderung in Verbindung brachten, war es Karl Marx, der explizit gesellschaftliche Veränderungen mit Migration theoretisch verknüpfte. Die ursprüngliche Akkumulation sah er nicht nur als den historischen Ausgangspunkt für die kapitalistische Entwicklung. Es war zugleich jener Moment, in dem rurale Gesellschaften soweit transformiert wurden, dass

---

1 Die meisten frühen soziologischen Analysen wurden vor dem Hintergrund der damals voranschreitenden Industrialisierung verfasst und standen somit unter dem Einfluss dieses gesellschaftlichen Umbruchs in Europa.

dadurch eine massive Land-Stadt-Wanderung verursacht wurde, die wiederum durch die Schaffung zweier sozialer Klassen mit gegensätzlichen Interessen die soziale Ordnung in den frühindustriellen urbanen Gesellschaften veränderte (Marx & Engels [1867] 2013). Marx entwickelte einen makrotheoretischen Erklärungsansatz, um den damaligen gesellschaftlichen Umbruch zu analysieren und erklärte somit auch die Ursachen der Binnenmigration.

Wie in der weiteren Diskussion dieses Kapitels noch zu sehen sein wird, finden sich eine ganze Reihe von Makroansätzen zur Erklärung der Initiierung von Migration, die zwar marxistisch inspiriert sind, aber den aktuellen Entwicklungen, wie etwa der fortschreitenden Globalisierung, Rechnung tragen. Annäherungen auf der Makroebene repräsentieren allerdings nur eine spezifische Sichtweise auf die Initiierung von Migration. Daneben lassen sich in der Fachliteratur auch Ansätze wiederfinden, die Initiierungsprozesse auf anderen Gesellschaftsebenen erforschen, z. B. auf der Meso- oder Mikroebene.

Um ein möglichst vollständiges Bild jener Faktoren darzustellen, die für die Initiierung und Aufrechterhaltung von Migrationen verantwortlich sind, ergänzen sich dieses und das nachfolgende sechste Kapitel: Während in diesem Beitrag insbesondere die Perspektiven der Mikroebene (die Betrachtung von subjektiven Wahrnehmungen, Entscheidungsprozessen und Handlungen) und der Makroebene (die Beleuchtung von strukturellen ökonomischen, sozialen und politischen Kontextbedingungen) im Vordergrund stehen, wird im nachfolgenden Kapitel die Mesoebene genauer beleuchtet.

Die Initiierung (und Aufrechterhaltung) der Migration ist häufig das Resultat multipler Faktoren (Faist 1997; Van Hear et al. 2018). Dies bedeutet, dass Auswanderung nicht nur einer Dynamik, die auf *einer* bestimmten Gesellschaftsebene stattfindet, d. h. nur auf der Mikro,- Meso,- oder Makroebene, zugeordnet werden kann. In den meisten Fällen muss davon ausgegangen werden, dass Prozesse auf diversen Gesellschaftsniveaus gleichzeitig auf Menschen einwirken und Entscheidungsprozesse beeinflussen. Somit ist eine rigorose Unterscheidung von Faktoren und Ebenen vor allem der Analyse und somit auch für die Darstellung in diesem Sammelband dienlich.

Zu der Einsicht, dass diverse Faktoren Migrationsentscheidungen prägen können, kam z. B. auch Everett S. Lee (1972) in seinem Push-Pull-Modell. Als Push-Faktoren verstand er ökonomische, ökologische, politische, religiöse oder soziale Dynamiken im Ursprungsland, z. B. Marginalisierung oder Zwänge. Pull-Faktoren begriff Lee als materielle sowie nicht-materielle Aspekte in Ankunftsregionen, z. B. bessere Freizeitangebote oder das Ausleben von persönlichen Lebenspräferenzen. Lee berücksichtigte ebenfalls intervenierende und individuelle Gesichtspunkte auf anderen Gesellschaftsebenen. Damit war Lee einer jener Sozialwissenschaftler*innen, der den Versuch unternommen hat, eine integrierte, d. h. eine umfassende Perspektive auf die Initiierung von Migration zu entwickeln.[2]

Das Ziel dieses Beitrags ist es, zentrale Perspektiven migrationssoziologisch genauer zu betrachten. Das Kapitel ist folgendermaßen aufgebaut: Nachdem das Kapitel im ersten Abschnitt eingeleitet worden ist, wird im zweiten Abschnitt eine Auswahl an mikrotheoretischen Ansätzen vorgestellt. Im dritten Teil werden zentrale makrotheoretische Annäherungen diskutiert, und im vierten Abschnitt wird eine integrierte Herangehensweise dargestellt. Abschließend werden diese Ansätze noch einmal aus soziologischer Perspektive beleuchtet.

Erklärungsansätze auf der Mikroebene

Wie treffen Menschen Migrationsentscheidungen? Welche subjektiven Wahrnehmungen gehen der Migrationsentscheidung voraus? Unter welchen Bedingungen entschließen sich Menschen zu wandern? Welche Erwartungen sind mit der Migration verbunden? Wie entwickelt sich das Bestreben nach Migration? Durch die Beantwortung dieser und ähnlicher Fragen versucht man, anhand von mikrotheoretischen Perspektiven, die Initiierung der Migration zu erklären. Somit hebt eine Mikroperspektive auf akteurszentrierte Erklärungen ab. Dies bedeutet, dass subjektive Wahrnehmungen, Entscheidungsprozesse und soziale Handlungen von Individuen im Vordergrund der Analyse stehen. Eine Reihe von sozialwissenschaftlichen Mikroansätzen wurde bis dato entwickelt. Eine Auswahl von zentralen Ansätzen wird im Nachfolgenden diskutiert.

Neoklassischer Mikroansatz

In den Wirtschaftswissenschaften und insbesondere in der neoklassischen Wirtschaftstheorie fand im Vergleich zu anderen sozialwissenschaftlichen Disziplinen eine frühe Auseinandersetzung mit den Gründen von Migration statt. Die neoklassische Theorie, die in den neoklassischen Makro- und den neoklassischen

---

2 Wie in der weiteren Diskussion zu sehen sein wird, ist dies migrationssoziologisch betrachtet bemerkenswert: Die Mehrzahl der frühen Theorieansätze haben die Initiierung der Migration aus einer bestimmten disziplinären Perspektive, d. h. insbesondere aus den Wirtschaftswissenschaften, der Psychologie, Demografie oder Geografie betrachtet und auf einer spezifischen gesellschaftlichen Ebene analysiert. Obwohl das Push-Pull Modell auch gewisse Schwächen aufweist (dass z. B. vornehmlich die Individuen als Entscheidungsträger*innen betrachtet werden und die Rolle von Haushalten nur geringe Beachtung findet), werden in diesem Modell ökonomische, soziale, politische, psychologische oder ökologische Faktoren auf unterschiedlichen Gesellschaftsebenen berücksichtigt.

Mikroansatz unterschieden wird, stellt einen wichtigen Ansatz dar. Der Makroansatz, auf den weiter unten noch genauer eingegangen wird, verwies darauf, dass regionale Unterschiede im Zugang zu guten Jobs und Einkommen die Abwanderung maßgeblich antreiben (Harris & Todaro 1970). Als Mikroperspektive wurde der Humankapitalansatz entwickelt, in dem die rationale Wahl (d. h. *rational choice*) von Akteur*innen in den Vordergrund gestellt wurde. Die theoretische Grundannahme ist dabei, dass potenzielle Migrant*innen ihre Qualifikationen und Fähigkeiten (Humankapital) als Investition ansehen und diese Ressource möglichst gewinnbringend einsetzen wollen (Sjaastad 1962). Deswegen vollziehen sie vor ihrer Abwanderung Kosten-Nutzen Kalkulationen: Dies bedeutet, dass die Ausgaben für den Wohnortswechsel, den Lebensunterhalt im Ankunftsland, etc. (Kosten) von den zu erwartenden Einkünften (Nutzen) abgezogen werden und streng genommen nur dann eine Auswanderung stattfindet, wenn die Bilanz positiv ist. Diese Erwägungen strukturieren, folgt man dieser Perspektive, die Migrationsprozesse. Es wird somit davon ausgegangen, dass rationale Überlegungen einzelner Individuen bezüglich der zu erwartenden materiellen Gewinne einen wesentlichen Grund für die regionale bzw. internationale Arbeitsmigration darstellen (Sjaastad 1962; Borjas 1989). Der Ansatz betrachtet somit Migrationsentscheidungen primär als Humankapitalinvestition. Er geht davon aus, dass Menschen ihre wirtschaftliche Situation mit der Lebenssituation im Ankunftsland vergleichen, vernachlässigt dabei jedoch gleichzeitig die sozialen Dynamiken im Herkunftsort, die Migrationen verursachen (oder aber verhindern) können. Wie in dem nachfolgenden Ansatz zugrunde gelegt, können z. B. Wahrnehmungen und Vergleiche in Benachteiligungsgefühlen und Auswanderungsmotivationen münden.

Relative Deprivation

Das Konzept der Deprivation wurde in unterschiedlichen sozialwissenschaftlichen Teildisziplinen (z. B. in den Wirtschaftswissenschaften, der Psychologie und der Soziologie) angewendet. Allgemein gesprochen kann Deprivation als ein Zustand der absoluten (universalen) oder relativen (im Vergleich zu anderen) wahrgenommenen Entbehrung von gesellschaftlichen Ressourcen, wie etwa Geld, sozialer Status oder Rechte verstanden werden, die notwendig sind, um einen bestimmten Lebensstandard zu erhalten.

Soziologisch betrachtet stellt die relative Deprivation einen wichtigen Ansatz dar, da er auf die subjektiven Wahrnehmungen von Benachteiligungen in Beziehung zu anderen Gesellschaftsmitgliedern aufmerksam macht und damit in bestimmten Kontexten auch Aufschluss über gesellschaftliche Dynamiken (wie z. B. Protest, Gewalt oder Migration) geben kann. Der Begriff wurde bereits Mitte der

1960er-Jahre vom historischen Soziologen Walter Runciman auf der Grundlage früherer Einsichten (de Tocqueville 1835; Stouffer et al. 1949) entwickelt. Runciman (1966) beobachtete, dass Menschen sich in einigen Lebenssituationen mit Referenzpersonen und -gruppen vergleichen und dadurch ihre soziale Position in der Gesellschaft bestimmen. Runciman interessierte insbesondere, wie diese Vergleichsprozesse in Verbindung mit sozialen Ungleichheiten und Ungerechtigkeiten stehen. Er war der Meinung, dass vier Merkmale erfüllt sein müssen, damit ein Mensch relative Deprivation in Bezug auf eine bestimmte Ressource verspürt: (1) Eine Person hat keinen Zugang zu einer Ressource, (2) sie weiß jedoch, dass andere über sie verfügen, (3) sie möchte Zugang zur Ressource haben, und (4) sie ist optimistisch hinsichtlich der Erreichbarkeit. Runciman erkannte, dass relative Benachteiligung in zwei Typen auftreten kann, nämlich in der egoistischen (individuellen) und in der fraternalistischen (kollektiven) Form.

Mit dem Konzept der relativen Deprivation wird versucht, zu erklären, wie Menschen strukturelle Bedingungen subjektiv wahrnehmen und diese über ihre sozialen Handlungen kanalisieren. Mit Blick auf die Initiierung von Migrationsprozessen wurde das erläuterte Konzept wirtschaftswissenschaftlich dafür genutzt, um darzustellen, wie der Verdrossenheit unter Individuen (Stark & Wang 2000) oder in Haushalten (Stark 1990) durch Auswanderung Ausdruck verliehen wird. Diese Studien zeigen, dass relative Deprivation in Verbindung mit Migrationsentscheidungen stehen kann. Allerdings sind sie nicht in der Lage, zu erklären, wie relative Deprivation genau verläuft und schließlich zur Auswanderungsentscheidung führen kann. Im Hinblick auf diese Frage wiesen einige Migrationsforscher*innen darauf hin, dass relative Deprivation in der Regel mit Gefühlen der Frustration einhergeht (Faist 2000: Kapitel 2; vgl. Faist 2018 zu Fluchtmigration).

Mackie (1995) beobachtet, dass während der Verfestigung von Migrationssystemen ökonomische und soziale Ressourcen zunehmend zirkulieren und dadurch auch Wanderungsopportunitäten geschaffen werden. Gleichzeitig kann in diesem Migrationskontext, psychologisch betrachtet, auch die Frustration von immobilen Menschen steigen, was einen Wandel der subjektiven Präferenzen auslösen kann; d. h. jene, welche bislang präferierten, zu bleiben, entwickeln nun das Bestreben, auszuwandern. Der Grund dafür liegt in der Wahrnehmung durch immobile Menschen. Sie realisieren nämlich, dass Migrant*innen ein höheres Maß an sozialer Mobilität als sie selbst erfahren. Mögliche Einschränkungen bei der Umsetzung des Auswanderungsvorhabens stellen selektive oder restriktiver werdende Migrationspolitiken im potenziellen Ankunftsland dar. Eine Diskrepanz zwischen den Präferenzen und den tatsächlichen Wanderungsmöglichkeiten kann dazu führen, dass andere Auswanderungsstrategien gewählt werden. Infolge dessen kann bspw. irreguläre Migration signifikant ansteigen, wie im Fall der mexikanischen Wanderung in die USA während der 1980er-Jahre beobachtet worden ist (Mackie 1995).

Der Ansatz der relativen Deprivation nimmt somit die subjektiven Faktoren, d. h. die Wahrnehmungen und Vergleiche hinsichtlich Benachteiligungen und Ungleichheiten in den Fokus und stellt diese in Beziehung zur Auswanderung. Das Verständnis dieses Zusammenhangs ist aus migrationssoziologischer Sicht wertvoll, weil damit soziales Handeln in Migrationsprozessen erklärt werden kann. Mit Ausnahme von wenigen Studien (siehe z. B. Sienkiewicz et al. 2017) wurden Vergleichsprozesse unter potenziellen mobilen oder mobilen Menschen empirisch und theoretisch bisher noch unzulänglich beleuchtet.[3] Während die relative Deprivation einen Zusammenhang zwischen Benachteiligungsgefühlen, Frustration, Präferenzänderung und Migration sieht, sagt sie wenig über andere mögliche Kognitionen, die von Handlungen gefolgt sein können, aus. Die nächste Annäherung zeigt, dass Wert-Erwartungen einen ebenso wichtigen Stellenwert in Migrationsentscheidungen haben können.

Wert-Erwartungstheorie

Die Wert-Erwartungstheorie (WET) setzt den analytischen Fokus auf das rationale Verhalten von Akteur*innen, beinhaltet aber auch Elemente der psychologischen Theorie (Kalter 1997; De Jong & Fawcett 1981).[4] In ihrer soziologischen Darstellungsform wird die Bedeutung des subjektiven Sinns im sozialen Handeln hervorgehoben. Somit wird davon ausgegangen, dass Individuen stets vor dem Hintergrund bestimmter Intentionen und vor persönlich gewerteten Bedingungen, wie diese Absichten realisiert werden können, handeln. Ausgangspunkt dieses Ansatzes ist, dass erstens unterschiedliche Handlungsoptionen existieren, d. h. immer eine „Selektion unter Alternativen" (Esser 1999: 275) stattfindet. Zweitens wird angenommen, dass soziale Akteur*innen immer jene Handlungsoption bevorzugt wählen, die den höchsten bewerteten Nutzen (Wert) und die größte subjektive

---

3 Siehe dazu auch das Projekt Transnationale Mobilität und soziale Positionierungen in der Europäischen Union (TRANSMOB); https://www.uni-bielefeld.de/soz/ab6/ag_faist/forschung/transnational_mobility (letzter Aufruf 06.02.2020).

4 Einen wichtigen (sozial-)psychologischen Ansatz stellt z. B. das Stressanpassungsmodell dar. Wolpert (1965) versucht dabei, externe Einflussfaktoren (Stressoren) und individuelle Wahrnehmungen in einem Analyseraster zusammenzuführen, um sowohl Migrationsentscheidungen im Zusammenhang mit Bedürfnissen und Zufriedenheit als auch Zugang zu unterschiedlichen Ressourcen genauer zu erklären. Damit wird darauf hingewiesen, dass zwar objektive Gesichtspunkte von hoher Bedeutung in der Initiierung von Migration sind, jedoch im Endeffekt es die persönlichen Wahrnehmungen von Menschen sind, die zu Auswanderung führen (Kalter 1997).

Wahrscheinlichkeit des Erreichens (Erwartung) verspricht (Schützeichel 2004). Im Detail heißt dies, dass (1) jede Handlung eine Wahl zwischen mehreren Optionen ist, (2) jegliches Handeln soziale Folgen hat, (3) soziale Akteur*innen diese Folgen auf unterschiedliche Art und Weise bewerten und (4) die Folgen des sozialen Handelns oftmals mit ungleicher Wahrscheinlichkeit auftreten, die von Menschen als Erwartung wahrgenommen werden. Deswegen werden (5) die Handlungsalternativen von Akteur*innen, in Bezug auf den persönlichen Wert, evaluiert und gewichtet (Esser 1999).

Im Gegensatz zu den zuvor diskutierten Ansätzen berücksichtigt Esser nicht nur die reinen Nutzen-Kosten Kalküle oder Benachteiligungsgefühle, sondern teilweise auch „spezielle Situationen". Diese weisen darauf hin, dass Akteur*innen nicht „willkürlich" und „frei" (Esser 1999: 275) handeln, sondern in ihren Entscheidungen beeinflusst sind. So argumentiert Esser, dass persönliche Settings (z. B. innere Auseinandersetzungen), aber auch soziale Umweltbedingungen (z. B. Normen und Werte, die gewisse Zwänge auslösen können), konkrete Einflussfaktoren in Entscheidungsprozessen darstellen können (Esser 1999: Kapitel 7).

Das WET Modell wurde auch von unterschiedlichen Sozialwissenschaftler*innen (Faist 2000; Kalter 1997; Fawcett 1985; De Jong & Fawcett 1981) in Zusammenhang mit der Migration diskutiert. Im Hinblick auf Migrationsentscheidungen wurde beobachtet, dass Auswanderung eine Handlungsoption darstellt, die nach subjektiven Evaluations- und Abwägungsprozessen, in Relation zu den verfolgten Zielen der Akteur*innen, als die rationalste Handlungsoption identifiziert und deswegen verfolgt wird. Personen können durch Migration diverse materielle, aber auch nicht materielle Ziele, wie z. B. einen höheren sozialen Status, mehr Autonomie oder einen besseren Lebenskomfort verfolgen (De Jong & Fawcett 1981). Die Wahl eines Immigrationsortes hängt, ähnlich wie im Stressanpassungsmodell, vom spezifischen Nutzenwert ab, den dieser Ort verspricht. Die WET ist jedoch in der Lage, diese Beziehung präziser als z. B. das Stressanpassungsmodell zu analysieren, da sie die Subjektivität des erwarteten Nutzens und die Wahrscheinlichkeit des Erreichens von konkreten Handlungen in den Vordergrund stellt (Kalter 1997).

Ähnlich wie Esser (1999) es im Rahmen der allgemeinen Darstellung der WET vollzogen hat, haben einige Migrationssoziolog*innen betont, dass Wanderungsentscheidungen keineswegs frei von Beschränkungen sind (Faist 2000: Kapitel 2; Fawcett 1985: 10–12). Diese Barrieren, die auch unter dem Begriff der Selektivität in Migrationsgeschehnissen umfasst werden, können rationale Handlung einschränken. Sie stellen, migrationssoziologisch betrachtet, enorm wichtige externe Faktoren dar (z. B. Migrationspolitiken, Beziehungen oder Konflikte), da sie Aufschluss über Migrationsmuster geben können.

Migrationsaspirationen

Dass mikrotheoretische Ansätze zur Erklärung von Migrationsbewegungen auch in neueren Beiträgen keineswegs an Popularität verloren haben, zeigen aktuelle sozialwissenschaftliche Diskussionen zu Migrationsaspirationen (Carling & Schewel 2018; Scheibelhofer 2018; Alpes 2014; Bal & Willems 2014; Azaola 2012).

Aspirationen können als eine persönliche Einstellung verstanden werden. In Anlehnung an Eagly und Chaiken (1993) können diese Attitüden wiederum als eine psychologische Tendenz betrachtet werden. Eine Auswanderungsneigung kommt immer dann zum Ausdruck, wenn Menschen einen bestimmten Zusammenhang (z. B. die Lebenschancen im Herkunftsland oder die Möglichkeiten der persönlichen Entfaltung im Ankunftsland) mit Wohlwollen oder aber Abneigung bewerten (Carling & Schewel 2018: 953).[5] Aus dieser Definition lässt sich ableiten, dass Aspirationen nicht immer zur Initiierung von Migration führen müssen (Bal & Willems 2014). Wie auch weiter unten in diesem Beitrag dargestellt wird, können diverse Faktoren zur Immobilität von Menschen beitragen. Obgleich soziale Akteur*innen die Bestrebung haben, auszuwandern, können u. a. sozioökonomische Bedingungen, restriktive Grenzpolitiken, soziale und symbolische Bindungen sowie Verpflichtungen oder ein Mangel an sozialem bzw. kulturellem Kapital sie auch daran hindern. Unter Berücksichtigung dieser Gesichtspunkte tun sich hinsichtlich der Anwendbarkeit des Begriffs auf Migrationsprozesse diverse Fragen auf. Zum einen stellt sich die grundsätzliche Frage, wie Wanderungsaspirationen überhaupt zustande kommen. Zur Beantwortung dieser Frage müssen unterschiedliche Aspekte berücksichtigt werden: Erstens können, wie der Psychologe Julian Wolpert (1965) in seinem Stressanpassungsmodell festgestellt hat, Menschen in Stresssituationen ihren gegenwärtigen Aufenthaltsort mit anderen Orten vergleichen. Die Wanderungsbestrebungen stehen aus diesem Blickwinkel mit der Flucht aus der Stresssituation in Verbindung. Zweitens können Migrationsbestrebungen auch einen kulturellen Hintergrund haben. Eine kulturelle Erklärung, die in enger Verbindung mit Migrationsnetzwerken steht, ist der Ansatz der sogenannten Migrationskultur (Kandel & Massey 2002): Sie besagt, dass erfolgreiche Migration potenziell weitere Wanderungen antreibt. Kandel und Massey gehen (ähnlich wie der Ansatz der relativen Deprivation) davon aus, dass Beobachtungen und Vergleiche von sesshaften Menschen bei Akteur*innen Motivationen auslösen können. So können lokale Vorstellungen über Emigrationsorte, z. B. durch Narrationen von Rückkehrer*innen, entstehen. Wie im Fall der Migration zwischen Bangladesch und Großbritannien beobachtet wurde, können die-

---

5 Siehe Albarracín et al. (2005) für einen Überblick über die psychologische Diskussion zu Einstellungen (*attitudes*).

se lokalen Vorstellungen über Ankunftsorte konkrete Bestrebungen in Menschen wecken, selber auszuwandern (Gardner 2008). Drittens können auch zugeschriebene (z. B. Geschlecht, Alter) oder erworbene (z. B. Bildungsgrad) Merkmale von Individuen im Zusammenhang mit Migrationsbestrebungen stehen. Hinsichtlich der zugeschriebenen Attribute beobachten z. B. Mondain und Diagne (2013) in ihrer Studie zur Migration von Afrika nach Europa, dass insbesondere die Migrationsbestrebungen von jungen senegalesischen Männern oftmals in enger Verbindung mit dem Übergang zum Erwachsensein stehen.

Die zweite Frage, die im Zusammenhang mit Aspirationen steht, lautet, welche Mechanismen dazu beitragen, dass aus sozial konstruierten und zukunftsorientierten Vorstellungen tatsächlich Migrationsprozesse werden. Die Umsetzung von Bestrebungen in Wanderungsprozesse hängt zumeist von diversen externen und internen Faktoren ab. Einige dieser Aspekte hat Amartya Sen (1999) als *capabilities*[6] definiert und hat damit auf die realen Verwirklichungschancen von Menschen hingewiesen. Neben den bereits oben diskutierten politischen, ökonomischen und sozialen Faktoren werden auch physiologische und psychologische Aspekte von Menschen als die menschlichen Freiheiten prägend betrachtet. All diese Aspekte können potenziell eine beeinträchtigende oder fördernde Rolle in der Umwandlung von Bestrebungen zur Realisierung von konkreten sozialen Handlungen, einschließlich im Kontext der Initiierung der Migration, spielen. So können diese Faktoren auch mit dem Herkunftskontext zusammenhängen. Die weiter unten in diesem Kapitel diskutierte rurale Transformation kann z. B. als eine Dynamik betrachtet werden, in der sich nicht nur Lebenschancen drastisch verschlechtern. Auch können in diesem Zusammenhang Aspirationen auf ein besseres Leben aufkeimen oder bestärkt werden. Empirisch verdeutlicht dies z. B. Azaola (2012) in einer Studie zu jungen Menschen in ländlichen Gebieten Mexikos. Sie stellt fest, dass, unter anderem, Kontextbedingungen, wie Arbeitslosigkeit, schlecht bezahlte Jobs oder aber eine mangelnde Dorfinfrastruktur (z. B. fehlende Stromversorgung), mit Abwanderungen verknüpft sein können.

---

6 Der Wirtschaftsphilosoph hat mit seinem „*human capabilities*" Ansatz darauf hingewiesen, dass neben materiellen auch institutionelle Rahmenbedingungen sowie körperliche und kognitive Aspekte zentral für die Verwirklichungschancen, d. h die Entwicklung von Menschen sind. Diese Chancen sah er in den „Freiheiten", die Menschen geboten werden, um ein Leben zu erzielen, das sie selber anstreben und somit auch wertschätzen können. Auf dieser theoretischen Grundidee basiert auch der Index der menschlichen Entwicklung des Entwicklungsprogramms der Vereinten Nationen (*United Nations Development* Programme, UNDP). Der Bericht, der seit 1990 jährlich erscheint, berücksichtigt Entwicklung nicht nur anhand des Bruttonationaleinkommens, sondern auch mittels der Lebenserwartung und Schulbildung von Menschen (UNDP 2020).

Ländliche Emigration findet dabei oftmals in Etappen statt. Das bedeutet, dass sich Menschen erst in urbane Gebiete bewegen und anschließend (z. B. nach dem Erwerb von finanziellen und anderen Ressourcen) international migrieren (King & Skeldon 2010). Plötzlich eintretende Ereignisse (z. B. Konflikte oder Naturkatastrophen) können je nach Bedingungen vor Ort dazu führen, dass entweder existierende Bestrebungen vorübergehend nicht verfolgt werden oder aber beschleunigt umgesetzt werden. Summa summarum kann somit festgehalten werden, dass in der Transmission von Bestrebungen in konkrete Auswanderung immer eine Kombination von Faktoren, das bedeutet neben Motivationen auch persönliche Fähigkeiten und Kontextbedingungen von Menschen, eine zentrale Rolle spielen.

Zusammenfassend kann gesagt werden, dass mikrotheoretische Ansätze Wahrnehmungen und Bestrebungen sowie daraus resultierende Entscheidungsprozesse und soziale Handlungen in den Blick nehmen. Während diese Aspekte in der Erklärung der Initiierung von Wanderungen migrationssoziologisch äußerst wichtig sind, belichten sie doch zu wenig die Prozesse auf der Meso- und Makroebene. So werden zwar kontextuelle Konditionen berücksichtigt, allerdings bieten sie keine umfassende analytische Erklärung für strukturelle Bedingungen, einschließlich der Rolle von Institutionen und anderen Akteur*innen, die Migration mitgestalten, an (vgl. u. a. Kapitel 8 und 17). Die nachfolgend dargestellten Ansätze kompensieren dieses Defizit, in dem sie strukturelle Dynamiken in den Fokus nehmen.

Erklärungsansätze auf der Makroebene

Welche Rolle spielen regionale wirtschaftliche Ungleichgewichte für das Migrationsgeschehen? Welche Relevanz haben strukturelle Faktoren in der Wanderung von Menschen? Welche Wirkung haben wirtschaftliche Abkommen auf Migrationsgeschehnisse? Auch auf der Makroebene lassen sich ganz unterschiedliche Ansätze finden, in denen versucht wird, diese und andere Fragen hinsichtlich der Initiierung von Migration zu beantworten.

Neoklassischer Makroansatz

Im neoklassischen Makroansatz werden regionale Disparitäten in Arbeitsmärkten (d. h. Jobangebote und unterschiedliche Lohnniveaus) als zentrale Triebfeder für die Arbeitsmigration verstanden. Die resultierende Auswanderung führt zu einer Verknappung von Arbeitskräften in den Emigrationsregionen und hat zur Folge, dass sowohl die Arbeitslosigkeit sinkt als auch die Löhne allmählich wieder steigen. In den Immigrationsregionen ereignet sich genau das Gegenteil: Mit der Sättigung des Arbeitsmarktes reduzieren sich die Jobangebote, und ebenso sinken auch die Löhne. Da in den ehemaligen Auswanderungsgebieten neue Einwanderungen (oder Rückkehrbewegungen) stattfinden und sich die Arbeitsmigration in klassische Einwanderungsorte ebenfalls im Laufe der Zeit verringert (Harris & Todaro 1970), führen, diesem Ansatz zufolge, diese regionalen Dynamiken langfristig zu einem allgemeinen Gleichgewicht in Arbeitsmärkten (vgl. Kapitel 1).

Ursprünglich wurde der neoklassische Ansatz für die Analyse von Land-Stadt-Migration in Ländern des globalen Südens entwickelt, etablierte sich aber in späteren Diskussionen auch als Erklärungsgrundlage für internationale Arbeitswanderung (Massey et al. 1998). Trotz einiger Versuche der empirischen Untermauerung stellt die neoklassische Perspektive lediglich eine wirtschaftstheoretische Modellierung von Migrationsbewegungen dar, indem von idealen Migrationsvoraussetzungen ausgegangen wird. So wird z. B. zugrunde gelegt, dass potenzielle Wanderer über ausreichende Informationen verfügen. Ebenso wird davon ausgegangen, dass internationale Migration keinerlei politischen Mobilitätsbeschränkungen, wie etwa durch Staatsgrenzen, unterliegt (Manning & Trimmer 2013; Massey et al. 1998).

Das Modell der Mobilitätstransition
Das Modell der Mobilitätstransition folgt einer modernisierungstheoretischen Logik und weist damit sowohl Parallelen zu Rostows (1959) Wachstumsstadienmodell als auch zur Theorie des demografischen Übergangs auf (King 2012). Während das Wachstumsstadienmodell darauf hinweist, dass der Entwicklungsprozess sowohl durch ökonomisches Wachstum als auch durch institutionellen Wandel (d. h. die Bildung von westlichen politischen Institutionen) von statten geht (Schrader 2010), wird im Ansatz des demografischen Wandels davon ausgegangen, dass die Transition zu modernen Gesellschaftsverhältnissen mit demografischen Änderungen (z. B. ein Rückgang der Sterblichkeit oder der Fruchtbarkeit) einhergeht (Münz & Ulrich 2012). Beiden Ansätzen ist jedoch gemein, dass sie davon ausgehen, dass gesellschaftliche Entwicklung in unterschiedlichen Phasen, d. h. stufenweise stattfindet.

Auf dieses theoretische Gerüst baut Zelinsky (1971) sein Transitionsmodell auf. Er versucht in seiner Annäherung darzustellen, dass gesellschaftliche Entwicklung und Migration gewissen Regelmäßigkeiten unterliegen und dass diese Zyklen ein zentraler Bestandteil des Modernisierungsprozesses in Gesellschaften des globalen Südens sind. Um diese Beziehung genauer zu erklären, entwickelt er ein fünfstufiges Modell, das jedoch im Wesentlichen auf den europäischen Erfahrungen aufbaut:

a) Die vormoderne traditionelle Gesellschaft (*premodern traditional society*) ist in der Migration sehr begrenzt. Sie findet lokal statt, wie etwa im Kontext der Nahrungsmittelproduktion oder des regionalen Handels.

b) Die frühe Übergangsgesellschaft (*early transitional society*) ist gekennzeichnet durch einen erhöhten Bevölkerungsdruck, der sich durch sinkende Sterbeziffern erklären lässt. Es findet eine Auswanderung aus dicht besiedelten ländlichen Gebieten in neu gegründete, urbane Räume (innere Kolonisierung) statt. Auch vollzieht sich Wanderung im Rahmen von Kolonisation und Siedlungsbildung in anderen Weltregionen (z. B. Massenwanderung von Europa nach Nordamerika).

c) Die späte Übergangsgesellschaft (*late transitional society*) symbolisiert die dritte Stufe, in der der Bevölkerungsdruck allmählich abklingt und damit die Land-Stadt-Migration sowie die Eroberungs- und Siedlungsmigration abnimmt. Angesichts der Fortschritte im Transportwesen kommen interurbane Wanderungen, wie etwa in Form von Pendlermigration, vermehrt auf.

d) In der fortgeschrittenen Gesellschaft (*advanced society*) wird die Land-Stadt-Wanderung gänzlich durch zwischenstädtische und innerstädtische Migration abgelöst. Durch Massenproduktion und die Entwicklung von technologischen Waren in industriellen Zentren steigen der Bedarf und damit auch die Zahl an gering- und hochqualifizierten Arbeitsmigrant*innen. Viele dieser mobilen Arbeiter*innen werden aus sich entwickelnden Ländern des globalen Südens rekrutiert. Mit zunehmender Entwicklung steigt auch der Wohlstand der Menschen, was zu einem Anstieg von touristischen Reisen führt.

e) In der letzten Stufe ermöglicht die zukünftig postindustrielle Gesellschaft (*future super-advanced society*) durch weit fortgeschrittene Kommunikation und Transporttechnologien Pendlerbewegungen über längere Strecken hinweg. Auch spielen Süd-Nord Arbeitsmigrant*innen aus Ländern des globalen Südens weiter eine wichtige Rolle, deren Einwanderung, im Vergleich zu Nord-Nord-Wanderungen, aber durch strengere Vorschriften reglementiert ist.

Zelinskys Theoriemodell kann als eine ambitionierte und ganzheitliche Annäherung betrachtet werden. So konnte er in einem Erklärungsmodell diverse Typen der Migration einbeziehen und sie in Beziehung zu gesellschaftlichen Entwicklungen setzen. Ferner berücksichtigt sein Modell Migrationsprozesse in unterschiedlichen Entwicklungsphasen. Der Erklärungsansatz repräsentiert aber auch ein eurozentrisches Modell, da angenommen wird, dass die Entwicklungslaufbahn des globalen Nordens (Europa) eine Richtschnur für Gesellschaftsprozesse in Ländern des globalen Südens ist. Zelinskys Modell betrachtet Migrationsprozesse als einen mit rein endogenen Entwicklungen zusammenhängenden Prozess. Ähnlich wie im neoklassischen Ansatz finden weltwirtschaftliche Dynamiken und damit einhergehende Abhängigkeiten und Asymmetrien, die unter Umständen Auswanderung verursachen, kaum Beachtung. Diese Zusammenhänge werden jedoch explizit in den nachfolgenden Ansätzen berücksichtigt.

Der Weltsystemansatz

Die Weltsystemtheorie ist nicht nur eine der prominentesten Erklärungsvorschläge für ungleiche Entwicklung, sondern auch für die Ursachen von Migrationen. In ihrer ursprünglichen Form geht Immanuel Wallerstein davon aus, dass die fortschreitende wirtschaftliche Globalisierung dazu führe, dass sich ein neues, d. h. kapitalistisches Weltsystem bilde, in der die Kapitalakkumulation die treibende Kraft sei (Wallerstein 1974). Das System ist dadurch gekennzeichnet, dass es ökonomisch integriert ist, da es auf einem staatenübergreifenden Handelsnetzwerk beruht. Dies bedeutet, dass Länder politisch voneinander unabhängig sein können, jedoch wirtschaftlich in einem interdependenten Verhältnis zueinanderstehen. Kennzeichnend für das Weltsystem ist eine weltweite Arbeitsteilung und damit einhergehende Dreiteilung zwischen Ländern des Zentrums, der Semiperipherie und der Peripherie, die durch eine historisch ungleiche Expansion und Integration in das Weltsystem zustande kamen (Antweiler 1999).

Diverse Autoren*innen haben an dieses Modell angeknüpft und eine weltsystemtheoretisch-soziologische Annäherung an die Ursachen der internationalen Migration entwickelt. In dieser Perspektive wird davon ausgegangen, dass die Integration in das Weltsystem, d. h. die wirtschaftliche Öffnung der Märkte für ausländisches Kapital, nicht nur zu einer „neuen internationalen Arbeitsteilung" (Fröbel et al. 1980) führt. Sie soll auch ein Ungleichgewicht in sozialen, politischen und wirtschaftlichen Institutionen in den Ländern des Globalen Südens auslösen (Manning & Trimmer 2013; Portes & Walton 1981; Portes 1978). Dieser institutionelle Wandel wurde zum Beispiel von Massey und Kolleg*innen (1998: 37 ff.) im Zusammenhang mit Land, Rohstoffen, Arbeit, materiellen, militärischen und ideologischen Verbindungen und Global Cities genauer diskutiert. Folgt man dieser Sichtweise, geht mit der Weltsystemintegration eine Reihe von tiefgehenden Veränderungen einher. Im ruralen Raum drückt sich die Integration durch eine Industrialisierung der Landwirtschaft und die Fokusierung auf Rohstoffgewinnung aus. Dadurch findet graduell ein Wandel in den Landbesitzrechten statt, da diese oftmals von ausländischen Investoren erworben werden. Auch verändern sich dadurch die gewohnten Produktions- und Arbeitsformen in der Landwirtschaft. Menschen verlieren durch diese Dynamiken nicht nur die materielle Basis für ihren Lebensunterhalt, sondern werden auch von einer wichtigen Quelle des Unterhalts, nämlich ihrem Land, verdrängt. Sie bilden eine industrielle Reservearmee, die bereit ist, ihre Arbeitskraft im Inland aber auch im

Ausland weit unter ihrem Wert zu veräußern. Zusätzlich entsteht aber auch ein spezifischer Industriesektor, in dem zumeist Produkte für den globalen Norden kostengünstig produziert werden oder für die Unternehmen in diesen Regionen zugearbeitet wird (z. B. Montagewerke). Sassen (1988) betont, dass Frauen in den neuen lokalen Arbeitsmärkten auf höhere Nachfrage stoßen (z. B. im Textilsektor) und dadurch insbesondere die männliche Arbeitskraft von lokalen Arbeitsmärkten verdrängt wird.

Durch den regen Warenverkehr zwischen den Ländern des Globalen Südens und Nordens entstehen materielle Verbindungen, d. h. Kommunikations- und Transportnetzwerke werden ausgebaut. Die materiellen Verbindungen drücken sich nicht nur in der Verbesserung und Beschleunigung des Warenverkehrs aus, sondern auch in steigenden Migrationsquoten. Um den Warenverkehr vor Risiken und Gefahren zu schützen, entwickelt sich auch eine militärische Infrastruktur (z. B. Militärbasen oder Interventionen), die wiederum diverse soziale und politische Verbindungen erzeugen und nachfolgend Migrationsbewegung fördern (z. B. Soldaten, die im Globalen Norden ausgebildet werden).

Ebenso können durch die Weltsystemintegration ideologische und kulturelle Verbindungen zwischen Zentrum und Peripherie aufgebaut werden, die die internationale Migration fördern. Wie in einigen Fällen mit kolonialer Geschichte deutlich wird, können Verwaltungs- und Bildungssysteme in den Peripherien entstehen, die denen des Zentrums ähneln. Dadurch kann sich eine sprachliche und administrative Basis entwickeln (z. B. der englischsprachige Unterricht oder das Bildungssystem in Ländern wie Indien oder Pakistan, das dem Britischen sehr ähnelt), die die Migrationsbarrieren reduziert. Aber auch in nicht-kolonialen Kontexten können sich Verwaltungssysteme eines spezifischen Landes des globalen Südens denen eines Landes des globalen Nordens anpassen. Ebenso können über Massenmedien, wie z. B. Fernsehen oder Internet vermittelte westliche Lebensstile, diese Verbindungen weiter verfestigen und somit die Auswanderung auch auf einer kulturellen Grundlage verursachen.

Schließlich sind es nicht nur die sich in Herkunftsregionen verändernden Kontextbedingungen, die Arbeitsmigration auslösen, sondern Faktoren in potenziellen Ankunftsregionen. Mit dem Konzept der Global Cities macht Sassen (2005) darauf aufmerksam, dass Global Cities, d. h. Megastädte wie New York, Singapur oder Tokio, sich im Kontext der Globalisierung zu einem weltumspannenden Netzwerk von Finanz- und Steuerzentren entwickelt haben. Als Machtzentrale von Banken, transnationalen Unternehmen und Beratungskonzernen haben sie nicht nur eine zentrale Rolle in der Koordination von globalen Märkten, sondern beeinflussen auch Migrationsgeschehnisse. Einerseits haben diese Städte selber einen hohen Bedarf an Arbeitskräften. Durch ihre hohe Nachfrage nach hochqualifizierten und geringqualifizierten Arbeitskräften würden sie einige mobile Menschen wie Magnete anziehen. Andererseits verfügen wirtschaftliche Akteur*innen der Global Cities durch ihren hohen Einfluss auf Politik und Wirtschaft auch über die Macht, weltweite ökonomische Prozesse zu regulieren, d. h. insbesondere, was wo produziert und verkauft wird. Dadurch haben sie wiederum Einfluss auf die Arbeitsmigration, wie z. B. auf räumliche, temporäre und kategoriale Aspekte in Migrationsprozessen.

Zusammenfassend kann also gesagt werden, dass historisch-strukturelle Ansätze – und der Weltsystemansatz als eine spezifische Variante dieser Denkrichtung – auf globale Veränderungen und ihre Auswirkungen auf die soziale Umwelt von Menschen (d. h. das Arbeits- und Sozialleben) aufmerksam machen. Ähnlich wie in dem neoklassischen Ansatz werden jedoch hauptsächlich materielle Lebensbedingungen in den Fokus genommen, wobei z. B. kulturelle Aspekte kaum betrachtet werden.

Der Migrationssystemansatz

Eine weitere Makroperspektive auf Migrationsgeschehnisse stellt der Migrationssystemansatz dar. Der Ansatz wurde ursprünglich von Mabogunje in den 1970er-Jahren zur Analyse der Land-Stadt-Migration in Afrika entwickelt. Später wurde die theoretische Perspektive von Sozialwissenschaftler*innen auf die internationale Migration angewendet, wobei Kritz und Kolleg*innen (1992) den Migrationssystemansatz ausgebaut haben. In dem systemtheoretischen Ansatz geht man, vereinfacht dargestellt, davon aus, dass die Brücken, die für die wirtschaftliche Durchdringung des globalen Südens gebaut wurden, nicht nur zu einer Verschlechterung der Lebenschancen führen, sondern auch die betroffenen Menschen über die gleichen Brücken in die Länder des globalen Nordens abwandern lässt. Das bedeutet, dass neben ökonomischen auch politische und kulturelle Verbindungen dazu führen können, dass Wanderungsprozesse sich langfristig konsolidieren. Makrotheoretisch betrachtet bedienen Migrationssysteme bestimmte Arbeitsmärkte, in denen die weltweite Nachfrage nach bestimmten Arbeitskräften über politische Abkommen zwischen zwei oder mehreren Ländern gesteuert wird (z. B. das nordamerikanische Freihandelsabkommen (*North American Free Trade Agreement*, NAFTA), der Verband Südostasiatischer Nationen (*Association of Southeast Asian Nations*, ASEAN) oder der gemeinsame Markt Südamerika (span. Mercado Común del Sur, MERCOSUR)). Der Ansatz verdeutlicht, dass eine geografische Nähe keineswegs eine grundlegende Bedingung für Migrationsgeschehnisse ist, sondern eher, wie bereits weiter oben erwähnt, ökonomische, politische und kulturelle Verbindungen in Betracht gezogen werden müssen, um Migrationszusammenhänge besser zu verstehen (Bakewell 2014).

Auch geht man davon aus, dass durch Rückkopplungen (*feedbacks*) über soziale Netzwerke Migrationssysteme sich über die Zeit verfestigen (Manning & Trimmer 2013, Appendix). Das Konzept der kumulativen Verursachung der Migration (Massey 1990) bietet hierzu einen wichtigen Erklärungsansatz an. Der Begriff deutet nicht nur darauf hin, dass durch die Etablierung von sozialen Netzwerken zwischen Migrant*innen und Zurückgebliebenen weitere Migrationsbewegungen wahrscheinlicher werden, sondern, dass auch davon ausgegangen werden kann, dass die Bildung von Handelsstrukturen zwischen Regionen, wie z. B. Handelsrouten für den Transport von Waren, in einer bestimmten Phase auch Migrationsprozesse stark begünstigen, da sich sehr wahrscheinlich dadurch auch eine Migrationsinfrastruktur bilden wird.

Soziale Transformation

Eine neuere marxistisch inspirierte soziologische Annäherung an Migrationsursachen stellt das Konzept der sozialen Transformation dar. Der Soziologe Stephen Castles definiert dieses folgendermaßen: „*[a] shift in social relationships so profound that it affects virtually all forms of social interaction, and all individuals and communities simultaneously. It is a ‚step change‘ that goes beyond the normal processes of change that are always at work*" (Castles 2015: 4). Wie der Weltsystemansatz macht auch der Transformationsbegriff darauf aufmerksam, dass aktuelle globale politische und wirtschaftliche Entwicklungen einen wesentlichen Effekt auf die gegenwärtigen Formen der sozialen Ordnung und die Wege, wie sich Menschen organisieren, haben. Dabei lehnt sich Castles in seinen theoretischen Ausführungen auch an die Überlegungen von Karl Polanyi an. Dieser hatte in seinem Werk „*The Great Transformation*" Anfang der 1940er-Jahre den Übergang zum Marktliberalismus und die Folgen im England des 19. Jahrhunderts eindrucksvoll dargestellt. Dabei hat der Politökonom herausgearbeitet, dass eine graduelle Entbettung der Wirtschaft vom sozialen Leben durch die Marktliberalisierung, d. h. die Verwandlung von Arbeit, Boden und Kapital in fiktive Waren, politisch angetrieben wurde. Die Umwandlung von Arbeit in Ware erklärt er durch die Abschaffung von sozialpolitischen Leistungen. Dies untergrub die gewohnten Reproduktionsweisen von ländlichen Armen, die oftmals auf einer Kombination von Erwerbstätigkeiten und Sozialhilfe basierten. Die Verelendung nötigte einen signifikanten Teil der Bevölkerung dazu, in die industriellen Zentren abzuwandern.

Der von Polanyi beschriebene „Entbettungsprozess" des wirtschaftlichen vom sozialen Leben führte nicht nur zum Übergang in die Marktgesellschaft, in der viele rurale Bevölkerungsteile zur Ausbeutung und Verelendung getrieben worden sind. Es kam auch zu Gegenbewegungen, d. h. Proteste, in denen z. B.

Arbeiterrechte eingefordert wurden. Diese Dynamiken mündeten allerdings letztendlich im Faschismus und den beiden Weltkriegen in Europa (Polanyi [1944]
1973). Polanyis Analyse befasst sich, ähnlich wie andere marxistische Ansätze,
mit dem Wandel und den sozialen Konflikten im England des 19. Jahrhunderts,
die er als „Doppelbewegung" bezeichnete. Einerseits identifizierte er im „Entbettungsprozess" eine ordnungspolitische Maßnahme (d. h. die Abschaffung des
Armengesetzes). Andererseits betrachtete er in seiner Analyse auch die gesellschaftlichen Gegenbewegungen (d. h. Arbeiterbewegungen) und die Auswirkungen, die aus den Interessenkonflikten entstanden (d. h. der 1. Weltkrieg und der
Faschismus). Der polyanische Blickwinkel hat auch heute noch eine hohe Relevanz. Betrachtet man die gegenwärtige neoliberale Globalisierung, erkennt man,
dass sie diverse Auswirkungen (soziale Transformationen) in Gesellschaften des
globalen Südens zur Folge hat (Faist et al. 2018; Castles 2015). In einigen Fällen stehen diese Transformationen im direkten oder indirekten Verhältnis zu
der Initiierung von Migration und Mobilität (Sassen 2016; Delgado Wise et al.
2013).

Box 5.1: Rurale Transformationen

Soziale Transformationen sind aktuell im besonderen Maße in ländlichen Räumen der Länder
des Globalen Südens zu beobachten. Zwei wichtige Gründe sind hierfür zu nennen: Einerseits
sind viele rurale Gebiete der Länder des Globalen Südens noch nicht vollständig wirtschaftlich erschlossen und bieten somit enormes Potenzial für finanzielle Investitionen. Dies findet
insbesondere in Zeiten der neoliberalen Globalisierung statt. Darunter versteht man eine politisch geförderte globale Zirkulation von Kapital und Waren, mit der auch eine Dezentralisie-
rung und Fragmentierung von Produktionsprozessen einhergeht (Conway 2014).
Andererseits ist auch immer noch ein bedeutender Teil der marginalisierten Weltbevölkerung
in ländlichen Gebieten zu Hause und reproduziert sich teilweise durch subsistenzwirtschaft-
liche Aktivitäten (Heinemann 2014). Doch wie werden diese ruralen Transformationen nun
genau ausgelöst? Ruraler Wandel spiegelt sich in vielen Fällen durch Enteignung von Land
(Harvey 2007), der Industrialisierung der Landwirtschaft (McMichael & Schneider 2011) und
eine leistungsorientierte Veränderung staatlicher Unterstützungsmaßnahmen wider (Aksakal
2012). Diese Dynamiken sind zwar nicht neu, repräsentieren aber zunehmend wichtiger werdende Trends in Ländern des Globalen Südens. Wie bereits weiter oben dargestellt, entbet-
ten sie die wirtschaftlichen Aktivitäten von anderen gesellschaftlichen Bereichen (z. B. den
sozialen Beziehungen) und verändern damit die gewohnten Lebensweisen von Kleinbauern
und Kleinbäuerinnen. Die systematische Exklusion durch Enteignung, Industrialisierung und
sozialpolitischem Abbau führt zu einem Verlust des (räumlichen, sozialen, kulturellen, ökonomischen und ökologischen) Lebensraums in Ländern des Globalen Südens und lässt so die
ruralen sozialen Ungleichheiten in Ländern des globalen Südens wachsen. Unterschiedliche
Studien in Afrika, Asien und Lateinamerika haben aufgezeigt, dass durch diese Exklusion mit-
tel- und langfristig sowohl soziale Konflikte, soziale Bewegungen als auch Flucht- und Aus-
wanderungsraten zunehmen können (siehe z. B. Batterbury & Ndi 2018 für den Fall Afrika,
Borras & Franco 2012 für Lateinamerika und Sassen 2016 für Asien). Der Ausschluss von der

kleinbäuerlichen Landwirtschaft geht auch mit der zunehmenden Notwendigkeit einher, dass sich soziale Akteur*innen zusätzlich mit ruraler Lohnarbeit beschäftigen müssen (Kay 2018). Dadurch entsteht ein rurales Proletariat, dessen Arbeitsbedingungen oftmals mit sehr prekären, d. h. schlecht bezahlten und ausbeuterischen Arbeitsverhältnissen einhergehen und Ungleichheiten im ländlichen Raum weiter steigen lassen (Kay 2018; Bernstein 2004). Somit kann die Ausbeutung in ruralen Beschäftigungsverhältnissen zusätzlich ungleiche Lebenschancen produzieren und wichtige Auswanderungsursachen darstellen.

Es lässt sich zusammenfassen, dass alle fünf sozialwissenschaftlichen Makroansätze strukturelle Dynamiken und ihre gesellschaftlichen Auswirkungen in den Mittelpunkt der Analyse stellen. Sie bieten Erklärungen für die Initiierung von Migrationsprozessen an. Im Allgemeinen kann allerdings festgestellt werden, dass mit Ausnahme des Migrationssystemansatzes, makrotheoretische Annäherungen häufig die Faktoren auf der Mikroebene (d. h. Aspirationen, Wahlentscheidungen und soziales Handeln von Akteur* innen) sowie die auf der Mesoebene (soziale Beziehungen, Netzwerke und Kapital) bei der Erklärung von Migrationsgeschehnissen vernachlässigen. Des Weiteren sind die dargestellten Annäherungen nur beschränkt in der Lage, soziale Trends in Migrationsgeschehnissen zu erfassen. So können sie z. B. nicht erklären, warum über die letzten Jahre hinweg eine Feminisierung der Migration (vgl. Kapitel 17) zu beobachten ist. Im letzten Abschnitt dieses Kapitels wird mit dem Push-Pull-Plus-Modell ein Versuch dargestellt, eine integrierte Perspektive zu entwickeln, das bedeutet die Initiierung von Migrationen durch die Analyse unterschiedlicher Einflussgrößen zu erklären.

Integrierte Erklärungsansätze

Die meisten der oben diskutierten Ansätze stellen Modelle dar, die aus einem reinen mikro- oder makrotheoretischen Blickwinkel die Initiierung von Migration erklären möchten. Allerdings muss davon ausgegangen werden, dass diverse Aspekte für diesen Prozess verantwortlich sind, die sich auf unterschiedlichen Analyseebenen befinden. Wie bereits in der Einleitung dieses Kapitels erwähnt, hat Lee (1972) in seiner Diskussion um Pull- und Push-Faktoren zwar die Relevanz von strukturellen Einflüssen unterstrichen. Er hat jedoch gleichermaßen darauf aufmerksam gemacht, dass Individuen mit ihren persönlichen Migrationsentscheidungen in Erwägung gezogen werden müssen. Entscheidungsprozesse stehen im Einfluss von intervenierenden Einflussgrößen (z. B. Immigrationspolitik im Ankunftsland verstanden als staatliches Handeln auf der Makroebene) und individuellen Aspekten (z. B. Bildungsgrad) auf der Meso- oder Mikroebene. Akteur*innen vergleichen somit zwischen den Lebensbedingungen in der

Herkunfts- und Zielregion. Dieser Vergleich führt, unter Einfluss von intervenierenden Kontextbedingungen, zu Handlungsentscheidungen.

Dieses theoretische Grundgerüst erweitern Van Hear und Kolleg*innen (2018)
vom Push-Pull-Modell zum Push-Pull-Plus-Ansatz, um so komplexe Migrationsströme zu erklären. Diese Idee ist aber keineswegs neu. So wurde bspw. im Kontext von Klimawandel und Migration bereits vor knapp 10 Jahren darauf hingewiesen, dass interagierende Dynamiken in unterschiedlichen Gesellschaftsberei-
chen (wirtschaftlichen, politischen, sozialen, demografischen und ökologischen)
einen Einfluss auf Entscheidungsprozesse haben können (Black et al. 2011). Van
Hear und Kolleg*innen gehen jedoch analytisch noch weiter und berücksichtigen Einflussfaktoren (*drivers*) nicht nur in diversen gesellschaftlichen Bereichen,
sondern auch auf unterschiedlichen Ebenen, die in wechselseitiger Beziehung zu
den bereits weiter oben diskutierten Bestrebungen und Wünschen von Individuen
stehen können: *„Drivers thus shape the broader context within which aspirations
and desires to migrate are formed and in which people make their migration decisions – whether to move or not. To be sure, those decisions and actions can ultimately
help shape structures – or put another way, agency and structure play into one another"* (Van Hear et al. 2018: 930). In dem erweiterten Push-Pull-Plus-Modell wird
insbesondere versucht, der Frage nachzugehen, welche Formen und Funktionen
strukturelle Faktoren in Migrationsprozessen haben können und in welchen Dimensionen sie zum Vorschein kommen. Deswegen werden erst vier Dynamiken
(*drivers*) auf unterschiedlichen Gesellschaftsebenen diskutiert und anschließend
werden fünf Dimensionen, in denen diese Dynamiken wirken, genauer beleuchtet. Zunächst werden folgende Formen von strukturellen Faktoren identifiziert:

a) Indirekt wirkende Faktoren (*predisposing drivers*) stellen Dynamiken dar,
    die zur Entstehung eines spezifischen Kontextes beitragen, in dem Migra-
    tion wahrscheinlich wird. Diese Aspekte können, wie in einigen zuvor dis-
    kutierten Ansätzen betont, auf Globalisierungsprozessen beruhen, die in
    unterschiedlichen Weltregionen ungleiche Auswirkungen auf Lebenschan-
    cen haben können. Ökonomisch betrachtet können sich diese Bedingungen
    auf Unterschiede in Einkommens- oder Lebensstandards und politisch auf
    Disparitäten in der politischen Wahrnehmung von Menschenrechten bezie-
    hen. Zusammengefasst schließen diese Faktoren tiefgreifende strukturelle
    Dynamiken ein, die eher indirekt auf Migrationsprozesse einwirken.

b) Unmittelbare Faktoren (*proximate drivers*) haben einen direkteren Einfluss
    auf Migrationsgeschehnisse und müssen zwischen Dynamiken im Herkunfts-
    und Ankunftsland unterschieden werden. In Herkunftsregionen können sich
    unmittelbare Faktoren in Form von konjunkturellen Abschwächungen, auf-

keimenden Machtkämpfen zwischen Gesellschaftsgruppen, größeren Entwicklungsprojekten (z. B. der Bau eines Staudamms) oder der Privatisierung von Ländereien ausdrücken. Dadurch werden Menschen aus ihrem Habitat regelrecht verdrängt. Im Kontext von Ankunftsregionen lassen sich andere Faktoren auffinden, wie etwa ökonomischer Aufschwung, günstige Bildungsmöglichkeiten, Migrationspolitiken zur Anwerbung von Arbeitsmigrant*innen, etc. Unmittelbare Aspekte stehen oftmals in Verbindung mit den zuvor dargestellten indirekt wirkenden Faktoren.

c) Herbeiführende Faktoren (*precipitating drivers*) lösen Migrationsprozesse aus und stehen oftmals in Verbindung mit bestimmten Ereignissen. Im Herkunftsland können diese in Verbindung mit Wirtschaftskrisen und einer drastisch steigenden Arbeitslosigkeit, politischer Verfolgung oder Naturkatastrophen stehen. In Ankunftsregionen können z. B. zeitweilige Liberalisierungen von Migrationspolitiken, aber auch neue Arbeitsmarktopportunitäten, die von Regierungen gefördert werden, als Sogfaktoren wirken.

d) Schließlich werden noch die vermittelnden Faktoren (*mediating drivers*) genannt, die die Migration erleichtern, beschleunigen und konsolidieren können. Sie können aber im Falle ihrer Abwesenheit ebenfalls Wanderungen einschränken. Vermittelnde Faktoren können sowohl eine Reihe von Ressourcen (z. B. Transport und Kommunikationswege, Informationen), Akteur*innen (z. B. Politiker*innen, Beratungsunternehmen oder Schmuggler*innen) als auch soziale Praktiken (z. B. das irreguläre Einschleusen von Menschen in andere Länder) darstellen. Diese werden in der Fachliteratur auch als „Migrationsinfrastruktur" (Xiang & Lindquist 2014) bezeichnet.

Laut van Hear und Kolleg*innen (2018) bilden die oben diskutierten Faktoren die Kontexte ab, unter denen Gesellschaftsmitglieder sowohl Bestrebungen hinsichtlich Mobilität oder Immobilität entwickeln als auch Entscheidungen treffen. Die Autor*innen diskutieren diese Einflussgrößen lediglich aus analytischen Zwecken als separate Faktoren. Somit gehen sie davon aus, dass unterschiedliche Faktoren oftmals ineinandergreifen und somit eher von Ursachensets (*driver complexes*) als von isolierten Dynamiken ausgegangen werden muss. Aus diesem Blickwinkel ist es gleichfalls wichtig, zu beachten, dass soziale Handlungen von Akteur*innen immer auch von den Fähigkeiten, Entscheidungen zu finden und diese in Handlungen umzuwandeln, abhängen würden. Die Verwirklichungschancen würden aber maßgeblich von sozialen Dynamiken, wie etwa zugeschriebenen Kategorien, beeinflusst werden.

Schließlich betonen die Autor*innen fünf Dimensionen, durch die verdeutlicht werden soll, wie die Einflussfaktoren funktionieren. Erstens verweisen sie auf die Lokalität, d. h. den Ort, an dem strukturelle Dynamiken wirken (z. B. Ankunfts- bzw. Herkunftsregion oder transnationaler Raum). Zweitens wird die Rolle von unterschiedlichen Skalen betont. Es wird zwischen der räumlichen (z. B. lokal, national oder global) und der sozialen Skala (z. B. Individuum, Haushalt, Gemeinschaft) unterschieden. Drittens verweisen sie auf die Selektivität, d. h. auf strukturelle Dynamiken, die unterschiedlich auf bestimmte soziale Gruppen mit diversen Merkmalen (z. B. in Bezug auf ihr Alter, Geschlecht, Wohlstandsniveau) wirken. Viertens wird betont, dass die Dauer der Prozesse von Bedeutung sei. Während einige Dynamiken langlebig sein können (z. B. Umweltzerstörung), seien andere eher von kürzerer Dauer (z. B. kriegerische Auseinandersetzungen). Jedoch sage die Dauer der Dynamiken nichts über die Dauer der Migration aus. Dies unterstreicht die These, dass Migrationsprozesse nicht nur von außen einwirkenden Einflussfaktoren abhängen, sondern auch von individuellen und kollektiven Erwägungen. Ebenso deutet es darauf hin, dass anfängliche Aspirationen sich im Laufe des Migrationsprozesses wandeln können. Schließlich wird auf die Nachvollziehbarkeit verwiesen. Während einige Faktoren der Migration in der Gesellschaft tief eingebettet (z. B. kulturelle Prozesse) und nur schwer nachzuvollziehen seien, wären andere Dynamiken eher oberflächlicher Natur und relativ leicht aufzuspüren (z. B. Konflikte und Gewalt).

Das Push-Pull-Plus-Modell, das auf das klassische Push-Pull-Modell aufbaut und es analytisch erweitert, repräsentiert ein umfangreiches, wenngleich auch sehr abstraktes Analyseinstrument, um diverse Typen, Hierarchien, Funktionen und Dimensionen von Faktoren zu betrachten, die über ihre Einflussnahme auf subjektive Wahrnehmungen und Entscheidungen Migrationsprozesse verursachen, verstärken und beschleunigen können. Aus einer migrationssoziologischen Perspektive stellt es eine solide Typologie dar, da es die Möglichkeit schafft, die Initiierung der Migration ganzheitlich zu betrachten, d. h. die unterschiedlichen Formen, die Funktionen auf diversen gesellschaftlichen Ebenen und Bereichen, sowie die vorhandenen Wechselwirkungen zu erfassen. Wie in vielen komplexen Modellen stehen jedoch die Forscher*innen vor der Herausforderung, die vielschichtigen Ergebnisse verständlich darzustellen.

Abschließende Diskussion

In diesem Kapitel wurde ein Überblick über migrationstheoretische Ansätze und Konzepte gegeben, in denen versucht wurde, zu erklären, wieso Menschen ihren Lebensort verlassen. Dafür wurden die Erklärungsansätze auf der Mikro- und der Makroebene und eine integrierte Perspektive genauer betrachtet. Unter den diskutierten Ansätzen finden sich auch einige Perspektiven, die soziologische Elemente beinhalten. In diesem Beitrag wurden diese theoretischen Annäherungen kritisch gewürdigt und ihre Stärken und Nutzen für die Migrationssoziologie herausgearbeitet. Insbesondere sind Ansätze, die mehrere Gesellschaftsebenen in ihrer Analyse berücksichtigen (d. h. eine Makro-, Meso- und Mikroperspektive theoretisch vereinen), migrationssoziologisch betrachtet, besonders wertvoll. Dies begründet sich aus der Tatsache, dass sie der Komplexität, die Migration innewohnt, einschließlich der Initiierungsprozesse, am ehesten gerecht werden. Auch im Hinblick auf die Beziehung zwischen sozialer Ordnung und Migration können integrierte Ansätze für ein besseres Verständnis sorgen. Zum einen sind sie in der Lage, die diversen strukturellen Prozesse in einer sozialen Ordnung und ihre Effekte, in Bezug auf (Im-)mobilität, genauer zu erklären. Zum anderen erlauben integrierte Ansätze auch, handlungstheoretische Aspekte in den analytischen Fokus zu nehmen. Hinsichtlich der Infragestellung der Legitimität von Ordnung in der Gesellschaft stellen Bestrebungen und Wünsche zur Auswanderung immer nur eine spezifische Ausdrucksform dar. Folgt man der Idee, dass Migration oftmals mit der Erfüllung von bestimmten Zielen verbunden ist, so kann im Umkehrschluss davon ausgegangen werden, dass lokale Handlungsoptionen für Menschen attraktiver sein können, da sie oft mit weniger Risiko und Aufwand (z. B. die Sprache erlernen) verbunden sind. Anders formuliert bedeutet dies, dass Vorstellungen von Immobilität mindestens genauso wichtig (oder sogar wichtiger) sind wie die Bestrebungen und Wünsche zur Mobilität (Hammar et al. 1997). Wie im nachfolgenden Beitrag (Kapitel 6) dargestellt, kann die Mobilisierung von sozialen und symbolischen Ressourcen auf der Mesoebene einen wichtigen Einfluss auf die Immobilität und Mobilität von Menschen haben.

Es lässt sich abschließend festhalten, dass eine Vielzahl von Ansätzen koexistiert (Makro-, Meso-, Mikroansätze oder integrierte Ansätze), die die Initiierung der Migration zu erklären versuchen. Migrationssoziologisch betrachtet vernachlässigen insbesondere makrotheoretische Ansätze kulturelle Dynamiken. Allerdings können makrokulturelle Faktoren auch in der Initiierung von Wanderungsbewegungen eine wichtige Rolle spielen. Zwar wird in der Weltsystemtheorie auch davon ausgegangen, dass ideologische Aspekte, die teilweise kulturelle Aspekte beinhalten, wichtig für Initiierungsprozesse sind, jedoch werden diese keineswegs detailliert herausausgearbeitet. In Zeiten der zunehmenden Vernetzung von Orten und Menschen muss jedoch davon ausgegangen werden, dass kulturelle Globalisierungsprozesse (d. h. die globale Diffusion von Normen und Werten in Bezug auf Mobilität und Immobilität) einen Einfluss auf Bestrebungen von Menschen haben, dessen systematische Analyse noch aussteht und somit auch ein entsprechender Theorieansatz fehlt.

Literatur

Aksakal, M., 2012: *Transnational Development: Limitations and Potentialities of a Model for „Migration and Development"*. *Case Study Caxcania.* Dissertationsschrift, Universidad Autonoma de Zacatecas, Universität Bielefeld. http://pub.uni-bielefeld.de/publication/ 2560492 (letzter Aufruf: 04.03.2020).

Albarracín, D., W. Wang, H. Li & K. Noguchi, 2005: Structure of Attitudes: Judgments, Memory, and Implications for Change. In: Prislin, R. & W. D. Crano (Hrsg.), *Attitudes and Attitude Change*, S. 19–38. New York, NY, London: Psychology Press.

Alpes, M. J., 2014: Imagining a Future in „Bush": Migration Aspirations at Times of Crisis in Anglophone Cameroon. *Identities* 21(3):259–274.

Antweiler, C., 1999: Immanuel Wallerstein. Alle Entwicklung ist eingebettet im kapitalistischen Welt-System. *Entwicklung und Zusammenarbeit* 40(9):253–255.

Azaola, M. C., 2012: Becoming a Migrant: Aspirations of Youths During Their Transition to Adulthood in Rural Mexico. *Journal of Youth Studies* 15(7):875–889.

Bakewell, O., 2014: Relaunching Migration Systems. *Migration Studies* 2(3):300–318.

Bal, E. & R. Willems, 2014: Introduction: Aspiring Migrants, Local Crises and the Imagination of Futures „Away from Home". *Identities* 21(3):249–258.

Batterbury, S. P. J. & F. Ndi, 2018: Land Grabbing in Africa. In: Binns, J. A., K. Lynch & E. Nel (Hrsg.), *The Routledge Handbook of African Development*, S. 573–582. London: Routledge.

Bernstein, H., 2004: Changing Before Our Very Eyes': Agrarian Questions and the Politics of Land in Capitalism Today. *Journal of Agrarian Change* 4(1–2):190–225.

Black, R., N. Adger, W. Arnell, S. Dercon, A. Geddes & D. Thomas, 2011: The Effect of Environmental Change on Human Migration. *Global Environmental Change* 21(1):3–11.

Borjas, G. J., 1989: Economic Theory of International Migration. *International Migration Review* 23(3):457–485.

Borras, S. M. & J. Franco, 2012: Global Land Grabbing and Trajectories of Agrarian Change: A Preliminary Analysis. *Journal of Agrarian Change* 12(1):34–59.

Carling, J. & K. Schewel, 2018: Revisiting Aspiration and Ability in International Migration. *Journal of Ethnic and Migration Studies* 44(6):945–963.

Carling, J. & C. Talleraas, 2016: Root Causes and Drivers of Migration. PRIO Paper, Peace Research Institute Oslo, Oslo.

Castles, S., 2015: International Human Mobility: Key Issues and Challenges to Social Theory. In: Castles, S., D. Ozkul & M. Arias Cubas (Hrsg.), *Social Transformation and Migration. National and Local Experiences in South Korea, Turkey, Mexico and Australia*, S. 3–14. Basingstoke, New York, NY: Palgrave Macmillan.

Castles, S. & N. Van Hear, 2011: Root Causes. In: Betts, A. (Hrsg.), *Global Migration Governance*, S. 287–306. New York: Oxford University Press.

Conway, D., 2014: Neoliberalism: Globalization's Neoconversative Enforcer of Austerity. In: Desai, V. & R. B. Potter (Hrsg.), *The Companion to Development Studies*, S. 106–111. Abington: Routledge, 3. Aufl.

De Jong, G. F. & J. T. Fawcett, 1981: Motivation for Migration: An Assessment and a Value- Expectancy Research Model. In: Jong, G. F. De & R. W. Gardner (Hrsg.), *Migration Decision Making: Multidisciplinary Approaches to Microlevel Studies in Developed and Developing Countries*, S. 13–58. New York, NY: Pergamon Press.

Delgado Wise, R., H. Márquez Covarrubias & R. Puentes, 2013: Reframing the Debate on Migration, Development and Human Rights. *Population, Space and Place* 19(4):430–443.

Eagly, A. H. & S. Chaiken, 1993: *The Psychology of Attitudes*. Forth Worth: Harcourt Brace Jovanovich College Publishers.

Esser, H., 1999: *Situationslogik und Handeln. Soziologie: spezielle Grundlagen*: Band 1. Frankfurt a. M.: Campus-Verlag.

Faist, T., 1997: The Crucial Meso-Level. In: Hammar, T., G. Brochmann, K. Tamas & T. Faist (Hrsg.), *International Migration, Immobility and Development: Multidisciplinary Perspectives*, S. 187–217. Oxford: Berg.

Faist, T., 2000: *The Volume and Dynamics of International Migration and Transnational Social Spaces*. Oxford: Clarendon Press.

Faist, T., 2018: The Moral Polity of Forced Migration. *Ethnic and Racial Studies* 41(3):412–423.

Faist, T., M. Aksakal & K. Schmidt, 2018: Migration and Social Transformation. In: Vihalemm, P., A. Masso & S. Opermann (Hrsg.), *The Routledge International Handbook of European Social Transformations*, S. 283–297. Oxon and New York: Routledge.

Faist, T., T. Gehring & S. Schulz, 2019: Mobilität statt Exodus: Migration und Flucht in und aus Afrika. Working Paper 165/2019, COMCAD – Centre on Migration, Citizenship and Development, Bielefeld. https://www.unibielefeld.de/soz/ab6/ag_faist/downloads/WP_165.pdf (letzter Aufruf: 02.03.2020).

Fawcett, J. T., 1985: Migration Psychology: New Behavioral Models. *Population and Environment* 8(1–2):5–14.

Fröbel, V., J. J. Heinrichs & O. Kreye, 1980: *The New International Division of Labour. Structural Unemployment in Industrialised Countries and Industrialisation in Developing Countries*. Cambridge: Cambridge University Press.

Gardner, K., 2008: Keeping Connected: Security, Place, and Social Capital in a „Londoni" Village in Sylhe. *Journal of Royal Anthropology Institute* 14:477–495.

Hammar, T., G. Brochmann, K. Tamas & T. Faist (Hrsg.), 1997: *International Migration, Immobility and Development: Multidisciplinary Perspectives*. Oxford: Berg.

Harris, J. R. & M. P. Todaro, 1970: Migration, Unemployment and Development: A Two-Sector Analysis. *American Economic Review* 60(1):126–142.

Harvey, D., 2007: Neoliberalism as Creative Destruction. *The Annals of the American Academy of Political and Social Science* 610:21–44.

Heinemann, E., 2014: Rural Poverty. In: Desai, V. & R. B. Potter (Hrsg.), *The Companion to Development Studies*, S. 225–229. Abington: Routledge.

Kalter, F., 1997: *Wohnortwechsel in Deutschland. Ein Beitrag zur Migrationstheorie und zur empirischen Anwendung von Rational-Choice-Modellen*. Wiesbaden: VS Verlag für Sozialwissenschaften.

Kandel, W. & D. S. Massey, 2002: The Culture of Mexican Migration: A Theoretical and Empirical Analysis. *Social Forces* 80(3):981–1004.

Kay, C., 2018: Contemporary Dynamics of Agrarian Change. In: Veltmeyer, H. & P. Bowles (Hrsg.), *The Essential Guide to Critical Development Studies*, S. 291–300. Oxon and New York, NY: Routledge.

King, R., 2012: Theories and Typologies of Migration: An Overview and a Primer. Working Paper, Universität Malmö, Malmö. https://www.mah.se/upload/Forskningscentrum/MIM/WB/WB%203.12.pdf (letzter Aufruf: 14.05.2020).

King, R. & R. Skeldon, 2010: „Mind the Gap!" Integrating Approaches to Internal and International Migration. *Journal of Ethnic and Migration Studies* 36(10):1619–1646.

Kritz, M., L. L. Lim & H. Zlotnik (Hrsg.), 1992: *International Migration Systems: A Global Approach*. Oxford: Clarendon Press.

Lee, E. S., 1972: Eine Theorie der Wanderung. In: Széll, G. (Hrsg.), *Regionale Mobilität*, S. 115–129. München: Nymphenburger Verlag.

Mackie, G., 1995: Frustration and Preference Change in International Migration. *European Journal of Sociology* 36(2):185–208.

Manning, P. & T. Trimmer, 2013: *Migration in World History*. New York, NY: Routledge.

Marx, K. & F. Engels, [1867] 2013: *Das Kapital*: Band 1. Berlin: Dietz Verlag, 24. Aufl.

Massey, D. S., 1990: Social Structure, Household Strategies, and the Cumulative Causation of Migration. *Population Index* 56:3–26.

Massey, D. S., J. Arango, G. Hugo, A. Kouaouci, A. Pellegrino & J. E. Taylor, 1998: *Worlds in Motion. Understanding International Migration at the End of the Millennium*. Oxford: Clarendon Press.

McMichael, P. & M. Schneider, 2011: Food Security Politics and the Millennium Development Goals. *Third World Quarterly* 32(1):119–139.

Mondain, N. & A. Diagne, 2013: Discerning the Reality of „Those Left Behind" in Contemporary Migration Processes in Sub-Saharan Africa: Some Theoretical Reflections in the Light of Data From Senegal. *Journal of Intercultural Studies* 34(5):503–516.

Münz, R. & R. Ulrich, 2012: Demografischer Übergang – Theorie und Praxis. Hrsg. v. Berlin-Institut für Bevölkerung und Entwicklung. https://www.berlin-institut.org/fileadmin/user_upload/handbuch_texte/pdf_Muenz_Ulrich_Demografischer_uebergang_2013.pdf (letzter Aufruf: 14.02.2020).

Oltmer, J., 2016: *Globale Migration. Geschichte und Gegenwart*. München: Verlag C. H. Beck.

Osterhammel, J., 2014: *The Transformation of the World. A Global History of the Nineteenth Century*. Princeton, NJ: Princeton University Press.

Polanyi, K., [1944] 1973: *The Great Transformation: Politische und ökonomische Ursprünge von Gesellschaften und Wirtschaftssystemen*. Berlin: Suhrkamp.

Portes, A., 1978: Migration and Underdevelopment. *Politics & Society* 8(1):1–48.

Portes, A. & J. Walton, 1981: *Labor, Class, and the International System*. New York, NY: Academic Press.

Rostow, W. W., 1959: The Stages of Economic Growth. *The Economic History Review* 12(1):1–16.

Runciman, W., 1966: *Relative Deprivation and Social Justice: A Study of Attitudes to Social Inequality in Twentieth-Century England*. Berkeley, CA: University of California Press.

Sassen, S., 1988: *The Mobility of Labor and Capital: A Study in International Investment and Labor Flow*. Cambridge, New York, NY: Cambridge University Press.

Sassen, S., 2005: The Global City: Introducing a Concept. https://www.researchgate.net/publication/268411689_The_Global_City_Introducing_a_Concept (letzter Aufruf: 12.02.2020).

Sassen, S., 2016: A Massive Loss of Habitat. *Sociology of Development* 2(2):204–233.

Scheibelhofer, E., 2018: Shifting Migration Aspirations in Second Modernity. *Journal of Ethnic and Migration Studies* 44(6):999–1014.

Schrader, H., 2010: Entwicklungssoziologie. In: Kneer, G. & M. Schroer (Hrsg.), *Handbuch Spezielle Soziologien*, S. 105–121. Wiesbaden: VS Verlag für Sozialwissenschaften.

Schützeichel, R., 2004: *Soziologische Kommunikationstheorien*. Konstanz: UTB.

Sen, A. K., 1999: *Development as Freedom*. Oxford: Oxford University Press.

Sienkiewicz, J. J., I. Tucci, K. Barglowski & T. Faist, 2017: Contrast Groups Based on Spatial Mobility and Social Position for Use in the Qualitative Sample: Technical Report of the

„Transnational Mobility and Social Positions in the European Union" (TransMob) Project. Working Paper 152/2017, COMCAD – Centre on Migration, Citizenship and Development, Bielefeld. https://www.unibielefeld.de/soz/ab6/ag_faist/downloads/WP_152.pdf (letzter Aufruf: 14.12.2020).

Simmel, G., [1908] 1992: *Soziologie. Untersuchungen über die Formen der Vergesellschaftung.* Frankfurt a. M.: Suhrkamp.

Sjaastad, L., 1962: The Costs and Returns of Human Migration. *Journal of Political Economy* 70(1):80–93.

Stark, O., 1990: A Relative Deprivation Approach to Performance Incentives in Career Games and Other Contests. *Kyklos* 43(2):211–227.

Stark, O. & Y. Q. Wang, 2000: A Theory of Migration as a Response to Relative Deprivation. *German Economic Review* 1(2):131–143.

Stouffer, S. A., E. A. Suchman, L. C. DeVinney, S. A. Star & R. M. Williams Jr., 1949: *The American Soldier: Adjustment During Army Life.* Princeton, NJ: Princeton University Press.

de Tocqueville, A., 1835: *De la démocratie en Amérique.* Paris: Librairie de Charles Gosselin.

UNDP (United Nation Development Programme), 2020: About Human Development. http://hdr.undp.org/en/humandev (letzter Aufruf: 14.02.2020).

Van Hear, N., O. Bakewell & K. Long, 2018: Push-pull Plus: Reconsidering the Drivers of Migration. *Journal of Ethnic and Migration Studies* 44(6):927–944.

Wallerstein, I., 1974: *The Modern World System. Capitalist Agriculture and the Origins of the European World-Economy in the Sixteenth Century.* New York, NY: Academic Press.

Weber, M., [1892] 2014: *Die Verhältnisse der Landarbeiter im ostelbischen Deutschland.* Leipzig: Duncker & Humblot.

Weber, M., [1922] 1980: *Wirtschaft und Gesellschaft. Grundrisse der verstehenden Soziologie.* Tübingen: Mohr, 5. Aufl.

White, P. E. & R. I. Woods, 1980: The Foundations of Migration Study. In: White, P. E. & R. I. Woods (Hrsg.), *The Geographical Impact of Migration*, S. 1–20. New York, NY: Longman.

Wolpert, J., 1965: Behavioral Aspects of the Decision to Migrate. *Papers of the Regional Science Association* 15:159–169.

Xiang, B. & J. Lindquist, 2014: Migration Infrastructure. *International Migration Review* 48(s1): 122–148.

Zelinsky, W., 1971: The Hypothesis of the Mobility Transition. *Geographical Review* 61(2):219–249.

Thomas Faist

6 Transnationale Migration als relative Immobilität in einer globalisierten Welt

Globalisierung und Nichtglobalisierung

Neben Fertilität und Sterblichkeit ist die räumliche Mobilität von Personen bekanntlich der dritte entscheidende Bestimmungsfaktor für die Bevölkerungsentwicklung. Für das Bevölkerungswachstum vieler Länder der *Organization for Economic Cooperation and Development* (OECD) in den letzten Jahrzehnten spielte sogar Zuwanderung eine Hauptrolle und nach vorliegenden Prognosen kann die rapide Alterung westlicher Industriegesellschaften durch Immigration zumindest verlangsamt und damit abgemildert werden (United Nations Secretariat 2001). Dabei wird die solchen Überlegungen zugrunde liegende transnationale Migration heutzutage von interessierten Beobachter*innen in unterschiedlicher Weise interpretiert.

Nach der einen Version, die als *Mobilitätsszenario* bezeichnet werden kann, hat transnationale Migration in den letzten Jahrzehnten kontinuierlich zugenommen und wird selbst bei abflachenden Kurven der Bevölkerungszunahme in den Entwicklungsländern für die reichen Länder ein immer größeres Kontrollproblem verursachen. Dieser Vorstellung gemäß tragen etwa gewaltige sozioökonomische Entwicklungsunterschiede zwischen reichen und armen Ländern, Kriege, ökologische Katastrophen, Umweltzerstörung, Klimawandel und vor allem auch Bürgerkriege zum wachsenden Migrationspotenzial bei (vgl. Kapitel 5). Auf den ersten Blick erscheint das Mobilitätsszenario plausibel. Die absolute Zahl transnationaler Migrant*innen war um die Jahrtausendwende im Vergleich zur Mitte der 1960er-Jahre tatsächlich beträchtlich höher (Tabelle 1.1 in Kapitel 1): Die Zahl der außerhalb ihres Herkunftslandes lebenden Personen hat sich zwischen 1960 und 2019 mehr als verdreifacht. Sie stieg von ca. 75 auf über 270 Millionen.[1] Insgesamt entspricht das Mobilitätsszenario der dominierenden Vorstellung von Glo-

---

1 Diese und alle folgenden Migrationsstatistiken beruhen auf äußerst groben Schätzungen. So erfassen manche Länder die Zahl der Ein- und Ausreisen (*flows*), andere wiederum diejenigen Immigrant*innen bzw. Ausländer*innen, die sich im Lande selbst aufhalten (*stocks*). Aber auch

Anmerkung: Im Hinblick auf die Statistiken leicht aktualisierte Version von Faist, T., 2007: Transnationale Migration als relative Immobilität in einer globalisierten Welt. Berliner Journal für Soziologie 17(3): 415–437.

https://doi.org/10.1515/9783110680638-006

balisierung, dass alle grenzübergreifende Flüsse – Kapital, Güter, Dienstleistungen und Personen – in einer ähnlichen Weise einem Wachstum unterworfen sind. Die dabei angenommene abnehmende Fähigkeit souveräner Nationalstaaten, den grenzübergreifenden Fluss bspw. von finanziellem Kapital zu kontrollieren, dient dabei auch als ein anschauliches Beispiel, das sinngemäß auf Migration übertragen wird (vgl. Castles & Miller 1993).

Eine dieser Interpretation entgegengesetzte Perspektive, der *Immobilitätsansatz*, ist weitaus vorsichtiger. Diese Sichtweise reduziert die angebliche Bedrohung durch transnationale Migration mit dem Hinweis darauf, dass gegenwärtig nur etwa 3,5 Prozent der Weltbevölkerung außerhalb der Grenzen ihres jeweiligen Herkunftslandes leben (siehe Tabelle 1.2 in Kapitel 1). Obwohl die Gesamtzahl der Migrant*innen anstieg, ist somit seit Mitte der 1960er-Jahre aufgrund des Bevölkerungswachstums der relative Anteil transnationaler Migrant*innen an der Weltbevölkerung kaum gestiegen. Und auch in vergleichender historischer Perspektive ist die heutige Ketten- und Massenmigration, die durch eine Zunahme von 2 bis 4 Millionen Migrant*innen pro Jahr charakterisiert ist, also keineswegs beispiellos hoch. So war der relative Umfang freiwilliger transnationaler Migration im Europa des 20. Jahrhunderts und zu Beginn des 21. Jahrhunderts voraussichtlich sogar geringer als im 19. Jahrhundert (vgl. Segal 1993). Insgesamt verweist der Immobilitätsansatz darauf, dass offenbar nicht alle Produktionsfaktoren im gleichen Maße Globalisierungs- bzw. Transnationalisierungsprozessen ausgesetzt sind. Aus dieser Sicht gerät die transnationale Mobilität von Personen zu einem Fall von Nichtglobalisierung. Souveräne Staaten, zumindest diejenigen des Nordens, scheinen nach wie vor in der Lage zu sein, ihre Grenzen in dieser Hinsicht wirksam zu kontrollieren (Faist & Ette 2007; vgl. Torpey 2000) – auch wenn irreguläre Übertritte durchaus ein Grenzkontrollproblem darstellen.

Das sich aus diesen beiden grundverschiedenen Interpretationen ergebende Problem führt zum *Rätsel der relativen Immobilität*. Immobilität steht deshalb im Mittelpunkt, weil nur ein kleiner Teil der potenziellen Migrant*innen tatsächlich über Grenzen hinweg migriert; also das Migrationspotenzial um ein vielfaches höher ist als die Zahl bzw. der Anteil der tatsächlichen Migrant*innen. Unter potenziellen Migrant*innen sollen hier solche verstanden werden, die Motive und

---

dabei schwankt die Bemessungsgrundlage. In Ländern wie Deutschland sind es alle diejenigen, die sich mindestens drei Monate aufhalten, also etwa auch Saisonarbeiter*innen. In anderen Staaten wiederum, wie etwa Großbritannien, werden nur diejenigen erfasst, die schon mindestens ein Jahr dort leben. Dabei werden illegale bzw. irreguläre Migrant*innen in keinem der Fälle dokumentiert. Als weitere Schwierigkeit einer realistischen Schätzung kommt hinzu, dass viele Länder, insbesondere in Afrika, gar keine Statistiken über Grenzübertritte und Immigrant*innen führen (vgl. Bilsborrow et al. 1997).

Gelegenheiten zur transnationalen Migration haben. Als relativ kann diese grenzüberschreitende Immobilität deshalb gelten, weil es erstens in bestimmten Fällen von transnationaler Süd-Nord-Migration durchaus zu Massenmigration kommt und zweitens Menschen auch innerhalb ihrer Herkunftsländer wandern, bspw. im Rahmen der Land-Stadt-Migration. So ist etwa die Mobilität innerhalb Chinas viel höher als die transnationale Migration aus China in andere Länder.

Zweifelsohne fördern nun Globalisierungsprozesse transnationale Migration. So z. B., wenn unter Globalisierung etwa die grenzübergreifende Dynamik von Informationsflüssen oder günstigen Transportmöglichkeiten verstanden wird. Die massenmediale Verbreitung von Migrationsgelegenheiten, Anwerbung durch Immigrationsländer und erschwingliche Transportkosten gehören sicherlich zu den Faktoren, die transnationale Migration begünstigen (Eurostat 1995). Globalisierung spielt auch eine Rolle, wenn bspw. die zunehmende Universalisierung von Metaprinzipien wie Menschenrechte oder Demokratie als Grundlage legitimer politischer Herrschaft betrachtet wird. Dies spiegelt sich etwa in der „dritten Welle" der Demokratisierung seit Ende der 1980er-Jahre wider (Huntington 1991).[2] In autoritären Systemen gibt es formal gesehen aufgrund von Ausreisebeschränkungen weniger Möglichkeiten zur geografischen Abwanderung als in demokratischen Systemen. Demokratische bzw. quasidemokratische Systeme hingegen errichten in der Regel zumindest keine massiven Ausreisebeschränkungen für ihre eigenen Bürger*innen. Das lässt sich nicht nur an osteuropäischen Staaten seit Ende der 1980er-Jahre durch die Aufhebung der „*closed borders*" in Europa nach dem Ende des Ost-West-Konflikts, sondern auch im Süd-Nord Kontext beobachten (Dowty 1987). Umgekehrt wirkt Globalisierung auch auf die Verregelung von Migration durch und in Immigrationsstaaten. Liberal-demokratische politische Systeme sind völkerrechtlich an internationale Regime wie die „Genfer Flüchtlingskonvention" und die humanitären Regeln des Familiennachzugs gebunden. Der Mechanismus internationaler Regime – also zwischenstaatlich verbindliche Regeln und Normen – wirkt insbesondere bei einmal in Gang gekommenen Migrationsbewegungen dahingehend, dass Immigrationsstaaten ihre völkerrechtlichen

---

2 Die erste Demokratisierungswelle begann in Amerika im frühen 19. Jahrhundert. An ihrem Ende standen rund 30 mehr oder minder entwickelte demokratische Regime. Die zweite Welle setzte mit der Demokratisierungspolitik der Alliierten nach dem Zweiten Weltkrieg in den besiegten Staaten Deutschland, Italien und Japan ein. Weitere Schubkraft erfuhr Demokratisierung durch die Dekolonialisierung der 1950er- und 1960er-Jahre. Die dritte Demokratisierungswelle kam Mitte der 1970er-Jahre. Auf ihr befanden sich viele autoritäre oder halbautoritäre Regime in Südeuropa, Lateinamerika und Ostasien. Hinzu kam Ende der 1980er- und zu Beginn der 1990er-Jahre eine vierte Welle. Sie erfasste unter anderem die mittel- und osteuropäischen Staaten, die nach dem Zerfall der östlichen Bündnisse und der UdSSR den Übergang zu demokratischen Formen der Herrschaft antraten.

Verpflichtungen im Hinblick auf Menschenrechte nicht unilateral und abrupt zu ändern vermögen (Hollifield 1992).[3]

Allerdings wirken Globalisierungsprozesse nicht gleichmäßig, weder auf transnationaler noch auf subnationaler Ebene (Held et al. 1999). So sind etwa Süd-Nord-Migrationsquoten vom subsaharischen Afrika nach Europa um einiges geringer als vom mediterranen Nordafrika nach Südeuropa (Hammar et al. 1997: 7). Eine nähere Analyse von derzeit wichtigen Emigrationsländern – wie etwa Mexiko, die Türkei oder die Philippinen – ergibt sofort, dass es in diesen Staaten auf subnationaler Ebene Regionen gibt, die bei etwa ähnlichem wirtschaftlichen Entwicklungsgrad und politischer Freiheit ganz verschiedene transnationale Migrationsquoten aufweisen (u. a. Eurostat 2000).

Dieses Kapitel zielt daher darauf ab, zu erklären, warum nur relativ wenige der potenziellen Migrant*innen tatsächlich über Grenzen hinweg wandern. Davon unberührt bleiben erst einmal Einschätzungen, die diese Wanderungsbewegungen als vernachlässigenswert gering und sogar für ökonomisch-demografische Zwecke als wünschenswert ansehen (z. B. viele der Beiträge in Bade und Münz 2002) oder als neue, Unheil stiftende Völkerwanderungen apostrophieren, die einstmals kulturell homogene Nationalgesellschaften multiethnisch fragmentieren und angesichts des vermeintlich geringen kulturellen Kapitals neuer Migrant*innen eher Probleme für Arbeitsmarkt und soziale Sicherungssysteme erwarten (Birg 2001). Die geeigneten Fragestellungen wären demnach nicht: Warum gibt es so viele transnationale Süd-Nord-Migrant*innen? Oder: Warum gibt es so wenige transnationale Migrant*innen? Die soziologisch relevanten Fragen sind hingegen: Erstens, warum gibt es so wenige Migrant*innen aus den meisten Regionen des Südens in den Norden? Und zweitens: Warum gibt es so viele Migrant*innen aus so wenigen Orten des Südens in relativ wenige im Norden? Sowohl die Mobilitäts- als auch die Immobilitätsthese transnationaler Migration – und damit auch die Globalisierungs- und die Nichtglobalisierungsthese – sind nur teilweise zutreffend und müssen durch eine differenziertere Interpretation ersetzt werden.

Die Analyse kann dabei an zwei plausiblen Vermutungen ansetzen: Erstens lohnt es sich, nicht ausschließlich makrostrukturelle Ursachen transnationaler Süd-Nord-Migration, wie bspw. sozioökonomische Ungleichgewichte zwischen Süd und Nord sowie politische Unterdrückung in den Herkunftsregionen zu untersuchen. Stattdessen gilt es auch zu fragen, welche Ressourcen aktiviert werden müssen, damit aus potenziellen Migrant*innen tatsächliche Migrant*innen wer-

---

3 Wichtige Immigrationsländer in Regionen wie dem Mittleren Osten (z. B. Saudi-Arabien und Kuwait) halten internationale Konventionen zum Schutz von Migrant*innen und deren Angehörigen in der Regel in weniger hohem Maße ein.

den. Die teilweise große Kluft zwischen potenziellen und tatsächlich Handelnden ist auch in der Forschung zu sozialen Bewegungen ein altbekanntes Problem (McPhail & Miller 1973). Dabei geht es bei transnationalen Migrant*innen nicht nur um den Transfer ökonomischen Kapitals in Form von Geld oder kulturellen Kapitals in Form von Qualifikationen wie Bildungsabschlüssen. Vielmehr spielt insbesondere auch der Transfer von sozialen und symbolischen Bindungen – also gebundene Transaktionen zwischen Personen und Kollektiven – eine große Rolle. Soziale und symbolische Bindungen sind ein typisches Beispiel für lokale, d. h. ortsgebundene Ressourcen. Diese können aber unter bestimmten Bedingungen wie Pioniermigration, Netzwerken und institutionalisierten Anwerbungen „transportiert" werden. Daher ist soziale Nähe nicht notwendigerweise an geografische Nähe gebunden (Simmel [1908] 1992: Teil IX). Zweitens ist genau aus diesem Grunde transnationale Migration vom Austausch von Gütern, Kapital und Dienstleistungen zu unterscheiden. Grenzübergreifende räumliche Mobilität geht mit lebensweltlichen Bindungen von Mobilen und Sesshaften einher. Transnationale Mobilität beruht neben Globalisierung im Sinne einer Zunahme der absoluten Zahl transnationaler Migrant*innen und der Universalisierung von Abwanderungs- und teilweise auch Zuwanderungsmöglichkeiten vor allem auch auf der Transnationalisierung primär lokaler Bindungen, Ressourcen und Deutungen. Da es sich hierbei vorwiegend um Bindungen nicht-staatlicher Akteur*innen handelt, ließe sich am ehesten von regional begrenzten Transnationalisierungen sprechen.[4] Transnationalisierung impliziert im Falle transnationaler Migration dabei keineswegs notwendigerweise auch die generelle zunehmende Öffnung staatlicher Grenzen für die Wanderung von Personen.

Zunächst wird das Rätsel relativer Immobilität geklärt, also der Frage nachgegangen, warum es so viele und so wenige Migrant*innen gleichzeitig gibt. Dann wird in einem zweiten Schritt gefragt, wie die Perspektiven von Globalisierung und Nichtglobalisierung bzw. des Mobilitäts- und Immobilitätsszenarios durch eine adäquatere Betrachtungsweise ergänzt werden können.

Das Rätsel der relativen Immobilität

Es gibt fünf Hauptursachen für den hohen Grad von Immobilität im Bereich transnationaler Süd-Nord-Migration, die zur Beantwortung der Frage, warum es so wenige Migrant*innen aus den meisten Regionen des Südens in den Norden gibt,

---

4 Der Begriff „international" bezieht sich auf die Beziehungen zwischen Staaten, der Begriff „transnational" auf grenzübergreifende Beziehungen, in denen hauptsächlich auch nicht staatliche Akteur*innen beteiligt sind.

beitragen. Dabei wird unter Migration im Folgenden sowohl Arbeitsmigration als auch Fluchtmigration, also relativ freiwillige Wanderung mit hohen Freiheitsgraden und erzwungene Abwanderung verstanden. Leider übernimmt die sozialwissenschaftliche Analyse in der Regel unhinterfragt die verwaltungsmäßige und juristische Differenzierung von Arbeitsmigrant*innen und Asylbewerber*innen, ohne die fundamentalen Gemeinsamkeiten zu berücksichtigen. Eine sinnvollere Unterscheidung für die Analyse von Ursachen und Dynamik transnationaler Migration verläuft entlang der Freiheitsgrade potenzieller Migrant*innen, etwa solchen mit hohen Graden an Entscheidungsfreiheit, worunter auch Flüchtlinge fallen können, die antizipierend wandern (Kunz 1973) und solche mit geringen Wahlmöglichkeiten, die durch physische oder strukturelle Gewalt signifikant eingeschränkt sind (vgl. Kapitel 3 und 4).

Alternativen zu transnationaler Süd-Nord-Migration: Binnenmigration und Süd-Süd-Migration

Binnenmigration innerhalb der Entwicklungsländer ist in vielen Fällen eine praktikable Alternative. Aber auch wenn Binnenmigration eine Alternative zu transnationaler Arbeitsmigration und Flüchtlingsbewegungen darstellt, so ist sie häufig als Stufenmigration der erste Schritt in Richtung grenzüberschreitender Wanderung, allerdings nicht unbedingt in die Industrieländer (OECD 2000). Denn es gibt in beträchtlichem Umfang Migration (*flows*) zwischen verschiedenen Staaten des Südens: Mehr als die Hälfte aller transnationalen Migrant*innen aus dem Süden wanderte Ende der 1980er-Jahre und in den 1990er-Jahren von einem Entwicklungsland in ein anderes und nicht in die entwickelten Industrieländer. Süd-Süd-Migrationsströme sind dem Anteil nach also bedeutsamer als Süd-Nord-Migrationsbewegungen (Tabellen 1.1 und 1.2 in Kapitel 1). Bezogen auf Flüchtlinge sind es gar weltweit geschätzte 80–90 Prozent, die in ihren Herkunftsländern als „*displaced persons*" bleiben oder in andere Entwicklungsländer wandern.

Ein ähnliches Bild ergibt sich, wenn der Anteil der Migrant*innen (*stocks*) an der Weltbevölkerung betrachtet wird. Die Mehrzahl der transnationalen Migrant*innen konzentriert sich auf die Entwicklungsländer (Tabelle 1.1 in Kapitel 1). Und zu Anfang des 21. Jahrhunderts lebten über die Hälfte der Flüchtlinge auf der Welt im Mittleren Osten und Südasien. Dabei machten zwei Gruppen, Palästinenser und Afghanen, allein 40 Prozent des weltweiten Flüchtlingsanteils aus.

Verelendung

Das Ausmaß absoluter Deprivation durch materielle Armut beschränkt in einschneidender Weise den Grad jeweiliger Wahlfreiheit potenzieller Migrant*innen.

Ende der 1990er-Jahre lebte ca. ein Fünftel der Weltbevölkerung in absoluter Armut (UNDP 2003). Dies bedeutet, dass es vielen Menschen in bestimmten Regionen des Südens schlicht an Ressourcen, nicht nur für geplanten politischen Widerspruch (*voice*), sondern auch für geografische Abwanderung im Inland oder gar über die Staatsgrenzen hinaus (*exit*), mangelt (vgl. Hirschman 1970 zur Begrifflichkeit). Sie verharren in einem Zustand der Resignation inmitten einer feindseligen Umgebung. So fehlen bspw. den meisten Menschen im Afrika südlich der Sahara die grundlegenden Mittel, um vom Süden bis in die OECD-Welt zu wandern. In Fällen solch starker struktureller Beschränkungen können die betroffenen Personen strenggenommen nicht einmal mehr als potenzielle Migrant*innen betrachtet werden. Es ist hier nicht überraschend, dass für einen beträchtlichen Anteil vertriebener und verfolgter Personen nur kurzfristige Flucht in ein Nachbarland möglich ist. Die Opfer der Bürgerkriege in Ruanda und Burundi der 1990er-Jahre oder neuerdings in der Region Darfur im Sudan können hier als anschauliche Beispiele dienen.

Lokale Ressourcen: Kulturelles, soziales und symbolisches Kapital
Viele Ressourcen potenzieller Migrant*innen sind an bestimmte Orte (*place*) bzw. Regionen gebunden. Zu solchen Ressourcen zählen ökonomisches Kapital wie Geld und Grundbesitz, kulturelles Kapital wie schulische Zeugnisse und berufliche Qualifikationen und nicht zuletzt soziales Kapital wie Ressourcen in familiären und weiteren Gruppenbindungen. Ein bestimmter Anteil der Ressourcen und Fähigkeiten von Personen und Kollektiven sind insofern *ortspezifisch*, weil sie allein in einer bestimmten abgegrenzten Region oder Land in vollem Maß genutzt und nicht ohne Weiteres zu Aufenthaltsorten ins Ausland transferiert werden können. Dies verweist auf die grundsätzlichen faktischen Probleme der grenzüberschreitenden Transferierbarkeit erworbener Fähigkeiten und akkumulierter Ressourcen. Beim Transfer von kulturellem Kapital ist etwa zu beobachten: Auch wenn globale Arbeitsmärkte für bestimmte hochqualifizierte Berufsgruppen existieren, so etwa für Manager*innen, Expert*innen der Informationstechnologie, Wissenschaftler*innen und so genannte „professionals" im weiteren Sinne, gibt es gleichwohl länderspezifische staatliche oder berufsständische Zulassungsverfahren und damit entscheidende Hürden für die vollständige Anerkennung im Ausland erworbener Qualifikationen (Kuptsch & Fong 2005).

Als eine Alternative zu Migration können potenzielle Migrant*innen durch ortspezifische Vorteile (sogenannte *insider advantages*) die Früchte relativer Sesshaftigkeit ernten. Sprachkenntnisse sind ein wichtiges Beispiel für kulturelles Kapital, die einen Vorteil für die Kenner der ortsüblichen Verhältnisse darstellen. Sprache ist ein unerlässliches Mittel zur Kommunikation, mittels derer wiederum diverse Ressourcen zu erwerben sind. Die Wanderung in ein anderes Land dagegen verursacht zumeist die Kosten des Erwerbs einer neuen Sprache. Solange ein*e Immigrant*in die Sprache des Immigrationslandes nicht wenigstens zu einem gewissen Grad beherrscht bzw. bereit ist, diese relativ schnell zu erlernen, existieren schwerwiegende Hürden im Zugang zu erstrebenswerten Arbeitsplätzen, zu beruflicher Selbstständigkeit und zu adäquaten Wohnungen.

Um über das von der Ökonomie auf Humankapital (bzw. kulturelles Kapital) angewandte Prinzip der *„insider advantages"* hinauszugelangen, ist ein Blick auf die Merkmale von sozialem und kulturellem Kapital in sozialen und symbolischen Bindungen notwendig. Ein umfassender Kapitalansatz erlaubt es, nicht nur zwischen starken und schwachen Bindungen zwischen Personen zu unterscheiden, sondern auch systematisch die in den sozialen und symbolischen Bindungen zwischen Personen vorhandenen Ressourcen zu thematisieren. Dabei hilft eine erweiterte *Netzwerkmethodologie* weiter. Netzwerkansätze sind Methoden, die Handeln primär aus der strukturellen Position von Akteur*innen bestimmen (White et al. 1976). Der Schwerpunkt liegt dabei auf der Syntax sozialer und symbolischer Bindungen. Theoretische Aussagen über das Verhältnis der Akteur*innen geraten allenfalls implizit in diese Methodologie hinein (Granovetter 1979: 501). Bildlich gesprochen lässt sich der Netzwerkansatz erweitern, indem die Grammatik sozialer und symbolischer Bindungen über die Syntax hinaus durch eine Semantik ergänzt wird. Dies kann durch den Kapitalansatz erfolgen, der die in Netzwerktransaktionen vorfindbaren Ressourcen wie Reziprozität als Tausch, Reziprozität als soziale Norm und Solidarität als Grundformen thematisiert (Faist 2000b: Kapitel 1).

Die unterschiedlichen Formen sozialen und kulturellen Kapitals sind in sozialen und symbolischen Bindungen eingebettet. Soziale Bindungen stellen eine kontinuierliche Serie interpersonaler Transaktionen dar, denen die Beteiligten gemeinsame Interessen, Verpflichtungen, Erwartungen und Normen zuschreiben. Symbolische Bindungen sind im Unterschied dazu kontinuierliche Transaktionen, die direkt oder indirekt stattfinden können und an welche die Beteiligten gemeinsame Bedeutungszuschreibungen, Erinnerungen und Zukunftserwartungen knüpfen. Symbolische Bindungen können über unmittelbare Beziehungen zwischen Personen hinausgehen, indem sie sich allgemeiner an Mitglieder desselben Glaubens, derselben Sprache, Ethnizität oder gar Nationalität richten.

Soziales Kapital bezeichnet die in sozialen Bindungen inhärenten Ressourcen, die es Personen erlauben, in Netzwerken, Gruppen und Organisationen miteinander zu kooperieren. Soziales Kapital stellt eine Reihe von Mechanismen dar, die zu einer Stärkung oder, im Falle seiner Abwesenheit, zur Schwächung von Kooperation führen (Putnam 1993: Kapitel 6).

Die folgenden Formen sozialen Kapitals, die als Mechanismen der Vernetzung wirken, können unterschieden werden. Einmal handelt es sich bei *Reziprozität* um ein Merkmal des sozialen Tausches: Hier geht es um gegenseitige Verpflichtungen und Erwartungen der Akteur*innen, die mit bestimmten sozialen Bindungen assoziiert werden und die auf einem in der Vergangenheit geleisteten Austausch oder entsprechenden Dienstleistungen basieren (Coleman 1990: 306–309). Solche Verpflichtungen und Erwartungen können Ergebnis zweckrationaler Handlungen sein, wie dies bspw. in der Anwendung des *„tit-for-tat"*-Prinzips („Wie du mir, so ich dir") zum Ausdruck kommt. Zum anderen kann Reziprozität als soziale Norm gefasst werden: Wenn die eine Partei etwas von der anderen erhält, erfordert dies einen Ausgleich (Gouldner 1960: 160). Dieser kann mit zeitlicher Verzögerung geschehen und unter Gleichen bzw. Ungleichen vollzogen werden.

Symbolisches Kapital bezeichnet im Unterschied zu sozialem Kapital die in symbolischen Bindungen vorfindbaren und darüber mobilisierbaren Ressourcen. Es bindet durch kollektive Gefühle der Zugehörigkeit Personen an Netzwerke, Gemeinschaften und Organisationen. Bei symbolischem Kapital handelt es sich um gemeinsame Deutungsmuster, die als Ressourcen wie *Solidarität* in symbolischen Bindungen zum Tragen kommen, z. B. Wir-Gefühle in einer Verwandtschaftsgruppe (in Anlehnung an Max Webers Charakterisierung ethnischer Gruppen, Weber [1924] 1980: 536 f.). Darunter fallen Ideen, Anschauungen, Wertungen und Symbole, die einen gemeinsamen Referenzrahmen oder gar Lebenskontext für eine Gruppe bilden. Ein wichtiges Element ist ein geteilter Code oder eine gemeinsame Sprache. In ihrer idealtypischen Form können Deutungsmuster in kulturellen Gemeinschaften wie Familien, ethnische Gruppen, religiöse Gemeinden und Nationen gefunden werden. Beziehen sich die Deutungsmuster auf hochkomplexe Aggregate wie Heimat oder Nation, dann handelt es sich um „kollektive Repräsentationen" (Durkheim 1965: 471). Deutungsmuster und spezielle Ausprägungen wie kollektive Repräsentationen ermöglichen Empathie und bilden damit die Grundlage für Solidarität mit anderen in einer Gruppe, die ähnliche Positionen oder Standpunkte einnehmen wie man selbst (Portes 1995: 15) oder mit denen man sich über symbolische Bindungen verknüpft fühlt. Solidarität bezieht sich auf expressive Formen symbolischer Transaktionen. Transaktionen, die auf den Mechanismen von Reziprozität und Solidarität beruhen, können allerdings erwünschte und unerwünschte Folgen haben. Sie vermögen nicht nur Kooperation zu erhöhen, sondern auch die individuelle Freiheit von Personen auf unterschiedliche Weise einzuschränken. Kurz, sie fungieren teilweise als *negatives Kapital*: Die Norm der Reziprozität kann zu erzwungener Migration oder Immobilität führen.

Soziales und symbolisches Kapital sind immer gleichzeitig individuelle und kollektive Ressourcen. Sie ermöglichen es zum einen Personen, ihre Interessen in Netzwerken und Kollektiven zu verfolgen (vgl. Bourdieu 1983) und zum anderen Kollektiven, Personen in eine Gruppe zu integrieren und ihrer Kontrolle zu unterwerfen. Soziales, symbolisches und teilweise kulturelles Kapital und vor allem die Mechanismen Reziprozität und Solidarität sind in Bezug auf Mobilität ambivalente Ressourcen. Es sind lokal gebundene Ressourcen, deren Wert auf bestimmte soziale Räume wie Gemeinden und Regionen beschränkt und nicht einfach über Staatsgrenzen hinweg transferierbar ist. Potenzielle Migrant*innen stehen angesichts der *Transferierbarkeit* dieser Ressourcen vor zwei Problemen: der Aufrechterhaltung von Bindungen im Emigrationskontext und den Adaptations- bzw. Integrationskosten im Immigrationsland. Erstens erhöht die Pflege von sozialen und symbolischen Bindungen die anfallenden Transaktionskosten, also diejenigen Kontrollkosten, die für die Einhaltung von Abmachungen aufgewendet werden müssen (Williamson 1981). Räumliche Distanz erhöht die jeweiligen Transaktionskosten, weil etwa arbeitsteilige Abmachungen wie Rücküberweisungen der Migrant*innen vs. Haushalts- und Familienarbeit der Zurückgebliebenen schwer einzufordern und zu überwachen sind. Ein Beispiel anhand der geschlechtlichen Arbeitsteilung aus den Philippinen mag diese Schwierigkeit verdeutlichen (Hugo 1981): Es ist nicht von vornherein ausgemacht, dass bei transnationaler Migration der Mütter als Krankenschwestern oder zur Arbeit in Haushalten der Golfstaaten sich neben den Großmüttern auch die zurückgebliebenen Väter entscheidend um die Kindererziehung bemühen. Falls aber die Kindererziehung bei temporärer geografischer Abwesenheit der Mütter nicht geregelt ist, kann es keine reziproke Arbeitsteilung zwischen der Wanderarbeit der Mütter einerseits und der Familienarbeit der Väter und der Großeltern andererseits geben. Dazu bedarf es entweder Rollen- bzw. Verhaltensänderungen zwischen den Geschlechtern und/oder eines weitläufigen familiären Unterstützungssystems.[5] Zweitens sehen sich transnationale Migrant*innen häufig hohen Eingliederungskosten im Ausland gegenüber – bspw. dem Erlernen einer neuen Sprache, dem Aufbau neuer sozialer Beziehungen und gemeinschaftlicher Bindungen. Diese Integrationskosten können insbesondere für Pioniermigrant*innen mit geringen formalen Bildungsabschlüssen extrem hoch sein. Falls nicht schon Angehörige dieser Gruppen im Immigrationsland leben, die mit Hilfe einer vertrauten Sprache, Selbsthilfegruppen, kulturellen Angeboten und vor allem auch Kontakten in Arbeits- und Wohnungsmärkten

---

5 Dabei ist die Einsicht zu beachten, dass unter dem Begriff Familie in verschiedenen Regionen der Welt unterschiedliche soziale Formationen verstanden werden – von Abstammungsgemeinschaften bis hin zu „fiktiven" Verwandtschaftsbeziehungen (Kibria 1993).

einen gleitenden Übergang erlauben, erscheinen die Hürden für Neuankömmlinge oft unüberwindbar.

Je öfter nun ein*e potenzielle*r Migrant*in entschieden hat, nicht zu migrieren, desto höher ist die Wahrscheinlichkeit, dass er oder sie immobil bleibt. Dieses auf Immobilität angewandte Prinzip der kumulativen Kausalität hilft, Verbindungen zwischen systemspezifischen Beobachtungen zu schaffen. In der Terminologie der Kybernetik würde dabei von positiven Rückkoppelungssystemen gesprochen werden (Mayurama 1963: 175). Kumulativ ist die Kausalität insofern, als auf jeder Stufe der vorhandene dominante Effekt noch verstärkt wird, entweder in Richtung auf Immobilität oder in die gegenläufige Richtung auf Mobilität. Bei Immobilität kann bspw. in vielen Entwicklungsländern ein hoher Anteil potenzieller Migrant*innen, angesichts verbreiteter Landknappheit, beobachtet werden. Dabei ist auffällig, dass in manchen der betroffenen Regionen landwirtschaftliche oder Handwerks-Kooperativen (Kyle 2000) entstehen und sich durchsetzen. Diese treiben bspw. die Vermarktung von Produkten voran und fördern durch soziale und wirtschaftliche Erwartungssicherheit vor Ort, also *in situ* Adaptation. Solche Kooperativen fördern Immobilität, die wiederum Initiativen zur Stärkung vorhandener oder der Gründung neuer kollektiver Zusammenschlüsse führt. Obwohl diese Form ökonomischer Organisation kurzfristige räumliche Mobilität wie etwa Geschäftsreisen fördern kann, sinkt – *ceteris paribus* – tendenziell der Anteil der Personen, die transnationale Migration als Strategie für sozioökonomische Mobilität nutzen.[6]

---

6 Aus dieser Interpretation kann jedoch nicht voreilig geschlossen werden, dass ökonomische Entwicklung *per se* die Migrationsquoten senken würde. Vielmehr verweist das vorliegende Beispiel auf ein Wachstum an Erwartungssicherheit, das auch mit wirtschaftlicher Entwicklung einhergeht. Schon die Klassiker der sozialrelationalen Migrationsforschung wiesen darauf hin, dass Mechanismen wie Kooperativen und Genossenschaftskassen Immobilität fördern (Thomas & Znaniecki 1927, Band 4: 178–304). Von diesem Argument zu unterscheiden sind einfältige Vorschläge, die in Politiken wie dem sog. *root causes approach* zum Ausdruck gebracht werden. Demzufolge soll wirtschaftliche Entwicklung vor Ort in Emigrationsregionen dafür sorgen, dass der Migrationsdruck auf die OECD-Länder abnimmt (vgl. Appleyard 1992). Der tatsächliche Zusammenhang zwischen ökonomischer Entwicklung ist jedoch weitaus problematischer und kann in stilisierter Weise kurz und bündig in der sog. umgekehrten U-Kurve gefasst werden (Faini & Venturini 1994): Es besteht eine in Glockenform darstellbare Korrelation zwischen der Migrationsquote einerseits und dem wirtschaftlichen Entwicklungsgrad, gemessen am Bruttosozialprodukt (BSP) pro Kopf, andererseits. Bei geringem und bei sehr hohem BSP pro Kopf ist die Migrationswahrscheinlichkeit sehr gering, bei mittlerem BSP pro Kopf relativ hoch. Im Jahre 2000 lag diese Zahl bei etwa US $ 4.000 bis 5.000 und traf somit am ehesten für Staaten wie die Türkei, Marokko, Mexiko und die Philippinen zu.

Kurzfristige Zeit-Raum Strategien: Saisonale Migration

Gerade die lokale Gebundenheit von sozialem und symbolischem Kapital führt dazu, dass relativ kurzfristige Zeit-Raum-Strategien von Personen verwendet werden, die ansonsten relativ sesshaft sind (Hägerstrand 1975). Diese Personen transferieren bspw. ihr kulturelles Kapital wie Bildungszertifikate ins Ausland, während das jeweilige soziale und symbolische Kapital überwiegend im Herkunftsland verbleibt. Über Jahrhunderte hinweg haben transnationale Migrant*innen als saisonale Landarbeiter*innen, Haushaltshilfen und Bauarbeiter*innen gearbeitet und wirken neuerdings vermehrt auch als Ärzt*innen, Krankenpfleger*innen, Wissenschaftler*innen, Computerspezialist*innen und Wirtschaftsmanager*innen. Viele weitere Berufe eignen sich für eine befristete Tätigkeit im Ausland. Heutzutage arbeiten mehr Personen auf Basis befristeter Visa und Arbeitserlaubnisse außerhalb ihres Herkunftslandes, als es dauerhafte Immigrant*innen gibt. Als Beispiel mögen auch viele Angestellte multinationaler Unternehmen dienen (Findlay 2003). Dies wäre vielleicht ein Merkmal, das sich in der Tat mit dem Begriff eines neuen Schubes an Globalisierung im Sinne der Transnationalisierung des Produktionsfaktors Arbeit seit den 1970er-Jahren assoziieren ließe. Andererseits ist zu beachten, dass die europäischen und asiatischen Arbeitsmärkte im 19. Jahrhundert wahrscheinlich in noch größerem Maße durch temporäre Migration gekennzeichnet waren, als dies heute der Fall ist (Strikewerda 1997). Dies hängt damit zusammen, dass die souveränen Nationalstaaten als Immigrationsstaaten ihre Anstrengungen hinsichtlich externer Kontrollen wie Pässe und Visa und interner Kontrollen wie Arbeitserlaubnisse in den letzten 100 Jahren erheblich verstärkt haben. Dazu trug auch die Entwicklung ausgeprägter Wohlfahrtsstaaten in der heutigen OECD-Welt bei, die den Schutz von einheimischen Arbeitskräften impliziert (so genanntes „Inländerprimat"). Insgesamt könnte gerade das Beispiel der kurzfristigen Zeit-Raum-Strategien von Personen zur Vermutung Anlass geben, dass es sich bei dem relativen Anstieg, im Vergleich zu den 1950er- und 1960er-Jahren des 20. Jahrhunderts, vor allem um einen neuen Schub an regionaler Globalisierung und nicht um ein neuartiges Phänomen handelt.

Alternativen zu Abwanderung: Loyalität und Widerspruch

In der Vergangenheit wurde Immobilität als eine traditionelle Verhaltensweise gedeutet, so etwa in den modernisierungstheoretischen Schriften über den Mittleren Osten (u. a. Lerner 1958). Immobilität kann allerdings in einer angemesseneren Weise interpretiert werden – und zwar als Folge von Loyalität, also als eine den sozialen und symbolischen Bindungen inhärente Ressource. Loyalitäten von potenziellen Migrant*innen zu bestimmten Kollektiven von Familien bis hin zu

Nationen begünstigen bei Leistungsabfall Immobilität, wie z. B. in wirtschaftlichen oder politischen Krisen. Loyalität wirkt also tendenziell Abwanderung (*exit*) entgegen. Um die jeweiligen Lebenschancen zu verbessern, gibt es aus der Perspektive der potenziellen Migrant*innen bei ausgeprägter Loyalität zum politischen System Alternativen zur geografischen Abwanderung, wie bspw. politischer Widerspruch (*voice*). Widerspruch dient als politische Meinungsäußerung und politische Beteiligung im jeweiligen Herkunftsstaat. Hier wird ein enger Zusammenhang von Bevölkerung und Volk deutlich: Die Loyalität der Bürger*innen entscheidet zentral über die Zusammensetzung der Bevölkerung und Bevölkerungsbewegungen eines souveränen Staates. Dabei wäre folgender Zusammenhang zu vermuten: Je höher die Loyalität der Mitglieder eines Volkes gegenüber dem politischen Regime und je stärker möglicherweise die Legitimität der Regierung, desto geringer – *ceteris paribus* – die Wahrscheinlichkeit von Abwanderung aufgrund von Unzufriedenheit bei politisch verursachtem Leistungsabfall. Umgekehrt sind die hohen, in der Regel unfreiwilligen Abwanderungsquoten bei Bürgerkriegen ein manifestes Beispiel für den Fall, dass Migrant*innen in der Wahl der Optionen gerade nicht frei sind, d. h. ihre Entscheidungen nur geringe Freiheitsgrade aufweisen.

Genau genommen sind allerdings selbst bei transnationaler Migration Widerspruch (*voice*) und Abwanderung (*exit*) keine sich wechselseitig ausschließenden Optionen, sondern können und werden während transnationaler Migrationsprozesse sukzessive genutzt. Häufig geht politischer Widerspruch territorialer Abwanderung voraus, ergänzt sie oder folgt dieser. Als ein extremes Beispiel für die letzte Variante mögen hier palästinensische Kämpfer*innen gelten – die „*refugee warriors*" –, die gewaltsam für die politische Unabhängigkeit einer „Nation ohne Staat" eintreten (Zolberg et al. 1989).

Die fünf genannten Gründe für Nichtmigration stellen aber nur die eine Seite des Rätsels der relativen Immobilität dar. Unter günstigen Rahmenbedingungen können auch Kettenwanderungen aus ganz bestimmten Regionen des Südens in den Norden entstehen. Hier lautet also die Frage: Warum gibt es so viele transnationale Migrant*innen aus so wenigen Regionen des Südens in ausgewählte Gebiete des Nordens? Dabei sind es vor allem zwei Faktoren, die eine Rolle spielen.

Einwanderungs- und Rekrutierungspolitiken der Immigrationsstaaten

In der Regel wurden die bekannten Fälle der transnationalen Migration von Süd nach Nord seit dem Zweiten Weltkrieg durch dezidierte Anwerbepolitiken der Immigrationsstaaten selbst ausgelöst. Und oft folgte später dann die Richtung der Fluchtmigration den eingetretenen Pfaden der Arbeitsmigration. Die Richtung und die Ziele der gegenwärtigen transnationalen Migration sind insofern relativ eindeutig bestimmbar. Die dem Konzept *Migrationssysteme* zugrunde liegende Idee lautet, dass ein intensiver, wenn auch nicht symmetrischer Austausch von Gütern, Ideen und Kapital zwischen einem Set von Ländern mit Migration einhergeht. Dies bedeutet, dass regional differenzierte Systeme entstehen, in denen Kernstaaten als Immigrationsregionen und die Peripherien als Emigrationsregionen fungieren (vgl. Kritz et al. 1992). Der überwiegende Anteil der Süd-Nord-Migration stammt dabei entweder aus früheren Kolonien oder wirtschaftlich abhängigen Territorien des Südens und ist in die reichen Industrieländer des Nordens gerichtet. Ein Beispiel für den ersten Fall bilden Surinam und die Niederlande, für den zweiten Fall stehen das ehemalige Jugoslawien und die Bundesrepublik Deutschland. In beiden Fällen ging der Impetus zum „pull" von den Ländern des Nordens aus, der die „push"-Faktoren im Süden erst mobilisierte. Es sind nicht nur die meisten transnationalen Migrant*innen aus wenigen Regionen gekommen, sondern auch wiederum in wenige Regionen gewandert. Dies weist darauf hin, dass sich transnationale Migration in regional spezifischen, Länder und Regionen des Südens und Nordens umfassenden, Migrationssystemen vollzieht und dabei in klar definierbaren sozialen Formationen wie Migrationsnetzwerken verläuft.

Daraus sollte allerdings nicht voreilig der Schluss gezogen werden, dass das herkömmliche „Push-Pull-Modell" zur Erklärung der Ursachen und Dynamik von Migration (Lee 1964) vom Ansatz der Migrationssystemtheorie und neuerdings von transnationalen Modellen abgelöst worden sei (vgl. Kapitel 5). Das wäre ein schwerwiegender Fehlschluss im Hinblick auf Analyseebenen. Das Push-Pull-Modell, auch wenn es eine empirisch erwiesenermaßen falsche Kausalität von „push" zu „pull" suggeriert, ist die konsequente Umsetzung der Theorien rationaler Wahl auf Bevölkerungsbewegungen (vgl. Esser 1980: 28) und hat neben sozialpsychologischen Erklärungsansätzen durchaus Erklärungskraft für die Mikroebene. Hinter Migrationssystemtheorien wiederum verborgen sind sozialstrukturelle Ansätze, die von einer Makroebene ausgehen und später auf einer Mesoebene um intermediäre Elemente wie die Dynamik von Netzwerkmigration (Massey et al. 1993; Faist 2000a) und neuerdings Ressourcen in sozialen und symbolischen Bindungen ergänzt werden. Eine Verbindung von systemorientierten, zumeist makrostrukturellen Ansätzen mit auf Sozialintegration abzielenden Mesotheorien steht in der Migrationsforschung allerdings noch aus.[7] Hier geht es im Folgenden um eine Analyse auf der Mesoebene sozialer und symbolischer Bin-

---

7 Eine sehr weit die Synthese unterschiedlicher Analyseebenen vorantreibende Typologie stammt von Shmuel Eisenstadt (1954: 3) in Anlehnung an Talcott Parsons (1951). Allerdings zielt der Eisenstadt'sche Vorschlag schon auf die Integration von Immigrant*innen.

dungen, mit Verweisen auf die Mikroebene der Präferenzen von Migrant*innen und auf die Makroebene struktureller Bedingungen wie Einkommensunterschieden und Differenzen im Hinblick auf politische Freiheit zwischen Ländern.

Kettenmigration in Migrationssystemen bei relativ hohen Freiheitsgraden
Unter der Voraussetzung, dass für potenzielle Migrant*innen der Spielraum für Entscheidungen relativ hoch ist, entwickelt sich transnationale Migration innerhalb starker Beziehungen zwischen Emigrations- und Immigrationsländern in den erwähnten Migrationssystemen. Die relativ hohe Entscheidungsfreiheit als weitgehende Abwesenheit äußerer Zwänge zur Flucht trifft dabei nicht auf alle potenzielle Migrant*innen zu, sondern nur auf diejenigen, welche die Entscheidungen fällen, z. B. die Familienoberhäupter. Um ursprünglich ortsgebundene Ressourcen zu mobilisieren, bedarf es Transmissionsriemen wie grenzüberschreitenden sozialen und symbolischen Bindungen, die vorzugsweise von Pioniermigrant*innen etabliert werden. Man sollte dabei nicht vorschnell von der Bedeutung von Migrant*innen- bzw. Migrationsnetzwerken sprechen, sondern immer angeben, in welchen sozialen Formationen – z. B. Familie, Dorfgemeinschaften, Freundeskreise und Cliquen – und mit Hilfe welcher Ressourcen in sozialen und symbolischen Bindungen sich transnationale Migration vollzieht.

Falls über soziale und symbolische Bindungen in bereits existierenden grenzüberschreitenden Gruppen und Organisationen die Mechanismen der Reziprozität und Solidarität in Familien, Nachbarschaften, Dorf- und anderen Gemeinschaften leicht in Anspruch genommen werden können, sind die Aussichten für Ketten- und Massenmigration aus wenigen Regionen des Südens in wenige des Nordens besonders gut. Mit anderen Worten: Wenn sich solche selbst reproduzierenden Dynamiken der Migration entwickeln können, kommt es zu relativ freiwilliger Kettenmigration.

Sind die Freiheitsgrade potenzieller Migrant*innen dagegen sehr gering, wie üblicherweise in Fällen erzwungener Migration in Folge von zwischenstaatlichen Konflikten, sozialen Revolutionen, Bürgerkriegen und Umweltzerstörung, ist es eher unwahrscheinlich, dass sich selbst reproduzierende Migrationsdynamiken entstehen. Und wenn sie vorkommen, dann sind sie oft nur von sehr kurzer Dauer oder verlaufen nur über kurze Distanz. Ein Beispiel für das letztgenannte Phänomen sind etwa guatemaltekische Flüchtlinge in Mexiko in den 1980er-Jahren. Allerdings folgen Flüchtlinge manchmal durchaus etablierten Pfaden der Arbeitsmigration. Als Beispiel ließen sich manche Asylbewerber*innen aus der Türkei anführen, die Ende der 1970er- und während der 1980er-Jahre als Kurden in Ländern wie Deutschland und den Niederlanden Asyl ersuchten, während ähnliche Kategorien in den 1960er-Jahren als sogenannte Gastarbeiter*innen wanderten. Dabei ist darauf hinzuweisen, dass die rechtlichen Kategorien „Arbeitsmigrant*in" und „Asylbewerber*in" nicht viel über die Ursachen von Migration aussagen.

Die Frage ist nun, wie weit gerade bei Kettenmigration mit relativ hohen Freiheitsgraden von Migrant*innen die sich selbst verstärkenden bzw. endogenen Dynamiken verlaufen und, ob und wie diese unterbrochen werden. Generell lässt sich bei relativ freiwilliger Migration die Entwicklung und Diffusion von Migrationsprozessen stilisiert in Gestalt einer *S-Kurve* abbilden. Eine solche *allgemeine soziale Diffusionskurve*, die auch im spezifischen Fall der Migration vorkommt, ergibt sich, wenn man die Anzahl jeweiliger Migrant*innen (y-Achse) auf einer Zeitachse (x-Achse) kumulativ anordnet (Abbildung 6.1).[8] Drei Phasen lassen sich in idealtypischer Weise unterscheiden (grundlegend zu sozialen Diffusionsprozessen, siehe Rogers 1983: 243–245).

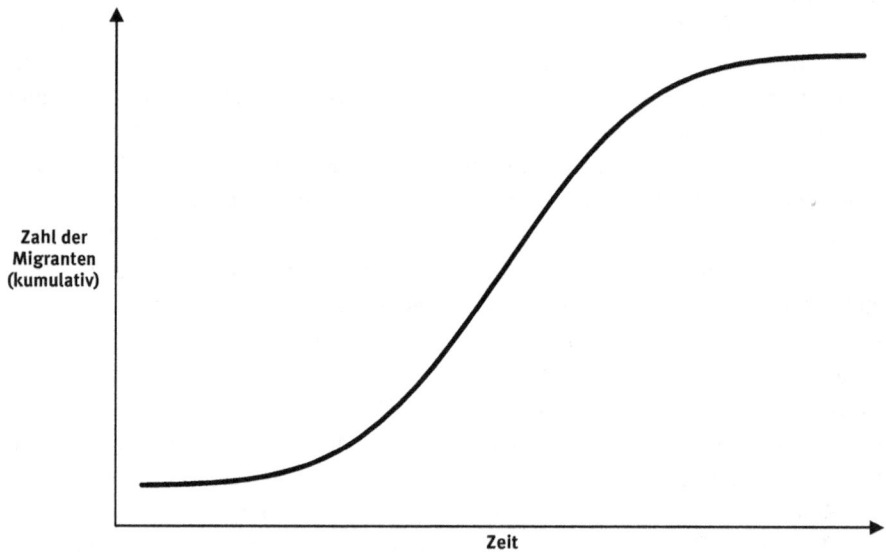

Abb. 6.1: Eine stilisierte Migrationskurve–Allgemeine Diffusions oder S-Kurve (Quelle: Faist 2000a: 169)

---

8 Die stilisiert auf Migrationsprozesse anwendbare allgemeine Diffusionskurve ist in ihrem Verlauf identisch mit der umgekehrten U-Kurve, wenn man die Daten nicht kumulativ, sondern zu einem bestimmten Zeitpunkt abbildet und die x-Achse „Zeit" durch „BSP pro Kopf" ersetzt. Allerdings bezeichnet die S-Kurve einen dynamischen Zusammenhang kumulativer Kausalität, während die umgekehrte U-Kurve jeweils nur Momentaufnahmen einer statistischen Korrelation abbildet.

Phase 1 – Initialphase: Der Anstieg der Kurve ist noch relativ flach. Pioniermigrant*innen legen auf der Grundlage von Anwerbungen formaler oder informeller Art einen Grundstock. Die Selektion potenzieller Migrant*innen kommt hauptsächlich in drei Formen vor: Anwerbung durch Organisationen, persönlicher Kontakt und indirekte („strukturelle") oder brutale Gewalt. In allen drei Situationen handeln Migrant*innen in der Regel nicht isoliert voneinander. Die Mechanismen Reziprozität und Solidarität sind in allen drei Kontexten operativ. Bei formaler Anwerbung erhalten Pioniermigrant*innen eine Chance ins Ausland zu wandern. Als Beispiel sei an die Anwerbung von so genannten Gastarbeiter*innen der 1960er-Jahre erinnert. Später offerieren Pioniermigrant*innen teilweise wiederum Ressourcen für den Aufbau netzwerkartiger Strukturen auf Gemeinde-, Nachbarschafts- oder Verwandtschaftsebenen. Die zweite Form, die der persönlichen Kontakte, charakterisiert die überwältigende Mehrheit der Bindungen nach der Initialphase. Der dritte Typ, indirekte und direkte Gewalt, weist darauf hin, dass strukturelle Einschränkungen immediat darauf einwirken, welche Strategien potenzielle Migrant*innen überhaupt verfolgen können.

Diese Formen der Mobilisierung sorgen prinzipiell für die Transferierbarkeit von kulturellem, sozialem und symbolischem Kapital. In dieser ersten Phase werden die Grundlagen für die Mobilität von zunächst lokal gebundenem Kapital gelegt, indem Ressourcen in sozialen und symbolischen Bindungen aktiviert werden. Makler*innen mit Bindungen zu verschiedenen Bezugsgruppen spielen dabei eine zentrale Rolle, indem sie als „lachende Dritte" (*tertius gaudens*) Nutzen aus verschiedenartigen Verflechtungen ziehen und dabei zur Bildung einer kritischen Masse an Pioniermigrant*innen beitragen (Simmel [1908] 1992: Teil VI). Ganz wichtig ist hierbei die Einsicht, dass generalisierte Reziprozität, die in Kleingruppen über längere Zeiträume hinweg funktioniert und fokussierte Solidarität, die nur auf spezifische Gruppen wie Verwandtschaftssysteme zielt, nicht ausreichen, um Massenmigration in Gang zu bringen. Generalisierte Reziprozität und fokussierte Solidarität ermöglichen nur Wanderung in relativ engen Familienverbänden und diffundieren in der Regel nicht darüber hinaus. Für Kettenmigration sind Formen spezifischer Reziprozität und diffuser Solidarität Voraussetzung, d. h. die Mechanismen schließen über Bindungen von Makler*innen auch „Dritte" außerhalb der engeren Bezugsgruppen mit ein. Andernfalls stagniert Migration relativ schnell (siehe dazu die in diesem Sinne interpretierbare Fallstudie von Engelbrektsson 1978).

Phase 2 – Beschleunigungsphase: Auf der Grundlage der Mobilisierung von Mechanismen wie spezifischer Reziprozität und diffuser Solidarität steigt die Zahl der Migrant*innen steil, zumeist sogar exponentiell an. Weiterhin werden dadurch die bereits bestehenden Bindungen zwischen Emigrations- und Immigrationsländern und den dazugehörigen Regionen verstärkt. Jeder Fall von Migration tendiert wie bei Prozessen der Immobilität dann dazu, einen sich selbst verstärkenden Effekt zu erzeugen, indem die Ressourcen den Trend beschleunigen. Im Falle der Beschleunigung beteiligen sich immer mehr potenzielle Migrant*innen in immer kürzerer Zeit an Wanderungen. Diese sind in der Regel eingebettet in soziale und symbolische Bindungen mit den entsprechenden Ressourcen. Diese Beobachtungen können also wiederum nach dem *Prinzip der kumulativen Kausalität* zusammenfügt werden. Damit werden auch die externen Ursachen, die transnationale Migration überhaupt erst ermöglichen, wie bspw. offizielle Anwerbung von Arbeitskräften, mit der Zeit weniger relevant für den weiteren Verlauf. Die Bedeutung der Eigendynamik nimmt hingegen zu. Eine Folge davon ist, dass bei vorhandenen – darunter auch „schwachen" Bindungen – Migration immer weniger sozial selektiv verläuft. So werden allmählich auch vermehrt soziale Klassen unterhalb der „Mittelklasse" mit einbezogen (Massey et al. 1987). Das exponentielle Wachstum trägt zum beschleunigten, grenzübergreifenden Transfer ganz verschiedener Kapitalsorten bei. Gerade im Falle der Arbeitsmigration von Personen, die in wenig qualifizierten Tätigkeiten in Immigrationsländern Beschäftigung finden, wird die endogene Dynamik nicht zuletzt dadurch verstärkt, dass manche Kapitalsorten konvertibel sind. Soziales Kapital vermag bspw. bei Wohnungssuche oder Kindererziehung finanzielles Kapital substituieren, indem Migrant*innen aus der gleichen Region einander behilflich sind.

Oft kommt es gerade in dieser zweiten Phase zu illegaler bzw. irregulärer Migration. Dabei könnte man von einem „Tocqueville-Effekt" sprechen. Bekanntlich hat schon Alexis de Tocqueville in den 1830er-Jahren auf das Phänomen verwiesen (de Tocqueville [1835] 1951), das als *relative Deprivation* bezeichnet wird, also die Beobachtung, dass kollektives Handeln ein Resultat eines Prozesses sein kann, in dem die Beteiligten gerade auf der Grundlage von Verbesserungen höhere Ansprüche stellen. Die subjektiven Erwartungen steigen dann schneller als die objektiven Gelegenheiten. Für den vorliegenden Zusammenhang lässt sich die Theorie rationalen Handelns mit der These „relativer Frustration" verbinden (*locus classicus*: Stouffer 1949). Das Beispiel, das Pioniermigrant*innen für die Zurückgebliebenen setzen, führt zu einem sich selbst verstärkenden Prozess, in dem die Motivationen einzelner Personen im Vergleich zur kollektiven Erwartung der Abwanderung immer weniger wichtig werden. Dies bedeutet auch, dass die Wünsche bzw. Präferenzen der potenziellen Migrant*innen im Gefolge der wahrgenommenen Reduktion von Transport-, Transfer- und Transaktionskosten schneller wachsen als die real vorfindbaren Möglichkeiten zur grenzüberschreitenden Abwanderung. Zentral gründen endogene und sich selbst verstärkende Prozesse nicht einfach auf abnehmenden Informationskosten durch Migrationsnetzwerke – wie etwa einfache Theorien rationalen Handelns voraussagen würden – sondern auch auf der Transformation der Präferenzen von Sesshaften, die unter anderem negative Rückkopplungseffekte wie abnehmenden sozialen Status aufgrund von Nichtmigration fühlen. Klafft die Schere von Präferenzen und Gelegenheiten immer weiter auseinander, so kommt es aufgrund hoher Frustration angesichts fehlender Möglichkeiten zu legalen Wegen der Migration häufig zu einem Anwachsen der Wanderung über staatlich nicht autorisierte Kanäle – was etwa im Falle Mexiko-USA von den 1970er-Jahren bis vor wenigen Jahren vorzüglich anschaulich wird (Mackie 1995). Empirisch hilft diese Perspektive bspw. die Beobachtung zu erklären, dass es nach längerer offizieller Anwerbung zu verstärkter „illegaler" Migration kommt. Das trifft nicht nur auf den mexikanisch-amerikanischen Fall in den 1990er-Jahren zu, sondern auch auf die türkisch-deutsche Migration Ende der 1960er-Jahre. Die provokative Schlussfolgerung des Modells relativer Frustration wäre, dass geschlossene oder offene Grenzen auf Seiten der Immigrationsländer keine Gelegenheits-Präferenz-Spiralen in Gang setzen. Demgegenüber ist dies bei partiellen Grenzöffnungen, also bei der Mehrzahl der tatsächlich vorfindbaren Migrationspolitiken auf der Immigrationsseite, durchaus der Fall. Dabei ist allerdings zu beachten, dass sich die Präferenzänderungen bei vielen Migrant*innen nur dann in tatsächliche Migration umsetzen lassen, wenn neben der Transferierbarkeit kulturellen Kapitals gerade bei nicht privilegierten Arbeitsmigrant*innen Ressourcen wie Reziprozität und Solidarität mobilisiert werden können, die bei der Suche nach Wohnung, Arbeitsplatz und Kinderbetreuung zum Tragen kommen.

Phase 3 – Konsolidierung, Remigration und mögliche transnationale Verdichtung: Es folgt ein annäherungsweise linearer Anstieg, der aber immer weiter abflacht – bis er schließlich kaum noch wahrnehmbar ist. An diesem letzten Punkt erschöpft sich das jeweilige Reservoir potenzieller transnationaler Migrant*innen: Alle Personen einer bestimmten Region, die zu migrieren beabsichtigten, haben mittlerweile ihren Plan in die Tat umgesetzt. Es migrieren dann nicht nur die erwerbswirtschaftlich Tätigen, sondern auch vermehrt Kinder und ältere Menschen; nicht nur die Mitteklasse, sondern auch ärmere Einkommenskategorien (Massey et al. 1994).

Im Verlauf von Migrationsprozessen entwickeln sich in der Regel auch Remigrationsverläufe. Die empirische Forschung über Migration stimmt darin überein, dass die Remigrationsquote bei hohen Freiheitsgraden eine signifikante Minderheit umfasst (zusammenfassend: Richmond 1984). Es kommt bei kettenartigen Migrationsprozessen aus wenigen Orten des Südens in ausgewählte Länder des Nordens und dabei wiederum in relativ wenige Regionen innerhalb dieser Staaten zu räumlichen Clusterbildungen. Neben den insbesondere bei beruflich relativ gering qualifizierten Arbeitsmigrant*innen und deren Angehörigen beobachtbaren Konzentrationen in „ethnischen Kolonien" und Arbeitsmärkten wie z. B. beruf-

lichen Nischen lassen sich auch bei relativ hochqualifizierten und unternehmerisch orientierten Migrant*innen sektorale Clusterbildungen feststellen. Dies trifft
nicht nur auf Süd-Nord-Wanderungen, sondern auch auf Nord-Süd-Remigration
zu. Ein Beispiel für Clusterbildung sind chinesische Computerspezialist*innen in
Kaliforniens Silicon Valley, die in den letzten 20 Jahren durch Unternehmensgründungen fast ein Fünftel aller Unternehmen und einen noch höheren Anteil aller
neuen Arbeitsplätze schufen. Auch bei Remigration entstehen ähnliche Effekte:
So ist eine enge Kopplung zwischen der Rückkehrmigration von Spezialist*innen
und Unternehmensgründungen in Taiwan aufzeigbar, etwa im Hsinchu-Science-
based Industrial Park (Saxenian 1999). Wichtig ist nun, dass in diesem und in
ähnlich gelagerten Fällen Rückkehrmigration nach ähnlichen kumulativen Kausalitäten verlief wie die primäre Emigration. Neben makrostrukturellen Faktoren
wie die Marktöffnung in den ursprünglichen Herkunftsländern spielt gerade auch
diffuse Solidarität unter Migrant*innen und dazugehörige kulturelle Deutungsmuster eine wichtige Rolle in der endogenen Verstärkung von Remigrationspro-
zessen. Für indische Rückkehrmigrant*innen aus den USA und Großbritannien
spielt bspw. eine wichtige Rolle, dass Kinder in einem speziellen kulturellen Umfeld aufwachsen und dass Ehen zu arrangieren sind (Khadria 1999). Je stärker
nun die wirtschaftlichen Erfolge und die soziokulturelle Integration von Remi-
grant*innen sichtbar sind, desto größer der Anreiz für andere Immigrant*innen,
diesem Beispiel zu folgen.

Aus den vorliegenden konzeptuellen Annahmen und empirischen Befunden
wird für die in den 1960er-Jahren schon aktuelle und ab den 1990er-Jahren wieder
aufgekommene Debatte um die Wirkungen der Migration von hochqualifizierten
Spezialist*innen auf die Ökonomien der Immigrations- und Emigrationsländer
schnell deutlich: Die in den Gegensatzpaaren von „brain drain" als Humankapi-
talverlust für die Sendeländer und von „brain gain" als Gewinn angenommene
Wirkung (z. B. Barré et al. 2003) kann nur dann empirisch solide erfasst werden,
wenn das Phänomen der „brain circulation" ausreichend berücksichtigt wird,
d. h. die außerordentlich hohe Bereitschaft von Migrant*innen zu Rückkehrmigration, Weiterwanderung und bei Niederlassung zu dichten, kontinuierlichen
Bindungen über Staatsgrenzen hinweg. Es wäre dabei verkürzt, Austauschprozesse von Wissen und kulturellem Kapital auf die physische Mobilität von Personen
zu reduzieren. In etablierten Migrationssystemen existieren Verbünde von Wissenschaftler*innen, teilweise gar „epistemische Gemeinschaften" (Haas 1992)
mit gemeinsamen Grundüberzeugungen und professionellen Standards, die über
weit entfernte geografische Räume hinweg eng kooperieren. Eine Studie der US-
amerikanischen National Science Foundation deutet darauf hin, dass gerade Wissenschaftler*innen, die sich etwa in den USA auf Dauer niedergelassen haben,
besonders häufig und intensiv mit Kolleg*innen aus ihren Herkunftsstaaten ko-

operieren – ob diese nun in OECD- oder Entwicklungsländern wohnen (Regets 1999).

Trotz kumulativer Effekte erreichen Wanderungsströme Wendepunkte, ab denen transnationale Migration nicht mehr weiterwächst. Alle potenziellen Migrant*innen aus den wenigen Orten haben dann ihr Wanderungsziel verwirklicht. Mittel- und langfristig gesehen vermischen sich allerdings wiederum endogene mit exogenen Faktoren, da Immigrationsstaaten als nationale Wohlfahrtsstaaten zwar häufig an „billigen und willigen" bzw. hoch spezialisierten Fachkräften interessiert sind, aber keine offenen Grenzen dulden. Die meisten der Süd-Nord-Wanderungen haben daher gegenwärtig ihre sozial-endogen erzeugten Wendepunkte in Phase 3 aus innenpolitischen Gründen der OECD-Länder nicht erreicht. In Bezug auf bestimmte Kategorien von Immigrant*innen haben restriktive politische Maßnahmen der Immigrationsstaaten als Reaktion auf die interne Globalisierung wie etwa infrastrukturelle Engpässe, vermutete Arbeitsmarktkonkurrenz und unerwünschte kulturelle Pluralisierung sich selbst verstärkende Migrationsprozesse signifikant beschränkt. Im vorliegenden Falle war es bekanntlich der Anwerbestopp von 1973, wenn auch aufgrund humanitärer, völkerrechtlicher Verpflichtungen der Familiennachzug[9] nicht zum Erliegen kam und später Fluchtmigration folgte. Nicht ausgereizte S-Kurven sind also im Wesentlichen auf die Politik der Zielländer zurückzuführen, die asymmetrisch sowohl Prozesse transnationaler Migration bei relativ hoher Autonomie von Migrant*innen ins Rollen bringen, aber auch einseitig Anwerbeprozesse zu stoppen vermögen (Abbildung 6.2).

Über Remigration hinaus lautet die Frage, ob beim Auslaufen der S-Kurve wiederum Migrationsmuster entstehen, welche Migrationsverhalten perpetuieren, so genannte *Kulturen der Migration*. Dies bedeutet, dass transnationale Migration, insbesondere in bestimmten Lebensphasen, über Diffusion hinaus als ein akzeptiertes Muster der räumlichen und sozialen Mobilität angesehen wird. Kulturen der Migration umfassen oft mehrere Generationen, wie es etwa auf manchen Inseln der Karibik als Phase in Lebensläufen deutlich wird (u. a. Pessar 1997). Derartige Muster sind ein wichtiger Hinweis darauf, dass nicht nur Integration im Immigrationsland oder Rückkehrmigration ins Herkunftsland Migrationsverläufe bestimmen, sondern auch Zirkulation zwischen den Emigrations- und Immigrationsregionen. Kulturen der Migration wären somit ein Typ eines Phänomens, das mit vielfältigen Begriffen wie Transnationalismus, transnationale Gemeinschaft,

---

9 Dabei handelt es sich bspw. in Deutschland seit den 1980er-Jahren um relativ geringe absolute Zahlen und Quoten. Gerade einmal etwa 12.000 Kinder unter 18 Jahren von Immigrant*innen aus der Türkei und Ex-Jugoslawien – zusammen machen sie über die Hälfte aller Immigrant*innen in der Bundesrepublik aus – hatten im Jahre 2001 ihren Wohnsitz in diesen beiden Ländern und kämen für einen Nachzug in Betracht (Meier-Braun 2002: 51–52).

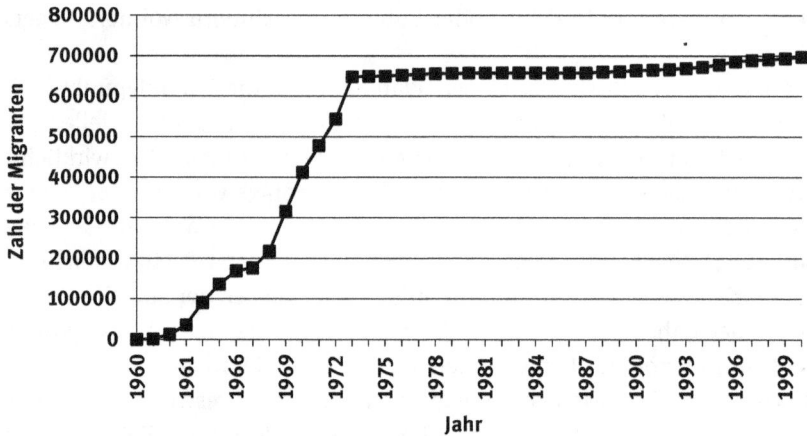

Abb. 6.2: Unvollendete und unterbrochene türkisch-deutsch Migrationskurve (1960–2000)
(Quelle: Faist 2000a: 185)

transnationale Kreisläufe, transnationaler bzw. transstaatlicher sozialer Raum
(Faist 2000b), transnationale Formation, transnationales soziales Feld (Basch et
al. 1994) bzw. ein Teil von „offenen Räumen" (Münch 2001) bezeichnet wird (vgl.
Kapitel 7).

Allerdings ist zu beachten, dass derartige *transnationale soziale Räume* nicht
einfach auf physischer Mobilität beruhen. Soziale und symbolische Bindungen
basieren nicht nur oder gar primär auf geografischer Nähe. Neue Technologien
wie Telefon und Flugverkehr – ähnlich der Welle im 19. Jahrhundert mit Telegra-
fen und Dampfschiffen – ermöglichen heute einen kontinuierlichen Austausch
auch über Reisen hinaus. Alle transnationalen Konzepte verweisen auf plurilokale Bindungen von Personen, Cliquen, Gruppen und Organisationen, die in mehreren Orten über die jeweiligen Staatsgrenzen hinweg relativ kontinuierlich und
dicht miteinander verbunden sind. Dabei entstehen teilweise Kreisläufe von Menschen, Waren, Geld, Symbolen, Ideen und kulturellen Praktiken, die über die Zeit
der Wanderungsprozesse selbst die Sozialintegration von Immigrant*innen in nationalstaatlich verfassten Gesellschaften berühren. Transnationale soziale Räume
sind also nicht nur Produkte kumulativer Kausalität, sondern perpetuieren sich
wiederum selbst. Sie können über mehrere Generationen hinweg existieren, nicht
nur in den Kulturen von Migration, sondern auch als *Diaspora*, etwa die fünften
und sechsten Generationen von jüdischen oder polnischen Einwanderern in den
USA, die Bewegungen in ihren Heimatländern unterstützen.

Transnationale soziale Räume sind allerdings keine quasiautomatischen Produkte transnationaler Migration. Es gibt Migrant*innengruppen, die schon bei

ihrer Ankunft im Aufnahmeland überwiegend den Kontakt in das Herkunftsland abbrechen. Dazu zählen etwa teilweise (Spät-)Aussiedler*innen aus der ehemaligen UdSSR in Deutschland. Zweitens ist für andere Gruppen Transnationalität ein charakteristisches Merkmal ihres Wanderungs- und Integrationsverhalten, das nicht erst im Migrationsverlauf kumulativ entsteht. Dazu gehören Migrant*innenkategorien, die kaum Beziehungen in das Herkunftsland pflegen, dafür aber Kontakte in Ländern der geplanten Weitermigration erneuern und/oder entwickeln. Jüdische Immigrant*innen aus Russland sind ein Beispiel dafür. Sie pflegen nach der Ankunft in Deutschland vorwiegend Kontakte nach Israel oder in die USA (Gold 2002).

Transnationale Migration: Transnationalisierung und Universalisierung

Transnationale Migration passt insgesamt nicht einfach in das Schema zunehmender Häufigkeit und Dichte von grenzübergreifenden Strömen – wie das etwa in gängigen Globalisierungsinterpretationen zu erwarten wäre. Und auch der Hinweis darauf, dass die Globalisierung massenmedialer Kommunikation, Telekommunikation und Transport oder die Universalisierung von Menschenrechten und Demokratie und der damit verbundenen Ausreisefreiheit transnationale Migration fördere, wirft kaum Licht auf die eigentümliche Konstellation relativer transnationaler Immobilität.

Allein die Frage, ob es sich angesichts der Zahl von Migrant*innen bzw. des Anteils transnationaler Migrant*innen an der Weltbevölkerung um einen Fall von Globalisierung oder Nichtglobalisierung handele, greift zu kurz. Ein Blick auf die Ursachen räumlicher Mobilität über Staatsgrenzen hinweg ergibt, dass vielfältige Restriktionen für Süd-Nord-Migration existieren. Dies fängt bei orts-, regionalen und landesspezifischen Ressourcen von Migrant*innen an, die nicht beliebig über Grenzen transferierbar sind und reicht bis hin zu protektionistischen Politiken von Wohlfahrtsstaaten im Norden. Dazu kommen zusätzliche Faktoren, wie z. B. die weitgehende Abwesenheit internationaler Regimebildung im Bereich der Arbeitsmigration (Miller 1992) und die mangelnde Durchsetzungsfähigkeit internationaler Vereinbarungen zum Schutz von Migrant*innen, was etwa im Falle der Konventionen der Internationalen Arbeitsorganisation (*International Labor Organization*, ILO) auffällig ist (Böhning & Werquin 1989). Derartige Phänomene lassen sich schwerlich in die Schablone eines trotz Unterbrechungen weitgehend linearen Wachstums grenzübergreifender Flüsse einordnen. Bei all den Gemeinsamkeiten, die grenzübergreifende Flüsse von Personen mit denen von Kapital und Gütern aufweisen, ist mindestens ein ganz zentraler Unterschied zu beachten: Ein Großteil der Ressourcen transnationaler Migrant*innen ist lokal spezifisch. Dabei verändern die Prozesse der kumulativen Immobilität selbst wiederum den Gebrauch der vorhandenen sozialen und symbolischen Bindungen. Durch sich selbstverstärkende Effekte werden Transaktionskosten für lokale Bindungen verringert und somit wird Immobilität über *in situ* Adaptation gefördert. Im umgekehrten Falle reduzieren Transmissionsriemen wie Anwerbung und Makler*innen die Transaktionskosten für grenzübergreifende Bindungen und befördern damit Ketten- und Massenmigration aus einigen wenigen Orten. *Summa summarum* ist in Prozessen transnationaler Migration neben der Universalisierung von Rechten und der internen Globalisierung als protektionistische Reaktion auf transnationale Migration gerade die Transnationalisierung lebensweltlicher Bezüge von Migrant*innen ein entscheidendes Merkmal dessen, was gemeinhin Globalisierung genannt wird. Nur in der Dualität von Ortsgebundenheit und Mobilität von Ressourcen potenzieller und tatsächlicher Migrant*innen kann das Rätsel der relativen Immobilität in einer globalisierten Welt hinreichend beschrieben und analytisch erfasst werden.

Über die Evaluation der Wirkung transnationaler Migration hinaus leistet die Beschreibung und Erklärung des Rätsels der relativen Immobilität in der transnationalen Migration auch einen konzeptuellen Beitrag zur Erfassung transnationaler Bindungen. Der weitgehend diffuse Begriff Globalisierung bezieht sich auf Prozesse, welche die ganze Welt umspannen und als *„action at distance – the increasing interpenetration between individual lives and global futures"* (Giddens 1991: 26) gesehen werden kann. Eine solche Auffassung weist darauf hin, dass sich neben wirtschaftlichen Austauschprozessen auch soziale und symbolische Beziehungen sowie die darin inhärenten Ressourcen wie Reziprozität und Solidarität räumlich immer mehr ausdehnen. Einige Interpretationen gingen schon im 19. Jahrhundert so weit, die voranschreitende Zerstörung von Raum-Zeit durch den Verwertungsprozess des ökonomischen Kapitals zu konstatieren (Marx 1974: 438). Die für den vorliegenden Zusammenhang interessantesten Vertreter*innen situieren sich heutzutage zwischen Hyperglobalisierung und Globalisierungsskeptizismus. Auf der einen Seite extrapoliert die Hyperglobalisierung die Zukunft aus den Gesetzen des Marktes heraus, und manche wenden diese Logik auf alle Sphären an: Alles ende in einer zunehmenden universellen Verdichtung von Zeit und Raum. Dazu zählen auch die Vertreter*innen der These der Deterritorialisierung, die ein allgemeines Anwachsen von Hypermobilität im Anzug sehen (Waldron 1992). Migrant*innen gerinnen dann zu Prototypen eines kosmopolitischen Lebensstils. Auf der anderen Seite dieses intellektuellen Globus verweisen die Globalisierungsskeptiker*innen darauf, dass in vielerlei Hinsicht die Weltökonomie Ende des 19. Jahrhunderts noch integrierter war als heute. Sie folgern daraus, dass Globalisierung nichts Neues sei und dass es keine fundamentale Umstrukturierung des internationalen Systems gäbe. Wohl aber ließen sich Perioden verstärkter und beschleunigter Vernetzung beobachten (Hirst & Thompson 1996). Weiterführend ist hier die Idee einer Vorstellung zwischen *„space of places"* (Ruggie 1998) und *„space of flows"* (Harvey 1989). Dieser Gedanke bezeichnet den konzeptuellen Raum zwischen einem ausschließlichen Fokus auf grenzenlosen Tauschprozessen und der Verflüssigung von Raum und Zeit in einer Netzwerkgesellschaft (vgl. Castells 1996) einerseits und einer Konzentration auf die Interaktion container-räumlicher Einheiten wie Staaten andererseits.

Literatur

Appleyard, R., 1992: Migration and Development. A Critical Relationship. *Asian and Pacific Migration Journal* 1(1):1–19.

Bade, K. J. & R. Münz, 2002: *Migrationsreport 2000. Fakten – Analysen – Perspektiven*. Frankfurt a. M., New York: NY: Campus Verlag.

Barré, P., V. Hernandez, J.-B. Meyer & D. Vinck (Hrsg.), 2003: *Diasporas scientifiques. Expertise collégiale. Institut de Recherche sur le Développement*. Paris: Ministère des Affaires Etrangères.

Basch, L., N. Glick Schiller & C. Szanton Blanc, 1994: *Nations Unbound. Transnational Projects, Postcolonial Predicaments, and Deterritorialized Nation-States*. Langhorne, PA: Gordon and Breach.

Bilsborrow, R., H. Graeme, A. S. Oberai & H. Zlotnik, 1997: *International Migration Statistics. Guidelines for Improving Data Collection Systems*. Genf: International Labour Office (ILO).

Birg, H., 2001: *Die demographische Zeitenwende. Der Bevölkerungsrückgang in Deutschland und Europa*. München: Verlag C. H. Beck.

Böhning, W.-R. & J. Werquin, 1989: *Some Economic, Social and Human Rights Considerations Concerning the Future Status of Third-Country Nationals in the Single European Market*. Genf: International Labour Office (ILO).

Bourdieu, P., 1983: Ökonomisches Kapital, kulturelles Kapital, soziales Kapital. In: Kreckel, R. (Hrsg.), *Soziale Ungleichheiten (Soziale Welt, Sonderheft 2)*, S. 183–198. Göttingen: Otto Schwartz & Co.

Castells, M., 1996: *The Rise of the Network Society*. Oxford: Blackwell.

Castles, S. & M. J. Miller, 1993: *The Age of Migration: International Population Movements in the Modern World*. London: Macmillan.

Coleman, J. S., 1990: *Foundations of Social Theory*. Cambridge, MA: The Belknap Press of Harvard University Press.

Dowty, A., 1987: *Closed Borders. The Contemporary Assault on Freedom of Movement*. New Haven, CT: Yale University Press.

Durkheim, É., [1898] 1965: *Individual and Collective Representations*. New York: The Free Press.

Eisenstadt, S. N., 1954: *The Absorption of Immigrants. A Comparative Study Based Mainly on the Jewish Community in Palestine and the State of Israel*. London: Routledge.

Engelbrektsson, U.-B., 1978: *The Force of Tradition. Turkish Migrants at Home and Abroad*. Göteborg: Acta Universitatis Gothoburgensis.

Esser, H., 1980: *Aspekte der Wanderungssoziologie. Assimilation und Integration von Wande-rern, ethnischen Gruppen und Minderheiten*. Darmstadt, Neuwied: Luchterhand.

Eurostat, 1995: *Causes of International Migration*. Luxemburg: Office for Official Publications of the European Communities.

Eurostat, 2000: *Push and Pull Factors of International Migration: A Comparative Report*. Luxem-burg: Office for Official Publications of the European Communities.

Faini, R. & A. Venturini, 1994: Migration and Growth. The Experience of Southern Europe. Discussion Paper Series Nr. 964, Centre for Economic Policy Research, London. https://cepr.org/active/publications/discussion_papers/dp.php?dpno=964 (letzter Aufruf: 14.05.2020).

Faist, T., 2000a: *The Volume and Dynamics of International Migration and Transnational Social Spaces*. Oxford: Oxford University Press.

Faist, T., 2000b: *Transstaatliche Räume. Wirtschaft, Politik und Kultur in und zwischen Deutsch-land und der Türkei*. Bielefeld: transcript.

Faist, T. & A. Ette (Hrsg.), 2007: *Between Autonomy and the European Union. The Europeaniza-tion of National Immigration Policies*. Houndmills: Palgrave Macmillan.

Findlay, A., 2003: Skilled Transients. The Invisible Phenomenon? In: Cohen, R. (Hrsg.), *The Cambridge Survey of World Migration*, S. 515–523. Cambridge: Cambridge University Press.

Giddens, A., 1991: *The Consequences of Modernity*. Cambridge: Polity Press.

Gold, S. J., 2002: *The Israeli Diaspora*. Seattle, WA: University of Washington Press.

Gouldner, A. W., 1960: The Norm of Reciprocity. A Preliminary Statement. *American Sociological Review* 25(1):161–78.

Granovetter, M. S., 1979: The Theory Gap in Social Network Analysis. In: Holland, P. W. & S. Leinhardt (Hrsg.), *Perspectives in Social Network Research*, S. 45–67. New York, NY: Academic Press.

Haas, P. M., 1992: Introduction. Epistemic Communities and International Policy Coordination. *International Organization* 46 (Sonderheft): 1–35.

Hägerstrand, T., 1975: On the Definition of Migration. In: Jones, E. (Hrsg.), *Readings in Social Geography*, S. 200–210. Oxford: Oxford University Press.

Hammar, T., G. Brochmann, K. Tomas & T. Faist (Hrsg.), 1997: *International Migration, Immobil-ity and Development. Multidisciplinary Perspectives*. Oxford: Berg.

Harvey, D., 1989: *The Condition of Postmodernity*. Oxford: Blackwell.

Held, D., A. McGrew, D. Goldblatt & J. Perraton, 1999: *Global Transformations. Politics, Econom-ics and Culture*. Stanford, CA: Stanford University Press.

Hirschman, A. O., 1970: *Exit, Voice, and Loyalty. Responses to Decline in Firms, Organizations, and States*. Cambridge, MA: Harvard University Press.

Hirst, P. & G. Thompson, 1996: *Globalization in Question. The International Economy and the Possibilities of Governance*. Cambridge: Polity Press.

Hollifield, J., 1992: *Immigrants, Markets and States. The Political Economy of Postwar Europe*. Cambridge, MA: Cambridge University Press.

Hugo, G. J., 1981: Village-Community Ties, Village Norms and Ethnic and Social Networks. A Re-view of Evidence from the Third World. In: Jong, G. F. De & R. W. Gardner (Hrsg.), *Migration Decision Making: Multidisciplinary Approaches to Microlevel Studies in Developed and Developing Countries*, S. 186–224. New York, NY: Pergamon Press.

Huntington, S. P., 1991: *The Third Wave. Democratization in the Late Twentieth Century*. Nor-man, OK: University of Oklahoma Press.

Khadria, B., 1999: *The Migration of Knowledge Workers. Second-Generation Effects of India's Brain Drain*. New Delhi: Sage Publications.

Kibria, N., 1993: *Family Tightrope. The Changing Lives of Vietnamese Americans*. Princeton, NJ: Princeton University Press.

Kritz, M. M., L. L. Lim & H. Zlotnik (Hrsg.), 1992: *International Migration Systems. A Global Approach*. Oxford: Clarendon Press.

Kunz, E. F., 1973: The Refugee in Flight. Kinetic Models and Forms of Displacement. *International Migration Review* 7(2):125–146.

Kuptsch, C. & P. E. Fong (Hrsg.), 2005: *Competing for Global Talent*. Genf: International Labour Office (ILO) und Singapur: Wee Kim Wee Centre.

Kyle, D., 2000: *Transnational Peasants. Migrations, Networks, and Ethnicity in Andean Ecuador*. Baltimore, MD: Johns Hopkins University Press.

Lee, E. S., 1964: A Theory of Migration. *Demography* 3:47–57.

Lerner, D., 1958: *The Passing of Traditional Society*. Glencoe, IL: The Free Press.

Mackie, G., 1995: Frustration and Preference Change in Immigration Migration. *Archives Européennes de Sociologie* 36(2):185–208.

Maruyama, M., 1963: The Second Cybernetics. Deviation-Amplifying Mutual Causal Processes. *American Scientist* 51(2):164–179.

Marx, K., 1974: *Grundrisse der Kritik der Politischen Ökonomie*. Berlin: Dietz Verlag.

Massey, D. S., R. Alarcón, J. Durand & H. González, 1987: *Return to Aztlán. The Social Process of International Migration from Western Mexico*. Berkeley, CA: University of California Press.

Massey, D. S., J. Arango, G. Hugo, A. Kouaouci, A. Pellegrino & E. Taylor, 1993: Theories of International Migration. A Review and Appraisal. *Population and Development Review* 19(3):431–466.

Massey, D. S., L. Goldring & J. Durand, 1994: Continuities in Transnational Migration. An Analysis of Nineteen Mexican Communities. *American Journal of Sociology* 99 (May): 1492–1533.

McPhail, C. & D. Miller, 1973: The Assembling Process. A Theoretical and Empirical Examination. *American Sociological Review* 38(6):721–735.

Meier-Braun, K.-H., 2002: *Deutschland, Einwanderungsland*. Frankfurt a. M.: Suhrkamp.

Miller, M. J., 1992: Evaluation of Policy Modes for Regulating International Labour Migration. In: Kritz, M. M., L. L. Lim & H. Zlotnik (Hrsg.), *International Migration Systems: A Global Approach*, S. 300–314. Oxford: Clarendon Press.

Münch, R., 2001: *Offene Räume. Soziale Integration diesseits und jenseits des Nationalstaats*. Frankfurt a. M.: Suhrkamp.

OECD (Organisation for Economic Co-operation and Development), 2000: *Globalisation, Migration, and Development*. Paris: Organisation for Economic Co-operation and Development.

Parsons, T., 1951: *The Social System*. Glencoe, IL: The Free Press.

Pessar, P. R. (Hrsg.), 1997: *Caribbean Circuits. New Directions in the Study of Caribbean Migration*. New York, NY: Center for Migration Studies.

Portes, A. (Hrsg.), 1995: *The Economic Sociology of Immigration. Essays on Networks, Ethnicity, and Entrepreneurship*. New York, NY: Russell Sage Foundation.

Putnam, R. D., 1993: *Making Democracy Work. Civic Traditions in Modern Italy*. Princeton, NJ: Princeton University Press.

Regets, M. C., 1999: *Foreign Science & Technology Personnel in the United States. An Overview of Available Data and Basic Characteristics. OECD, Mobilizing Human Resources for Innovation*. Paris: Organisation for Economic Co-Operation and Development.

Richmond, A. H., 1984: Explaining Return Migration. In: Kubat, D. (Hrsg.), *The Politics of Return: International Return Migration in Europe*, S. 269–276. Roma und New York, NY: Centro Studi Emigrazione und Center for Migration Studies.

Rogers, E. M., 1983: *Diffusion of Innovations*. New York: The Free Press, 3. Aufl.

Ruggie, J. G., 1998: *Constructing the World Polity. Essays on International Institutionalization*. London: Routledge.

Saxenian, A. L., 1999: *Silicon Valley's New Immigrant Entrepreneurs*. San Francisco, CA: Public Policy Institute of California.

Segal, A., 1993: *An Atlas of International Migration*. London: Hans Zell Publishers.

Simmel, G., [1908] 1992: *Soziologie. Untersuchungen über die Formen der Vergesellschaftung*. Frankfurt: Suhrkamp.

Stouffer, S. A., 1949: *The American Soldier*. Princeton, NJ: Princeton University Press.

Strikewerda, C., 1997: Reinterpreting the History of European Integration. Business, Labor, and Social Citizenship in Twentieth-Century Europe. In: Klausen, J. & L. A. Tilly (Hrsg.), *European Integration in Social and Historical Perspective*, S. 51–70. Lanham, MD: Rowman & Littlefield.

Thomas, W. I. & F. Znaniecki, 1927: *(1918–1921): The Polish Peasant in Europe and America, 5 Bände*. New York: Alfred A. Knopf.

de Tocqueville, A., [1835] 1951: *Über die Demokratie in Amerika, aus dem Französischen übertragen von Hans Zbinden*. Zürich: Manesse.

Torpey, J., 2000: *The Invention of the Passport: Surveillance, Citizenship and the State*. Cambridge, MA: Cambridge University Press.

UNDP (United Nations Development Programme), 2003: *Millennium Development Goals. A Compact Among Nations to End Poverty*. Oxford: Oxford University Press.

United Nations Secretariat, 2001: Replacement Migration. Is It a Solution to Declining and Aging Populations? Population Division, Department of Economic and Social Affairs. http://www.un.org/esa/population/publications/migration/migration.htm (letzter Aufruf: 24.04.2007).

Waldron, J., 1992: Minority Cultures and the Cosmopolitan Alternative. *University of Michigan Journal of Law Review* 25(3):751–793.

Weber, M., [1924] 1980: *Wirtschaft und Gesellschaft*. Tübingen: J. C. B. Mohr (Paul Siebeck).

White, H., S. A. Boorman & R. L. Breiger, 1976: Social Structure from Multiple Networks. I. Blockmodels of Roles and Positions. *American Journal of Sociology* 81(4):730–780.

Williamson, O. E., 1981: The Economics of Organization. The Transaction Cost Approach. *American Journal of Sociology* 87(4):548–577.

Zolberg, A. R., A. Suhrke & S. Aguayo, 1989: *Escape from Violence. Conflict and the Refugee Crisis in the Developing World*. New York, NY: Cambridge University Press.

Thomas Faist und Başak Bilecen

7 Der transnationale Ansatz: Transnationalisierung, Transnationale Soziale Räume, Transnationalität

Einleitung

Der transnationale Ansatz fand in den frühen 1990er-Jahren Eingang in das Lexi-
kon der Migrationsforschung. Dies geschah mehr als ein Jahrhundert, nachdem
frühere Generationen von Migrationsforscher*innen das Konzept der Assimilation eingeführt hatten (vgl. Kapitel 9). Während sich der Begriff der Assimilation
zu einer Zeit verbreitete, als die Migrationsforschung gerade entstand, bildete sich
der transnationale Ansatz in einem weit entwickelten soziologischen Feld heraus.
Der transnationale Ansatz wurde zwar anfangs recht kritisch aufgenommen, aber
durchaus schnell von vielen Forscher*innen übernommen, sodass er heute als
Teil des migrationssoziologischen Mainstream gesehen werden kann. Aufgrund
des daraus resultierenden lebhaften Dialogs veränderte sich das Konzept seit seiner anfänglichen Formulierung in mancherlei Hinsicht (vgl. Levitt & Jaworsky
2007). Im Verlauf der Zeit befasste sich die Debatte um transnationale Phänomene in der Migration auch mit allgemeineren sozialwissenschaftlichen Themen wie
Nationalismus, methodologischem Nationalismus (Amelina & Faist 2012), der Essenzialisierung ethnokultureller Gruppen, kultureller Diversität bzw. Heterogenitäten, sozialen Ungleichheiten und Grenzziehungsprozessen (vgl. Kapitel 10).

   Mit einem transnationalen Ansatz wollten die Pionierinnen dieses Ansatzes
die charakteristischen Eigenschaften der gegenwärtigen Migrationsbewegungen
erfassen, die sich im Geflecht der Transaktionen zwischen globalem Süden und
globalem Norden im kapitalistischen Weltsystem herausgebildet haben (Basch
et al. 1994). Der Begriff bereichert seit Anfang der 1990er-Jahre die Migrationsforschung; einer Zeit des großen Optimismus hinsichtlich der Neugestaltung einer neuen Weltordnung nach dem Kalten Krieg. In dieser Zeit lebte auch die Idee
von (ökonomischer) Entwicklung durch Migration wieder auf: Migrant*innen gal-
ten in den Augen der Weltbank und anderer internationaler Organisationen als
Entwicklungsagent*innen und Angehörige der Diaspora (Faist 2008). Sichtbar ist

Anmerkung: Aktualisierte und gekürzte Übersetzung von Faist, T., 2013: Transnationalism.
S. 449–459 in: S. J. Gold & S. J. Nawyn (Hrsg.), Routledge International Handbook of Migration
Studies. London und New York: Routledge.

https://doi.org/10.1515/9783110680638-007

aber spätestens seit den 2010er-Jahren auch wieder die zunehmende Migration von Geflüchteten, die aufgrund von politischen Konflikten und Instabilität in ehemals kommunistischen Staaten in und aus Ländern des globalen Südens migrierten. Diese Migrationen haben nicht nur in Nationalstaaten mit einer langen Einwanderungsgeschichte, etwa den Siedlerkolonien USA, Kanada, Südafrika und Australien, zu Veränderungen geführt, sondern auch in Ländern, die bis vor kurzem nicht als Einwanderungsländer in Erscheinung getreten waren, so etwa etliche europäische Länder sowie in geringerem Maße Japan und, aufgrund regionaler Konflikte, heutzutage etwa die Türkei und der Libanon. All diese Migrationen sind auch Teil umgreifender sozialer Transformationen (Castles et al. 2015), charakterisiert durch den Wandel kapitalistischer Wirtschaft in einer neuen, (post-) industriellen Epoche, neue und zusätzliche Orte der Niederlassung (immer mehr Länder auf der Welt werden sowohl Herkunfts- als auch Zielländer), veränderte ethnokulturelle Zusammensetzungen von Bevölkerungen, Wandel in den Regelungen des Zugangs zu Staatsbürgerschaft sowie eine globalisierte Populärkultur und die erweiterten Möglichkeiten quasi-simultaner Kommunikation über große Distanzen hinweg. All diese Veränderungen, so die Forscher*innen der ersten Welle des transnationalen Ansatzes, bedürfen neuartiger begrifflicher Werkzeuge, um die Auswirkungen der gegenwärtigen Migrationen in Ziel-, Transit- und Herkunftsländern zu verstehen (vgl. Faist et al. 2014).

Der Begriff „transnational" bezieht sich hier auf stabile, fortdauernde Transaktionen an mehreren Orten über staatliche Grenzen hinweg. Transnationale Formationen sind in lebensweltlichen, persönlichen Interaktionen auf der einen sowie den Funktionssystemen ausdifferenzierter Sphären oder Felder wie der Wirtschaft, der Politik, dem Recht, der Wissenschaft und der Religion auf der anderen Seite verortet. Ob transnationale Interaktionen – also Kommunikation zwischen sozialen Akteur*innen – regionaler oder globaler Natur sind, ist eine empirische Frage. Im weiteren Sinne befassen sich *Transnational Studies* (Khagram & Levitt 2008) zumeist mit Themen wie Netzwerken von Migrant*innen, Händler*innen und ethnischen Geschäftskonstellationen, grenzübergreifenden Beziehungen unter (Rückkehr-)Migrant*innen, Diasporas und Entwicklung, Eingliederung von Migrant*innen in Herkunfts-, Ziel- und Weiterwanderungsregionen – aber auch mit sozialen Bewegungen und Lobbynetzwerken, die als Folge von Migration entstehen, aber nicht unbedingt physische Mobilität erfordern.

Dieser Beitrag gibt einen Überblick zu transnationalen Ansätzen in der Migrationsforschung. Nach einer ersten Annäherung an das Forschungsfeld geht es um eine Aufschlüsselung des transnationalen Ansatzes in die zentralen Konzepte Transnationalisierung, transnationale soziale Räume und Transnationalität. Ein zweiter Teil behandelt strittige Themen wie transnationale Praktiken in der Vergangenheit und in der Gegenwart und das Ausmaß von transnationalen Beziehungen unter Migrant*innen. Zum Abschluss wird die Verknüpfung transnationaler Forschung mit der Analyse von Grenzziehungen zwischen Gruppen diskutiert.

Aufschlüsselung des Begriffs „transnational"

Der transnationale Ansatz geht auf die Beobachtung zurück, dass Migrant*innen nicht einfach Grenzen überqueren, um anderswo zu leben, sondern häufig auch grenzübergreifende Transaktionen wie etwa finanzielle Überweisungen oder politische Aktivitäten als Strategien der Verbesserung von Lebensbedingungen nutzen. Obwohl dies kein neues Phänomen darstellt, so ist diese Entwicklung heute viel intensiver als noch vor etwa hundert Jahren zu beobachten. Heutzutage findet Migration in einer Welt statt, in der Zeit und Raum komprimiert sind (Harvey 1990). So sind Flugreisen günstiger als je zuvor und dank technischer Entwicklungen wie dem Internet und sozialen Medien war es nie einfacher, in Kontakt zu bleiben und relativ schnell große räumliche Distanzen zu überbrücken.

Nina Glick Schiller, Linda Basch und Christina Szanton Blanc (Basch et al. 1994) gingen von drei Fällen aus, um die Notwendigkeit einer Konzeptualisierung transnationaler Interaktionen zu veranschaulichen. Das erste Beispiel handelte von einem haitianischen Verein in New York. Die Aktivitäten dieses Vereins bezogen sich vor allem auf die Eingliederung der Migrant*innen in die Stadtgesellschaft. Doch initiierte er auch zahlreiche Entwicklungsprojekte in Haiti. Glick Schiller und ihre Kolleginnen argumentierten, dass sich diese Vereine auf Wechselseitigkeit von jenen der Vergangenheit unterschieden, die damals dazu dienten, sich der Bedürfnisse von Immigrant*innen, im Zuge ihrer Eingliederung, anzunehmen (Basch et al. 1994: 145–224). Im Mittelpunkt eines zweiten Beispiels standen hochqualifizierte Immigrant*innen aus Grenada, die sich an den dortigen Minister für Landwirtschaft und Entwicklung wandten: Die Migrant*innen seien sowohl Staatsbürger*innen Grenadas, die Freunde und Verwandte, welche im Heimatland geblieben sind, beeinflussen, als auch Angehörige einer ethnischen Minderheit in den USA, die sich bemühen, wirtschaftliche und politische Entscheidungen in der Aufnahmegesellschaft mitzugestalten. Das dritte Beispiel betrachtete Migrant*innen aus den Philippinen und die *Balikbayan*-Kiste, eine formalisierte und regulierte Form von Rücküberweisungen. Dieser letzte Fall legt nahe, dass Rücküberweisungen nicht neu sind, dass aber die Regierungen der Heimatländer zunehmend an positiven Beziehungen zu im Ausland lebenden Staatsbürger*innen interessiert sind, wenn dies mit wirtschaftlichen Vorteilen für das Herkunftsland einhergeht.

Der Begriff „transnational" findet auf zwei Arten Verwendung. Im weiten Sinne kann darunter jegliche Art grenzübergreifender Transaktionen fallen, selbst so flüchtige wie eine Urlaubsreise ins Ausland. Allerdings wird hier der Begriff in einem engeren und spezifischeren Sinne verwendet. Er bezeichnet Prozesse, in denen Migrant*innen relativ dauerhaft in sozialen Beziehungen über Ländergrenzen hinweg involviert sind. Viele Migrant*innen leben in Sozialräumen, die politische, geografische und kulturelle Grenzen überspannen. Ihr Leben spielt sich auf beiden Seiten der nationalstaatlichen Grenzen und quer dazu ab und verbindet somit zwei oder mehr Gesellschaften in einem gemeinsamen transnationalen sozialen Raum.

Dabei ist zu beachten, dass transnationale Bindungen nicht nur im Kontext grenzüberschreitender Migration entstehen können. Solche Bindungen können auch zwischen nationalen Minderheiten und ihren Patronagestaaten bestehen, wie bspw. die große Zahl „ethnischer" Ungar*innen, die als Folge von neuen Grenzen nach Kriegen außerhalb der heutigen Staatsgrenzen Ungarns in der gegenwärtigen Slowakei und in Rumänien lebt. Es macht allerdings gerade für das Selbstverständnis der jeweiligen Minderheitengruppen einen Unterschied, ob die Beziehung mit einem externen Heimatland durch Menschen entstanden ist, die Grenzen überquerten, wie im Falle internationaler Migration, oder durch die Veränderung von Grenzen als Ergebnis von Friedensverträgen nach Kriegen, wie im Falle der Ungarn. Folglich spielt es auch eine Rolle, ob die Immigrant*innen sich erst kürzlich angesiedelt haben und über ein Gebiet verstreut leben oder ob eine ansässige ethnische bzw. nationale Minderheit seit vielen Generationen kontinuierlich in einem bestimmten Gebiet gelebt hat und möglicherweise sogar über Minderheitenrechte verfügt (Waterbury 2010).

Weitere Felder, in denen grenzüberschreitende Transaktionen beobachtet werden können, sind transnationale soziale Bewegungen (della Porta & Tarrow 2005; von Bülow 2010), Advocacy-Netzwerke in Politikfeldern wie Menschenrechten, Frauenrechten oder Umwelt (Conway 2017; Hale 2020; Keck & Sikkink 1998), Netzwerke krimineller Banden und Organisationen (Reichel & Albanese 2014), zivilgesellschaftliche Organisationen im Bereich der Sozial- und Arbeitsnormen (Faist 2019: Kapitel 4) sowie religiöse Gemeinschaften (Özkul 2019). In all diesen Fällen sind es nicht vorrangig Migrant*innen, die transnationale Praktiken und Bindungen eingehen und aufrechterhalten, sondern relativ immobile Personen und Organisationen, die über die Grenzen hinweg kommunizieren und Denkweisen und Waren austauschen. Grenzüberschreitende Migration ist dabei deshalb ein besonders geeignetes Feld für die Untersuchung transnationaler Prozesse, weil so beobachtet werden kann, wie Individuen, Gruppen und Organisationen tatsächlich in Transaktionen über die Grenzen nationaler Staaten hinweg involviert sind. Das ist in Bezug auf ihre Lebenswelten sowie in Bereichen wie Bildung und Ausbildung, Arbeitsmarkt, Wirtschaft, Kultur und Politik möglich.

Es bedarf an dieser Stelle einer Bemerkung zur Terminologie. Als das Wort „transnational" erstmals in den frühen 1990er-Jahren speziell in der Migrationsforschung Verwendung fand, war der Begriff „Transnationalismus" dominant. Allerdings sind „Staat" und „Nation" nicht notwendigerweise kongruent. Es gibt schließlich mehrere staatenlose Nationen auf der Welt. Daher wird teilweise auch der Begriff „transstaatlich" verwendet, um auf den territorialen Faktor internationaler Migration zu verweisen, und „transnational", um Verbindungen zwischen Kollektiven zu beleuchten (Faist 2000b; Fox 2005: 172). Es ist wichtig, jeweils anzugeben, auf welcher Ebene – global, regional (z. B. Europäische Union), nationalstaatlich, lokal – sich die Bindungen und Aktivitäten auf Kollektive wie Familie, Haushalt, Netzwerk, Organisation, Nation und lokale Gemeinschaft (daher etwa der Begriff „translokal") beziehen. Demzufolge ist „transnational" ein Sammelbegriff, der für unterschiedliche Verwendungen jeweils präzisiert werden muss. Die folgende Darstellung bezieht sich auf diese Begriffe und nicht auf „Transnationalismus", denn dieser Begriff könnte aufgrund des „-ismus" leicht als eine Ideologie missverstanden werden.

Es lassen sich drei Schlüsselkonzepte unterscheiden, die in Bezug auf Migrationsforschung relevant sind: Transnationalisierung, transnationale soziale Räume und Transnationalität. Interessanterweise entsprechen sie drei aufeinander folgenden Generationen transnationaler Forschung: Transnationalisierung als Beschreibung der Praktiken nicht staatlicher Akteur*innen wie Stiftungen, Verbänden, politischen Parteien und Unternehmen über Staatsgrenzen hinweg entspricht den Theorien der „transnationalen Beziehungen" in der politikwissenschaftlichen Subdisziplin der internationalen Beziehungen in den 1960er- und 1970er-Jahren. Das Konzept transnationale soziale Räume als grenzübergreifende Sozialstrukturen entstand als Begriff in der Soziologie und Sozialanthropologie in der zweiten Hälfte der 1990er-Jahre. Schließlich ist Transnationalität ein neueres Konzept, das transnationale Bindungen von Personen als Heterogenitätsmerkmal beschreibt. Jedoch haben diese Konzepte einander nicht ersetzt. Alle drei ergänzen sich und sind für ein transnational orientiertes Forschungsprogramm hilfreich.

Transnationalisierung als grenzübergreifende Prozesse

Grenzübergreifende Transaktionen können als Prozesse und Sequenzen gesehen werden, also als Transnationalisierung, die sich auf Bindungen, Ereignisse und Aktivitäten über die Grenzen mehrerer Nationalstaaten hinweg bezieht. Transnationalisierung nimmt vor allem nicht staatliche Akteur*innen in den Blick. Dabei dürfen allerdings nicht die Staaten vergessen werden, die bspw. territoriale Grenzen, Aufenthalt, wirtschaftliche Aktivitäten und den Zugang zu Rechten regulieren. Das „*Oxford Dictionary of English*" datiert die Entstehung des Begriffs „transnational" auf den Zeitraum um 1920 und beschreibt das ökonomische Leben in Europa als von seiner „internationalen oder eher transnationalen Wirtschaft" geprägt. Der Begriff tauchte erst wieder in den späten 1960er-Jahren als „transnationale Beziehungen" im Bereich der internationalen Beziehungen in der Politikwissenschaft auf und beschrieb die zunehmenden wirtschaftlichen und politischen Abhängigkeiten zwischen westlichen Industrieländern. Dabei bezog er sich auf Prozesse, zu denen nicht staatliche Akteur*innen, wie einflussreiche multinationale Konzerne, aber auch politische Assoziationen, wie die Sozialistische Internationale, oder religiöse Gemeinschaften, wie die katholische Kirche, gehören. Politikwissenschaftler*innen gingen über einen Staatszentrismus und die Vorstellung von Staaten als Billardkugeln in den internationalen Beziehungen hinaus und hinterfragten die Rolle von mächtigen nicht staatlichen Organisationen in ihren Wirkungen auf Staaten (Keohane & Nye 1977). Der Begriff verschwand mit dem Beginn des Globalisierungsdiskurses seit den späten 1970er-Jahren aus den einschlägigen Debatten. Möglicherweise hing dies damit zusammen, dass viele Globalisierungsstudien mit ihrer Top-down-Sicht das Interesse darauf lenkten, wie nationalstaatliche Volkswirtschaften durch stetig zunehmende internationale Kapitalflüsse verändert wurden.

Transnationalisierung unterscheidet sich von Internationalisierung darin, dass letzterer Begriff sich mit Bindungen, Ereignissen und Prozessen befasst, die ausschließlich Staaten betreffen. Ein Beispiel dafür sind internationale Regelwerke, wie die Genfer Konvention von 1951 und deren Folgeprotokolle, die den Auftrag zum Schutz von Flüchtlingen wahrnimmt (vgl. Kapitel 4). Transnationalisierung unterscheidet sich auch von Globalisierung. Globalisierungsforschung nimmt eine Vogelperspektive ein. Sie beruht auf zwei Annahmen: erstens der Intensivierung von globaler Interdependenz und Vernetzung (Giddens 1990) und zweitens der Entstehung eines einzigen globalen Systems (Albrow 1996: 178). Der erste Aspekt deckt sich teilweise mit Transnationalisierung, die ebenfalls die Intensität und Extensität (Reichweite) von grenzübergreifenden Transaktionen in den Blick nimmt. Der zweite Aspekt betrifft speziell Globalisierung und ihre Ausprägungen in den Welttheorien. Diese Theorien beschäftigen sich damit, wie weltumspannende Strukturen und Diskurse Institutionen und Prozesse auf nationaler und lokaler Ebene beeinflussen und verändern. Gewissermaßen bewegen sie sich vom „Äußeren" zum „Inneren" und von „oben" nach „unten". Beispielhaft dafür kann die Weltsystemtheorie Immanuel Wallersteins stehen (Wallerstein 1983). Diese Theorie versucht, die Genese und Reproduktion des modernen kapitalistischen Weltsystems seit dem 16. Jahrhundert in aufeinander folgenden Phasen aus einer Makroperspektive zu erklären. Das Weltsystem kann als ein Set von ineinandergreifenden Mechanismen aufgefasst werden, das Ressourcen von der Peripherie ins Zentrum transferiert. Das Zentrum benennt dabei den wirtschaftlich entwickelten, die Peripherie den unterentwickelten Teil der kapitalistischen Welt. Während das Zentrum einen hohen Grad an technologischer Entwicklung erreicht hat und relativ aufwändig verarbeitete Produkte für Produktion und Konsum entwickelt, ist es die Rolle der Peripherie Rohstoffe, Agrarprodukte und billige bzw. willige Arbeitskräfte und damit Migrant*innen für das Zentrum zu liefern. Jenseits derartiger Welttheorien bezeichnet Globalisierung häufig nur schnelle und deregulierte Kapitalflüsse, die die Muster von Investition, die Produktionsabläufe, den Einsatz von Arbeitskraft und das Konsumverhalten verändern. Denkweisen, Technologien sowie Waren und Dienstleistungen aller Art bewegen sich aus dieser Sicht immer rascher um die Welt.[1]

Im Unterschied dazu setzt ein transnationaler Ansatz auf einer Mesoebene zwischen Makro- und Mikrofundierung grenzübergreifender Prozesse an (vgl. Kapitel 6). Es wird nicht einfach angenommen, dass grenzübergreifende Prozesse global sind. Vielmehr wird genau untersucht, welche Intensität und Reichweite derartige Prozesse aufweisen. Ausgangspunkt sind so jene Prozesse, die grenzübergreifende Aktivitäten und Strukturen konstituieren. Diese werden bspw. in Praktiken von Migrant*innen und Nichtmigrant*innen anschaulich. Grenzübergreifende Praktiken werden dabei von existierenden Strukturen beeinflusst und verändern diese dabei umgekehrt auch wieder (Faist 2000a: 211). Der Fokus auf grenzübergreifende Prozesse der Transnationalisierung ermöglicht die Konstruktion eines konzeptuellen Raumes, der mit den Begriffen „transnationale soziale Räume" und „Transnationalität" gefüllt werden kann. Damit ist es möglich, Phänomene wie Netzwerke von Migrant*innen und Unternehmer*innen, Diasporas und deren Entwicklungsaktivitäten, die Integration von Migrant*innen, aber auch grenzübergreifende soziale Bewegungen und Advocacy-Netzwerke zu erfassen.

Transnationalisierung von unten

Nina Glick Schiller und ihre Kolleginnen argumentierten, dass sich die heutigen Immigrant*innen von denen im späten 19. und frühen 20. Jahrhundert grundlegend unterscheiden. Ihrer Auffassung zufolge brachen die Immigrant*innen etwa in den USA in der Zeit vor dem Ersten Weltkrieg in der Regel ihre Bindungen zum Heimatland ab und verorteten sich damit fast ausschließlich in der

---

1 Zur Integration von anderen Welttheorien wie dem Weltkulturansatz (Meyer et al. 1997) in eine transnationale Perspektive, siehe Faist (2010).

sozio-kulturellen und politischen Welt des Immigrationslandes. Im Unterschied dazu beschreiben sie die heutigen Immigrant*innen als jene, deren Netzwerke, Aktivitäten und Lebensmuster teilweise mehrere Staaten umspannen. Diese Pionier*innen prägten zwei neue Begriffe, um diese Beobachtungen zu erfassen: „Transnationalismus" und „Transmigrant*innen" (Basch et al. 1994). Der erste Begriff bezieht sich auf den Prozess, durch den Einwander*innen soziale Formationen etablieren, die Emigrations- und Immigrationsländer verbinden. Dieses Phänomen wird hier mit Transnationalisierung beschrieben. Der zweite Begriff betrifft hingegen Migrant*innen, die ein weites Spektrum an grenzübergreifenden affektiven und instrumentellen sozialen Praktiken aufspannen. Anstatt sich durch einen Fokus auf mächtige Akteur*innen wie multinationale Konzerne, auf „Transnationalismus von oben", zu konzentrieren, wie es beim Ansatz der transnationalen Beziehungen in den internationalen Beziehungen noch der Fall gewesen war, betonten Glick Schiller et al. einen „Transnationalismus von unten", der sich mit den Aktivitäten der aus makropolitischer Sicht wohl eher unbedeutenden und schwächeren Beteiligten beschäftigt: „*Transnational political, economic, social, and cultural processes (1) extend beyond borders of a particular state but are shaped by the policies and institutional practices of a particular and limited set of states; and (2) include actors that are not states.*" (Glick Schiller & Fouron 1999: 343) Die betreffenden Transaktionen erfolgen in materieller Form, wie ein- und wechselseitige finanzielle Überweisungen, betreffen aber auch den Austausch von Ideen und soziale Praktiken in beide Richtungen.

Dieser Auffassung zufolge schließen die Zugehörigkeiten und Identitäten heutiger Migrant*innen potenziell an Kollektive in mehreren Ländern an. Diese Einsicht erfordert ein Umdenken hinsichtlich allgemein akzeptierter Vorstellungen von Klasse, Nationalismus, Ethnizität und Rasse, die – so eine transnationale Sichtweise – immer auch über den jeweiligen nationalstaatlichen Rahmen hinweg gedacht werden müssen. Horizontale Transaktionen von nicht staatlichen Akteur*innen müssen beachtet werden. Laut Glick Schiller und ihren Kolleginnen können Theorien der Assimilation und Ansätze des kulturellen Pluralismus die Eigenarten der gegenwärtigen Migration nicht hinreichend erklären (vgl. Kapitel 9). Die Autorinnen wiesen auf die multiplen und fluiden Identitäten gegenwärtiger Transmigrant*innen hin und argumentierten, dass die Gestaltung ihrer Identitäten einen Widerstand der Transmigrant*innen gegen die globalen politischen und wirtschaftlichen Verhältnisse, die sie umgeben, veranschauliche (Glick Schiller et al. 1992: 13). Auf der Grundlage von Gramscis Idee der Hegemonie werden all diese Aspekte der Identität als umkämpft und wandelbar gedacht. Bedeutsam ist diese Debatte, da demzufolge Assimilation und Multikulturalismus nicht in der Lage seien, die speziellen Eigenschaften der zeitgenössischen Einwanderung zu erfassen. Assimilation impliziere den Verlust einer früheren

Identität, während Multikulturalismus eine essenzialistische Perspektive bejahe, die ethnische Identität als unveränderlich betrachte.

Folgerichtig müssten die Sozialwissenschaften von einem exklusiven Nationalstaatsdenken losgelöst werden, was sich im Titel des Klassikers niederschlug: „*Nations Unbound*" (Basch et al. 1994). Die Autorinnen sahen daher die Notwendigkeit, Theorien von einer Perspektive nationaler in eine Perspektive globaler Systeme zu überführen. Sie betonten, dass Transnationalismus das Resultat einer kapitalistischen Weltwirtschaft sei, welche ökonomische Entwurzelung produziert habe, die Immigrant*innen wirtschaftlich verwundbar machen (Basch et al. 1994: 30–34).

Transnationale soziale Räume als grenzübergreifende soziale Strukturen

Transnationale Ansätze besagen, dass Theorien, die innerhalb eines geschlossenen Systems operieren, in dem die Analyseeinheit letztendlich ein abgeschlossener Nationalstaat ist, insofern problematisch sind, als dass sie keinen Raum für das breitere, grenzübergreifende Aktionsfeld der heutigen Migrant*innen bieten. Glick Schiller et al. betonten, dass Transnationalisierung das Produkt eines global operierenden Kapitalismus ist, durch den auch soziale Verwerfungen hervorgerufen werden, die internationale Migration als Reaktion auf Unterentwicklung erst verursachen. Insofern geht ihre Analyse mit der oben erwähnten Weltsystemtheorie von Immanuel Wallerstein einher (vgl. auch Kapitel 5). Gleichzeitig, und damit ergänzen sie diese Makrotheorie, fassen sie Migrant*innen nicht als passive Objekte auf, sondern sehen in ihnen aktive Gestalter*innen ihrer sozialen Welt. Dabei ist auch zu beachten, dass Migrationsbewegungen eine Eigendynamik erhalten, die auch relativ autonom von den ökonomischen oder sonstigen Ursachen wirken (Massey et al. 1993). Dies gilt sinngemäß auch für die Entstehung und Reproduktion transnationaler sozialer Räume (Faist 2000a: Kapitel 7). Bei transnationalen Bindungen geht es primär nicht um flüchtige Kontakte zwischen Migrant*innen und relativ immobilen Personen in den Herkunfts- und Zielländern. Ganz im Gegenteil, dieser Blick auf das „Globale" im „Lokalen" konzentriert sich nicht nur auf vertikale Betrachtungen zwischen „unten" und „oben", sondern auch horizontal auf dichte und kontinuierliche Bindungen über nationalstaatliche Grenzen hinweg, die transnationale soziale Räume bilden (Pries 2008). Diese Räume bestehen aus Kombinationen von Bindungen und deren Inhalten, Positionen in Netzwerken und Organisationen sowie Netzwerken oder Organisationen, die sich zwischen mindestens zwei Nationalstaaten aufspannen. Solche sozialen Formationen können aus familiären und persönlichen Praktiken bestehen, aber auch funktional differenzierte Sphären einschließen, so etwa Politik und Wirtschaft. Transnationale soziale Räume sind dynamische soziale Prozesse und stehen einer statischen Vorstellung von Bindungen und Positionen entgegen (Faist 2000a: 13; vgl. Kivisto 2001). Der Begriff bezieht sich somit auf grenzübergreifende nachhaltige und kontinuierliche plurilokale Transaktionen, d. h. Kommunikation über Orte in mehreren Staaten hinweg (Pries 2008). Die regelmäßigen Transaktionen verknüpfen sich zu sozialen Strukturen, die wiederum Praktiken beeinflussen. Akteur*innen in transnationalen sozialen Räumen können Individuen, Gruppen oder Organisationen und sogar Staaten sein. Ob solche grenzübergreifenden Transaktionen vom Umfang her global oder nur regional sind, ist im Unterschied zur Betrachtung in der Globalisierungsdiskussion eine empirische Frage.

Verschiedene Typen von transnationalen sozialen Räumen können in Abhängigkeit von ihrem Formalisierungsgrad unterschieden werden. Der Formalisierungsgrad bezieht sich sowohl auf die internen Merkmale der Gruppenorganisation als auch auf das Ausmaß gemeinsamer oder geteilter Werte und Symbole. Das Spektrum reicht von Netzwerken mit einem geringen Maß an Formalisierung bis hin zu hochgradig formalisierten Institutionen. Organisationen sind durch ein hohes Maß an formalisierten Beziehungen gekennzeichnet, z. B. in Form von Hierarchie und Kontrolle. Gemeinschaften weisen auch ein hohes Maß an Formalisierung auf, wenn auch nicht hinsichtlich ihrer inneren Organisationsstruktur, sondern vielmehr im Hinblick auf ihre gemeinsamen Werte und Symbole. Es gibt vier Idealtypen transnationaler Räume: Zonen des Kontaktes und der Diffusion; Kleingruppen, insbesondere Verwandtschaftssysteme; themenbezogene Netzwerke; sowie Gemeinschaften und Organisationen (Abbildung 7.1).

Formalisierungsgrad	
Niedrig: Netzwerke	**Hoch: Institutionen**
(1) *Diffusion*: z. B. Felder des Austauschs von Waren, Kapital, Personen, Informationen, Ideen und sozialen Praktiken	(2) *Verwandtschaftsgruppen*: z. B. Haushalte, Familien
(3) *Themenbezogene Netzwerke*: z. B. Netzwerke von Geschäftsleuten, epistemische Netzwerke, Lobbynetzwerke	(4) *Gemeinschaften und Organisationen*: z. B. religiöse Gruppen, politische Parteien, Unternehmen

Abb. 7.1: Typen transnationaler sozialer Räume (Quelle: eigene Darstellung)

(1) *Diffusion in Kontaktfeldern*: In diese Kategorie fallen Prozesse wie der Austausch von Gütern, Kapital und Dienstleistungen zwischen Unternehmen

oder soziale Praktiken von Gruppen. An diesen Transaktionen beteiligte Personen und Gruppen stehen nicht notwendigerweise in fortdauerndem oder engem Kontakt miteinander. Bisweilen begegnen sich Fremde auf dem Marktplatz oder an Urlaubsorten. Grenzüberschreitende Verbindungen zwischen Individuen und Organisationen mögen auch zu sprachlicher Diffusion führen, z. B. wenn Fachbegriffe einer Sprache entliehen und in eine andere integriert werden. Auch lassen sich soziale und kulturelle Praktiken finden, die sich über Grenzen hinweg ausbreiten – wie etwa das Handlungsrepertoire sozialer Bewegungen. Unter Immigrant*innen können Prozesse beobachtet werden, die auf kulturelle Diffusion vom Herkunfts- ins Zielland hinweisen. So brachten Kurd*innen ihre Neujahrsfeier (*Newroz*) nach Deutschland, wo sie zu einem wichtigen Symbol einer kurdischen Identität wurde.

(2) *Kleingruppen und Verwandtschaftssysteme*: Hochgradig formalisierte, grenz-überschreitende Beziehungen innerhalb kleiner Gruppen wie Haushalte und Familien sind typisch für viele Migrant*innen. Familien mögen an unterschiedlichen Orten leben, weil ein oder mehrere Mitglieder im Ausland einen Arbeitsvertrag haben (wie die einstigen „Gastarbeiter*innen" in Deutschland) oder für multinationale Konzerne im Ausland tätig sind (wie etwa *expatriate managers*). Haushalte und Familien sind durch ein hohes Maß an Verbundenheit zum gemeinsamen Herkunftsort gekennzeichnet. Ein klassisches Beispiel für solche Beziehungen sind transnationale Familien, die sich als wirtschaftlich-solidarischer Verbund verstehen und neben dem Hauptwohnsitz einen Schattenhaushalt in einem anderen Land unterhalten. Transnationale Familien nutzen die sozialen Bindungen innewohnenden Ressourcen wie Reziprozität und auch mit symbolischen Bindungen einhergehende Ressourcen wie Solidarität. Rücküberweisungen werden zumeist vom Ausland aus zu jenen transferiert, die sich weiterhin um den Haushalt im Herkunftsort kümmern. Es lassen sich auch Überweisungen von den Herkunfts- in die Zielländer beobachten (*reverse remittances*), um bspw. Migrant*innen beim Erwerb einer Arbeits- und Aufenthaltsgenehmigung zu unterstützen (z. B. Mazzucato 2010) oder die Studiengebühren von Kindern zu finanzieren, die an Universitäten im globalen Norden studieren (vgl. Kapitel 14).

(3) *Themenbezogene Netzwerke*: Hierbei handelt es sich um Verbindungen zwischen Personen und Organisationen, die Informationen und Dienste austauschen, um ein gemeinsames Ziel zu erreichen. Solche Verbindungen mögen sich zu Lobbygruppen (z. B. für Menschenrechte), geschäftlichen Netzwerken oder wissenschaftlichen Netzwerken (z. B. Jöns 2009) verdichten. Oft gibt es einen gemeinsamen Diskurs über ein Thema wie Menschenrechte oder eine Profession und bisweilen gelten solche Netzwerke gar als der Kern einer „globalen Zivilgesellschaft" (vgl. Keane 2003). Im Gegensatz zu Organisatio-

nen mit formaler Mitgliedschaft ist der Zugang zu diesen Netzwerken nicht streng beschränkt. Themenbezogene Netzwerke blicken im Bereich der Menschenrechte auf eine lange Tradition zurück und gewinnen auch in puncto Umweltzerstörung und Umweltschutz an Bedeutung. Darüber hinaus entstehen sie auch unter Migrant*innen, die aus Drittstaaten in die Europäische Union (EU) migriert sind. Was geschäftliche Netzwerke betrifft, stellen Menschen aus Auswanderungsländern, die im Ausland leben, eine wichtige Quelle finanzieller Transfers und Investitionen dar, sowohl in ihrer Rolle als Unternehmer*innen in den Zielländern, in denen sie sich angesiedelt haben, als auch mit Bezug auf ihre Herkunftsländer (z. B. Saxenian 2002). Die Regierungen von Auswanderungsländern haben in zunehmendem Maße Programme initiiert, um Investitionen von Emigrant*innen anzulocken (vgl. Kapitel 8). Das weltweit bei weitem größte System transnationaler Netzwerke – ein System miteinander verbundener lokaler, nationaler und regionaler Netzwerke – ist jenes von Geschäftsleuten aus China, die Handel betreiben, indem sie unter Nutzung ihrer translokalen und ethnischen Verbindungen Informationen über Märkte sowie über Beratung und Dienstleistungen bei der Besetzung von Arbeitsstellen weitergeben. Solche Verbindungen mildern die Probleme, die mit der Vollziehung von Verträgen verbunden sind und liefern wertvolle Informationen über Handelsgelegenheiten.

(4) *Transnationale Gemeinschaften und Organisationen*: Gemeinschaften und Organisationen stellen hochgradig formalisierte Typen transnationaler sozialer Räume mit einem inhärenten Potenzial für eine lange Lebensdauer dar. Enge symbolische Verbindungen sind charakteristisch für transnationale Gemeinschaften, wohingegen eine formalere interne Hierarchie und systematisch strukturierte Kontrollen über soziale Verbindungen in transnationalen Organisationen existieren.

– *Transnationale Gemeinschaften*: Transnationale Gemeinschaften[2] umfassen enge und beständige Verflechtungen, die durch ein hohes Maß an Vertrautheit, emotionaler Tiefe, moralischer Verpflichtungen und sozialer Kohäsion gekennzeichnet sind. Transnationale Gemeinschaften können sich auf verschiedenen Aggregationsebenen entwickeln. Die einfachste Form besteht aus dörflichen Gemeinschaften in Systemen zwischenstaatlicher Migration. Mitglieder solcher Gemeinschaften, die im Ausland leben oder zurückgekehrt sind, investieren teilweise in öffentliche oder private Projekte zugunsten der jeweiligen Gemeinschaft. Die zentrale Form transnationaler Gemeinschaften bilden größere, grenz-

---

2 Genauer wäre im Sinne von Max Webers Unterscheidung von „Vergemeinschaftung" und „Vergesellschaftung" der Begriff „vergemeinschaftete soziale Einheiten" (Faist & Ulbricht 2014).

überschreitende religiöse Gruppen und Kirchen. Weltreligionen wie das Judentum, das Christentum, der Islam, der Hinduismus und der Buddhismus existierten schon lange bevor moderne Nationalstaaten entstanden. Diasporas gehören ebenfalls in die Kategorie transnationaler Gemeinschaften. Dieses Konzept hat in den letzten Jahrzehnten eine Wiederbelebung als transnationaler Akteur erfahren. Der Begriff Diaspora durchlief eine sehr wechselvolle Geschichte. Ursprünglich diente er dazu, die Zerstreuung der Juden nach der Zerstörung des Zweiten Tempels in Jerusalem zu beschreiben; später bezog sich das Konzept auf Minderheitssituationen religiöser Gemeinschaften, bis der Begriff schließlich vorwiegend für ethnische bzw. ethno-religiöse und nationale Minderheiten im Ausland verwendet wurde. Im Allgemeinen teilen Mitglieder einer Diaspora gemeinsame Erinnerungen an ein verlorenes oder Visionen von einem vorgestellten, zu schaffenden Heimatland und eine Rückkehr dorthin, während das Zielland der jeweiligen Minderheit oft die umfassende Anerkennung ihrer kulturellen Besonderheiten verwehrt (vgl. Gold 2002). Es ist zweckmäßig, sich Diaspora nicht als eng umgrenzte politische und kulturelle Gemeinschaft vorzustellen, sondern als politischen Anspruch zu sehen (Brubaker 2005: 12).

Der Begriff Diaspora wird oftmals von nationalistischen Gruppen benutzt, die eine Nationalstaatsbildung forcieren. Auch Regierungen nutzen den Begriff, um auf die Ressourcen „ihrer" Emigrant*innen im Ausland zurückzugreifen, diese zu kontrollieren oder als Patronagestaat die in einem anderen Land lebenden eigenen ethnischen Minderheiten zu schützen. In jüngster Zeit verwenden auch einige Herkunftsländer von Migrant*innen den Begriff Diaspora, um Investitionen von Emigrant*innen anzukurbeln, Tourismus von (ehemaligen) Bürger*innen und deren Nachkommen zu befördern, sowie die politische Loyalität wirtschaftlich erfolgreicher Emigrant*innen zu stärken. Im weiteren Sinne kann so Diaspora als mögliches Ergebnis der politischen Mobilisierung innerhalb transnationaler sozialer Räume begriffen werden.

– *Transnationale Organisationen*: Eine Frühform transnationaler Organisationen – zwischenstaatliche Nichtregierungsorganisationen (*international non-governmental organization*, INGOs) – entwickelte sich aus themenbezogenen Netzwerken wie dem Roten Kreuz, Amnesty International und Greenpeace. Im Gegensatz dazu stehen Organisationen, die in einem bestimmten Land angesiedelt sind, deren Einflussbereich sich aber auch ins Ausland erstreckt, wie z. B. die ethno-nationalistische kurdische Arbeiterpartei PKK (türk. *Partiya Karkerên Kurdistanê*). Transnationale Unternehmen bilden einen weiteren Typ transnationaler Organisationen.

Es stellt sich die Frage, welche Implikationen transnationale Bindungen für die Adaptation von Migrant*innen in Immigrationsländern haben. Metaphorisch gesprochen wird Assimilation mit dem Bild „der Entwurzelten" (Handlin [1951] 1973) verbunden, und Multikulturalismus mit „den Verpflanzten" (Bodnar 1985). Eine angemessene transnationale Metapher mag, in Anlehnung an den Schriftsteller Salman Rushdie, die Idee der „übersetzenden Menschen" sein (Rushdie 1995). Dies bedeutet, dass Migrant*innen fortwährend Sprachen, Normen sowie soziale und symbolische Bindungen übersetzen. Sie bilden eine Vorstellung ihrer Identität und ihrer Gemeinschaft heraus, allerdings nicht zwangsläufig auf der Grundlage von Verlust oder von Verpflanzung. Es ist nicht notwendig, dass Individuen zugleich in zwei Welten oder zwischen Kulturen in einem totalen, ortsunabhängigen „globalen Dorf" leben. In jedem Fall aber müssen Gemeinschaften ohne räumliche Nähe (*communities without propinquity*) durch Austausch, Reziprozität und Solidarität miteinander verbunden sein, um ein gewisses Maß sozialer Kohäsion und einen gemeinsamen Fundus symbolischer und kollektiver Repräsentationen zu entwickeln (Faist 1998).

Alternativ zum Konzept transnationaler sozialer Räume werden häufig auch transnationale soziale Felder verwendet (Levitt & Glick Schiller 2004; vgl. Smith & Guarnizo 1998). Die Begriffe schließen einander nicht aus, verweisen allerdings auf verschiedene, wenn auch verwandte Sachverhalte. Das Konzept transnationale soziale Räume bezieht sich auf einen weiten Sozialraumbegriff (Faist 2004). Transnationale soziale Felder hingegen beziehen sich auf sozial differenzierte Entitäten, die eine gewisse Eigenlogik besitzen; also etwa Politik, Wirtschaft, Religion, Kunst (vgl. Kapitel 15), Recht oder Wissenschaft. Jedes dieser Felder ist durch eigene Regeln und Gegensätze geprägt, so etwa im politischen Feld: Macht haben bzw. ausüben vs. keine Macht haben. Somit ist der Begriff des sozialen Feldes gewissermaßen mit dem des Sozialsystems verwandt. Welches der beiden transnationalen Konzepte oder ob gar beide genutzt werden, hängt vom jeweiligen Erkenntnisinteresse ab. Analysen, welche die lebensweltliche Verankerung grenzübergreifender Prozesse betonen, werden eher transnationale soziale Räume verwenden, während Studien, welche die Eigenlogik sozialer Prozesse erfassen wollen, den Feldbegriff nutzen.

Transnationalität als Heterogenität

Während der Begriff transnationale soziale Räume auf die dauerhafte Verkettung und Institutionalisierung grenzübergreifender Bindungen und Praktiken verweisen, bezieht sich Transnationalität als drittes Schlüsselkonzept auf die Ausprägung dieser Bindungen und Praktiken auf der Ebene von Akteur*innen. Transnationalität bezieht sich auf die Intensität von grenzüberschreitenden Bindungen zwischen Individuen, Gruppen oder Organisationen und stellt ein Kontinuum von losen zu engen Bindungen dar. Zu transnationalen Praktiken gehören etwa das Senden von Rücküberweisungen von Migrant*innen in ihr Herkunftsland bzw. umgekehrte Überweisungen vom Herkunftsland an Emigrant*innen. Weiterhin fallen darunter Kontaktpflege über Medien oder Reisen. Zu den anspruchsvollen Formen von Transnationalität zählen bspw. politisches Engagement für das bzw. im Herkunftsland oder wirtschaftliche Investitionen (Faist 2000b). Ein hohes Maß an Transnationalität macht es wahrscheinlicher, dass in Familien- und Freundeskreisen informeller sozialer Schutz über Grenzen hinweg organisiert wird, wohingegen ein geringes Maß an Transnationalität die Bedeutung einer Orientierung an lokal begrenzten Verbindungen und Praktiken sozialer Sicherung unterstreicht (siehe Bilecen & Sienkiewicz 2015 für eine Operationalisierung von Transnationalität).

Transnationalität bezeichnet also die Intensität von sozialen Aktivitäten von Akteur*innen – Personen, Gruppen, Gemeinschaften und Organisationen – über nationalstaatliche Grenzen hinweg. So gesehen stellen transnationale Bindungen einen Indikator für Heterogenität dar, ähnlich wie Alter, Geschlecht, Staatsbürgerschaft, sexuelle Orientierung, kulturelle Vorlieben und Sprache. Transnationale Bindungen können also als ein Kontinuum von niedrig bis hoch verstanden werden, d. h. von sehr wenigen und kurzlebigen bis hin zu vielfältigen und dichten Bindungen. Beispielsweise können Migrant*innen unterschiedlich hohe Geldbeträge oder überhaupt kein Geld überweisen. Für unsere Zwecke heißt das auch, dass Migrant*innen und Nichtmigrant*innen nicht einfach als transnational oder nicht transnational kategorisiert werden können, sondern dass Transnationalität in unterschiedlichem Maße auftritt. Transnationalität ist charakterisiert durch Transaktionen von unterschiedlicher Intensität und in unterschiedlichen Lebensphasen. Sie ist nicht auf räumliche Mobilität begrenzt. So können sich z. B. auch sesshafte Familienangehörige von Migrant*innen an transnationalen Aktivitäten beteiligen.

Transnationalität bedeutet kein „entweder – oder" im Hinblick auf Herkunfts- und Aufnahmeland. Viele der frühen transnationalen Studien stellten allerdings in dichotomer Weise die sogenannten Transmigrant*innen den klassischen internationalen Migrant*innen gegenüber. Ein Beispiel verdeutlicht die mit einer solchen Unterscheidung verbundenen Probleme: Ungefähr ein Viertel aller mexikanischen Migrant*innen in den USA können als transnational klassifiziert werden, d. h. sie verfügen über grenzübergreifende Bindungen, wie das Senden von Überweisungen an Familien oder Dorfgemeinschaften, Reisen ins Herkunftsland oder ein fortgesetztes Interesse an politischen Vorgängen im Herkunftsland (Donato et al. 2010). Transnationalität bezieht sich dabei nicht auf Entweder-oder-Praktiken, sondern variiert erheblich in einem Spektrum von wenig bis viel. Darüber hinaus wird durch eine bloße Gegenüberstellung von Transmigrant*innen und klassischen Arbeitsmigrant*innen der Aspekt der räumlichen Mobilität zu stark hervorgehoben. Die Rolle relativ immobiler Haushalts- oder Verwandtschaftsangehöriger, die internationale Migration häufig erst ermöglichen, sowie der grenzübergreifende Austausch von Denkweisen und grundlegenden symbolischen Bindungen werden nicht ausreichend in Betracht gezogen. Nicht alle Individuen und Gruppen, die zur Ausbildung transnationaler Bindungen in transnationalen sozialen Räumen beitragen, überqueren regelmäßig als Personen die Grenzen von mehreren Nationalstaaten. Es sind nicht nur die neu um- und angesiedelten Migrant*innen, sondern auch deren mitunter immobile Familienmitglieder, ebenso wie niedergelassene Migrant*innen, die transnationale Praktiken pflegen. Zudem sind auch Personen an grenzübergreifenden Transaktionen beteiligt, die weder selbst migriert sind noch mit Migrant*innen in Bezug stehen, sondern etwa aufgrund ihrer Arbeit mit Personen im Ausland Verbindungen pflegen (Mau 2007).

Das Konzept Transnationalität adressiert auch einen weiteren Kritikpunkt an transnational orientierter Forschung. Von besonderer Bedeutung ist ein von Alejandro Portes (2001) eingebrachter Einwand, der darauf hinweist, dass viele Forscher*innen in eine methodologische Falle laufen, indem sie ausschließlich mit Ergebnissen aus ethnografischen Fallstudien arbeiten und dadurch die Bedeutung transnationaler Phänomene überschätzen. In anderen Worten sollten Verzerrungen in transnationaler Forschung vermieden werden, indem sich nicht nur Fälle in der Stichprobe finden, in denen transnationale Phänomene vorliegen, da nicht jede*r Migrant*in starke transnationale Bindungen unterhält und transnationale Aktivitäten daher nicht auf die gesamte Population der Migrant*innen verallgemeinert werden sollten (vgl. Kapitel 11 und 12).

Die Konzeptualisierung von Transnationalität als Heterogenität hilft auch, die Bedeutung grenzübergreifender Beziehungen für die Wahrnehmung sozialer Ungleichheiten zu erfassen. Denn Transnationalität verweist auf die Möglichkeit, dass Migrant*innen und ihre Angehörigen simultan in verschiedenen Systemen sozialer Stratifikation in Regionen von Immigration, Emigration und Transit verortet sind (Faist 2014). Die „objektiven" sozialen Positionen in den jeweiligen Sozialstrukturen werden über soziale Vergleiche für die Selbstverortung, also die „subjektiven" sozialen Positionen, relevant. Dabei ist zu berücksichtigen, dass derartige Vergleiche in der Regel mit Personen bzw. Gruppen vorgenommen werden, die in puncto soziale Position nicht als zu weit entfernt wahrgenommen werden (Faist et al. 2019).

Die Wahrnehmungen von sozialen Ungleichheiten mit Bezug auf Ressourcen wie Einkommen, Status, soziale Anerkennung und Macht können sich auf verschiedene Orte beziehen, so etwa Immigrations- und Emigrationsländer, aber auch Kategorien innerhalb von Berufsgruppen. Auch Menschenrechte wie das Recht auf Emigration oder freie Meinungsäußerung können darunter sein. Die Wahrnehmung von Ungleichheiten ist dabei immer auch in Beziehung zu objektiv bestimmbaren Positionen zu sehen. Beispielsweise haben viele Migrant*innen aus Ländern wie Polen, der Türkei und Kasachstan in Deutschland als Immigrationsland in der Regel soziale Aufwärtsmobilität im Vergleich zum Herkunftsland erfahren, z. B. im Hinblick auf Ansprüche auf soziale Sicherung, aber auch Einkommen und Karrieremöglichkeiten (Faist et al. 2015). Werden die Positionen allerdings mit den Standards verglichen, die in Immigrationskontexten wie Deutschland herrschen, so sind manche Migrant*innen relativ weit unten in den Hierarchieskalen angesiedelt. Das ist u. a. deshalb der Fall, weil im Emigrationskontext erworbene Bildungs- und Berufstitel häufig nicht voll anerkannt werden (z. B. Amelina 2017; Favell & Recchi 2011: 74). Insgesamt ist es für die subjektive Wahrnehmung der sozialen Position in transnationalen sozialen Räumen zentral, welche Kategorien von Personen bzw. Gruppen und welche Normen von den Beteiligten als relevant angesehen werden. Aus transnationaler Perspektive erscheinen Ungleichheiten in der Tat stark begrenzt, aber gleichzeitig auch grenzenlos: Während die Grenzen von Staaten und insbesondere die der Mitgliedschaft (z. B. Staatsbürgerschaft) die Lebenschancen klar markieren (vgl. Kapitel 1 und 8), so stimmen die sozialen, kulturellen und wirtschaftlichen Grenzen transnationaler sozialer Räume damit nicht unbedingt überein.

Kontroversen

Einige Fragen haben die Debatte über das Transnationale in der Migration seit den späten 1990er-Jahren geprägt: Handelt es sich um eine Form der Eingliederung von Migrant*innen oder eine soziale Praxis? Falls es sich um eine Form der Integration handelt, steht diese im Gegensatz zu Assimilation bzw. Multikulturalismus? Wie viele transnational vernetzte Migrant*innen gibt es?

Assimilation und Transnationalität – Gegensätze oder Überschneidungen?

In welcher Beziehung steht Transnationalität zu Assimilation? In einer frühen Formulierung des Konzepts verstanden Glick Schiller und ihre Kolleginnen Assimilation und Transnationalismus bzw. Transnationalität als gegensätzliche, antithetische Formen der Eingliederung, wobei sie Transnationalismus als Alternative oder gar als direkte Herausforderung von Assimilation sahen (Basch et al. 1994). Spätere Beiträge konzipierten Assimilation und Transnationalität als nebeneinander existierende, unterscheidbare Formen der Eingliederung auf einem Spektrum von Assimilation über partielle Anpassung zu Integration in bestimmte Formen transnationaler Räume (Faist 2000b: Kapitel 9). Neuere Konzeptualisierungen bezeichnen Assimilation und Multikulturalismus als Formen der Integration und transnationale Interaktionen als bestimmte Handlungsformen, die auf verschiedene Weise zur Sozialintegration von Migrant*innen in den Zielländern beitragen können (Kivisto 2005). Beispielsweise muss Transnationalität nicht zwingend als Faktor gesehen werden, der Assimilation verlangsamt, sondern kann den Prozess beschleunigen, indem z. B. Geschäftsleute über ihren ökonomischen Erfolg auch einen höheren sozialen Status erzielen. Dabei ist immer auch zu fragen, was die jeweiligen Bezugseinheiten von Integration (z. B. Zielland, Herkunftsland, transnationale soziale Räume) und die Bezugsgruppen (z. B. Einheimische, andere Migrant*innengruppen) sind. Die Frage lautet also immer auch: Integration – wohinein?

In der einschlägigen Diskussion hat sich ein weithin geteilter Konsens herausgebildet, dass Gleichzeitigkeit die Beziehung zwischen Assimilation und Transnationalität charakterisiert. Das Kernargument ist, dass Assimilation und Transnationalität nicht als wettstreitende Alternativen aufgefasst werden sollten, und der Grund dafür ist einleuchtend: Assimilation verweist auf eine Form der Eingliederung von Migrant*innen in ein Einwanderungsland, aber Transnationalität verweist auf eine Form der Verbindung über unterschiedliche Staatsgrenzen hinweg, eine Form der Verbundenheit, die in dem Maße erreicht wird, in dem in einer oder mehreren Arenen des sozialen Lebens (familiär, religiös, wirtschaftlich, politisch, kulturell etc.) eine dialektische Beziehung zwischen denen, die migrieren und denen, die an einem Ort bleiben, erreicht wird.

Wie viele transnationale Migrant*innen?

Anfänglich war die transnationale Theoriebildung von der Annahme geleitet, dass die meisten oder zumindest ein bedeutender Anteil der gegenwärtigen Migrant*innen transnational leben. Alejandro Portes (2003) und seine Kolleg*innen zählten zu den ersten, die empirische Daten zum Ausmaß von Transnationalität präsentierten, indem sie drei Gruppen von Migrant*innen in den USA untersuchten – aus Kolumbien, El Salvador und der Dominikanischen Republik – sowie drei Felder – das wirtschaftliche, das politische und das soziokulturelle. Sie schlussfolgerten, dass nur eine recht kleine Minderheit der Immigrant*innen als transnational definiert werden könne. Mit Blick auf die Wirtschaft konzentrierten sie sich auf selbstständig tätige Migrant*innen, deren geschäftliche Aktivitäten häufige Auslandsreisen erforderlich machen und die für den Erfolg ihrer Unternehmen auf Kontakte und Geschäftspartner*innen in anderen Ländern, v. a. in ihrem Herkunftsland, angewiesen sind. Sie fanden heraus, dass in jeder Gruppe der Anteil von Immigrant*innen, die transnationale Unternehmer*innen waren, recht klein war und bei 4 bis 6 Prozent lag. Die Untersuchung der politischen Aktivitäten in den drei Gruppen führte zu ähnlichen Ergebnissen. In der Studie wurden Praktiken wie die Mitgliedschaft in einer Partei im Herkunftsland, die finanzielle Unterstützung solcher Parteien, die Partizipation an Wahlen im Herkunftsland, die Mitgliedschaft in zivilgesellschaftlichen Heimatortsgemeinschaften und Wohlfahrtsorganisationen sowie die finanzielle Unterstützung solcher nicht an Wahlen beteiligten Organisationen untersucht. Der Anteil der Migrant*innen, die sich regelmäßig in solcher Weise politisch engagierten, lag je nach Gruppe bei sieben bis 14 Prozent. Wenngleich der Anteil der Migrant*innen, die regelmäßig und dauerhaft in grenzüberschreitende Aktivitäten involviert sind, klein sein mag, lässt dies nicht notwendigerweise den Schluss zu, dass Transnationalität ein unbedeutendes Randphänomen ist (vgl. Kapitel 10). Neuere Untersuchungen, die sich stärker auf lebensweltliche Dimensionen von Transnationalität beziehen, kommen zu einem höheren Anteil an Migrant*innen, die in Praktiken wie Rücküberweisungen, sozialen Kontakten und Auslandsreisen involviert sind. In Deutschland beläuft sich der Anteil auf ca. 80 Prozent. Auch unter Nichtmigrant*innen sind transnationale Praktiken bei etwa einem Drittel der Befragten feststellbar. Sogleich ist hinzuzufügen, dass die Intensität der Transnationalität von Migrant*innen höher ist als bei Nichtmigrant*innen (Faist 2014).

Ausblick: Hin zu einer Soziologie der Grenzziehung

Vor diesem Hintergrund beschäftigt sich die gegenwärtige Forschung zum Transnationalen in der Migration verstärkt mit sich verändernden Grenzziehungen (vgl. Lamont & Molnár 2002). Dies liegt daran, dass soziale Räume durch dynamische Prozesse und eben nicht als statische Verbindungen und Positionen gekennzeichnet sind. In erster Linie geht es um eine Auseinandersetzung mit Grenzziehungen, die soziale Räume markieren, und insbesondere um die Herausbildung und den Wandel dieser Grenzen; wobei sich der Begriff „Grenzen" nicht nur auf Staatsgrenzen (*borders*), sondern auch auf soziale Grenzen (*boundaries*) bezieht. Grenzziehungen können auf Unterscheidungen anhand von Kategorien der Gruppen- und Organisationszugehörigkeit sowie der kulturalisierten Differenz verweisen. Gemäß der Kritik am methodologischen Nationalismus ist es überaus wichtig, sich von starren Vorstellungen über soziale Formationen und deren Grenzen zu distanzieren. Nützlich ist es, mit weniger einengenden Konzepten wie Grenzziehungen und Räumen zu beginnen. Auf diese Weise ist es möglich, Veränderungen im Zusammenhang mit existierenden, z. B. nationalstaatlichen Grenzen, sowie auch im Zusammenhang mit neuen transnationalen und globalen Systemen und deren sich herausbildenden Eigenschaften zu betrachten und zu erforschen, wie alte Räume transformiert werden und neue Räume entstehen. Ein solcher Ansatz berücksichtigt, dass Grenzen sich ständig verschieben und verändern (Faist 2009).

Die Betrachtung grenzüberschreitender Transaktionen steht in einem engen Zusammenhang mit sich verändernden Grenzziehungen entlang ökonomischer, politischer und kultureller Linien. Veränderte Grenzen reflektieren Machtkonstellationen. Die Erschaffung, Aufrechterhaltung und Durchsetzung von Grenzziehungen sind Funktionen von Macht – Macht in Form verbindlicher (Nicht-) Entscheidungen oder auch symbolische Macht (z. B. Ideologie) – die Raster erzeugt, mittels derer Personen, Gruppen und Ereignisse kategorisiert werden. Dies zeigt sich etwa an geografischer Mobilität über Grenzen hinweg und innerhalb von Staaten. So legen Staaten Regeln für den Einlass und den Erwerb von Staatsbürgerschaft fest. Sie üben auch zuschreibende Macht aus, indem sie und andere Akteur*innen wie politische Parteien an Definitionen von „uns" und „ihnen" oder von erwünschten und nicht erwünschten Migrant*innen beteiligt sind (Faist & Ulbricht 2013).

In der frühen Literatur zum transnationalen Ansatz wurde der Aspekt der Macht dichotom charakterisiert. „Transnationalisierung von oben" bezog sich auf die Praktiken multinationaler Konzerne oder internationaler Institutionen wie die Strukturanpassungsmaßnahmen des Internationalen Währungsfonds (IWF) in den 1990er-Jahren. Im Gegensatz dazu glaubten die Forscher*innen, „Transnationalisierung von unten", die institutionalisierte Machtstrukturen herausfordert, in transnationalen Graswurzelunternehmen, sozialen Bewegungen und Migrationsnetzwerken zu finden. Frühe Texte der Forschung zu Transnationalisierung erwecken den Eindruck, dass grenzübergreifend verknüpfte Migrant*innen ein Ersatz für das verlorene historische Subjekt des sozialen Wandels, die Arbeiterklasse, seien. Und selbst die von der Weltbank Anfang der 2000er-Jahre ausgelöste Wiederbelebung der Idee, dass finanzielle Rücküberweisungen von Migrant*innen aus dem globalen Norden in den globalen Süden eine effektive Form von sozioökonomischer Entwicklung durch individuelle Migrant*innen an ihre Familien im Herkunftsland und von Herkunftsassoziationen an Dörfer und Städte sei, wird auf das Handeln „von unten" zurückgeführt (Faist 2008). Praktiken „von unten" können aber auch autoritäre Strukturen oder Ausgrenzung wegen des Geschlechts, der Klasse, der Religion sowie der ethnischen oder „rassischen" Zugehörigkeit reproduzieren (z. B. Goldring & Krishnamurti 2007). Kurzum, es findet sich ein Oben und Unten in allen sozialen Formationen, auch wenn sie Graswurzelbewegungen sind. So gilt es, eine differenziertere Diskussion über Grenzen in sozialen

Räumen zu führen, die über Räume wie Nationalstaaten hinausgehen und diese durchschneiden. Es ist wichtig, die Idee der Macht auszudifferenzieren und die sozialen Mechanismen zu identifizieren, die an der Entstehung oder Aufhebung von Grenzziehungen in sozialen Räumen mitwirken.

Soziale Grenzziehungen unterbrechen, spalten, begrenzen oder untergliedern die Verteilung von Personen und Gruppen in nationalstaatliche Grenzen überschreitenden sozialen Räumen. Sich verschiebende Grenzen weisen auf die Veränderung von Institutionen, Praktiken oder Denkweisen hin. Die Dynamik von Grenzziehungen kann anschaulich anhand der Debatte über die Neuartigkeit transnationaler sozialer Räume dargestellt werden. Einige transnationale Forscher*innen behaupteten, dass solche Phänomene neu seien (Basch et al. 1994). Bald aber legten historisch orientierte Studien überzeugend dar, dass Rückkehrmigration und gelegentliche Besuche in den Herkunftsregionen bereits seit vielen Jahrzehnten existieren (Foner 2005), ebenso wie transnationale Gemeinschaften mit engen sozialen Verbindungen sowohl innerhalb der Einwanderungsländer als auch in die Auswanderungsregionen. Beispielsweise sprach Max Weber von „Auslandsgemeinschaften" deutscher Einwander*innen in Süd- und Nordamerika im späten 19. Jahrhundert (Weber [1922] 1972: 357).

Wahrscheinlich war Transnationalität nicht so weit verbreitet und nicht so intensiv wie heute und sicherlich wurde sie nicht durch digitale Kommunikationsmittel, die die direkte und fast simultane Kommunikation über lange Distanzen hinweg ermöglichen, begünstigt (auch wenn bahnbrechende Transport- und Kommunikationsmittel schon im 19. Jahrhundert verfügbar waren, wie etwa die Eisenbahn, das Dampfschiff und der Telegraf). Diese technologischen Veränderungen hätten aber ohne das Recht auf kollektive Selbstbestimmung und Änderungen im Denken und Handeln, in Bezug auf kulturelle Grenzziehungen und Vielfalt keine sozialen Veränderungen nach sich gezogen. Zu diesen sozio-politischen Prozessen zählen verstärkte rechtsstaatliche Garantien in liberalen Demokratien für Menschenrechte und ein höheres Maß an Toleranz für doppelte Staatsbürgerschaft (Faist 2000b: Kapitel 1).

Insgesamt ist es sinnvoll, Grenzziehungen als Institutionalisierung von Machtungleichheiten zu analysieren. Grenzen können auf vier Weisen neu gezogen werden (vgl. Zolberg & Long 1999): Erstens werden bestehende Grenzziehungen porös, wie im Fall der doppelten Staatsbürgerschaft, da immer mehr Staaten sich überlappende Zugehörigkeiten zu Nationen tolerieren (Kapitel 8). Zweitens können sich Grenzen verschieben, wenn etwa Trennlinien zwischen „uns" und „ihnen" nicht (mehr) entlang nationaler, sondern entlang religiöser Linien gezogen werden. Dies ist in vielen westeuropäischen Staaten in den letzten drei Jahrzehnten geschehen. In öffentlichen Debatten werden nicht nur die Nationalität, sondern auch Konflikte zwischen Muslim*innen und „uns" als relevante

Markierungen dargestellt. Eine zentrale Frage ist, ob und falls ja, wie sich derartige Grenzziehungen überhaupt auf anderen Ebenen, z. B. lokal, widerspiegeln (Hüttermann 2018). Weiterhin ist es zentral, die transnationale Verortung von Akteur*innen in Immigrations-, Emigrations- bzw. Transitstaaten und auf globaler Ebene vorzunehmen. Drittens können Grenzziehungen aufrechterhalten oder verstärkt werden, wie z. B. in der Externalisierung der Grenzkontrollen in der Europäischen Union über ihre Außengrenzen hinaus nach Nord-, West- und Ostafrika und eine Zunahme von Grenzkontrollen im Inneren von Nationalstaaten (Faist 2019: Kapitel 7). Derartige Grenzziehungen behindern die Herausbildung und Funktionsweise transnationaler sozialer Räume, indem sie etwa den Fluss von Rücküberweisungen unterbinden. Und viertens können sich neue Grenzziehungen herausbilden. So werden etwa transnationale Praktiken hochqualifizierter und wohlhabender Migrant*innen von Regierungen der Einwanderungs- sowie in zunehmendem Maße auch von Auswanderungsländern als wichtige Beiträge zur Wettbewerbsfähigkeit von Volkswirtschaften gepriesen. Demgegenüber stehen transnationale Verbindungen von Migrant*innen aus anderen Kategorien, so genannten Geringqualifizierten, oft im Verdacht, zu Segregation und selbstgewähltem Ausschluss aus der Mehrheitsgesellschaft beizutragen. Oder, um ein anderes Beispiel zu geben: Transnationale Verbindungen können einerseits als ein Sicherheitsrisiko begriffen werden, etwa im Fall von Terrorist*innen (Faist 2002). Gleichzeitig werden internationale Migrant*innen auch als eine neue Form von zu Entwicklung beitragenden Agent*innen charakterisiert (Faist 2013). Die genauen Mechanismen der Entstehung und Veränderung von Grenzziehungen müssen präziser erforscht werden, um zu beurteilen, wie sich neue gesellschaftliche Formationen über Grenzen hinweg herausbilden und wie darin Institutionen wie Familien- und Verwandtschaften, Nationalstaaten, Religionsgemeinschaften, soziale Bewegungsorganisationen, Lobbygruppen und internationale Organisationen involviert sind.

Literatur

Albrow, M., 1996: *The Global Age: State and Society Beyond Modernity*. Cambridge: Polity Press.

Amelina, A., 2017: *Transnationalizing Inequalities in Europe: Sociocultural Boundaries, Assemblages and Regimes of Intersection*. London: Routledge.

Amelina, A. & T. Faist, 2012: De-naturalizing the National in Research Methodologies: Key Concepts of Transnational Studies in Migration. *Ethnic and Racial Studies* 35(10):1707–1724.

Basch, L., N. Glick Schiller & C. Szanton Blanc, 1994: *Nations Unbound: Transnational Projects, Postcolonial Predicaments, and Deterritorialized Nation-States*. Longhorne, MA: Gordon and Breach.

Bilecen, B. & J. J. Sienkiewicz, 2015: Informal Social Protection Networks of Migrants: Typical Patterns in Different Transnational Social Space. *Population, Space and Place* 21(3):227–243.

Bodnar, J., 1985: *The Transplanted. A History of Immigrants in Urban America.* Bloomington, IN: Indiana University Press.

Brubaker, R., 2005: The 'Diaspora' Diaspora. *Ethnic and Racial Studies* 28(1):1–19.

von Bülow, M., 2010: *Building Transnational Networks: Civil Society and the Politics of Trade in the Americas.* Cambridge: Cambridge University Press.

Castles, S., D. Özkul & M. Arias Cubas (Hrsg.), 2015: *Social Transformation and Migration: National and Local Experiences in South Korea, Turkey, Mexico and Australia.* Basingstoke: Palgrave Macmillan.

Conway, J. M., 2017: Troubling Transnational Feminism(s): Theorising Activist Practices. *Feminist Theory* 18(2):205–227.

della Porta, D. & S. Tarrow (Hrsg.), 2005: *Transnational Protest and Global Activism.* Lanham, MD: Rowman & Littlefield.

Donato, K. M., J. Hiskey, J. Durand & D. S. Massey, 2010: Migration in the Americas: Mexico and Latin America in Comparative Context. *The Annals of the American Academy of Political and Social Science* 630(1):6–17.

Faist, T., 1998: Transnational Social Spaces out of International Migration: Evolution, Significance and Future Prospects. *Archives Européennes de Sociologie* 39(2):213–247.

Faist, T., 2000a: *The Volume and Dynamics of International Migration and Transnational Social Spaces.* Oxford: Oxford University Press.

Faist, T., 2000b: *Transstaatliche Räume. Politik, Wirtschaft und Kultur in und zwischen Deutschland und der Türkei.* Bielefeld: transcript.

Faist, T., 2002: „Extension du domaine de la lutte": International Migration and Security. *International Migration Review* 36(1):7–14.

Faist, T., 2004: Social Space. In: Ritzer, G. (Hrsg.), *Encyclopedia of Social Theory*, Band 2, S. 760–763. Beverly Hills, CA: Sage.

Faist, T., 2008: Migrants as Transnational Development Agents: An Inquiry into the Newest Round of the Migration-Development Nexus. *Population, Space and Place* 14(1):21–42.

Faist, T., 2009: Making and Remaking the Transnational: Of Boundaries, Social Spaces and Social Mechanisms. *Spectrum. Journal of Global Studies* 1(2):66–88.

Faist, T., 2010: Towards Transnational Studies: World Theories, Transnationalization and Changing Institutions. *Journal of Ethnic and Migration Studies* 36(10):1665–1687.

Faist, T., 2013: The Mobility Turn: A New Paradigm for the Social Sciences? *Ethnic and Racial Studies* 36(6):1637–1646.

Faist, T., 2014: „We are all Transnationals Now": The Relevance of Transnationality for Understanding Social Inequalities. In: Fauri, F. (Hrsg.), *The History of Migration in Europe: Perspectives from Economics, Politics and Sociology*, S. 69–97. London: Routledge.

Faist, T., 2019: *The Transnationalized Social Question: Migration and the Politics of Social Inequalities in the Twenty-First Century.* Oxford: Oxford University Press.

Faist, T., M. Fauser & E. Reisenauer, 2014: *Das Transnationale in der Migration.* Weinheim und Basel: Beltz Juventa.

Faist, T., J. J. Fröhlich & I. Stock, 2019: Prozesse subjektiver Statusverortung in transnationalen Räumen. In: Burzan, N. (Hrsg.), *Komplexe Dynamiken globaler und lokaler Entwicklungen. Verhandlungen des 39. Kongresses der Deutschen Gesellschaft für Soziologie in Göttingen*

2018. https://publikationen.soziologie.de/index.php/kongressband_2018/article/view/ 1003/1251 (letzter Aufruf: 03.02.2020).

Faist, T. & C. Ulbricht, 2013: Constituting Nationality Through Transnationality: Categorizations and Mechanisms of Inequality in German Integration Debates. In: Foner, N. & P. Simon (Hrsg.), *Fear and Anxiety over National Identity*, S. 189–212. New York, NY: Russell Sage Foundation.

Faist, T. & C. Ulbricht, 2014: Von Integration zu Teilhabe? Anmerkungen zum Verhältnis von Vergemeinschaftung und Vergesellschaftung. *Sociologia Internationalis* 52(1):119–147.

Favell, A. & E. Recchi, 2011: Social Mobility and Spatial Mobility. In: Favell, A. & V. Guiraudon (Hrsg.), *Sociology of the European Union*, S. 50–75. Basingstoke: Palgrave Macmillan.

Foner, N., 2005: *In a New Land: A Comparative View of Immigration*. New York, NY: New York University Press.

Fox, J., 2005: Unpacking „Transnational Citizenship". *Annual Review of Political Sciences* 8:171–201.

Giddens, A., 1990: *The Consequences of Modernity*. Stanford, CA: Stanford University Press.

Glick Schiller, N., L. Basch & C. Szanton Blanc, 1992: *Towards a Transnational Perspective on Migration: Race, Class, Ethnicity and Nationalism Reconsidered*. New York, NY: New York Academy of Sciences.

Glick Schiller, N. & G. Fouron, 1999: Terrains of Blood and Nation: Haitian Transnational Social Fields. *Ethnic and Racial Studies* 22(2):340–366.

Gold, S. J., 2002: *The Israeli Diaspora*. Seattle, WA: University of Washington Press.

Goldring, L. & S. Krishnamurti (Hrsg.), 2007: *Organizing the Transnational: Labour, Politics, and Social Change*. Vancouver: University of British Columbia Press.

Hale, T., 2020: Transnational Actors and Transnational Governance in Global Environmental Politics. *Annual Review of Political Science* 23:203–220.

Handlin, O., [1951] 1973: *The Uprooted. The Epic Story of the Great Migrations That Made the American People*. Boston, MA: Little, Brown, 2. vergrößert Aufl.

Harvey, D., 1990: *The Condition of Postmodernity: An Enquiry into the Origins of Cultural Change*. Oxford: Blackwell.

Hüttermann, J., 2018: *Figurationsprozesse der Einwanderungsgesellschaft. Zum Wandel der Beziehungen zwischen Alteingesessenen und Migranten in deutschen Städten*. Bielefeld: transcript.

Jöns, H., 2009: 'Brain Circulation' and Transnational Knowledge Networks: Studying Long-term Effects of Academic Mobility to Germany, 1954–2000. *Global Networks* 9(3):315–338.

Keane, J., 2003: *Global Civil Society*. Cambridge: Cambridge University Press.

Keck, M. E. & K. Sikkink, 1998: *Activists Beyond Borders: Advocacy Networks in International Politics*. Ithaca, NY: Cornell University Press.

Keohane, R. O. & J. S. Nye, 1977: *Power and Interdependence: World Politics in Transition*. Boston: Little, Brown.

Khagram, S. & P. Levitt (Hrsg.), 2008: *The Transnational Studies Reader: Intersections and Innovations*. London: Routledge.

Kivisto, P., 2001: Theorizing Transnational Immigration: A Critical Review of Current Efforts. *Ethnic and Racial Studies* 24(4):549–577.

Kivisto, P., 2005: *Incorporating Diversity: Rethinking Assimilation in a Multicultural Age*. Boulder, CO: Paradigm Publishers.

Lamont, M. & V. Molnár, 2002: The Study of Boundaries in the Social Sciences. *Annual Review of Sociology* 28:167–195.

Levitt, P. & B. N. Jaworsky, 2007: Transnational Migration Studies: Past Developments and Future Trends. *Annual Review of Sociology* 33:129–156.

Levitt, P. & N. Glick Schiller, 2004: Conceptualizing Simultuneity: A Transnational Social Field Perspective on Society. *International Migration Review* 38(3):1002–1039.

Massey, D. S., J. Arango, G. Hugo, A. Kouaouci, A. Pellegrino & J. E. Taylor, 1993: Theories of International Migration: A Review and Appraisal. *Population and Development Review* 19(3):431–466.

Mau, S., 2007: *Transnationale Vergesellschaftung: Die Entgrenzung sozialer Lebenswelten.* Frankfurt a. M.: Campus.

Mazzucato, V., 2010: Reverse Remittances in the Migration-Development Nexus: Two-Way Flows between Ghana and the Netherlands. *Population, Space and Place* 17(5). doi:10.1002/psp.646.

Meyer, J. W., J. Boli, G. M. Thomas & O. Ramirez Francisco, 1997: World Society and the Nation State. *American Journal of Sociology* 103(1):14–81.

Özkul, D., 2019: The Making of a Transnational Religion: Alevi Movement in Germany and the World Alevi Union. *British Journal of Middle Eastern Studies* 46(2):259–273.

Portes, A., 2001: Introduction: The Debates and Significance of Immigrant Transnationalism. *Global Networks* 1(3):181–193.

Portes, A., 2003: Conclusion: Theoretical Convergences and Empirical Evidence in the Study of Immigrant Transnationalism. *International Migration Review* 37(3):874–892.

Pries, L., 2008: *Die Transnationalisierung der sozialen Welt: Sozialräume jenseits von National-gesellschaften.* Frankfurt a. M.: Suhrkamp.

Reichel, P. & J. Albanese (Hrsg.), 2014: *Handbook of Transnational Crime and Justice.* London: Sage, 2. Aufl.

Rushdie, S., 1995: *East, West.* London: Vintage Books.

Saxenian, A., 2002: *Local and Global Networks of Immigrant Professionals in Silicon Valley.* San Francisco, CA: Public, Policy Institute of California.

Smith, M. P. & L. E. Guarnizo, 1998: *Transnationalism from Below.* New Brunswick, NJ: Transaction Publishers.

Wallerstein, I., 1983: *Historical Capitalism.* London: Verso.

Waterbury, M., 2010: Bridging the Divide: Towards a Comparative Framework for Understanding Kin State and Migrant-Sending State Diaspora Politics. In: Bauböck, R. & T. Faist (Hrsg.), *2010: Diaspora and Transnationalism: Concepts, Theories and Methods,* S. 131–148. Amsterdam: Amsterdam University Press.

Weber, M., [1922] 1972: Wirtschaft und Gesellschaft. Grundriß der verstehenden Soziologie. Studienausgabe. 5., revidierte Auflage, Nachdruck 1980. Besorgt von Johannes Winckelmann. Tübingen: J.C.B. Mohr.

Zolberg, A. R. & L. L. Woon, 1999: Why Islam is Like Spanish: Cultural Incorporation in Europe and the United States. *Politics & Society* 27(1):5–38.

Thomas Faist

8 Grenzübergreifende Bürgerschaft: Politische Institutionen und Praktiken

Einleitung

Weite Teile der normativen politischen Theorie und der empirischen Sozialforschung konzeptualisieren die Beziehung zwischen Staaten und Bürger*innen so, als seien die politischen Aktivitäten der Letzteren auf das Territorialgebiet eines Nationalstaates beschränkt. Nun waren und sind aber grenzübergreifende Praktiken von Migrant*innen immer auch ein fester Bestandteil des politischen Lebens. Ein Beispiel dafür in etlichen europäischen Ländern sind etwa die Aktivitäten kurdischer Organisationen im Hinblick auf eine Stärkung von Minderheitenrechten oder gar politischer Autonomie dieser Gruppen in der Türkei. Ein anderes Beispiel sind Migrant*innen aus Westafrika in Frankreich, die Entwicklungskooperationen mit ihren Herkunftsorten betreiben (Faist 2019: Kapitel 3 und 9). Durch diese Praktiken werden wichtige Fragen im Hinblick auf die Zugehörigkeit von Migrant*innen, gleichermaßen für Immigrations- wie Emigrationsstaaten, aufgeworfen.

Ein weiteres markantes Beispiel ist die doppelte Staatsbürgerschaft. In den letzten Jahrzehnten tolerierten immer mehr Staaten den Besitz von zwei oder mehr Pässen. Häufig kommen dabei in öffentlichen Debatten Fragen auf wie: Dürfen Doppelbürger*innen die mit der Institution Staatsbürgerschaft verknüpften Rechte, etwa das Wahlrecht, in allen betreffenden Staaten oder nur in einem davon ausüben? Welche Maßnahmen ergreifen Emigrationsländer, um mit ihren im Ausland lebenden (früheren) Staatsbürger*innen in Verbindung zu bleiben? Mit welchen Praktiken versuchen Migrant*innen auf politische Entscheidungen in Herkunfts- und Zielländern Einfluss zu nehmen? Eine grenzübergreifende Perspektive auf doppelte Staatsbürgerschaft ist in idealer Weise dazu geeignet, um einerseits die sich wandelnden politischen Institutionen der nationalen Zugehörigkeit in Immigrations- und Emigrationsstaaten und andererseits die transnationalen sozialen und politischen Praktiken von Menschen, Gruppen und Organisationen zu untersuchen. Die übergreifende Frage lautet dann, ob und falls ja, in welchem Sinne, in Migrationskontexten von transnationaler Bürgerschaft gesprochen werden kann.

Anmerkung: Für hilfreiche Kommentare und Vorschläge bedankt sich der Autor bei Kerstin Schmidt.

https://doi.org/10.1515/9783110680638-008

Nationalstaatliche politische Institutionen und transnationale Praktiken stehen dabei in einem Verhältnis doppelter Kontingenz: Die politischen Institutionen stellen die Möglichkeiten für transnationale politische Praktiken zur Verfügung. Diese tragen wiederum zum Wandel oder gar zur Transformation dieser
politischen Institutionen bei. Wenn Emigrationsstaaten die Loyalität ihrer Bürger*innen im Ausland fördern, so tragen sie gleichzeitig zu deren Mobilisierung
bei. Diese wiederum kann in politischen Forderungen münden, so etwa nach ge-
sonderter politischer Repräsentation in den Parlamenten ihrer Herkunftsstaaten
oder günstigen Investitionsbedingungen. Diese über die Grenzen von national begrenzten Gemeinwesen hinausreichenden politischen Praktiken stellen die Deckungsgleichheit der vollen Zugehörigkeit innerhalb des Dreiecks Territorialstaat,
Volk als Souverän und staatlicher Autorität infrage (Faist 2004: 331–332).

Eine transnationale Perspektive berücksichtigt sowohl die über das Konzept der Nation hinausreichenden Vorstellungen von politischer Gemeinschaft
und Zugehörigkeit als auch einen Nationalismus, der nationalstaatliche Grenzen
überschreitet. Grundsätzlich umfassen transnationale Aktivitäten Formen der
grenzübergreifenden Teilhabe an der Politik der involvierten Herkunfts-, Tran-
sit- und Zielländer (vgl. Kapitel 7). Drei Arten grenzübergreifender politischer
Transaktionen lassen sich unterscheiden: Erstens können sich Migrant*innen
unmittelbar an der Politik ihrer Herkunftsregion beteiligen, indem sie bspw.
als Mitglieder politischer Vereinigungen oder Parteien dort aktiv sind (Smith
& Bakker 2007). Zweitens können sie an der Politik des Einwanderungslandes
teilnehmen, indem sie an ihr Herkunftsland appellieren, bspw. im Hinblick auf
Menschen- und Bürgerrechte, und sich zu diesem Ziel an internationale Organisationen wenden. Drittens können sie versuchen, direkt vom Zielland aus in
die Angelegenheiten ihres Herkunftslandes zu intervenieren, also etwa in Wahl-
kämpfe eingreifen (Østergaard-Nielsen 2003a: 763). In allen drei Fällen prägen
die politischen Ereignisse in einem Land die politische Teilhabe, also etwa das
Wahlverhalten oder die Lobbyarbeit in einem anderen. Die folgenden Überlegungen legen nahe, dass sich die Grenzen der Staatsbürgerschaft wandeln, der
rechtliche Status also das Heterogenitätsmerkmal Transnationalität zunehmend
berücksichtigt. Diese Veränderungen kommen etwa in der zunehmenden Dul-
dung der doppelten Staatsbürgerschaft zum Ausdruck, wodurch die exklusive
Zugehörigkeit zu einem Staat infrage gestellt wird.

Zunächst gilt es, die drei wichtigsten Elemente der Staatsbürgerschaft darzustellen – gleiche politische Freiheit und Demokratie, die Rechte und Pflichten sowohl der Bürger*innen als auch des Staates und die Zugehörigkeit zu einem oft als
Nation konzeptualisierten Kollektiv. Zweitens zeichnet dieses Kapitel die Entwicklung einer Politik der doppelten Staatsbürgerschaft nach. In diesem Teil liegt der
Schwerpunkt auf den Immigrationsländern und internationalen Organisationen,

da sie ausschlaggebend für diesen Wandel sind. Drittens geht es um die Auswirkungen grenzüberschreitender Migration für Politik auf nationalstaatlicher Ebene, sowohl in den Immigrations- als auch den Emigrationsstaaten. Insbesondere finden hier die wirtschaftliche und die kulturelle Dimension Berücksichtigung. Darauf baut viertens eine Analyse der transnationalen politischen Transaktionen auf, die durch staatliche Institutionen ermöglicht werden und gleichzeitig auf sie zurückwirken. Als Beispiel wird Diasporapolitik im Hinblick auf Demokratisierung und Nationalstaatsbildung behandelt.

Staatsbürgerschaft: Ein konzeptueller Abriss

Staatsbürgerschaft ist ein normatives und umstrittenes Konzept und bezieht sich heute meist auf die volle Mitgliedschaft in einem als Nationalstaat gedachten politischen Kollektiv (siehe Aristoteles 1998: III.1274b32–1275b21). Dabei ist das vom englischen Soziologen T. H. Marshall (Marshall [1950] 1964) diskutierte Konzept *citizenship* nicht unbedingt auf einen Nationalstaat bezogen. Daher ist es am ehesten mit Bürgerschaft zu übersetzen. *Citizenship* als Status der Mitgliedschaft kann also auch auf die lokale Ebene (z. B. Stadtbürgerschaft) oder auf die regionale Ebene (z. B. Bürgerschaft der Europäischen Union, d. h. EU-Bürgerschaft) bezogen sein. Im Folgenden wird in der Regel von Staatsbürgerschaft gesprochen, weil sich hier der Fokus auf die nationalstaatliche Ebene und dazu quer bzw. jenseits liegende politische Interaktionen richtet, welche Grenzen überschreiten. Staatsbürgerschaft kann sowohl als juristisches als auch als politisches Konzept verstanden werden. Das politische Konzept enthält drei Hauptelemente – gleiche politische Freiheit, Rechte und Pflichten und Zugehörigkeit zu einem Kollektiv.

Das juristische Konzept der Staatsbürgerschaft, also Staatsangehörigkeit, beschreibt die volle Mitgliedschaft in einem Staat und die damit einhergehende Bindung an das dort herrschende Recht und die Unterwerfung unter die Staatsmacht. Die Staatsangehörigkeit hat zum einen die zwischenstaatliche Funktion, ein Volk innerhalb eines klar umrissenen Staatsgebiets zu definieren und dieses vor der manchmal feindseligen Außenwelt zu schützen. Zum anderen hat sie die innerstaatliche Funktion, die Rechte und Pflichten der Mitglieder festzulegen. Nach dem Prinzip des *domaine reservé* – der ausschließlichen Regelungskompetenz – legt jeder Staat im Rahmen der Grenzen der Selbstbestimmung die Kriterien fest, die für die Erlangung der Staatsangehörigkeit erforderlich sind (Faist 2007: Kapitel 1). Eine Grundbedingung für die Mitgliedschaft ist eine enge Bindung an den jeweiligen Staat, eine „echte Verbindung" (*genuine link*).

Beim politischen Konzept der Staatsbürgerschaft, das über Staatsangehörigkeit hinausreicht, geht es primär um die Beziehung zwischen Staat und Demokratie: „*Without a state, there can be no citizenship; without citizenship, there can be no democracy*" (Linz & Stepan 1996: 28). Im Kern baut Staatsbürgerschaft auf der Idee der kollektiven Selbstbestimmung auf, d. h., auf der Demokratie – und umfasst im Wesentlichen drei sich gegenseitig ergänzende Elemente:

1. *Gleiche politische Freiheit*: Staatsbürgerschaft bezieht sich hinsichtlich der Akzeptanz der Rechtsgrundsätze und dem Prozess der Gesetzgebung auf das Prinzip der demokratischen Legitimierung. Grenzübergreifende Praktiken bilden eine Herausforderung für dieses erste Element, nämlich Demokratie. Staatsbürgerschaft ist häufig zum einen nationalstaatlich-territorial begrenzt, zum anderen können aber transnationale politische Praktiken beobachtet werden. Zu diesen zählen etwa das Wahlrecht im Ausland (Lafleur 2011) oder die kollektive Lobbyarbeit von Emigrant*innen, um die Verhältnisse etwa im Emigrationsland zu beeinflussen (Shain 1999). Die wesentliche Herausforderung für Demokratie durch transnationale Migration in Immigrations- und Emigrationsländern besteht darin, dass das Wahlvolk nicht mit der Bevölkerung identisch ist. In Deutschland sind dadurch bspw. ca. 10 Prozent der Bevölkerung vom Wahlrecht ausgeschlossen. Migration resultiert in einer Pluralisierung der Mitgliedschaft, zum Beispiel in Bezug auf die doppelte Staatsbürgerschaft, sowie in den zahlreichen Möglichkeiten des gemischten rechtlichen Status, zum Beispiel der Besitz der Staatsbürgerschaft in einem Land und der Status als Ausländer*in, Wohnbürger*in (permanent dort lebende*r Einwohner*in) oder Quasi-Bürger*in (Wohnbürger*in mit Wahlrechten) in einem anderen. Menschen mit doppelter Staatsangehörigkeit haben nun im Prinzip in zwei Ländern das Stimmrecht. Es stellt sich die Frage, ob doppelte Staatsbürgerschaft das demokratische Grundprinzip „*one person, one vote*" verletzt. Weitere Fragen tauchen im Hinblick speziell auf Immigrationsländer auf: Ist es umgekehrt gefragt normativ begründbar, dass Menschen viele Jahre in ihrem neuen Land leben, ohne dort das Stimmrecht zu erhalten? Auch im Hinblick auf Emigrationsstaaten ergeben sich Fragen, etwa die nach dem Wahlrecht der im Ausland lebenden Bürger*innen und ob bzw. wie transnationale politische Aktivitäten von Emigrant*innen zur Demokratisierung von Staaten beitragen.

2. *Rechte und Pflichten*: Gleiche politische Freiheit in einem Rechtsstaat kann es nur durch subjektive Rechte von Bürger*innen geben. Drei Arten von Rechten können unterschieden werden: Freiheitsrechte wie etwa das Recht auf ein ordentliches Gerichtsverfahren in einem Rechtsstaat; das Recht auf politische Mitwirkung, wie zum Beispiel das Stimm- und Versammlungsrecht in einer Demokratie; sowie soziale Rechte in einem Wohlfahrtsstaat, darunter das Recht auf Sozialleistungen im Krankheitsfall, bei Arbeitslosigkeit und im

Alter – und das Recht auf Bildung (Marshall [1950] 1964). Diese klassische Trias subjektiver Rechte in Rechtsstaat, Demokratie und Wohlfahrtsstaat wurde in der Sozialtheorie um die kulturellen Rechte von ethnischen und nationalen Minderheiten erweitert (Kymlicka 1995). Im Wesentlichen handelt es sich dabei um eine Anerkennung kultureller Diversität. Ob nun kulturelle Rechte in Staaten zu staatsbürgerlichen Berechtigungen zählen oder nicht: Zu den entsprechenden Pflichten von Bürger*innen gehören in der Regel die Steuerpflicht, die Anerkennung der Rechte und Freiheiten anderer Bürger*innen, die Akzeptanz demokratisch legitimierter Mehrheitsentscheidungen und der Dienst von (zumeist) Männern im Militär.

Sollte es Nichtstaatsbürger*innen gestattet sein, sich an lokalen oder nationalen Wahlen in ihrem Herkunftsland zu beteiligen? Und sollten umgekehrt Nichtstaatsbürger*innen in ihren Einwanderungsländern wählen dürfen? In beiden Fällen fand in den letzten Jahrzehnten ein Umdenken statt. Im Hinblick auf die erste Frage gilt, dass immer mehr Staaten ihren Emigrant*innen das Stimmrecht zugestehen. Für die zweite Frage gibt es im Prinzip zwei Lösungen (Hammar 1990). Eine Möglichkeit ist, den im Land lebenden Nichtstaatsbürger*innen aus Nicht-EU-Ländern das Stimmrecht auf kommunaler Ebene und sogar darüber hinaus einzuräumen. Dies ist ein Schritt in Richtung Quasi-Bürgerschaft. Mehrere europäische Staaten haben genau diesen Wandel im Hinblick auf kommunales Wahlrecht für Wohnbürger*innen, die eine Bürgerschaft eines Drittstaates besitzen, bereits vollzogen (Bauböck et al. 2006). Eine zweite Lösung ist, Personen mit ständigem Wohnsitz, also Wohnbürger*innen, die Einbürgerung zu erleichtern. Ein Instrument mit Auswirkung auf die grenzübergreifende, politische Teilhabe ist die doppelte Staatsbürgerschaft. Empirische Evidenz aus einem deutsch-niederländischen Vergleich deutet darauf hin, dass die Toleranz gegenüber doppelter Staatsbürgerschaft die Bereitschaft von Migrant*innen, die Staatsbürgerschaft des Einwanderungslandes anzunehmen, erhöht (Faist 2007).

3. *Bindung an ein konstituierendes Kollektiv*: Bürgerschaft bedeutet Zugehörigkeit zu einer politischen Gemeinschaft, die im Zeitalter des Nationalismus und des Nationalstaates oftmals als die „Nation" oder das „Volk" verstanden wird, aber auch im Hinblick auf Kollektive auf anderen Ebenen gedacht werden kann, z. B. Stadt, Region, supranationale Einheiten wie die EU oder gar die Welt. Staatsbürgerschaft basiert auf der Verbundenheit der Bürger*innen mit bestimmten, national gedachten politischen Gemeinschaften und auf ihrer Loyalität gegenüber einem selbstverwalteten Kollektiv.

    Im Hinblick auf Affiliation zu Kollektiven stellen sich mehrere zentrale Fragen: Sind Diasporas, die sich in ihren Herkunftsländern für einen Regimewechsel einsetzen, eher verantwortlich für eine Zunahme der Gewalt bei Konflikten, wie viele Beobachter*innen etwa im Fall der Tamil Tiger in Sri Lanka behaupteten, oder sind sie eher Mittler*innen der Demokratisierung, wie es bei den im Ausland lebenden Südafrikaner*innen am Ende des Apartheidregimes der Fall gewesen sein könnte (Pirkkalainen & Abdile 2009; Bauböck & Faist 2010)? Bei einer Diskussion von Staatsbürgerschaft sind daher auch kollektive Akteur*innen zu berücksichtigen. Politische Institutionen und Praktiken sind also nicht nur auf der individuellen, sondern auch auf der kollektiven Ebene wichtig.

Transnationale Bürgerschaft: Das Beispiel doppelte Staatsbürgerschaft

Staatsbürgerschaft ist in einem Großteil der Welt ein fundamentaler Status, der eine Rolle bei der Grenzziehung im rechtlichen und politischen Bereich spielt, d. h., wenn Menschen, die wirtschaftlich (nicht) nachgefragt sind und/oder soziokulturell (nicht) anerkannt werden, als Mitglieder aufgenommen oder ausgeschlossen werden. Es geht im Folgenden darum, wie und warum viele Staaten toleranter gegenüber doppelter Staatsbürgerschaft geworden sind. Dabei gilt es, zwei Formen von multipler Bürgerschaft voneinander zu unterscheiden: verschachtelte Bürgerschaft und überlappende Bürgerschaft. Ein Beispiel für verschachtelte Bürgerschaft ist EU Bürgerschaft: Personen sind dabei Bürger*innen sowohl des nationalen Mitgliedsstaates der EU als auch der EU selbst – und in gewissem Sinne auch der Stadt, in der sie leben. Die verschiedenen Formen der Bürgerschaft sind ineinander verschachtelt wie bei einer russischen Puppe, z. B. Stadt-Bundesland-Nationalstaat-EU (Faist 2001). Die hier diskutierte Bürgerschaft ist allerdings eine Ausprägung, die Staaten überlappt, nämlich doppelte Staatsbürgerschaft. Eine Sonderform, die hier außer Acht bleiben muss, ist die „E-citizenship" in Estland, die es Unternehmer*innen von überall aus in der Welt erlaubt, ihre Geschäfte in diesem Land online zu führen.

Um die Politik der Anerkennung von Staatsbürgerschaft als reziproke Transaktionen zwischen den betroffenen Staaten zu verstehen, wird auf das Beispiel Deutschland und Türkei zurückgegriffen. Doppelte Staatsbürgerschaft ist dabei als eine Form der transnationalen Staatsbürgerschaft gedacht, die mit nationaler Staatsbürgerschaft vereinbar ist. Genauer gesagt handelt es sich um die Transnationalisierung nationaler Staatsbürgerschaften, welche die symbolischen und sozialen Bindungen von Migrant*innen durch grenzübergreifende Transaktionen in den Mittelpunkt rückt.

Ein Beispiel für Verflechtung: Deutschland und die Türkei

Deutschland und die Türkei stehen hier beispielhaft für Länder, die durch transnationale soziale Räume verbunden sind und die gegenseitig auf die Politiken der Staatsangehörigkeit des jeweils anderen Landes reagieren. Anfang der 1990er-Jahre wurden bei Brandanschlägen in Mölln und Solingen acht türkische Frauen und Kinder ermordet. Die türkische Regierung argumentierte daraufhin, dass Türk*innen in Deutschland nur mit deutscher Staatsbürgerschaft umfassend geschützt seien und änderte folgerichtig ihre bisherige Empfehlung. Sie empfahl von nun an ihren Bürger*innen in Deutschland, die deutsche Staatsangehörigkeit zu erwerben. Gleichzeitig lag der türkischen Regierung daran, die Verbindung mit ihrer größten im Ausland lebenden Gemeinschaft zu stärken. Im Jahre 1995 führte die Türkei daher eine „Pink Card" ein, die den Verzicht auf die türkische Staatsbürgerschaft erleichtern sollte, indem sie ehemaligen türkischen Staatsbürger*innen vielfältige Rechte zugestand, die sie bisher auch hatten. Allerdings erlaubte die Pink Card nicht die Teilnahme an Wahlen in der Türkei. Viele türkische Migrant*innen misstrauten offenbar dem Wert dieser externen Quasi-Bürgerschaft. Etliche Migrant*innen gaben daher ihre türkische Staatsbürgerschaft nur zeitweilig auf, um sich in Deutschland einbürgern zu lassen, und erwarben sie dann erneut bei den türkischen Konsulaten. Damit wurden sie zu Doppelbürger*innen. Die türkischen Behörden passten sich dieser Praxis an. Die Migrant*innen nutzten so eine Gesetzeslücke, die es vor dem Jahr 2000 den deutschen Behörden nicht gestattete, diesen (türkischstämmigen) deutschen Doppelbürger*innen die Staatsbürgerschaft zu entziehen, während sie in Deutschland lebten. 1998 versprach die neue rot-grüne Koalition aus Sozialdemokraten und Grünen, mit ihren Reformen die doppelte Staatsbürgerschaft zu fördern, vermochte jedoch dieses wesentliche Element ihres Vorschlags nicht umzusetzen. Stattdessen konnte sie das Abstammungsprinzip (*ius sanguinis*) um das Geburtslandprinzip (*ius soli*) erweitern. Das seit 2000 geltende Staatsbürgerschaftsrecht sieht hingegen weiterhin vor, dass Einbürgerungsbewerber*innen im Regelfall ihre bestehende Staatsbürgerschaft aufgeben sollten. Kurz vor den Landes- und Bundestagswahlen 2005 entzogen die deutschen Behörden etwa 20.000 Migrant*innen türkischer Herkunft die deutsche Staatsbürgerschaft mit der Begründung, sie hätten die türkische wieder angenommen und somit die in Deutschland geltenden Bestimmungen zur Staatsbürgerschaft verletzt. Diese Bestimmungen besagen, dass im Regelfall beim Erwerb der deutschen Staatsangehörigkeit die ursprüngliche permanent aufgegeben werden muss. Diese Episode zeigt anschaulich, wie Staaten, deren Staatsbürgerschaftsregelungen in eng verflochtenen transnationalen sozialen Räumen Anwendung finden, zwar unabhängig zu handeln versuchen, um ihre eigenen politischen Ziele zu verfolgen, aber dennoch auf die politischen Entscheidungen des anderen Landes reagieren. Letztendlich beschloss Deutschland, die im internationalen Vergleich relativ restriktive Verzichtsklausel gegen den Einspruch der Türkei prinzipiell beizubehalten. Dies geschah nicht obwohl, sondern vielleicht gerade weil die Gesetzgebung zur Staatsbürgerschaft in Deutschland gerade kurz vorher durch die Einführung des *ius soli* Elements liberalisiert worden war. Mit der Reform im Jahre 2000 wird den in Deutschland geborenen Personen ausländischer Eltern die deutsche Staatsangehörigkeit gewährt, vorausgesetzt, mindestens ein Elternteil kann einen rechtmäßigen Aufenthalt von mindestens acht Jahren vorweisen.

Zur historischen Entwicklung doppelter Staatsbürgerschaft

In der Vergangenheit und bis in die jüngste Zeit hielten Regierungen sämtlicher Nationalstaaten die doppelte Staatsbürgerschaft für ein Problem der Loyalität. Doppelte Staatsbürgerschaft galt als Widerspruch zu einer vermeintlich natürlichen gesellschaftlichen Ordnung; gar als Äquivalent der Bigamie. Staatsbürgerschaft und politische Loyalität zu einem Staat wurden als untrennbar betrachtet. Pluralistische Loyalitäten waren somit unvorstellbar. Die Haager Konvention zur Staatsangehörigkeit (1930) forderte, dass „*every person should have a nationality and one nationality only*" (zitiert nach Faist 2007: 34). Die politischen Entscheidungsträger*innen argumentierten, dass Doppelstaatler*innen sich nicht im Gastland integrieren und gleichzeitig dem Land ihrer ursprünglichen Staatsbürgerschaft gegenüber loyal sein könnten und würden. Und in den kriegerischen Zeiten im Europa des 19. und zu Beginn des 20. Jahrhunderts sorgten sie sich um „fremde" Einmischung durch Bürger*innen, die zu Feindstaaten gehörten. Außerdem ging es um die demokratische Legitimität. Politiker*innen argumentierten, dass die doppelte Staatsbürgerschaft das Prinzip „*one person, one vote*" verletzen würde und Diplomat*innen verwiesen zusätzlich darauf, dass sie außerstande seien, die neuen Doppelbürger*innen in ihrem Ursprungsland zu schützen.

In den letzten Jahrzehnten fand jedoch ein erstaunliches Umdenken statt: Eine wachsende Zahl von Regierungen betrachtet doppelte Staatsbürgerschaft nicht mehr als unüberwindbares Hindernis für Integration, Außenpolitik und diplomatischen Schutz, sondern als Herausforderung, die es zu verhandeln gilt, vor allem von einem pragmatischen Standpunkt aus. Inzwischen lassen über die Hälfte aller Staaten weltweit, Emigrations- wie Immigrationsländer gleichermaßen, irgendeine Form oder ein Element der doppelten Staatsbürgerschaft zu (Faist 2010b: 1677). Selbst in Ländern, die in der Regel doppelte Staatsbürgerschaft nicht tolerieren, wie zum Beispiel Deutschland, Dänemark, Österreich und Island, stieg aufgrund zahlreicher Ausnahmebestimmungen die Zahl und der Anteil der Doppelstaatsbürger*innen stetig an.

Zwei grundlegende Mechanismen erklären die wachsende Tolerierung von doppelter Staatsbürgerschaft, nämlich Pfadabhängigkeit und ein fehlender Anreiz zur Umkehrung der steigenden Toleranz. Änderungen in der Familiengesetzgebung und der Gesetze zur Gleichstellung der Geschlechter (vgl. Kapitel 17) waren ursächlich für die wachsende Tolerierung der doppelten Staatsbürgerschaft, die pfadabhängig verlief. Es handelte sich um einen langsamen und inkrementellen Wandel, der seinen Ausgang in internationalen Konventionen nahm und implizit auf die lebensweltliche Expansion transnationaler sozialer Räume reagierte. Die in diesem Wandel zum Ausdruck kommenden Rechtsnormen zur Staatenlosigkeit und zur Gleichstellung der Geschlechter haben beide zu dieser Entwicklung beigetragen. Im Hinblick auf Staatenlosigkeit war das „Übereinkommen zur Verminderung der Staatenlosigkeit" von 1961 Grundlage; eine Konvention, die inzwischen in allen liberalen Demokratien Gültigkeit erlangt hat. Was die Gleichstellung der Geschlechter angeht, waren vor allem das von den Vereinten Nationen (UN) verabschiedete „Übereinkommen über die Staatsangehörigkeit verheirateter Frauen" von 1957, das ebenfalls von der UN beschlossene „Übereinkommen über die Beseitigung jeder Form von Diskriminierung von Frauen (CEDAW)" aus dem Jahre 1979 und das „Europäische Übereinkommen über die Staatsangehörigkeit" von 1997 wirksam. Sie haben in vielen Staaten inzwischen Eingang in nationales Recht gefunden. Auf nationaler Ebene arbeiteten Lobbygruppen intensiv daran, die internationalen Vereinbarungen in nationales Recht umzusetzen. In Deutschland übte zum Beispiel die „Interessengemeinschaft der mit ausländischen Männern verheirateten Frauen" in den 1970er- und 1980er-Jahren wirkungsvoll politischen Druck aus. Letztendlich erreichten die internationalen Übereinkommen, die Aktivitäten der Interessenverbände und die nationalen Gesetzgebungen, dass Frauen ihre Staatsbürgerschaft nicht mehr verlieren, wenn sie einen Mann mit einer anderen Staatsbürgerschaft heiraten. Und Kinder aus binationalen Ehen haben inzwischen auf der Grundlage von Europarats-Abkommen aus den Jahren 1993 und 1997 einen Anspruch auf doppelte Staatsbürgerschaft.

Einem zweiten Mechanismus, dem fehlenden Anreiz zur Umkehr der steigenden Toleranz, kommt ebenfalls große Bedeutung zu. In vielen europäischen Ländern stärkten die Gerichte seit den 1960er-Jahren die Rechte ständig ansässiger Wohnbürger*innen, die keine Staatsbürger*innen sind. Auf der supranationalen Ebene innerhalb der EU bewegte das Prinzip der Reziprozität unter den Mitgliedstaaten viele Staaten dazu, im Fall der Einbürgerung von Staatsbürger*innen anderer Mitgliedstaaten die Verzichtsklausel zu streichen, d. h. diese einbürgerungswilligen Migrant*innen mussten nicht erst ihre alte Staatsbürgerschaft aufgeben, um eine neue zu erwerben. Emigrationsländer zogen den Immigrationsländern nach und nutzen die doppelte Staatsangehörigkeit zunehmend als Mittel, mit ihren Bürger*innen im Ausland in den oft kollektiv als Diaspora bezeichneten Gemeinschaften in Verbindung zu bleiben. Trotzdem war die wachsende Tolerierung der doppelten Staatsbürgerschaft in Europa bisher ein steiniger Weg und gelegentlich folgten neue Restriktionen.

Staatsbürgerschaft als Mechanismus der sozialen Schließung

Nationalstaaten machen sich ganz allgemein Staatsbürgerschaft als Mechanismus der sozialen Schließung zunutze, um zwischen Vollmitgliedern und Nichtmitgliedern zu unterscheiden (Kivisto & Faist 2007). Soziale Schließung bedeutet einen Ausschluss bestimmter Kategorien von Personen und Gruppen vom Zugang zu wertvollen Ressourcen. Die Zunahme der sogenannten Wohnbürger*innen aus dem Ausland mit partiellen Zugehörigkeitsrechten stellt eine neue Herausforderung für die doppelte Staatsbürgerschaft dar, da der Zugang zur vollen Zugehörigkeit entweder über eine Erleichterung des Beitritts möglich wäre oder aber durch das Zugeständnis weiterer Rechte, ohne jedoch die volle rechtliche Zugehörigkeit zu gewähren. Die Tolerierung von doppelter Staatsbürgerschaft, bei der die Immigrationsländer gleichzeitig die Beibehaltung der ursprünglichen Staatsbürgerschaft erleichtern, d. h., die Einbürgerung ohne Verzicht, ist eindeutig ein Beispiel für Ersteres. Ein wichtiges Argument für die Begründung dieser Art der Liberalisierung war es, durch die Herstellung der Deckungsgleichheit von Wahlbevölkerung (*demos*) und ansässigen Einwohner*innen, die soziale Integration von Einwanderer*innen zu fördern, also Integration in politischer, wirtschaftlicher und kultureller Hinsicht. Debatten in einigen Einwanderungsländern in den 1990er-Jahren wogen die beiden Seiten, also die Immigrant*innen „drinnen" und die Emigrant*innen „draußen" sogar gegeneinander ab, z. B. in den Niederlanden und Schweden (Faist 2007). So argumentierten in Fällen, in denen Emigrant*innen die doppelte Staatsbürgerschaft erlaubt war, die Befürworter*innen der multiplen Staatsangehörigkeit für Immigrant*innen, dass es ein Gebot der Fairness sei, sowohl bei den eigenen Bürger*innen im Ausland als auch bei den Einwanderer*innen den Doppelstatus zu tolerieren.

Auch Länder mit einer relativ hohen Emigrationsquote passten in der Folge ihre Gesetzgebung in Richtung auf eine größere Tolerierung der doppelten Staatsbürgerschaft für ihre im Ausland lebenden Bürger*innen an. Emigration bedeutet erst einmal lediglich die Verlagerung des Wohnsitzes in ein anderes Land und nicht notwendigerweise den dauerhaften Verlust der Mitgliedschaft in Verwandtschaftsgruppen oder Staaten. In den letzten Jahrzehnten gewann diese Vorstellung an Einfluss und trug vermutlich zu dem Umschwung bei, nach dem Emigrant*innen nicht mehr als „Verräter*innen", sondern als „Held*innen" angesehen werden. Prominentes Beispiel ist die Volksrepublik China, die ihre seit Ende der 1970er-Jahre verfolgte Politik änderte. Ihr Slogan „Diene dem Land" wurde ersetzt durch das Motto „Kehre zurück, um zu dienen". Insgesamt kann dies als Zeichen eines partiellen Wandels des Nationsverständnisses in Richtung auf eine globale Nation bzw. einen transnationalisierten Staat interpretiert werden (Faist 2004).

Die Anpassung der Gesetzgebung und der Praxis der Auswanderungsländer an die Bestimmungen der Einwanderungsländer stärkte die zunehmende Tolerierung der doppelten Staatsbürgerschaft. Dies vereinfacht die alltäglichen Interaktionen zwischen Regierungen und Emigrant*innen im Ausland. Zwar misstrauen die Regierungen möglicherweise nach wie vor der Loyalität (einiger) ihrer Auswanderer*innen und setzen Instrumente des nationalen Sicherheitsstaates ein, aber die Tolerierung hat den Vorzug, dass sie zum ständig wachsenden internationalen Credo der Mobilität als Entwicklungsressource passt, wie es seit Anfang der 2000er-Jahre das Beispiel der (ehemaligen) *Global Commission on International Migration* (GCIM) und die Politik der Weltbank zeigt. In der Sichtweise dieser internationalen Akteure wandelte sich die Migration von einem Problem, das ökonomische Unterentwicklung signalisierte, zu einem Teil der Lösung vom Problem im Zusammenhang mit sozioökonomischer Entwicklung.

Der kognitive Mechanismus der symbolischen Anerkennung ist ein sehr gutes Beispiel dafür, wie sich die Spannung zwischen transnationalen Verbindungen und nationalstaatlichen Institutionen aus der Sicht von Migrant*innen darstellt. Erstens unterhalten viele Migrant*innen Bindungen und Verpflichtungen an zwei oder mehreren Orten über Staatsgrenzen hinweg. Durch Praktiken, wie bspw. finanzielle und soziale Überweisungen oder die Pflege von Angehörigen in einem anderen Land, werden derartige Zugehörigkeiten aufrechterhalten. Wenn Doppelstaatsbürger*innen ihre Staatsbürgerschaft als wesentlichen Teil ihrer Identität betrachten, fällt es ihnen emotional oft schwer, sich für den Fall, dass sie eine Staatsbürgerschaft aufgeben müssten, zu entscheiden, welche sie behalten würden. Die Tolerierung der doppelten Staatsbürgerschaft berücksichtigt also die konkreten symbolischen und emotionalen grenzübergreifenden Bindungen von Migrant*innen. Soziokulturelle transnationale Aktivitäten von Immigrant*innen können dazu beitragen, ihr Selbstbild und ihre kollektive Solidarität zu stärken (Pitkänen & Kalekin-Fishman 2007). In diesem Fall betrachten viele Migrant*innen die Akzeptanz der doppelten Staatsbürgerschaft durch den jeweiligen Staat als eine Art offizielle Legitimierung ihrer pluri-kulturellen Zugehörigkeiten. Zweitens wird die Bindung oder sogar die Loyalität gegenüber dem Einwanderungsland bei Kindern von Migrant*innen gestärkt, wenn der jeweilige Staat die doppelte Staatsbürgerschaft akzeptiert oder sich gar zu Eigen macht. Dies liegt vor allem daran, dass dadurch das Selbstvertrauen gestärkt wird, das für die Entwicklung bestimmter, durch eine transnationale Praxis bedingter Kompetenzen, wie Zweisprachigkeit und Übernahme einer interkulturellen Rolle, erforderlich ist. In Deutschland halten bspw. Kinder aus binationalen Ehen, die seit ihrer Geburt Doppelbürger*innen sind, ihre doppelte Staatsbürgerschaft für den Prozess ihrer sozialen Integration für wichtig (Schröter & Jäger 2007). Von daher gesehen war die Abschaffung der Optionsregelung ein besonders zentraler Test für die Berücksichtigung symbolischer Bindungen: Bis 2016 konnten in Deutschland geborene Kinder von nicht-deutschen Staatsangehörigen nur bis zur Volljährigkeit eine doppelte Staatsbürgerschaft führen und mussten sich zwischen dem 18. und 23. Lebensjahr für eine der beiden entscheiden, die deutsche oder die ausländische. Mit der Reform von 2016 wurde die Diskriminierung dieser Kategorie von Kindern gegenüber solchen aus binationalen Ehen abgeschafft. Letztere konnten, gemäß dem schon erwähnten Beschluss des Europarats, unbeschränkt die Staatsangehörigkeiten ihrer Eltern behalten.

Doppelte Staatsbürgerschaft ist ein Beispiel für eine nationalstaatliche Institution, deren Grenzen für politische Mitgliedschaft etwas durchlässiger geworden sind und die so teilweise auch transnationale Bindungen sozialer und symbolischer Art abbildet. Mit der zunehmenden Tolerierung der doppelten Staatsbürgerschaft wurde die nationale Staatsbürgerschaft im Sinne überlappender Voll- und Teilmitgliedschaften auch zu einer transnationalen Staatsbürgerschaft. Das Wesen von Staatsbürgerschaft als Mechanismus der sozialen Schließung hat sich zwar damit nicht grundlegend gewandelt, aber die Grenzziehungen sind andere.

Transnationalisierung der nationalstaatlichen Politik und Mitgliedschaft

Um die Dynamik politischer Mitgliedschaft zu verstehen, ist es hilfreich, Immigrations- und Emigrationspolitik sowohl auf wirtschaftlicher als auch kultureller Ebene zu betrachten. Diese Ebenen sind einerseits autonom, andererseits auch eng miteinander verzahnt. Dabei kann grundsätzlich in analytischer Absicht zwischen Staaten als Immigrations- und als Emigrationsstaaten unterschieden werden. Selbstverständlich fallen viele Staaten in beide Kategorien.

Immigrationsstaaten: Wohlfahrtsparadox und liberales Paradox
In Bezug auf Mitgliedschaft und damit verbundene Ungleichheiten kreist Politik in den Einwanderungsländern des globalen Nordens um zwei Hauptachsen (Tabelle 8.1). Es kann einmal unterschieden werden, ob Immigrationspolitiken

eher expansiv oder restriktiv sind (horizontale Achse). Zum anderen kann zwischen Migrant*innen als wirtschaftlich nachgefragt und/oder soziokulturell anerkannt differenziert werden (vertikale Achse). Beide Achsen sind für Fragen der Mitgliedschaft relevant: Erstens haben Immigrationspolitiken, der damit zusammenhängende rechtliche Status von Immigrant*innen und die wirtschaftliche Nachfrage einen großen Einfluss auf deren Teilhabemöglichkeiten. Und zweitens ist insbesondere die soziokulturelle Anerkennung relevant dafür, welche Kategorien von Migrant*innen als zugehörig bzw. auf dem Weg dahin betrachtet werden. Außerdem ist Anerkennung wiederum abhängig von den Vorstellungen der jeweiligen Mehrheit darüber, ob eine Nation als ethnisch bzw. kulturell homogen oder divers verstanden wird.

Tab. 8.1: Immigrationsparadoxa (Quelle: eigene Darstellung)

Immigrationspolitiken **Migrant*innen**	**Expansiv**	**Restriktiv**
Wirtschaftlich nachgefragt	Marktliberalisierung: Migrant*innen als Humankapital	Dekommodifizierung: Bürger*innen und Migrant*innen als Träger sozialer Rechte
Wohlfahrtsparadox	*Wettbewerbsstaat*	*Wohlfahrtsstaat*
Soziokulturell anerkannt	Menschenrechte und kulturelle Rechte auch für Migrant*innen („rights revolution")	Kulturalisierung: kulturell homogene Nation; Versicherheitlichung: Migration als Bedrohung
Liberales Paradox	*Rechtsstaat*	*Demokratischer Nationalstaat*

Diese Spannung, die sich entlang der beiden Achsen ergibt, verdichtet sich in einem Wohlfahrtsparadox und einem liberalen Paradox. In der wirtschaftlichen Sphäre resultiert das Wohlfahrtsparadox aus den Forderungen nach Liberalisierung des Marktes im Wettbewerbsstaat (*competition state*; Cerny 1997) einerseits und der Abkopplung der sozialen Sicherung vom Arbeitsmarkt (Dekommodifizierung) im Wohlfahrtsstaat andererseits. Wirtschaftliche Offenheit in Bezug auf Immigration und Kapitaltransfer steht in einem Spannungsverhältnis zur politischen Schließung gegenüber Migrant*innen im Wohlfahrtsstaat. Denn eine vollständige Öffnung der Grenzen von Wohlfahrtsstaaten würde aufgrund eines hohen Angebots an migrantischen Arbeitskräften die Organisation von Kapital und

Arbeit in Arbeitgeberverbänden und Gewerkschaften in Frage stellen. Die marktliberale Öffnung von Grenzen verträgt sich darüber hinaus schlecht mit der sozialen Sicherung aller im Wohlfahrtsstaat befindlichen Beschäftigten, da bei expansiver Immigrationspolitik etwa Beschäftigte in den unteren Lohnsegmenten vermehrt mit Migrant*innen konkurrieren würden. Kurzum, bezüglich Migration besteht ein konzeptuell nicht auflösbares Spannungsverhältnis zwischen den Prinzipien des Wettbewerbsstaates und des Wohlfahrtsstaates.

Das liberale Paradox in der kulturellen Sphäre drückt sich im Konflikt zwischen der Revolution der Menschenrechte (*rights revolution*) einerseits und dem Mythos einer national-kulturellen Homogenität andererseits aus. Im Hinblick auf die rechtsstaatliche Revolution der Rechte haben bspw. Arbeiter*innen nach einer gewissen Zeit des legalen Aufenthalts im jeweiligen Land einen Anspruch auf dauerhafte Aufenthaltsberechtigung (Triadafilopoulos 2012: 122). Die Ausweitung der Menschenrechte auf Migrant*innen, die sich in Wohlfahrtstaaten aufhalten, steht aber prinzipiell im Widerspruch zu den Bemühungen, territoriale und vor allem soziokulturelle Grenzen zum Erhalt einer imaginierten national und kulturell homogen gedachten Gemeinschaft zu schaffen. Migration ist aus der Sicht einer ethnisch als homogen vorgestellten Nation stark zu begrenzen, weil ansonsten spezifische kulturelle Lebensstile und sogar die demokratische Verfasstheit des Nationalstaates gefährdet würden, z. B. durch den Import autoritärer Vorstellungen. Beim Widerstand gegen die Ausweitung der Rechte von Immigrant*innen handelt es sich also um einen Prozess der Kulturalisierung von Migration. Noch weitergehender führen die Wahrnehmungen von Migration und bestimmter Kategorien von Migrant*innen als Bedrohung in der Regel zu einer starken Betonung von Migration als Sicherheitsrisiko, d. h. tragen zu einer Versicherheitlichung von Immigration bei. Im Hinblick auf den kulturellen Aspekt der Staatlichkeit werden also Prinzipien der Rechtsstaatlichkeit sichtbar und damit ein *de facto* multikultureller Staat auf der einen und ein demokratisch verfasster nationaler und teilweise sogar ethnisch homogen gedachter Staat auf der anderen Seite.

Insgesamt favorisieren die Logiken des Wettbewerbsstaates und des Rechtsstaates eher tolerante bzw. offene Immigrationspolitiken. Dabei ist zu beachten, dass diese beiden Prinzipien nicht unbedingt miteinander einhergehen bzw. von den gleichen politischen Akteur*innen vorgebracht werden. Demgegenüber legen die Funktionsweisen des Wohlfahrtsstaates und des demokratischen Nationalstaates – wiederum auch aus verschiedenen Gründen – eine restriktivere Immigrationspolitik nahe. Dies bedeutet, dass politische Konfliktlinien im Bereich Migration quer zu weithin bekannten Rechts-Links Schemata verlaufen. So würde etwa eine links-liberale Position sowohl eine restriktive Immigrationspolitik (Wohlfahrtsstaat) als auch eine offene Immigrationspolitik (pluralistischer Rechtsstaat) nahelegen. Deutlich wird auch, wie weit im Feld Migration wohlfahrtsstaatliche und rechtsstaatliche Positionen auseinanderliegen. Dies wirft Fragen der politischen Koalitionsbildung auf.

Das Wohlfahrtsparadox und das liberale Paradox sind eng verschränkt, da ökonomische Spaltungen entlang von Klasse die Politisierung kultureller Heterogenitäten mit strukturieren. Marktliberalisierung dient als Grundlage für Klassenunterschiede zwischen Migrant*innen bzw. verstärkt diese, während Kulturalisierung und Versicherheitlichung diese Differenzen entlang kultureller und nationaler Spannungslinien politisieren. Dabei konzentrieren sich Diskussionen über das Scheitern von Sozialintegration in der Regel auf relativ statusniedrige Gruppen; bspw. ehemalige „Gastarbeiter*innen" aus der Türkei oder neuerdings Geflüchtete. Hingegen wird die Sozialintegration von Hochqualifizierten in öffentlichen Debatten kaum thematisiert (vgl. Kapitel 1). In den letzten Jahrzehnten haben sich die Gründe für die Legitimierung von Ungleichheiten bezüglich des Rechtsstatus von Immigrant*innen verschoben. Zugeschriebene Heterogenitäten wie phänotypische Merkmale in Prozessen der Rassifizierung werden nun durch wahrgenommene kulturelle Dispositionen von Immigrant*innen als rückständig komplementiert oder gar ersetzt. Solche Kategorisierungen unterscheiden etwa zwischen legitimen Geflüchteten und nicht legitimen „Scheinasylant*innen", „Asyltourist*innen" oder „Wirtschaftsflüchtlingen". Kurz gesagt handelt es sich dabei um einen Prozess der Kategorisierung von Migrant*innen in entbehrliche oder nützliche Elemente des Wettbewerbsstaates (vgl. Kapitel 3). Es ist also nicht erst das Aufkommen des Rechtspopulismus, welches die sozioökonomischen und soziokulturellen Spannungslinien des Wohlfahrtsparadoxes und des liberalen Paradoxes sichtbar macht. Auch wenn rechtspopulistische und rechtsnationale Politik stark zur Kulturalisierung und Versicherheitlichung von Migrationspolitik beitragen, so sind es doch grundlegende institutionelle Logiken verschiedener Dimensionen von Staatlichkeit, die Migration als transnationalisierte soziale Frage konstituieren.

Diese Prozesse haben nicht einfach zur Verdrängung von Klasse durch Status entlang der Heterogenitäten Religion, Nationalität oder Geschlecht in politischen Debatten geführt. Schließlich bezieht sich die Klassenpolitik auch auf kulturelle Abgrenzungen wie einen bestimmten Lebensstil (Thompson [1963] 1992). Dennoch haben sich die Heterogenitäten, die seit dem letzten Drittel des 20. Jahrhunderts politisiert werden, etwas verschoben: Kulturalisierte Heterogenitäten stehen heute im Vordergrund der politischen Auseinandersetzung um Migration und deren Folgen, insbesondere Religion (Faist 2010a). Interessanterweise werden manche Heterogenitäten wie „Rasse" als Produkt von Rassifizierung (*racialization*) von phänotypisch-kulturellen Merkmalen in den politischen und wissenschaftlichen Debatten in Deutschland erst seit Kurzem thematisiert (z. B. *Black Lives Matter*).

Emigrationsstaaten: Entwicklungsparadox und nationales Paradox

Anstelle der Immigrationspolitiken, die eher offen oder eher restriktiv sind, treten in diesem Falle die Emigrationspolitiken in den Vordergrund (horizontale Achse). Die andere Achse ist wiederum nach denselben Kriterien konstruiert wie auf der Immigrationsseite, nämlich Migrant*innen als wirtschaftlich nachgefragt und/oder soziokulturell anerkannt; in diesem Falle auf Emigrant*innen bzw. Rückkehrmigrant*innen bezogen. In den Emigrationsländern stehen zwei Spannungsfelder im Vordergrund – das Entwicklungsparadox und das nationale Paradox (Tabelle 8.2). Im Hinblick auf das Entwicklungsparadox – die Spannung zwischen dem Marktliberalismus des Wettbewerbsstaates und der Protektion der eigenen Wirtschaft im nationalen Entwicklungsstaat – wurden seit den 1980er-Jahren ökonomisch liberale Elemente insbesondere durch Strukturanpassungsprogramme internationaler Organisationen in vielen dieser Länder implementiert (Alvorado & Massey 2010). Derartige Programme resultierten u. a. in der Kürzung von Subventionen für Nahrungsmittel und in der steigenden Privatisierung von Bildungs- und Gesundheitseinrichtungen. In der Folge traten wachsende Schwierigkeiten in der Sicherung von Grundbedürfnissen für bestimmte Bevölkerungsgruppen auf. Strukturanpassungen können als Ausdruck von Wettbewerbsstaatlichkeit gesehen werden. Eine Einschränkung dieser Beobachtung sollte jedoch gleich gemacht werden. Sie gilt nicht in gleichem Maße für im Hinblick auf die Anzahl der Emigrant*innen bedeutende Länder wie Indien und schon gar nicht für Staaten, die nicht umstandslos in die dichotome Unterscheidung globaler Norden vs. globaler Süden fallen, wie z. B. China. Trotzdem

Tab. 8.2: Emigrationsparadoxa (Quelle: eigene Darstellung)

Emigrationspolitiken Migrant*innen	Offen	Restriktiv
Wirtschaftlich nachgefragt	Marktliberalisierung: Emigrant*innen als Träger von Kapital (z. B. Rücküberweisungen, *brain gain*)	Nationale Entwicklung: Wirtschaftliche Entwicklung eingebettet in nationale Ziele (Vermeiden von *brain drain*)
Entwicklungsparadox	*Wettbewerbsstaat*	*Nationaler Entwicklungsstaat*
Soziokulturell anerkannt	Transnationalisierung: Emigration und Diaspora als Ressourcen – globale Nation	Versicherheitlichung: Emigration und Diaspora als Bedrohung (z. B. Opposition im Ausland)
Nationales Paradox	*Transnationalisierter Staat*	*Nationaler Sicherheitsstaat*

nimmt in Ländern, die hauptsächlich durch Emigration und weniger durch Immigration geprägt sind, die Bearbeitung der Konsequenzen der Abwanderung etwa von Hochqualifizierten (*brain drain*) und Arbeiter*innen (*brawn drain*) einen wichtigen Platz in politischen Debatten ein (Gamlen 2008). Als ein Beispiel dafür kann der bereits erwähnte Nexus von Migration und Entwicklung dienen, der von internationalen Organisationen, Nationalstaaten und der EU im globalen Norden Ende der 1990er- und Anfang der 2000er-Jahre Eingang in die politische Agenda fand. Kollektive Akteur*innen wie Diasporaorganisationen, die bis dahin als Hilfskräfte und Unterstützer*innen der beiden Supermächte USA und UdSSR im Ost-West-Konflikt dienten, wandten sich im Zuge dieser Entwicklung nach dem Kalten Krieg Entwicklungsfragen zu (Glick Schiller & Faist 2010). Außerdem fordert die EU, so etwa im Globalen Ansatz für Migration und Mobilität (*Global Approach to Migration and Mobility*, GAMM), von den Regierungen in den Herkunfts- und Transitländern verstärkte Grenzkontrollen. Im Gegenzug erhalten diese Staaten finanzielle Unterstützung von einigen europäischen Ländern. Dadurch wird auch in den Herkunftsländern von Migrant*innen die Aufmerksamkeit für die Thematik *brain drain, brain gain, brain circulation* und die Rolle von Diaspora weiter gestärkt. Im Rahmen solcher politischen Initiativen werden die Machtasymmetrien zwischen den Immigrations- und Emigrationsländern deutlich sichtbar. Während der Mobilität hochqualifizierter Migrant*innen viel Platz in den Diskursen um Migration und Entwicklung gegeben wurde, haben Migrant*innen mit geringerem beruflichen Qualifikationsniveau nur wenig Aufmerksamkeit erfahren und tauchen in öffentlichen Debatten meistens als Objekte der Kontrolle in Herkunfts- und Transitländern und als vermeintliche Last für den Wohlfahrtsstaat in den Zielländern auf.

Um zu verstehen, wie Emigrationsstaaten mit Auswanderung, Rückkehrmigration, Rücküberweisungen und der Entstehung von Diaspora umgehen (Debnath 2016), ist als Gegenpol zum Marktliberalismus des Wettbewerbsstaates die Idee des nationalen Entwicklungsstaates zentral. Letzterer zielt darauf ab, durch staatlich gelenkte Wirtschaftsförderung, darunter auch Landreformen, systematisch die einheimische Landwirtschaft, Industrie und Dienstleistungen zu stärken – und dabei auch die heimische Produktion etwa durch Schutzzölle zu sichern (Chang 2003). Während das Konzept des nationalen Entwicklungsstaates noch in den 1960er- und 1970er-Jahren maßgebend für sozioökonomische Entwicklungspolitik in den Emigrationsstaaten war, haben internationale Organisationen, wie die Weltbank und der Internationale Währungsfonds (IWF), seit den 1980er-Jahren demgegenüber die Rolle von Marktmechanismen, zivilgesellschaftlichen Akteur*innen und des lokalen Staates betont und gestärkt (Faist 2008).

Obwohl Rücküberweisungen das neue Mantra der Entwicklungsarbeit darstellen, u. a. weil die Summen, die von Nord nach Süd fließen, diejenigen der offiziellen Entwicklungshilfe bei Weitem übersteigen, sind damit erhebliche nicht intendierte Auswirkungen verbunden. Eine davon ist das Problem des moralischen Risikos (*moral hazard*). Gerade weil Rücküberweisungen besonders in Phasen des wirtschaftlichen Abschwungs wichtig sind, gibt es Anreize für Regierungen, sich mit (indirektem) Verweis auf die Selbsthilfe (*self-reliance*) seitens der Migrant*innen ihrer Verantwortung für grundlegende soziale Sicherung und anderen Verpflichtungen gegenüber ihren Bürger*innen zu entledigen. Diese negative Konsequenz wird bspw. im Zuge des Umgangs mit Naturkatastrophen und anderen ökologischen Krisen sichtbar (vgl. Kapitel 18). Insgesamt führen Rücküberweisungen eben auch dazu, dass sie Haushalten erlauben, ein öffentliches Gut privat zu erwerben und sich eben nicht auf die öffentliche Hand zu verlassen. Dies führt wiederum dazu, dass Wähler*innen ihre Regierungen diesbezüglich nicht zur Verantwortung ziehen (Faist 2019: Kapitel 9).

Insgesamt zeigt die Forschung, dass Migration und finanzielle Rücküberweisungen die Muster von politischem Einfluss und die Präferenzen der Wähler*innen durchaus beeinflussen. Diese negativen Wirkungen sollten wiederum auch nicht überschätzt werden. Erstens lassen sich durchaus positive Effekte von Rücküberweisungen messen, z. B. die Verbesserung der Gesundheitsversorgung und des Zugangs zu Bildungseinrichtungen. Finanzielle Rücküberweisungen gleichen teilweise auch die negativen Effekte des durch Migration verursachten Bevölkerungsrückgangs aus. Zweitens lassen sich reduzierte Armutsraten als Ergebnis von Rücküberweisungen messen. Die positiven und negativen Effekte von Rücküberweisungen sollten auch deshalb mit Vorsicht bewertet werden, weil es vor allem die breiteren wirtschafts- und sozialpolitischen Maßnahmen in den Emigrationsländern sind, die ihre sozioökonomische Entwicklung mit beeinflussen (Faist 2008). Diese Annahme wird etwa durch historische Forschung in den Fällen Irland und Italien im 19. Jahrhundert bestätigt (Tilly 2007). Aber noch entscheidender ist die Tatsache, dass die gegenwärtigen Migrationsquoten weit über den derzeit gemessenen weltweit 3,5 Prozent liegen müssten, um sehr signifikante ökonomische Effekte in den Herkunftsländern zu erzielen (Faist 2000: Kapitel 1).

In der kulturellen Sphäre liegt das nationale Paradox, die Spannung zwischen der Vorstellung einer globalen Nation in Form eines transnationalisierten Staates einerseits und der Idee eines nationalen Sicherheitsstaates andererseits. Sowohl in Bezug auf die ökonomische, insbesondere aber auf die kulturelle Dimension von Migration, steht der Begriff der Diaspora im Vordergrund der politischen Auseinandersetzungen in wichtigen Emigrationsländern wie Indien oder den Philippinen. Unter Diaspora wird hier eine Gruppe von Personen in einem Zielland verstanden, die sich auf ein imaginiertes oder reales Ursprungs- bzw. Heimatland bezieht, manchmal sogar eine Rückkehroption propagiert und daher dazu tendiert, Anforderungen der Sozialintegration bzw. Assimilation im Land der gegenwärtigen Niederlassung zurückzuweisen (Brubaker 2005). Einerseits kennzeichnet Diaspora in einem weiten Sinne die Entstehung von Gemeinschaften von Bürger*innen außerhalb des Herkunftslandes. In diesem Falle fungiert Diaspora als Inland im Ausland, als extraterritorialer Teil eines Nationalstaates. Andererseits ist Diaspora häufig in der Politik im Heimatland involviert und agiert manchmal als Konkurrent oder Bedrohung für Staats- und Nationsbildung (*nation-building*) und die Festigung der politischen Macht der jeweiligen politischen Regime. Auswanderung fungiert dabei u. a. als Sicherheitsventil für autoritäre Regime, welche die politische Opposition bekämpfen; also Abwanderung (*exit*) statt Widerspruch (*voice*) fördern (vgl. Kapitel 7). Gleichzeitig ist dabei Abwanderung eine Voraussetzung für effektiven Widerspruch aus der Diaspora heraus. Es handelt sich dann bei Diaspora aus der Sicht des Ziellandes um eine Art Ausland im Inland.

In Bezug auf zivilgesellschaftliche Prozesse hat der Begriff Diaspora einen besonderen Aufschwung erlebt. Organisationen in der Diaspora werden definitiv von globalen Metanormen und Parolen beeinflusst und verwenden diese teilweise geschickt, zum Beispiel in Bezug auf Forderungen nach mehr Demokratie, einer stärkeren Beachtung von Menschenrechten und der Gleichberechtigung der Geschlechter in den Herkunftsländern; also insgesamt einer liberal inspirierten Mitgliedschaftspolitik. Gleichzeitig gibt es viele Fälle, in denen Diaspora nationalistische Projekte befördert. Somit kann Diaspora in dieser Hinsicht auch als ein Spiegelbild nicht nur rechtsstaatlicher sondern auch nationalistischer und xenophober Strömungen in den Zielländern interpretiert werden (Baser 2015). Besonders augenfällig ist im Gesamtkontext von Emigrationsstaaten, dass das Prinzip des Wettbewerbsstaates und das des transnationalen Staates in kongenialer Weise eng miteinander verbunden sind.

Bürgerschaft und Diaspora

Auf dem Hintergrund der Analysen von (doppelter) Staatsbürgerschaft und den grundlegenden Konfliktlinien in der Migrations- und Mitgliedschaftspolitik geht es nun um die Frage, inwieweit Staatsbürgerschaft als nationale Institution durch transnationale Praktiken beeinflusst wird und wie wiederum (nationale) politische Institutionen die transnationalen Praktiken grenzübergreifender Akteur*innen formen. Da es bei Staatsbürgerschaft nicht einfach um die Beziehungen zwischen Staat und Mitgliedern geht, sondern auch um Reziprozität und Solidarität der Bürger*innen untereinander, werden bei der Analyse auch Fragen der kollektiven Handlungsfähigkeit untersucht, z. B. soziale Beziehungen innerhalb von Diaspora. Wichtig ist es, die Folgen der Ansprüche von Diaspora für die zentralen politischen Bereiche von Bürgerschaft zu erkennen: für gleiche politische Freiheit und damit Demokratisierung; Rechte und Pflichten; sowie Bindungen an ein Kollektiv bzw. Kollektive.

Gleiche politische Freiheit

Alle Immigrant*innen sind gleichzeitig Emigrant*innen; einmal davon abgesehen, dass darüber hinaus weitere Differenzierungen gebraucht werden, sowohl in der Forschung als auch Politik (vgl. Kapitel 3). In den 1980er- und 1990er-Jahren konzentrierte sich die Forschung auf die Rolle, die Emigrant*innen und insbesondere Diasporas beim Schüren von Konflikten in ihren Herkunftsländern spielten. In der neueren Forschung und in öffentlichen politischen Debatten stehen hingegen ihre Rollen als Makler*innen in gewalttätigen Konflikten, als Entwicklungsunternehmer*innen nach Ende von Konflikten und als Akteur*innen der Demokratisierung im Mittelpunkt. Diese neue Schwerpunktsetzung ist vor dem Hintergrund einer veränderten geopolitischen Landschaft zu sehen. Bis zum Ende des Kalten Krieges nutzten die Supermächte Akteur*innen aus der Diaspora, um sich in die inneren Angelegenheiten von Emigrationsländern einzumischen. Süd-Nord-Konstellationen waren aus diesem Grund sowohl ein integraler Bestandteil des Ost-West-Konflikts als auch der Nachwirkungen der Entkolonialisierung, wobei es um Projekte zur Staatenbildung in früheren europäischen Kolonien ging. Mit dem Ende des Kalten Krieges mussten Diasporagruppen neue Betätigungsfelder finden. Die Entwicklungszusammenarbeit wurde eines davon. Führende internationale Geldgeber und Institutionen verstehen den Begriff Entwicklung im weitesten Sinne vor allem als wirtschaftliche Entwicklung, die aber auch durch die Institutionalisierung der Rechtsstaatlichkeit, „gutes Regieren" (*good governance*) und Demokratie zu ergänzen sei (Bauböck & Faist 2010). Hier könnte von einer Agenda gesprochen werden, die an die Staaten des globalen Südens nicht nur Kriterien der Wettbewerbsstaatlichkeit, sondern in postkolonialer Weise auch der Rechtsstaatlichkeit und Demokratisierung anlegt – Kategorien, die ansonsten eher die Migrationspolitik im globalen Norden beschreiben. In diesem Zusammenhang werden bei der Diskussion um Diaspora nicht nur monetäre Rücküberweisungen berücksichtigt, sondern zunehmend auch die Rolle der Migrant*innen im Hinblick auf soziale Rücküberweisungen. Bei Migrant*innen wird manchmal beobachtet, dass sie die Politik in ihrem Herkunftsland durchaus beeinflussen, und zwar durch „*ideas of citizen rights and responsibilities and different histories of political practice*" (Levitt 1997: 517), die sie in den Immigrationsländern praktizieren. Diese sozialen Rücküberweisungen werden demnach in das Herkunftsland transferiert.

Im Hinblick auf Prozesse der Demokratisierung liefert das vorhandene Datenmaterial ein ambivalentes Bild (vgl. Pedraza 2013). Beispielsweise ergab eine Untersuchung der transnationalen Politik von Migrant*innen und Demokratisierungsprozessen in der Dominikanischen Republik und in El Salvador, dass die transnationalen politischen Aktivitäten in diesen beiden Ländern die formalen demokratischen Regeln der Organisation des politischen Wettbewerbs stärkten (Itzigsohn & Villacrés 2008). Ihre Analyse zeigt allerdings auch, dass der Beitrag der Emigrant*innen zur Vertiefung des demokratischen Prozesses begrenzt ist. Im Einzelnen belegt die Studie, dass in beiden Emigrationsländern wichtige Gründe für die Migration in einem autoritären Regierungssystem, politischer Unterdrückung und dem Fehlen sozioökonomischer Chancen lagen. Durch ihre Ausreise bildeten die Migrant*innen eine neue Wählerschaft, mit denen die Herrschenden in den Emigrationsländern rechnen mussten. Trotzdem gibt es klare Grenzen dafür, was die transnationalen politischen Aktivitäten von Migrant*innen zur Ausbreitung demokratischer Praktiken beitragen. Im Fall der Dominikanischen Republik ist die Wirkung der Migrantenwähler*innen aufgrund der geringen Partizipation der (Re-)Migrant*innen und der Tatsache, dass der Großteil von ihnen das Wahlrecht als ein symbolisches Recht sieht, eher gering und beschränkt sich auf diejenigen, die innerhalb der etablierten Parteiapparate arbeiten. In El Salvador lieferten die *hometown associations* einen Beitrag zur Entwicklung partizipatorischer Institutionen und zur Dynamik lokaler politischer Teilhabe. Migrant*innen sind in diesem Falle zu einer neuen und schwer berechenbaren Machtgruppierung geworden. Sie können etwa ihre Ressourcen nutzen, um den Nichtmigrant*innen ihre eigenen Pläne aufzuzwingen – nämlich denjenigen, die mit den Folgen von Entwicklungsprojekten leben müssen (vgl. Waldinger & Magana 2008). Es ist also Vorsicht angebracht, Migrant*innen vor allem in der Rolle als Akteur*innen für einen tiefgehenden politischen und sozialen Wandel zu sehen. Schließlich gehören in etlichen Fällen die Migrant*innen selbst zu den lokalen Eliten, auch wenn Diasporagruppen möglicherweise bestehende politische Regime radikal infrage stellen. Ebenso ist nicht zu übersehen, dass die Interessen der Migrant*innen meist relativ stärker auf die Teilnahme an der Politik des Immigrationslandes ausgerichtet sind.

Doch gibt es in anderen Fällen Anzeichen dafür, dass Diasporas durchaus eine Rolle als „Akteur*innen der Demokratisierung" spielen, vor allem in der postkommunistischen Welt Ost- und Südosteuropas (Koinova 2010; vgl. Rother 2016). Dies sind die Fälle, in denen sich die Diasporas der Ukraine, Serbiens, Albaniens und Armeniens nicht ausschließlich für eine nationale bzw. nationalistische Agenda, sondern vor allem auch für Demokratisierung engagierten. Nach dem Kalten Krieg waren die eben genannten Diasporas zwar nicht unbedingt die offensichtlichsten Akteur*innen der Demokratisierung in der postkommunistischen Welt, aber sie leisteten einen sichtbaren Beitrag dazu.

Im Vergleich zu Emigrationsländern gibt es einen auffallenden Mangel an Studien über die Auswirkungen von Migrant*innen auf die Demokratie in den Immigrationsländern. Häufig finden sich normativ gehaltene Feststellungen wie die, dass Immigrant*innen eine Gefahr für die angebliche kulturelle Homogenität westlicher Demokratien bildeten (z. B. Huntington 2003). Für diese Sichtweise wird in der Regel kein systematischer Nachweis geführt. Der Diskurs besteht vor allem aus einer Schilderung der Ängste gegenüber Menschen etwa mit mexikanischer Abstammung in den USA und muslimischer Gruppen in Europa (Faist & Ulbricht 2013). Diese Debatten tragen häufig zu einer weiteren Kulturalisierung und Versicherheitlichung von Migrationspolitik bei.

Dies führt auch zu der Frage, wie wirksam Diasporapolitik und die Erweiterung der Staatsbürgerschaftsrechte über die Grenzen der Nationalstaaten hinweg tatsächlich sind und welchen Beitrag sie möglicherweise zur kontinuierlichen Transformation der Staatsbürgerschaft leisten (Østergaard-Nielsen 2003b). Eine der wichtigen Fragen für Immigrationsländer lautet, ob das Engagement im Emigrationsland mit der politischen Integration der Migrant*innen vereinbar ist. Kurz gesagt stellt sich die Frage, ob „zwischen zwei Orten" bedeutet, „weder hier noch dort" oder „hier und dort". Die bisherige Forschung weist darauf hin, dass Organisationen von Migrant*innen eine Schlüsselrolle bei der politischen Teilhabe im Immigrationsland zufällt (Rex et al. 1987). Allerdings wurde nur in wenigen Untersuchungen systematisch analysiert, welche Rolle die Organisationen von Migrant*innen bei der Förderung des zweigleisigen Prozesses spielen, die politische Aktivität sowohl „hier und dort" gleichzeitig zu unterstützen, wobei die Gleichzeitigkeit eines der wesentlichen Merkmale der Transnationalität ist. Ergebnisse einer Untersuchung von Vereinigungen von Migrant*innen in Barcelona, Madrid und Murcia zeigen bspw., dass die Mehrheit der Organisationen transnational aktiv ist (Morales & Jorba 2010). Die transnationalen Aktivitäten scheinen die politische Teilhabe in Spanien insgesamt sogar zu fördern, und dies gilt interessanterweise insbesondere für die eher politisch orientierten transnationalen Bindungen. Zusammenfassend betrachtet sind beide Orientierungen – die Integration der Migrant*innen in die Immigrationsländer und ihre Aktivität in den Emigrationsregionen – kein Nullsummenspiel, sondern können sich tatsächlich gegenseitig bestärken (vgl. Pries & Sezgin 2012).

Rechte und Pflichten – Staaten nutzen Emigration

Demokratie ist in einer bestimmten Form von Staatlichkeit institutionalisiert und dabei sind es Nationalstaaten, die Staatsbürgerschaft maßgeblich prägen. Gelegentlich richten sich die Nationalstaaten an den Interessen der Migrant*innen aus, um diese für ihre eigenen Ziele zu nutzen. Der transnationale Staat bzw. der „Auswanderungsstaat" (*emigration state*, Gamlen 2008) ist deshalb über verschiedene Mechanismen ein integraler Bestandteil der sozialen Konstituierung extraterritorialer Gruppen und einer globalen Nation (siehe Tabelle 8.2).

Das Ziel des Auswanderungsstaates ist es, die Emigrant*innen durch verschiedene staatliche Maßnahmen im Herkunftsland zu (re-)integrieren. Einige Länder beziehen sich programmatisch auf Emigrant*innen, indem sie darauf hinweisen, dass sie für die Staatsbürger*innen im Ausland Sorge tragen und deren Kontakte zum Heimatland fördern (z. B. Slowenien). Ganz entscheidend ist die institutionelle Verankerung solcher Erklärungen; bspw. in einem gut ausgebauten Netzwerk konsularischer Dienstleistungen. So gibt es zum Beispiel in den USA etwa 50 mexikanische Konsulate sowie das Institut für im Ausland lebende Mexikaner*innen (*Instituto de los Mexicanos en el Exterior*). Einige Staaten ergänzen solche Maßnahmen noch, indem sie nationale, kulturelle Aktivitäten im Ausland durch die Verbreitung oder Übertragung nationaler Fernsehsender und vom Staat gesponserten Webportalen unterstützen. Manchmal gründen Staaten eigens Vereinigungen von Migrant*innen, wie die *Amicales* im Falle Marokkos oder *Diaspora Knowledge Networks* im Falle Südafrikas und Kolumbiens (Meyer 2011). Ein Ziel dieser Politik ist die Kontrolle einer loyalen Diaspora.

Die Stärkung von grundlegenden zivilen, politischen, sozialen und kulturellen Rechten spiegelt die Bemühungen wider, mit denen Staaten die Loyalität aufrechterhalten, aber auch die Pflichten der Abgewanderten betonen möchten. Besonders beliebt ist eine Mischung aus wirtschaftlichen Anreizen, patriotischen Ermahnungen und Marketingprogrammen, wie etwa der *roots tourism* in Ghana. In diese Reihe passt auch das mexikanische Fondsbereitstellung-Programm *Tres por Uno*. Im Einzelnen können folgende Aspekte unterschieden werden:

- *Finanzielle Ressourcen*: Einige Staaten bieten besondere finanzielle und vor allem steuerliche Anreize für Emigrant*innen. Auf diese Art machen sich Herkunftsstaaten die speziellen Ressourcen zunutze, die durch Migrant*innen verfügbar sind. Solche politischen Maßnahmen sind bspw. vereinfachte Investitions- und Steuerbestimmungen (zu Indien siehe Kapur 2010). Andere Maßnahmen umfassen Hilfen vor der Abreise sowie Rückkehr- und Reintegrationsprogramme; diese gibt es z. B. in Irland und Deutschland. Besonders umworben werden Investitionen der Diaspora, wie etwa im Fall der sogenannten „Überseechines*innen" für die Volksrepublik China. Ein hoher Prozentsatz der ausländischen Direktinvestitionen in China stammt von Überseechines*innen, zumeist aus Taiwan. In ähnlicher Weise, wenn auch weniger spektakulär, trugen irische Emigrant*innen zum Wirtschaftsboom des „keltischen Tigers" in den 1990er-Jahren bei. Und in der Türkei wurden bspw. mit Mitteln von Emigrant*innen finanzierte Risikokapital-Fonds angeboten (Dişbudak 2004). Es gibt auch Beispiele für Besteuerungsversuche. Die USA und die Schweiz gehören zu den Staaten, die im Prinzip von allen im Ausland lebenden Staatsbürger*innen Steuern erheben. All diese Versuche sind Zeichen einer wettbewerbsstaatlichen Orientierung.

– *Humanressourcen*: Begehrt sind in den Auswanderungsländern nicht nur das Kapital, sondern auch die Kenntnisse und Fertigkeiten, das in der Ökonomie so bezeichnete „Humankapital" von qualifizierten Fachleuten. Diese Emigrant*innen sollen durch die bereits erwähnten Diaspora-Wissensnetzwerke entweder in ihr Herkunftsland gelockt werden oder mit dem Auswanderungsland wenigstens verbunden bleiben. In diesem Falle wird der Versuch sichtbar, das Entwicklungsparadox duch eine Kopplung von wettbewerbsstaatlichen und entwicklungsstaatlichen Elementen zu entschärfen.

– *Politische Interessenvertretung*: Regierungen betrachten ihre Emigrant*innen auch als außenpolitische Interessenvertreter*innen in den jeweiligen Einwanderungsländern. Dazu gehören in der Geschichte des 19. und 20. Jahrhunderts die Auswander*innenlobbys der Emigrant*innen aus Israel und Irland sowie heute auch die in Washington aktiven Lobbys der arabischen Emigrant*innen. Hier werden Elemente des nationalen Sicherheitsstaates deutlich.

Es fällt auf, dass in Bezug auf das nationale Paradox Regierungen in der Regel auf eine Mischung von Programmen zurückgreifen, welche die Loyalität bzw. das Zugehörigkeitsgefühl zu einem Staat als globaler Nation stärken, sowie Anreize für Investitionen, Remigration oder Zirkulation bieten sollen. Loyalität ist also neben Abwanderung (*exit*) und Widerspruch (*voice*) das dritte Element, um Diasporapolitik zu verstehen (vgl. Kapitel 1). Auf diese Weise wollen Regierungen in Emigrationsstaaten die aus ihrer Sicht erwünschten Formen von Transnationalität fördern. Oftmals ist allerdings der Herkunftsstaat nicht imstande, das Mitsprecherecht der Abgewanderten durch Maßnahmen wie Überwachung oder gar Drohungen streng unter Kontrolle zu halten. Diese Herausforderung wird nicht nur durch die Existenz separatistischer und irredentistischer Diaspora deutlich, sondern auch durch die Aktivitäten politischer Oppositionsgruppen.

Kollektive Identität und Nation-Building

Um die Praktiken der Staatsbürgerschaft zu verstehen, ist nicht nur ein Blick auf die Interaktionen zwischen Staaten und Mitgliedern erforderlich, sondern auch auf die Interaktionen zwischen Migrant*innen und relativ Immobilen. Daher gilt es zunächst die abgewanderten Bürger*innen in den Blick zu nehmen. Hier stehen insbesondere die sozial-moralischen Ressourcen von Bürgerschaft wie etwa Reziprozität, Solidarität und Vertrauen unter den Bürger*innen im Fokus.

Nicht selten nehmen Diasporagruppen für sich in Anspruch, verantwortlich für soziale Rücküberweisungen zu sein, wie eine verbesserte Lage hinsichtlich der Demokratisierung, der Gleichstellung der Geschlechter und der Menschenrechte. Auch das Recht auf nationale Selbstbestimmung klagen Organisationen der Diaspora gelegentlich ein. Diese Ansprüche, zumeist ethno-nationaler Gruppen, sind besonders umstritten. Es sind vor allem drei Typen von transnationalen Gruppen, die in dieser Hinsicht eine Herausforderung für das Emigrationsland darstellen, teilweise auch für die betreffenden Immigrationsländer: Geflüchtete, staatenlose Diaspora und herkunftsstaatsbezogene Diaspora. Die Rolle aller drei Kategorien geht weit über den Strom von Finanzkapital – etwa für die Finanzierung von Rebellenarmeen – hinaus und gibt Einblick in die Politik grenzübergreifend aktiver politischer Organisationen und Gemeinschaften. Staaten basieren nicht nur auf einer organisatorischen Infrastruktur und verschiedenen Mechanismen der legitimen Gesetzgebung und Gesetzesumsetzung. Sie sind gleichermaßen abhängig von Bedeutungszuschreibungen, die Nationen als politische Gemeinschaften überhaupt erst konstituieren. Die Mitgliedschaft in derartig imaginierten Gemeinschaften beruht nicht nur auf formalen Bindungen zwischen Staaten einerseits und Bürger*innen andererseits, sondern auch auf dem Vertrauen unter den Bürger*innen. Dieses Vertrauen zwischen Mitgliedern politischer Gemeinschaften lässt sich in Staaten nicht einfach von oben nach unten verordnen. Es sind diese sozial-moralischen Ressourcen, die auch Diaspora für sich zu mobilisieren versucht.

Flüchtlinge bzw. politische Exilant*innen, Emigrant*innen und Mitglieder staatenloser Diasporagruppen sehen sich oftmals als Vorhut eines neuen Nationalstaates oder eines Nationalstaates, der dringend der Reform bedarf. Auf den ersten Blick scheinen sie Konkurrent*innen bestehender (Emigrations-)Staaten zu sein. Der Transfer von politisch-kulturellem Kapital nimmt viele Formen an und reicht von den Aktivitäten der Vertriebenen, deren Ziel es ist, die Menschenrechte in ihrem Herkunftsland zu verbessern, bis hin zu einem Nationalismus aus der Ferne (*long-distance nationalism*), mit dem die Schaffung eines neuen Nationalstaates angestrebt wird. Einer ihrer Kritiker, Lord Acton, nannte Diaspora *„cradles of nationalism"* (zitiert in Hockenos 2003: 262). Bekannte Beispiele sind die Flüchtlings- und Vertriebenengemeinschaften, die Konflikte in den Ursprungsländern aus dem Ausland schürten, wie die Kosovo-Albaner*innen oder die Mudschaheddin im Fall Iran. Die erklärte Absicht von „staatenlosen" Diasporas ist die Gründung eines neuen Nationalstaates oder zumindest ein hohes Maß an Autonomie in ihrem erklärten Heimatland. Diese Gruppen werden von Organisationen bzw. – je nach Sichtweise – von Befreiungsbewegungen oder terroristischen Vereinigungen vertreten, die in einen bewaffneten Konflikt mit dem ehemaligen Heimatland verwickelt sind, wie die Beispiele bestimmter kurdischer Gruppen und bis vor kurzem auch tamilischer Organisationen zeigen (Van Hear 2011). Und doch haben Flüchtlinge oftmals einen großen Einfluss auf die politische Entwicklung, indem sie zwischen konkurrierenden Gruppen vermitteln oder Ressourcen für die Aussöhnung und den Wiederaufbau zur Verfügung stellen. Bekannte Beispiele sind die Rolle der südafrikanischen Diaspora in der Anti-Apartheid-Bewegung und das Engagement der ugandischen und nigerianischen Diaspora. In diesen Fällen ging es bei der Rhetorik, welche die politische Mobilisierung im Rahmen der transnationalen Bemühungen begleitete, um „gute Staatsführung", Rechtsstaatlichkeit, die Achtung der Menschenrechte und Demokratisierung. Die potenzielle Rolle von Migrant*innen bei der Lösung von Konflikten im Ursprungsland, zum Beispiel in Afghanistan und Syrien, wurde bisher weniger beachtet (Meininghaus & Mielke 2019).

Herkunftsstaatsbezogene und etablierte Diasporas, wie die armenische, chinesische und palästinensische Diaspora in den USA und in Europa, gelten in ihren Heimatländern als Brückenköpfe. Diese Haltung nimmt bspw. die chinesische Regierung gegenüber hoch qualifizierten bzw. kapitalreichen Überseechines*innen ein. Die Vorstellung, dass das Herkunftsland und die Diaspora „ein Volk" bilden, ist bei relativ schwachen, neuen oder neu gebildeten Staaten und auch bei Staaten, die sich mit anderen Staaten oder Gruppen in einem Konflikt befinden, besonders stark ausgeprägt; z. B. bei armenischen Organisationen (u. a. Shain und Barth 2003). Die Annahme ist plausibel, dass eine nationale Diaspora, die an der Außenpolitik des Landes teilhat, in dem sie ansässig ist, keineswegs mehr eine entrechtete Gruppe ist, sondern als Interessenvertretung im jeweiligen politischen System etabliert ist. Beispiele sind die jüdischen und arabischen Diasporaorganisationen in den USA (Shain 1999). Etablierten Organisationen der Diaspora fällt unter Umständen eine wichtige Rolle bei der Definition der nationalen Interessen und der nationalen Identität zu, die beide eher als flexible und nicht als statische Konstrukte gesehen werden sollten. Die Interessen der Diaspora und des Herkunftslandes können sich stark voneinander unterscheiden und bilden kein einheitliches Ganzes. Es gibt Beispiele für transnationale Identitäten mit nationalistischer Prägung, wie im Falle von Polen und Irland und deren Diaspora in den USA im 19. und in der ersten Hälfte des 20. Jahrhunderts. In wieder anderen Fällen sind transnationale Praktiken sogar von einer nationalen Zugehörigkeit losgelöst, zum Beispiel in der Vorstellung einer jüdischen Diaspora, die nicht im Staat Israel ihren Mittelpunkt hat, sondern in einer globalen und religiös inspirierten kulturellen Diaspora (Boyarin & Boyarin 1993). Aus all dem lässt sich schließen, dass transnationale Aktivitäten, die sich um nationale Interessen drehen, die Kongruenz eines Volkes, eines Staatsgebiets und einer Staatsautorität unterstützen, mit ihr in Konkurrenz treten oder sie sogar herausfordern können.

Eine dieser Herausforderungen reicht über diese Trinität hinaus. Wenn transnationale Gruppen sich als an ein nation-schaffendes Projekt (*nation-building*) definieren, wie es etwa Kosovo-Albaner*innen Ende der 1990er-Jahre taten, stellen sie sich als ethnisch homogene Einheiten dar – kurzum als ein „Volk", das sich eher auf ein gemeinsames kulturelles Erbe stützt, als dass die Menschen sich subjektiv als Staatsbürger*innen fühlen, die gegenüber einem Staat und einer Verfassung verantwortlich sind. Die Praktiken von Diaspora wirken sich immer dann am stärksten in Richtung auf eine Fragmentierung existierender (Emigrations-)Staaten aus, wenn Diaspora eine „völkische" Orientierung verfolgt, die auf Kosten anderer Formen der Solidarität, zum Teil aber auch in Intersektion mit ihnen – etwa Religion oder soziale Klasse – dem Nationalismus als Ideologie Priorität einräumt. In diesem Fall kann durchaus von einer Form der nationalistischen Transnationalität gesprochen werden. Diese Konstellation kann als Spiegelbild der Vorstellungen einer homogenen Nation in den Immigrationsstaaten gesehen werden (vgl. Tabelle 8.1).

Transnationale Staatsbürgerschaft?

Die sich wandelnden Grenzen der politischen Freiheit und Gleichheit versprechenden Staatsbürgerschaft sind untrennbar mit den grenzübergreifenden Interaktionen von Migrant*innen und insbesondere mit deren Intensität und ihrem Umfang verknüpft. Transnationalität kann so als ein Heterogenitätsmerkmal gesehen werden, das die Politik rund um Staatsbürgerschaft prägt. Insbesondere doppelte Staatsbürgerschaft bedeutet eine Pluralisierung der Mitgliedschaften, die Nationalstaaten überschneiden. Sie bildet den rechtsgültigen Ausdruck der Transnationalisierung von Lebenswelten, die Migrant*innen und ihre Kinder beispielhaft verkörpern. Zwar sind transnationale Praktiken von Migrant*innen nicht die vorrangige Ursache für die sich verändernden Formen der Staatsbürgerschaft, aber es gibt eine Wahlverwandtschaft zwischen transnationalen sozialen und symbolischen Praktiken einerseits und multiplen Formen der Staatsbürgerschaft andererseits.

Es ist höchst umstritten, ob und in welchem Maße dabei von transnationaler Staatsbürgerschaft gesprochen werden kann. Skeptiker argumentieren, dass eine Staatsbürgerschaft per se nicht transnationalisiert werden kann (Turner 2001). In dieser Sicht führt der Begriff „transnationale Staatsbürgerschaft" zu einer allzu großen Überdehnung des Konzepts. Auf eine juristisch nicht institutionalisierte bzw. nicht in Sichtweite befindliche Weltbürgerschaft mag diese Kritik zutreffen.

Es gibt jedoch durchaus Formen der Bürgerschaft, die über die Mitgliedschaft in einem Nationalstaat hinausgehen, etwa die schon erwähnte Unionsbürgerschaft der Europäischen Union. Die doppelte Staatsbürgerschaft hingegen ist definitiv eine Form der transnationalen Staatsbürgerschaft, die nach wie vor an (multiple) nationale Staatsbürgerschaften gebunden ist und somit nicht an deren Stelle tritt. Sie ist also genauer gesagt eine Art der transnationalisierten Staatsbürgerschaft. Als Folge der Transnationalisierung ist demnach nicht das Verschwinden der nationalen Staatsbürgerschaft zu beobachten, sondern eine subtile Änderung ihrer Regulierung mit weitreichenden Folgen. Dabei nimmt transnationale Politik, die nicht staatliche Akteur*innen wie Diaspora einschließt, inzwischen eine wichtige Rolle ein. Während nun doppelte Staatsbürgerschaft ein Beispiel für eine Mitgliedschaft von „sowohl/als auch", nicht eine Mitgliedschaft von ausschließlich „entweder/oder" ist, fördert staatenlose Diaspora in der Regel transnationalen Nationalismus.

Literatur

Alvorado, S. E. & D. S. Massey, 2010: In Search of Peace: Structural Adjustment, Violence, and International Migration. *The Annals of the American Academy of Political and Social Sciences* 630(1):137–161.

Aristoteles, 1998: *Politik. Übersetzt und herausgegeben von Olaf Gigon*. München: Deutscher Taschenbuch Verlag.

Bauböck, R., E. Ersbøll, K. Groenendijk & H. Waldrauch (Hrsg.), 2006: *Acquisition and Loss of Nationality*: Band 1 Comparative Analyses. Amsterdam: Amsterdam University Press.

Bauböck, R. & T. Faist (Hrsg.), 2010: *Diaspora and Transnationalism. Concepts, Theories and Methods*. Amsterdam: Amsterdam University Press.

Boyarin, D. & J. Boyarin, 1993: Diaspora: Generation and the Ground of Jewish Identity. *Critical Inquiry* 19(4):693–725.

Brubaker, R., 2005: The „Diaspora" Diaspora. *Ethnic and Racial Studies* 28(1):1–19.

Cerny, P. G., 1997: Paradoxes of the Competition State. The Dynamics of Political Globalization. *Government and Opposition* 32(2):251–274.

Chang, H., 2003: *Kicking Away the Ladder: Development Strategy in Historical Perspective*. London: Anthem Press.

Debnath, P., 2016: Leveraging Return Migration for Development: The Role of Countries of Origin. KNOMAD Working Paper Nr. 17, Global Knowledge Partnership on Migration and Development, Washington, DC. https://www.knomad.org/sites/default/files/2017-04/WP%20Leveraging%20Return%20Migration%20for%20Development%20-%20The%20Role%20of%20Countries%20of%20Origin.pdf (letzter Aufruf: 14.05.2020).

Dişbudak, C., 2004: Transnational and Local Entrepreneurship. In: Faist, T. & E. Özveren (Hrsg.), 2004: *Transnational Social Spaces: Agents, Networks and Institutions*, S. 143–162. Aldershot: Ashgate.

Faist, T., 2000: *The Volume and Dynamics of International Migration and Transnational Social Spaces*. Oxford: Oxford University Press.

Faist, T., 2001: Social Citizenship in the European Union: Nested Membership. *Journal of Common Market Studies* 39(1):39–60.

Faist, T., 2004: Towards a Political Sociology of Transnationalism. *European Journal of Sociology* 45(3):331–366.

Faist, T., 2007: *Dual Citizenship in Europe: From Nationhood to Societal Integration.* Aldershot: Ashgate.

Faist, T., 2008: Migrants as Transnational Development Agents: An Inquiry into the Newest Round of the Migration-Development Nexus. *Population, Space and Place* 14(1):21–42.

Faist, T., 2010a: Cultural Diversity and Social Inequalities. *Social Research* 77(1):257–289.

Faist, T., 2010b: Towards Transnational Studies: World Theories, Transnationalization and Changing Institutions. *Journal of Ethnic and Migration Studies* 36(10):1665–1687.

Faist, T., 2019: *The Transnationalized Social Question: Migration and the Politics of Social Inequalities in the Twenty-First Century.* Oxford: Oxford University Press.

Faist, T. & C. Ulbricht, 2013: Von Integration zu Teilhabe? Anmerkungen zum Verhältnis von Vergemeinschaftung und Vergesellschaftung. *Sociologia Internationalis* 52(1):119–147.

Gamlen, A., 2008: The Emigration State and the Modern Geopolitical Imagination. *Political Geography* 27(8):840–856.

Glick Schiller, N. & T. Faist (Hrsg.), 2010: *Migration, Development, and Transnationalization: A Critical Stance.* Oxford: Berghahn.

Hammar, T., 1990: *Democracy and the Nation-State: Aliens, Denizens and Citizens in a World of International Migration.* Aldershot: Gower.

Hockenos, P., 2003: *Homeland Calling: Exile, Patriotism and the Balkan Wars.* Ithaca, NY: Cornell University Press.

Huntington, S., 2003: *Who Are We? The Challenges to America's National Identity.* New York: Simon & Schuster.

Itzigsohn, J. & D. Villacrés, 2008: Migrant Political Transnationalism and the Practice of Democracy: Dominican External Voting Rights and Salvadoran Home Town Associations. *Ethnic and Racial Studies* 31(4):664–686.

Kapur, D., 2010: *Diaspora, Development, and Democracy: The Domestic Impact of International Migration from India.* Princeton, NJ: Princeton University Press.

Kivisto, P. & T. Faist, 2007: *Citizenship: Discourse, Theory and Transnational Prospects.* Oxford: Blackwell.

Koinova, M., 2010: Diasporas and International Politics: Utilizing the Universalistic Creed of Liberalism for Particularistic and Nationalist Purposes. In: Bauböck, R. & T. Faist (Hrsg.), 2010: *Diaspora and Transnationalism: Concepts, Theories and Methods*, S. 149–166. Amsterdam: Amsterdam University Press.

Kymlicka, W., 1995: *Multicultural Citizenship: A Liberal Theory of Minority Rights.* Oxford: Oxford University Press.

Lafleur, J. M., 2011: Why Do States Enfranchise Citizens Abroad? Comparative Insights from Mexico, Italy and Belgium. *Global Networks* 11(4):1–21.

Levitt, P., 1997: Transnationalizing Community Development: The Case of Migration bBetween Boston and the Dominican Republic. *Nonprofit and Voluntary Sector Quarterly* 26(4):509–526.

Linz, J. J. & A. Stepan, 1996: *Problems of Democratic Transition and Consolidation: Southern Europe, South America, and Post-Communist Europe.* Baltimore, MD: John Hopkins University Press.

Marshall, T. H., [1950] 1964: *Citizenship and Social Class*. Cambridge: Cambridge University Press.

Meininghaus, E. & K. Mielke, 2019: Beyond Doha and Geneva-Peacemaking Engagement of Afghans and Syrians in North Rhine-Westphalia and Germany. Working Paper Nr. 11/2019, BICC, Bonn. https://www.bicc.de/uploads/tx_bicctools/BICC_Working_Paper_11_2019. pdf (letzter Aufruf: 29.11.2019).

Meyer, J.-B., 2011: A Sociology of Diaspora Knowledge Networks. In: Faist, T., M. Fauser & P. Kivisto (Hrsg.), *2011: The Migration-Development Nexus: A Transnational Perspective*, S. 159–184. Basingstoke: Palgrave Macmillan.

Morales, L. & L. Jorba, 2010: The Transnational Links and Practices of Migrants' Organisations in Spain. In: Bauböck, R. & T. Faist (Hrsg.), *2010: Transnationalism and Diaspora: Concepts, Theories and Methods*, S. 267–293. Amsterdam: Amsterdam University Press.

Østergaard-Nielsen, E., 2003a: The Politics of Migrants' Transnational Political Practices. *International Migration Review* 37(3):760–786.

Østergaard-Nielsen, E., 2003b: *Transnational Politics: Turks and Kurds in Germany*. London, New York: Routledge.

Pedraza, S., 2013: Social Protest and Migration. In: Ness, I. (Hrsg.), *The Encyclopedia of Global Human Migration*, S. 2783–2790. Chichester: Wiley Blackwell.

Pirkkalainen, P. & M. Abdile, 2009: The Diaspora – Conflict – Peace – Nexus: A Literature Review. DIASPEACE Working Papers, University of Jyväskylä. https://jyx.jyu.fi/bitstream/ handle/123456789/36875/DIASPEACE_WP1.pdf?sequence=1&isAllowed=y (Letzter Aufruf: 04.03.2020).

Pitkänen, P. & D. Kalekin-Fishman, 2007: *Multiple State Membership and Citizenship in an Era of Transnational Migration*. Rotterdam: Sense Publishers.

Pries, L. & Z. Sezgin (Hrsg.), 2012: *Cross-Border Migrant Organisations in Comparative Perspective*. Houndmills Palgrave.

Rex, J., D. Joly & C. Wilpert, 1987: *Immigrant Associations in Europe*. Aldershot: Gower.

Rother, S. (Hrsg.), 2016: *Migration und Demokratie*. Wiesbaden: Springer VS Verlag für Sozialwissenschaften.

Schröter, Y. & R. Jäger, 2007: We are Children of Europe: Multiple Citizenship in Germany. In: Pitkänen, P. & D. Kalekin-Fishman (Hrsg.), *2007: Multiple State Membership and Citizenship in an Era of Transnational Migration*, S. 67–90. Rotterdam: Sense Publishers.

Shain, Y., 1999: *Marketing the American Creed Abroad*. Cambridge: Cambridge University Press.

Shain, Y. & A. Barth, 2003: Diasporas and International Relations Theory. *International Organization* 57(3):449–479.

Smith, M. P. & M. Bakker, 2007: *Citizenship Across Borders: The Political Transnationalism of El Migrante*. Ithaca, NY: Cornell University Press.

Thompson, E. P., [1963] 1992: *The Making of the English Working Class*. Toronto: Penguin.

Tilly, C., 2007: Trust Networks in Transnational Migration. *Sociological Forum* 22(1):3–24.

Triadafilopoulos, P., 2012: *Becoming Multicultural: Immigration and the Politics of Membership in Canada and Germany*. Vancouver: University of British Columbia Press.

Turner, B. S., 2001: The Erosion of Citizenship. *British Journal of Sociology* 52(2):189–210.

Van Hear, N., 2011: Diasporas, Recovery and Development in Conflict-Ridden Societies. In: Faist, T., M. Fauser & P. Kivisto (Hrsg.), *The Migration-Development Nexus: A Transnational Perspective*, S. 85–103. Basingstoke: Palgrave Macmillan.

Waldinger, R & E. Magana, 2008: Conflict and Contestation in the Cross-Border Community: Hometown Associations Reassessed. *Ethnic and Racial Studies* 31(5):843–870.

Christian Ulbricht

9 Assimilation:
Von klassischen zu neueren Modellen

Einleitung

Wer über Migration spricht, kann über Assimilation nicht schweigen. Assimilation ist jedoch ein vieldeutiger Begriff, der, je nach Kontext unterschiedliche Verwendung findet. Als *terminus technicus* aus dem lateinischen bedeutet Assimilation laut dem Duden so viel wie Angleichung, Anpassung oder auch ähnlich machen. Allerdings ist der Begriff Assimilation in den heutigen politischen Debatten ein schwieriger, ja sogar verpönter Begriff. Allzu sehr ist er mit der Idee verbunden, dass eine Gruppe die Angleichung von einer anderen Gruppe erzwingt. Im Februar 2008 bezeichnete der damalige türkische Ministerpräsident in einer Rede an die türkisch stämmigen Einwander*innen in Köln Assimilation als ein Verbrechen gegen die Menschlichkeit. Es folgte eine heftige Kontroverse um die Deutungshoheit, wie man Immigrant*innen nun in die deutsche Gesellschaft eingliedern könnte. Dabei dokumentiert die Debatte, dass der Begriff Assimilation zu einem ideologischen Kampfbegriff geworden ist, der von unterschiedlichen Akteur*innen strategisch eingesetzt wird, um ihre Wähler*innen zu mobilisieren (Langenohl & Rauer 2011). In der initiierten Leitkulturdebatte von CDU-Politiker*innen Anfang der 2000er-Jahre ist der Ruf nach Assimilation allgegenwärtig, um Parallelgesellschaften in Großstädten zu verhindern (Merz 2000). In der multikulturellen Debatte, die weit in die 1980er-Jahre zurückgeht, ist Assimilation zu sehr mit der Aufgabe der eigenen Identität verbunden und Vertreter*innen des Multikulturalismus verfochten die Meinung, dass man deswegen aufhören sollte von Assimilation zu sprechen. Insgesamt setzte sich in der deutschen öffentlichen Debatte die Interpretation durch: Integration Ja, Assimilation Nein!

Wozu brauchen wir den Begriff Assimilation dann eigentlich noch? Ähnlich wie die Begriffe Rasse, Nation, Klasse oder Gemeinschaft ist auch der Begriff Assimilation zugleich eine Kategorie des alltäglichen Denkens und der alltäglichen Erfahrung sowie eine Kategorie der wissenschaftlichen Analyse. In der Wissenschaft hat das Nachdenken über Assimilation eine lange Geschichte und die Wissenschaft ist gut beraten, zwischen dem wissenschaftlichen Verständnis von Assimilation und dem Alltagsverständnis zu unterscheiden. Das Problem ist, dass,

https://doi.org/10.1515/9783110680638-009

wenn wir vom Alltagsverständnis her unsere wissenschaftliche Analyse konstruieren, wir Gefahr laufen, unsere epistemologischen Annahmen nicht zu reflektieren. Wir setzen z. B. voraus, dass Parallelgesellschaften existieren, wenn die Forderung nach Assimilation laut wird. Aber die empirische Forschung zeigt, dass die lebensweltliche Realität in den Einwanderervierteln relativ wenig mit der Vorstellung einer räumlichen und sozialen abgekoppelten Welt zu tun hat (Alba & Foner 2014).

Um solchen Problemen zu entgehen, ist es notwendig, ein wissenschaftliches Konzept von Assimilation zu entwickeln, welches weniger auf problematischen Annahmen beruht. Dies ist drängender denn je, denn die Assimilationsforschung gibt Antworten auf ein Problem der sozialen Ordnung: Wie wird mit fremden Menschen in einer Gesellschaft umgegangen? Diese Frage berührt zugleich eine der grundlegendsten soziologischen Problemstellungen überhaupt: Wie ist soziale Ordnung mit Menschen möglich, die andere Erfahrungen gemacht haben, anders die Welt wahrnehmen und auch anders die Welt beurteilen als der Großteil der Menschen an einem bestimmten Ort zu einer bestimmten Zeit (vgl. Kapitel 1)?

In der heutigen Zeit begegnet man Fremden nicht selten und flüchtig, sondern häufig und unaufhörlich. Der Idealtypus des Fremden in der modernen Gesellschaft ist der*die Ausländer*in im Inland (Joas 1993). Die Immigration von fremden Menschen wirft also ganz generell die Frage auf, wie mit Fremdheit umzugehen ist. In seinem „Exkurs über den Fremden" bezeichnet Georg Simmel den Fremden als denjenigen, der heute kommt und morgen bleibt (Simmel 1992). Der*die Fremde ist dadurch gekennzeichnet, dass er*sie zwar räumlich nah, aber von sozialer Distanz geprägt ist. In den Worten von Pierre Bourdieu: „Tatsächlich steht einem nichts ferner und ist nichts weniger tolerierbar als Menschen, die sozial fern stehen, aber mit denen man in räumlichen Kontakt kommt" (Bourdieu 1991: 32).

Der*die Fremde ist also durch beides gekennzeichnet, durch räumliche Nähe und soziale Distanz. Er*sie ist zunächst Teil der Gesellschaft, indem er*sie präsent ist, aber zugleich steht der*die Fremde auch außerhalb der Gesellschaft, weil er*sie in den vertrauten Interaktionen zwischen Menschen erst einmal nicht anschlussfähig ist. Mehr noch, der*die Fremde ist zunächst eine Gefahr für die soziale Ordnung, genauer gesagt für die Stabilität der sozialen Ordnung, weil er*sie eine Anomalie in der alltäglichen Kommunikation darstellt. Die Interaktion mit Fremden ist zunächst anstrengend, denn dem*der Fremden ist das Denken wie üblich, erst einmal unüblich (Schuetz 1944). Deswegen werden Situationen mit Fremden, die nicht eindeutig oder mehrdeutig sind, als beängstigend empfunden. Wir haben den Wunsch, die Unsicherheit zu reduzieren, indem der*die Fremde auf alt bekannte Erfahrungen zurückgeführt wird, z. B. in die Unterscheidung

Freund oder Feind.[1] Ist der*die Fremde z. B. eine Bedrohung für mich und meinen Status in der Gesellschaft, indem er*sie z. B. ein*e Konkurrent*in um knappe Ressourcen wird? Oder nehme ich die*den Fremde*n eher als Freund*in wahr, weil er*sie für mich eine Lösung für ein drängendes Problem darstellt? Ganz generell bezeichnet Fremdheit damit eine Beziehungsqualität. Wie wir mit Fremden umgehen, sagt mehr über uns aus, als über den Fremden an sich. Was jeweils als fremd aufgefasst wird, hängt von dem jeweiligen Selbstbild und Selbstverständnis der Wir-Gruppe ab, von ihren Ängsten, Wunschbildern oder Wahrnehmungsmustern.

Dies bringt uns zu der Aufgabe der wissenschaftlichen Assimilationsforschung. Die Beziehung von Gesellschaften mit Fremden, der erste Kontakt, die Angleichung, die Ablehnung, die Konflikte oder das vollständige Aufgehen in die Mehrheitsgesellschaft beschreiben einen Prozess der Assimilation. Die Assimilationsforschung ist dann der Versuch, die Komplexität von Vergesellschaftungs- und Vergemeinschaftungsprozessen[2] zwischen Fremden und Einheimischen, mit Hilfe von Konzepten und Theorien, zu strukturieren und zu erklären (Aumüller 2009). In Anlehnung an Richard Alba und Nancy Foner wird Assimilation hier grundsätzlich als ein Prozess verstanden, der die Möglichkeiten von Einwander*innen und ihrer Nachkommen erhöht, die wertvollen Ressourcen sowie die soziale Akzeptanz in einer Gesellschaft zu erhalten, indem sie an den zentralen gesellschaftlichen Institutionen partizipieren (Alba & Foner 2015: 5).

Dabei gilt für die folgende Abhandlung und ähnlich dazu, wie in allen Kapiteln dieser Einführung, dass wir der Vielfalt des Phänomens Assimilation nur gerecht werden, indem wir das Phänomen Assimilation auf unterschiedliche Art und Weise begreifen lernen. Die Vielfalt des Phänomens Assimilation soll durch die Vielfalt der Beobachter*innen wettgemacht werden, sodass mehr von dem Phänomen Assimilation verstanden und verständlich gemacht werden kann. Deswegen wird weiter unten eine Geschichte des Denkens über Assimilation rekonstruiert. Somit werden unterschiedliche Ansätze in der Assimilationsforschung vorgestellt. Dabei konzentriert sich der Beitrag auf die klassischen und

---

1 Siehe dazu Zygmunt Baumann (2013), der die Unterscheidung Freund/Feind auf den Fremden überträgt und siehe auch Armin Nassehi (1995), der diese Unterscheidung weiterentwickelt und theoretisch erklärt, wie aus Fremden Feinde oder Freunde werden.
2 Max Weber versteht Vergesellschaftung folgendermaßen: „Vergesellschaftung soll eine soziale Beziehung heißen, wenn und soweit die Einstellung des sozialen Handelns auf rational (wert- oder zweckrational) motiviertem Interessenausgleich oder auf ebenso motivierter Interessenverbindung beruht" (Max Weber 1972: 21).
Vergemeinschaftung hingegen definiert er wie folgt: "Vergemeinschaftung soll eine soziale Beziehung heißen, wenn und soweit die Einstellung des sozialen Handelns – im Einzelfall oder im Durchschnitt oder im reinen Typus – auf subjektiv gefühlter (affektueller oder traditionaler) Zusammengehörigkeit der Beteiligten beruht" (Max Weber 1972: 21).

neueren Assimilationsmodelle aus der US-amerikanischen Soziologie, die die wissenschaftlichen Debatten maßgeblich beeinflusst haben.

Zum Abschluss der einleitenden Worte ist ein wichtiger Hinweis angebracht. Die Assimilationstheorien nehmen von Anfang an eine ganz bestimmte Perspektive ein, um Migration und Fremdheit beschreiben zu können. Fast allen Theoriebeiträgen zu Assimilation liegt die Vorstellung zu Grunde, dass Gesellschaften mit Nationalstaaten übereinstimmen. Es existiert *die* deutsche Gesellschaft, in der sich Immigrant*innen integrieren (vgl. Kapitel 8). Aus dieser Perspektive werden Immigrant*innen als Ausnahme vom Normalzustand der sozialen Verortung und Verwurzelung, im Rahmen nationalstaatlich begrenzter Gesellschaften, wahrgenommen. Das Hauptaugenmerk liegt nun auf den Immigrant*innen und ihrer Integration. In diesem Zusammenhang hat die Migrationsforschung in den 1980er-Jahren angefangen, anders über Assimilation nachzudenken, u. a. mit den Multikulturalismusansätzen, die die Grundlagen für eine kulturelle Pluralisierung erörtern und die Frage stellen, wie das Prinzip der Gleichheit mit dem Prinzip der Besonderheit vereinbar ist (Taylor 1997)? Im Rahmen der Transnationalisierungsforschung wurde zudem die Verschränkung von Nation und Gesellschaft mit dem Konzept des methodologischen Nationalismus (Wimmer & Glick Schiller 2006) kritisiert. Das Konzept macht darauf aufmerksam, dass es erst durch die Nationalstaatenbildung und die damit verbundene Herausbildung nationaler Gesellschaften zu einer Thematisierung, Kontrolle und Skandalisierung von Migration kommt. Insofern stellt die Transnationalisierungsforschung u. a. dem Assimilationsparadigma das Konzept des *transnationalen Pluralismus* gegenüber (Glick Schiller et al. 1992) oder es wird diskutiert, inwiefern Assimilation und Transnationalität empirisch kompatibel sind (Lucassen 2006). Assimilation findet hier nicht entweder in dem einen oder anderen Nationalstaat statt, sondern sowohl als auch in beiden (vgl. Kapitel 7).

Generell gehört Migration zum Normalzustand gesellschaftlicher Moderne. Die Assimilationsforschung ist deswegen gut beraten, genau hinzuschauen, von welchen Annahmen sie ausgeht und wie sie ihre Untersuchungseinheiten definiert.

Entwicklung des Denkens über Assimilation

Das Denken über Assimilation in der Wissenschaft hat ihren Ursprung in den Naturwissenschaften im 18. Jahrhundert. In der Biologie wurde der Begriff im Kontext der Aneignung von körperfremdartigen in körpereigene Substanzen genutzt. In der Soziologie wird der Begriff zunächst unsystematisch verwendet und ist eher in einem Bereich der politischen Einflussnahme zu verorten. Ende des 19. Jahrhunderts war der Begriff Assimilation in der US-amerikanischen Einwanderungs-debatte stark assoziiert mit einer Amerikanisierung; jedoch unter einem starken rassistischen und biologischen Impetus. Die forcierte Assimilation, hier verstanden als eine biologische Verschmelzung unterschiedlicher Rassen, hielten die damaligen Sozialwissenschaftler*innen für wenig geeignet in den USA. Eine Heirat von *Native Americans* und der afroamerikanischen Bevölkerung mit europäischen Einwanderer*innen war praktisch unmöglich bzw. undenkbar. Vielmehr sollte eine Assimilation durch eine sprachliche, politische und ideelle Amerikanisierung erfolgen (Aumüller 2009).

Eine wissenschaftliche Systematisierung des Begriffs erfolgte erst in den 1920er-Jahren durch die *Chicago School of Sociology*. Hier entwickelte sich das Nachdenken über Assimilation nicht von ungefähr, sondern die Masseneinwanderung in die USA vor dem ersten Weltkrieg und die umfassende Urbanisierung boten Anlass für die Entwicklung einer modernen Stadtsoziologie, die u. a. auch eine Migrationssoziologie nach sich zog, die wir wiederum heute als klassische Assimilationsforschung bezeichnen.

Klassische Assimilationsmodelle
Die Masseneinwanderung im urbanen Raum veränderte die Formen der sozialen Beziehungen und einer der ersten, der diese Veränderung systematisch untersuchte, war Robert E. Park. Der Journalist und spätere Stadtsoziologe war Schüler von Georg Simmel in Berlin und wendete dessen konzeptuelle Überlegungen zum Fremden auf die Immigrant*innen im urbanen Raum von Chicago an. In Abgrenzung zu den politisch aufgeladenen Debatten zur Amerikanisierung, wollte Robert E. Park, zusammen mit seinen Kollegen, wie bspw. Ernest W. Burgess eine nüchterne Beschreibung des Prozesses der Aufnahme von Immigrant*innen, speziell aus den neuen Herkunftsländern aus Süd- und Osteuropa in den urbanen Raum anfertigen.

Eine ihrer ersten wichtigen Beobachtungen klingt simpel, markiert aber einen großen Unterschied zur bisherigen Geschichte der Wanderung von Menschen über Grenzen. Als im liberalen Zeitalter der Migration (Goldin et al. 2011) Millionen von Menschen aus Europa in die USA einwanderten, kamen sie meist als Individuen oder in Kleinfamilien und nicht in großen gemeinschaftlichen Gruppen an, wie es z. B. bei der Völkerwanderung der Fall war. Dies hat Konsequenzen für die Aufnahme, denn in diesem Fall wanderte nicht die Gemeinschaft als Ganzes über Grenzen, die ihre Sitten und Bräuche mitnahmen. Das Individuum konnte die gewohnten kulturellen Muster nicht einfach beibehalten, sondern war im urbanen Raum zunehmend auf sich allein gestellt und musste sich an die neuen Normen anpassen.

Die zweite wichtige Beobachtung von Park und Burgess betrifft die räumliche Anordnung der Immigrant*innen in den Städten. Im Zuge der Ansiedlung von Immigrant*innen erfolgte eine strukturierte Ausdehnung der Städte. Die Immigrant*innen verteilten sich quasi auf natürliche Weise auf bestimmte Stadtviertel und Wohngebiete, zumeist räumlich zwischen den innerstädtischen Proletariervierteln und den Vorstädten der etablierten Facharbeiter*innen. In diesen Segmenten treffen die Immigrant*innen auf andere Zuwanderungsgruppen und die Anpassung erfolgt im Kontext der großstädtischen Lebensweise. Es ist der große Verdienst von Park und Kollegen, diese Anpassung mit Begriffen systematisiert und den Versuch unternommen zu haben, eine generelle Beschreibung des Prozesses von Assimilation vorzulegen. Assimilation bedeutet für Park und Burgess folgendes: *„Assimilation is a process of interpenetration and fusion in which persons and groups acquire the memories, sentiments, and attitudes of other persons or groups, and, by sharing their experience and history, are incorporated with them in common cultural life"* (Park & Burgess 1969: 736).

Es wird deutlich, dass die Autoren mit dieser Definition an die damals weitverbreitete Vorstellung des *melting pot* anschließen, welches die Verschmelzung aller Zuwanderergruppen in ein neues Amerika bezeichnet. Assimilation bedeutet die Herausbildung einer gemeinsam geteilten neuen Kultur. Assimilation ist dann der Endpunkt eines Prozesses, den Park und Kollegen mit ihrem Modell des sogenannten *Race Relations Cycle* erklären. Das Modell ist stark interaktionistisch geprägt und spiegelt die Annahmen des amerikanischen Pragmatismus der *Chicago School of Sociology* wider. Im Kern beschreibt das Modell das individuelle Denken und Handeln von Menschen mit ihrer sozialen Umwelt in konkreten und praktischen Situationen. Dies ist wichtig, um sich das Verständnis von Assimilation zu erschließen, denn die Individuen erzielen, zusammen mit anderen Individuen in einem direkten Austausch, eine Übereinkunft darüber, was gilt. Sie konstruieren miteinander eine geteilte Lebenswelt und sie einigen sich bspw. darüber, welche Bedeutung gewisse Menschen oder Dinge haben. Deswegen ist für die *Chicago School of Sociology* Assimilation ein Prozess, der am besten gelingt, je mehr Zeit und Kontakt verschiedene Individuen miteinander haben. Dieses Aushandeln von einer gemeinsam geteilten Lebenswelt spiegeln die fünf Phasen der sozialen Interaktion im *Race Relations Cycle* wider: Kontakt, Wettbewerb, Konflikt, Akkommodation und Assimilation. Diese Phasen interpretieren Park und Kollegen als linear abfolgend. Zu Beginn treffen die fremden Individuen aufeinander und es bildet sich in der zweiten und dritten Phase eine Konkurrenz um z. B. Arbeitsplätze und Wohnraum heraus. Diese Phasen sind grundsätzlich konfliktträchtig. Hier zeigen Park und Kollegen früh in der Geschichte des Denkens über Assimilation, dass Assimilation stets Konflikt bedeutet, welcher sich offen oder versteckt durch Diskriminierungen und/oder sozialen Ausschluss äußern kann.

In der Phase der Akkommodation werden die Konflikte beigelegt, indem sich im Laufe der sozialen Interaktionen eine stabile soziale Ordnung – im besten Sinne ein Gleichgewicht zwischen den Gruppen – herausbildet. Erfolgreich abgeschlossen wird das Phasenmodell durch die Assimilation, die nicht bewusst von den Individuen wahrgenommen wird. Assimilation ist das irreversible Ergebnis dieses Phasenmodells. Der Endpunkt ist die Verschmelzung zu einer neuen gemeinsamen Kultur.

In dem Phasenmodell der Assimilation kommt es letztendlich zur Befreiung des modernen Individuums aus den tradierten Normen. Am Anfang noch von moralischer Desorientierung geprägt, entwickelt das Individuum nach einer krisenhaften Übergangsphase eine Autonomie. Diese befreit das Individuum aus den traditionellen Gemeinschaftsbedingungen seiner*ihrer sozialen Herkunft. Mit dem Bruch der Tradition hat diese soziale Transformation durch Migration starke Anleihen zu Modernisierungsvorstellungen. Migration wird hier als Fortschritt interpretiert.

Die Loslösung aus der tradierten Gemeinschaft und die gleichzeitige Assimilation in die neue Gemeinschaft können jedoch auch scheitern, wenn die sozialräumliche Segregation im Aufnahmeland den intersubjektiven Kontakt verhindert, bspw. durch Ghettobildung. Diese Schwierigkeiten der Assimilation verdeutlicht Park in seinem berühmten und für die spätere Migrationssoziologie einflussreichen Text *„Marginal Man"* (Park 1928). Das Individuum bleibt zwischen den beiden Welten aus alt und neu stecken, und es entwickelt sich ein Dauerzustand der Loyalitätskonflikte. Die abwertende Bezeichnung *Almancı* (Deutschländer*in) für in Deutschland lebende türkischstämmige Menschen, die in die Türkei zurückkehren, ist hier ein gutes Beispiel. Das Individuum lebt nun *„on the margins of two worlds"* (Park 1928: 890). Der Fremde und die stets drohende Marginalisierung ist von nun an eine stetige Rezeption in der Migrationsforschung.

Park und seine Kollegen an der *Chicago School of Sociology* waren mit der Erforschung des städtischen Raums beschäftigt und blendeten gesamtgesellschaftliche Kontexte aus. Diese wurden jedoch in den 1960er-Jahren in den USA, im Zusammenhang mit Rassismus und gesellschaftlichen Unruhen, immer bedeutsamer, so dass auch hier die Wissenschaft Antworten auf diese Probleme zu finden versuchte. Diese Antworten wurden u. a. wieder im Assimilationsparadigma gesucht, obwohl gleichzeitig sich auch konkurrierende und kritische Positionen zu Assimilation entwickelten (siehe unten *„Beyond the Melting Pot"* von Glazer & Moynihan 1963).

Milton M. Gordon formulierte in seinem 1964 erschienenen Buch *„Assimilation in American Life"* eine Kritik an den Vorwürfen weiße*r protestantische*r Amerikaner*innen, dass die Zuwanderer*innen sich nicht in die amerikanische

Gesellschaft integrieren. Gordon beanstandete, dass die amerikanischen Institutionen keine kulturelle neutrale Grundlage sein, auf der Menschen aller Kulturen einander begegnen. Die Institutionen sind jeweils selbst stark geprägt von den religiösen und liberalen Vorstellungen der europäische*n, weiße*n Immigrant*innen.

Deswegen geht es Gordon nicht vorrangig um eine Theorie der kulturellen Anpassung, sondern um eine „Theorie des Gruppenlebens" (Gordon 1964: 18), die die tief verwurzelten Strukturen der sozialen Ausgrenzung und Diskriminierung mitdenkt.

Assimilation wird von Gordon als ein Prozess verstanden, der die rassistischen und vormodernen traditionalistischen Vorurteile der amerikanischen Gesellschaft abbauen soll. Auch für ihn ist die Migration grundsätzlich konfliktträchtig. Die soziokulturelle Differenz, die sich automatisch aus der Migration ergibt, führt zu Vorurteilen und Diskriminierungen. Assimilation wird hier als Lösung für das Problem der US-amerikanischen Rassenauseinandersetzungen der 1950er- und 1960er-Jahre gedacht.

Gordon betrachtet Assimilation, ebenso wie Park, als einen sozialen Prozess, formuliert jedoch kein lineares Modell von Assimilation. Zudem ist das Endergebnis nicht notwendigerweise eine vollständige Assimilation. Ziel seiner Analyse ist: *„a rigorous analysis of the assimilation process which would isolate and specify the mayor variables or factors and suggest their characteristic relationships"* (Gordon 1964: 68). Im Unterschied zu Park umfasst der Prozess der Assimilation bei Gordon unterschiedliche Aspekte, z. B. intime Beziehungen, Einstellungen und soziale Partizipation. Genauer gesagt identifiziert Gordon sieben Variablen bzw. soziale Bedingungen, die den Prozess der Assimilation beeinflussen.

Die sieben Variablen der Assimilation beschreiben die Beziehungen zwischen der amerikanischen Kerngesellschaft (*core group*) und der assimilierenden Minderheit bzw. Zuwanderungsgruppe. Je nachdem, wie das Zusammenspiel der Variablen ausfällt, kann der Assimilationsprozess auf zwei Endpunkte hinauslaufen. Der erste modelliert die Assimilation der Minderheit an die Mehrheit. Die kulturelle, strukturelle, identifikationale Assimilation etc. sind erwartbare Ergebnisse dieses Prozesses. Der zweite Endpunkt des Prozesses der Assimilation wäre eine gegenseitige Anpassung sowie die damit verbundene Entstehung eines Melting Pot. Mit den beiden Assimilationsmodi versucht Gordon zu erklären, wie sich ethnische und schichtspezifische Differenzierungen bei der Anpassung ergeben. Hierzu führt Gordon den Begriff der *ethclass* ein (Gordon 1964: 51). Die Schnittstelle zwischen horizontaler Differenzierung durch Klasse und die vertikale Differenzierung durch Ethnizität einer Person ergibt die *ethclass*, z. B. ein*e weiße*r Protestant*in aus der Mittelschicht oder ein*e weiße*r irische*r Katholik*in aus der Unterschicht. Die Frage lautet dann, welche Zugehörigkeiten die jeweiligen Perso-

Tab. 9.1: Variablen der Assimilation (Quelle: Gordon 1964: 71, eigene Übersetzung)

Teilprozess bzw. Bedingung	Typ oder Stadium der Assimilation	Spezielle Bezeichnung
Wandel der kulturellen Verhaltensweisen in Richtung der Aufnahmegesellschaft	Kulturelle oder verhaltensmäßige Assimilation	Akkulturation
Umfangreicher Eintritt in Cliquen, Vereine und Institutionen der Aufnahmegesellschaft, auf primärer Gruppenebene	Strukturelle Assimilation	–
Umfangreiche Mischehen	*„Marital assimilation"*	Amalgamation
Entwicklung eines Zugehörigkeitsgefühls ausschließlich zur Aufnahmegesellschaft	Identifikationale Assimilation	–
Fehlen von Vorurteilen	*Attitude reception assimilation*	–
Fehlen von Diskriminierungen	*Behavior reception assimilation*	–
Fehlen von Wert- und Machtkonflikten	Zivilgesellschaftliche Assimilation	–

nen mit ihrer *ethclass* ausprägen. Gordon vermutet, dass Klassenunterschiede für die kulturellen Verhaltensweisen wichtiger sind als die ethnischen Unterschiede. Für die sozialen Beteiligungen (*social participation*) in Primärgruppen nimmt er an, dass Menschen in der eigenen ethnischen Gruppe ihre sozialen Beziehungen und Kontakte gemäß der Klassenzugehörigkeit wählen, also der *ethclass*. Dementsprechend werden Menschen gleicher Klassenzugehörigkeit und unterschiedlicher ethnischer Herkunft in ihren Verhaltensweisen ähnlich sein, jedoch kein Zugehörigkeitsgefühl zu einer Gemeinschaft (*peoplehood*) empfinden. Umgekehrt werden Menschen gleicher ethnischer Zugehörigkeit und unterschiedlicher Klassenzugehörigkeit zwar ein ethnisches Zugehörigkeitsgefühl haben, jedoch keine klassenbezogenen Verhaltensweisen zeigen (Gordon 1964: 53).

Als Schlüsselvariable definiert Gordon die strukturelle Assimilation, denn mit der umfangreichen Partizipation der Einwanderer*innengruppe am Bildungs- und Arbeitsmarkt oder der gesellschaftlichen Teilhabe an politischen Entscheidungen, werden die anderen Typen der Assimilation folgen, quasi ein Dominoeffekt: *„once structural assimilation has occured, either simultaneously with or subsequent to acculturation, all of the other types of assimilation will naturally follow"* (Gordon 1964: 83). Akkulturation führt nicht unbedingt zur strukturellen Assimilation, aber umgekehrt bedeutet strukturelle Assimilation (fast) immer auch Akkulturation. Es gibt jedoch auch Ausnahmen. Die strukturelle Spaltung der Gesellschaft durch Rassismus ist einer der Hauptgründe für die fehlende strukturelle Assimilation von gewissen Gruppen. Die Schwarzen in den USA der 1950er-und 1960er-Jahre sind zwar kulturell assimiliert, aber durch rassistische Diskriminierungen von wichtigen gesellschaftlichen Teilbereichen ausgeschlossen.

Insgesamt analysiert Gordon mit den sieben Variablen bzw. sozialen Bedingungen der Assimilation den komplexen Verlauf von Assimilation, der weit über die kulturelle Anpassung hinausgeht. Wer sein Werk *„Assimilation in American Life"* liest, wird zum einen viel über Rassismus und Diskriminierung in Erfahrung bringen. Zum anderen wird die Verbindung zur tagespolitischen Immigrationspolitik offensichtlich. Oder anders gefragt, sollte der Staat zur Assimilation von Minderheiten eher die kulturelle oder strukturelle Assimilation fördern?

Gemäß Gordon sind Versuche, Immigrant*innen zur strukturellen Assimilation zu zwingen, kontraproduktiv und führen nur zu vermehrten Problemen und Konflikten. Positive Diskriminierungen, wie bspw. Quotenregelungen, die eine gezielte Vorteilsgewährung von benachteiligten Gruppen vorsehen, lehnt Gordon ab. Die Mechanismen der Zuweisung von Personen auf bestimmte gesellschaftliche Positionen, z. B. durch das Leistungsprinzip, müssen vorhanden bleiben. Assimilationsbemühungen sollten vielmehr auf die kulturelle Assimilation von Immigrant*innen gerichtet sein. Ähnlich wie bei den Integrationsmaßnahmen des Zuwanderungsgesetzes von 2004 in Deutschland, soll die Vermittlung von Sprachkenntnissen und die Vermittlung von Kenntnissen zum politischen System usw. die Basis für die strukturelle Assimilation liefern.

Insgesamt begreift Gordon die Assimilation als einen gesamtgesellschaftlichen Prozess. Insbesondere wird die kulturelle Perspektive auf Assimilation, mittels der sozialstrukturellen Assimilation, erweitert. Damit rückt gleichzeitig der Fokus ein Stück weg von der individuellen Anpassungsleistung der Immigrant*innen hin zu den Voraussetzungen der Assimilation, die durch Staat und Gesellschaft gewährleistet sein müssen. Die klassischen US-amerikanischen Assimilationstheorien wurden im deutschsprachigen Raum von Hartmut Esser mit seiner Habilitationsschrift „Aspekte der Wanderungssoziologie" (Esser 1980) eingeführt und weiterentwickelt. Das Werk gilt als *der* Klassiker der deutschen Assimilationsforschung, die die Assimilation aus der Perspektive einer handlungstheoretisch-individualistischen Entscheidungstheorie (*rational choice*) erklärt (siehe auch Kapitel 5 und 6).

Die Idee, dass Assimilation als quasi-natürlicher Prozess vonstattengeht und, dass Assimilation überhaupt geschehen soll, wurde in der darauffolgenden Zeit in den 1960er- und 1970er-Jahren in den USA diskreditiert, u. a. auch durch die afroamerikanische Bürgerrechtsbewegung. Denn die Empirie widerlegte die theoretischen Konzepte ganz offensichtlich. „*The great failure of assimilation in American life, the incorporation of the Negro*" (Glazer 1993: 123). Die Nichtassimilation der schwarzen Bevölkerung führte zu einer allgemeinen Kritik an dem Konzept der Assimilation. Das Ausmaß der Akkulturation bzw. der gesamten Assimilation von Immigrant*innen wurde überschätzt und Autor*innen, wie bspw. Nathan Glazer und Daniel P. Moynihan (1963), Harold J. Abramson (1973) und Andrew Greeley (1974) stellten den raschen Rückgang der ethnischen Zugehörigkeit von Immigrant*innen zu ihrer Herkunftsgemeinschaft in Frage. Diese Forschungsliteratur zum ethnischen Pluralismus in den USA verweist auf die Persistenz von ethnischer Zugehörigkeit. Nathan Glazer und Daniel Moynihan bringen dies in der Einleitung ihres Buches „*Beyond the Melting Pot*" mit dem berühmten Ausdruck „*The point about the melting pot [...] is that it did not happen*" (Glazer & Moynihan 1963: xcvii) auf den Punkt. Der Wechsel von der Vorstellung einer sich verschmelzenden Kultur hin zur Anerkennung von Minderheitsrechten und der kulturellen Autonomie von Gruppen findet seit den 1980er-Jahren im Paradigma des Multikulturalismus seinen Ausdruck (vgl. Kymlicka 1995; Taylor 1997).

Fortan war in der Migrationsforschung die große Assimilationstheorie nicht mehr gefragt. Der akademische Zeitgeist favorisierte nun Ethnizität, genauer gesagt die Erklärung des Fortbestehens selbiger als vielmehr die Erosion von Ethnizität. Nicht weiße ethnische Gruppen bzw. Minderheiten gerieten in den Blick, u. a. zuerst die Nachfahren von Migrant*innen aus Europa in den USA als die *unmeltable ethnics* (Novak 1971) und später allgemeiner gefasst unter dem Begriff der *racialized minorities*. Die Wissenschaft erforschte die Entscheidungen, die sie getroffen haben, die Strategien, die sie anwendeten, die Ressourcen, die sie aufbrachten, die Ambivalenzen, die sie fühlten, die Koalitionen, die sie bildeten, und die Zwänge, denen sie begegneten. Dieser sogenannte „*cultural*" oder „*differentialist turn*", der die bestehenden Differenzen in den Gesellschaften analysierte, sorgte für einen Paradigmenwechsel in der Forschung zu der Beziehung von Minderheiten und Mehrheiten.

Neuere Assimilationstheorien

Eine breite wissenschaftliche Auseinandersetzung mit Assimilationskonzepten setzte erst Anfang der 1990er-Jahre wieder ein. Hauptvertreter*innen für eine Reformulierung des Assimilationskonzeptes waren Richard Alba, Rogers Brubaker, Douglas S. Massey, Ewa Morawska, Victor Nee, Alejandro Portes, Rubén

Rumbaut, Roger Waldinger und Min Zhou (siehe dazu Kivisto 2005). Die weiter-entwickelten Konzepte werden mit dem Label „Neuere Assimilationsforschung" oder auch „Neoassimilationsmus" bezeichnet (Aumüller 2009).

Die neue Generation von Assimilationsforscher*innen unternahm eine Revision der Modelle auf der Grundlage folgender Kritikpunkte:

1. Assimilationsmodelle sind bisher ahistorisch und zu unterkomplex: Die Modelle sollten stärker auf die historischen Umstände von Einwanderungsprozessen abzielen, um so die verschiedenen Gruppen in ihren sozialen Bedingungen der Anpassung erklären zu können.
2. Die begriffliche Vorstellung von einer Anpassung einer gesellschaftlichen kohärenten Gruppe an eine andere klar definierte homogene Gruppe muss *ad acta* gelegt werden. Vielmehr müssen Prozesse der Anpassung durch die Betrachtung von Mechanismen erklärt werden.
3. Von der individuellen Anpassungsleistung sollte der Fokus eher auf die sozialstrukturellen Bedingungen der Assimilation gelegt werden, insbesondere sollte hier analysiert werden, wie sich Gruppen durch die Abgrenzung gegenüber anderen Gruppen konstruieren.

Dennoch ist eine weitere Beschäftigung mit Assimilation notwendig. Aus einem einfachen Grund, denn die Anpassung der Immigrant*innen an die Mehrheitsgesellschaft findet empirisch statt, und die Wissenschaft ist gut beraten, ein Konzept zu entwickeln, das die Gemeinsamkeiten und Unterschiede bei der Adaption von gesellschaftlichen Gruppen über Generationen von Einwanderergruppen hin erklären kann.

Die wohl umfangreichste Weiterentwicklung der Assimilationstheorie stammt von Richard Alba und Victor Nee. In ihrem Buch „*Remaking the American Mainstream*" (2003) unternehmen sie den überzeugenden Versuch, Assimilation in den folgenden Bereichen neu zu konzeptualisieren: „*a definition of the concept that avoids the problems of many past definitions, especially their implicit ethnocentrism; a theory of assimilation that specifies the causual mechanisms that make assimilation relevant for new groups; and an outline of the evidence that demonstrates assimilation as a continuous pattern in the incorporation of immigrants and their children*" (Alba & Nee 2003: x). Diesen neuen Ansatz bezeichnen Alba und Nee als *New Assimilation Theory*. Die Theorie kennzeichnet, dass sie den Inkorporationsprozess aus einer sozialkonstruktivistischen Perspektive analysiert, d. h., dass sie die Gruppen nicht von vornherein als soziale Entitäten voraussetzen, welche sich dann irgendwie anpassen. Die relevanten Gruppen entstehen erst durch soziale Sinnzuschreibungen, welche sich im Laufe der Zeit auch ändern können. Sie vermeiden es deswegen, eine Definition davon zu geben, wer die ethnische Mehrheit bzw. Minderheit ist. Dies ist auf zwei Ebenen zielführend, als dass es erstens empirisch unmöglich wird, die gesellschaftliche Kerngruppe, wie sie noch Gordon genannt hat, in einer ethnisch vielfältigen und dynamischen Gesellschaft zu bestimmen. Damit passen sie als erstes das Konzept Assimilation an die demografische Realität der amerikanischen Gesellschaft an.

Zweitens interessieren sie sich vielmehr dafür, wie in der Interaktion von Gruppen und Individuen bestimme Merkmale, die für die Assimilation für wichtig gehalten werden, an Bedeutung gewinnen bzw. verlieren. Dies ist ein sozial kontingenter Prozess und kann je nach Kontext unterschiedlich verlaufen. Es gehe bei Assimilation nicht um die Aufgabe kultureller Traditionen, sondern um die zentrale Frage, wie kulturelle Merkmale allmählich ihren Charakter der Zuschreibung zu einer bestimmten ethnischen Gruppe verlieren. Richard Alba verdeutlicht dies am Beispiel der größten Einwanderungsgruppen in den USA, Frankreich und Deutschland (Alba 2005). Bezogen auf den deutschen und französischen Fall stellt er fest, dass das Merkmal Religion in vielen gesellschaftlichen Bereichen genutzt wird, um Grenzen zwischen Mehrheitsgesellschaft und Immigrant*innen ziehen zu können. Im Gegensatz dazu hat in den USA das Merkmal Religion an Bedeutung für den Assimilationsprozess verloren. Hier ist vielmehr Rasse ein dominantes Merkmal in den sozialen Beziehungen von Mehrheitsgesellschaften und Einwanderungsgruppen, welches als Grundlage für Diskriminierungen und Ausgrenzungen fungiert.

Diese neue Perspektive auf Assimilation ist zugleich eine implizite Kritik an Gordon, der ein sehr unterkomplexes Verständnis von Kultur hatte bzw. ein sehr enges Verständnis von Kultur anlegte. Gordon definiert Kultur als *„the social heritage of man"* oder als *„the way of life in a society"* (Gordon 1964: 32). Dementsprechend betrachtet das Assimilationsmodell von Gordon ethnische Gruppen als selbstevidente Beobachtungs- und Analyseeinheiten, um damit vorauszusetzen, dass sich diese von der Mehrheitsgesellschaft kulturell unterscheiden und sozial abgeschlossene Gemeinschaften bilden, deren Mitglieder einander in Solidarität verbunden sind. Diese Homogenitätsvorstellung von Mehrheitsgesellschaft als auch von Einwanderungsgruppe wird hier abgelehnt. Der Gedanke, dass sich *die* Deutschen in *die* amerikanische Gesellschaft integrieren, wird verworfen. Vielmehr wird die Frage gestellt, wie die Unterscheidung deutsch vs. amerikanisch im Prozess der Assimilation hervorgebracht wird.

In dieser Hinsicht rekurrieren Alba und Nee auf das ethnische Grenzziehungsparadigma, dass auf den Anthropologen Frederick Barth zurückgeht (1969). Kultur wird nicht essenzialistisch gedacht, indem die Forschung nur ganz genau hinschauen muss, um den Kern einer Kultur bestimmen zu können. Alba und Nee gehen von einem radikalen relationalen Ansatz aus. Gruppen konstruieren sich in Abgrenzung zu anderen Gruppen. Entscheidend ist es, empirisch zu bestimmen, wie die Grenzen zwischen Gruppen gezogen werden. Nicht der kulturelle Inhalt einer Gruppe definiert selbige, sondern die Grenze zu anderen Gruppen definiert die eigene Gruppe. Aus dieser Grenzziehungslogik entwerfen Alba und Nee schließlich ihre Definition von Assimilation: *„Consequently, we define assimilation as the decline of an ethnic distinction and its corollary cultural and social differences"* (Alba & Nee 2003: 11).

Assimilation bedeutet nicht den Verlust von Ethnizität, jedoch verliert Ethnizität als Merkmal zunehmend die Relevanz für die gesellschaftliche Positionierung von Gruppen in Relation zu anderen Gruppen. Diese Idee, dass sich die Merkmale von Gruppen wandeln, wenn sich auch die sozialen Beziehungen ändern, ist schon in der *Chicago School of Sociology* vertreten worden. In ihrer Interpretation von Assimilation heben Alba und Nee aber diese Vorstellung besonders hervor.

Die Ethnisierung von Einwanderer*innen ist hier ein Phänomen der Zuschreibung und Mobilisierbarkeit von Gruppenmerkmalen in bestimmten Situationen. Ethnizität sagt etwas über Grenzziehungen aus, die Personen und Gruppen vollziehen. Dementsprechend wird Ethnisierung als eine soziale Praxis des Unterscheidens und Kategorisierens von sozialen Gruppen verstanden. Die Wissenschaft hat die Aufgabe, die Mechanismen zu analysieren, unter denen sich ethnische Grenzziehungen vollziehen.

Richard Alba bezieht sich hier auf die Arbeiten von Zolberg und Woon (1999), um eine Typologie der Grenzveränderungen zu modellieren (Alba 2005):

- *Boundary crossing*: Hier wird die Situation einer individuellen Grenzübertretung besprochen. Ein Individuum wechselt von einer Gruppe zu einer anderen Gruppe, ohne dass sich die Grenze zwischen den Gruppen verschiebt. In den meisten Fällen erfordert die Assimilation dann ein Brechen mit der Herkunftsgemeinschaft, welches generell durch ein hohes individuelles Risiko des Scheiterns gekennzeichnet ist und die Wahrscheinlichkeit ist hoch, dass die Menschen sich eher nicht assimilieren.
- *Boundary blurring*: Hier werden Gruppen in einigen gesellschaftlichen Bereichen inkorporiert, aber in anderen Bereichen noch nicht. Die Grenzen sind dementsprechend porös bzw. es ist nicht mehr möglich, klar zu definieren, wer genau zugehörig ist.
- *Boundary shifting*: Die Gruppe wird als zugehörig definiert, indem die Merkmale der Einwanderungsgruppe als zugehörig zur Gemeinschaft definiert werden.

In der Typologie können wir erkennen, dass im Wesentlichen zwei Faktoren die Assimilation bestimmen: Einerseits die Möglichkeit der sozialen Mobilität des Individuums, welches durch die Ausstattung von Humankapital geprägt ist, und anderseits die Verschiebung kultureller Grenzen.

Beispielsweise wird in Deutschland eine hohe Ähnlichkeitszuschreibung anhand der Merkmale eines nicht prekären sozioökonomischen Status und sehr guter Deutschkenntnisse konstruiert (Fincke 2009; Ulbricht 2017). Zudem deuten Untersuchungen daraufhin, dass Personen, die nicht über äußerliche Merkmale als fremd kategorisiert werden können (z. B. Pol*innen), grundsätzlich die Grenzen zwischen Fremden und Mehrheitsgesellschaften überwinden können (*boundary crossing*). Außerdem findet ein *boundary shifting* bei Gruppen der zweiten Generation von italienischer, spanischer und portugiesischer Herkunft statt, welche durchschnittlich von der Mehrheitsgesellschaft als nicht fremd kategorisiert werden (Fincke 2009).

Das Resultat der Assimilation ist dann für den US-amerikanischen Fall eine Mehrheitskultur, die sie als *American mainstream* bezeichnen. Diese Mehrheitskultur unterscheidet sich deutlich von der *core society* von Milton Gordon. Grundsätzlich findet in dem Grenzziehungsparadigma die Vorstellung einer Anpassung der Minderheit an eine Mehrheit keinen Platz mehr. Der *American mainstream* wird als ein sich ständig wandelndes soziales Gebilde verstanden, welches durch ein Durchdringen wechselseitiger kultureller Praktiken durch immer neue Gruppen gekennzeichnet ist. Mit anderen Worten, in einer stark diversifizierten ethnischen Vielfalt ist die Anpassung an eine weiße protestantische Mittelschicht kein Ziel der Assimilation. Die flexible und fluide Definition von Mehrheitskultur stieß in der Literatur auf Kritik. Alleine schon in der Betitelung *American mainstream* wird deutlich, dass es sich letztendlich doch um eine nationale Kultur handelt; mit eng definierten Grenzen. Jedoch wird die Rolle der Nationalisierung bzw. nationalen Kultur in dem neuen Assimilationsmodell ausgeblendet, obwohl die Autor*innen der Ethnizität so große Aufmerksamkeit schenken. Schließlich vollzieht sich die Assimilation dann doch in einem Nationalstaat.

Anfang der 1990er-Jahre bildete sich im Zuge der neuen Diskussion von Assimilation ein anderer Forschungsstrang heraus, der die Assimilation im Generationsverlauf analysierte, genauer gesagt die Assimilationsverläufe der zweiten Generation von Einwanderer*innen in den USA. Diese Forschung wurde durch die Arbeiten von Alejandro Portes und Min Zhou angestoßen, welche eine empirische Untersuchung zur Assimilation von Haitianer*innen in Miami sowie mexikanischen Immigrant*innen in Kalifornien vornahmen (Portes & Zhou 1993). Sie kommen zu dem Ergebnis, dass unter diesen Gruppen jugendlicher Immigrant*innen der zweiten Generation eine Anpassung an die Aufnahmegesellschaft sehr wohl stattgefunden hat. Die Frage ist nur: An welche? Sie beobachteten eine Assimilation an die sozial benachteiligten Gruppen der innerstädtischen Nachbarschaften. Deswegen bezeichnen sie die Assimilation als eine sozial-strukturell nach unten gerichtete Assimilation (*downward assimilation*); insofern eine gescheiterte Assimilation, weil die Immigrant*innen sich nicht an die Mehrheitsgesellschaft anpassen.

Im Grunde genommen ist das Modell der *downward assimilation* ein Gegenentwurf zur Assimilationstheorie von Alba und Nee, denn das Modell beruht nicht auf sozialkonstruktivistischen Annahmen. Es geht nicht um soziale Grenzziehungen und, dass diese auch anders hätten verlaufen können. Portes und Zhou interessiert, wie sich unterschiedliche Gruppen, die anhand der Nationalität identifiziert werden, in ihrem sozialen Kontext, zumeist an innerstädtische Milieus, anpassen.

Wie schon oben angedeutet, wird durch die *downward assimilation* die Frage aufgeworfen, worin eigentlich Assimilation erfolgt? Die Antwort lautet, dass eine Anpassung an einen gesellschaftlichen Mainstream, der durch die weiße Mittelschicht repräsentiert wird, nicht die einzig mögliche Form der Assimilation ist. Der Prozess der Assimilation hat diverse *outcomes* und es stellt sich des Weiteren die Frage: Warum sind manche Gruppen erfolgreicher als andere? Dazu entwickelten Alejandro Portes und József Böröcz (Portes & Böröcz 1989) das Konzept der *modes of incorporation*. Das Konzept entwickelt drei Determinanten, die die Aufnahme der Immigrant*innen positiv, neutral und negativ beeinflussen können: Die Regierung, die Gesellschaft des Einwanderungslandes und die eigene ethnische Gemeinschaft.

Portes und Zhou exemplifizieren die *modes of incorporation* u. a. anhand der Assimilation von haitianischen Immigrant*innen in Miami. Sie beobachten dazu das Anpassungsverhalten, ähnlich wie Park in den innerstädtischen Milieus. In Miami ist die haitianische Community, insbesondere die zweite junge Generation, einem Zugehörigkeitskonflikt ausgesetzt. Die erste Generation besitzt eine starke Orientierung hin zur haitianischen nationalen Identität, welche sich durch eine hohe Solidarität innerhalb der Gemeinschaft auszeichnet. Innerhalb der ethnischen Gemeinschaft wird viel Wert auf Förderung von Leistung und Erfolg gelegt. Die zweite Generation ist jedoch auch einer anderen Norm ausgesetzt, denn Little Haiti ist in direkter Nachbarschaft zu Liberty City, der schwarzen innerstädtischen Community und die haitianischen Immigrant*innen besuchen gemeinsam mit den afroamerikanischen Schüler*innen die öffentlichen Schulen. Die Vorurteile der afroamerikanischen Gemeinschaft gegenüber den Haitianer*innen sind negativ: Sie gelten als den Weißen zu unterwürfig und werden wegen ihrem auffälligen Akzent diskriminiert. Wenn sie sich nun den Erwartungen der Herkunftsgemeinschaft anpassen, also dementsprechend eine Aufstiegsorientierung durch Bildung verfolgen, werden sie von dem innerstädtischen Milieu durch das sogenannte *acting white* ausgeschlossen und diskriminiert. Passen sie sich allerdings an die Normen der schwarzen Mitschüler*innen an, geben sie den Traum ihrer Eltern des sozialen Aufstiegs und der Bewahrung der traditionellen Werte der Herkunftsgemeinschaft auf (Portes & Zhou 1993: 81).

Assimilation bedeutet in diesem Fall nicht die Anpassung an die kulturellen Normen der weißen amerikanischen Mittelschicht, sondern an die Normen und Werte der innerstädtischen afroamerikanischen Bevölkerung. Die Folge ist nun eine nach unten gerichtete soziale und ökonomische Mobilität: *„as the Haitian example illustrated, adopting the outlooks and cultural ways of the native-born does not represent, as in the past, the first step toward social and economic mobility but may lead to the exact opposite"* (Portes & Zhou 1993: 81). Portes und Zhou argumentieren, dass diejenigen die meisten Chancen zur sozialen Mobilität nach oben haben, also zur weißen amerikanischen Mittelschicht, die sich an die Normen der ethnischen Herkunfts-Community halten. Die Bindung an die Herkunft kann also einen großen sozialen Rückhalt liefern. In manchen Fällen ist sie die beste Strategie, um sich zu assimilieren.

Sie kann aber auch in umgekehrter Weise funktionieren und sozialen Aufstieg verhindern, wie das Beispiel der mexikanischen Immigrant*innen in Kalifornien zeigt. In diesem Fall wirkt die Orientierung an die ethnische Gemeinschaft als ethnische Falle für den Assimilationsprozess an die Mehrheitsgesellschaft (siehe auch *ethnic mobility trap*, Wiley 1967). Die reaktive Ethnizität, also die bewusste Hinwendung zur eigenen ethnischen Gemeinschaft, aufgrund von Diskriminierungs- und Ausgrenzungserfahrungen, ist eine Schutzfunktion der *mexicanos* in den USA. Da die in den USA geborenen Kinder früherer mexikanischer Einwanderer*innen ihre Eltern und Großeltern nur in bescheidenen, Status niedrigen Berufen beschäftigt sehen und sich zunehmend der Diskriminierung durch die weiße Bevölkerung bewusst sind, schließen sie sich einer reaktiven Subkultur an, um ihr Selbstwertgefühl zu schützen. Diese Subkultur wird von den Lehrer*innen in der Schule als unverantwortlich, respektlos, misstrauisch, mürrisch, apathisch und weniger motiviert wahrgenommen; eine nicht förderliche Bedingung für den schulischen Erfolg. Am Beispiel der *mexicanos* zeigt sich, dass es keine ideale Strategie für Assimilation gibt. Diese ist abhängig von den Ressourcen und der Solidarität innerhalb der ethnischen Gemeinschaft, als auch von den Einstellungen der Mehrheitsgesellschaft bzw. der politischen Institutionen zu der Einwanderungsgruppe: *„But the extent to which this strategy is possible also depends on the history of each group and its specific profile of vulnerabilities and resources"* (Portes & Zhou 1993: 96).

Portes und Zhou problematisieren mit ihren empirischen Arbeiten zur Assimilation die Vorstellung einer linearen, stufenförmigen Assimilation. Vielmehr können Immigrant*innen durch die Bindung an ihre Herkunftsgemeinschaft wirtschaftlich erfolgreich, zugleich jedoch wenig kulturell assimiliert sein. Hier sieht man implizit die Nähe zu den sozialen Bedingungen, die Milton Gordon bereits formuliert hat und wie diese Vorstellung von Assimilation sich veränderte. Strukturelle Assimilation zieht nicht zwangsläufig eine kulturelle Assimilation nach sich.

Das Modell der *downward assimilation* oder die Assimilation in bestimmte Segmente der Gesellschaft (*segmented assimilation*) wurde dahingehend kritisiert, dass es gesamtwirtschaftliche Entwicklungen nicht genug Beachtung schenkt, um die Assimilation der zweiten Generation von Einwander*innen in den USA erklären zu können. Die erste Generation von Einwander*innen nach dem zweiten Weltkrieg wurde in einen grundsätzlich prosperierenden Arbeitsmarkt eingegliedert. Mit dem radikalen Wandel der industriellen Produktion hin zu Dienstleistungsmärkten haben sich die Bedingungen für die strukturelle Assimilation verschlechtert. Nicht die segmentierte Assimilation erklärt die Assimilation, sondern die veränderte Struktur der Konkurrenz auf den Arbeitsmärkten. Zudem lässt sich die Übertragbarkeit der Idee der *downward assimilation* auf andere Nationalstaaten diskutieren. In Deutschland erreichte die zweite Generation der Einwander*innen aus der Gastarbeitergeneration durchschnittlich einen höheren sozioökonomischen Status als die erste (Fincke 2009). Insofern ist dies kein Indiz für eine *downward assimilation* von Einwanderer*innen in Deutschland.

Ähnlich wie die Arbeit von Milton Gordon für die politische Steuerung von Integration von Bedeutung war, finden die Arbeiten von Portes und Zhou in der Integrationspolitik Resonanz. Das Projekt der „Stadtteilmütter", welche zuerst in Berlin Neukölln 2004 angewandt wurde, verfolgt die Idee, die ethnische Falle zu vermeiden und aufwärtsgerichtete soziale Mobilität zu fördern (Aumüller 2009). Die Stadtteilmütter, welche zumeist einen eigenen Migrationshintergrund haben, versuchen, einen Zugang zu schwer erreichbaren Familien zu finden und diese in Bezug auf Erziehung, Bildung, Gesundheit, Sexualität, Einwanderung, Sprache, Arbeit, Recht und gezielte Förderung von Kindern und Jugendlichen zu beraten. Die Idee der Stadtteilmütter nimmt die räumliche Assimilation ernst.

Fazit

Die Bemühungen um eine differenzierte Sichtweise auf Assimilation zeigen zuallererst, dass die wissenschaftlichen Entwicklungen schwerpunktmäßig innerhalb der US-amerikanischen Sozialwissenschaften vonstattengingen, was sicherlich durch die Einwanderungsgeschichte zu begründen ist. Zudem wird deutlich, dass es nicht die eine große Assimilationstheorie gibt, die die Komplexität vielfältiger Vergesellschaftung- und Vergemeinschaftungsprozesse zwischen Einheimischen und Fremden einfangen kann. Die besprochenen Konzepte, die die An-

gleichungen und Abweichungen zwischen Immigrant*innen und Mehrheitsgesellschaft systematisch zu beschreiben und zu erklären versuchen, zeigen, dass
Assimilation nicht vorhersehbar und diese jeweils von historisch-kontingenten
Bedingungen abhängig ist. Dennoch besteht die Notwendigkeit, Assimilation zu
erforschen, denn sie findet statt. Aber die Akkulturation bzw. die vollständige Aufnahme in die Mehrheitsgesellschaft und die gleichzeitige Aufgabe der eigenen sozialen Herkunft ist nur eine Option unter vielen möglichen *outcomes*, und sie ist
schon gar nicht die Norm. Der Schlüssel im Verständnis der Assimilation liegt in
der Analyse des Prozesses und weniger in der Beschreibung eines Endzustands
von Assimilation. Die jeweiligen Theorieangebote zu Assimilation setzen dazu unterschiedliche Schwerpunkte, um den sozialen Bedingungen der Assimilation auf
die Spur zu kommen.

Je nach empirischer Fragestellung können gewisse Ansätze favorisiert werden. Interessieren sich Studierende der Assimilation eher für die Frage, wie durch
die Einwanderung bestimmte Gruppen sich in Abgrenzung zu anderen Gruppen
konstruieren, dann ist die „neuere Assimilationstheorie" von Richard Alba und
Victor Nee ein angemessener soziologischer Werkzeugkasten, um diese Frage zu
beantworten. Aus dieser Perspektive ist Assimilation kein zwangsläufiger linearer
Prozess, der ohne Umkehrungen und Rückschläge stattfindet. Sozial konstruierte
Fremdheit und Ähnlichkeit kann sich im Laufe der Zeit ändern. Dementsprechend wird Assimilation über die Zu- bzw. Abnahme von Ähnlichkeits- bzw.
Fremdheitskonstruktionen zwischen der Einwanderungsgruppe und der Mehr-
heitsgesellschaft bestimmt.

Wenn wir davon ausgehen, dass diese Gruppen als feste soziale Gebilde existieren und wir an Vergleichen zwischen verschiedenen Gruppen bei der Assimilation in den gesellschaftlichen Bereichen wie Bildung, Arbeitsmarkt, Staatsbürgerschaft etc. Interesse haben, dann sind die Assimilationsmodelle und deren
Weiterentwicklungen von Milton Gordon bis Alejandro Portes und Min Zhou gute
Ratgeber. Dennoch, die unterschiedlichen Theorieangebote zu Assimilation sind
sich einig darin, dass sie eine Absage an normative Vorstellungen von Assimilation erteilen. Das Anstreben von gesellschaftlicher Einheit durch Assimilations-
bestrebungen geht allzu oft zu Lasten der Immigrant*innen, weil der Blick dazu
einseitig auf die Anpassungsleistung selbiger gerichtet wird. Diskriminierungen
und Ausgrenzungen sowie strukturelle Voraussetzungen zur Assimilation in die
Mehrheitsgesellschaften werden dadurch unsichtbar.

Der Nationalstaat mit einer nationalen Gesellschaft, welche als Vergleichsfo-
lie zur Bestimmung von Gemeinsamkeiten und Unterschieden dient, ist weiterhin
eine wichtige Referenz für Assimilationsprozesse. Jedoch hat die Transnationalisierungsforschung gezeigt, dass die Forschung den Horizont der Vergesellschaf-
tungs- und Vergemeinschaftungsprozesse erweitert. Neben den historischen,

sozialen, politischen und ökonomischen Bedingungen des Ankunftslandes gilt es auch, das Herkunftsland miteinzubeziehen, um Assimilationsprozesse besser verstehen zu können. Kapitel 14 wird dies am Beispiel von japanischen Studierenden in der Kunstwelt erörtern.

Literatur

Abraham, H. S., 1973: *Ethnic Diversity in Catholic America*. New York, NY: Wiley.

Alba, R., 2005: Bright vs. Blurred Boundaries: Second-Generation Assimilation and Exclusion in France, Germany, and the United States. *Ethnic and Racial Studies* 28:20–49.

Alba, R. & N. Foner, 2014: Comparing Immigrant Integration in North America and Western Europe: How Much Do the Grand Narratives Tell Us? *International Migration Review* 48:263–291.

Alba, R. & N. Foner, 2015: *Strangers No More*: Band 1. Princeton, NJ: Princeton University Press.

Alba, R. & V. Nee, 2003: *Remaking the American Mainstream*. Cambridge, MA: Harvard University Press.

Aumüller, J., 2009: *Assimilation*. Bielefeld: transcript.

Barth, F., 1969: *Ethnic Groups and Boundaries*. Oslo: Universitetsforlaget.

Bauman, Z., 2013: *Modernity and Ambivalence*. John Wiley & Sons.

Bourdieu, P., 1991: Physischer, sozialer und angeeigneter physischer Raum. In: Wentz, M. (Hrsg.), *Stadt-Räume*, S. 25–34. Frankfurt a. M.: Campus Verlag.

Esser, H., 1980: *Aspekte der Wanderungssoziologie*. Darmstadt und Neuwied: Luchterhand.

Fincke, G., 2009: *Abgehängt, chancenlos, unwillig?* Wiesbaden: VS Verlag für Sozialwissenschaften.

Glazer, N., 1993: Is Assimilation Dead? *The Annals of the American Academy of Political and Social Science* 530:122–136.

Glazer, N. & D. P. Moynihan, 1963: *Beyond the Melting Pot*. Cambridge, MA: MIT Press und Harvard University Press.

Glick Schiller, N., L. Basch & C. Szanton-Blanc, 1992: *Towards a Transnational Perspective on Migration*. New York, NY: New York Academy of Science.

Goldin, I., G. Cameron & M. Balarajan, 2011: *Exceptional People*. Princeton, NJ und Oxford: Princeton University Press.

Gordon, M., 1964: *Assimilation in American Life*. New York: Oxford University Press.

Greeley, A., 1974: *Ethnicity in the United States*. New York: Wiley.

Joas, H., 1993: Gemeinschaft und Demokratie in den USA. In: Brumlik, M. & H. Brunkhorst (Hrsg.), *Gemeinschaft und Gerechtigkeit*, S. 49–62. Frankfurt a. M.: Fischer Taschenbuch Verlag.

Kivisto, P., 2005: *Incorporating Diversity: Rethinking Assimilation in a Multicultural Age*. Boulder, CO: Paradigm Publisher.

Kymlicka, W., 1995: *Multicultural Citizenship: A Liberal Theory of Minority Rights*. Oxford: Oxford University Press.

Langenohl, A. & V. Rauer, 2011: Reden an die Transnation. *Sociologia Internationalis* 49:69–102.

Lucassen, L., 2006: Is Transnationalism Compatible with Assimilation? Examples from Western Europe since 1850. *IMIS Beiträge* 29:15–36.

Merz, F., 2000: Die Entstehung von Parallelgesellschaften ist nicht zu dulden (Die Welt 25.10.2005). Berlin.

Nassehi, A., 1995: Der Fremde als Vertrauter. *Kölner Zeitschrift für Soziologie und Sozialpsychologie* 47:443–463.

Novak, M., 1971: *The Rise of the Unmeltable Ethnics*. New York, NY: Macmillan.

Park, R. E., 1928: Human Migration and the Marginal Man. *American Journal of Sociology* 33:881–893.

Park, R. E. & E. W. Burgess, 1969: *Introduction to the Science of Sociology*. Chicago, IL: University of Chicago Press.

Portes, A. & J. Böröcz, 1989: Contemporary Immigration. *International Migration Review* 23:606–630.

Portes, A. & M. Zhou, 1993: The New Second Generation: Segmented Assimilation and Its Variants. *The Annals of the American Academy of Political and Social Science* 530:74–96.

Schuetz, A., 1944: The Stranger: An Essay in Social Psychology. *American Journal of Sociology* 49:499–507.

Simmel, G., 1992: Exkurs über den Fremden. In: Simmel, G. (Hrsg.), *Soziologie*, S. 754–771. Frankfurt a. M.: Suhrkamp.

Taylor, C., 1997: *Multikulturalismus und die Politik der Anerkennung*. Frankfurt a. M.: Suhrkamp.

Ulbricht, C., 2017: *Ein- und Ausgrenzung von Migranten*. Bielefeld: transcript.

Weber, M., 1972: Wirtschaft und Gesellschaft. 5. Auflage. Tübingen.

Wiley, N., 1967: The Ethnic Mobility Trap and Stratification Theory. *Social Problems* 15(2):147–159.

Wimmer, A. & N. Glick Schiller, 2006: Methodological Nationalism, the Social Sciences, and the Study of Migration: An Essay in Historical Epistemology. *International Migration Review* 37:576–610.

Zolberg, A. R. & L. L. Woon, 1999: Why Islam is like Spanish: Cultural Incorporation in Europe and the United States. *Politics & Society* 27(1):5–38.

Teil III: **Methodologie und Methoden der Migrationssoziologie**

https://doi.org/10.1515/9783110680638-part03

Wissenschaftliche Forschung unterscheidet sich in wesentlichen Aspekten von Alltagswissen und -handeln (Flick 2009). Unser alltägliches Handeln ist zumeist zielgerichtet und bezieht sich auf konkrete Situationen, Sachverhalte oder Probleme. Dabei gehen wir in der Regel intuitiv vor und probieren verschiedene Lösungswege aus. Wir stellen implizit Theorien über bestimmte Sachverhalte auf und testen diese auf pragmatische Art und Weise durch unser Handeln. In der wissenschaftlichen Forschung hingegen steht zunächst weniger die Lösung als vielmehr die systematische Analyse spezifischer Phänomene im Vordergrund. Mit Hilfe wissenschaftlicher Theorien und Forschungsmethoden kann so eine explizite, methodengeleitete Theoriebildung oder Theorie- und Hypothesenprüfung stattfinden und nicht nur situationsbezogenes, sondern abstraktes und bisweilen verallgemeinerbares Wissen generiert werden. Wissenschaftlichkeit bezieht sich folglich nicht auf den Gegenstand der Forschung, sondern auf die Methodologie und Methode, etwa hinsichtlich der Auswahl der Teilnehmer*innen, der Art der Daten, ihrer Erhebung und Auswertung.

In der empirischen Sozialforschung werden allgemein zwei Forschungsparadigmen bzw. Methodologien unterschieden: die eher auf *Erklären* ausgerichteten quantitativen Ansätze und die eher um *Verstehen* bemühten qualitativen Ansätze. Erstere zeichnen sich durch hypothesentestende, deduktive Verfahren und ein hohes Maß an Standardisierung aus. In der Migrationsforschung werden quantitative Verfahren oft bei der Erforschung von Faktoren genutzt, die für Migrationsbewegungen verantwortlich sind und Entscheidungen und Dynamiken menschlicher Mobilität beeinflussen. Forscher*innen bemühen sich hier, möglichst allgemeingültige Regeln aufzustellen, die Mobilität und Mobilitätsentscheidungen erklären können. Der Großteil dieser Forschungen beruht deshalb auf einem eher positivistischen Wissensverständnis und großangelegten statistischen Datenerhebungen. Auch Studien zur Integration von Migrant*innen in die Aufnahmegesellschaft und den Faktoren, die zu sozialen Ungleichheiten zwischen Migrant*innen und der Mehrheitsbevölkerung führen, stützen sich oft auf methodologische Forschungsansätzen, die aus der strukturanalytischen, quantitativen Ungleichheitsforschung in der Soziologie bekannt sind.

Qualitative Methoden hingegen verfolgen das Ziel der Theorie- und Hypothesenentwicklung im Sinne induktiver Verfahren und nutzen hierzu nicht oder gering standardisierte Instrumente. Sie eignen sich gut für die Erforschung der Lebenswelten und Institutionen von Migrant*innen, da sie die subjektive Perspektive der Migrant*innen selbst und/oder anderer Akteur*innen in der Migrationsgesellschaft in den Vordergrund des Erkenntnisinteresses stellen. Vor allem ethnografische Studien und Interviews sind gut geeignet, um Mobilitätsverläufe und Biografien von Migrant*innen nachzuzeichnen, sowie deren transnationale

Lebensstile zu verstehen. Sie bauen oft auf ein konstruktivistisches Wissensverständnis auf und haben ihren Ursprung in der interpretativen Soziologie, der Ethnologie und der Anthropologie.

Eine gute Möglichkeit, die unterschiedliche Logik der beiden Strömungen zu veranschaulichen, bietet die schematische Darstellung des eher linearen quantitativen Forschungsprozesses im Gegensatz zum eher zirkulären Vorgehen im Rahmen qualitativer Forschung (Abbildungen III.1 und III.2).

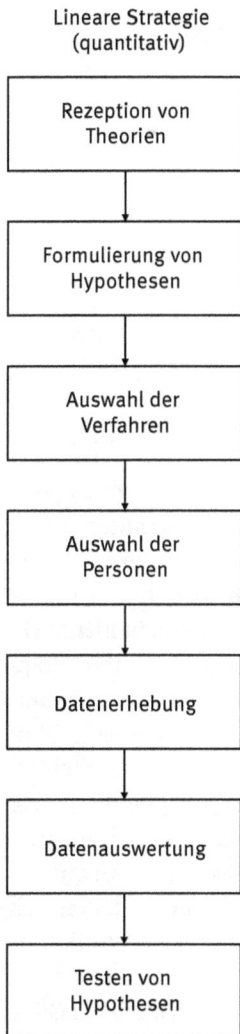

Lineare Strategie
(quantitativ)

```
┌─────────────────────┐
│   Rezeption von     │
│     Theorien        │
└─────────────────────┘
           │
           ▼
┌─────────────────────┐
│  Formulierung von   │
│     Hypothesen      │
└─────────────────────┘
           │
           ▼
┌─────────────────────┐
│    Auswahl der      │
│     Verfahren       │
└─────────────────────┘
           │
           ▼
┌─────────────────────┐
│    Auswahl der      │
│     Personen        │
└─────────────────────┘
           │
           ▼
┌─────────────────────┐
│   Datenerhebung     │
└─────────────────────┘
           │
           ▼
┌─────────────────────┐
│   Datenauswertung   │
└─────────────────────┘
           │
           ▼
┌─────────────────────┐
│    Testen von       │
│     Hypothesen      │
└─────────────────────┘
```

Abb. III.1: Schematische Darstellung des quantitativen Forschungsprozesses (Quelle: eigene Darstellung)

**Zirkuläre Strategie
(qualitativ)**

```
                    ┌──────────────────┐
                    │  Vorverständnis  │
                    └──────────────────┘
                             │
                             ▼
    ┌─────────────────────────────────────────────────┐
    │              ┌──────────────────┐                │
    │              │   Auswahl des    │                │
    │         ┌────│    Verfahrens    │────┐           │
    │         │    └──────────────────┘    ▼           │
    │  ┌──────────────┐            ┌──────────────┐    │
    │  │Datenauswertung│           │Bestimmung des│    │
    │  │              │            │    Feldes    │    │
    │  └──────────────┘            └──────────────┘    │
    │         ▲    ┌──────────────────┐    │           │
    │         └────│  Datenerhebung   │◄───┘           │
    │              └──────────────────┘                │
    └─────────────────────────────────────────────────┘
                             │
                             ▼
                    ┌──────────────────┐
                    │     Theorie-     │
                    │   Entwicklung    │
                    └──────────────────┘
```

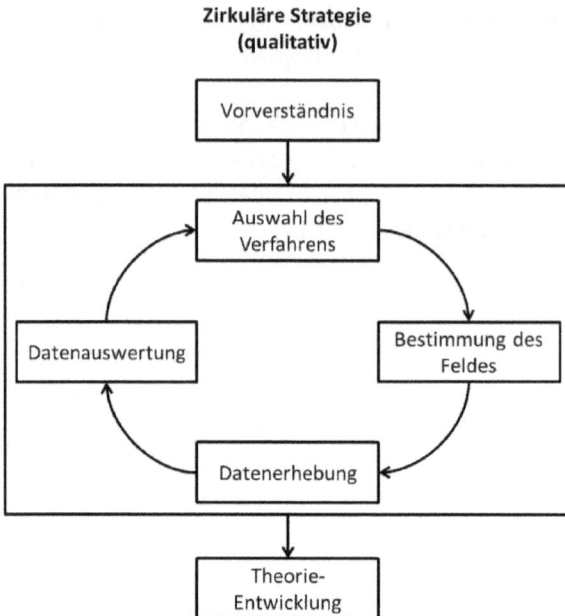

Abb. III.2: Schematische Darstellung des qualitativen Forschungsprozesses
(Quelle: eigene Darstellung)

Neben rein qualitativen und quantitativen Forschungsdesigns gibt es auch in der Migrationsforschung solche, die beide Verfahren in sogenannten *Mixed Methods-Designs* verbinden. Unabhängig von den Forschungsmethoden, hat jedes Forschungsdesign aber auch eine spezifische analytische Ausrichtung, die als Methodologie bezeichnet wird. Methodologie und Methode sind nicht identisch. Während Methoden festlegen, wie Daten erhoben werden, legt die methodologische Ausrichtung einer Forschung die Strategie fest, mit der man an die Beantwortung einer Fragestellung analytisch herangeht. Das bedeutet, dass die Methodologie die Perspektive vorgibt, mit der man die sozialen Phänomene betrachtet, die man erforschen möchte. Methodologie beantwortet zum Beispiel die Frage, was man in einem jeweiligen Forschungskontext als legitimes Wissen anerkennt (Ontologie) und wie man es am besten erlangen kann (Epistemologie). Für quantitative wie qualitative Forschungsarbeiten in der Migrationsforschung stellen sich zudem nach Faist (vgl. Kapitel 10) drei zentrale methodologische Herausforderungen:

Zum einen gilt es den „methodologischen Nationalismus" (Wimmer & Glick Schiller 2003) kritisch zu reflektieren, der die Tendenz in der Wissenschaft beschreibt, den Nationalstaat als einzigen relevanten Bezugsrahmen der Forschung zu wählen. Andere Rahmen, wie etwa soziale Beziehungen, (multi-)lokale, supranationale, globale oder auch transnationale Rahmen werden bei der Forschung häufig nicht ausreichend beachtet. Deswegen stellt die transnationale Forschung auch die transnationale Ebene in den Vordergrund, ohne aber zu behaupten, dass nicht auch andere Bezugsrahmen wichtig sind, etwa für Fragen sozialer Unterstützung oder für die (Re-)Produktion sozialer Ungleichheiten. Eine weitere Herausforderung, der sich besonders Migrationsforscher*innen stellen müssen, ist die Gefahr, Migrant*innen durch essentialistische Zuschreibungen auf nationale oder ethnische Kategorien zu reduzieren ("Essenzialisierung"), und so zum Beispiel die komplexen Zusammenhänge zwischen Geschlecht, Nationalität, Religion oder auch Klasse zu verdecken, die identitätsbildende Prozesse bedingen (Glick Schiller et al. 2006). Vereinfachungen und Zuschreibungen wie etwa "die Kisbek*innen", aber auch "die Geflüchteten" oder "die Gastarbeiter*innen" sollen daher kritisch hinterfragt werden. Eine dritte Herausforderung ist die "Positionalität" der Forschenden. Sie adressiert die Rolle der Forscher*innen und der Forschungsteilnehmer*innen im Forschungsprozess. Besonders in der Migrationsforschung ist es wichtig, die strukturellen Ungleichheiten und asymmetrischen Machtbeziehungen zwischen Forscher*innen und Forschungsteilnehmer*innen oder auch zwischen Forscher*innen, gerade/insbesondere in grenzübergreifenden Teams, in Phasen des Studiendesigns, der Datenerhebung sowie der Analyse und der Verbreitung der Ergebnisse zu beachten. Um sich der Positionalität und Machtasymmetrien in der Forschung zu stellen und darauf zu reagieren, empfiehlt sich beispielsweise die (reflektierte) Zusammenarbeit in internationalen Forschungsteams und die gemeinsame Erhebung und Auswertung der Daten in verschiedenen Kontexten und Ländern (weitere Möglichkeiten finden sich beispielsweise bei Barglowski et al. 2015).

Die folgenden vier Kapitel diskutieren zentrale methodologische Herausforderungen und beschäftigen sich mit den hier genannten methodischen Zugängen (quantitativ, qualitativ, Mixed Methods) innerhalb der Migrationsforschung. Im Text von Thomas Faist werden Aspekte der transnationalen Methodologie vorgestellt und diskutiert. Das Kapitel von Inka Stock und Margit Fauser ist qualitativen Ansätzen in der Migrationsforschung gewidmet und rückt die Perspektive der Erforschung von Migration aus Sicht der Migrant*innen in den Vordergrund. Isabell Diekmanns Beitrag zeigt am Beispiel der Operationalisierung des Migrationshintergrunds zentrale Herausforderungen für die Kategorienbildung in der quantitativen Migrationsforschung auf. Abschließend beschäftigt sich der Beitrag von Joanna Fröhlich damit, wie die Mixed Methods-Forschung in der Migrationsforschung genutzt wird und stellt dazu exemplarische Studien vor.

Literatur

Barglowski, K., B. Bilecen & A. Amelina, 2015: Approaching Transnational Social Protection: Methodological Challenges and Empirical Applications. *Population, Space and Place* 21(3):215–226.

Flick, U., 2009: *Sozialforschung. Methoden und Anwendungen*. Reinbek: rororo.

Glick Schiller, N., A. Çaglar & T. C. Guldbrandsen, 2006: Beyond the Ethnic Lens: Locality, Globality, and Born-Again Incorporation. *American Ethnologist* 33:612–633.

Wimmer, A. & N. Glick Schiller, 2003: Methodological Nationalism, the Social Sciences, and the Study of Migration: An Essay in Historical Epistemology. *International Migration Review* 37(3):576–610.

Thomas Faist

10 Wege zu einer transnationalen Methodologie

Einleitung

Eine transnationale Perspektive auf grenzübergreifende Migration und ihre Folgen reicht über die Immigrationsländer hinaus und umfasst auch Emigrationsregionen sowie andere Orte wie etwa Transitländer oder Orte der Weiterwanderung, an denen sich die Bindungen und Praktiken von Personen, Gruppen und Organisationen überschneiden. Viele der in den empirischen Beiträgen zu diesem Buch dargelegten Ergebnisse und Erkenntnisse beruhen auf der Anpassung bekannter Methodologien und Methoden an die Erfordernisse eines transnationalen Ansatzes (vgl. Kapitel 14 bis 18). Für eine empirische Untersuchung transnationaler Prozesse ist demnach ein entsprechendes methodologisches Instrumentarium erforderlich.

Im Allgemeinen wird Methodologie im Zusammenhang mit nur einer Disziplin oder einem etablierten Forschungsbereich diskutiert. In unserem Fall ist dies der Bereich der Migration. Sozialwissenschaftliche Migrationsforschung wiederum speist sich aus diversen Disziplinen, wozu neben Soziologie auch Sozialanthropologie, Geografie, Politikwissenschaften, Ökonomie und Demografie gehören. Die folgenden Überlegungen zur Methodologie sind wichtig für das Verständnis der Methoden, mit deren Hilfe systematische Ergebnisse in den relevanten Themenbereichen erzielt werden. Zu diesen Bereichen zählen beispielsweise: die Entstehung und Reproduktion grenzübergreifender Sozialräume; die Auswirkungen der Transnationalisierung auf die wirtschaftliche und politische Entwicklung in den Herkunfts- und Zielländern; die Bedeutung der Transnationalität für Lebenschancen; die soziale Integration der Migrant*innen und soziale Ungleichheiten in der gesellschaftlichen Teilhabe; die sich wandelnden politischen Praktiken, Staatsbürgerschaft sowie Transnationalisierung unter dem Vorzeichen supranationaler Integration in der Europäischen Union (EU). Methodologie bietet dabei eine systematische Grundlage, um zu entscheiden, welche Methoden dazu geeignet sind, jenes Wissen zur Verfügung zu stellen, das nötig ist, um spezifische Forschungsfragen zu beantworten.

Anmerkung: Bearbeitete Übersetzung von Faist, T., 2012: Toward a Transnational Methodology: Methods to Address Methodological Nationalism, Essentialism, and Positionality. Revue Européenne des Migrations Internationales 28(1): 51–70.

https://doi.org/10.1515/9783110680638-010

Drei methodologische Herausforderungen
für einen transnationalen Ansatz

Es gibt drei methodologische Herausforderungen für Migrationsstudien im Allgemeinen und transnationale Studien im Besonderen. Erstens nehmen Migrationsforscher*innen zu oft an, dass der Nationalstaat den (einzigen) relevanten Kontext für empirische Studien über internationale Migration darstellt und sehen somit den Staat als einen Container an. Dies gilt als „methodologischer Nationalismus". Staat und Gesellschaft werden dabei für kongruent und in territorialer Hinsicht identisch gehalten. Diese Deckungsgleichheit von gesellschaftlichen Praktiken und staatlicher Herrschaft begründet dann eine Erhebung von Daten innerhalb eines nationalstaatlichen Containers. Im Allgemeinen tendiert der methodologische Nationalismus in den Sozialwissenschaften dahin, den Container des Nationalstaates als quasinatürliche soziale und politische Struktur zu behandeln (Martins 1974: 289). Aus diesem Grund gilt es, die jeweilige(-n) Untersuchungseinheit(-en) umsichtig und gegebenenfalls auch jeweils neu zu definieren. Während der Staat eine Untersuchungseinheit bilden kann – z. B. öffentliche Maßnahmen im Zusammenhang mit der Diaspora – bieten sich auch andere mögliche Untersuchungseinheiten an. Diese sind von der Forschungsfrage abhängig und können auf Verwandtschaftsgruppen, lokale Gemeinschaften oder (transnationale) Organisationen konzentriert sein.

Damit zusammenhängend werden zweitens Ethnizität oder Nationalität oftmals unhinterfragt als die dominante Kategorie für die Forschungsorganisation angenommen. Mitunter werden dabei ethnische oder nationale Zugehörigkeit naturalisiert, d. h. Migrant*innen werden zuallererst als Mitglied einer ethnischen Gruppe angesehen, wie z. B. „Türk*innen", „Mexikaner*innen" oder „Filipinos". Ihre Rollen als Arbeiter*in, Eltern, Kinder, Partner*in und Mitglieder von lokalen Gemeinschaften kommen dann kaum zur Geltung. Diese Essenzialisierung begreift Gruppen als homogen und berücksichtigt nicht die interne Heterogenität der Kategorien von Migrant*innen. Somit produziert dieser Ansatz den Primat einer nationalen oder ethnischen Perspektive, die wiederum häufig mit methodologischem Nationalismus einhergeht (Amelina et al. 2012).

Drittens werfen transnationale Studien besonders eindrücklich die Frage nach der Stellung der Forscher*innen auf, d. h. deren Positionalität. Zuallererst betrifft es das Verhältnis von Forscher*innen und Teilnehmer*innen an der jeweiligen Forschung. So gehören beispielsweise Interviewer*innen und Befragte häufig ganz verschiedenen sozialen Klassen an, was spezifische Verhaltensmuster aktivieren kann, z. B. Antworten, die den Forscher*innen genehm erscheinen könnten (vgl. Shinozaki 2012). Positionalität ist darüber hinaus auch im Falle grenzüberschreitender Forschungsprojekte relevant, wenn Forscher*innen aus Emigrations- und Immigrationsländern zusammenarbeiten. Probleme ergeben sich hier hinsichtlich einer Unausgewogenheit der Verteilung von Fördermitteln und der Interpretation von sozialwissenschaftlichen Konzepten. Es sind beispielsweise zumeist Forscher*innen aus Immigrationsländern, welche die Fördermittel kontrollieren. Diese Situation benachteiligt ihre Kolleg*innen aus den Emigrationsländern, da sie ihre Perspektiven nur begrenzt in die Planung und die Durchführung von Forschungsprojekten einbringen können (Faist 2004a: 30–32).

Es gilt nun diese drei methodologischen Herausforderungen detaillierter zu definieren. Dazu gehört es, die Elemente dieser Problematik aufzuzeigen und methodologisches Werkzeug anzubieten, dem dann ein Überblick ausgewählter Methoden folgt, die diese drei Herausforderungen in Angriff nehmen. Diese Methoden umfassen die *multi-sited ethnography*, d. h. Feldforschung in verschiedenen Orten mehrerer Länder; mobile Ethnografie, also Forschung, die unterwegs (*en route*), den Migrant*innen folgend, durchgeführt wird; und die erweiterten Fallstudien (*extended case study method*), in denen theoretische Annahmen von Beginn an definiert sind. Weiterhin gehören dazu Methoden der Netzwerkforschung, die helfen, grenzüberschreitende Beziehungen von Personen und Gruppen zu lokalisieren und auch für die Analyse virtueller Netzwerke eingesetzt werden können, sowie schließlich quantitative Surveys und Längsschnittstudien. Von diesen Methoden ist die *multi-sited ethnography* die gebräuchlichste. Die Methoden Erweiterte Fallstudien, quantitative Surveys und die Netzwerkanalyse wurden bisher weit weniger häufig angewandt; und das neue Verfahren der mobilen Ethnografie, aber auch Längsschnittstudien – letztere aufgrund des hohen Kosten- und Zeitaufwands – kamen bis jetzt noch seltener zum Einsatz.

Die Herausforderung des methodologischen Nationalismus

Der methodologische Nationalismus geht implizit davon aus, dass nationalstaatliche Institutionen den primären Kontext für soziale Beziehungen bilden, der für Migration und Migrant*innen relevant ist. Beispiele für diese Annahme finden sich in Studien über Migrationskontrolle und soziale Integration von Immigrant*innen. Die meisten dieser Untersuchungen beschäftigen sich mit der Regulierung von Immigration und der Eingliederung von Immigrant*innen in einen Nationalstaat. Diese Studien sind häufig auch komparativer Natur und vergleichen somit Politiken und soziale Prozesse in verschiedenen Nationalstaaten. Infolgedessen ist die Organisation empirischer Untersuchungen auf den territorialen Container eines Nationalstaates beschränkt, im Allgemeinen auf jenen des Immigrationslandes. Diese Art des Container-Denkens findet sich nicht nur in älteren Assimilationstheorien (Gordon 1964; vgl. Kapitel 9), sondern auch in anspruchsvollen Konzepten des Multikulturalismus, bei denen die soziale Kohäsion auf nationaler Ebene als zentrales Ziel gilt (Kymlicka 1995). In den meisten vorangegangenen Forschungen wurde, ohne dies weiter in Frage zu stellen, eine Deckungsgleichheit der Gesellschaft, der institutionellen Einrichtungen von Nationalstaaten und des betreffenden territorialen Rahmens vorausgesetzt; in anderen Worten also die Kongruenz von Staatsbevölkerung, Staatsautorität und Staatsterritorium (Faist 2004b: 331–332). Verschiedene Autor*innen haben die negativen Konsequenzen des methodologischen Nationalismus in der Migrationsforschung betont (Wimmer & Glick Schiller 2003).

Drei verschiedene Arten des methodologischen Nationalismus können unterschieden werden. Erstens werden in Mainstream-Studien zur Migration der Nationalismus und seine Effekte auf *nation building* oft nicht ausreichend berücksichtigt (vgl. Kapitel 8). Ein einschlägiges Beispiel gegen eine derartige Annahme ist der Aufwand, den nationalistische Diasporas in die Gründung eines eigenen Nationalstaates setzen, der sich in der Vergangenheit zumeist direkt gegen multinationale Reiche wie der österreichisch-ungarischen Monarchie oder das Russische Kaiserreich richtete und heute gegen bestehende Nationalstaaten, wie im Fall von politischen und militärischen Organisationen von Palästinenser*innen. Hier handelt es sich um Beispiele dafür, wie Nationalismus als Ideologie die Handlungsweise eines Kollektivs leiten kann. Zweitens weist die Kritik am methodologischen Nationalismus darauf hin, dass das Verständnis des Nationalstaates als eine gleichsam natürliche Einheit dazu führt, nur soziale Beziehungen im nationalstaatlichen Container in den Blick zu nehmen. Ein derartiges Verständnis führt zu einer engen Kopplung nationalstaatlicher Behörden und den Sozialwissenschaften und schließt häufig auch nicht-sesshafte Teile der Bevölkerung aus den Studien aus. In der quantitativen Forschung hat dies beispielsweise zur Folge, dass mobile Individuen wie Saisonarbeiter*innen und irreguläre Migrant*innen nicht erscheinen. Drittens monieren die Kritiker*innen am methodologischen Nationalismus, dass sich die empirische Sozialwissenschaft in erster Linie auf die territorialen Grenzen von Nationalstaaten konzentriert. Die eindeutige territoriale Begrenzung von Machtbeziehungen stellt jedoch aus historischer Sicht ein relativ neues Phänomen dar, das sich im Prozess der Etablierung von Nationalstaaten in der Auseinandersetzung mit Stadtstaaten und Imperien entwickelt hat. Daraus ergibt sich eine Diskrepanz zwischen der sozialen Tatsache grenzüberschreitender Phänomene einerseits und der nationalstaatlich begrenzten Sammlung statistischer Daten andererseits: *„The subject matter of international migration is cross-national in scope, whilst international migration statistics are the products of national government ministries, administrations and statistical in-*

stitutes" (Singleton 1999: 156). Es ist dabei allerdings zu berücksichtigen, dass die von manchen Kritiker*innen des methodologischen Nationalismus konstatierte Container-Version des Nationalstaates wohl noch nie eine ganz zutreffende Beschreibung darstellte (Nederveen Pieterse 2004), d. h., dass Nationalstaaten nie ganz abgeschlossene Einheiten waren, die angeblich erst in jüngerer Zeit durch Prozesse der Globalisierung aufgebrochen wurden.

Zusammengefasst bestimmt so die Annahme, dass der Nationalstaat den Hauptkontext für Migration- und Integrationsstudien bildet, sowohl die Forschungsstrategien als auch die Methoden der Datensammlung und -analyse (Bonifazi et al. 2008). Selbstverständlich kann umgekehrt nicht gesagt werden, dass Nationalstaaten keine wichtige Rolle in der Analyse spielen. Für bestimmte Forschungsziele ist der Fokus auf die Kongruenz von Staatsautorität und Staatsterritorium durchaus hilfreich und notwendig, beispielsweise um die Kontrolle von Immigration zu verstehen. Während der letzten Jahrzehnte haben viele Immigrationsländer die Einwanderungskontrolle und somit auch die Kontrolle über Migrant*innen erhöht (Faist & Ette 2007). Dennoch ist die alleinige Betonung dieser Übereinstimmung nicht ausreichend, wenn Forscher*innen verstehen wollen, wie sich transnationale soziale Räume herausbilden und reproduzieren, und welche Rolle dabei die sozialen Praktiken von Migrant*innen und Nichtmigrant*innen und damit deren Transnationalität spielen. So ist es bei Fragestellungen wie der Sozialintegration von Immigrant*innen eben auch notwendig, die grenzüberschreitenden Beziehungen und Handlungsweisen der involvierten individuellen und kollektiven Agent*innen zu berücksichtigen (z. B. Kapitel 7 und 8). Allerdings wäre es aus eben diesem Grund voreilig, den Nationalstaat als die ausschlaggebende Untersuchungseinheit schlicht durch Haushalte, Städte oder sogar die Welt oder den Globus zu ersetzen. Es geht also zunächst immer darum, zu begründen, warum eine bestimmte Analyseeinheit gewählt wird.

Es wurden verschiedene Alternativen zum Nationalstaat als gleichsam natürliche Untersuchungseinheit vorgeschlagen. Am bekanntesten sind hier Weltsystemtheorien und die globale Netzwerktheorie. Die Welttheorien, wie etwa Immanuel Wallersteins Weltsystemtheorie (Wallerstein 1974; vgl. Kapitel 5), betrachten den Globus als ein einziges, allumfassendes System. Bei der Weltsystemtheorie sind Staaten in einer kapitalistischen Weltökonomie die ausschlaggebenden Elemente, die das Zentrum, die Peripherie und die Semiperipherie eines abgestuften, globalen wirtschaftspolitischen Systems ausmachen. Nichtsdestotrotz nimmt die Weltsystemtheorie auch andere kollektive Akteur*innen in Betracht, so etwa multinationale Konzerne. Letztere gilt es aus transnationaler Perspektive um weitere soziale Kategorien wie Diaspora, Organisationen von Migrant*innen und Verwandtschaftssysteme zu ergänzen. Die globale Netzwerktheorie (Castells 1996) beschreibt und erklärt, warum und wie das soziale Leben von territorialen Begrenzungen im Allgemeinen und von nationalstaatlichen Begrenzungen im Besonderen teilweise abgekoppelt ist. In dieser Herangehensweise wird davon ausgegangen, dass sich die Gesellschaft aus sozialen Netzwerken, die kreuz und quer über den Globus verlaufen, zusammensetzt. Indem dieser Ansatz allerdings die Deterritorialisierung überbetont, übersieht sie die Prozesse räumlicher Kapitalakkumulation (Massey 2008) sowie die Neustrukturierung sozialer Räume, die mit der Intensität, Dichte und Schnelligkeit der Flüsse von Kapital, Ideen und Personen einhergeht (Held et al. 1999). Trotz beträchtlicher Unterschiede zwischen dem Weltsystemansatz und der globalen Netzwerktheorie, beispielsweise in der Identifikation der Rolle des Nationalstaates, nehmen beide eine Vogelperspektive ein. Eine transnationale Perspektive ergänzt diese Perspektive „von oben" um eine „von unten" um die von Mobilen und Migrant*innen, also um eine Fußgänger*innenperspektive.

Um Migration in einen Kontext zu setzen und somit auch die Untersuchungseinheit zu bestimmen, schlägt ein transnationaler Zugang den Nationalstaat als einen von mehreren möglichen Untersuchungseinheiten und -ebenen vor, in dem empirische Studien vorgenommen werden können. Nationalstaaten kontrollieren beispielsweise den Zugang zum Territorium, indem sie festlegen, wem (Voll-)Mitgliedschaft zugesprochen wird und indem sie sich für Diaspora-Politik engagieren. Transnationale soziale Räume können quer zum Nationalstaat liegend gedacht werden. Dieser Ansatz bietet einen alternativen Zugang zu Untersuchungseinheiten, die allgemein genug gehalten sind, um soziale Einheiten sowohl als deterritorialisiert als auch als territorialisiert zu betrachten (vgl. Kapitel 7). Die Untersuchungseinheiten müssen, gemäß der jeweils vorliegenden Frage und der Untersuchungsebene(-n), analysiert werden: Haushalte, Netzwerke, Organisationen, Staaten, supranationale Einheiten. Es mag demzufolge fruchtbarer sein, anstelle des Nationalstaates und des Systems von Nationalstaaten oder einer unbegrenzten Welt von Netzwerken erst einmal von Konzepten wie Sozialräumen auszugehen, um die sozialen Formationen, die für den Themenbereich relevant sind, zu fassen. Kurz gesagt: Aus einer transnationalen Perspektive gibt es keine bevorzugte Einheit oder Örtlichkeit der Analyse. Eine transnationale Methodologie muss sowohl deterritorialisierte Elemente in Form intensiver Bewegungen über Staatsgrenzen hinaus als auch territoriale Elemente in den Bemühungen der Staaten und Organisationen, solche Bewegungen zu kontrollieren und Kriterien für die Zugehörigkeit von Personen zu erstellen, in den Blick nehmen. Deshalb stellt das Konzept des Transnationalen Sozialen Raumes, das sowohl deterritorialisierte *space of flows* als auch relativ abgeschlossene und damit territorialisierte *space of places* berücksichtigt, einen geeigneten Ausgangspunkt dar (Faist 2000).

Die Herausforderung des Essenzialismus

Migrationsforscher*innen starten häufig und ohne weitere Begründung damit, ethnische und nationale Kategorien zu benennen, um Ursachen und Folgen von Migration zu konzeptualisieren und empirisch zu erforschen. Ein derartiger Zugang findet sich oftmals in Studien über transnationale Praktiken. Infolgedessen wählen die in der transnational orientierten Forschung dominierenden qualitativen Studien Interviewpartner*innen häufig anhand ihrer Ethnizität oder ihrer nationalen Zugehörigkeit aus. Darüber hinaus werden Kategorien wie „Migrant*in", „Arbeitsmigrant*in" oder „Flüchtling" manchmal als zentrales Kriterium in der Gestaltung der Forschungsvorhaben benutzt, ohne zu beachten, auf welche Art diese Kategorien in (außer-)wissenschaftlichen Diskursen entstanden sind und wie sie in öffentlichen Debatten gebraucht werden (vgl. Kapitel 3 und 4). Kurzum, Methoden der Datenanalyse oder der Dateninterpretation sind durch eine ethno-nationale Sichtweise charakterisiert. Nationale Kategorien werden dabei als die grundlegende Achse angesehen, um die Forschungsergebnisse auszulegen. Es wäre zwar irreführend, ethnische und nationale Kategorien in der Forschungspraxis gänzlich abzulehnen. Jedoch ist es notwendig, ihren Gebrauch zu reflektieren und auch alternative Kategorien anzuwenden, insofern diese geeignet und möglich erscheinen.

Der Gebrauch einer zuweilen auch nur implizit ethnischen Perspektive in der Organisation empirischer Forschung wird mitunter von einer naturalisierenden Sichtweise von Ethnizität begleitet. Indem Ethnie und Nation als quasinatürlich gegebene Größen erscheinen, die einem gemeinsamen kulturellen Code entstammen, berücksichtigen Forscher*innen weder die soziale Konstitution der Bildung von Gruppen noch die Prozesse, aus denen heraus ethnische und nationale Kategorien gesellschaftlich entwickelt, verbreitet und angewandt werden. Diese Falle des „Gruppismus" (*groupism*, Brubaker 2002) ist insbesondere in sogenannten Diaspora-Studien und den Beschreibungen transnationaler Gemeinschaften relevant (vgl. Kapitel 8). Forscher*innen geraten in diese Falle, wenn sie nicht prüfen, wie solche Gemeinschaften im Verhältnis zu anderen Gruppen gesellschaftlich konstituiert werden. Ein weiteres Problem kann sich daraus ergeben, dass die Forscher*innen die Konsequenzen des Gebrauchs von Begriffen wie Diaspora in öffentlichen Debatten nicht eingehend betrachten. Diese Nachlässigkeit hat zur Folge, dass solche Gemeinschaften zeitlich als stabil betrachtet werden und dass nicht ethnische Zugehörigkeiten und soziale Praktiken der Mitglieder solcher Gemeinschaften aus dem Blick geraten. In diesem Fall bedenken Forscher*innen nicht, dass auch andere Kennzeichen der Differenzierung als Ethnizität und Nationalität – so wie Transnationalität, Geschlecht, Klasse, Rasse bzw. Rassifizierung, Religion oder Lebensstil – gleichwertig oder sogar wichtiger als Ethnizität oder Nationalität der Gruppenmitglieder sein können, bspw. im Hinblick auf Lebensverhältnisse und Ungleichheiten. Wenn sich Forscher*innen der Tendenz zum Gruppismus nicht bewusst sind, können sie leicht nationalistischer Propaganda, sowohl von Diasporas als auch von Regierungen, zum Opfer fallen. Die beiden Herausforderungen des methodologischen Nationalismus und des Essenzialismus stehen in einem engen Zusammenhang. Ohne den Gruppismus zu überwinden, würde Nationalismus mit Transnationalismus, d. h. einen „-ismus" durch einen anderen ersetzt werden.

Personen können über mehrere Zugehörigkeiten verfügen, also in verschiedenen sozialen Sphären partizipieren. Sie sind somit in der Lage, bspw. verschiedene ethnische, nationale oder sprachliche Zugehörigkeiten gleichzeitig zu leben; religiöse Zugehörigkeiten bilden hier eine gewisse Ausnahme (Zolberg & Woon 1999). Dies kann unter Bedingungen der Transnationalisierung auch die rechtliche Sphäre betreffen. Die doppelte Staatsbürgerschaft bietet hier ein treffendes Beispiel: Eine wachsende Zahl von Personen rund um den Globus besitzt mehr als eine einzige Staatsbürgerschaft. Dabei zeigen sich immer mehr Staaten toleranter, indem sie nicht auf eine Verzichtsklausel bestehen (Kapitel 8). Der Zugang zu multiplen Bindungen, Zugehörigkeiten und Rollen ist keineswegs neu; er beinhaltet die Anwendung der fundamentalen soziologischen Einsicht, dass Personen in verschiedene, zuweilen sogar widersprüchliche soziale Rollen involviert sein können. Die transnationale Methodologie birgt die Einsicht, dass solche Rollen und Zugehörigkeiten quer zu Staatsgrenzen liegen können. Schließlich wird das soziale Leben nicht vom territorialen Zugriff der Staaten begrenzt. Daher muss dementsprechend die Logik multipler Zugehörigkeiten bei der Auswahl der Untersuchungseinheiten berücksichtigt werden.

Dieser selbstreflexive Zugang stimuliert die Strategien empirischer Forschung wie bspw. De-Ethnisierung (*de-ethnicization*, Fenton 2004), die auf einem prozessorientierten Verständnis von Ethnizität aufbauen und die jeweiligen Grenzziehungen zwischen Gruppen berücksichtigen (Barth 1969). Andere Heterogenitäten als ethnische oder nationale Zugehörigkeit können in der Beantwortung spezifischer Fragestellungen relevant sein, beispielsweise Alter, Geschlecht, sexuelle Orientierung oder Religion. Dabei ist zu beachten, dass sich derartige Merkmale in der sozialen Praxis häufig verschränken, also zusammen wirken. Diese Beobachtung liegt der intersektionalen Analyse zugrunde. Intersektionalität bedeutet, dass die soziale Position von Menschen in der Regel mehrdimensional durch das Zusammenspiel von mehreren Heterogenitäten bestimmt wird (Winkler & Degele 2009). Kurzum, die Bedeutung von Heterogenitäten wird von der Fragestellung und den empirischen Ergebnissen bestimmt und kann sich nicht einfach auf Ethnizität beschränken, nur weil es sich um Migrant*innen handelt (Glick Schiller et al. 2006).

Positionierung als Herausforderung

Positionierung betrifft ganz fundamental die abgrenzenden Konstruktionen im Identifikationsprozess der „Forscher*innen" gegenüber „Arbeiter*innen" in einer Interviewsituation. Hier gibt es üblicherweise eine Machthierarchie, die die Positionierung der Forscher*innen hinsichtlich der Sichtweise von Heterogenitäten wie Klasse, Geschlecht und Transnationalität beinhaltet. Wie bereits seit langem in der ethnografischen Forschung bekannt, sind solche Hierarchien nicht immer eindeutig. Während manche Autor*innen argumentieren, dass Forscher*innen hauptsächlich die Definitionsmacht über die von ihnen untersuchten Personen innehaben, indem sie empirische Beobachtungen, Fragen und Ergebnisse selektieren, kann das Machtverhältnis innerhalb des Forschungsprozesses variieren (Coffey 1996). So können etwa bei Interviews Expert*innen die Situation definieren und dadurch die Interviewer*innen lenken.

Positionierung betrifft auch das unausgeglichene Kräfteverhältnis in transnational zusammengesetzten Forscher*innen-Teams, nämlich die Position der Forscher*innen gegenüber den jeweiligen Untersuchungspersonen und die Beziehung der Forscher*innen zueinander in transnational zusammengesetzten Forscher*innen-Teams. Multilokale Forschung (*multi-sited research*) bedingt nicht nur Datensammlung in unterschiedlichen Ländern, sondern auch die Mitarbeit von Forscher*innen aus verschiedenen Orten, an denen die Untersuchung durchgeführt wird. Diese Herausforderung bringt oftmals altbekannte Probleme mit sich. Zusammenarbeit kann beispielsweise zur gegenseitigen Ethnifizierung der kollaborierenden Forscher*innen führen. Und während die Finanzierung zumeist aus Ländern im globalen Norden und Westen kommt, sind Forscher*innen im globalen Süden und Osten oftmals darauf beschränkt, die Studien nach den Vorgaben der zuvor genannten Länder durchzuführen. Ebenso sind Forscher*innen aus den nördlichen und westlichen Ländern eher dazu in der Lage, Artikel in Zeitschriften mit Begutachtungsverfahren zu publizieren und auf diesen Veröffentlichungen ihre Karriere aufzubauen. Die Asymmetrie in den Ressourcen und der Macht, die in der Forschung eingenommene Perspektive zu bestimmen und durchzusetzen, schlagen sich im Design, der Konzeption, der Durchführung, der Implementierung und der Interpretation empirischer grenzüberschreitender Forschung nieder. Die betroffenen Forscher*innen und die involvierten Forschungsinstitutionen sind also auch immer Teil des betreffenden sozialen Raumes, dessen Erforschung sie sich zum Ziel gesetzt haben.

Die multidisziplinäre transnationale Perspektive, einhergehend mit Reflexionen über Macht- und Ressourcenasymmetrie, hilft, die Herausforderungen, denen die frühe Migrationsforschung in den ersten beiden Dekaden des 20. Jahrhunderts gegenüber stand, zu erweitern. Ein passendes historisches Beispiel stellt das Meisterwerk „*The Polish Peasant in Europe and America*" (orig. 1918–1920) von William Thomas und Florian Znaniecki dar. Die Autoren entwickelten Konzepte, wie die „supra-territoriale Organisation" (Thomas & Znaniecki 1918–1920: Band 5), um mit der Rolle der Organisationen von Migrant*innen in Chicago und ihren grenzüberschreitenden Verbindungen zurück nach Polen umzugehen. Heute mag die Quantität transnationaler Verbindungen und Assoziationen nicht nur in diesem, sondern auch in anderen Fällen angestiegen sein. Schon Thomas und Znaniecki betonten, dass die Sozialintegration von Migrant*innen nicht länger von grenzübergreifenden Transaktionen getrennt werden kann, da diese häufig integrale Bestandteile von Migrationsprozessen sind (vgl. Kapitel 7). Tatsächlich können Thomas und Znaniecki bereits als transnationales Forschungsteam bezeichnet werden. Beide haben zusätzlich zu der Arbeit, die sie in Chicago ausführten, Feldstudien auf der anderen Seite des Atlantiks durchgeführt: Florian Znaniecki betrieb Feldforschung in Polen, William Thomas führte über einen Zeitraum von zehn Jahren hinweg auch immer wieder Studien vor Ort in Europa durch. Heutige Forschungsprojekte reichen oft über die Kooperation von nur zwei Forscher*innen hinaus und erfordern daher weiterführende Gedanken über die Grundvoraussetzungen für Kollaborationen in größeren transnationalen Forschungsteams.

Methoden für die Bewältigung der drei Herausforderungen

Elemente einer transnationalen Methodologie adressieren die drei Herausforderungen des methodologischen Nationalismus, Essenzialismus und Positionierung der Forscher*innen in transnationalen Sozialräumen. Während die Kritik an etablierten Methoden bereits weit verbreitet ist, gibt es weit weniger systematisiertes methodologisches Wissen, um die drei genannten Herausforderungen zu meistern. Eine wichtige Vorbemerkung sei hier sogleich angezeigt: Forschung, die durch die Konzepte Transnationalisierung, transnationale soziale Räume und Transnationalität angeleitet wird, muss nicht notwendigerweise multilokal sein. Forscher*innen können wichtige Aspekte auch durch den Fokus auf einzelne Orte im Rahmen einer weitergehenden Konzeptualisierung von sozialen Räumen erlangen.

Um zu veranschaulichen, wie die Forschungsfrage selbst bereits zur Auswahl einer adäquaten Methode führen kann, sei noch einmal auf „*The Polish Peasant*" verwiesen (vgl. Kapitel 7). Die Methodologie der Autoren war auf die Frage zugeschnitten, wie soziale Desorganisation im Rahmen kapitalistischer Industrialisierung zu einer Reorganisierung der sozialen Ordnung führen könnte. Insbesondere William Thomas beschäftigte sich mit der Frage, welchen sozialen Veränderungen Menschen ausgesetzt waren und wie diese Veränderungen in Migrationsprozessen sowohl in Polen als auch in Richtung Nordamerika zum Ausdruck kamen. Während er transnationale Beziehungen und Praktiken berücksichtigte, ging Thomas vom Bild der Migrant*innen als entwurzelten Menschen aus. Um die Wirkungen dessen zu untersuchen, was er als soziale Desorganisation auffasste, konnte sich Thomas nicht nur auf klassische ethnografische Methoden wie die teilnehmende Beobachtung verlassen. Während er auf den Straßen von Chicago spazieren ging und über dieses Problem nachdachte – so die Überlieferung – wäre er fast von einem Müllsack getroffen worden, aus dem ein Brief fiel, der von einem polnischen Bauern an seinen Verwandten in Chicago geschrieben worden war. Dieser Zufall führte Thomas und Znaniecki zur Analyse von Briefen, die sie später zur biografischen Methode ausarbeiteten. Der zentrale Punkt ist nun, dass hier eine wahlweise Affinität zwischen Theorien und Fragestellungen einerseits sowie Methodologie und Methoden andererseits besteht.

Heute, ein Jahrhundert später, steht ein breites Angebot verschiedener Methoden zur Verfügung, um grenzüberschreitende Praktiken in sozialen Räumen zu untersuchen. Ebenso existieren Adaptionen der ethnografischen Forschung, der Netzwerkforschung und der Survey-Forschung, um grenzüberschreitende Prozesse und Institutionen erfassen zu können. Darüber hinaus kann von multilokalen Methoden Gebrauch gemacht werden, Online- und Offline-Forschung betrieben sowie mobile und stationäre Untersuchungsmethoden angewendet werden. Diese Methoden entstammen sehr unterschiedlichen Forschungstraditionen und decken eine große Bandbreite in der empirischen Sozialforschung ab (vgl. Kapitel 11 und 12). So existiert der multilokale Ansatz in Form der sogenannten *multi-sited ethnography* (Marcus 1995) sowie der *simultaneous matched sample methodology* (SMS), die auch qualitativ orientierte Netzwerkanalyse beinhaltet (Mazzucato 2008). Forschung über verschiedenste Formen von Mobilität hat sich in der mobilen Ethnografie niedergeschlagen (Urry 2007), die Personen im Prozess der räumlichen Bewegung beobachtet. Netzwerkmethoden, die aus den Kommunikationswissenschaften kommen, werden häufig in Online- bzw. Internetuntersuchungen angewandt. Hier stehen die virtuellen Netzwerke der Migrant*innen und deren Gegenüber im Zentrum der Aufmerksamkeit. Diese virtuellen Netzwerke sind in der Regel an nicht virtuelle Beziehungen gekoppelt, wenn z. B. Informationen in Internetforen und anderen sozialen Medien zur Mobilisierung sozialer Bewegungen beitragen. Schließlich gibt es mehrere gebräuchliche Umfragemethoden. Die meisten dieser Studien sind Querschnittsstudien. Um der Entwicklung und Reproduktion grenzüberschreitender Praktiken in sozialen Räumen auf die Spur zu kommen, ist es notwendig, Längsschnittstudien durchzuführen.

Manche Forscher*innen verbinden bereits qualitative und quantitative Methodologie und Methoden in Mixed Methods (vgl. Kapitel 13). Nichtsdestotrotz drückt sich in diesen beiden Typen von Methodologie jeweils eine unterschiedliche Forschungslogik aus. Quantitative Forschung, in der oftmals statistische Methoden eingesetzt werden, beabsichtigt, die Effekte von Variablen auf verschiedenen Ebenen (Individuen, Haushalten, Staaten etc.) abzuschätzen. Hier fragen Forscher*innen bspw., welche Effekte die Transnationalität von Migrant*innen und der mit ihnen assoziierten Haushalte auf die Ausbildungsmöglichkeiten ihrer Kinder haben kann. Die Forscher*innen sammeln dabei Daten zu verschiedenen Variablen – allen voran Transnationalität – z. B. Besuche im Ausland, längere Auslandsaufenthalte, Austausch von Gütern und Informationen – aber auch den Ausbildungshintergrund und den Beruf der Eltern oder etwa die Häufigkeit von Wechseln von einem Ausbildungssystem in ein anderes. Damit können sie dann die Varianzen schätzen, d. h. wie viel die verschiedenen identifizierten Variablen zu der gefundenen Varianz beitragen. Im Wesentlichen misst also quantitativ orientierte Forschung den Durchschnittseffekt von Variablen (Kapitel 12). Im Gegensatz dazu zielt ein qualitativer Zugang auf die besonderen Charakteristika eines Falles und strebt danach, die jeweiligen Ursachen und Wirkungen in einem bestimmten Fall auszumachen (Kapitel 11). In dem zuvor angeführten Fallbeispiel würde sich hier das Interesse z. B. auf die Frage konzentrieren, wie unterschiedlich die Folgen des Umzugs von Kindern aus Elternhäusern mit vergleichbarem sozioökonomischen Hintergrund von einem Land in ein anderes sein kann. Forscher*innen könnten hier zu verstehen versuchen, wie der Erfolg in der Ausbildung derselben Migrant*innenkategorie sich über Staaten hinweg unterscheiden kann, und welche Rolle transnationale Beziehungen und die Migration der Kinder in dem unterschiedlichen Ergebnis spielen.

Anstatt vorrangig die Variablen zu identifizieren, die für diesen Unterschied verantwortlich sind und den jeweiligen Beitrag dieser Variablen zu dem Ergebnis zu messen, fragt qualitative Forschung, auf welche Weise Prozesse zu den unterschiedlichen Ergebnissen geführt haben. Häufig erfolgt qualitative Forschung zu Transnationalität auf dem Hintergrund eines interpretativen Paradigmas. Neben den jeweiligen grenzübergreifenden Verflechtungen geht es auch und gerade um die Bedeutung, die diesen Transaktionen seitens der Akteur*innen zugeschrieben wird. Es ist wichtig, zu betonen, dass ursachenbezogene Forschung sowohl im quantitativen als auch im qualitativen Bereich nach sozialen Mechanismen suchen kann, die von einer Anfangsbedingung zu einem bestimmten Ergebnis führen. Die Ausgangsbedingung wäre in diesem Fall der sozioökonomische Hintergrund der Eltern und die sozialen Praktiken grenzüberschreitender Ortsveränderungen von Kindern. Bspw. können Kinder, deren Eltern im Ausland arbeiten, nicht mit diesen, sondern mit anderen Verwandten an ihrem Geburtsort leben. Das zu verstehende bzw. zu erklärende Ergebnis wäre in diesem Falle der unterschiedliche Ausbildungserfolg. Während nun gemischte quantitativ-qualitative Methoden zunehmend eine wichtige Rolle in Befragungsstudien spielen, sollte klar sein, dass die Logiken selbst nicht vermischt werden können. Aber qualitative und quantitative Forschung können einander ergänzen, indem sie unterschiedliche Facetten einer Fragestellung beleuchten.

Multi-sited ethnography und Mobile Ethnografie

Die Ethnografie an verschiedenen Orten, die sogenannte *multi-sited ethnography* (Marcus 1995), ist eine weit verbreitete Form der Erforschung transnationaler Praktiken und Strukturen. Der Ausgangspunkt ist, Praktiken und Verbindungen über Staatsgrenzen hinweg zu identifizieren und dabei die Forschungskontexte und Analyseeinheiten zu spezifizieren. Anstatt soziales Leben als in einem „Container" gefasst zu denken, orientiert sich die *multi-sited ethnography* an der empirisch vorfindlichen Ausdehnung sozialer und symbolischer Bindungen über Orte in verschiedenen Staaten hinweg. Während frühere Theorien ihre Fallstudien in einem Weltsystem von Nationalstaaten bzw. Regionen verorteten und die Orte innerhalb dieser Rahmenbedingungen verglichen haben, geht die *multi-sited ethnography* von der Annahme aus, dass das Weltsystem in die zu untersuchenden Orte eingebettet ist, das Globale also im Lokalen seinen Ausdruck findet. Das Grundprinzip der *multi-sited ethnography* ist, den Bewegungen der Akteur*innen, der Objekte, dem kulturellen Einfluss und der Artefakte zu folgen. Ethnografisch orientierte Forscher*innen bewegen sich durch vorübergehende Aufenthalte an zwei oder mehreren Orten in einem grenzübergreifenden Sozialraum. Das empirische Feld wird konstituiert, indem die Forscher*innen über die Örtlichkeiten in verschiedenen Ländern hinweg das Forschungsdesign, Methoden der Datensammlung und der Dateninterpretation anwenden. Die Forschung macht zunehmend Gebrauch von der *multi-sited ethnography*, weil sie sowohl quasisimultane Forschung in verschiedenen geografischen Örtlichkeiten und sozialen Orten ermöglicht als auch dadurch Einsichten in die Komplexität transnationaler Phänomene gewährt, die durch Forschung in nur einer Lokalität nicht möglich wären (Falzon 2009). Die Eignung der *multi-sited ethnography* für Migrationsforschung resultiert aus einem Verständnis von Orten eines empirisch definierbaren Raumes sowohl als territoriale als auch als soziale oder kulturelle Konstrukte, indem die Forscher*innen Menschen, sozialen Praktiken und Artefakten folgen. Die zunehmende Popularität der *multi-sited ethnography* kann ebenso mit pragmatischen Gründen erklärt werden: Es lässt sich eine Tendenz zu kürzeren Feldaufenthalten und Aufenthalten an verschiedenen Orten und – um etwas an Tiefe zurückzugewinnen – wiederholten kurzzeitigen Arbeitsperioden an denselben Orten ausmachen. *Multi-sited ethnography* ist auch aufgrund konzeptueller Gründe ansprechend, da sie nicht wie etwa die Weltsystemtheorie auf starke theoretische Vorannahmen angewiesen ist, um empirische Forschung durchzuführen. Es verhält sich eher so, dass Ethnograf*innen einen theoretischen Rahmen auf der Basis ihrer Feldforschungen entwickeln. Diese Vorgehensweise birgt allerdings die Gefahr in sich, dass theoretisch-konzeptuelle Vorannahmen mitgeführt werden, ohne dass sie explizit gemacht werden.

Ein Beispiel für *multi-sited ethnography* stellt Cindy Horsts (2006) Studie über Geflüchtete aus Somalia in Flüchtlingslagern in Nordost-Kenia dar. Sie führte explizit eine transnationale Perspektive in die Flüchtlingsforschung ein, indem sie *„dialogical knowledge creation"* verfolgte (Horst 2006: 27). Ihre Untersuchungsmethoden *„involve dialogue between refugees, agencies and academics; leading to an exchange and discussion of ideas, concepts and theories"* (Horst 2006: 25). Horst bezog somalische Flüchtlinge, Entscheidungsträger*innen, Ärzt*innen sowohl in die Datensammlung als auch –analyse aktiv mit ein, indem sie ihre Forschungsfragen und Methoden mit den Akteur*innen im Feld diskutierte und indem sie diesen Interviewtranskripte, Beobachtungsprotokolle und später auch Publikationen zur Verfügung stellte. Der Dialog wurde so auch fortgesetzt, nachdem Horst die Lager verlassen hatte. Sie kontaktierte darüber hinaus Flüchtlinge, die in westlichen Ländern lebten, publizierte Beiträge und Diaspora-Webseiten und ersuchte um Feedback und Vorschläge. Nicht zuletzt schickte sie ihre Ergebnisse an politische Entscheidungsträger*innen, Bedienstete der Vereinten Nationen (UN), Vertreter*innen von Nichtregierungsorganisationen und Forscher*innen. Die Studie hatte auch in einer anderen Hinsicht eine bemerkenswerte transnationale Dimension. Um die Reaktionen der Geflüchteten auf das Lagerleben zu begreifen, war es laut Horst sehr wichtig, die Überlebensstrategien vor dem Bürgerkrieg zu untersuchen. Das Leben vor dem Krieg betonte das somalische nomadische Erbe, das strenge Reziprozität und Solidarität in Verwandtschaftsgruppen und Netzwerken impliziert. Diese Praktiken bringen beispielsweise die Verpflichtung mit sich, sich gegenseitig beim Überleben zu unterstützen. Die Verbindungen, die Flüchtlinge aus Somalia mit Verwandten außerhalb der Camps unterhielten, waren laut Horst essenziell für ihr tägliches Überleben. Diese Verbindungen erreichen Verwandte über die grenzüberschreitende Diaspora hinaus. Die transnationalen Kanäle der Diaspora beinhalten das *taar* (Radiotransmitter), Telefone, das Verschicken von Nachrichten und Gütern mit jenen, die zu einem Ort reisen, an dem Verwandte wohnen und *xawilaad*, ein Transfersystem, das sowohl den Austausch von Informationen als auch Geldsendungen ermöglicht. Insgesamt adaptierte Horst ihre Forschungsmethoden, um somalische Flüchtlinge in den Camps als transnationale Gemeinschaft zu analysieren. Dabei argumentiert sie, dass diese Gemeinschaft schon vor ihrer Flucht eine nomadische gewesen sei, die eine „Diaspora-Mentalität" (Horst 2006: 34) aufgewiesen habe. Grenzüberschreitende Mobilität wäre demnach immer schon ein essenzieller Bestandteil somalischer Lebensgrundlage, zumal diese Gruppe nicht nationalstaatlich organisiert war.

Der spezifische Fokus der *multi-sited ethnography* als eine der gebräuchlichsten Methoden für transnationale Forschung zeichnet sich im Vergleich mit einem anderen Ansatz ab, der ebenso darauf abzielt, herauszufinden, wie Orte miteinander verbunden sind: die globale Ethnografie, die auf der erweiterten Fallstudienmethode (*extended case study*) aufbaut (Burawoy et al. 2000). Der Unterschied zwischen diesen beiden Ansätzen kann anhand von drei verschiedenen Gesichtspunkten verdeutlicht werden. Erstens konzentriert sich *multi-sited ethnography* auf Orte in verschiedenen Ländern. Im Unterschied dazu liegt das Hauptanliegen der globalen Ethnografie in den unterschiedlichen Größenordnungen. Während *multi-sited ethnography* davon ausgeht, dass das Globale im Lokalen erfasst werden kann, also darin sichtbar ist, befasst sich die globale Ethnografie damit, wie das Lokale und das Globale interagieren. Eines der zentralen Anliegen der globalen Ethnografie ist beispielsweise, wie globale Diskurse über Menschenrechte von lokalen sozialen Bewegungen übernommen und adaptiert werden (vgl. Levitt & Merry 2009). Zweitens unterscheiden sich die beiden Ansätze in ihrem Verständnis von Kontext. In der *multi-sited ethnography* entwickelt sich der Kontext aus den eigenen Entdeckungen der Forscher*innen und dem Abgrenzen des Feldes. In der globalen Ethnografie ist der Gesamtkontext größtenteils von (Meta-) Konzepten vordefiniert, die für bestehende Theorien wichtig sind. In der Weltsystemtheorie wären das beispielsweise das Konzept des Kapitalismus bzw. dessen spezifische Ausprägungen. Drittens unterscheidet sich die Rolle der Theorie in der Konstruktion des Forschungsdesigns: Theoretische Konstrukte werden in der *multi-sited ethnography* zeitweilig beiseitegelegt, um Raum für Überraschungen zu lassen. Theorie spielt aber durchgehend eine ausschlaggebende Rolle in der globalen Ethnografie.

Mobile Ethnografie stellt eine neuere Methode dar, in der die Mobilität von Personen im Vordergrund steht. Sie dient unmittelbar der Erforschung der räumlichen Bewegung von Menschen in grenzübergreifenden Sozialräumen, mittels direkter Beobachtung der assoziierten sozialen Praktiken wie Geldüberweisungen und der Praktiken von Migrant*innenorganisationen. Dieser Zugang setzt an der Mobilität und den Mustern geografischer Bewegungen und Praktiken an, nicht an den Eigenschaften von Gruppen. Dadurch vermeidet diese Methode potenziell den zuvor erwähnten Essenzialismus, indem sie einen ausschließlichen Fokus auf Migrant*innen als vorrangig ethnische oder nationale Kategorie vermeidet. Die mobile Ethnografie wurde von der *multi-sited ethnography* inspiriert und bietet Einsichten „*into a multitude of mobile, material, embodied practices of making distinctions, relations and places.*" (Büscher et al. 2010: 105) Diese Strategie empfiehlt, Daten durch „die Beobachtung der Mobilität von Personen", „Mitgehen", *stalking* oder „Herumschleichen" zu sammeln. Insgesamt ermöglicht es mobile Ethnografie, geografische und virtuelle Mobilität als ein empirisches Feld zu definieren. Für einen transnationalen Ansatz ist ein Fokus auf Mobilität wichtig, weil sie dadurch – ähnlich wie Transnationalität – als ein Merkmal der Heterogenität gelten kann, bei dem diskursive Unterscheidungen wie Hochqualifizierte vs. Arbeitsmigrant*innen ungleichheitsrelevant werden können (vgl. Kapitel 3).

Multi-sited matched samples

Eine systematische Erweiterung multilokaler Forschung ist die sogenannte *simultaneous matched sampling method* (Mazzucato 2008). Diese Methode basiert auf einer der Hauptideen des transnationalen Ansatzes, der Möglichkeit von Simultanität – dem zeit-räumlichen Überlappen von Beziehungen, die in mehr als einen Ort hineinreichen; in diesem Fall Orte in mehr als einem Staat. Somit berücksichtigt diese Methode die Simultanität grenzübergreifender Transaktionen von Individuen und Gruppen, die an vielen Orten stattfinden. Sie richtet ihren Blick auf Interaktionen, die Kommunikation und die Bewegung von Gütern involvieren, und damit auf die Netzwerke der Migrant*innen und jener, die vor Ort oder geblieben sind. Die Forscher*innen befragten nach dem (nicht repräsentativen) Schneeballsystem ausgewählte Migrant*innen aus Ghana in Amsterdam und verfolgten ihre Interaktionen in zwei Orte im Auswanderungsland zurück – in die Hauptstadtregion Accra und in Dörfer und Städte, die in der Gegend von Kumasi (Region im Norden Ghanas) liegen. Bei der Arbeit mit über 100 Migrant*innen in Amsterdam konnten die Forscher*innen 29 Netzwerke registrieren. Sie nahmen jeden Monat alle Interaktionen in acht verschiedenen Bereichen auf, bezüglich Wohnung, Geschäftstätigkeit, Begräbnisse, Kirche, medizinische Versorgung, Ausbildung, Kommunikation und gemeinschaftlich betriebene Entwicklungsprojekte. Die Forscher*innen arbeiteten sowohl in den Niederlanden als auch in Ghana und kommunizierten simultan über die in ihrer jeweiligen Untersuchungseinheit vorfindlichen Transaktionen. Auf diese Weise konnte diese Methode eine wichtige Beschränkung von multilokaler Forschung überwinden, nämlich die Tatsache, dass individuelle Forscher*innen gewöhnlich nicht die Simultanität von Transaktionen erfassen können. Von entscheidender Bedeutung ist hier, dass diese Methode es erlaubt, die beidseitigen Flüsse zwischen transnationalen Orten zu verfolgen. So konnten beispielsweise einerseits Überweisungen von Amsterdam nach Kumasi oder nach Accra erfasst werden, aber andererseits auch „entgegengesetzte Rücküberweisungen" (*reverse remittances*) aus Ghana in die Niederlande, die etwa für die Legalisierung nicht registrierter Migrant*innen gebraucht werden. Grenzübergreifende Transaktionen sind dabei in verschiedene soziale Praktiken eingebettet. So ergab sich, dass Begräbnisse im Rahmen sogenannter *funeral societies* oftmals der Hauptgrund waren, dass Migrant*innen mit ihren heimatlichen Gemeinschaften in Verbindung blieben und weiter Rücküberweisungen tätigten. Migrant*innen investierten auch in Begräbnisfeiern, um zu zeigen, dass sie der Familie halfen und, um ihre Stellung innerhalb der Familie und der heimatlichen Gemeinschaft trotz der geografischen Distanz neu zu etablieren und zu legitimieren. Darin kommen auch Bemühungen unter den Migrant*innen zum Ausdruck, ihren Status im Herkunftsland zu erhalten bzw. auszubauen (Nieswand 2011). Migrant*innen waren die Hauptfinanziers der Begräbnisse, auch wenn sie dafür oftmals Geld von Bekannten in den Niederlanden borgen mussten.

Virtuelle Netzwerke

Um Organisationsstrukturen und politische Online-Aktivitäten von Migrant*innen zu eruieren, ist das Internet ein geeigneter Untersuchungsort (Kissau & Hunger 2010). Die Herausforderungen für eine derartige Analyse sind immens, da das Internet ein dynamisches Konstrukt ist, dessen Inhalt, Seiten und Userprofile sich täglich ändern. Da das Internet Kommunikation zwischen Mitgliedern einer Gruppe, die über nationalstaatliche Grenzen verstreut leben, ermöglicht, kann eine Webseiten-Analyse trotz dieser Einschränkung wertvolle Einsichten in Kommunikationsnetzwerke bieten. Die Forscher*innen führten mit der Hilfe von Suchmaschinen sowie der Schneeballmethode eine strukturierte Webseitensuche durch und konnten auf diese Weise ca. 800 Webseiten für drei zu untersuchende Kategorien von Immigrant*innen in Deutschland identifizieren: Personen aus der Türkei, Kurdistan und Russland. Um Kommunikation im Internet zu erfassen, stützten sie sich auf eine Vielfalt von Untersuchungsschritten, von denen hier drei erwähnt werden sollen. Erstens analysierten sie die Link-Strukturen dieser Webseiten. Konkret identifizierten sie Hyperlinks, um virtuelle Netzwerke aufzuspüren. Zweitens befragten sie die Nutzer*innen und Betreiber*innen der Webseiten, um kollektive Repräsentationen und soziale Praktiken auf den Webseiten zu dokumentieren. Drittens wählten sie um die 30 Webseiten für eine detaillierte inhaltliche Analyse aus, die von Migrant*innen für politische Aktivitäten eingerichtet wurden. Hier untersuchten die Forscher*innen Merkmale, wie die thematische Orientierung, die Selbstbeschreibung und die Abgrenzung von Gruppen. Diese virtuelle Netzwerkmethode half den Forscher*innen, Einsichten in die Interaktionen von Migrant*innen innerhalb der jeweiligen Online-Gruppen zu gewinnen, die Strategien zwischen diesen Gruppen und ihrem politischen Umfeld zu verfolgen und schließlich auch spezifische Vergemeinschaftungsmuster im Internet bei den drei genannten Gruppen zu klassifizieren. Die Forscher*innen fügen einschränkend hinzu, dass eine Online-Analyse Feldstudien nicht ersetzen kann. Schließlich interagieren Online- und Offline-Welten miteinander und sind voneinander abhängig.

Transnationale Befragungen

Qualitative Methoden dienen dazu, transnationale Bindungen und Praktiken in transnationalen sozialen Räumen zu verstehen. Sie dienen auch als Instrument, um die Mechanismen zu identifizieren, mit denen Transnationalität in Sozialräumen (re-)produziert wird. Untersuchungen, die ausschließlich auf qualitativen Methoden basieren, beschäftigen sich oftmals nur mit solchen Migrant*innen, die grenzüberschreitende Verbindungen unterhalten und arbeiten, ohne allerdings eine adäquate Referenzgruppe anzugeben. Gewöhnlich weisen solche Studien keine Vergleichsgruppen von Personen auf, die nicht migrierten oder solchen, die in ihr Herkunftsland zurückgekehrt sind. Dieser Fehler wird als *sampling on the dependent variable* bezeichnet. In Bezug auf diese Studien gilt die Kritik: „*They study cases of the phenomenon itself so it is difficult to say anything about the extent of the phenomenon and whether it is increasing.*" (Portes 2001: 182–183) Quantitative Methoden wie Befragungen tragen demgegenüber dazu bei, das Ausmaß transnationaler Bindungen, Praktiken und Räume nachzuweisen und die Hauptfaktoren, die mit ihrem Aufkommen assoziiert sind, zu identifizieren.

Eine der umfangreichsten Surveys transnationaler Praktiken unter Migrant*innen stellte das *Comparative Immigrant Entrepreneurship Project* (CIEP) dar (Portes 2003). Durch quantitative Feldforschungen, unterstützt von qualitativen Methoden, konzentrierte sich dieses Projekt hauptsächlich darauf, das Ausmaß transnationaler Praktiken im Hinblick auf unternehmerisch tätige Migrant*innen auszumachen. Die Feldstudie wurde zwischen 1996 und 1998 unter Immigrant*innen aus Kolumbien, der Dominikanischen Republik und El Salvador durchgeführt. Diese Kategorien repräsentierten zusammen über ein Fünftel der lateinamerikanischen Immigrant*innen in den USA zu dieser Zeit. CIEP wurde in zwei Phasen durchgeführt. Phase 1 beinhaltete Interviews mit 353 Schlüsselinformant*innen in sechs Einwanderungsregionen in den Vereinigten Staaten; zwei für jede ausgewählte Gruppe, und sechs in Städten in den Herkunftsländern, inklusive der Hauptstädte. Phase 2 bestand aus einer Befragung der drei Migrant*innengruppen in ihren hauptsächlichen Niederlassungsgebieten in den Vereinigten Staaten, und wurde in zwei Abschnitten durchgeführt. Abschnitt 1 bestand zum einen aus einer Zufallsstichprobe auf mehreren Ebenen mit Häuserblöcken als grundlegenden Einheiten (*multi-level random sample*) und zum anderen aus einer systematischen Zufallsstichprobe (*systematic random sample*) von Haushaltsvorständen der ausgewählten Gruppen in jedem Block. Abschnitt 2 bestand aus einer Bezugsprobe (*referral sample*), basierend auf Daten, die von Informant*innen der ersten Phase erhoben worden waren. Durchgeführt mittels einer mehrfachen Schneeballkette (*multiple snowball chains*), zielte sie auf die Identifikation von Migrant*innen, die in unternehmerische Aktivitäten im Allgemeinen und in transnationale ökonomische Aktivitäten im Besonderen involviert waren. Es gilt hier zu beachten, dass das Schneeballsystem eine ausreichende Anzahl transnationaler Unternehmer*innen für eine quantitative Analyse sicherstellte und dadurch das Sample in durchaus beabsichtigter Weise in diese Richtung verzerrte.

Mit diesem Design konnten Portes und seine Kolleg*innen quantitativ die Verbreitung und das Ausmaß transnationaler Aktivitäten in den wirtschaftlichen, politischen und soziokulturellen Sphären in den drei untersuchten Migrant*innenkategorien einschätzen. Der Anteil von stark transnational vernetzten Migrant*innen umfasste dabei bis zu einem Fünftel in jeder der drei Aktivitätsbereiche. Integration in transnationalen sozialen Räumen war nicht der dominante Anpassungsmodus dieser Gruppen von Immigrant*innen. Transnationale Praktiken waren in gewissen Unterkategorien recht substanziell, bspw. bei den Selbstständigen und den politisch Aktiven. Es stellte sich heraus, dass transnational aktive Migrant*innen – jene, die dichte und kontinuierliche grenzüberschreitende Beziehungen unterhielten – in der Minderheit waren. CIEP stellt ein Beispiel einer Querschnittsstudie mit Daten dar, die zu einem spezifischen Zeitpunkt erhoben wurden. Dennoch sind es lediglich Langzeitstudien, die eine Betrachtung von grenzübergreifenden Transaktionen über einen längeren Zeitraum ermöglichen.

Zu diesen zählt das *Mexican Migration Project* (MMP). In dieser ist die Methodik des Ethnosurveys, die detaillierte anthropologische Arbeit mit großangelegten Befragungen kombiniert, von entscheidender Bedeutung für die methodologische Erfassung von Transnationalität im Zeitverlauf. Das MMP geht dabei den Migrationsmustern zwischen Mexiko und den USA über längere Zeiträume hinweg nach. Zwar besteht das Ziel des MMP nicht darin, Personen in Immigrations- und Emigrationsländern miteinander in Beziehung zu setzen. Dennoch können daraus Einsichten für die Entwicklung transnational orientierter Längsschnittstudien gewonnen werden. Douglas S. Massey, Jorge Durand und ihre Kolleg*innen entwickelten das Ethnosurvey als eine alternative Methode zu den üblichen Immigrationssurveys, die beispielsweise irreguläre Migration nicht adäquat erfassen können (Durand & Massey 2006: 321). Zwei qualitative Komponenten, und zwar ethnografische Fallstudien in den ausgewählten Ursprungsorten von Migrant*innen und ausführliche Interviews, werden mit einer teilstandardisierten Befragung kombiniert. Es handelt sich um ein Mixed Methods-Design, d. h. eine Kombination von quantitativen und qualitativen Methoden (vgl. Kapitel 13), die folgendermaßen angelegt ist: Zuerst wählen Forscher*innen einen Ort im Emigrationsland aus und beginnen mit einer konventionellen ethnografischen Feldstudie, die teilnehmende Beobachtung, unstrukturierte ausführliche Interviews und Archivarbeit beinhaltet. Die Daten dieser Anfangsphase stehen dann den Forscher*innen zur Verfügung, die einen Fragebogen entwerfen. Die Erhebung basiert auf einer Zufallsstichprobe von Befragten, ausgewählt nach einem sorgfältig gestalteten Stichprobenplan (Durand & Massey 2006: Kapitel 13). Während der Befragung wird die qualitative Feldstudie fortgesetzt bzw. nach der Beendigung der Befragung wieder aufgenommen. Idealerweise ist der Ablauf der Untersuchung so organisiert, dass die vorläufigen quantitativen Daten der Befragung den ethnografischen Forscher*innen vor der Feldstudie zur Verfügung gestellt werden, um auf diese Weise zu ermöglichen, dass Muster, die sich aus der quantitativen Untersuchung ergeben, in die qualitative Feldstudie mit einfließen können, genauso wie Einsichten von früheren Ethnografien in die spätere quantitativ orientierte Befragung Eingang finden.

Ursprünglich zielte das MMP auf Personen in vier Ursprungsorten in Mexiko; inzwischen wurden über 80 mexikanische Dorfgemeinschaften und Siedlungen in den USA befragt. Dies umfasst rund 18.000 gegenwärtige und ehemalige Migrant*innen im US-mexikanischen Raum. Die gesammelten Daten beinhalten komplette Migrationsbiografien aller befragten Haushaltsvorstände und Partner*innen sowie grundsätzliche Informationen über die ersten und letzten Reisen aller Haushaltsmitglieder mit Migrationserfahrung in die USA und detaillierte Information über die Erfahrungen bei der letzten internationalen Reise des Haushaltsvorstandes. Obwohl die Daten ein begrenztes Potenzial zur Verallgemeinerung aufweisen und nicht allgemein repräsentativ für Mexiko oder mexikanische Immigrant*innen sind, sind sie doch nützlich, um allgemeine Trends aufzuzeigen.

Die beiden besprochenen Surveys – das CIEP und das MMP – stellen einen signifikanten Schritt in dreierlei Hinsicht dar. Erstens sind gewöhnlich nur nationale Daten zu sozialen Bindungen und Praktiken, die nationalstaatliche Grenzen überschreiten, verfügbar. Dies weist bereits auf ein epistemologisches Problem hin: Die Entwicklung der Umfrageforschung war immer eng an die Entwicklung von Nationalstaaten gebunden und somit auch an die Bedürfnisse der Staaten. Zweitens setzten in der Vergangenheit viele Studien bei den untersuchten Bevölkerungen Sesshaftigkeit voraus. Aus diesem Grund weisen die meisten (international) länderübergreifenden Vergleichsproben, so wie die „European Labour Force Surveys" (ELFS), bekanntermaßen eine Unterrepräsentativität in bestimmten Aktivitätskategorien auf. Die ELFS erfasst beispielsweise gerade nicht mobile Kategorien von Personen, wie etwa Saisonarbeiter*innen oder Migrant*innen ohne Arbeitserlaubnis (Horvath 2012). Dabei ist zu beachten, dass Personen, die im Zielland nicht erfasst sind, auch nicht unbedingt in den Statistiken des Ursprungslandes auftauchen. Drittens wurden in CIEP und MMP Interviews nicht nur mit Hilfe standardisierter Fragebögen durchgeführt, sondern beinhalteten auch intensive Gespräche von Interviewer*innen und Befragten, um Informationen zu sammeln, die in den standardisierten Fragebögen möglicherweise verloren gegangen wären (z. B. Mobilitätsmuster von Haushaltsmitgliedern, die nicht migrierten). Im Wesentlichen werden Wege benötigt, welche die multidirektionale Mobilität zwischen Staaten und Regionen erfassen und Ansätze, um Migration innerhalb multilokaler und grenzübergreifender Räume kontextualisieren.

Ausblick: Methodologie transstaatlicher und translokaler Forschung

Eine transnationale Methodologie unterscheidet sich grundlegend von komparativen Untersuchungen, die sich ausschließlich auf Einheiten wie den Nationalstaat konzentrieren. Einen der viel versprechenden Lösungsansätze zur Erfassung grenzübergreifender Transaktionen, Verflechtungen, Praktiken und deren Interpretation durch die involvierten Akteur*innen stellt die Kombination von *multi-sited ethnography* und Surveys dar, das heißt, es werden qualitative Untersuchungen in den verschiedenen Orten bzw. Ländern mit quantitativ ausgerichteten Surveys gekoppelt. Dabei gilt es allerdings, grenzübergreifende soziale Formationen, wie Diasporagruppen, nicht zu homogenisieren bzw. zu essenzialisieren. Ansonsten würden die Probleme des methodologischen Nationalismus nur auf einer anderen Ebene wiederholt. Es stellt eine enorme Herausforderung dar, grenzübergreifende Simultanität durch eine Methodologie zu bewältigen, die transnational orientierte Forschung im Sinne eines Zusammenspiels von transstaatlich (grenzübergreifend) und translokal (an mehreren Orten) anleitet. Der vorliegende Überblick präsentierte dazu ausgewählte Konzepte und Methoden, wie etwa Mixed Methods oder Online-Forschung. Weitere Anstrengungen sind vonnöten, um eine Systematik transnational orientierter Forschung zu entwickeln, die einer prozessualen Analyse grenzüberschreitender sozialer Prozesse gerecht wird.

Literatur

Amelina, A., T. Faist, D. Nergiz & N. Glick Schiller (Hrsg.), 2012: *Beyond Methodological Natio-nalism: Social Science Research Methodologies in Transition*. Routledge: London.

Barth, F., 1969: *Ethnic Groups and Boundaries: The Social Organization of Cultural Difference*. Oslo: Universitetsforlaget.

Bonifazi, C., M. Okolski, J. Schoorl & P. Simon (Hrsg.), 2008: *International Migration in Europe: New Trends and New Methods of Analysis*. Amsterdam: Amsterdam University Press.

Brubaker, R., 2002: *Ethnicity Without Groups*. Cambridge, MA: Harvard University Press, Cam-bridge.

Burawoy, M., J. A. Blau, S. George, Z. Gille, M. Thayer, T. Gowan, L. Haney, M. Klawiter, S. H. Lopez & S. Riain, 2000: *Global Ethnography: Forces, Connections and Imaginations in a Post-Modern World*. Berkeley, CA: University of California Press.

Büscher, M., J. Urry & K. Witchger, 2010: *Mobile Methods*. London: Routledge.

Castells, M., 1996: *The Rise of the Network Society. The Information Age: Economy, Society and Culture. 1. Band*. Oxford: Blackwell.

Coffey, A., 1996: The Power of Accounts: Authority and Authorship in Ethnography. *International Journal of Qualitative Studies in Education* 9(1):61–74.

Durand, J. & D. S. Massey (Hrsg.), 2006: *Crossing the Border: Research from the Mexican Migra-tion Project*. New York, NY: Russell Sage Foundation.

Faist, T., 2000: *The Volume and Dynamics of International Migration and Transnational Social Spaces*. Oxford: Oxford University Press.

Faist, T., 2004a: The Border-Crossing Expansion of Social Space: Concepts, Questions and Topics. In: Faist, T. & E. Özveren (Hrsg.), *Transnational Social Spaces: Agents, Networks and Institutions*, S. 1–36. Aldershot: Ashgate.

Faist, T., 2004b: Towards a Political Sociology of Transnationalism. *European Journal of Sociol-ogy* 45(2):331–366.

Faist, T. & A. Ette, 2007: *Between Autonomy and the European Union: The Europeanization of National Immigration Policies*. Houndmills: Palgrave Macmillan.

Falzon, M.-A., 2009: *Multi-Sited Ethnography: Theory, Praxis and Locality in Contemporary Research*. Aldershot: Ashgate.

Fenton, S., 2004: Beyond Ethnicity: The Global Comparative Analysis of Ethnic Conflict. *Interna-tional Journal of Comparative Sociology* 45:179–194.

Glick Schiller, N., A. Çağlar & T. C. Gulbrandsen, 2006: Beyond the Ethnic Lens: Locality, Glob-ality and Born-Again Incorporation. *American Ethnologist* 33(4):612–633.

Gordon, M. M., 1964: *Assimilation in American Life: The Role of Race, Religion and National Origin*. New York, NY: Oxford University Press.

Held, D., A. McGrew, D. Goldblatt & J. Perraton, 1999: *Global Transformations: Politics, Econom-ics and Culture*. Stanford, CA: Stanford University Press.

Horst, C., 2006: *Transnational Nomads: How Somalis Cope with Refugee Life in the Dadaab Camps of Kenya*. Oxford: Berghahn Books.

Horvath, K., 2012: National Numbers for Transnational Relations? Challenges of Integrating Quantitative Methods into Research on Transnational Labour Market Relations. *Ethnic and Racial Studies* 25(10):1741–1752.

Kissau, K. & U. Hunger, 2010: The Internet as a Means of Studying Transnationalism and Diaspora. In: Bauböck, R. & T. Faist (Hrsg.), *Diaspora and Transnationalism: Concepts, Theories and Methodology*, S. 245–266. Amsterdam: Amsterdam University Press.

Kymlicka, W., 1995: *Multicultural Citizenship: A Liberal Theory of Minority Rights*. Oxford: Oxford University Press.

Levitt, P. & S. Merry, 2009: Vernacularization on the Ground: Local Uses of Global Women's Rights in Peru, China, India and the United States. *Global Networks* 9(4):441–461.

Marcus, G., 1995: Ethnography in/of World System: The Emergence of Multi-Sited Ethnography. *Annual Review of Anthropology* 24:95–117.

Martins, H., 1974: Time and Theory in Sociology. In: Rex, J. (Hrsg.), *Approaches to Sociology: An Introduction to Major Trends in British Sociology*, S. 246–294. London: Routledge & Kegan Paul.

Massey, D., 2008: *For Space*. London: Sage, 2. Aufl.

Mazzucato, V., 2008: Simultaneity and Networks in Transnational Migration: Lessons Learned from a Simultaneous Matched Sample Methodology. In: DeWind, J. & J. Holdaway (Hrsg.), *Migration and Development Within and Across Borders: Research and Policy Perspectives on Internal and International Migration*, S. 69–100. Genf: International Organization for Migration (IOM).

Nederveen Pieterse, J., 2004: *Globalization or Empire?* New York: Routledge.

Nieswand, B., 2011: *Theorising Transnational Migration: The Status Paradox of Migration*. London: Routledge.

Portes, A., 2001: Introduction: The Debates and Significance of Immigrant Transnationalism. *Global Networks* 1(1):181–193.

Portes, A., 2003: Conclusion: Theoretical Convergences and Empirical Evidence in the Study of Immigrant Transnationalism. *International Migration Review* 37(4):874–892.

Shinozaki, K., 2012: Transnational Dynamics in Researching Migrants: Self-Reflexivity and Boundary-Drawing in Fieldwork. *Ethnic and Racial Studies* 35(10):1810–1827.

Singleton, A., 1999: Combining Quantitative and Qualitative Research Methods in the Study of International Migration. *International Journal of Social Research Methodology* 2(2):151–157.

Thomas, W. I. & F. Znaniecki, 1918–1920: *The Polish Peasant in Europe and America, 5 Bände. Band 1–2, Chicago; IL: University of Chicago Press, Band 3–5*. Boston, MA: Richard G. Badger.

Urry, J., 2007: *Mobilities*. Cambridge: Polity Press.

Wallerstein, I., 1974: *The Modern World-System*. New York, NY: Academic Press.

Wimmer, A. & N. Glick Schiller, 2003: Methodological Nationalism: The Social Sciences and the Study of Migration: An Essay in Historical Epistemology. *International Migration Review* 37(4):576–610.

Winkler, G. & N. Degele, 2009: *Intersektionalität. Zur Analyse sozialer Ungleichheiten*. Bielefeld: transcript.

Zolberg, A. R. & L. L. Woon, 1999: Why Islam is like Spanish: Cultural Incorporation in Europe and the United States. *Politics & Society* 27(1):5–38.

Inka Stock und Margit Fauser

11 Qualitative Methodologie und Methoden in der Migrationssoziologie

Einleitung

Qualitative Methodologie und Methoden erfreuen sich in der empirisch-soziolo-
gischen Erforschung von migrationsbezogenen Phänomenen großer Beliebtheit.
Dies liegt in der Aufgabe der qualitativen Sozialforschung begründet, die Lebenswelten der Menschen aus ihrer Sicht zu erfassen. Qualitative Methodologie
und Methoden sind besonders geeignet, die Perspektiven der Akteur*innen aus-
zuloten, sowohl der Migrant*innen als auch anderer Personengruppen im Feld
der Migration, wie etwa Verwaltungspersonal oder Nachbar*innen. So werden
mit qualitativen Ansätzen vielfältige Phänomene untersucht, wie die Lebenswelten der Migrant*innen, die Dynamiken in Herkunfts- und Einwanderungs-
gesellschaften, die Rolle von Organisationen, politische Entscheidungsprozesse
oder Protestmobilisierungen. In der Untersuchung dieser Phänomene zeigen sich
auch die Vielfalt wissenschaftlicher Paradigmen und die Nutzung verschiedener
qualitativer Methoden – von der historischen Institutionenanalyse über die Diskursforschung hin zu Ethnografien. Hier wird ein rekonstruktives Verständnis
qualitativer Forschung verfolgt. Dabei steht die systematische Rekonstruktion
der subjektiven Perspektiven, Deutungen und Handlungsmuster der Menschen
im Zentrum, die auf „Alltagstheorien" basieren und den Akteur*innen in der Regel nicht bewusst sind. Ausgehend vom Paradigma der verstehenden Soziologie
geht es darum, Wirklichkeit interpretierend zu verstehen, d. h. die Interpretationen handelnder Akteur*innen und damit die Strukturen praktischen Handelns
offenzulegen (Przyborski & Wohlrab-Sahr 2014; Flick et al. 2005).

Die Frage, warum qualitative Methoden sinnvolle Instrumente empirischer
Forschung sind, wird oft in Abgrenzung zu statistischen und hypothesenprüfen-
den Verfahren beantwortet. Damit erscheinen sie im Kanon sozialwissenschaftlicher Methoden als „Gegenprogramm" oder „Beiwerk" (Przyborski & Wohlrab-
Sahr 2014: 11). Gegenüber vielen anderen Methoden haben sie jedoch den Vorzug,
dichte und detaillierte Analysen von dynamischen sowie räumlich und zeitlich
hoch flexiblen Phänomenen hervorzubringen. Sie können Bewegungen und soziale Beziehungen beschreiben und dokumentieren. Sie sind in der Lage, komplexe Situationen aus der Perspektive verschiedener Akteur*innen und unter

https://doi.org/10.1515/9783110680638-011

Einfluss mehrerer politischer oder sozialer Kontexte zu untersuchen. Qualitative Methoden erlauben es außerdem in besonderem Maße, die Stimmen weniger machtvoller oder vulnerabler und oft überhörter Gruppen aufzunehmen und in die wissenschaftliche und gesellschaftliche Debatte einzubringen. Dies gilt insbesondere für Migrant*innen selbst. Dabei stehen die subjektiven Sichtweisen der Akteur*innen im Zentrum, die sich nicht mit standardisierten Befragungsinstrumenten, wie etwa Fragebögen, erfassen lassen. Zudem können qualitative Methoden nicht nur neue Phänomene offenlegen oder zur vertieften Erklärung bestimmter Zusammenhänge beitragen, sie erlauben auch konzeptionelle Weiterentwicklungen und eröffnen neue theoretische Perspektiven. Die transnationale Migrationsforschung, die als neuer Forschungsansatz Anfang der 1990er-Jahre entstand, ist ein gutes Beispiel dafür, wie qualitative Methodologien zu neuen theoretischen Konzepten führen können. Auf der Grundlage qualitativer, oft ethnografischer Feldstudien – eine Methode, auf die weiter unten noch eingegangen wird – identifizierten Anthropolog*innen und Soziolog*innen die fortdauernden grenzübergreifenden sozialen und symbolischen Bindungen und Praktiken, die Migrant*innen mit Personen und gegenüber Institutionen ihrer Herkunftsländer unterhalten. Damit wurde ein Forschungsprogramm begründet, das zentrale soziologische Konzepte herausfordert, zurückweist oder reformuliert, wie etwa Assimilation, Integration, Familie, Nation, aber auch soziale Ungleichheit und soziale Mobilität (vgl. Amelina & Faist 2012).

Dieses Kapitel ist in drei Abschnitte unterteilt. Der erste Abschnitt befasst sich mit methodologischen Grundlagen der qualitativen Sozialforschung. Angesichts der großen Vielfalt qualitativer Ansätze beschränken sich die Ausführungen auf die wichtigsten Gemeinsamkeiten. Im zweiten Abschnitt werden daraus resultierende forschungspraktische Herausforderungen diskutiert, die sich bei der qualitativen Untersuchung von migrationsbezogenen Phänomenen stellen. Die grundlegenden methodologischen Herausforderungen – methodologischer Nationalismus, Essenzialismus und Positionalität – sind bereits einleitend zum Methodenteil und im vorangegangenen Kapitel (Kapitel 10) behandelt worden. Sie sollen hier nur insofern nochmals Erwähnung finden, als sich daraus spezifische Ansprüche für die qualitative Methodologie und Methoden ergeben. Der dritte Abschnitt stellt ausgewählte, häufig genutzte qualitative Methoden für die Erhebung und Auswertung von Daten – verschiedene Interviewformen, Ethnografie, und visuelle Methoden – vor und illustriert deren Einsatz anhand einiger Beispielstudien aus der soziologischen Migrationsforschung.

Methodologische Grundlagen und Vorgehensweise in der qualitativen Migrationsforschung

Die qualitative Forschung zeichnet sich durch ein bestimmtes Wissenschaftsverständnis aus, d. h. sie basiert auf spezifischen ontologischen („was existiert und kann erforscht werden?") und epistemologischen Prämissen („wie kann Wissen erzielt werden?"), die auf das interpretierende Verstehen sozialer Wirklichkeit abzielen. Anders als in der quantitativen Forschung, die angeleitet vom kritischen Rationalismus Hypothesen entwickelt, prüft und falsifiziert, geht es der Methodologie qualitativer Forschung um die Rekonstruktion subjektiver Bedeutungen, d. h. der Sinnkonstruktionen, die Menschen vornehmen und die ihr Handeln anleiten. Diese Grundlagen beeinflussen das Erkenntnisinteresse, die Art der Fragestellung, die Festlegung des Feldes und die Wahl der Methoden der Datenerhebung und Auswertung, wie wir im Folgenden darstellen (Przyborski & Wohlrab-Sahr 2014: Kapitel 1; Flick et al. 2005: Kapitel 4.1).

Methodologische Positionierung

Die qualitative und interpretierende sozialwissenschaftliche Methodologie geht davon aus, dass Akteur*innen auf Basis ihrer Interpretation der sozialen Welt handeln und dass sie selbst diese in sozialer Interaktion mit anderen immer wieder neu herstellen (Berger & Luckmann 1991). Daraus ergibt sich für die qualitative Forschung, die Formen und Inhalte dieses alltäglichen Herstellungsprozesses zu untersuchen, da auf diese Weise die subjektiven Interpretationen der Akteur*innen verstanden, d. h. rekonstruiert, werden können (Flick et al. 2005). So sind viele qualitative Methoden darauf ausgelegt, Kommunikations- und Interaktionsprozesse zu dokumentieren und zu analysieren. Beispiele hierfür sind etwa qualitative Datenerhebungen in Form von Interviews oder Beobachtungen, bei denen Gespräche oder das gemeinsame Handeln von Menschen im Fokus stehen. Ganz allgemein geht es in der qualitativen Forschung darum, die impliziten Regeln der Kommunikation und des Handelns aufzudecken, die uns im Allgemeinen nicht bewusst sind. Dies bedeutet gleichzeitig, dass es nicht darum geht, „die eine richtige" Realität der sozialen Welt zu beschreiben. Deshalb verwendet die qualitative Migrationsforschung besondere Mühe darauf, diese unterschiedlichen Sichtweisen und Konstruktionen sichtbar zu machen. Hier folgt die qualitative Forschung dem Prinzip des „Fremd-Verstehens" und seiner methodisch kontrollierten Erschließung. Methodisch kontrolliertes Fremdverstehen bedeutet, die Sinnzusammenhänge aus Perspektive der Handelnden zu verstehen, d. h. zu rekonstruieren. Aus diesem Grund muss den Relevanzsystemen der Beforschten im Erhebungsprozess größtmöglicher Raum gelassen werden. Je näher sich allerdings die Relevanzsysteme der Forschenden und der Beforschten sind, etwa durch langen intensiven Kontakt im Feld oder andere persönliche Nähe, desto wichtiger werden analytische Distanz und eine reflexive Haltung gegenüber der eigenen Rolle und Positionalität (Aull Davis 1999). Allerdings ist auch das „Fremd-Verstehen" bei großer kultureller und sprachlicher Distanz nicht unumstritten. Darauf wird in der Diskussion der forschungspraktischen Herausforderungen unter dem Stichwort Insider/Outsider-Debatte nochmals detaillierter eingegangen.

Formulierung des Erkenntnisinteresses und der Fragestellung
Vor Beginn der eigentlichen empirischen Forschung müssen das Erkenntnissinteresse und die Fragestellung formuliert werden. Forschungsfragen in der qualitativen Migrationsforschung können bspw. nach der sozialen Identität der Migrant*innen gestellt werden, vor allem danach, wie diese von der Migrationserfahrung beeinflusst wird. Sie können auch nach Migrationsstrategien selbst fragen, danach wie, warum und unter welchen Rahmenbedingungen sich Menschen entschließen, ihr Heimatland zu verlassen. Oft geht es auch darum, besser zu verstehen, wie Bildungsverläufe oder Berufskarrieren verlaufen, welchen Hindernissen sich Migrant*innen gegenübersehen und welche Strategien sie zu deren Bewältigung entwickeln. Andere Fragen richten sich darauf, wie Menschen soziale Beziehungen über Grenzen hinweg aufrechterhalten, was dies für sie bedeutet, wie sie sich für ihr Geburtsland oder das ihrer Eltern engagieren und welche Unterstützung sie von dort erhalten. Die Perspektiven der Migrant*innen und anderer Forschungsteilnehmer*innen stehen dabei grundsätzlich im Vordergrund. Diese Art, eine Forschungsfrage zu formulieren, unterscheidet sich deshalb grundlegend von der quantitativer Methodologien.

Hypothesengeleitete Forschung setzt voraus, dass bspw. Formen der Migration sowie damit zusammenhängende soziale Problemlagen von den Forschenden im Vorfeld der Studie als untersuchungswertes Phänomen festgelegt werden. Hier muss entsprechend von bestimmten Kategorien, etwa rechtlichen (Erwerbsmigration, Fluchtmigration, internationale Studierende, u. ä.) oder anderen Zuschreibungen (Ethnizität, Geschlecht, Bildung) ausgegangen und überprüfbare Annahmen über bestimmte Zusammenhänge aufgestellt werden. Dies birgt stets die Gefahr der Konstruktion essenzialistischer Gruppenkategorien (vgl. Kapitel 3 zu Kategorien und Kapitel 12 zu Operationalisierung der Migrant*in). Bei der interpretativen Forschung geht es dagegen darum, im Forschungsprozess Konzepte und Kategorien durch die erhobenen Daten zu generieren. Deshalb ist es wichtig, eine Fragestellung vorab hinreichend zu spezifizieren, um ein sinnvolles Design und Vorgehen entwickeln zu können und dabei gleichzeitig offen genug zu bleiben, die Fragestellung im Verlauf der Forschung zu konkretisieren, weiter einzugrenzen, auszuweiten oder zu revidieren. Die Fragestellung muss fortlaufend, hinsichtlich der erzielten Erkenntnisse im Forschungsprozess, angepasst werden. In diesem Prozess der fortlaufenden Konkretisierung kommen dem bereits vorliegenden Forschungsstand und den bestehenden theoretischen Ansätzen eine zentrale Bedeutung zu. Nur so können Forschungsergebnisse mit schon bestehenden Erkenntnissen in Beziehung gesetzt werden.

Bestimmung des Forschungsfeldes und Methodenwahl

Nachdem die Forschungsfrage formuliert wurde, gilt es zu klären, wie sich diese bearbeiten lässt. An welchen Orten und von welchen Personen kann etwas über das zu untersuchende Phänomen in Erfahrung gebracht werden? Das Forschungsfeld wird durch die Fragestellung bestimmt und entwickelt sich deshalb oft im Forschungsprozess auch weiter. Das Forschungsfeld ist also demnach das soziale Handlungsfeld, in dem sich die Antwort auf die Forschungsfrage erschließt. Dabei kann es sich z. B. um öffentliche Orte, Gruppen, soziale Milieus oder Organisationen handeln. Liegt das Interesse auf Diskriminierungserfahrungen, kann sich dies auf das Feld der Schule oder den Übergang von Schule zum Beruf beziehen. So dann gilt zu klären, welche Methoden für die Fragestellung gewählt werden müssen. Hier müssen Individuen, Personengruppen und Analyseebenen bestimmt werden, zu denen Daten erhoben werden sollen, um Antwort auf die Forschungsfrage geben zu können. Um z. B. etwas über die Erfahrung von Migrant*innen mit staatlichen Behörden oder über ihre Erwerbsbiografien zu erfahren, muss die interessierende Gruppe näher bestimmt werden, etwa nach Alter, Geschlecht oder Herkunft. Für andere Fragestellungen müssen möglicherweise Mitarbeiter*innen in Behörden und Politiker*innen oder Angestellte in Krankenhäusern, Schulen oder Ämtern in den Blick genommen werden. Dabei gilt es zu bedenken, dass Forschungsfelder oftmals, dem methodologischen Nationalismus folgend, im nationalstaatlichen Rahmen konzipiert werden, empirische Phänomene in der Migrationsforschung aber vielfach grenzübergreifende Reichweite besitzen. So kann es für das Verständnis einer Erwerbsbiografie eines Migranten oder einer Migrantin zentral sein, den Fokus nicht auf das Immigrationsland zu verengen, sondern auch andere Stationen, bspw. im Herkunftsland, miteinzubeziehen (vgl. Kapitel 1). Auch Fragen, die auf die Familie abzielen, wie etwa die Veränderung familiärer Rollenverteilung oder sozialer Unterstützung betreffend, sind im Migrationskontext oft besser im transnationalen Raum zu verstehen.

Herausforderungen im Forschungsprozess

Qualitative Forschungsprojekte bringen eine Reihe spezifischer Herausforderungen mit sich, die großen Einfluss auf die Güte und Qualität der Forschungsergebnisse besitzen. Dies liegt vor allem daran, dass die meisten qualitativen Methoden einen intensiven Kontakt und Austausch mit den Forschungsteilnehmer*innen erfordern. Eine Reihe von Schwierigkeiten kann auch den Austausch und die Kommunikation mit den Forschungsteilnehmer*innen im Forschungsprozess erschweren. Einige Herausforderungen sind für die Migrationsforschung spezifischer als andere. Auf diese wollen wir hier näher eingehen.

Sprachbarrieren

Eine besondere Herausforderung stellen mögliche Sprachbarrieren dar, die längere Gespräche mit Migrant*innen unter Umständen schwierig machen. Dies betrifft die Sprachkenntnisse der Forschenden ebenso wie die der Migrant*innen. Der Einsatz von Übersetzer*innen kann eine geeignete Lösung darstellen, birgt aber auch Schwierigkeiten. Er ist zeit- und kostenintensiv und beeinflusst den Rapport, d. h. die Vertrauensbeziehung, zwischen Forscher*in und Informant*in sowie die Analyse der Daten. Übersetzung bedeutet immer bereits eine Interpretation des Gesagten, so dass unweigerlich der bzw. die Übersetzer*in Teil des Gesprächs und seiner Interpretation wird (Temple et al. 2006; Murray & Wynne 2001). Um dem zu begegnen, schlagen Temple & Edwards (2002) vor, Übersetzer*innen als aktive Erzeuger*innen von Wissen in den Fokus der Forschung miteinzubeziehen. Dies bedeutet auch, deren soziale Positionen, ihre Perspektiven und spezifischen Kenntnisse und Fähigkeiten bei der Analyse der Daten zu berücksichtigen. Edwards (1998) betrachtet Übersetzer*innen ähnlich wie Schlüsselinformant*innen oder Gatekeeper, da sie Informationen zum sozialen Feld beitragen und eine vermittelnde Position zwischen Forscher*innen und Teilnehmer*innen einnehmen. Berman und Tyyskä (2011) haben in ihrer Studie zum Spracherwerb von Migrantinnen in Kanada in einer ersten Erhebungsphase Gruppendiskussionen mit denjenigen durchgeführt, die gute Englischkenntnisse besaßen. In einer zweiten Phase wurden dann einige dieser Frauen ausgewählt, um bei einer weiteren Gruppendiskussion mit Frauen ohne Englischkenntnisse zu übersetzen und zu vermitteln. So konnten die Übersetzerinnen, die gleichzeitig auch Teilnehmerinnen an der Studie waren, auch in die Analyse der Daten miteinbezogen werden. Neben den offensichtlichen Vorteilen für die Datenerhebung und -interpretation brachte dies aber auch Schwierigkeiten mit sich. So interpretierten die Übersetzerinnen bestimmte Aussagen anderer Teilnehmerinnen sehr stark in Bezug auf ihre eigenen Erfahrungen und weniger aus Sicht der Sprecherinnen, wie sich im Verlauf der

Studie herausstellte. Solche Diskrepanzen verweisen auf die Heterogenität vermeintlicher Gruppenähnlichkeit (migrantisch, weiblich, ethnisch) und machen auf die Problematik essenzialisierender Zuschreibungen aufmerksam.

Feldzugang

Eine weitere Herausforderung stellt der Feldzugang dar (Feldman et al. 2003). Wie in jeder Forschung muss Kontakt zu den Beforschten hergestellt werden. Diese müssen nicht nur identifiziert und gefunden werden, sie müssen auch bereit sein, an der Studie teilzunehmen. So sind bspw. Migrant*innen in prekären Situationen und mit schwachem aufenthaltsrechtlichem Status oft schwer zu lokalisieren. Sie haben in der Regel auch Bedenken, an einer Studie teilzunehmen, da sie um die Wahrung ihrer Anonymität fürchten (Düvell et al. 2008: 12). Auch andere Gruppen, wie Kinder, minderjährige Flüchtlinge und oft auch Frauen, sind nicht immer ohne Weiteres aufzufinden. Der Zugang zu Migrant*innen unter Zuhilfenahme von Netzwerken, Vereinen oder durch Migrant*innenorganisationen kann dazu führen, dass nur bestimmte soziale Gruppen in die Forschung miteinbezogen werden können, in der Regel diejenigen, die gut organisiert und vernetzt sind. Andere, die eher isoliert leben, können oft schlechter erreicht werden. Dabei läuft die Forschung Gefahr, dass bestimmte Typen von Migrant*innen in der Forschung größere Berücksichtigung finden, während andere unsichtbar bleiben. Dies kann zu verzerrten Ergebnissen führen, wenn Analyse und Schlussfolgerungen die Implikationen des Feldes und des Feldzugangs nicht hinreichend reflektieren. In diesem Zusammenhang wird klar, dass der Feldzugang auch eng mit der Frage der Auswahlstrategie der Forschungsteilnehmer*innen, dem Sampling, zusammenhängt (für einen Überblick zum Sampling in der qualitativen Forschung siehe Barglowski 2018).

Insider/Outsider-Debatte

Auch die Frage der Rekonstruktion subjektiver Deutungen birgt spezifische Herausforderungen. Grundsätzlich gilt es, die Sinnkonstruktionen Anderer zu verstehen. Entstammen Beforschte und Forscher*in aus einem geteilten sprachlichen und kulturellen Kontext, wird dies allgemein als unkompliziert betrachtet. Allerdings ist es die Aufgabe qualitativer Forschung, die Differenz zwischen der Relevanzsetzung der Beforschten und der Forscher*in systematisch methodisch zu kontrollieren. Gleichzeitig existiert eine lebhafte Debatte über die Frage, wie sehr man Insider oder Outsider sein kann oder gar sollte, um gute Forschungsergebnisse zu erzielen. Auf der einen Seite ist unumstritten, dass Kenntnisse der kulturellen, linguistischen oder sozialen Lebenswelten von Migrant*innen Forschenden im Forschungsprozess helfen können, die Sichtweisen und die Argumentations- und Kommunikationsmuster der Befragten besser zu verstehen. So ist es möglich, dass Forschende, die in demselben Land groß geworden sind, dieselbe Muttersprache sprechen oder ähnliche Berufe ausüben wie die Forschungsteilnehmer*innen, auch bestimmte Verhaltensmuster, Ausdrucksformen oder Interessen von ihren Gesprächspartner*innen besser wahrnehmen können. Kulturelle Nähe zu den Teilnehmenden oder das gleiche Geschlecht zu haben, kann zudem Zugang zu den Teilnehmenden erleichtern und Vertrauen schaffen (Feldman et al. 2003). Dies muss aber nicht immer der Fall sein, denn auf der anderen Seite können zwar große Ähnlichkeiten bezüglich Lebenslauf und kultureller Nähe zu der Gruppe der Befragten bestehen, gleichzeitig aber dennoch ganz unterschiedliche Erfahrungen vorliegen. So können ethnische, Klassen- oder Geschlechtsunterschiede der Forschenden und Teilnehmenden eine Rolle spielen und dazu führen, dass die Lebenswelten der Beteiligten und der Forschenden einander doch fremd sind. Darüber hinaus können trotz soziokultureller Gemeinsamkeiten auch Machtdifferenzen aufgrund unterschiedlicher sozialer Positionen zwischen Forschenden und Informant*innen bestehen, die die Kommunikation erschweren oder das Vertrauensverhältnis beeinflussen. Dies kann auch dazu führen, dass Forschende, die aus demselben Kulturkreis kommen wie ihre Forschungsteilnehmer*innen, genauso viel Energie und Einfühlungsvermögen aufwenden müssen, um in deren Welt einzusteigen wie andere, die offensichtlich keine kulturelle Nähe zu den Befragten aufweisen. Umso wichtiger ist es, die eigene Positionalität und das Interaktionsverhältnis zu reflektieren (Aull Davies 1999; vgl. Kapitel 10). Es bleibt deshalb umstritten, ob Forschende aus demselben Kulturkreis wie die Migrant*innen, die sie erforschen, generell bessere qualitative Daten erheben (Nowicka & Ryan 2015).

Ethische Herausforderungen

Zu den wichtigsten Herausforderungen gehören ethische Aspekte, die im gesamten Prozess jeder Forschung berücksichtigt werden müssen. Sie können die Art der Forschungsfrage betreffen, die Dynamiken der Interaktion zwischen Forscher*in und Teilnehmer*in und auch die Frage der Veröffentlichung der Ergebnisse. Unter anderem geht es bei der qualitativen Forschung mit Migrant*innen auch darum, ethische Schwierigkeiten zu antizipieren und die mögliche Vulnerabilität der Befragten nicht weiter zu verstärken oder gar auszunutzen (Düvell et al. 2008; van Liempt & Bilger 2009).

Zwei Aspekte erfahren in der Diskussion um Forschungsethik besondere Aufmerksamkeit, die informierte Einwilligung und der Anspruch, Schaden zu vermeiden. So sollen Ergebnisveröffentlichungen die Situation der Beforschten nicht verschlechtern, sondern in der Regel eher verbessern. Innerhalb des Forschungsprozesses können Erfahrungsberichte von Fluchtversuchen oder schwierigen Lebensphasen als Teil der Lebensgeschichte vieler Migrant*innen thematisiert werden. Die Erinnerung daran kann allerdings starke Emotionen oder gar Traumata auslösen. Forschende müssen deshalb bei der Auswahl der Gesprächsthemen und der Gesprächsführung wachsam sein und stets abwägen, wann die Gefahr der psychischen Belastung der Forschungsteilnehmer*innen durch die Forschung nicht mehr mit Ziel und Ethik der Forschung vereinbar ist.

Auch die informierte Einwilligung gilt als grundsätzliche Anforderung an qualitative Forschung. Nach dem Ethik-Kodex der Deutschen Gesellschaft für Soziologie (2019) gilt, dass die Beteiligung an sozialwissenschaftlichen Untersuchungen generell freiwillig sein muss und auf der Grundlage einer möglichst ausführlichen Information über Ziele und Methoden des entsprechenden Forschungsvorhabens erfolgen sollte. Insbesondere bei Personen mit geringer Bildung, niedrigem sozialen Status, bei Minderheiten und marginalisierten Bevölkerungsgruppen ist hierbei auf verständliche Informierung zu achten. Auch kann eine einmal gegebene Einwilligung später – auch Jahre später – im Kontext veränderter Lebensbindungen zurückgezogen werden, wie O'Connell Davidson (2008) aus ihrer Studie zu Sexarbeiterinnen berichtet. Auf späteren Wunsch einer ihrer Teilnehmerinnen verzichtete sie auf die Veröffentlichung weiteren Materials. Nicht in allen Forschungsfeldern können aber immer alle Personen informiert und um Einwilligung gebeten werden, insbesondere in ethnografischen Arbeiten ist dies der Fall. Einige Forschende entscheiden sich bewusst und begründet für *covert research*, bei dem sie ihre Rolle als Forschende nicht offenlegen. Dies wirft allerdings sensible ethische Fragen auf. Viele Forschende (von Unger et al. 2016) plädieren dafür, andere Wege zu finden, im Nachhinein die Zustimmung zu erfragen oder andere Verfahren zu wählen, die der ethischen Verantwortung besser gerecht werden.

Ausgewählte Methoden und Anwendungsbeispiele

Die folgenden Ausführungen behandeln zentrale Methoden der qualitativen Forschung – darunter Narrative Interviews, Expert*inneninterviews, Ethnografie, visuelle und partizipative Verfahren – und führen jeweils Beispiele an.

Qualitative Interviews
Interviews gehören zu den verbreitetsten Forschungsmethoden in der Soziologie und anderen Sozialwissenschaften. Sie werden in der Regel in *face-to-face* Gesprächen erhoben, zunehmend kommen aber auch elektronische Möglichkeiten

hinzu, etwa durch Skype oder per E-Mail. Dabei sind Interviewmethoden sehr vielfältig und bewegen sich zwischen standardisierten Formen anhand eines strukturierten Fragen- und Antwortkatalogs über halbstrukturierte oder teilstandardisierte Formen hin zu unstrukturierten, offenen Varianten. Innerhalb der qualitativen Interviewforschung liegen eine Reihe unterschiedlicher Methoden der Erhebung und Auswertung von Interviews vor, die sich durch ihre epistemologischen Grundlagen und praktischen Verfahren unterscheiden (Silverman 1997). Hier sollen zwei in der Migrationsforschung besonders verbreitete Formen vorgestellt werden, das (biografisch-)narrative Interview und das (rekonstruktive) Expert*inneninterview. Beide Formen des qualitativen Interviews erlauben auch jeweils für sich unterschiedliche methodische Zugänge.

Narrative Interviews

Bei narrativen Interviews handelt es sich um eine besonders offene, freie Form von Interviews, die kaum oder gar nicht vorstrukturiert sind und stattdessen von erzählgenerierenden Impulsen angeregt werden. Die Narration gilt hier als Kommunikationsform, durch die individuelle Erfahrungen und Erlebnisse sowie deren persönliche Bedeutung für den*die Erzähler*in repräsentiert werden und so auch rekonstruiert, d. h. analytisch erschlossen werden können. Für die Erhebung narrativer Interviews ist das Gebot der Offenheit in der qualitativen Sozialforschung von besonderer Bedeutung (Hoffmann-Riem 1980). Den Forschungsteilnehmer*innen ist größtmöglicher Raum für die eigene Erzählung, Themenwahl, Schwerpunktsetzung und Strukturierung einzuräumen. Dabei wird eingangs ein Erzählimpuls gesetzt, der zu einer unvorbereiteten Stegreiferzählung Anlass gibt und durch unterstützende Gesten und Ermunterungen im Verlauf weiter unterstützt werden kann. Erst nach dieser offenen Phase können immanente Nachfragen, die sich aus der vorangegangenen Erzählung ergeben haben, gestellt werden. Diesen folgen exmanente Nachfragen, die die Möglichkeit bieten, noch nicht angesprochene Themen aufzugreifen. Für ein solches Interview können auch mehrere Treffen notwendig sein (Schütze 1983; Fischer-Rosenthal & Rosenthal 1997). Nicht immer läuft eine Erzählung auf einen Impuls hin derart flüssig, was nicht zuletzt eine Frage der sprachlichen und erzählerischen Kompetenzen der Erzähler*innen ist (Kempf 2013: 115; Reisenauer 2017: 85).

Darüber hinaus finden narrative Interviews in der Biografieforschung, aber auch hinsichtlich thematisch und zeitlich stärker eingegrenzter Forschungsfragen, Verwendung. Riessmann (1993) empfiehlt ihren Student*innen deshalb fünf bis sieben sehr offen gehaltene Fragen vorzubereiten, um bestimmte Themen anzuregen. Während Autor*innen wie Schütze und Rosenthal für eine möglichst geringe Intervention der Interviewer*innen plädieren, gehen konstruktivistische Narrationsanalysen, wie etwa im *active interviewing*, stärker von der in Interaktionen hergestellten gemeinsamen Wissensproduktion aus, die auch das Interview selbst einschließt (Holstein & Gubrium 1997; Riessmann 1993; Silverman 1997).

Box 11.1: Andreas Kempf 2013, „Biographien in Bewegung"
In seiner Studie „Biographien in Bewegung" erforscht Andreas Kempf die transnationalen Migrationsbewegungen von Migrant*innen aus einer ländlichen Gegend in Rumänien nach Italien und fragt dabei, welche biografische Bedeutung der Migration zukommt. Über einen Zeitraum von drei Jahren erhob Kempf Interview- und Beobachtungsdaten im Herkunfts- wie Immigrationsort im Stile der *multi-sited ethnography* (siehe weiter unten in diesem Kapitel). Seine Fokussierung auf neun narrativ-biografische Interviews ist somit eingebettet in eine multi-lokale Langzeit-Ethnografie. Im Anschluss an die biografisch-narrativen Verfahren von Schütze und Rosenthal zeigt er ausführlich an drei Ankerbeispielen die Vorgehensweise und die Ergebnisse der Analyse. Er beginnt mit einer Darstellung der biografischen Daten und der sich hier abzeichnenden dominanten Handlungsstruktur. Im zweiten Schritt erfolgt eine detaillierte Analyse der Eingangserzählung, nach der die Erzählung selbst rekonstruiert wird, um schließlich die erzählte mit der erlebten Lebensgeschichte zu kontrastieren. So identifiziert er drei Typen in der Bedeutung der Migration für die Biografie. Für einige Migrant*innen ergibt sich aus der Migration ein persönlicher Wendepunkt. Für andere bedeutet sie die Möglichkeit, eine bestehende biografische Orientierung fortzusetzen. Schließlich wandelt sich bei einigen der Befragten die Migration dynamisch zusammen mit dem gesamten biografischen Entwicklungsverlauf.

Für die Analyse narrativer Interviews werden konversationsanalytische, soziolinguistische, ebenso wie hermeneutische, aber auch kodierende Verfahren genutzt (für einen Überblick qualitativer Analyseverfahren siehe Przyborski & Wohlrab-Sahr 2014). Für narrativ-biografische Studien hat sich im deutschsprachigen Raum die von Fritz Schütze ausgearbeitete, soziolinguistisch begründete Narrationsanalyse etabliert. Eine Variante davon stellt die darauf aufbauende biografische Fallrekonstruktion von Rosenthal (2002; Fischer-Rosenthal & Rosenthal 1997) dar, die sie um Auswertungsverfahren der objektiven Hermeneutik ergänzt. Andere Narrationsanalysen nutzen, ähnlich wie Schütze, soziolinguistische Instrumente in der Analyse der sprachlichen Form und des Inhalts von Interviews, berücksichtigen aber dezidierter die Interaktionssituation zwischen Erzähler*in und Zuhörer*in (Riessmann 1993; Holstein & Gubrium 1997).

Andere Verfahren zur Auswertung narrativer Interviews orientieren sich stärker an der *Grounded Theory Methodology* und ihren fallübergreifend vergleichenden Kodierverfahren (siehe Box 11.2). Das narrativ-episodische Interview ist ebenfalls in seiner Forschungsfrage und der Datenerhebung auf spezifische Themen und deren Relevanz oder Repräsentation in verschiedenen sozialen

Gruppen ausgerichtet. Die Auswertung folgt einer thematischen Kodierung einzelner Interviews und deren anschließendem Vergleich innerhalb und zwischen den relevanten sozialen Gruppen (Flick 2010). Darüber hinaus ist auch die dokumentarische Methode, die sequenzanalytisch vorgeht, für migrationsbezogene Studien genutzt worden, etwa in der Studie von Nohl und Ko-Autor*innen, die der Frage, wie hochqualifizierte Migrant*innen ihr (transnationales) kulturelles Kapital für die Integration in den Arbeitsmarkt einsetzen, nachgehen (Nohl et al. 2006).

Box 11.2: Eveline Reisenauer, 2017 „Transnationale persönliche Beziehungen in der Migration"[1]

Eveline Reisenauer geht in ihrer Studie der Frage nach, wie auch bei großer physischer Distanz soziale Nähe nicht nur zwischen Familienmitgliedern, sondern auch mit weiteren Verwandten und unter Freund*innen aufrechterhalten werden kann. Für die Studie wurden narrative Interviews mit ehemaligen Gastarbeiter*innen aus der Türkei und deren Kindern geführt. Die Einstiegsfrage ist hier ganz offen nach der eigenen Migrationsgeschichte oder der der Eltern und deren Bedeutung für das eigene Leben gestellt. Gleichzeitig fokussiert das Projekt spezifische Themen, unter denen sich der hier dokumentierte Schwerpunkt der persönlichen Beziehungen erst im Forschungsverlauf herauskristallisierte. Diese Themen wurden in der zweiten Interviewphase der immanenten Nachfragen aufgegriffen, die bereits Erwähntes vertiefen, ebenso wie in der dritten Phase exmanenter Rückfragen, die auf noch nicht Thematisiertes eingehen. Zentral für die Erhebung ist die „Flexibilisierung des Interviews" (Reisenauer 2017: 85 ff.) nach den Erfordernissen der Situation, den sprachlichen und erzählerischen Kompetenzen sowie der Bereitschaft zur Erzählung, in denen sich Personen erheblich unterscheiden können. So wurden die einzelnen Phasen des narrativen Interviews hier nicht immer strikt nacheinander eingesetzt, sondern auch abwechselnd und bisweilen vermischt. Dabei betont die Autorin, dass „nicht eine Untersuchung transnationaler Phänomene selbst erfolgt, sondern der hierüber angefertigten Erzählungen" (Reisenauer 2017: 96), die zudem erst in der Interaktionssituation zwischen Interviewerin und Interviewten entsteht. Dies bedeutet, dass die Analyse weniger an der Gesamtbiografie interessiert ist, sondern an den transnationalen persönlichen Beziehungen, die biografisch-narrativ erschlossen werden können. Die Auswertung folgt der vergleichenden Kodierstrategie der *Grounded Theory Methodolgy*. Die Studie kann so u. a. aufzeigen, dass die erste Generation der Gastarbeiter*innen vor allem aufgabenorientierte Leistungen und Unterstützung von Familienangehörigen betont. Die zweite Generation stellt stärker die emotionale Dimension ihrer Beziehungen heraus. Weiterhin zeigt sich, dass soziale Nähe nicht nur trotz physischer Distanz aufrechterhalten wird, sondern auch, dass grenzübergreifende Beziehungen die transnationale Positionierung von Personen in mehreren Ländern unterstützen.

---

1 Die Daten wurden im Rahmen des Projekts Trans-Net (*Transnationalisation, Migration and Transformation: Multi-Level Analysis of Migrant Transnationalism* Laufzeit 2008–2011) erhoben. Das Projekt wurde von der Europäischen Union im 7. Forschungsrahmenprogramm gefördert, Projektleiter der deutschen Teilstudie war Thomas Faist.

Expert*inneninterviews

Expert*inneninterviews werden in zahlreichen Studien in der Migrationsforschung genutzt. Sie gehören aber zu den am wenigsten reflektierten Instrumenten im Repertoire qualitativer Methoden, die Meuser und Nagel (2002) als „vielfach erprobt, wenig bedacht" beschreiben. Das Expert*inneninterview definiert sich zunächst durch die Zielgruppe der Datenerhebung und der damit zusammenhängenden Forschungsfrage. Wer also ist Expert*in? Hier geht es nicht darum, dass alle als Expert*innen ihrer Selbst auftreten, sondern um einen Fokus auf genauer gefasste Funktionsträger*innen. „Expertin ist ein relationaler Status" (Meuser & Nagel 2002: 73), der sich über ihre soziale Rolle und deren Relevanz für das Forschungsinteresse definiert. Dies betrifft also nicht eine bestimmte Personengruppe, sondern die Definition der Befragten als für die Forschung relevante analytische Konstruktion (Bogner & Menz 2002). In der Migrationsforschung sind solche Expert*innen oftmals Vertreter*innen von Verbänden, Parteien, Verwaltung, Unternehmen oder Migrant*innenorganisationen (siehe bspw. die Beiträge in Pries & Sezgin 2010).

Oft wird diese Erhebungsform *explorativ* zur Erschließung des Forschungsfeldes eingesetzt. Stehen die Expert*innen im Zentrum der Forschung, können sie als *komplementäre* Datenquelle dienen und Aufschluss über den relevanten Kontext geben – Meuser und Nagel (2002) sprechen hier von *Kontextwissen*. Sind institutionsinterne Prozesse selbst Gegenstand der Forschung ist von *Betriebswissen* die Rede. Hier steht in der Regel das spezifische, systematisierende Fachwissen im Vordergrund. Dagegen zielen Bogner und Menz (2002) auf das *Deutungswissen* ab und verfolgen damit ein im eigentlichen Sinne rekonstruktives Verständnis. Hier stehen die subjektiven Relevanzen, Regeln, Sichtweisen und Interpretationen der Expert*innen im Zentrum des Erkenntnisinteresses, die es zu rekonstruieren gilt. So wird auch der*die Expert*in hier mit Blick auf die Relevanz seines*ihres Deutungswissens selbst definiert, das ein konkretes Handlungsfeld strukturiert und deshalb die Handlungsbedingungen anderer mit strukturiert. Expert*in ist somit nicht jemand, der über spezifisches Wissen verfügt, sondern dessen Wissen für das eigene Handeln und das anderer Personen in einem spezifischen Handlungsfeld relevant ist (Bogner & Menz 2002: 45–48). Deshalb ist nicht immer vorab klar, wer die relevanten Expert*innen sind und ihre Auswahl muss sukzessive angepasst bzw. entwickelt werden (i. S. des theoretischen Samplings). Dabei wird forschungslogisch das Expert*innenwissen nicht losgelöst von der Privatperson betrachtet. Private und in anderen Bereichen gemachte Erfahrungen können auch Deutungen in anderen Feldern, wie etwa im Beruf, Ehrenamt o. ä. beeinflussen. So unterscheiden sich Expert*inneninterviews auch in der Erhebungstechnik. Sind die Interviews auf Kontextwissen ausgerichtet, wird oft ein Leitfaden mit interessierenden Fragen eingesetzt. Gilt das Interesse dem Deutungswissen, ist die Erhebung offener und orientiert sich am narrativen Interview. Dabei wird das Interview auch als Interaktionssituation verstanden, die im Auswertungsprozess berücksichtigt werden muss, aber auch in der Interviewsituation strategisch eingesetzt werden kann (Bogner & Menz 2002: 61). Diese Form des Expert*inneninterviews ist rekonstruktiv und theoriegenerierend angelegt und an den Auswertungsverfahren der *Grounded Theory Methodology* orientiert. Darüber hinaus sind im Rahmen eines rekonstruktiven Verständnisses auch andere Auswertungstechniken möglich (siehe Przyborski & Wohlrab-Sahr 2014).

Ethnografie
Ethnografische Methoden beruhen darauf, handelnde Menschen und Gruppen in ihren situativen und institutionellen Kontexten zu beobachten und zu begleiten. Dabei wird vorausgesetzt, dass eine andauernde Präsenz des bzw. der Forschenden vor Ort einen direkten Einblick in die Lebenswelten der Teilnehmer*innen gewähren kann (Breidenstein et al. 2013: 7). Die ethnografische Forschung setzt also auf teilnehmende Beobachtung, um Daten zu erheben. Das heißt, dass durch die aktive Teilnahme der Forschenden am Leben der Forschungsteilnehmer*innen intensive Beobachtungen ihrer Lebenswelten gemacht werden können. Der oder die Forschende lebt oder arbeitet also im Idealfall direkt mit den Forschungsteilnehmer*innen zusammen und teilt so den Alltag mit ihnen. Um wirklich am Leben der Forschungsteilnehmer*innen teilzunehmen, kann es unter Umständen auch erforderlich sein, eine neue Sprache oder andere Fähigkeiten zu erlernen, die für die ausgewählte Gruppe von Bedeutung sind, weil sie deren Alltag maßgeblich mitbestimmen. Dies kann z. B. die Ausübung einer bestimmten beruflichen Tätigkeit, das Spielen eines Instruments oder das Praktizieren einer Sportart sein. Diese Vorgehensweise ist in der Erkenntnis begründet, dass eigene Erfahrungen mit bestimmten Praktiken und in institutionellen Kontexten dabei helfen können, ein Verständnis für die Perspektiven derjenigen zu erlangen, für die diese Praktiken und Kontexte im Alltag sinnstiftend sind. Ein Beispiel dafür ist die Studie von Joe Greener (2013), der die Arbeitsbedingungen von migrantischen Pflegekräften in der Altenpflege ethnografisch untersuchte. Er entschied sich, für zehn Monate in einem Altenpflegeheim zu arbeiten, um vor Ort die Arbeitsbedingungen der Migrant*innen zu erforschen und absolvierte deshalb eine Kurzfortbildung zum Pflegehelfer. Allerdings unterscheiden sich ethnografische Studien in der Intensität der Teilnahme am Leben der Forschungsteilnehmer*innen und in der Dauer der Feldforschung. Während einige Ethnografien über Jahre des Zusammenlebens entstanden sind (sogenannte Langzeitethnografien), sind andere auf Zeiträume von einigen Monaten oder Wochen begrenzt. Diese letztere Art wird auch als fokussierte Ethnografie bezeichnet (Knoblauch 2001). Bei dieser Form der ethno-

grafischen Forschung ist es auch nicht immer möglich oder gar gewünscht, tiefgehend am alltäglichen Leben der Forschungsteilnehmer*innen teilzunehmen. Wichtiger ist hier, in bestimmten Momenten oder an spezifischen Orten präsent zu sein (Knoblauch 2001: 125). Es geht bei fokussierten Ethnografien darum, einen bestimmten Ausschnitt der Lebenswelten bestimmter Organisationen, Gruppen oder Personen näher zu beleuchten. Neben strukturierter Beobachtung und informellen Gesprächen kombinieren Ethnograf*innen üblicherweise eine Vielzahl von qualitativen Erhebungsmethoden. So werden in ethnografischen Forschungen oft narrative oder Leitfadeninterviews, Dokumentenanalysen, Statistiken sowie Fotos, Filme und anderes visuelles Material genutzt. Ethnografien in der Migrationsforschung nutzen sehr vielfältige Designs, mit kürzeren und längeren Feldaufenthalten, an einem oder mehreren Orten. Im Folgenden werden einige davon vorgestellt.

Eine klassische Langzeitethnografie ist die *„Street Corner Society"*. William Foote Wythe ([1943] 1993) taucht in diesem Buch in das Leben italienischer Migrant*innen im Chicago der 1940er-Jahre ein. Wythes Ergebnisse basieren auf einem Feldaufenthalt von dreieinhalb Jahren in den Arbeitervierteln von Chicago, wo er auch bei einer italienischen Familie wohnte. Ein prominentes Beispiel aus der Flüchtlingsforschung ist Liisa Malkkis (1995) vergleichende Langzeitethnografie unter burundischen Flüchtlingen in und außerhalb tansanischer Flüchtlingscamps. Malkki zeigt durch jahrelange Beobachtungen auf, wie die Erfahrungen der Flucht in den kollektiven Erinnerungen der Flüchtlinge in und außerhalb der Camps auf unterschiedliche Weise verarbeitet werden und wie sie ihre „ethnischen" Identitäten im Laufe der Zeit sehr unterschiedlich neu definieren.

Beispielhaft für fokussierte Ethnografien in der deutschen Forschungslandschaft kann Maria Schwertls (2010) ethnografische „Wohnzimmer"-Studie über transnationale Beziehungen in deutsch-türkischen Familien genannt werden. Hierzu besuchte sie immer wieder zehn Familien in ihren Wohnungen in München und ließ sich von den Bewohner*innen die Bedeutung von bestimmten Objekten und Erinnerungsstücken wie Fotos, Dekorationen oder Basteleien erklären. So konnte sie den vielfältigen Formen transnationaler Beziehungen zwischen der Türkei und Deutschland nachgehen, die den Alltag dieser Menschen begleiten. Auch Jörg Hüttermann und Tino Minas (2015) fokussieren in ihrer ethnografischen Untersuchung einen begrenzten Ort. Die Autoren beobachten die Interaktionsprozesse zwischen Fremden in der Duisburger Straßenbahn, um zu verstehen, wie Passagiere bei diesen alltäglichen Handlungen versuchen, sich symbolisch durch ethnische, moralische oder auch körperliche Zuschreibungen von anderen Stadtbewohner*innen abzugrenzen. An den Arbeiten Erving Goffmans orientiert, finden die Autoren besonders interessant, inwieweit flüchtige Interaktionen im Alltag auch lokale Besonderheiten als Teil der Interaktionsordnung des öffentlichen Nahverkehrs ausdrücken (Hüttermann & Minas 2015: 66). So arbeiten sie ein spezifisches „Skript" des Straßenbahnfahrens in Duisburg heraus, das nicht nur die strukturellen Gegebenheiten des Transportsystems, sondern auch die Lebenswelten der Passagiere reflektiert (siehe Box 11.3).

Box 11.3: Jörg Hüttermann & Tino Minas, 2015 „Mit der Straßenbahn durch Duisburg"

In der fokussierten ethnografischen Studie von Jörg Hüttermann und Tino Minas geht es darum, deutlich zu machen, wie und warum die Beiläufigkeit der Begegnung in der Straßenbahn für die Entwicklung lokaler Intergruppenbeziehungen von Bedeutung ist. Die Forscher fanden durch Interviews und Beobachtungen heraus, dass sich das Straßenbahnfahren als ein „relativ eigenlogisches Interaktionsfeld" (2015: 66) darstellt, in dem Passagiere durch unterschiedliche Handlungen und Verhaltensweisen ihre soziale Gruppenzugehörigkeiten immer wieder neu auszuhandeln verstehen. Für ihre Studie konzentrierten sich die Autoren auf die Linien 901 und 903 der Duisburger Straßenbahn, die ärmere und reichere Gebiete der Stadt durchlaufen. Die beiden Forscher fokussierten ihre Beobachtungen auf Duisburg, da diese Stadt in den letzten Jahrzehnten einen starken strukturellen Wandel durchgemacht hat, der sich sowohl auf große soziale Ungleichheiten in der Bevölkerungsstruktur als auch auf eine sich verändernde Wohnlandschaft ausgewirkt hat. Die sozialen Ungleichheiten in den verschiedenen Stadtteilen von Duisburg sind auch durch die Herkunft der Bewohner*innen geprägt: Hier treffen alteingesessene Familien und Menschen, die selbst erst vor einiger Zeit nach Deutschland gekommen sind, aufeinander. Für ihre Datenerhebung durchquerten die Autoren zu unterschiedlichen Tageszeiten sowie nachts mit der Straßenbahn die Stadt. Sie beobachteten dabei die Passagiere und interviewten einige von ihnen. Des Weiteren führten sie Expert*inneninterviews mit Sicherheitspersonal, Fahrkartenkontrolleur*innen, Verkehrsplaner*innen und einem Straßenbahnfahrer durch. Zudem wurden Gruppeninterviews mit Jugendlichen in die Analyse einbezogen. Die Beobachtungen und Interviews zeigten, wie Passagiere der Straßenbahn ihr Verhalten und ihre Einstellungen anderen Passagieren gegenüber aus unterschiedlichen sozialen, moralischen und kulturellen Positionen heraus verständlich machen.

Neben der zeitlichen Dimension unterscheiden sich ethnografische Arbeiten auch in ihrem räumlichen Untersuchungsfeld, das entweder statisch oder mobil verstanden wird. Eine Besonderheit in der Bestimmung des Feldbegriffs in der Migrationsforschung ist sicherlich der Umstand, dass Migrant*innen oftmals nicht den Prinzipien methodologisch-nationaler Forschung folgen, sondern sich in transnationalen Räumen bewegen. In der Ethnografie haben sich so verschiedene Ansätze herausgebildet, die diesem Umstand Rechnung tragen, insbesondere „mobile methods" (Büscher & Urry 2009) und „multi-sited ethnography" (Marcus 1995). Während sich die mobilen Formen der Ethnografie darauf spezialisieren, den Akteur*innen „zu folgen", geht es bei der multi-sited ethnography vor allem darum, die unterschiedlichen Plätze und Orte, an denen forschungsrelevante Handlungen geschehen, in das Forschungsfeld miteinzubeziehen – auch wenn sich diese in unterschiedlichen Ländern befinden. Als mobile Ethnografie verfolgt Joris Schapendonk (2012) bspw. die Migrationswege von Migrant*innen aus Subsahara-Afrika über Nordafrika nach Südeuropa und dann weiter bis in die Niederlande. So kann er eindrucksvoll aufzeigen, dass Migrationswege oftmals keine linearen Bewegungen von Dorf A nach Stadt B sind, sondern vielfach durch längere Aufenthalte, freiwillige und unfreiwillige Stopps, Abstecher und zirkuläre Bewegungen durch mehrere Länder gekennzeichnet sind.

Die *multi-sited ethnography* von Ruben Anderson (2014) dagegen zeigt anhand von Befragungen und Beobachtungen von Mitarbeiter*innen in Hilfsorganisationen, Grenzbeamt*innen sowie afrikanischen Migrant*innen zwischen Mauretanien, Mali, Marokko und Spanien, wie sich im Laufe der Jahre eine Migrationsindustrie in afrikanischen Ländern etabliert hat (siehe Box 11.4).

Box 11.4: Ruben Anderson, 2014 „*Illegality Inc.*"

In seinem Buch „*Illegality Inc.*" beschreibt Ruben Anderson (2014), wie im Laufe der letzten Jahrzehnte eine regelrechte Migrationsindustrie als Folge der immer stärker werdenden Beschränkungen für legale Migration von afrikanischen Migrant*innen entstanden ist. Zu dieser Industrie gehören afrikanische Schmuggler*innen, europäische Hilfsorganisationen, nationale und internationale Grenzbehörden sowie viele andere Akteur*innen. Im Laufe seiner *multi-sited ethnography* begegnete Anderson zahlreichen Vertreter*innen dieser „Migrationsindustrie". In seinem „ausgedehnten Forschungsfeld" (2014: 36), das sich über viele Orte in mehreren Ländern erstreckt, sammelte er seine ethnografischen Daten über den Zeitraum von 2005 bis 2014. Er bereiste dazu den Senegal, Mali, Marokko und Spanien und besuchte auch die Grenzorganisation Frontex in Warschau, um zu erforschen, wie die Migrationsindustrie über Ländergrenzen hinweg operiert. Er befragte Grenzpersonal, Migrant*innen und Mitarbeiter*innen in Hilfsorganisationen, sammelte Zeitungsartikel und Dokumente, machte Fotos und dokumentierte seine Beobachtungen in Feldnotizen. In der Analyse seiner vielfältigen Daten kann Anderson zeigen, wie restriktive internationale Migrationspolitiken sowohl staatliche als auch nicht staatliche Organisationen und Personen in ihrem Handeln beeinflussen. Dadurch ist es ihm möglich, zu beschreiben, in welcher Art und Weise diese Akteur*innen die Migration von Afrika nach Europa mitsteuern und durch ihre Tätigkeiten auch die Routen und Orte, die Migrant*innen auf ihrem Weg durchqueren, mitbestimmen. Da dies auf legalen ebenso wie irregulären Wegen geschieht, schützt die Migrationsindustrie auf der einen Seite die Migrant*innen, während sie sie auf der anderen Seite in ständig größer werdende Vulnerabilität führt und sie in die Abhängigkeit von humanitärer Hilfe bringen kann.

Trotz vieler Vorteile bringen mobile und *multi-sited ethnographies* aber auch Nachteile mit sich. So unterzieht Ghassan Hage (2005) seine eigene Forschungsarbeit über die transnationalen Familiennetzwerke jordanischer Migrant*innen, die über Großbritannien, Frankreich, Brasilien, Australien, Venezuela, Jordanien und die USA miteinander verbunden sind, einer abschließenden Selbstkritik. Er habe zwar viele wichtige Daten gewonnen, jedoch auch körperlich an den vielen Reisen über viele Zeitzonen hinweg gelitten und konnte oft, aufgrund der Kürze seiner Aufenthalte in den jeweiligen Orten, auch nicht richtig in die Lebenswelten der einzelnen Befragten eintauchen. Er gibt zu bedenken, dass mobile Ethnografien oft langwierig und kostenintensiv sind und sich schlecht mit einem sesshaften Familienleben von Forschenden vereinbaren lassen.

Visuelle und partizipative Methoden

Neuere Arbeiten in der Migrationsforschung beziehen auch visuelle, grafische, künstlerische und partizipative Methoden im Rahmen qualitativer Forschungsdesigns mit ein (Ball & Gilligan 2010; Gold 2013). Prominente Arbeiten liegen hier in der Forschung über und mit Kindern (Den Besten 2010), weiblichen Asylsuchenden (Moran et al. 2011) und urbanen Migrant*innen im Globalen Südens vor (Oliveira & Vearey 2017).

Visuelle Forschungsstrategien sehen bspw. vor, Migrant*innen selbst Fotografien von sich oder ihnen vertrauten Gegenständen erstellen und auch analysieren zu lassen (Pereira et al. 2016) oder in Gruppenarbeit Karten und Diagramme zu Situationen ihres Lebens oder ihrer Nachbarschaft anzufertigen (Gold 2013). Die Analyse der so hergestellten Daten erfolgt hier oft in Gruppendiskussionen. Partizipative Methoden sind u. a. in der Überzeugung begründet, dass es Menschen durch diese erleichtert wird, ihre eigenen Ideen besser zu formulieren. Es wird weiter argumentiert, dass visuelle Methoden vor allem dann hilfreich sein können, wenn Teilnehmer*innen nicht (nur) auf Sprache als Kommunikationsmittel zurückgreifen können, weil sie eventuell nicht dieselbe Sprache wie die Forscher*innen sprechen, lesen oder schreiben können. Der partizipative Prozess der Diskussion und gemeinsamer visueller Gestaltung von Themen und Ideen kann auch dabei helfen, abstrakte Konzepte zu beschreiben, die normalerweise nicht Teil der Alltagswelt der Teilnehmer*innen sind oder aus anderen Gründen nur schwer mit sprachlichen Mitteln erklärt werden können. Das visuelle Denken und Arbeiten kann auch dabei behilflich sein, eine emotionale Basis der Zusammenarbeit zwischen Forscher*in und Teilnehmer*innen aufzubauen, die besonders bei der Diskussion über schwierige Themen von Vorteil sein kann (Copeland & Agosto 2012; Mata Codesal et al. 2018). Außerdem steht hier im Zentrum, die Forschungsteilnehmer*innen als aktive Mitwirkende im Forschungsprozess, bei der Datengenerierung und ihrer Interpretation, zu betrachten.

Eine interessante Variante stellt das englische PASAR (*Participatory Arts and Social Action in Research*) Projekt dar (siehe Box 11.5), bei dem partizipatives Theaterspiel, wöchentliche Workshops sowie gemeinsame Spaziergänge (*guided walks*) genutzt wurden, um besser zu verstehen, wie migrantische Familien, insbesondere Mütter und Töchter, mit geringen Englischkenntnissen, ihre sozialen

Identitäten, Zugehörigkeitsgefühle und soziale Teilhabe an der britischen Gesellschaft sehen und Schwierigkeiten bewältigen (O'Neill et al. 2018). So konnte auch gewährleistet werden, dass die Teilnehmer*innen sich mit den Ergebnissen auseinandersetzen und somit auch eigene Handlungsmöglichkeiten identifizieren konnten.

Box 11.5: Maggie O'Neill, Umut Erel, Erene Kaptani und Tracey Reynolds, 2018 *Participatory Arts and Social Action in Research (PASAR)*

Das PASAR Projekt wurde zwischen 2016 und 2017 in England von Maggie O'Neill, Umut Erel, Erene Kaptani und Tracey Reynolds (2018) durchgeführt. Es entstand aus dem Interesse heraus, marginalisierte Bevölkerungsgruppen, wie weibliche Migrantinnen mit geringen Englischkenntnissen, durch partizipative Methoden in die Forschung miteinzubeziehen, um dadurch die Qualität der Erkenntnisse zu verbessern. Das Projekt zeichnete sich durch Kooperationen zwischen Forscher*innen, Künstler*innen, sozialen Einrichtungen und Theater-Expert*innen aus, die das Projekt vom Design bis hin zur Auswertung unterstützten. Wöchentlich unternahmen die Forscher*innen Theaterworkshops und Spaziergänge durch die Wohngegend der Teilnehmer*innen mit jeweils einer Gruppe von Müttern und einer Gruppe mit ihren Töchtern im Teenager Alter. Im Anschluss trafen sich beide Gruppen zu einem gemeinsamen Workshop. Dies war von den Teilnehmer*innen selbst gewünscht worden, um einen inter-generationellen Dialog über ihre Sichtweisen und Perspektiven auf das Projekt auszutauschen. Um die Ergebnisse des Projekts einer breiteren Öffentlichkeit zugänglich zu machen, wurde ein Workshop mit Akteur*innen der lokalen Politik und sozialer Organisationen durchgeführt, an dessen Planung und Durchführung die Projektteilnehmer*innen intensiv beteiligt waren. Um trotz ihrer geringen Englischkenntnisse ihre eigenen Eindrücke und Erfahrungen auf der Abschlusskonferenz des Forschungsprojekts mitteilen zu können, führten diese ein Theaterstück auf, welches in Zusammenarbeit mit dem Forschungsteam entwickelt wurde. Der partizipative Ansatz des Forschungsprojekts macht deutlich, wie unterschiedliche Formen des Wissens genutzt werden können, um stereotype Vorstellungen über Migration herauszufordern und so Wege für die Erforschung neuer Perspektiven auf die Lebenswelten von Migrantinnen zu ebnen.

Schlussbemerkungen

Wie schon in anderen Teilen dieses Buches angedeutet, gehören zu den Forschungsfragen in der Migrationssoziologie nicht nur solche zu räumlicher Mobilität oder Integration, sondern auch Fragen, die mit sozialen Ungleichheiten, Identität (Kapitel 9 und 15) oder dem Verhältnis zwischen Staat und Bürger*innen zusammenhängen (Kapitel 8). Qualitative Forschungsansätze eignen sich gut, um viele dieser komplexen Zusammenhänge aufzudecken.

In diesem Methodenkapitel wurde deutlich, dass eine große Vielfalt an qualitativ-interpretativen Verfahren in der Migrationsforschung Anwendung finden. Um Forschungsfragen befriedigend untersuchen und beantworten zu können, ist es deshalb wichtig, sich mit den theoretischen und praktischen Grundlagen der unterschiedlichen Methoden zur Datenerhebung und Analyse vertraut zu machen, bevor man sich letztendlich für ein Forschungsdesign entscheidet. Sicherlich kann dieses Kapitel nur einen ersten Einblick in diese Vielfalt bieten. Die damit verbundene Hoffnung ist aber, dass dadurch Interesse für die Auseinandersetzung mit qualitativen Methoden angeregt wird.

Literatur

Amelina, A. & T. Faist, 2012: De-naturalizing the National in Research Methodologies: Key Concepts of Transnational Studies in Migration. *Ethnic and Racial Studies* 35(10):1707–1724.

Anderson, R., 2014: *Illegality, Inc. Clandestine Migration and the Business of Bordering Europe.* Berkeley, CA: University of California Press.

Aull Davies, C., 1999: *Reflexive Ethnography. A Guide to Researching Selves and Others.* New York: Routledge.

Ball, S. & C. Gilligan, 2010: Visualising Migration and Social Division: Insights from Social Sciences and the Visual Arts. *Forum Qualitative Sozialforschung* 1(2):1–33.

Barglowski, K, 2018: Where, What and Whom to Study? Principles, Guidelines and Empirical Examples of Case Selection and Sampling in Migration Research. In: Zapata-Barrero, R. & E. Yalaz (Hrsg.), *Qualitative Research in European Migration Studies*, S. 151–168. Hamburg: Springer.

Berger, P. L. & T. Luckmann, 1991: *The Social Construction of Reality: A Treatise in the Sociology of Knowledge.* Harmondsworth: Penguin Adult.

Berman, R. C. & V. Tyyskä, 2011: A Critical Reflection on the Use of Translators/Interpreters in a Qualitative Cross-Language Research Project. *International Journal of Qualitative Methods* 10(2):178–190.

Bogner, A. & W. Menz, 2002a: Die methodologische Mehrdeutigkeit des Experteninterviews. In: Bogner, A., B. Littig & W. Menz (Hrsg.), *Das Experteninterview. Theorie, Methode, Anwendung*, S. 33–69. Opladen: Leske + Budrich.

Bogner, A. & W. Menz, 2002b: „Deutungswissen" und Interaktion. Zur Methodologie und Methodik des theoriegenerierenden Experteninterviews. *Soziale Welt* 52(4):477–500.

Breidenstein, G., S. Hirschauer, H. Kalthoff & B. Nieswand (Hrsg.), 2013: *Ethnografie: die Praxis der Feldforschung.* Konstanz: UTB.

Büscher, M. & J. Urry, 2009: Mobile Methods and the Empirical. *European Journal of Social Theory* 12(1):99–116.

Copeland, A. J. & D. E. Agosto, 2012: Diagrams and Relational Maps: The Use of Graphic Elicitation Techniques with Interviewing for Data Collection, Analysis and Display. *International Journal of Qualitative Methods* 11(5):513–533.

Den Besten, O., 2010: Local Belonging and „Geographies of Emotions": Immigrant Children's Experience of their Neighbourhoods in Paris and Berlin. *Childhood* 17(2):181–196.

DGS (Deutsche Gesellschaft für Soziologie), 2019: Ethik-Kodex der Deutschen Gesellschaft für Soziologie (DGS) und des Berufsverbandes Deutscher Soziologinnen und Soziologen (BDS). https://www.soziologie.de/de/die-dgs/ethik/ethik-kodex/ (letzter Aufruf: 30.01.2019).

Düvell, F., A. Triandafyllidou & B. Vollmer, 2008: Ethical Issues in Irregular Migration Research. Clandestino. http://irregularmigration.net//typo3_upload/groups/31/4.Background_Information/4.1.Methodology/EthicalIssuesIrregularMigration_Clandestino_Report_Nov09.pdf (letzter Aufruf: 30.01.2019).

Edwards, R., 1998: A Critical Examination of the Use of Interpreters in the Qualitative Research Process. *Journal of Ethnic and Migration Studies* 24(1):197–208.

Faist, T., M. Fauser & E. Reisenauer, 2014: *Das Transnationale in der Migration*. Weinheim und Basel: Beltz Juventa.

Feldman, M. S., J. Bell & M. T. Berger, 2003: *Gaining Access: A Practical and Theoretical Guide for Qualitative Researchers*. Walnut Creek, CA: Altamira Press.

Fischer-Rosenthal, W. & G. Rosenthal, 1997: Warum Biographieanalyse und wie man sie macht. *Zeitschrift für Sozialisationsforschung und Erziehungssoziologie* 17(4):405–427.

Flick, U., 2010: Das episodische Interview. In: Flick, U. (Hrsg.), *Qualitative Sozialforschung. Eine Einführung*, S. 238–247. Reinbek bei Hamburg: Rowohlt Taschenbuch Verlag.

Flick, U., E. von Kardorff & I. Steinke, 2005: Was ist qualitative Forschung? Einleitung und Überblick. In: Flick, U., E. von Kardorff & I. Steinke (Hrsg.), *Qualitative Forschung: Ein Handbuch*, S. 13–29. Reinbek bei Hamburg: Rowohlt Taschenbuch Verlag.

Gold, S. J., 2013: Using Photography in Studies of International Migration. In: Gold, S. J. (Hrsg.), *Routledge International Handbook of Migration Studies*, S. 530–542. London: Routledge.

Greener, J., 2013: The Role of Immigration Policies in the Exploitation of Migrant Care Workers: An Ethnographic Exploration. In: Lavalette, M. & L. Penketh (Hrsg.), *Race, Racism and Social Work*, S. 243–256. Bristol: Policy Press.

Hage, G., 2005: A Not So Multi-Sited Ethnography of a Not So Imagined Community. *Anthropological Theory* 5(4):463–475.

Hoffmann-Riem, C., 1980: Die Sozialforschung einer interpretativen Soziologie. Der Datengewinn. *Kölner Zeitschrift für Soziologie und Sozialpsychologie* 32(2):339–372.

Holstein, J. & J. Gubrium, 1997: Active Interviewing. In: Silverman, D. (Hrsg.), *Qualitative Research. Theory, Method and Practice*, S. 113–129. London: Sage.

Hüttermann, J. & T. Minas, 2015: Mit der Straßenbahn durch Duisburg: Der Beitrag indifferenzbasierter Interaktion zur Figuration urbaner Gruppen. *Zeitschrift für Soziologie* 44(1):63–80.

Kempf, A., 2013: *Biographien in Bewegung. Transnationale Migrationsverläufe aus dem ländlichen Raum von Ost nach West-Europa*. Wiesbaden: VS Verlag für Sozialwissenschaften.

Knoblauch, H., 2001: Fokussierte Ethnographie: Soziologie, Ethnologie und die neue Welle der Ethnographie. *Sozialer Sinn* 2(1):123–141.

van Liempt, I. & V. Bilger (Hrsg.), 2009: *The Ethics of Migration Research Methodology: Dealing with Vulnerable Immigrants*. Brighton: Sussex Academic Press.

Malkki, L., 1995: *Purity and Exile: Violence, Memory and National Cosmology among Hutu refugees in Tanzania*. Chicago, IL: Chicago University Press.

Marcus, G. E., 1995: Ethnography in/of the World System: The Emergence of Multi-Sited Ethnography. *Annual Review of Anthropology* 24:95–117.

Mata Codesal, D., E. Esesumaga, E. Ulloa Chevez, S. Pereira, A. López del Molino & C. Maiztegui-Oñate, 2018: „Con la Cámara a Cuestas": Ade la fotografía en procesos participativos de investigación-intervención. *Forum Qualitative Sozialforschung* 19(1): Artikel 14.

Meuser, M. & U. Nagel, 2002: ExpertInneninterviews – vielfach erprobt, wenig bedacht. In: Bogner, A., B. Littig & W. Menz (Hrsg.), *Das Experteninterview. Theorie, Methode, Anwendung*, S. 71–93. Opladen: Leske + Budrich.

Moran, R., Z. Mohamed & H. Lovel, 2011: Breaking the Silence: Participatory Research Processes About Health with Somali Refugee People Seeking Asylum. In: Temple, B. & R. Moran (Hrsg.), *Doing Research with Refugees: Issues and Guidelines*, S. 55–74. Bristol: Policy Press.

Murray, C. D. & J. Wynne, 2001: Using an Interpreter to Research Community, Work and Family. *Community, Work and Family* 4(2):157–170.

Nohl, A., K. Schittenhelm, O. Schmidtke & A. Weiß, 2006: Kulturelles Kapital in der Migration – ein Mehrebenenansatz zur empirisch-rekonstruktiven Analyse der Arbeitsmarktintegration hochqualifizierter MigrantInnen. *Forum Qualitative Sozialforschung* 7(3): Artikel 14.

Nowicka, M. & L. Ryan, 2015: Beyond Insiders and Outsiders in Migration Research: Rejecting A Priori Commonalities. Introduction to the FQS Thematic Section on „Researcher, Migrant, Woman: Methodological Implications of Multiple Positionalities in Migration Studies". *Forum Qualitative Sozialforschung* 16(2): Artikel 18.

O'Connell Davidson, J., 2008: If No Means No, Does Yes Mean Yes? Consenting to Research Intimacies. *History of the Human Sciences* 21(4):49–67.

Oliveira, E. & J. Vearey, 2017: Examining the Use of Participatory Visual and Narrative Methods to Explore the Lived Experience of Migrants in Southern Africa. Working Paper Nr. 50, Migrating out of Poverty Consortium. Brighton University of Sussex, https://opendocs.ids.ac.uk/opendocs/handle/20.500.12413/14865 (letzter Aufruf: 14.05.2020).

O'Neill, M., U. Erel, E. Kaptani & T. Reynolds, 2018: Participatory Theatre and Walking as Social Research Methods – A Toolkit. http://eprints.ncrm.ac.uk/4120/1/2.%20Toolkit%20PASAR%20Final%2030%20Jan%2018.pdf (letzter Aufruf: 15.03.2019).

Pereira, S., C. Maiztegui-Oñate & D. Mata-Codesal, 2016: „Transformative Looks": Practicing Citizenship through Photography. *Journal of Social Science Education* 15(4):14–21.

Pries, L. & Z. Sezgin, 2010: *Jenseits von „Identität oder Integration". Grenzen überspannende Migrantenorganisationen*. Wiesbaden: VS Verlag für Sozialwissenschaften.

Przyborski, A. & M. Wohlrab-Sahr, 2014: *Qualitative Sozialforschung: Ein Arbeitsbuch*. München: Oldenbourg.

Reisenauer, E., 2017: *Transnationale persönliche Beziehungen in der Migration. Soziale Nähe bei physischer Distanz*. Wiesbaden: VS Verlag für Sozialwissenschaften.

Riessman, C., 1993: *Narrative Analysis*. London: Sage.

Rosenthal, G., 2002: Biographische Forschung. In: Müller-Mundt, G. & D. Schaeffer (Hrsg.), *Qualitative Gesundheits- und Pflegeforschung*, S. 221–232. Bern: Huber.

Rosenthal, G., 2005: *Interpretative Sozialforschung: Eine Einführung*. Weinheim: Juventa.

Schapendonk, J., 2012: Turbulent Trajectories. Sub-Saharan African Migrants Heading North. *Societies* 2(2):27–41.

Schütze, F., 1983: Biographieforschung und narratives Interview. *Neue Praxis* 13(3):283–293.

Schwertl, M., 2010: Das Transnationale im Objekt? Identifikationsobjekte in deutsch-/ türkischen Wohnungen. In: Hess, S. & M. Schwertl (Hrsg.), *München migrantisch – migrantisches München. Ethnographische Erkundungen in globalisierten Lebenswelten*, S. 147–165. München: Utz.

Silverman, D., 1997: *Interpreting Qualitative Data: Analysing Talk, Text and Interaction*. London: Sage.

Temple, B. & R. Edwards, 2002: Interpreters/Translators and Cross-Language Research: Reflexivity and Border Crossings. *International Journal of Qualitative Methods* 1(2):1–12.

Temple, B., R. Edwards & C. Alexander, 2006: Grasping at Context: Cross Language Qualitative Research as Secondary Qualitative Data Analysis. *Forum Qualitative Sozialforschung* 7(4): Artikel 10.
von Unger, H., H. Dilger & M. Schönhuth, 2016: Ethikbegutachtung in der sozial- und kulturwissenschaftlichen Forschung? Ein Debattenbeitrag aus soziologischer und ethnologischer Sicht. *Forum Qualitative Sozialforschung* 17(3): Artikel 20.
Whyte, W. F., [1943] 1993: *Street Corner Society. The Social Structure of an Italian Slum*. Chicago, IL: University of Chicago Press.

Isabell Diekmann

12 Quantitative Methoden in der Migrationssoziologie

Einführung

Grundsätzlich liegt der Fokus quantitativer Sozialforschung auf der Überprüfung wissenschaftlicher Hypothesen und Theorien (hypothesentestende Verfahren), d. h. es existieren bereits erste Annahmen über den Forschungsgegenstand. Während sich qualitative Verfahren durch einen eher explorativen Zugang auszeichnen und versuchen, Denk- und Handlungsmuster zu *verstehen* und auf dieser Basis neue Hypothesen zu generieren und Theorien zu bilden (vgl. Flick 2014), stehen in der quantitativen Sozialforschung vielmehr die *Erklärung* von (kausalen) Zusammenhängen und Wirkweisen sowie die Quantifizierung von Phänomenen im Vordergrund (vgl. Diekmann 2011; Schnell et al. 2013). Der Vorteil quantitativer Forschungsmethoden gegenüber qualitativen Verfahren liegt auf der Hand: Zum einen erlauben sie die Bewältigung großer Datenmengen aufgrund eines hohen Maßes an Standardisierung; zum anderen zeichnen sie sich durch die potenzielle Verallgemeinerbarkeit und Repräsentativität[1] der Ergebnisse aus.

In diesem Kapitel wird diskutiert, in welchem Rahmen quantitative Methoden der empirischen Sozialforschung in der Migrationssoziologie zum Einsatz kommen. Anhand zahlreicher Beispiele wird einerseits deutlich, welche Potenziale quantitative Verfahren für die soziologische Migrationsforschung bieten, andererseits werden jedoch auch Grenzen und Herausforderungen aufgezeigt. Zu diesem Zweck werden zunächst die vielfältigen Anwendungsbereiche und Zielgruppen, welche sich mittels quantitativer Verfahren bearbeiten bzw. analysieren lassen, dargelegt. Die Darstellung einer Auswahl sowohl potenzieller Zielgruppen als auch möglicher Fragestellungen verdeutlicht in diesem ersten Schritt die Komplexität migrationssoziologischer Forschung.

Da die Erhebung quantitativer Daten oftmals mit enormen personellen wie finanziellen Ressourcen verbunden ist, bietet dieses Kapitel einen ersten Überblick über bereits vorhandene Datensätze aus großen Befragungen, deren Stichproben sich auch oder überwiegend aus Migrant*innen zusammensetzen und welche

---

1 Gemeint ist immer eine Repräsentativität im bildlichen Sinne. In einer begrenzten Stichprobe können niemals alle Merkmalsverteilungen repräsentiert werden; meistens handelt es sich um eine Zufalls- oder Quotenstichprobe (vgl. Diekmann 2011: 430).

https://doi.org/10.1515/9783110680638-012

eine Bearbeitung von Fragestellungen bezüglich Migration und Transnationalität ermöglichen. Ein besonderer Fokus liegt dabei auf der Migrationsstichprobe des Instituts für Arbeitsmarkt- und Berufsforschung und des Sozio-ökonomischen Panels (IAB-SOEP Migration Sample), welches aufgrund der umfangreichen Datengrundlage besonders gut geeignet ist, um Analysen zu migrationsspezifischen Themen (auch im Längsschnitt) für Deutschland durchzuführen.

Auch die Erhebung eigener Daten ist natürlich möglich und kann gute Gründe haben – etwa, weil es bisher keine passenden Daten zur eigenen Fragestellung oder zur fokussierten Zielgruppe gibt oder, weil eine andere Form der Datenerhebung angestrebt wird. Dieses Kapitel geht daher auch auf Spezifika und besondere Herausforderungen der Datenerhebung im Kontext der Migrationsforschung wie etwa Sprachbarrieren oder die oftmals geringe Teilnahmebereitschaft von Migrant*innen an wissenschaftlichen Studien ein.

Eine zentrale Herausforderung in der quantitativen Migrationsforschung ist die Operationalisierung verschiedener Konstrukte. Welche Rolle hierbei die Fragestellung und die Bestimmung der Zielgruppe spielen, veranschaulicht der Abschnitt zum Thema Operationalisierung am Beispiel „Migrationshintergrund" – ein Begriff, der sich in Deutschland auf wissenschaftlicher wie politischer Ebene etabliert hat. „Migrationshintergrund" ist ein Konstrukt, das unterschiedlich definiert und interpretiert werden kann, je nachdem, welche Indikatoren in der Praxis verwendet werden. Das Beispiel „Migrationshintergrund" eignet sich daher besonders gut, um die Komplexität des Prozesses der Operationalisierung sowie die dabei auftretenden Herausforderungen, wie etwa die eingeschränkte Vergleichbarkeit verschiedener Studien, darzulegen.

Abschließend werden die drei methodologischen Herausforderungen der (transnationalen) Migrationsforschung – methodologischer Nationalismus, Essenzialismus und Positionalität der Forschenden – und ihre Bedeutung für quantitative Ansätze diskutiert (vgl. Kapitel 10).

Potenzielle Anwendungsbereiche und Zielgruppen

Die potenziell zu erforschenden Zielgruppen und damit einhergehenden Fragestellungen im Kontext quantitativer migrationssoziologischer Studien sind vielfältig. So können sowohl Migrant*innen als auch Nichtmigrant*innen Teil des Forschungsinteresses der Wissenschaftler*innen sein. Menschen, die auf den ersten Blick wenig mit Migration zu tun haben und auf keine eigene Migrationsgeschichte zurückblicken können, sind dennoch nicht selten Gegenstand migrationssoziologischer Studien. Dies kann der Fall sein, weil sie trotz ihrer vermeintlichen Immobilität in transnationale Praktiken eingebunden sind (vgl. Faist 2000). Durch Migrationsbewegungen innerhalb der Familie oder des Freundeskreises, wenn bspw. die Tochter oder der beste Freund den Wohnort in ein anderes Land verlegt, oder auch als Resultat von eigenen, zeitlich begrenzten Auslandsaufenthalten wie etwa Urlauben, Auslandssemestern, Dienstreisen oder Schüler*innenaustauschprogrammen, verfügen viele Menschen über Kontakte ins Ausland und sind an transnationalen Praktiken, bspw. dem Erhalt von Geldsendungen oder dem Austausch von Ideen, beteiligt, auch wenn sie selbst ihr Heimatland nie (dauerhaft) verlassen haben. Es gibt weitere Beispiele für die Involvierung in Migrationszusammenhänge von Nichtmigrant*innen, welche dafür sorgt, dass auch Nichtmigrant*innen im Fokus der Migrationsforschung stehen können. Entweder, weil sie als Teil der Migrationsgesellschaft dennoch mit Migration und Migrant*innen in Kontakt kommen und Bedingungen im Aufnahmeland mitgestalten oder schlicht und einfach als Kontroll- bzw. Vergleichsgruppe, um Spezifika von Migrant*innen(-Gruppen) und Migration herausarbeiten zu können. Um bspw. die sozioökonomische Position von Migrant*innen zu erforschen, bietet sich ein Vergleich hinsichtlich relevanter Variablen wie Bildung, Arbeitsmarktintegration, Einkommen etc. zwischen der allochthonen, also zugewanderten, und der autochthonen, also der alteingesessenen Bevölkerung, an.

Eine weitere häufig getroffene Unterscheidung ist jene der eigenen oder familiären Migrationserfahrung, wobei Migration in diesem Fall immer internationale Migration, also die Verlegung des Wohnorts über nationalstaatliche Grenzen hinweg, meint und Binnenmigration, also Migration innerhalb eines Staates, z. B. von Hamburg nach München, unberücksichtigt bleibt. Dabei kommt es darauf an, ob jemand selbst migriert ist, sei es als Kind oder als Erwachsene*r (erste Generation) oder, ob es sich um die sogenannte zweite oder dritte Generation handelt. Letztere sind nicht selbst migriert; ihre Eltern oder Großeltern sind jedoch im Ausland geboren und verfügen über eine eigene Migrationserfahrung. Auch in Deutschland geborene Deutsche können somit als „Personen mit Migrationshintergrund" gelten, sofern sie die Nachkommen von Migrant*innen sind. Zudem kann für bestimmte Fragestellungen eine Differenzierung anhand der Anzahl der Migrationserfahrungen sinnvoll sein. Dies wäre z. B. der Fall, wenn Mobilitätsverläufe analysiert werden sollen. So können bspw. Personen mit einer einzigen Migration von denjenigen unterschieden werden, die bereits auf multiple Migrationserfahrungen zurückblicken, d. h. bereits mehr als einmal ihren Wohnort für eine längere Zeit gewechselt haben (vgl. Sienkiewicz et al. 2017). Auch die Aufenthaltsdauer im Aufnahmeland kann ein entscheidendes Kriterium sowohl zur statistischen Gruppenbildung als auch für die Wahl der Methode sein, da der Aufenthaltsstatus und die Sprachkompetenzen oftmals an die Dauer im Aufnahmeland gekoppelt sind.

Darüber hinaus können spezifische Gruppen von Migrant*innen gesondert in den Blick genommen werden. Oftmals werden diese (nicht immer unproblematischen) Kategorisierungen entlang von Migrationsmotiven, Aufenthaltsbestimmungen, (Un-)Freiwilligkeit oder temporären Aspekten vorgenommen (vgl. Kapitel 3). Sie dienen der Komplexitätsreduktion und können daher in der quantitativen empirischen Forschung von großem Nutzen sein, sollten jedoch permanent reflektiert werden. Eine in den letzten Jahren sowohl in der Politik als auch in der Wissenschaft häufig vorgenommene Kategorisierung bezieht sich bspw. auf die Fluchterfahrung von Menschen („Geflüchtete"; vgl. auch Kapitel 4 und 16). Eine weitere, im deutschen Kontext spezifische Gruppe von Migrant*innen stellen außerdem die (Spät-)Aussiedler*innen dar, die definiert werden als deutsche Volkszugehörige aus den Nachfolgestaaten der ehemaligen Sowjetunion und anderen osteuropäischen Staaten. Durch ihren besonderen historisch-rechtlichen Status und abweichende Zuwanderungsregelungen wird diese Gruppe oftmals gesondert betrachtet. Ein anderes Beispiel für Subgruppen von Migrant*innen wären Hochqualifizierte, die im Ausland studieren oder arbeiten. Diese meist temporäre Migration wird oftmals auch als (Bildungs-)Mobilität bezeichnet (vgl. Kapitel 14 und 15).

Während die qualitative Migrationsforschung vorrangig versucht, subjektive Sinnzusammenhänge verstehbar zu machen (vgl. Kapitel 11), eignen sich die auf Erklären und Überprüfen ausgerichteten quantitativen Verfahren immer dann, wenn Aussagen über Verteilungen, Ausmaße und Verbreitungen getroffen, Zusammenhänge getestet oder statistische Vergleiche angestellt werden sollen. Das Spektrum der Anwendungsbereiche ist kaum überschaubar; seine Vielfältigkeit soll jedoch im Folgenden exemplarisch verdeutlicht werden. Auf quantitative Verfahren ausgerichtete Fragestellungen im Rahmen soziologischer Migrationsforschung könnten bspw. Migrant*innen oder Personen „mit Migrationshintergrund" und Nichtmigrant*innen miteinander vergleichen, etwa in Hinblick auf ihre Armutsgefährdung (vgl. Giesecke 2017) oder ihr Einkommen (vgl. u. a. Ingwersen & Thomsen 2019). Auch Zusammenhänge lassen sich mittels quantitativer Verfahren erforschen, bspw. der Einfluss inter- bzw. intraethnischer Freundschaften auf die Beendigung von Arbeitslosigkeit (vgl. Lancee & Hartung 2012) oder der Einfluss des Alters bei der Migration auf das Bildungsniveau (vgl. Lemmermann & Riphahn 2017). Denkbar wären auch Fragestellungen zur Arbeitsmarktintegration Geflüchteter (vgl. Bürmann et al. 2018), zu Einstellungen zur Rückkehr ins Herkunftsland (vgl. u. a. Diehl & Liebau 2015) oder zur strukturellen Diskriminierung von Migrant*innen auf dem Wohnungs- oder Arbeitsmarkt (vgl. u. a. Sachverständigenrat deutscher Stiftungen für Integration und Migration 2014; Auspurg et al. 2019; Weichselbaumer 2016). Ein weiteres wichtiges Anwendungsgebiet quantitativer Verfahren stellt schließlich die transnationale Migrationsforschung dar. Die transnationale Migrationsforschung begreift Migration nicht als unwiderruflichen Prozess, sondern vielmehr als dynamisches Konzept und fokussiert dabei insbesondere grenzübergreifende Bindungen und Praktiken zwischen Migrant*innen und Nichtmigrant*innen (Faist et al. 2014; vgl. Kapitel 7). Entsprechende Forschungsinteressen widmen sich der Verbreitung und dem Ausmaß transnationaler Aktivitäten, dem Ausmaß transnationaler Bindungen oder der Häufigkeit oder Höhe von Transferleistungen, sowie der Rolle von Transnationalität als Heterogenitätsmerkmal in Bezug auf Prozesse sozialer Ungleichheit (Faist et al. 2015).

Je nachdem, welche Zielgruppe und welche Fragestellung nun im Mittelpunkt des Forschungsinteresses stehen, ergeben sich unterschiedliche Möglichkeiten und Grenzen, die für oder gegen verschiedene quantitative Datenerhebungs- und Auswertungsverfahren sprechen. Es ist deutlich geworden, dass sowohl Zielgruppen als auch Anwendungsbereiche im Rahmen der Migrationssoziologie äußerst vielfältig sein können.

Erhebung quantitativer Daten im Kontext soziologischer Migrationsforschung

In einem nächsten Schritt stellt sich die Frage, welche Daten benötigt werden, um die entsprechende Fragestellung bearbeiten zu können. Bevor unter Aufbringung enormer finanzieller wie personeller Ressourcen eigene Daten erhoben werden, lohnt oftmals ein Blick in bereits bestehende Datensätze.

In Deutschland stellt die IAB-SOEP-Migrationsstichprobe seit dem Jahr 2013 eine wertvolle Ergänzung im Rahmen des 1984 erstmals durchgeführten Sozioökonomischen Panels (SOEP) dar. Es bietet eine umfangreiche Datengrundlage mit 4.964 befragten Einzelpersonen bzw. 2.723 Haushalten (vgl. Kroh et al. 2015). Mithilfe der Migrationsstichprobe lassen sich nun unterschiedliche Migrationsbiografien nachzeichnen. Darüber hinaus enthält der Datensatz eine Vielzahl weiterer migrationsspezifischer Variablen und erfasst Informationen zu Sprachkompetenzen, Religionszugehörigkeit, subjektiven Diskriminierungserfahrungen, der aktuellen sozioökonomischen Position, der Lebenszufriedenheit, Erwerbs- und Bildungsverläufen, der Gesundheit von Migrant*innen und z. T. auch der (Groß-) Eltern und viele mehr. Seit 2016 gibt es die „SOEP-Befragung von Geflüchteten" (Refugee Sample), deren Stichprobe sich aus erwachsenen Geflüchteten zusammensetzt, die zwischen 2013 und 2016 nach Deutschland gekommen sind (vgl. Kroh et al. 2016). Die SOEP-Befragung beinhaltet u. a. Fragen bezüglich des Weges nach Deutschland, des Standes des Asylverfahrens, der Nutzung von Unterstützungsangeboten und gesellschaftlicher Teilhabe. Mithilfe dieser Datengrundlage lässt sich somit auch eine Vielzahl von Fragestellungen bearbeiten, die die jüngsten Migrationsbewegungen betreffen.

Neben dem SOEP gibt es weitere große Befragungen in Deutschland, in denen Migration zumindest teilweise eine Rolle spielt, bspw. das Nationale Bildungspanel (NEPS), die Allgemeine Bevölkerungsumfrage der Sozialwissenschaften (ALLBUS) oder der Mikrozensus sowie neuere Langzeitstudien, wie etwa die *German Emigration and Remigration Panel Study* (GERPS), die gezielt auf die Analyse von Konsequenzen internationaler Migration für den Lebensverlauf ausgerichtet ist. Darüber hinaus gibt es große internationale Studien, anhand derer sich ebenfalls migrationsbezogene Analysen durchführen lassen, wie etwa der *European Social Survey* (ESS), *Children of Immigrants Longitudinal Survey in Four European Countries* (CILS4EU), *The Integration of the European Second Generation* (TIES), *Migrants' Welfare State Attitudes* (MIFARE) oder das *Cross-National Equivalent File* (CNEF), welches auf einem harmonisierten Datensatz auf Basis nationaler Panelstudien aus Australien, Deutschland[2], Großbritannien, Russland, Schweiz, Südkorea und den USA beruht.

Trotz zahlreicher Möglichkeiten des Rückgriffs auf bereits vorhandene Daten, kann bisweilen die Erhebung eigener Daten gewünscht oder sogar notwendig sein. Dies kann der Fall sein, wenn das interessierende Thema bisher wenig erforscht wurde und es keine geeigneten Daten zur Beantwortung der Fragestellung gibt. Das trifft oftmals für relativ neue Phänomene zu, etwa für die Erforschung von Migrationsmotivationen vor dem Hintergrund neuer Migrationspolitiken oder die Analyse transnationaler Praktiken im Rahmen neuer Social Media Plattformen. Ein weiterer Grund für das Fehlen geeigneter Daten kann die problematische Beschaffung derselben sein – entweder weil der Forschungsgegenstand selbst eine Herausforderung darstellt (bspw. bei heiklen Themen wie sexuellem Missbrauch während der Flucht), weil die relevante Zielgruppe nur schwer erreichbar (bspw. wohnungslose Menschen oder Saisonarbeiter*innen) oder zu speziell (bspw. minderjährige Kinder von syrischen Akademiker*innen in Nordrhein-Westfalen) ist oder weil eine Datenerhebung aufgrund der politischen Situation, in der sich die potenziellen Teilnehmer*innen befinden, kaum oder gar nicht möglich ist (bspw. in Kriegsgebieten). Des Weiteren kann eine eigene Datenerhebung als notwendig erachtet werden, wenn sich das Forschungsvorhaben auf Regionen in der Welt bezieht, für die eine weniger umfassende Datengrundlage vorliegt als dies bspw. für Deutschland der Fall ist. Vor diesem Hintergrund kann es durchaus sinnvoll sein, personelle und/oder finanzielle Ressourcen aufzuwenden und – wenn möglich – eigene Daten zu erheben.

---

2 Die Daten für Deutschland stammen hierbei vom Sozio-ökonomischen Panel (SOEP).

Sofern die Entscheidung getroffen wurde, keine Sekundärdatenanalyse vorzunehmen, d. h. auf bereits vorliegende Daten zurückzugreifen, muss ein für die Forschungsfrage passendes Datenerhebungsverfahren ausgewählt werden. Um quantifizierbare Daten zu generieren, bieten sich verschiedene Verfahren an. Das prominenteste Datenerhebungsverfahren ist die standardisierte Befragung, aber auch die Beobachtung, die quantitative Inhaltsanalyse sowie experimentelle Designs eignen sich zur Erhebung quantitativer Daten (vgl. Burzan 2015). Es ist dabei durchaus möglich, diese Verfahren in Ergänzung zueinander zu kombinieren, also bspw. experimentelle Designs in Fragebögen einzubauen, etwa in Form von Vignetten, oder im Anschluss an eine Beobachtung eine standardisierte Befragung durchzuführen.

Alle genannten Verfahren bringen generell bereits unterschiedliche Herausforderungen mit sich; für die am häufigsten verwendete Datenerhebungsmethode der standardisierten Befragung sind dies etwa Herausforderungen in Bezug auf Interviewer*inneneffekte, das Sampling oder eine Teilnahmemüdigkeit durch sogenanntes *oversurveying* (Groves et al. 2000). Die Befragung von Migrant*innen stellt zudem eine Besonderheit dar und erfordert eine zusätzliche Auseinandersetzung mit dieser spezifischen Zielgruppe, etwa im Hinblick auf die Stichprobenziehung, die Definition der Grundgesamtheit, die Interviewsprache sowie die Auswahl der Interviewer*innen (vgl. El-Menouar 2014; Salentin 2014). Auch die unterdurchschnittliche Teilnahmebereitschaft und die mitunter schlechtere Erreichbarkeit von Migrant*innen gegenüber Nichtmigrant*innen stellt Forscher*innen vor eine besondere Herausforderung (vgl. Feskens et al. 2006). Dem Problem der schlechteren Erreichbarkeit lässt sich zumindest teilweise begegnen, indem die Kontaktwahrscheinlichkeit erhöht wird, d. h. mehr Kontaktversuche unternommen werden, Kontaktzeiträume variiert werden oder die Forscher*innen sich vorher ankündigen. Insbesondere Personen in entlegenen Regionen und/oder ohne Zugang zum Internet sind besonders schwer zu erreichen. In diesen Fällen kann es hilfreich sein, auf andere Möglichkeiten des Samplings zurückzugreifen, bspw. das Schneeballverfahren. Bei der Schneeballtechnik werden Zielpersonen gebeten, weitere Personen mit den gleichen interessierenden Merkmalen zu nennen (vgl. Diekmann 2011: 400). So lassen sich z. B. Fragebögen unter schwer zu erreichenden Personen verbreiten.

Um nun die Teilnahmebereitschaft bei den kontaktierten Zielpersonen zu erhöhen, können monetäre Anreize, sogenannte Incentives, eingesetzt werden. Die Teilnehmenden erhalten in diesem Fall eine Aufwandsentschädigung, was jedoch ein gewisses finanzielles Budget des Forschungsprojekts voraussetzt. Incentives können positive Effekte wie die Erhöhung der Rücklaufquote und schnellere Rückmeldungen zur Folge haben (vgl. Singer & Ye 2013; Stadtmüller 2009),

müssen allerdings auch kritisch betrachtet werden, etwa wenn es um forschungs-
ethische Aspekte geht (vgl. Grant & Sugarman 2004).

Auch zur Erhöhung der Teilnahmebereitschaft kann das Schneeballprinzip
wirksam sein, da hier oftmals mit persönlichen Empfehlungen gearbeitet wird
und befreundete oder bekannte Personen bereits selbst an der Studie teilgenommen haben. Das Schneeballprinzip birgt jedoch auch die Gefahr der Über- bzw.
Unterrepräsentierung einzelner Personengruppen. Dieses Verfahren ist daher
nicht immer unproblematisch und die spezifische Art des Samplings sollte unbedingt berücksichtigt werden.

Ein Problem, das für den migrationssoziologischen Kontext besonders relevant ist und über Erreichbarkeit und Teilnahmebereitschaft hinausgeht, ist die
Teilnahmeunfähigkeit aufgrund von Sprachbarrieren. Sprache kann ein grundlegendes Problem in der transnationalen Migrationsforschung sein, bspw. weil die
Sprache der Befragung nicht der Muttersprache der Teilnehmer*innen entspricht
(z. B. bei Migrant*innen der ersten Generation) oder, weil sich die Forschung
auf unterschiedliche (sprachliche) Regionen bezieht (z. B. Teilnehmer*innen in
Deutschland und der Türkei oder in den USA und Mexiko oder auch innerhalb
von Nationalstaaten, in denen eine gemeinsame Landessprache fehlt). Um dem
möglichen Antwortausfall bei standardisierten Befragungen (*non-response*) aufgrund von Sprachbarrieren entgegenzuwirken, gibt es drei Möglichkeiten: den
Fragebogen übersetzen (zu lassen), was insbesondere dann teuer werden kann,
wenn eine Vielzahl unterschiedlicher Sprachversionen benötigt wird; Interviewer*innen mit entsprechenden Sprachkenntnissen einzusetzen; oder Verwandte
oder Bekannte der Zielpersonen als Übersetzer*innen am Interview teilnehmen
zu lassen (vgl. Feskens et al. 2006). Übersetzungen sind kostenintensiv und zeit-
aufwendig und bergen darüber hinaus auch inhaltlich Probleme, etwa, weil un-
einheitliche Übersetzungen die Standardisierung gefährden oder, weil einzelne
Konzepte oder Formulierungen (z. B. „Familie") kulturell unterschiedlich verstanden werden können (vgl. Martin et al. 2006). Insgesamt sollten bei Befragungen,
bei denen die Muttersprache von Zielpersonen und Forscher*innen nicht identisch ist oder die in Regionen stattfinden, die von Vorneherein von sprachlicher
Vielfalt geprägt sind, erhöhte Kosten und ein erhöhter Zeitaufwand einkalkuliert
und etwaige Verzerrungen durch Sprachbarrieren oder schwierige Übersetzungen
bei der Interpretation der Daten berücksichtigt werden.

Neben der Datenerhebung kann auch die Entwicklung des Erhebungsinstru-
ments die Forschenden vor einige Herausforderungen stellen. Am Beispiel der
Operationalisierung des „Migrationshintergrunds", welche oftmals bereits zu Beginn des Forschungsprozesses eine große Hürde darstellen kann, wird im Folgenden sowohl die Kontextabhängigkeit grundlegender Operationalisierungen als
auch die Problematik der Vergleichbarkeit von quantitativen Studien diskutiert.

Operationalisierung: Das Beispiel „Migrationshintergrund"

Eine grundsätzliche Frage in der quantitativen Forschung stellt für viele Studierende wie auch fortgeschrittene Wissenschaftler*innen bereits die erste Herausforderung dar: Wie können die interessierenden theoretischen Konzepte messbar gemacht, d. h. operationalisiert werden? Unabhängig davon, ob eigene Daten erhoben werden oder auf bestehende Datensätze zurückgegriffen wird, ist es unerlässlich, sich mit der Operationalisierung von Konstrukten auseinanderzusetzen. Operationalisierung meint die Definition eines Konstrukts auf theoretischer (latenter) Ebene sowie die „Übersetzung" dieser Definition in das empirische Instrument (manifeste Ebene), also letztendlich den Prozess der Messbarmachung theoretischer Konstrukte anhand konkreter Variablen (vgl. Diaz-Bone 2006: 15 f.). Im Fall der Migrationssoziologie ist dies oftmals verbunden mit der Frage danach, wer überhaupt „Migrant*in" ist und was das bedeutet. Diese Frage hängt eng zusammen mit dem Prozess der Kategorisierung (vgl. Kapitel 3). Generell gibt es an dieser Stelle zwei Möglichkeiten: Entweder können die Forschenden selbst anhand mehr oder weniger objektiver Kriterien eine Kategorisierung vornehmen oder die Befragten ordnen sich – wenn möglich – selbst einer vorgegebenen Kategorie zu. In der quantitativen Forschung, die sich durch ein hohes Maß an Standardisierung und Vergleichbarkeit auszeichnet, wird häufig der erste Weg gewählt. Dieser erfordert klare und messbare Kriterien; in der Praxis können das z. B. der Geburtsort und/oder die Staatsangehörigkeit sein. In Deutschland wird für die hieraus entstehende statistische Kategorie zumeist der Begriff der „Person mit Migrationshintergrund" verwendet.

Eine allgemeingültige Definition für eine „Person mit Migrationshintergrund" gibt es trotz des scheinbar inflationären Gebrauchs des Begriffs bisher in Deutschland nicht. Das Fehlen einer offiziellen Definition mag den Vorteil bieten, die Zielgruppe der „Personen mit Migrationshintergrund" flexibel, entsprechend der jeweiligen Fragestellung und des Forschungsinteresses, zu interpretieren, kann jedoch bisweilen verwirrend sein und vergleichende Aussagen erschweren.

Verschiedene Möglichkeiten der Operationalisierung des „Migrationshintergrunds" sind denkbar und finden in der Praxis Verwendung (vgl. Maehler et al. 2016). Ein in der Soziologie häufig verwendetes Kriterium zur Bestimmung des „Migrationshintergrunds" ist bspw. der Geburtsort (in den USA etwa: *foreign-born* = *immigrant*). Hierbei handelt es sich um ein unveränderbares, d. h. zeitkonstantes Merkmal. Entsprechende Definitionen können sich nicht nur auf den Geburtsort der interessierenden Person, sondern ebenso auf den Geburtsort früherer Generationen, also der Eltern oder sogar der Großeltern, beziehen. Ebenfalls häufig zur Bestimmung eines „Migrationshintergrunds" herangezogen wird die Staatsangehörigkeit, welche in Deutschland u. a. qua Geburt (z. B. gegeben, wenn mindestens ein Elternteil über die deutsche Staatsangehörigkeit verfügt oder mindestens ein Elternteil seit acht Jahren rechtmäßig in Deutschland lebt und ein unbefristetes Aufenthaltsrecht besitzt) oder durch Einbürgerung (Naturalisation) erworben werden kann. Auch im Fall der Staatsangehörigkeit als Indikator für einen „Migrationshintergrund" können sowohl die zu beforschenden Personen selbst als auch deren (Groß-)Eltern Berücksichtigung finden. Im Unterschied zum Geburtsort ist das Kriterium der Staatsangehörigkeit jedoch im Laufe der Zeit veränderbar. Beide Kriterien finden sich implizit oder explizit in der häufig verwendeten Definition des „Migrationshintergrunds" vom Statistischen Bundesamt: „Eine Person hat dann einen Migrationshintergrund, wenn sie selbst oder mindestens ein Elternteil nicht mit deutscher Staatsangehörigkeit geboren ist. Die Definition umfasst im Einzelnen folgende Personen: 1. zugewanderte und nicht zugewanderte Ausländer; 2. zugewanderte und nicht zugewanderte Eingebürgerte; 3. (Spät-) Aussiedler; 4. mit deutscher Staatsangehörigkeit geborene Nachkommen der drei zuvor genannten Gruppen." (Statistisches Bundesamt 2017: 4).

Neben dem Geburtsort und der Staatsangehörigkeit kann außerdem die Sprachkompetenz eine wichtige Rolle bei der Operationalisierung des „Migrationshintergrunds" spielen. Sprachfähigkeiten können insbesondere bei Fragen zum Bildungserfolg eine geeignete Operationalisierungsgrundlage darstellen. Dieses Kriterium ist bedingt veränderbar: So lassen sich zwar Sprachkenntnisse generell verbessern (oder sie verschlechtern sich im Laufe der Zeit), welche Sprache(-n) als Erstsprache(-n) erlernt wurde(-n) lässt sich jedoch zu einem späteren Zeitpunkt nicht mehr ändern oder rückgängig machen. Anders als der Geburtsort und die Staatsangehörigkeit kann die Sprachkompetenz außerdem auf zwei Ebenen erfasst werden: subjektiv (Selbsteinschätzung) und objektiv (diagnostische Testverfahren).

Tabelle 12.1 zeigt vier Fallbeispiele zur Klassifizierung eines „Migrationshintergrunds" von Maehler et al. (2016), die die Problematik der Operationalisierung des „Migrationshintergrunds" verdeutlichen. Je nach Definition bzw. herangezogenem Indikator können die vier Kinder als Personen mit oder ohne „Migrationshintergrund" klassifiziert werden.

Je nachdem, welches Verständnis von „Migrationshintergrund" zugrunde gelegt wird, ändert sich nun sowohl die Größe als auch die Zusammensetzung der entsprechenden Gruppe. So konnten bspw. Dubowy et al. (2011) anhand einer Studie zu den Effekten von Vorschul-Sprachförderprogrammen auf den späteren Schriftspracherwerb mit Kindern aus Kindertageseinrichtungen in zwei hessischen Städten zeigen, dass die Zahl der „Kinder mit Migrationshintergrund" je nach Operationalisierung zwischen 80,8 Prozent (Grundlage: Muttersprache der Eltern) und 55,3 Prozent (Muttersprache des Kindes) variieren kann. Auch Gresch & Kristen (2011) konnten zeigen, dass der Anteil jener „mit Migrationshinter-

Tab. 12.1: Fallbeispiele zur Klassifizierung eines Migrationshintergrunds (Quelle: Maehler et al. 2016: 265; mit leichten Änderungen)

Fiktive Person	Hintergrundbeschreibung	Klassifikation nach Indikator…		
		zuhause gesprochene Sprache/Erstsprache	Staatsangehörigkeit	Geburtsort (eigener bzw. der der Eltern)
Nora	Nora, acht Jahre, wurde in Japan geboren. Ihre Eltern, die beide aus Deutschland stammen und die deutsche Staatsangehörigkeit haben, sind vor Noras Geburt aus beruflichen Gründen nach Japan gezogen. Als Nora fünf Jahre alt ist, zieht die Familie wieder zurück nach Deutschland.	kein Migrationshintergrund	kein Migrationshintergrund	Migrationshintergrund (Grundlage: eigener Geburtsort)
Cem	Cem, zwölf Jahre, wurde in Deutschland geboren, ebenso seine Eltern. Seine Großeltern mütterlicher- und väterlicherseits kamen als Gastarbeiter*innen aus der Türkei. In der Familie wird überwiegend türkisch gesprochen. Seine Eltern und Großeltern haben noch die türkische Staatsangehörigkeit. Cem besitzt die doppelte Staatsangehörigkeit (türkisch und deutsch).	Migrationshintergrund (überwiegend Türkisch)	Migrationshintergrund (bzw. doppelte Staatsangehörigkeit)*	kein Migrationshintergrund (Grundlage: eigener Geburtsort, bzw. Geburtsort der Eltern)
Juri	Juri, sechs Jahre, ist in Deutschland geboren. Seine Eltern sind in Brasilien geboren, haben die brasilianische Staatsangehörigkeit und leben seit zehn Jahren in Deutschland. Zuhause spricht die Familie deutsch. Juri hat die brasilianische Staatsangehörigkeit.	kein Migrationshintergrund	Migrationshintergrund	kein Migrationshintergrund (Grundlage: eigener Geburtsort) Migrationshintergrund (Grundlage: Geburtsort der Eltern)
Susannah	Susannah, zwei Jahre, wurde in den USA geboren. Ihre Mutter ist in den USA geboren und hat die US-amerikanische Staatsangehörigkeit. Ihr Vater ist in Deutschland geboren und hat die deutsche Staatsangehörigkeit. Kurz nach der Geburt zieht die Familie nach Deutschland. Sie wächst zweisprachig auf. Mit ihrer Mutter, die Englisch mit ihr spricht, verbringt sie tagsüber mehr Zeit als mit ihrem deutschsprachigen Vater.	Migrationshintergrund (überwiegend Englisch)	Migrationshintergrund (bzw. doppelte Staatsangehörigkeit)*	Migrationshintergrund (Grundlage: eigener Geburtsort)

* Dieses Kind könnte bereits allein aufgrund der doppelten Staatsangehörigkeit als mit Migrationshintergrund klassifiziert werden.

grund" abhängig ist von der jeweiligen Operationalisierung. Sie empfehlen, sich in Abhängigkeit des jeweiligen Forschungsgegenstands intensiv mit der Operationalisierung auseinanderzusetzen. Dies gilt nicht nur für eigene Forschungsvorhaben, sondern auch für Sekundärdatenanalysen. Um Ergebnisse unterschiedlicher Studien vergleichen zu können, sind Kenntnisse über die Operationalisierung des „Migrationshintergrunds" unabdingbar. Ein Blick in die Schulstatistik zeigt exemplarisch, wie unterschiedlich der „Migrationshintergrund" – wahlweise auch Migrationshinweis, Ausländer*innen oder nicht deutsche Herkunftssprache – interpretiert und definiert wird. Je nach Bundesland entscheidet die Staatsangehörigkeit (des Kindes oder der Eltern), der Geburtsort (des Kindes, der Eltern oder der Großeltern), die Erstsprache oder die dominante Sprache in der Familie, ob die Schüler*innen als Personen mit oder ohne „Migrationshintergrund" in der Statistik erfasst werden (vgl. Böckler & Schmitz-Veltin 2013).

Dass sich auch die Berücksichtigung der (in-)direkten Migrationserfahrung auf die Ergebnisse auswirken und sich eine nähere Betrachtung der Migrant*innengeneration lohnen kann, zeigen Giesecke et al. (2017). Personen mit eigener Migrationserfahrung sind stärker armutsgefährdet als „Personen ohne Migrationshintergrund". Gleiches gilt für die zweite Generation, sofern diese nicht über einen Berufsabschluss verfügt. Migrant*innen der zweiten Generation jedoch, die über eine Berufsausbildung oder einen Hochschulabschluss verfügen, unterscheiden sich in Hinblick auf die Armutsgefährdung kaum von ähnlich qualifizierten Personen ohne „Migrationshintergrund" (vgl. Gieseke et al. 2017).

Ein letztes Beispiel verdeutlicht, dass sich die Wahl der Kriterien zur Operationalisierung des „Migrationshintergrunds" nicht nur auf die Zusammensetzung und Charakteristika der gebildeten Gruppe, sondern auch in erheblichem Maße auf die Fallzahl auswirken kann. Angenommen, auf Grundlage des IAB-SOEP Migration Samples (2013) soll die Gruppe derjenigen mit sogenanntem türkischem Migrationshintergrund näher untersucht werden. Für ein eher inklusives Verständnis eines „türkischen Migrationshintergrunds" würden dabei alle Personen berücksichtigt, die *entweder* über die türkische Staatsbürgerschaft verfügen *oder* in der Türkei geboren wurden *oder* deren Eltern in der Türkei geboren wurden. Es ergibt sich in diesem Fall eine Fallzahl von 683 Personen mit „türkischem Migrationshintergrund". Wird der Geburtsort der Eltern außer Acht gelassen, beläuft sich die Fallzahl auf nur mehr 559. Sollen – im Sinne eines eher exklusiven Verständnisses – für die Kategorisierung als „Person mit türkischem Migrationshintergrund" nicht nur *entweder* Türkei als Geburtsort *oder* türkische Staatsangehörigkeit zutreffend, sondern beides gegeben sein, reduziert sich die Fallzahl noch einmal auf 298 Personen.

Wie also sollte das Konzept „Migrationshintergrund" am besten operationalisiert werden? Die angeführten Beispiele haben gezeigt, dass es keine Patentlösung für diese Problematik gibt, sondern stattdessen das Erkenntnisinteresse ausschlaggebend ist für die zu verwendende Definition des „Migrationshintergrunds". Studierende und Wissenschaftler*innen sollten sich daher zunächst fragen, welche Definition im Kontext der Fragestellung sinnvoll erscheint und, ob eine Selbstidentifikation durch die Teilnehmenden möglich ist oder, ob das Forschungsdesign bzw. -interesse eine Kategorisierung durch die Forschenden erfordert.

Darüber hinaus können auch pragmatische Gründe einen Einfluss auf die Wahl der Operationalisierung haben: Ein inklusives Verständnis des „Migrationshintergrunds" führt bspw. zu einer höheren Fallzahl als ein exklusives Verständnis. Wichtig ist jedoch, sich zum einen bei der Interpretation der Ergebnisse bewusst zu machen, welche Gruppe konstruiert und fokussiert wurde, d. h. für welche Gruppe die vorliegenden Analysen Gültigkeit besitzen, und zum anderen immer zu berücksichtigen, dass andere Studien möglicherweise andere Maßstäbe ansetzen und Ergebnisse daher nicht zwingend (uneingeschränkt) vergleichbar sind, wie das Beispiel der Schulstatistik eindrucksvoll beweist.

Methodologische Herausforderungen

Neben einigen offensichtlichen Herausforderungen quantitativer Verfahren im Allgemeinen, wie etwa der mangelnden Tiefe der Ergebnisse, z. B. wenn es um Ursachenforschung geht, und der fehlenden Flexibilität im Forschungsprozess durch die Standardisierung, steht die quantitative (transnationale) Migrationsforschung darüber hinaus vor weiteren Herausforderungen. Die drei methodologischen Herausforderungen transnationaler Migrationsforschung – methodologischer Nationalismus, Essenzialismus und Positionalität der Forschenden (vgl. Kapitel 10) – ergeben sich auch und insbesondere bei quantitativen Ansätzen.

Der methodologische Nationalismus geht implizit vom Nationalstaat als wichtigster Einheit für empirische Untersuchungen im Kontext von Migration aus (vgl. Kapitel 10). So entsteht der Eindruck, der Nationalstaat sei eine natürlich gegebene Entität und andere Analyserahmen wären kaum denkbar oder sinnlos. Dieses „Container-Denken" (vgl. Faist et al. 2014: 156) kann zu einer starken Fokussierung der Sozialwissenschaften auf nationalstaatliche Behörden und infolgedessen zu einer Vernachlässigung ganzer Migrant*innengruppen wie etwa Saisonarbeiter*innen oder irregulärer Migrant*innen führen (vgl. Horvath 2012). Darüber hinaus werden andere, quer zum Nationalstaat liegende transnationale Räume, wie etwa soziale Räume, oder andere geografische Dimensionen, z. B. regionale Vergleiche oder Stadt-Land-Vergleiche, völlig ausgeblendet und potenziellen Analysen somit nicht zugänglich gemacht. Dabei geht es nicht darum, den Nationalstaat als Analyseeinheit vollständig abzulehnen. Vielmehr sollte sich für jedes Forschungsvorhaben von neuem bewusst für einen Analysenrahmen entschieden und dieser ausreichend begründet werden. Das kann der Nationalstaat sein, sofern dieser Kontext sinnvoll erscheint, jedoch ist es wichtig, darüber hinaus weitere, alternative, ergänzende Analyserahmen zu denken und sich nicht automatisch auf den Nationalstaat zu begrenzen. Insbesondere in der quantitativen Forschung ist der Nationalstaat jedoch oftmals die erste und einzige Analyseeinheit, was nicht zuletzt daran liegt, dass sich verfügbare Datensätze – inklusive der in diesem Kapitel vorgestellten – häufig auf diesen Rahmen beziehen; ihre Reichweite somit national begrenzt ist. Auch komparative Studien vermeiden diese Problematik nicht, da sie zwar meist mehr als ein Land betrachten, der Nationalstaat jedoch weiterhin die relevante Vergleichsebene darstellt.

Neben dem methodologischen Nationalismus ist auch die Positionalität der Forschenden eine zentrale Herausforderung in der transnationalen Migrationsforschung. Positionalität bezieht sich einerseits auf unterschiedliche Ressourcen und Machthierarchien innerhalb (transnationaler) Forschungsteams und die daraus resultierenden unterschiedlichen Perspektiven, methodischen Ansätzen, Operationalisierungen und Interpretationen von Forschungsvorhaben und -ergebnissen (vgl. Faist 2012). Bei der Durchführung von Forschungsprojekten wie auch beim Umgang mit der Literatur sollte daher bedacht werden, dass oftmals ein unausgewogenes Kräfteverhältnis vorliegt, das dazu führen kann, dass bestimmte Aspekte und Räume stärker fokussiert werden als andere. Andererseits bezieht sich Positionalität aber auch auf die (Macht-)Beziehungen zwischen Forschenden und Forschungssubjekten. Während Machtverhältnisse in Forschungsteams flexibel sind und sich wandeln können, ist die Machthierarchie im Falle von Forschenden und Beforschten zumeist sehr deutlich: Die Forschenden entscheiden, welchen Fokus sie setzen, welche Fragestellungen sie beantworten wollen, welche Kategorisierungen sie vornehmen und welche Personen sie befragen oder beobachten; außerdem sind sie an der Interpretation und Veröffentlichung der Daten beteiligt. Nicht selten gibt es bspw. Finanzierungen für Forschungsprojekte im Globalen Norden, die Forschung im Globalen Süden betreiben. Hier stellt sich die Frage, wer eigentlich über wen forscht und damit eine gewisse (Deutungs-)Macht innehat (vgl. Kapitel 10). Da auch in der quantitativen (Migrations-)Forschung keine vollständige Objektivität gegeben sein kann, wäre eine stärkere Reflexion der eigenen Positionalität und der vorherrschenden Machtstrukturen von Seiten der Forschenden dringend erforderlich.

Ein weiteres, mitunter großes Problem in der quantitativen (Migrations-)Forschung ist außerdem die Herausforderung des Essenzialismus. Sowohl das Sampling als auch die Analysen finden oftmals auf Basis nationaler oder ethnischer

Kategorien statt. Dies ist problematisch, da nicht selten Kategorien unreflektiert reproduziert werden und diesen Kategorien möglicherweise Bedeutungen zugeschrieben werden, die (in dieser Intensität) in der Realität gar nicht vorhanden sind. Diversität innerhalb dieser Gruppen wird dann oftmals ausgeblendet, statt etwa regionale oder Klassenunterschiede, einen unterschiedlichen rechtlichen Status, Sprachkompetenzen oder verschiedene Herkunftsorte anzuerkennen und miteinzubeziehen (vgl. Glick Schiller & Çağlar 2009). Wie das Beispiel zur Operationalisierung des „Migrationshintergrunds" in diesem Kapitel außerdem gezeigt hat, kann die Kategorienbildung mitunter recht willkürlich und vollkommen unterschiedlich erfolgen – auch hier kommt also wieder die Positionalität ins Spiel. Forschende verfügen folglich über eine nicht zu unterschätzende Definitionsmacht. Sie können (mit-)bestimmen, wer/was zum Gegenstand von Migrations- und Integrationsdebatten wird und wer/was nicht. Werden als Migrant*innen oder „Personen mit Migrationshintergrund" bspw. überwiegend diejenigen Personen adressiert, die im Zuge der Anwerbeabkommen der 1950er- und 1960er-Jahre nach Deutschland gekommen sind bzw. deren Nachkommen oder werden auch hochqualifizierte, „erwünschte" Zugewanderte als solche betrachtet (vgl. Ulbricht 2017)? Diese Macht gilt es stetig zu reflektieren und Ergebnisse kontextbezogen zu analysieren und einzuordnen. Eine Strategie, diesen Effekt abzumildern, kann sein, nicht mit eigenen Definitionen an die Daten heranzutreten, sondern subjektive Einschätzungen von Befragten als Grundlage für die Kategorisierung heranzuziehen. Je nach Fragestellung kann es bspw. sinnvoll sein, die Teilnehmenden zu fragen, ob sie sich selbst als Migrant*in, Muslim*in, Türk*in, Kurd*in, Deutsche*r etc. beschreiben würden. Da diese Vorgehensweise voraussetzt, dass eine Selbsteinschätzung der Befragten zur Kategorienbildung ausreicht und Kenntnisse über den rechtlichen Status, Staatsangehörigkeit, Geburtsort, Sprachkompetenzen und ähnlichem verzichtbar sind, eignet sie sich längst nicht für alle Fragestellungen.

Durch die Fixierung auf die nationale und/oder ethnische Herkunft, die auch hier als natürliche Kategorien betrachtet werden, finden darüber hinaus andere Heterogenitätsmarker wie etwa das Geschlecht, das Alter, die Religionszugehörigkeit, die Klasse oder auch Transnationalität zu wenig Berücksichtigung (Diewald & Faist 2011). Dies kann fatale Folgen haben, z. B. für die Erklärung sozialer Ungleichheiten, da multiple Zugehörigkeiten, weitere Differenzierungsmerkmale und intersektionale Ansätze ignoriert werden. Letztere berücksichtigen mehr als einen dieser Heterogenitätsmarker und gehen von einer potenziellen Überschneidung (*intersection*) verschiedener Diskriminierungsformen (Crenshaw 1991) bzw. Verwobenheit oder Interdependenz unterschiedlicher Ungleichheitskategorien zur Erklärung bestimmter Phänomene aus, bspw. der besonderen Benachteiligung von Schwarzen Frauen (Winker & Degele 2009; vgl. Kapitel 17).

Quantitative Verfahren setzen nun oftmals ein gewisses Maß an Kategorienbildung voraus. Dies liegt in der Logik quantitativer Verfahren begründet, welche
Hypothesen zu testen, sozialwissenschaftliche Zusammenhänge und Wirkweisen
zu erklären, vergleichen und verallgemeinern versuchen. Um diesem Ziel und den
oftmals sehr hohen Fallzahlen gerecht werden zu können, muss eine Komplexitätsreduktion stattfinden; eine in die Tiefe gehende Analyse einzelner Fälle, wie
in der qualitativen Forschung, ist somit weder möglich noch erklärtes Ziel der
quantitativen Forschung. Die Reproduktion einzelner Kategorien lässt sich also
im Rahmen quantitativer Verfahren aus Gründen der Praktikabilität nicht vollständig vermeiden, ein unreflektierter Umgang mit selbigen jedoch sehr wohl. Für
Forschende ist es folglich zentral, ihr Vorgehen kritisch zu reflektieren und sich
der Bedeutung der Reproduktion von Kategorien bewusst zu sein.

Quantitative Methoden in der Migrationsforschung – ein Fazit

Quantitative Verfahren eignen sich immer dann, wenn große Fallzahlen bearbeitet, statistische Zusammenhänge getestet, Vergleiche angestellt und verallge-
meinerbare Aussagen getroffen werden sollen. Sie erlauben ein hohes Maß an
Standardisierung, halten den Einfluss der Forschenden vergleichsweise gering,
ermöglichen die Berücksichtigung potenzieller Störvariablen und sind – gemessen an der Fallzahl – mit einem relativ geringen Zeitaufwand durchzuführen. Es
gibt somit zahlreiche Fragestellungen und Forschungsvorhaben, bei denen quantitative Methoden zwingend erforderlich sind, bei denen sie bevorzugt eingesetzt
werden sollten oder bei denen sie eine sinnvolle Ergänzung zu qualitativen Verfahren darstellen können.

In Deutschland gibt es eine solide Grundlage quantitativer Daten, bspw. das
IAB-SOEP Migration Sample, auf die bei passender Fragestellung zurückgegriffen
werden kann. Sollen quantitative Daten eigenständig erhoben werden, gilt es insbesondere in der Migrationsforschung auf verschiedene Herausforderungen, wie
etwa Sprachbarrieren oder eine verringerte Teilnahmebereitschaft, vorbereitet zu
sein und etwaige Verzerrungen bei der Interpretation der Daten zu berücksichtigen.

Insgesamt ist ein sensibler Umgang mit quantitativen Daten unerlässlich.
Das Beispiel der Operationalisierung des sogenannten Migrationshintergrunds
hat deutlich gemacht, dass bestimmten Konstrukten unterschiedliche Vorstellungen und Ideen zugrunde liegen können und ein Blick auf die manifeste Ebene
für vergleichende Analysen unbedingt notwendig ist. Eine kritische Reflexion der
Methode ist daher sowohl für die eigene Forschung als auch bei der Bearbeitung
relevanter Studien zentral.

Quantitative Herangehensweisen sind legitim, sinnvoll und leisten einen wichtigen Beitrag zur Erkenntnisgewinnung im Rahmen der Migrationsforschung. Das bedeutet jedoch nicht, dass sie unfehlbar sind. Hochwertige quantitative Forschung erfordert daher eine reflektierte Auseinandersetzung auf unterschiedlichen Ebenen, bspw. mit dem Erhebungsinstrument, der Operationalisierung einzelner Konstrukte, der eigenen (Macht-)Position, dem Problem der Reproduktion von Kategorien sowie dem transnationalen, internationalen, nationalen oder regionalen Rahmen, in dem die Forschung stattfindet.

Literatur

Auspurg, K., A. Schneck & T. Hinz, 2019: Closed Doors Everywhere? A Meta-Analysis of Field Experiments on Ethnic Discrimination in Rental Housing Markets. *Journal of Ethnic and Migration Studies* 45(1):95–114.

Böckler, S. & A. Schmitz-Veltin, 2013: *Migrationshintergrund in der Statistik – Definition, Erfassung und Vergleichbarkeit.* Köln: Verband Deutscher Städtestatistiker (VDSt).

Bürmann, M., P. Haan, M. Kroh & K. Troutman, 2018: Beschäftigung und Bildungsinvestitionen von Geflüchteten in Deutschland. *DIW Wochenbericht* 85(42):919–928.

Burzan, N., 2015: *Quantitative Methoden kompakt.* Konstanz und München: UVK Verlagsgesellschaft mbH.

Crenshaw, K., 1991: Mapping the Margins. Intersectionality, Identity Politics, and Violence Against Women of Color. *Stanford Law Review* 43(6):1241–1299.

Diaz-Bone, R., 2006: *Statistik für Soziologen.* Konstanz: UVK Verlagsgesellschaft mbH.

Diehl, C. & E. Liebau, 2015: Turning Back to Turkey – Or Turning the Back on Germany? Remigration Intentions and Behavior of Turkish Immigrants in Germany between 1984 and 2011. *Zeitschrift für Soziologie* 44(1):22–41.

Diekmann, A., 2011: *Empirische Sozialforschung. Grundlagen Methoden Anwendungen.* Reinbek bei Hamburg: Rowohlt Taschenbuch Verlag.

Diewald, M. & T. Faist, 2011: *From Heterogeneities to Inequalities: Looking at Social Mechanisms as an Explanatory Approach to the Generation of Social Inequalities.* Nr. Nr. 1 in SFB 882 Working Paper Series. Bielefeld: DFG Research Center (SFB) 882 From Heterogeneities to Inequalities.

Dubowy, M., D. Duzy, M. V. Pröscholdt, W. Schneider, E. Souvignier & A. Gold, 2011: Was macht den „Migrationshintergrund" bei Vorschulkindern aus? Ein Vergleich alternativer Klassifikationskriterien und ihr Zusammenhang mit deutschen Sprachkompetenzen. *Schweizerische Zeitschrift für Bildungswissenschaften* 33(3):355–376.

El-Menouar, Y., 2014: Befragung von Migranten. In: Baur, N. & J. Blasius (Hrsg.), *Handbuch Methoden der empirischen Sozialforschung*, S. 787–797. Wiesbaden: VS Verlag für Sozialwissenschaften.

Faist, T., 2000: *The Volume and Dynamics of International Migration and Transnational Social Spaces.* Oxford: Oxford University Press.

Faist, T., 2012: Toward a Transnational Methodology: Methods to Address Methodological Nationalism, Essentialism, and Positionality. *Revue Européenne des Migrations Internationales* 28(1):51–70.

Faist, T., B. Bilecen, K. Barglowski & J. J. Sienkiewicz, 2015: Transnational Social Protection: Migrants' Strategies and Patterns of Inequalities. *Population, Space and Place* 21(3):193–202.

Faist, T., M. Fauser & E. Reisenauer, 2014: *Das Transnationale in der Migration. Eine Einführung*. Weinheim und Basel: Beltz Juventa.

Feskens, R., J. Hox, G. Lensvelt-Mulders & H. Schmeets, 2006: Collecting Data Among Ethnic Minorities in an International Perspective. *Field Methods* 18:284–304.

Flick, U., 2014: *Qualitative Sozialforschung. Eine Einführung*. Reinbek: rororo.

Giesecke, J., M. Kroh, I. Tucci, A. Baumann & N. El-Kayed, 2017: Armutsgefährdung bei Personen mit Migrationshintergrund – vertiefende Analysen auf Basis von SOEP und Mikrozensus. SOEP Papers on Multidisciplinary Panel Data Research. 907, DIW Berlin., Berlin.

Glick Schiller, N. & A. Çağlar, 2009: Towards a Comparative Theory of Locality in Migration Studies: Migrant Incorporation and City Scale. *Journal of Ethnic and Migration Studies* 35(2):177–202.

Grant, R. W. & J. Sugarman, 2004: Ethics in Human Subjects Research: Do Incentives Matter? *Journal of Medicine and Philosophy* 29(6):717–738.

Gresch, C. & C. Kirsten, 2011: Staatsbürgerschaft oder Migrationshintergrund? Ein Vergleich unterschiedlicher Operationalisierungsweisen am Beispiel der Bildungsbeteiligung. *Zeitschrift für Soziologie* 40(3):208–227.

Groves, R. M., E. Singer & A. Corning, 2000: Leverage-Saliency Theory of Survey Participation: Description and an Illustration. *The Public Opinion Quarterly* 64(3):299–308.

Horvath, K., 2012: National Numbers for Transnational Relations? Challenges of Integrating Quantitative Methods into Research on Transnational Labour Market Relations. *Ethnic and Racial Studies* 35(10):1741–1757.

Ingwersen, K. & S. L. Thomsen, 2019: The Immigrant-Native Wage Gap in Germany Revisited. SOEP Papers on Multidisciplinary Panel Data Research. 1042, DIW Berlin., Berlin.

Kroh, M., H. Brücker, S. Kühne, E. Liebau, J. Schupp, M. Siegert & P. Trübswetter, 2016: *Das Studiendesign der IAB-BAMF-SOEP-Befragung von Geflüchteten*. SOEP Survey Papers 365: Series C. Berlin: DIW/SOEP.

Kroh, M., S. Kühne, J. Goebel & F. Preu, 2015: *The 2013 IAB-SOEP Migration Sample (M1): Sampling Design and Weighting Adjustment*. SOEP Survey Papers 271: Series C. Berlin: DIW/SOEP.

Lancee, B. & A. Hartung, 2012: Turkish Migrants and Native Germans Compared: The Effects of Inter-Ethnic and Intra-Ethnic Friendships on the Transition from Unemployment to Work. *International Migration* 50(1):39–54.

Lemmermann, D. & R. T. Riphahn, 2017: The Causal Effect of Age at Migration on Youth Educational Attainment. SOEP Papers on Multidisciplinary Panel Data Research. 908, DIW Berlin., Berlin.

Maehler, D. B., J. Teltemann, D. P. Rauch & A. Hachfeld, 2016: Die Operationalisierung des Migrationshintergrunds. In: Maehler, D. B. & H. U. Brinkmann (Hrsg.), *Methoden der Migrationsforschung. Ein interdisziplinärer Forschungsleitfaden*, S. 263–282. Wiesbaden: VS Verlag für Sozialwissenschaften.

Martin, S., D. B. Mähler, D. Behr & S. Pötzschke, 2016: Methodische Grundlagen der quantitativen Migrationsforschung. In: Maehler, D. B. & H. U. Brinkmann (Hrsg.), *Methoden der Migrationsforschung. Ein interdisziplinärer Forschungsleitfaden*, S. 17–59. Wiesbaden: VS Verlag für Sozialwissenschaften.

Sachverständigenrat deutscher Stiftungen Integration and Migration, 2014: Diskriminierung am Ausbildungsmarkt. Ausmaß, Ursachen und Handlungsperspektiven. Berlin.

Salentin, K., 2014: Sampling the Ethnic Minority Population in Germany. The Background to „Migration Background".methoden, daten, analysen. *Zeitschrift für empirische Sozialforschung* 8(1):25–52.

Schnell, R., P. B. Hill & E. Esser, 2013: *Methoden der empirischen Sozialforschung.* München: Oldenbourg Verlag.

Sienkiewicz, J. J., I. Tucci, K. Barglowski & T. Faist, 2017: Contrast Groups Based on Spatial Mobility and Social Position for Use in the Qualitative Sample. Technical Report of the „Transnational Mobility and Social Positions in the European Union" (TransMob) Project. Working Paper 152/2017, COMCAD – Centre on Migration, Citizenship and Development., Bielefeld.

Singer, E. & C. Ye, 2013: The Use and Effects of Incentives in Surveys. *The Annals of the American Academy of Political and Social Science* 645(1):112–141.

Stadtmüller, S., 2009: Rücklauf gut, alles gut? Zu erwünschten und unerwünschten Effekten monetärer Anreize bei postalischen Befragungen. methoden, daten, analysen. *Zeitschrift für empirische Sozialforschung* 3(2):167–185.

Statistisches Bundesamt, 2017: Bevölkerung und Erwerbstätigkeit, Bevölkerung mit Migrationshintergrund, Ergebnisse des Mikrozensus, Fachserie 1, Reihe 2.2. Wiesbaden.

Ulbricht, C., 2017: *Ein- und Ausgrenzungen von Migranten. Zur sozialen Konstruktion (un-) erwünschter Zuwanderung*. Bielefeld: transcript.

Weichselbaumer, D., 2016: Discrimination Against Female Migrants Wearing Headscarves. Discussion Paper Nr. 10217., IZA.

Winker, G. & N. Degele, 2009: *Intersektionalität. Zur Analyse sozialer Ungleichheiten*. Bielefeld: transcript.

Joanna J. Fröhlich

13 Mixed Methods in der soziologischen Migrationsforschung

Einleitung

Die Migrationsforschung wird in unterschiedlichen Disziplinen, wie etwa der Geografie, Soziologie, Ökonomie, Sozialanthropologie, Erziehungswissenschaften, Gesundheitswissenschaften, Rechtswissenschaften, Psychologie und Politikwissenschaften, betrieben. Sie haben jeweils einen unterschiedlichen Fokus auf Migration und unterschiedliche Herangehensweisen. Häufig ist das Thema der Migration auch mit der Entwicklungszusammenarbeit verbunden, welche wiederum selbst sehr interdisziplinär ist. Hier finden sich, u. a., große migrationsspezifische Interessenverbände, die nach geeigneten Instrumentarien und Methoden der Prognose, Steuerung, Verhinderung oder Unterstützung von Migration und Migrant*innen suchen und sie entwickeln. Innerhalb und zwischen den verschiedenen Disziplinen gibt es verschiedene Perspektiven in Bezug darauf, wie man Forschung durchführt bzw. durchführen sollte. Innerhalb dieser Weltanschauungen (oder auch „Paradigmen" genannt) sieht man, dass bestimmte Methoden als geeignet für die eigene Forschungsperspektive angesehen werden, während andere ausgeschlossen werden.

Die Geschichte und die Grundlagen der zwei dominanten Strömungen, der qualitativen und quantitativen Methoden, wurde in den letzten vorausgehenden Kapiteln (vgl. Kapitel 11 und 12) behandelt. In den 1930er-Jahren entstand aber auch schon die erste deutschsprachige Studie in der verschiedene Forschungsmethoden genutzt wurden, um die sozio-psychologischen Folgen der Langzeitarbeitslosigkeit zu untersuchen (Jahoda et al. [1933] 2014). Die Studie „Die Arbeitslosen von Marienthal. Ein soziografischer Versuch über die Wirkungen langandauernder Arbeitslosigkeit" (auch kurz „Marienthal-Studie" genannt) von Marie Jahoda, Paul Felix Lazarsfeld und Hans Zeisel gilt bis heute als exzellentes Beispiel und Klassiker der methodenpluralen Forschung und als Grundstein der methodenpluralen Forschung in Deutschland.[1] Neben den qualitativen und quantitativen Methoden, sieht man in den letzten Jahren eine Zunahme an sogenann-

---

[1] Bei Interesse empfiehlt sich die äußerst informative Seite mit vielen originalen Dokumenten aus der Studie und wissenschaftlichen Publikationen der Universität Graz (http://agso.uni-graz.at/marienthal/index.htm; letzter Aufruf 08.05.2020).

https://doi.org/10.1515/9783110680638-013

ten Mixed Methods Studien (vgl. Small 2011), die auch in der Migrationssoziologie durchgeführt werden (für konkrete Forschungsdesigns oder Ergebnisse von Mixed Methods Studien: Recchi & Favell, 2019; Legewie & Tucci 2016; Faist et al. 2015; Sienkiewicz et al. 2017). Mixed Methods werden im deutschen Sprachgebrauch häufig als methodenplurale Forschung bezeichnet, aber man liest auch Bezeichnungen wie „Methodenkombination" oder „Methodenintegration". Im weiteren Verlauf wird Mixed Methods synonym mit methodenpluraler Forschung genutzt (für vertiefende Lektüren zu Mixed Methods empfehlen sich, u. a., Kelle 2007; Kuckartz 2014; Burzan 2016; Teddlie & Tashakkori 2009; Creswell & Plano Clark 2011). Wie und warum genau Projekte diesen Mixed Methods Ansatz umsetzen, ist zentrales Anliegen dieses Textes.

Anhand verschiedener empirischer Studien werden exemplarisch verschiedene Nutzungsbeispiele von Mixed Methods in der Migrationssoziologie aufgezeigt. Zuerst werden die Mixed Methods Studien *Bright Futures* und *Asian Educational Mobilities*, welche auch empirische Beispiele in diesem Band sind, vorgestellt. Anschließend wird eine der bekanntesten und umfangreichsten Studien in der Migrationsforschung – das *Mexican Migration Project* (MMP) – diskutiert. Abschließend wird, anhand des Projekts „Transnationalität und die ungleiche Verteilung informeller sozialer Sicherung", aufgezeigt, wie relationale soziale Netzwerkforschung und methodenplurale Forschung sich in der Migrationsforschung wertvoll ergänzen können.

Kombination von verschiedenen Daten in den Projekten *Bright Futures* und *Asian Educational Mobilities*

Die Kapitel 14 und 15 in diesem Band zeigen Ergebnisse aus den Projekten *Bright Futures* und *Asian Educational Mobilities*. In den Kapiteln wird deutlich, dass innerhalb der Forschungsprojekte verschiedene Daten genutzt werden, um sich Fragen zur Mobilität von Studierenden aus Asien zu nähern. Neben quantitativen Online-Umfragen in China, Deutschland, Japan und dem Vereinigten Königreich wurden auch qualitative Interviews mit bspw. Studierenden aus China und Japan durchgeführt, um ihre aktuelle Studiensituation, ihre Bildungsentscheidungen und Zukunftsvorstellungen, sowie allgemeine Einstellungen, zu erforschen. Zudem nutzt das Projekt auch soziale Netzwerkanalysen, um Attribute internationaler und nicht-migrierter Studierender zu vergleichen (siehe Kapitel 14). Wenn man sich die Projektbeschreibung anschaut, so kann man klar erkennen, dass es sich um ein Mixed Methods Projekt handelt, da die relevanten Kriterien für Mixed Methods erfüllt werden. Diese Kriterien unterliegen, wie auch die Mixed Methods Forschung allgemein, verschiedenen interdisziplinären Einflüsse und Forschungstraditionen. Jedoch kann man als Minimalkonsens aller festhalten: „*Mixed methods research is the type of research in which a researcher or team of researchers combines elements of qualitative and quantitative research approaches (e.g., use of qualitative and quantitative viewpoints, data collection, analysis, inference technique) for a broad purpose of breadth and depth of understanding and corroboration*" *(Johnson et al. 2007:123)*. Diese Definition besagt, dass für Mixed Methods Forschung sowohl Elemente aus dem qualitativen als auch dem quantitativen Paradigma genutzt werden müssen. Diese notwendige Bedingung wird auch dem hier im Kapitel genutzten Verständnis der methodenpluralen Forschung zu Grunde gelegt. Methodenplurale Forschung beschreibt somit nicht nur, wie häufig angenommen, dass es zwingend qualitative und quantitative Auswertungsmethoden geben muss, sondern einzelne Schritte des Forschungsprozesses dem qualitativen und quantitativen Paradigma entspringen können (wie etwa die Datenerhebung). Die Studien *Asian Educational Mobilities* und *Bright Futures* sind eindeutig Mixed Methods Studien, da quantitative Surveys und qualitative Interviews genutzt werden. Sie nutzen diese Erhebungstechniken in verschiedenen (aufeinander aufbauenden oder parallelen) Arbeitsschritten. Aber welches Ziel verfolgen Studien, wie *Asian Educational Mobilities* und *Bright Futures* mit dieser Art des Forschungsdesigns? Ein zentraler Indikator für die Intention der Forschung können die Forschungsfragen des Projektes sein. So fragt das *Bright Futures* Projekt u. a. nach Erklärungen für die Entscheidung chinesischer Studierender in China oder außerhalb Chinas zu studieren. Einen Schwerpunkt bildet hier die Frage, wie die Studierenden aus China ihre universitäre (Aus-)Bildung wahrnehmen und wie sich diese Wahrnehmungen, basierend auf den unterschiedlichen Erfahrungen international und national mobiler Studierender, unterscheiden. Zudem interessiert sich das Projekt auch dafür, wie institutionelle Kontexte sich im Mobilitätsprozess verändert haben und welche Implikationen das für den Migrationsprozess, Erwartungen und Erfahrungen der Studierenden hat. *Asian Educational Mobilities* fragt ebenfalls nach Aspirationen und Wahrnehmungen der nationalen und internationalen Studierenden aus Japan, untersucht aber auch, welche Mechanismen bei der Selektion der Gruppe der nationalen und internationalen Studierenden wirken. Alle diese Fragen könnten entweder mit qualitativen oder quantitativen Methoden beantwortet werden und die zwei Studien wählen verschiedene Forschungsdesigns, um sich den Fragen anzunähern. Während *Bright Futures* zuerst explorativ qualitative Interviews und teilnehmende Beobachtungen durchgeführt hat, um sich dem wenig bekannten Feld anzunähern und dann im Anschluss an die Erkenntnisse einen quantitativen Fragebogen entwickelt hat (sequenzielles Design), wählte das Projekt *Asian Educational Mobilities* – basierend auf den Erfahrungen aus *Bright Futures* – von Anfang an ein Forschungsdesign mit einem gleichzeitigen quantitativen Survey und qualitativen Interviews (paralleles Design).

In der Mixed Methods Forschung werden viele Gründe genannt, warum ein Mixed Methods Forschungsdesign von Vorteil und Interesse sein kann. Basierend auf den Texten von Bryman (2006) und Greene et al. (1989) werden im Lehrbuch von Creswell und Plano Clark (2011) folgende Gründe für die Mixed Methods Forschung genannt: Triangulation, größere Validität, Komplementarität, Entwicklung (von Methoden, Samplingstrategien und Messinstrumenten), Aufdeckung von Paradoxen und Widersprüchen, Ausweitung der Perspektive, Vollständigkeit, Erklärung, Kontextualisierung, Illustration, Bestätigung, Komplexität der Perspektiven, und so weiter. Zentral bei der Entscheidung für eine Mixed Methods Studie erscheint jedoch, dass sie einen Mehrwert mit sich bringen sollte, der bei dem Verbleib in einer Forschungstradition nicht gegeben ist. Die beiden gerade vorgestellten Studien nutzen Mixed Methods, um ein relative neues Forschungsfeld der (inter-)nationalen Studierenden aus China und Japan zu erschließen und so ein möglichst komplexes und komplementäres Bild des Forschungsgegenstandes zu zeichnen. Beide Projekte legen Wert darauf, Zusammenhänge in der Wahrnehmung, Bewertung und Erfahrung von (inter-)nationalen Studierenden und ihren Familien explorativ zu erkennen, zu verstehen und in quantitativen Surveys zu prüfen, ob die entdeckten Zusammenhänge häufig in größeren Stichproben vorgefunden werden können. Darüber hinaus ist das Ziel, noch nicht bekannte (oder qualitativ schwer abbildbare) Faktoren für die Unterschiede in den Wahrnehmungen, Bewertungen und Erfahrungen zu identifizieren. Weitere Gründe, die dafür sprechen können, ein Mixed Methods Design zu nutzen, zeigt das folgende Beispiel des *Mexican Migration Project*.

Das *Mexican Migration Project* (MMP) – Die bekannteste Mixed Methods Studie der Migrationsforschung

Das MMP, geleitet von dem Soziologen Douglas S. Massey und dem Sozialanthropologen Jorge Durand kann wohl als die bekannteste Mixed Methods Studie in der Migrationsforschung bezeichnet werden. Sie sticht aufgrund ihrer Pionierleistung und ihres enormen Aufwands und Umfangs heraus. Das Projekt startete im Jahre 1982 und läuft bis heute. Das Hauptinteresse ist eine vielseitige und komplexe Beschreibung der dokumentierten und – vor allem auch – undokumentierten Migration zwischen Mexiko und den USA. Im Vorfeld hat es schon viele gute einzelne Studien mit qualitativen und quantitativen Methoden gegeben, die die Migration zwischen Mexiko und den USA, die eine lange Tradition hat, beschrieben haben.

Bis zum MMP gab es aber keine Möglichkeit, längere Trends und Veränderungen in der Migration sowie Deutungsmuster und gleichzeitig auch Sinnzuschreibungen der Migrant*innen in Mexiko und den USA aufzuzeigen.

Massey selbst sagt über die Auswahl des Designs: „*[The idea of the survey is] to complement qualitative and quantitative procedures, so one's weaknesses become the other's strength, yielding a body of data with greater reliability and more internal validity than possible to achieve using either method alone*" (Massey 1987). Konzepte wie die „Reliabilität" und die „interne Validität" spielen also eine wichtige Rolle bei der Auswahl des Forschungsdesigns. Validität umfasst viele Ebenen, wie etwa die Inhalts- oder Konstruktvalidität und meint vereinfacht, dass die Messung auch das erfassen soll, was sie zu erfassen bezweckt. Als Reliabilität bezeichnet man die Zuverlässigkeit einer Messmethode. Eine reliable Studie würde unter Wiederholung der Messung unter denselben Bedingungen und an denselben Gegenständen idealerweise zu demselben Ergebnis führen. Diese so genannten Gütekriterien entspringen tendenziell dem quantitativen Forschungsparadigma. Sie werden z. T. auch im qualitativen Paradigma kritisch diskutiert und nicht zwangsläufig als fundamental für die qualitative Forschung angesehen.[2] Sicherlich kann man Masseys Aussage zur Begründung des Mixed Methods Forschungsdesigns so interpretieren, dass die qualitativen Analysen sehr wichtige und wertvolle Einsichten geben, ob quantitative Messinstrumente auch das erfassen, was sie sollen bzw., ob sie es schaffen, die Lebenswelten und Motivationen der Migrant*innen in ihrem Handeln und Bewerten adäquat abzubilden.

Das Projekt umfasst und kombiniert eine Vielzahl an Theorien, Methoden und Methodologien aus der ethnografischen Feldforschung und repräsentativen Stichprobenziehungsverfahren und statistischen Analysen. Auch werden (Stadt-) Archive genutzt, um Informationen und Daten über die Regionen im historischen Verlauf zu sammeln, um diese wiederum für die Analysen zu nutzen (Durand & Massey 2004). Dieses methodenplurale Forschungsdesign wurde gewählt, weil es den Wissenschaftler*innen als angemessen erschien, um die Migration zwischen Mexiko und den USA gleichzeitig zu betrachten. Sie können, basierend auf den verschiedenen Daten, ihre Ergebnisse auch historisch einbetten. Auch ermöglicht dieses Design, zwei parallele und ergänzende Perspektiven auf die Migration (ethnografischen Interpretierbarkeit und quantitativen Akkuratheit) abzubilden (Massey 1987; Durand & Massey 2004). Die Studie ist aber nicht repräsentativ

---

2 Lincoln und Guba (1985) sprechen anstelle von traditionell quantitativen Terminologien wie „interne und externe Validität", „Reliabilität" und „Objektivität" im qualitativen Paradigma mehr von Kriterien, wie etwa „Glaubwürdigkeit", „Angemessenheit", „Zuverlässigkeit" oder „Übertragbarkeit".

für Mexiko oder alle Migrant*innen aus Mexiko in den USA, sondern nur für die Gemeinden und Städte, die an der Studie teilnehmen (Durand & Massey 2004). Dennoch stellen die Projektleiter regelmäßig fest, dass ihre Daten große Übereinstimmungen mit den Ergebnissen von großen repräsentativen nationalen Stichproben besitzen. Darüber hinaus hat es den Vorteil, Formen der Migration (zirkulär, Transit und undokumentierte Migration) abzubilden, die in nationalen Surveys gar nicht oder nur unzureichend erfasst werden können (Durand & Massey 2004). Somit orientiert sich diese Studie viel mehr am Phänomen der Migration in all ihrer Vielfalt, als an nationalen Containern, was bei nationalen Surveys der Fall ist, auch wenn das Projekt nur implizit transnational ist (vgl. Kapitel 10).

Einen Schwerpunkt der Studie bilden soziale und ökonomische Informationen zur mexikanisch-US-amerikanischen Migration. Dabei werden Personen in beiden Ländern befragt. Das Projekt verbindet ethnografische Feldforschung mit standardisierten Fragebogenerhebungen in den USA und Mexiko und umfasst Daten auf verschiedenen Ebenen, d. h. auf Individual-, Haushalts- und Gemeindeebene. Beispielsweise besteht der große Haushaltsdatensatz hauptsächlich aus Informationen zum Einkommen, aber auch Netzwerkbeziehungen zu anderen Migrant*innen und Nichtmigrant*innen. Die Daten auf verschiedenen Ebenen erlauben die Berechnung von komplexen Mehrebenenmodellen, die den Einfluss von individuellen, familiären und regionalen Faktoren auf die Migrationsentscheidung und -verlauf untersuchen. Zudem werden auch Lebensgeschichten vielseitig erhoben. So umfassen die quantitativen Fragebögen viele Fragen zu bedeutungsvollen Lebensereignissen und -verläufen (Geburt, Hochzeit, Erwerbsleben, Migration), die retrospektiv erfasst wurden. Gleichzeitig bedient sich das Projekt auch der *oral history*, einer biografisch-narrativen Methode, die häufig in den Geschichtswissenschaften genutzt wird, in denen die Befragten in langen Gesprächen selbst, mit eigenen Worten und eigener Schwerpunktsetzung, ausführlich ihre Lebens- und Migrationsgeschichte schildern. Einen Schwerpunkt der Studie bilden zudem die so genannten Rücküberweisungen (*remittances* oder auch *migradollars*) derjenigen, die in den USA arbeiten und das Geld an ihre Angehörigen in Mexiko schicken. Darüber hinaus kommen teilweise strukturierte Fragebögen, die in Gesprächen mit einer kleineren Anzahl der Befragten genutzt werden, im MMP zum Einsatz. Hier gibt es Vorgaben zu den Themen, die mit allen Teilnehmer*innen an dem qualitativen Teil besprochen werden sollen, jedoch sind die genauen Formulierungen und auch die Reihenfolge der Fragen nicht fest vorgegeben. So kann, z. B., in den Interviews herausgearbeitet werden, welche Veränderungen die finanziellen Rücküberweisungen auf emotionaler und relationaler Ebene für die (Im-)Mobilen haben und, wie sie die Familien und Gemeinden verändern, was nicht immer ausreichend in quantitativen Surveys erfasst werden kann.

Das Design der Studie adressiert viele zentrale Anliegen der transnationalen Methodologie (vgl. Einleitung zu diesem Methodenteil und Kapitel 10). Um Positionalität zu reflektieren, arbeiten Forschungspartner*innen und Interviewer*innen in Mexiko und den USA zusammen. Es werden Wissenschaftler*innen aus beiden Ländern beschäftigt, die gemeinsam das Projekt durchführen und auch die Interviewer*innen schulen. Auch wenn kritisch angemerkt werden könnte, dass die Ressourcen für die Forschung lediglich aus den USA kommen, was zum Teil dazu führen kann, dass diese Akteure im Projekt eine ungleiche Machtposition gegenüber den Mitarbeiter*innen in Mexiko haben, ist die Ausgestaltung des Forschungsdesigns gegenüber diesem Problem sensibel und versucht es zu reflektieren (vgl. Kapitel 10 zu „Positionalität"). Dadurch, dass Daten in Mexiko und den USA gesammelt werden und das Sampling sich stark an sozialen Beziehungen orientiert (Personen, die in Mexiko interviewt wurden, geben Kontaktdaten zu Angehörigen in den USA an), werden eher soziale transnationale Räume abgebildet und nicht, wie so häufig, „nationale Container" (Faist 2000: Kapitel 8), wie man es häufig in Surveys und Studien findet, die sich ausschließlich entweder mit dem Ankunfts- oder dem Herkunftsland beschäftigen. So werden Dynamiken und Konsequenzen der Migration auf lokaler und (trans-)nationaler Ebene in Mexiko und den USA beschrieben, wodurch es möglich ist gleichzeitig zu beobachten, was im Herkunftsland und was im Einwanderungsland passiert.

Um nur exemplarisch eines von vielen Ergebnissen der Studie zu nennen: Massey und seine Kolleg*innen können belegen, dass eine höhere Grenzsicherungspolitik, nicht wie durch die Politik intendiert, zu weniger Migration führt (u. a. Massey et al. 2016). Die zunehmende Militarisierung der Grenze führt lediglich zu einer Abnahme der Zirkularität der Migration (speziell junger Männer), da es für die Migrant*innen schwieriger wird, zwischen beiden Ländern hin und her zu reisen. Die Aufenthalte in den USA werden länger (Massey et al. 2016). Somit sind die Migrant*innen länger von ihren Familienangehörigen in Mexico getrennt, oder der Druck mit der ganzen Familie zu migrieren steigt. Unter diesen Umständen siedeln die Familien aus Mexiko auch nicht mehr überwiegend in den drei Bundesländern nahe der Grenze, in denen zuvor die jungen Männer als zirkuläre Arbeiter waren, sondern über die ganzen Vereinigten Staaten verteilt (Massey et al. 2016). Wenn die Familien getrennt bleiben, führt das häufig zu zusätzlicher emotionaler Belastung und Konflikten, was wiederrum Teil der qualitativen und quantitativen Analysen ist. Die Strategien, die von Migrant*innen entwickelt werden, um damit umzugehen, werden in mehreren Studien thematisiert (z. B. Dick 2006; Li 2016).

Darüber hinaus kann die Studie zeigen, dass sich vergeschlechtlichte Rollen und Machtpositionen zwischen Männern und Frauen (Ehefrau und Ehemann, Väter und Töchter, usw.) durch die Migration verändert haben. Frauen, die getrennt von ihren Männern in Mexiko bleiben, haben mehr Verantwortung und Freiheit in Mexiko und fühlen sich in der Gesellschaft, wie auch in der Beziehung zu ihrem Mann, ermächtigt, wodurch auch der Wille und die Bereitschaft selbst in den Arbeitsmarkt einzusteigen bzw. mit dem Mann in die USA zu migrieren, um selbst berufstätig zu sein, steigen kann (Aysa & Massey 2004).

Das MMP passt sehr gut zur Mixed Methods Definition von Udo Kuckartz (2014), welche die potenzielle „Phasenhaftigkeit" der Mixed Methods Forschung sowie ihre unterschiedlichen Praktiken der Zusammenführung der qualitativen und quantitativen Elemente (einen guten Überblick über Forschungsdesigns und Phasen der Mixed Methods Forschung findet man bei Leech & Onwuegbuzie 2009) betont. Seine Definition ist sogar strenger als die zu Beginn genannte Definition bei Johnson et al. (2007), denn bei der Definition von Kuckartz ist es zwingend notwendig, dass qualitative und quantitative Daten vorliegen müssen:

Unter Mixed Methods wird die Kombination und Integration von qualitativen und quantitativen Methoden im Rahmen des gleichen Forschungsprojekts verstanden. Es handelt sich also um eine Forschung, in der die Forschenden im Rahmen von ein- oder mehrphasig angelegten Designs sowohl qualitative als auch quantitative Daten sammeln. Die Integration beider Methodenstränge, d. h. von Daten, Ergebnissen und Schlussfolgerungen, erfolgt je nach Design in der Schlussphase des Forschungsprojektes oder bereits in früheren Projektphasen (Kuckartz 2014: 33).

Zusammenfassend lässt sich über das MMP sagen, dass die Mixed Methods Perspektive zentral für das Projekt ist (Gründe für Mixed Methods sind u. a. Komplementarität, Reliabilität und Validität der Daten, Illustration und Komplexität der Perspektiven). Zudem nutzt das Projekt in allen Phasen qualitative und quantitative Forschungsdesigns, Daten und Analysemethoden (Durand & Massey 2004). Das komplexe Forschungsprojekt schafft es so, wie wahrscheinlich kein anderes Projekt der soziologischen Migrationsforschung, die vielseitigen Phänomene und Gesichter der Migration so detailliert und vielschichtig im Zeitverlauf darzustellen (weitere und vertiefende Informationen und Literatur zu diesem Projekt findet man auf der Projektseite https://mmp.opr.princeton.edu/, letzter Aufruf 08.05.2020).

Transnationalität und die ungleiche Verteilung informeller sozialer Sicherung – eine Studie mit Schwerpunkt auf transnationale Beziehungen der Sicherung

Zum Schluss soll eine soziologische Migrationsstudie mit transnationaler Methodologie detailliert vorgestellt werden, welche es sich explizit zur Aufgabe gemacht hat, sich Herausforderungen der transnationalen Methodologie zu stellen und methodenplural zu adressieren. Das Projekt „Transnationalität und die ungleiche Verteilung informeller sozialer Sicherung" beschäftigte sich mit der sozialen Sicherung von Migrant*innen in Deutschland.[3] Soziale Sicherung (gegen soziale Risiken, wie etwa Krankheit, Armut oder Arbeitslosigkeit) kann formal, also wohlfahrtsstaatlich, aber auch informell, in persönlichen sozialen Netzwerken, erfolgen. Der Zugang zu wohlfahrtsstaatlichen Sicherungsleistungen, wie auch ihr Umfang, wird meist über den rechtlichen Aufenthaltstitel geregelt und kann unterschiedlich ausfallen. Neben den Unterschieden im Zugang zur formalen Sicherung betont die Forschung zur Migration auch die grundlegende Bedeutung von persönlichen Netzwerken für die soziale Sicherung innerhalb von Staatsgrenzen und über diese hinweg. Die Forschungsfrage des Projektes war zu bestimmen, wie sich verschiedene Migrant*innengruppen mit unterschiedlichem legalem Zuwanderungsweg nach Deutschland sozial absichern. Das Interesse lag auf informellen Sicherungsstrategien (damit ist Absicherung über persönliche Beziehungen und Netzwerke gemeint), ihrer Wechselwirkung mit formaler (staatlicher) Sicherung und der Rolle von Transnationalität als persönliches Merkmal der Personen in Bezug auf die (un-)gleiche Verteilung der Absicherung (einen Überblick bieten Faist et al. 2015). Deswegen umfasst das Forschungsdesign Datenerhebungen in Emigrationsländern und im Immigrationsland. Neben Migrant*innen aus Kasachstan wurden auch Zugewanderte aus Polen und der Türkei befragt. Ziel war es, den Fokus auf soziale Beziehungen der Personen zu legen, um so den methodologischen Nationalismus zu überwinden und essenzialisierende Aussagen, bspw. über „die Pol*innen", zu vermeiden (siehe dazu auch Kapitel 10 in diesem Band). Zudem erfolgte die Auswahl der Befragten nicht auf Grund von ethnischen Kategorien, sondern anhand verschiedener legaler Zuwanderungstitel und damit verbundenen Rechten ([Spät-]Aussiedler*innen, EU-Migrant*innen, Drittstaatsangehörige; vertiefende Details zur transnationalen Methodologie des Projekts finden sich bei Barglowski et al. (2015)). Das Forschungsdesign kann als verschachteltes (*nested*) Mixed Methods Design bezeichnet werden, da alle Befragten quantitative Netzwerkkarten beantwortet haben und eine Teilmenge der Befragten zusätzlich mit qualitativen Interviews befragt wurde. In mehreren Arbeitsschritten wurden verschiedene Daten erhoben. Ein Arbeitsschritt, der sich mit den genutzten Formen und Praktiken der sozialen Sicherung beschäftigte, umfasste teilstrukturierte Interviews mit Migrant*innen in Deutschland. Zudem

---

3 Das Projekt war ein Teil des Sonderforschungsbereiches (SFB) 882 „Von Heterogenitäten zu Ungleichheiten" (2011–2015) und wurde von der Deutschen Forschungsgemeinschaft an der Universität Bielefeld gefördert. Projektleiter war Thomas Faist, seine Mitarbeiterinnen Anna Amelina, Karolina Barglowski, Başak Bilecen und Joanna Fröhlich (geb. Sienkiewicz).

wurden Interviews mit Angehörigen in den Herkunftsländern und Personen ohne Migrationserfahrung in den Herkunftsländern geführt. Dazu gab es in jedem Herkunftsland Kooperationspartner*innen, die die Interviews erhoben und gemeinsam mit den Wissenschaftler*innen aus den anderen beteiligten Ländern ausgewertet haben. Dieses ermöglichte es, Deutungsmuster und Sinnzuschreibungen im Austausch aus beiden Regionen zu erarbeiten und so – im Sinne der transnationalen Methodologie – Positionalität und Machtasymmetrien in der Analyse und Deutung von Daten zu reflektieren.

Die Auswahl der Teilnehmer*innen basierte auf einem Schneeballsampling, d. h. die ersten Interviewten, die bspw. aber nicht ausschließlich über polnisch- oder russischsprachige Kirchengemeinden angesprochen wurden, wurden nach potenziellen weiteren Interviewkontakten für die Studie gefragt. Während der qualitativen Interviews wurden auch die interpersonellen Netzwerke der sozialen Sicherung in den Bereichen der Pflege und Fürsorge, des Informationsaustausches und der finanziellen Hilfe abgefragt. Basierend auf diesen Informationen wurde ein Netzwerkdatensatz der sozialen Sicherung mit egozentrierten Netzwerken erstellt, der Informationen über die informelle Sicherung, sowie die Befragten, ihre Angehörigen und Freunde sowie das Netzwerk im Allgemeinen enthält. Mit Hilfe einer zusätzlichen Erhebungsphase, ohne teilstrukturierte Interviews, konnte der Datensatz für die Netzwerkkarten verfünffacht werden, was eine detailliertere quantitative Auswertung dieser Netzwerkdaten ermöglichte. Eine Innovation des Projekts war es, einen Index zu bilden, der die Transnationalität der Befragten messen sollte. Dieser Index umfasst u. a. Variablen zur Häufigkeit der Besuche im Herkunftsland, Häufigkeit der Nutzung von Medien aus dem Herkunftsland, Nutzung der Herkunftssprache im Alltag, etc. (genauere Beschreibungen finden sich bei Bilecen & Sienkiewicz 2015). Um Informationen über die informellen Sicherungsstrategien, die Rechte der Migrant*innen und formale Sicherung innerhalb der verschiedenen Wohlfahrtsregime zu erhalten, wurden in einem weiteren Schritt Expert*inneninterviews und Dokumentenanalysen im Herkunfts- und Ankunftsland durchgeführt. Zudem fanden auch teilnehmende Beobachtungen in beiden Migrationskontexten statt, die einen tieferen Einblick in die informellen Praktiken der Sicherung und in ungleichheitsrelevante Kategorisierungen gegeben haben. Ziel des Mixed Methods Designs war es, ein komplementäres Bild der sozialen Sicherung von Migrant*innen in Deutschland zu bekommen. Dazu konnte die Soziale Netzwerkanalyse (SNA) als sehr vielversprechende und integrative Schnittstelle zwischen qualitativer und quantitativer Forschung genutzt werden, da sie sich an den sozialen Beziehungen orientiert und somit große Schnittstellen zu den Interviews mit den Befragten aufzeigt.

Dieser Mehrwert der SNA soll exemplarisch an folgendem Beispiel zu Kasachstandeutschen aus dem Projekt dargestellt werden: Die Analysen der Netzwerke der Migrant*innen aus Kasachstan haben gezeigt, dass ihre Kontakte in den Netzwerken, die sie als relevant für ihre soziale Sicherung angegeben haben, wenig transnational sind. Die Abbildung 13.1 zeigt ein typisches Netzwerk von Kasachstandeutschen in dem Projekt.

Die Abbildung der egozentrierten Netzwerkanalyse von Julia (55 Jahre alt) zeigt konzentrische Kreise, die jeweils darstellen, wie wichtig die genannten Personen in der Wahrnehmung der sozialen Sicherung der Befragten sind. Die meisten Personen sind (sehr) wichtig, und mit diesen Personen wird überwiegend soziale Sicherung ausgetauscht. Der Austausch informeller Sicherung wird durch die Linien zwischen Julia in der Mitte und den Personen angezeigt. Dunkelgraue Verbindungslinien stehen für Pflege und Fürsorge, hellgraue Linien für Informationsaustausch und mittelgraue für finanzielle Unterstützung. In dieser Darstellung wird angezeigt, ob diese Art der Absicherung in irgendeine Richtung innerhalb der letzten zwölf Monate geflossen ist. In Julias Netzwerk wird deutlich, dass sie soziale Absicherung in Form von Informationen und Pflege austauscht. Dabei sind Familienmitglieder im Kreis „sehr wichtig" stärker in diesem Austausch involviert. Die Kollegin im gleichen Kreis wird von Julia als sehr wichtig für die soziale Sicherung angesehen, aber *de facto* haben sich die zwei in den letzten zwölf Monaten nicht in den abgefragten Dimensionen unterstützt. Man sieht darüber hinaus in diesem Netzwerk, dass alle Kontakte in Deutschland leben und keine Angehörigen in Kasachstan als relevant für die soziale Sicherung genannt wurden. Julias Netzwerk ist an dieser Stelle ein Beispiel für viele Netzwerke von Kasachstandeutschen, die angegeben haben, dass für ihre soziale Sicherung Kontakte aus Kasachstan nicht relevant sind. Das heißt aber nicht, dass Migrant*innen aus dieser Region nicht transnational in anderen Dimensionen sind. So geben die Interviewten an, häufig Kontakt nach Kasachstan zu haben, wie die anderen Daten des Projekts zeigen.

Die Verteilung der Transnationalität der Befragten in der Abbildung 13.2 zeigt, dass es keine eindeutige Tendenz in der Transnationalität aller befragten Kasachstandeutschen gibt. Vielmehr sind sie unterschiedlich stark transnational, wenn auch in der Tendenz die Befragten zum linken Spektrum der Verteilung (wenig transnational) neigen und nur vereinzelt sehr stark transnational sind. So geben etwa 45 Prozent der Befragten an, dass sie häufig russischsprachige Medien nutzen. Reisen nach Kasachstan finden aber selten statt (42 Prozent der Befragten sagen, dass sie nie nach Kasachstan reisen und nur eine Person reist häufiger als einmal pro Jahr). Wiederum haben 20 Prozent der Befragten mehrmals die Woche Kontakt mit Angehörigen aus Kasachstan und 40 Prozent etwa einmal die Woche.

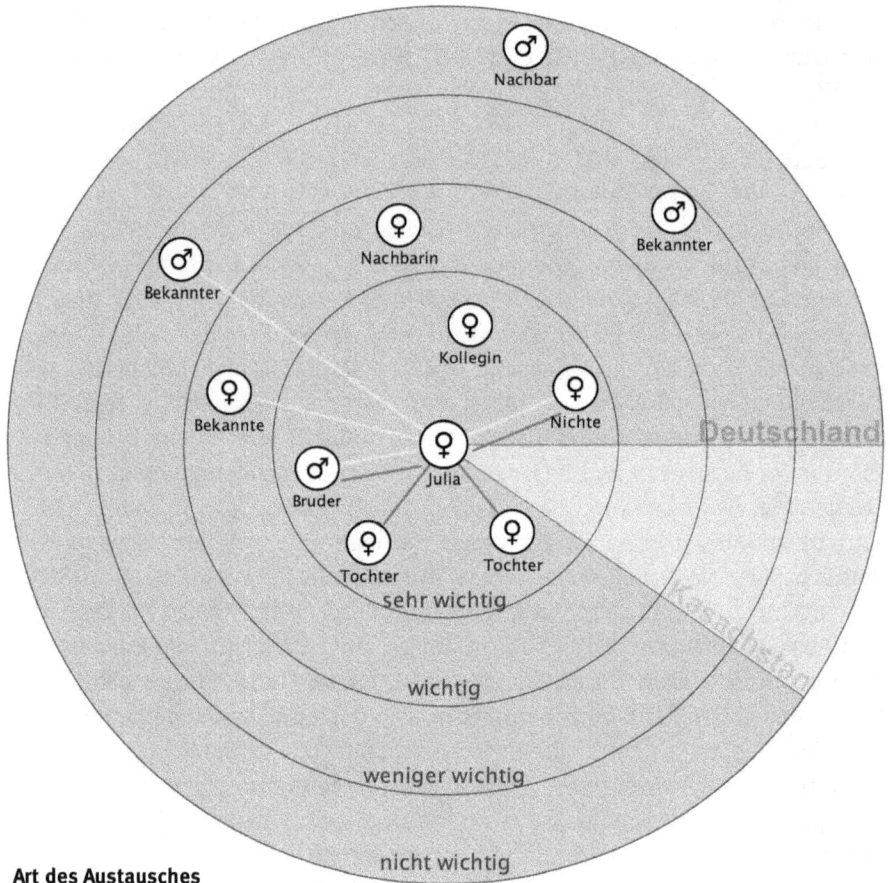

Abb. 13.1: Egozentriertes Netzwerk einer Migrantin aus Kasachstan. Daten aus dem C3 Projekt des SFBs 882 (Quelle: eigene Darstellung)
Beschreibung: Konzentrische Kreise zeigen die Relevanz der Kontakte für die soziale Sicherung der Befragten (Julia in der Mitte) an. Linien visualisieren verschiedene Arten des Austausches sozialer Sicherung in den letzten zwölf Monaten. Zur Visualisierung wurde das kostenfreie Programm Vennmaker (http://www.vennmaker.com/, letzter Aufruf: 08.05.2020) genutzt.

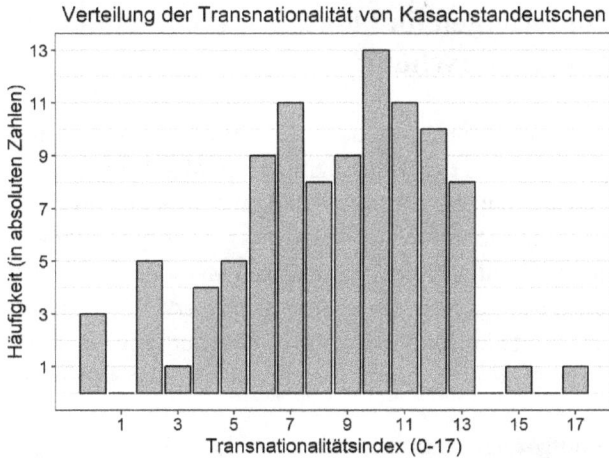

Abb. 13.2: Verteilung des Transnationalitätsindexes innerhalb der Migrant*innengruppe aus Kasachstan. Daten aus dem C3 Projekt des SFBs 882 (Quelle: eigene Darstellung)
Anmerkung: Der Index setzt sich aus verschiedenen Variablen zusammen, die u. a. die Häufigkeit von Reisen ins Herkunftsland, Kontakt mit dem Herkunftsland, Nutzung von Medien aus dem Herkunftsland, Nutzung der Herkunftssprache umfassen.

Dies zeigt, dass es soziale Beziehungen gibt, die regelmäßig und in kurzen Intervallen kommunikativ aufrecht gehalten werden. Dies sind Beispiele, dass die Transnationalität der Befragten sehr unterschiedlich ist und auch viele Personen häufig Kontakt zu ihren Angehörigen in Kasachstan haben, auch wenn sie diese nicht als relevante Personen in den Netzwerken angeben (weitere Zahlen finden sich bei Bilecen & Sienkiewicz 2015 und Sienkiewicz 2015). Gleichzeitig haben die Analysen der qualitativen Interviews gezeigt, dass, obwohl in der Tendenz wenige Angehörige in Kasachstan geblieben sind, da meistens ganze Familien und Dörfer nach Deutschland migriert sind, der Kontakt zu ihnen emotional sehr wichtig für die Angehörigen in Deutschland ist (siehe auch Sienkiewicz et al. 2015). Somit ergeben die Netzwerkanalysen mit quantitativen Analysen und qualitativen Interviews ein komplexes und komplementäres Bild der Transnationalität und der Bedeutung der transnationalen sozialen Beziehungen der Kasachstandeutschen. Die Orientierung an den sozialen Beziehungen ist hierbei ein Weg, durch den die soziale Netzwerkanalyse essenzialistischen Zuschreibungen entgegen tritt, da die aufgezeigten Analysen zeigen, dass man nicht von „der Transnationalität" oder „der sozialen Absicherung" von „Migrant*innen aus Kasachstan" sprechen kann (vgl. Kapitel 10). Und erst der Mixed Methods Perspektive gelingt es, diese aufzuzeigen und somit ein vielseitiges Bild der transnationalen sozialen Sicherung zu zeichnen.

Chancen und Herausforderungen für künftige methodenplurale Forschung in der Migrationsforschung

Die drei zuvor beschriebenen Studien sind gute Beispiele, die aufzeigen, wie und warum methodenplurale Forschung in der Untersuchung von Migration genutzt wird. Es wurde deutlich, dass die Studien zwar verschiedene Fragen adressieren, jedoch immer Fragen stellen, die nicht nur mit qualitativen oder quantitativen Methoden beantwortet werden könnten. Auch wenn Mixed Methods in der Forschung etabliert ist und auch eine Zunahme der Studien klar zu erkennen ist, soll in diesem Abschluss auch kurz auf häufige Kritik an Mixed Methods eingegangen werden, um zu verstehen, in welchen Bereichen Grenzen, aber auch Stärken des Ansatzes liegen:

Wie in diesem Beitrag aufgezeigt, kann die Mixed Methods Forschung aus mannigfaltigen Gründen als Chance und Möglichkeit gesehen werden, um empirische Untersuchungen von Fragestellungen anzugehen. Gleichzeitig gibt es in den wissenschaftlichen Diskursen zu Mixed Methods immer wieder die Kritik und Unsicherheiten, wie genau man Mixed Methods Forschung betreiben soll. Vorwürfe an die (soziologische) Mixed Methods Forschung sind u. a., kein eigenständiges Forschungsparadigma zu sein, kein ausreichendes methodologisches Fundament zu haben oder sogar „unmöglich" zu sein, da qualitative und quantitative Forschungsparadigmen nicht vereinbar seien (einen konstruktiven Überblick über Probleme der Integration liefert u. a. Bryman 2007). International kam es auf der Konferenz der *American Evaluation Association* 1994 zum Höhepunkt der Diskussion, ob eine post-positivistische Weltanschauung (die eher quantitativer Forschung zugeordnet wird) mit einer konstruktivistischen Weltanschauung (häufig in der qualitativen Forschung) vereinbar ist (vgl. Kuckartz 2014). Die Mixed Methods Forschung verhält sich hier eher inklusiv und vertritt die Meinung, dass alle Wahrheiten, wissenschaftliche Weltanschauungen und erprobten und anerkannten Verfahren geeignet sind, da das Hauptinteresse auf der Forschungsfrage, die mit geeigneten Methoden beantwortet werden soll, liegt. Auch wird auf der Suche nach einer paradigmatischen Grundlage der Mixed Methods Forschung zum Teil behauptet, dass philosophische Grundlagen und Forschungsmethoden nicht zwangsläufig eng verbunden seien (Denzin & Lincoln 2005) und somit *what works* als zentrale und pragmatische Vorgehensweise in der Forschung vorgeschlagen (Teddlie & Tashakkori 2009; Morgan 2007). Inklusiv und pragmatisch ist die Mixed Methods Forschung dadurch, dass sie stark von verschiedenen Forschungsrichtungen aus verschiedenen Disziplinen und ihrem Austausch („Interdisziplinarität") geprägt ist. So war auch einst die Marienthalstudie als Forschung zwischen Soziologie, Psychologie, Geografie und Wirtschaftswissenschaften zu verstehen und somit ebenfalls interdisziplinär ausgerichtet. Auch die vorgestellten Migrationsstudien haben verschiedene disziplinäre Interessen (u. a. Soziologie, Anthropologie, Bildungswissenschaften) und wählen jeweils unterschiedliche Methoden, um die jeweiligen Fragen zu beantworten. Sie können die Frage nach den methodologischen Grundlagen des „dritten Forschungsparadigmas" nicht umfassend klären, und so muss diese Frage in Zukunft weiter diskutiert werden.[4] Aber gerade daraus kann auch kreatives und innovatives Denken jenseits der Forschungsparadigmen entstehen, welches in Zukunft dazu beitragen kann, neue Perspektiven und Erkenntnisse jenseits von paradigmatischen Grenzen zu generieren. Speziell die Nutzung der Mixed Methods Forschung in der Migrationsforschung scheint dafür besonders fruchtbar, da beide eine Tradition der Internationalität und Interdisziplinarität haben. Beispielsweise die transnationale Methodologie und die soziale Netzwerkanalyse, die sich an sozialen Beziehungen orientiert, bieten viele Anknüpfungspunkte, welche die häufig nationale Perspektive von Surveys und kleine qualitative Samples ergänzen können (siehe dazu auch Dominguez & Hollstein 2014; Fauser 2017; Ryan & D'Angelo 2018). Wie man das in einzelnen konkreten Projekten umsetzen kann, wurde in diesem Artikel an vielen Stellen exemplarisch dargestellt.

Literatur

Aysa, M. & D. S. Massey, 2004: Wives Left Behind: The Labor Market Behavior of Women in Migrant Communities. In: Durand, J. & D. S. Massey (Hrsg.), *Crossing the Border*, S. 131–144. New York, NY: The Russel Sage Foundation.

Barglowski, K., B. Bilecen & A. Amelina, 2015: Approaching Transnational Social Protection: Methodological Challenges and Empirical Applications. *Population, Space and Place* 21(3):215–226.

Bilecen, B. & J. J. Sienkiewicz, 2015: Informal Social Protection Networks of Migrants: Typical Patterns in Different Transnational Social Spaces. *Population, Space and Place* 21(3):227–243.

Bryman, A., 2006: Integrating Quantitative and Qualitative Research: How Is It Done? *Qualitative Research* 6(1):105–107.

Bryman, A., 2007: Barriers to Integrating Quantitative and Qualitative Research. *Journal of Mixed Methods Research* 1(1):8–22.

Burzan, N., 2016: *Methodenplurale Forschung. Chancen und Probleme von Mixed Methods.* Weinheim und Basel: Beltz Juventa.

---

4 Ähnliche Ausführungen zu noch nicht ausreichend konkretem systematischem methodologischem Wissen, wie Kritiken an gängigen Forschungsströmungen genau umgesetzt werden sollen, finden sich auch in der Diskussion in der transnationalen Methodologie und etablierter Methoden (siehe auch Kapitel 10 dieses Bandes).

Creswell, J. W. & V. L. Plano Clark, 2011: *Designing and Conducting Mixed Methods Research*. Thousand Oaks, CA: Sage.

Denzin, N. K. & Y. S. Lincoln (Hrsg.), 2005: *The SAGE Handbook of Qualitative Research*. Thousand Oaks, CA: Sage.

Dick, H. P., 2006: Haciendo de Tripas el Corazón/Plucking Up Courage: Migration, Family, Internal Conflict, and Gender in Veronica's Story. *Migration Letters* 3:67–75.

Domínguez, S. & B. Hollstein (Hrsg.), 2014: *Mixed Methods Social Networks Research: Design and Applications*. New York, NY: Cambridge University Press.

Durand, J. & D. S. Massey, 2004: *Crossing the Border: Research from the Mexican Migration Project*. New York, NY: The Rusell Sage Foundation.

Faist, T., 2000: *The Volume and Dynamics of International Migration and Transnational Social Spaces*. Oxford: Oxford University Press.

Faist, T., B. Bilecen, K. Barglowski & J. J. Sienkiewicz, 2015: Transnational Social Protection: Migrants' Strategies and Patterns of Inequalities. *Population, Space and Place* 21(3):193–202.

Fauser, M., 2017: Mixed Methods and Multisited Migration Research: Innovations from a Transnational Perspective. *Journal of Mixed Methods Research* 12(4):1–19.

Greene, J. C., V. J. Caracelli & W. F. Graham, 1989: Towards a Conceptual Framework for Mixed-Method Evaluation Designs. *Educational Evaluation and Policy Analysis* 11(3):255–274.

Jahoda, M., P. F. Lazarsfeld & H. Zeisel, [1933] 2014: *Die Arbeitslosen von Marienthal. Ein soziographischer Versuch über die Wirkungen langandauernder Arbeitslosigkeit*. Frankfurt a. M.: Suhrkamp.

Johnson, R. B., A. J. Onwuegbuzie & L. A. Turner, 2007: Towards a Definition of Mixed Methods Research. *Journal of Mixed Methods Research* 1(2):112–133.

Kelle, U., 2007: *Die Integration qualitativer und quantitativer Methoden in der empirischen Sozialforschung. Theoretische Grundlagen und methodologische Konzepte*. Wiesbaden: VS Verlag für Sozialwissenschaften.

Kuckartz, U., 2014: *Mixed Methods: Methodologie, Forschungsdesigns und Analyseverfahren*. Wiesbaden: VS Verlag für Sozialwissenschaften.

Leech, N. L. & A. J. Onwuegbuzie, 2009: A Typology of Mixed Methods Research Designs. *Quality & Quantity* 43:265–275.

Legewie, N. & I. Tucci, 2016: Panel-basierte Mixed-Methods-Studien: Design, Feldzugang, Potentiale und Herausforderungen am Beispiel der Studie „Das Erwachsenwerden der Nachkommen von GastarbeiterInnen in Deutschland". SOEPpapers on Multidisciplinary Panel Data Research 872, DIW Berlin, Berlin.

Li, S., 2016: The Determinants of Mexican Migrants' Duration in the United States: Family Composition, Psychic Costs and Human Capital. *IZA Journal of Migration* 5(1):1–28.

Lincoln, Y. S. & E. G. Guba, 1985: *Naturalistic Inquiry*. Thousand Oaks, CA: Sage.

Massey, D. S., 1987: The Ethnosurvey in Theory and Practice. *The International Migration Review* 21(4):1498–1522.

Massey, D. S., J. Durand & K. A. Pren, 2016: Why Border Enforcement Backfired. *American Journal of Sociology* 121(5):1557–1600.

Morgan, D. L., 2007: Paradigms Lost and Pragmatism Regained: Methodological Implications of Combining Qualitative and Quantitative Methods. *Journal of Mixed Methods Research* 1(1):48–76.

Recchi, E. & A. Favell, 2019: *Everyday Europe: Social Transnationalism in an Unsettled Continent*. Bristol: Policy Press.

Ryan, L. & A. D'Angelo, 2018: Changing Times: Migrants' Social Network Analysis and the Challenges of Longitudinal Research. *Social Networks* 53:148–158.

Sienkiewicz, J. J., 2015: Informelle (trans-)nationale soziale Sicherung von Kasachstandeutschen in Deutschland. In: Kaiser, M. & M. Schönhuth (Hrsg.), *Zuhause? Fremd? Migrations- und Beheimatungsstrategien zwischen Deutschland und Eurasien*, S. 355–378. Bielefeld: transcript.

Sienkiewicz, J. J., Y. Sadovskaya & A. Amelina, 2015: The Kazakh–German Social Space: Decreasing Transnational Ties and Symbolic Social Protection. *Population, Space and Place* 21(3):270–281.

Sienkiewicz, J. J., I. Tucci, T. Faist & K. Barglowski, 2017: Contrast Groups Based on Spatial Mobility and Social Position for Use in the Qualitative Sample: Technical Report of the „Transnational Mobility and Social Positions in the European Union" (TransMob) Project. Working Paper 152/2017, COMCAD – Centre on Migration, Citizenship and Development, Bielefeld.

Small, M. L., 2011: How to Conduct a Mixed Methods Study: Recent Trends in a Rapidly Growing Literature. *Annual Review of Sociology* 37:57–86.

Teddlie, C. & A. Tashakkori, 2009: *Foundations of Mixed Methods Research: Integrating Quantitative and Qualitative Approaches in the Social and Behavioural Sciences*. Thousand Oaks, CA: Sage.

Teil IV: **Weiterführende Forschungsperspektiven**

https://doi.org/10.1515/9783110680638-part04

Während die Teile II und III dieser Einführung die theoretischen und methodologischen Grundlagen zur Erforschung von Migration gelegt haben, so verweist dieser Teil IV auf wichtige weiterführende Forschungsperspektiven und aktuelle Forschungsfelder. Dementsprechend führen die fünf Beiträge nicht nur in die jeweiligen inhaltlichen Themenfelder ein, wie beispielsweise Klimawandel und Migration oder Gender und Migration, sondern befassen sich auch damit, auf welche Weise migrationssoziologische (empirische) Analysen und Diskussionen geführt werden können. Gemeinsam ist den Kapiteln, dass sie erstens nicht auf Migrant*innen als vermeintlich einheitliche Gruppe Bezug nehmen. Vielmehr stehen in den Kapiteln spezieller definierte Kategorien – u. a. internationale Studierende, Geflüchtete, transnationale Familien – im Mittelpunkt. Neben der Vielfältigkeit konkreter Forschungsgegenstände, die migrationssoziologischen Analysen und Diskussionen zugänglich sind, machen die Kapitel auch auf die beiden zentralen Aspekte der Einführung aufmerksam: Ungleichheit und Transnationalisierung.

Andrés Cardona, Janina Jaeckel und Başak Bilecen befassen sich ihn ihrem Beitrag mit Migration im Kontext einer für soziale Ungleichheit wesentlichen Thematik, nämlich die Anpassungsfähigkeit von Studierenden an ihre Umgebung. Der Fokus liegt auf dem Zusammenhang zwischen sozialen Netzwerken und dem Wohlbefinden von internationalen und einheimischen Studierenden in Deutschland. Die Autor*innen veranschaulichen Potenziale und Grenzen eines methodischen Zugangs am Beispiel der Netzwerkanalyse. In diesem Zusammenhang zeigt die Analyse, wie die Typisierung von Netzwerken internationaler Studierender unabhängig von deren Nationalität funktionieren kann.

Auch der Integrationsbegriff von Takuma Fujii ist nicht auf eine nationalstaatliche Einheitssemantik beschränkt. Vielmehr geht es in diesem Beitrag darum zu zeigen, welche alternativen Gesellschaftsbegriffe für die Migrationssoziologie auch sinnvoll sein können. Im Zentrum der Analyse steht die Entwicklung eines transnationalen Integrationsbegriffs. Anstelle der Migration *zwischen* beliebigen Nationalstaaten stehen räumliche Bewegungen *innerhalb* eines staatenübergreifenden Feldes im Fokus dieses theoretischen Zugangs. Zudem wird angenommen, dass ein soziales Gefüge, in das Menschen integriert werden, ein gewisses dominantes Homogenitätsmerkmal aufweist – für die Assimilationstheorie der *Chicago School* war es die *mainstream culture*, für den hier verwendeten transnationalen Integrationsbegriff ist es die feldspezifische Logik oder Konvention.

Tobias Gehrings Beitrag widmet sich der Fluchtmigration in Afrika, wo weitaus mehr Geflüchtete als in Europa leben, setzt diese in Bezug zu verschiedenen soziologischen Konzepten und geht auf Potenziale und Herausforderungen von Forschungen zu diesem Thema ein, wie etwa die Positionalität von Forscher*innen. Mit der Analyse unterstreicht der Autor die Bedeutung der Diversität von Fluchtursachen, die Gruppenzugehörigkeiten von Flüchtlingen und die in Debatten über Fluchtmigration zu Wort kommenden Akteur*innen.

Anna Amelina und Miriam Friz Trzeciak besprechen in ihrem Kapitel, wie die (transnationale) Migrationsforschung von der Genderforschung inspiriert wird. Damit fassen sie überblicksartig die Entwicklungen von Konzepten aus diesen Forschungsfeldern zusammen. Die gendersensible Migrationsforschung fragt nach der Vergeschlechtlichung der Migration. In welchem Migrationskontext spielt die Unterscheidung der Gesellschaften nach Geschlecht eine Rolle für die (Re-)Produktion von Ungleichheit? Der Beitrag zeigt u. a. anhand des Forschungsfelds der Care-Tätigkeiten (Fürsorge), wie vergeschlechtlichte Machtasymmetrien im Kontext transnational organisierter Familien und transnationaler Mutterschaft entstehen und reproduziert werden.

Thomas Faist und Kerstin Schmidt rekonstruieren in ihrem Beitrag den Diskurs um den Zusammenhang von Klimawandel und Migration. Dabei zeigen sie erstens, wie die Themen Klimawandel und Umweltzerstörung in der Migrationssoziologie berücksichtig werden können und zweitens, dass eine zu einfache mechanistische Ursache-Wirkung Erklärung dem komplexen Zusammenhang aus Umweltzerstörung und Migration nicht gerecht wird. Vielmehr sollte die Entscheidung zur Migration als eine Adaptionsstrategie im Kontext multipler Ursachen und von sozialen Ungleichheiten verstanden werden. Aus dieser Ungleichheitsperspektive kann analysiert werden, wie soziale Ungleichheiten durch Klimawandel und Umweltzerstörung verursacht oder verstärkt werden und welche Auswirkungen dies auf Migrationsentscheidungen hat. Diese Analyse baut auf verschiedenen Generationen von Forschung in diesem Themenfeld auf: Kernkonzepte sind dabei Vulnerabilität, Resilienz und soziale Transformation.

Andrés Cardona, Janina Jaeckel und Başak Bilecen

14 Bildungsmobilität: Eine Netzwerkperspektive

Einleitung

Die Anzahl internationaler Studierender steigt weltweit und Deutschland ist keine Ausnahme. 2017 waren ungefähr 359.000 ausländische Studierende an deutschen Universitäten eingeschrieben, was einem Anstieg von 5 Prozent im Vergleich zum Vorjahr darstellt. Eine Vielzahl der Studierenden kommt aus Asien, wobei das häufigste Herkunftsland China darstellt (Wissenschaft Weltoffen 2018). Der generelle Anstieg internationaler Studierender führte global und auch in Deutschland zu einem vermehrten Interesse in Politik und Wissenschaft.

Studien zur Mobilität internationaler Studierender sind sowohl auf der Makro- als auch auf der Meso- und Mikroebene angesiedelt. Auf der Makroebene wird zumeist die Anzahl internationaler Studierender in einem Nationalstaat betrachtet, um Gründe und Folgen der Mobilität zu untersuchen. Dabei wird vornehmlich die Internationalisierung des höheren Bildungssystems in den Fokus genommen, die durch Studierendenmobilität zwischen Ländern vorangetrieben wird (De Wit et al. 2008; Kelo et al. 2006). Im europäischen Kontext ist bspw. die Entstehung des europäischen Forschungsraums durch bilaterale Abkommen, den gemeinsamen Bologna-Rahmen und Erasmus-Programm Gegenstand der Forschung (Klemenčič 2019; van der Wende 2000). So zielt das Erasmus-Programm darauf ab, die europäische Identität durch den Studierendenaustausch innerhalb der EU zu fördern (King und Ruiz-Gelices 2003), während der Bologna-Rahmen der politischen Konvergenz in der Hochschulbildung und der Homogenisierung der europäischen Hochschulsysteme dient (Klemenčič 2018).

Auf Mikroebene werden hingegen die individuellen Erfahrungen der internationalen Studierenden betrachtet. Dazu gehören persönliche Motive für das Auslandsstudium und Erfahrungen des Lebens als Studierende im Zielland (vgl. Brooks & Waters 2011; Van Mol 2014; Yeh & Inose 2003). Dieser Forschungsbereich ist besonders interdisziplinär und umfasst neben der soziologischen und psychologischen Perspektive auch Bereiche der Beratung, der Sprachwissenschaften und Geografie.

Auf der Mesoebene befinden sich die sozialen Netzwerke von Studierenden (vgl. Kapitel 6). Damit sind nicht Twitter, Facebook oder Instagram gemeint, sondern die Verflechtungen auf der Grundlage sozialer, zwischenmenschlicher Beziehungen, die den Studierenden im Alltag und darüber hinaus begleiten. Hierzu gehören Familie, Freunde, romantische Partner*innen, Bekanntschaften, Leh-

https://doi.org/10.1515/9783110680638-014

rer*innen und alle anderen Menschen, an die sie sich mehr oder weniger stark gebunden fühlen. Zu den sozialen Netzwerken von Studierenden gehören also alle Personen, mit denen sie auf die eine oder andere Weise in Kontakt treten, unabhängig davon, ob sie häufig oder selten getroffen werden und ob dies in einer virtuellen Umgebung oder *face-to-face* geschieht.

Zu welchen Personen Studierende soziale Beziehungen pflegen ist nicht unerheblich, denn diese Bindungen bieten neben emotionalen auch informativen und lebenspraktischen Support (Burt 2005; Lin 2001). Der Zugang zu sozialer Unterstützung beeinflusst in erheblichem Maße die Fähigkeit, verschiedene Lebensumstände zu bewältigen. Ihre Wirkung auf die Gesundheit wurde mehrfach belegt (Valente 2010). Eine Metaanalyse von Studien zu sozialen Beziehungen und Gesundheit weltweit kam zu dem Schluss, dass der lebensverkürzende Effekt aufgrund eines Mangels an engen, erfüllenden Beziehungen quantitativ vergleichbar und genauso schädlich ist wie Rauchen und sogar größere negative Auswirkungen als Alkoholkonsum oder Übergewicht hat (Holt-Lunstad et al. 2010). Soziale Netzwerke wirken wie ein Puffer zwischen dem Individuum und den Anforderungen des Alltags und reduzieren dadurch den empfundenen Stress. Neben diesen fördernden Eigenschaften enthalten soziale Netzwerke auch kontrollierende und regulative Dimensionen (Pearson 1997). Der Einfluss von *„peers"* auf Lernprozesse ist seit Jahrzehnten Gegenstand der Bildungsforschung (Sacerdote 2011). Auch die Rolle von Beziehungen als Kanäle für die Beeinflussung unserer Emotionen, Einstellungen und Meinungen werden nicht nur von Marketingexpert*innen und Politiker*innen im Wahlkampf genutzt, sondern sind längst als florierendes Forschungsgebiet entdeckt worden (vgl. Bearman & Moody 2004 zu Netzwerken und Selbstmord; Valente 2010 zu Netzwerken und gesundheitsrelevantem Verhalten).

Trotz der entscheidenden Rolle von Netzwerken für grundlegende Aspekte des Lebens, wie Gesundheit oder Zugang zu Ressourcen, sind Studien auf der Mesoebene von (internationalen) Studierenden eher selten. Sie konzentrieren sich vorrangig auf die Freundschafts- und Familien-Netzwerke der internationalen Studierenden in den Bildungsländern, dem Herkunftsland und anderswo (vgl. Bhochhibhoya et al. 2017; Montgomery & McDowell 2009). Die wenigen vorhandenen Forschungen untersuchten unterschiedliche Freundschaften internationaler Studierender mithilfe von Umfragen, die nicht unbedingt auf die Erfassung persönlicher Netzwerke abzielen, sondern indirekte Messungen verwenden (Bochner et al. 1985), qualitative Interviews (Brown 2009) oder Mixed-Method-Forschungsdesigns (Van Mol & Michielsen 2015; vgl. Kapitel 13). Eine der wichtigsten Erkenntnisse dieser Forschung ist, dass Freundschaften zu Personen gleicher Nationalität und Ethnie sehr wichtig für die soziale Unterstützung internationaler Studierender erscheinen, hauptsächlich im Hinblick auf die emotionale Unterstützung (Bilecen 2014; Brown 2009; Montgomery 2010). Zum

Beispiel untersuchte Bilecen (2014) die Freundschaftsmuster von internationalen Doktorand*innen durch Netzwerkanalyse und stellte fest, dass verschiedene Arten von Freundschaften dem Austausch von unterschiedlichen unterstützenden Ressourcen dienen.

Aufgrund der Bedeutung sozialer Beziehungen für das Wohlbefinden und den Zugang zu Ressourcen für Individuen ist der Netzwerkansatz relevant bei der Untersuchung der Mobilität internationaler Studierender und auch des Migrationsphänomens im Allgemeinen (Bilecen et al. 2018; Boyd 1989). Auf diese Weise wird das Phänomen des Auslandsstudiums nicht einfach als Ergebnis von individuellen Berechnungen konzeptualisiert, die auf Makroebene durch Push-und-Pull-Faktoren erklärt wird, sondern sind oft mit breiteren Lebenslaufzielen und -aussichten verbunden. Es wird oft übersehen oder als gegeben vorausgesetzt, dass Entscheidungen und Ziele durch persönliche Netzwerke vermittelt werden. Darüber hinaus hilft die Netzwerkanalyse den Forscher*innen nicht nur, den Einfluss von Beziehungen bei Entscheidungen im Auslandssemester zu erkennen, sondern sie wird auch zur Untersuchung sozialer Unterstützungsmuster, des Sozialkapitals internationaler Studierender und damit ihrer Einbettung in verschiedene soziale Kontexte verwendet. Mit Hilfe der Analyse sozialer Netzwerke kann die Dynamik grenzüberschreitender Interkonnektivitäten erfasst werden, die transnationale soziale Räume bilden (vgl. Kapitel 7; Faist & Bilecen 2019). Vor diesem Hintergrund ist das Ziel dieses Kapitels zweierlei:

(1) Einführung in die Grundbegriffe und Methoden der Netzwerkforschung.
(2) Explorative Illustration anhand einer empirischen Studie, welche Rolle soziale Netzwerke während des Auslandsstudiums spielen.

Hierzu werden drei Gruppen von Studierenden und ihren sozialen Netzwerken in Deutschland betrachtet. Neben den chinesischen und japanischen internationalen Studierenden, die im Vergleich mit anderen asiatischen Ländern, jeweils hohe und niedrige Studierendenzahlen in Deutschland aufweisen, werden auch die Beziehungen von einheimischen Studierenden dargestellt.

Grundbegriffe der Netzwerkforschung

In der sozialen Netzwerkforschung soll die Sozialstruktur von der Ebene der Beziehungen aus analysiert werden. Diese relationale Perspektive eignet sich, um die Ursache von unterschiedlichen sozialen Phänomenen und die Auswirkungen sozialer Strukturen auf das Handeln von Individuen nachzuvollziehen. Damit kann die soziale Netzwerkforschung in ganz unterschiedlichen Bereichen der Soziologie angewendet werden (siehe Box 14.1).

Aber auch darüber hinaus ist die soziale Netzwerkforschung höchst heterogen. Statt einheitlicher Theorien finden sich hier eher an die Fragestellung angelehnte Forschungsstrategien, die ganz unterschiedliche qualitative wie quantitative Ansatzpunkte wählen, um Strukturen und Dynamiken in Beziehungen zu erforschen. Trotz der vielfältigen Möglichkeiten theoretischer und methodischer Anlehnungen haben sich nach Freeman (2004) vier Kriterien etabliert, die die Netzwerkforschung ausmachen:

(1) Betrachtung von Beziehungen zwischen Akteur*innen als Merkmal sozialer Strukturen,
(2) systematische Erhebung und Auswertung empirischer Daten,
(3) Visualisierung der Daten und
(4) mathematische Modelle zur Abstraktion der Daten (Freeman 2004).

Box 14.1: Die Geschichte der sozialen Netzwerkforschung in der Soziologie

Obwohl die Anfänge der sozialen Netzwerkforschung in den 1940er-Jahren zu finden ist, reichen die ihr zugrundeliegenden Ideen weit in die frühe Soziologie zurück. Zu den wichtigsten Vordenkern gehört George Simmel, der den Einfluss der Gruppe auf Individuen beforschte und den Begriff der „sozialen Kreise" prägte (1908). Aus der Beobachtung von Kreuzungen sozialer Kreise schließlich entwickelte Nadel die Idee der sozialen Rolle (1957). Und schon 1933 beobachtete Leopold von Wiese den Einfluss von bestehenden Beziehungen auf Handlungsmöglichkeiten.

Die Idee der sozialen Netzwerkforschung ist damit nicht neu. Dennoch nahm sie erst mit Jacob Moreno und seinem soziometrischen Test Gestalt an, in dem er Daten zu sozialen Beziehungen in einem Gefängnis und einer Schule erhob (Moreno 1936). In den folgenden Jahren wurden zahlreiche Veröffentlichungen und sogar eine eigene Zeitschrift unter der „Soziometrie", wie die soziale Netzwerkforschung in der 1940er-Jahren genannt wurde, zusammengefasst.

Doch schon im nächsten Jahrzehnt war diese Forschungsrichtung weitestgehend aus der Soziologie verschwunden. In den 1960er-Jahren setzte dann an der Harvard University eine Gruppe um Harrison White aktiv die Weiterentwicklung netzwerkanalytischer Methoden fort (White 1963). Erst Ende der 1970er-Jahre kam es zu einem Wiederaufleben der sozialen Netzwerkforschung (Freeman 2004). Dies wurde insbesondere durch die Gründung des Forschungsverbundes „Analyse sozialer Netzwerke" (1977) in Deutschland vorangetrieben (Ziegler 2010). Nur ein Jahr später, 1978, schlossen sich auch in Amerika die wichtigsten Vertreter der Netzwerkforschung unter dem Namen *International Network of Social Network Analysis* (INSNA) zusammen. Die bis dahin eher vereinzelten Studien konnten danach im größeren Rahmen diskutiert und innovativ weiterentwickelt werden. Seither steigt die Anzahl der Studien in den unterschiedlichsten Fachgebieten und damit auch die Wahrnehmung innerhalb der Soziologie stetig. Während bis in die 1980er-Jahre vor allem die Netzwerkanalyse als Methode im Vordergrund der Betrachtung stand, werden seit den 1990er-Jahren zunehmend auch die theoretischen Eigenheiten der Netzwerkforschung weiterentwickelt, die eine eigene Perspektive auf soziale Beziehungen bereithält (Freeman 2004).

Um soziale Netzwerke analysierbar zu machen, werden diese grundsätzlich in zwei Formen unterschieden: Gesamtnetzwerke und egozentrierte Netzwerke. Bei Gesamtnetzwerken werden feste Gruppen betrachtet, in denen die Daten über bestehende Beziehungen aller Akteur*innen untereinander erhoben werden (vgl. Abbildung 14.1). Im Gegensatz dazu werden für egozentrierte Netzwerke einzelne nicht miteinander in Verbindung stehende Akteur*innen befragt. Hierbei gibt jede*r Befragte (*Ego*) eine vorgegebene Anzahl an Bezugspersonen (*Alter*) an. Dadurch lassen sich die verschiedenen Beziehungen einzelner Personen erheben, ohne dass die Kontakte innerhalb des Netzwerkes ebenfalls befragt werden müssen (Marsden 2011).

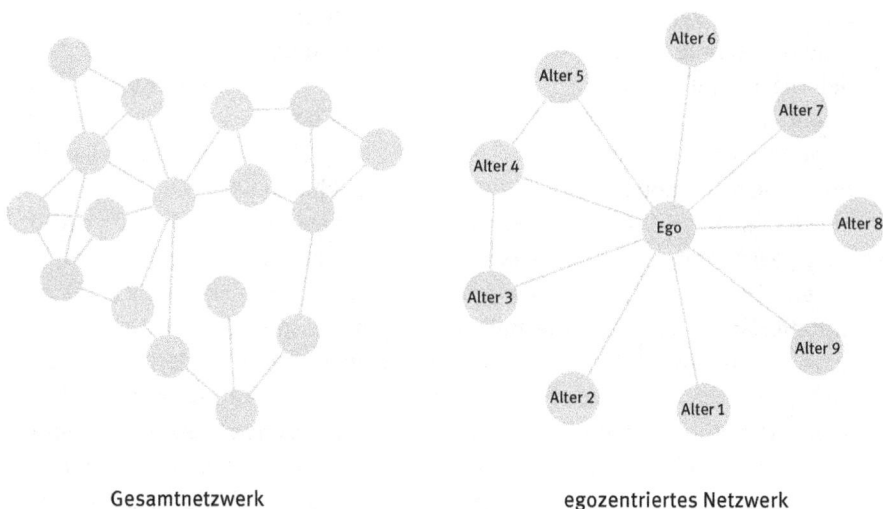

Gesamtnetzwerk   egozentriertes Netzwerk

Abb. 14.1: Unterschied Gesamtnetzwerk und egozentrierte Netzwerke (Quelle: eigene Darstellung)

Auf dieser grundsätzlichen Unterscheidung lassen sich spezifische Strukturen von Netzwerken herausarbeiten und grafisch darstellen, wie dies in Abbildung 14.1 beispielhaft erfolgt. Die einzelnen Kontakte werden als Knoten und die Beziehungen zwischen ihnen als Kanten bezeichnet (Haas & Malang 2010).

In Hinblick auf die Kanten werden die Arten von Beziehungen zwischen zwei Knoten untersucht. Beziehungen können anhand sozial etablierter Rollen wie Vater oder Freund definiert werden. In der Netzwerkforschung wird jedoch auf eine abstraktere Unterscheidung zurückgegriffen, die es erlaubt, verschiedenste Beziehungen entlang einer einzigen Dimension von „Stärke" zu charakterisieren.

Was eine Beziehung stark oder schwach macht, wird seit den bahnbrechenden Studien von Mark Granovetter diskutiert. In seinem klassischen Beitrag von 1973, einem der in der Soziologie am meisten zitierten Zeitschriftenartikel, beschreibt Granovetter die Stärke einer Beziehung als eine Kombination von *„amount of time, the emotional intensity, the intimacy (mutual confiding), and the reciprocal services which characterize the tie"* (Granovetter 1973: 1361). Die Stärke setzt sich also aus verschiedenen Charakteristiken zusammen, die sich nicht auf eine Bezeichnung wie „Freund*in" oder „Bekannte" reduzieren lassen. Nach dieser Definition könnte eine starke Beziehung zu dem Nachbarn und eine schwache Beziehung zu der eigenen Mutter bestehen.

Welche Eigenschaften als Voraussetzungen für die Stärke von Beziehungen genommen werden, bleiben der jeweiligen Interpretation der Wissenschaftler*innen geschuldet, ihre Wichtigkeit ist jedoch unumstritten. Jede Form der Beziehung ist auf unterschiedliche Art nützlich bei der Bereitstellung von instrumentellen und expressiven Ressourcen. Erstere beziehen sich eher auf Informationen und Zugang zu anderen Ressourcen wie Geld oder einer Arbeitsstelle, während letztere emotionale Bestätigung und Rückhalt liefern (Lin 2001).

Bestehen nur schwache Beziehungen zwischen zwei Personen, kann davon ausgegangen werden, dass beide in unterschiedlichen sozialen Gruppen integriert sind. Dadurch erlangen diese Personen in gegenseitigem Austausch Informationen, an die sie andernfalls nicht gelangt wären (Borgatti et al. 2009; Cross et al. 2001). Weiterhin bieten sich auch Gelegenheiten, die sonst unbemerkt geblieben wären (Burt 1992). Gleichzeitig erhöhen sie die Anpassungsfähigkeit der Akteur*innen durch ihren Kontakt zu anderen sozialen Kreisen (Gargiulo & Bernassi 2000). Fehlen schwache Beziehungen in einem sozialen Netzwerk, gibt es wenig Potenzial für Veränderungen und der Status Quo bleibt erhalten (Espinoza 1999).

Während schwache Bindungen zwar den Informationsfluss erhöhen, haben starke Beziehungen gerade den Vorteil, dass sie den Austausch von komplexem Wissen ermöglichen (Onnela et al. 2007). Gleichzeitig bieten sie kaum Zugang zu neuen Informationen (Portes & Sensenbrenner 1993). Sie stärken den Zusammenhalt und fördern das Wohlbefinden der Akteur*innen, gelten aber auch als Indikator für soziale Kontrolle (Avenarius 2010).

Der Einfluss starker und schwacher Beziehungen auf die verschiedenen Funktionen und Nutzen eines Netzwerkes basiert auf ihrer strukturbildenden Wirkung. Mit „Struktur" ist nichts anderes gemeint, als die Verteilung von Knoten und Kanten im Netzwerk. Sind alle Knoten durch Kanten miteinander verbunden, spricht man von einem vollständigen oder kohäsiven Netzwerk. Sind nur wenige Kanten vorhanden und somit die Knoten kaum miteinander verbunden, ist das Netzwerk offen. Kohäsivität und Offenheit lassen sich aus zwei Perspektiven beschreiben.

Bei einer festgelegten Gruppe von Knoten, gleichwohl, ob bei einem Gesamtnetzwerk oder einem egozentrierten Netzwerk, wird der Begriff „Dichte" benutzt (vgl. Abbildung 14.2). Ein Netzwerk ist dicht und daher kohäsiv oder geschlossen, wenn möglichst viele ihrer Knoten miteinander verbunden sind. Je mehr Beziehungen zwischen den Knoten vorhanden sind, desto höher ist die Dichte. Zur Ermittlung der Dichte werden die vorhandenen Beziehungen zwischen den Kontakten in Verbindung mit der Anzahl der maximal möglichen Beziehungen (also die Anzahl der Akteur*innen) gebracht (Newman 2018: 128 f.).

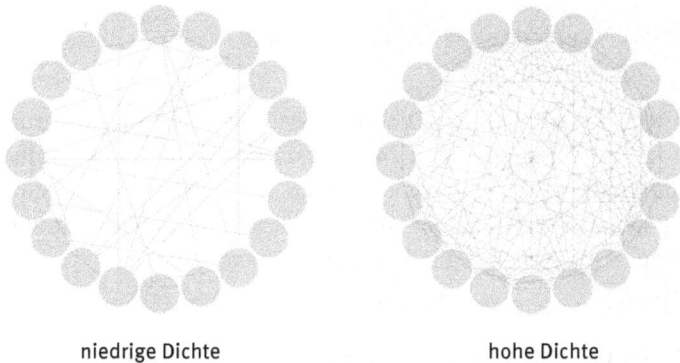

niedrige Dichte   hohe Dichte

Abb. 14.2: Niedrige und hohe Dichte (Quelle: eigene Darstellung)

Kohäsion kann auch über die sogenannte Triade definiert werden, wenn nur ein*e Akteur*in genommen und jeweils zwei Beziehungen betrachtet werden. Hier spricht man nicht mehr von Dichte sondern von Transitivität (vgl. Abbildung 14.3). Kennen sich die Kontakte untereinander nicht und ist ihre Verbindung vor allem auf den Befragten zurückzuführen, wird dies als niedrige Transitivität bezeichnet. Hohe Transitivität stellt sich hingegen wie eine Dreiecksbeziehung dar. Die Kontakte der Befragten kennen sich hier untereinander und bilden eine in sich geschlossene Gruppe. Mathematisch wird die Transitivität mithilfe des Clustering-Koeffizienten ermittelt (Newman 2018: 183).

In sozialen Netzwerken sind starke Bindungen und Kohäsion einerseits und schwache Bindung und Offenheit andererseits zwei Seiten der gleichen Medaille, aber nicht vollkommen identisch. Starke Bindungen fördern Transitivität und Dichte; diese wirken sich wiederum positiv auf die Stärke der Beziehungen aus. Aus diesem Grund sind hohe emotionale Unterstützung und Vertrauen in geschlossenen, kohäsiven Netzwerken mit hoher Transitivität zu erwarten, während Zugang auf diversen Ressourcen und Information mit größter Wahrscheinlichkeit in offenen Netzwerken mit niedriger Dichte und Transitivität zu finden sind. Auf-

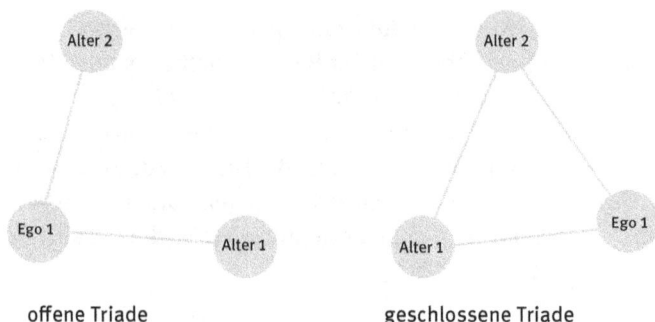

Abb. 14.3: Niedrige und hohe Transitivität (Quelle: eigene Darstellung)

grund der Struktur von Netzwerken lässt sich also viel über die Probleme und Erfahrungswelt der Akteur*innen ableiten. Dies kann dabei helfen, die spezifische Situation von internationalen Studierenden, auch im Vergleich zu einheimischen Studierenden, genauer zu untersuchen, ohne dass diese Unterscheidung von vorneherein als ausschlaggebende Einflussgröße angenommen wird.

Ein Beispiel: Die Netzwerke internationaler Studierender in Deutschland

Wie in der Einleitung bereits beschrieben, können Netzwerke auf zwei grundlegende Funktionen hin untersucht werden: als Ressource in Form von sozialer Unterstützung und als Beeinflussungsmechanismus. Wird über Ressourcen gesprochen, dann geraten die Chancen, Privilegien und Vorteile in den Blick, die manche aufgrund ihrer Kontakte genießen. Der Kauf einer eigenen Bohrmaschine ist nicht notwendig, wenn die Beziehungen zum Nachbarn, der eine hat, gut sind. So ähnlich funktioniert es auch mit emotionaler Unterstützung. Unerwartete Schicksalsschläge, aber auch die unzähligen kleineren und unvermeidlichen Schwierigkeiten des Alltags sind in guter Begleitung leichter zu bewältigen. Beeinflussung durch Beziehungen ist weniger offensichtlich, aber nicht weniger wirksam. Über die Zeit nähern sich Personen den Meinungen und Einstellungen ihrer sozialen Umgebung an. Zum Teil ist dies darauf zurückzuführen, dass Menschen sich von denjenigen angezogen fühlen, die ihnen ähneln und dementsprechend die Beziehungen pflegen, die sie wiederspiegeln. Teilweise üben die anderen, insbesondere über starke Bindungen, auch einen stetigen Einfluss auf die eigenen Meinungen, Werte, Einstellungen und Verhaltensweisen aus.

Sowohl die Fragen nach den Ressourcen als auch die Fragen nach Beeinflussung von Netzwerken implizieren eine klare Kausalität. Soziale Beziehungen sind die Ursache dafür, dass Akteur*innen Zugang zu Gütern, Dienstleistungen, Information und emotionalen Halt erhalten. Sie können auch teilweise erklären, warum Akteur*innen konkrete Werte und Meinungen vertreten oder ein bestimmtes Verhalten an den Tag legen. Im Folgenden werden diese Zusammenhänge explorativ durchleuchtet, allerdings ohne die Frage nach der Kausalität final zu klären. Die Eigenschaften der Netzwerke von internationalen Studierenden in Deutschland werden dargestellt und es wird aufgezeigt, wie die Struktur der Beziehungen, ihre Verteilung und Eigenschaften mit Unterschieden in der Art von Ressourcen, dem Wohlbefinden und den Einstellungen von Individuen einhergehen.

Datengrundlage

Die genutzten Daten stammen aus dem Projekt *Bright Futures*, das sich um ein vergleichbares Bild der Situation von internationalen chinesischen und japanischen Studierenden in Deutschland bemüht und zugleich egozentrierte Netzwerkdaten erhoben hat (siehe Box 14.2).

Box 14.2: Das Projekt *Bright Futures*

In dem internationalen Projekt *Bright Futures* wurden chinesische, japanische und einheimische Studierende an insgesamt 62 Hochschulen in England, China und Deutschland zu ihrer aktuellen Studiensituation, ihren Bildungsentscheidungen und Zukunftsvorstellungen, aber auch allgemeinen Einstellungen, befragt (http://brightfutures-project.com/, letzter Aufruf: 08.05.2020). Hierbei wurden nicht nur weitgefächerte Ego-Daten mit spezifischen Netzwerkfragen kombiniert, sondern neben den quantitativen Fragebögen auch qualitative Interviews erhoben. So ist es möglich, die Attribute internationaler Studierender auf vielen Ebenen mit denen von Studierenden, die im Herkunftsland geblieben sind, zu vergleichen.

Die Unterteilung in die drei Samples, nämlich chinesische, japanische und einheimische Studierende, ist dabei den Erfordernissen der Forschungspraxis geschuldet. Der damit implizite methodologische Nationalismus (vgl. Kapitel 10) soll gerade durch die Konzentration auf die Netzwerke ausgeglichen werden.

Zur Erhebung der Netzwerkdaten wurde zunächst eine Namensgenerator-Frage gestellt, bei der die Befragten bis zu acht, aber mindestens drei für sie wichtige Kontakte angeben konnten. Anschließend wurden für jeden dieser Kontakte die spezifischen Eigenschaften mit Fragen zur Person erhoben. Neben den Attributen der bestehenden Beziehungen zum Befragten wurden hier auch Charakteristiken der angegebenen Kontakte erhoben. Bei der Erstellung der Datensätze wurden diese Antworten dem jeweiligen *Alter* zugeordnet, um die Vielfalt der Netzwerkeigenschaften messbar zu machen. Die netzwerk-spezifischen Fragen, die im Projekt erhoben wurden, sind in Tabelle 14.1 zusammengefasst.

Tab. 14.1: Die erhobenen Netzwerkfragen im Projekt *Bright Futures* (Quelle: eigene Darstellung)

---

1. *Alter*-**Charakteristiken:**
   Welches Geschlecht gehört X an?
   Welche Staatsbürgerschaft besitzt X?
   Wie alt ist X?
   Welches ist der höchste Abschluss, den X erreicht hat?
   Wo lebt X?
   Wie oft haben Sie Kontakt zu X?
   Hat X je länger als drei Monate im Ausland gelebt?

2. **Fragen zur** *Ego-Alter*-**Beziehung:**
   In welcher Beziehung stehen Sie zu X?

3. **Fragen zur Netzwerkstruktur:**
   Kennen sich X1 und X2 untereinander?
   Kennen sich X1 und X3 untereinander?
   etc.

Um die Netzwerke der Studierenden im Hinblick auf die zwei grundlegenden Aspekte hin analysieren zu können, als Ressource und als Beeinflussungsmechanismus, wurden die im Folgenden näher beschriebenen Variablen ausgewählt. Die ausgewählten Variablen bilden beispielhaft die Gefühlslage, Art der Kommunikation und Werte von Studierenden ab (vgl. Tabelle 14.2).

Bei den beiden Variablen „Negative Emotionen" und „Einsamkeit" wird gefragt, wie oft die Studierenden diese Emotionen in den letzten 30 Tagen empfun-

Tab. 14.2: Überblick über die ausgewählten Variablen (Quelle: eigene Darstellung)

Variable	Mittel-wert	Min	Max	Std. Abw.	N. gesamt	Chin. St.	Jap. St.	Dt. St.
Einsamkeit	2,29	1	5	1,2	892	500	46	346
Negative Emotionen	2,30	1	5	0,85	891	499	47	345
Organisierte Gesellschaft	3,02	1	5	1,15	891	500	47	344
Konservative Geschlechtereinstellung	1,77	1	5	0,95	892	499	47	346
Bildungsbez. Gespräche	0,65	0	1	0,32	898	503	47	348
Persönliche Gespräche	0,66	0	1	0,29	895	500	47	348

* Chin. St. = Chinesische Studierende, Jap. St. = Japanische Studierende, Dt. St. = Deutsche Studierende.

den haben. Dabei konnten sie fünf Häufigkeiten von 1 „nie" bis 5 „die ganze Zeit" angeben. Die Variable „negative Emotionen" ist ein Index aus vier Variablen, die einen Faktor bildeten. Sie besteht aus den Variablen Traurigkeit, Ruhelosigkeit, Überanstrengung und Wertlosigkeit. An ihr kann abgelesen werden, wie gut die emotionale Unterstützung im Netzwerk funktioniert. Die Variable „Einsamkeit" ist dagegen ein Hinweis auf das (Nicht-)Vorhandensein emotionaler Bindungen und den damit einhergehenden oder fehlenden Bestärkungen.

Auf die Beeinflussung durch Netzwerke geben die Variablen zur Einstellung Auskunft. Es wird angenommen, dass starke Kontakte den größten Einfluss auf die Werte der Studierenden haben. Die Werteinstellungen wurden mit Zustimmungsskalen erhoben, die ebenfalls in fünf Schritte von „ich stimme überhaupt nicht zu" bis „ich stimme absolut zu" unterteilt sind. Wie schon bei der Erhebung der Emotionen wurde die Geschlechtereinstellung als Index zusammengefasst. Sie umfasst die zwei Fragen, ob unverheiratete Paare zusammen leben dürfen und ob Ehefrauen sich darauf konzentrieren sollten, die Karriere ihres Mannes zu unterstützen. Beide Variablen korrelieren stark miteinander und wurden deshalb zusammengefasst. Die Variable „geordnete Gesellschaft" hingegen ist unverändert geblieben. Sie fragt, ob geordnete Gesellschaften wichtiger sind als individueller Handlungsspielraum.

Zusätzlich wurden die Netzwerkfragen zur Gestaltung der Kommunikation genutzt, um genauer zwischen instrumenteller und emotionaler Unterstützung zu unterscheiden. Für jeden angegebenen Kontakt wurde gefragt, ob mit diesem bildungsbezogene Informationen ausgetauscht und persönliche Gespräche geführt werden. Die für jeden Kontakt einzeln erhobenen Gesprächsarten wurden für jeden Befragten in Prozentzahlen zusammengefasst.

Ziel der Analyse ist es, die ausgewählten Variablen, also die Eigenschaften der Studierenden, darzustellen und in Verbindung mit den Eigenschaften des Netzwerks zu bringen. Um die Netzwerke zu beschreiben, werden drei unterschiedliche Ebenen berücksichtigt: Struktur, Beziehungen und einzelne Mitglieder des Netzwerks. Zur Struktur zählen die Größe, Dichte und Transitivität des Netzwerkes. Jede Beziehung wird zudem in familiär/nicht familiär unterschieden und nach Häufigkeit und Länge des Kontakts klassifiziert. Zusätzlich wird jeder Kontakt im Netzwerk nach Eigenschaften, wie Bildungsstand, Auslandserfahrung, Wohnort und Nationalität unterschieden.

Um die weitere Analyse der erhobenen Netzwerkdaten zu ermöglichen, wurden die für jeden Kontakt einzeln definierten Attribute in Prozentzahlen zusammengefasst. Anstatt einzelne Angaben über bspw. die Familienzugehörigkeit jedes der acht Kontakte zu verwenden, wurde also eine einzige Variable erstellt, die den Anteil an Familienmitgliedern am Netzwerk der Studierenden angibt. Hierzu wurden die jeweiligen Angaben, die auf eine Verwandtschaft schließen lassen (wie bspw. Eltern, Geschwister oder Tanten), mit dem Index 1 festgelegt und andere Beziehungen mit einer 0. Anschließend wurden die Kontakte zusammengezählt, sodass eine Variable entstand, die angibt, wie viele Kontakte zur Familie gehören. Danach musste diese Angabe lediglich durch die Größe des Netzwerks geteilt werden. So entstand eine Variable, in der jedem *Studierenden* ein spezifischer Wert zwischen 0 und 1, entsprechend des Anteils an Familienangehörigen, zugeordnet ist. Dieses Vorgehen wurde anschließend für jede der übrigen Netzwerkvariablen wiederholt. Zusätzlich wurde, wie oben bereits beschrieben, auch die Dichte und die durchschnittliche Transitivität über alle Triaden der einzelnen egozentrierten Netzwerke mithilfe des Clustering-Koeffizienten berechnet (Newman 2018: 183).

In der Tabelle 14.3 sind die Netzwerkvariablen mit ihren Spezifika zusammengefasst. So wird bspw. bei der Dichte deutlich, dass diese bei einem Maximalwert von 1 und einem Minimalwert von 0,2 im Durchschnitt bei 0,65 liegt. Die meisten Netzwerke sind also relativ gut untereinander vernetzt. Dabei ist die durchschnittliche Abweichung der 902 befragten Studierenden vom Mittelwert 0,22, also relativ gering. Wird die Netzwerkgröße betrachtet, so ist der Durchschnittswert von 6,66 bei den möglichen Größen zwischen 3 und 8 sehr hoch. Die Standardabweichung, welche die mittlere Entfernung vom Durschnitt erfasst, ist mit 2,02 ebenfalls höher als bei der Dichte (vgl. Tabelle 14.3).

Tab. 14.3: Überblick über die unabhängigen Variablen (Quelle: eigene Darstellung)

Variable	Mittel-wert	Min	Max	Std. Abw.	N.			
					gesamt	Chin. St.	Jap. St.	Dt. St.
Dichte	0,65	0,2	1	0,22	902	505	48	349
Transitivität	0,67	0	1	0,26	902	505	48	349
Gleiches Aufenthaltsland	0,55	0	1	0,4	821	446	41	334
Gleiches Herkunftsland	0,84	0	1	0,25	829	447	44	338
Netzwerkgröße	6,66	3	8	2,02	902	505	48	349
Anteil Familienmitglieder	0,24	0	1	0,26	902	505	48	349
Akademische Kontakte	0,73	0	1	0,29	890	498	45	347
Auslandserfahrung	0,53	0	1	0,32	902	505	48	349
Kontakthäufigkeit	2,46	0	4	0,69	902	505	48	349
Länge des Kontaktes	4,49	0	7	1,62	902	505	48	349

Trotz der vielfältigen Informationen, die zu den Studierenden erhoben wurden, verleitet die Erhebung der Nationalität dazu, die Stichprobe nach dieser Unterteilung zu betrachten. Obwohl erste Sichtungen der Daten durchaus Unterschiede zwischen den chinesischen, japanischen und deutschen Studierenden vermuten lassen, gehen bei einer derart vorschnellen Unterscheidung nicht nur wichtige Informationen verloren, es werden auch vorhandene Vorannahmen gestützt, die eine vorurteilsfreie Betrachtung der Daten unmöglich machen. Um eine sinnvolle Kategorisierung der Studierenden vorzunehmen, die sich auf Daten und nicht auf Vorurteile stützt, wurde die Nationalität der Studierenden zunächst außen vor gelassen und stattdessen einzig die Charakteristika der Netzwerke als Unterscheidungsgrundlage genutzt.

Netzwerktypen durch latente Klassenanalyse

Um die Netzwerke als Analysegrundlage zu verwenden, wurde sie zunächst anhand ihrer entscheidenden Charakteristika in Typen schematisiert. Das hilft, die Komplexität der drei Ebenen des Netzwerks, also Struktur, Beziehungen und Mitglieder, zu reduzieren und Unterschiede zwischen Studierenden sichtbar zu machen. Hierzu wurde auf die latente Klassenanalyse (LCA) als Methode zurückgegriffen (Stegbauer 2008), die es erlaubt, Individuen mit geteilten Eigenschaften in möglichst wenigen homogenen Gruppen zu klassifizieren. Die beobachteten Informationen bieten hierbei Auskunft über die wahrscheinlichste Zugehörigkeit eines Individuums zu einer latenten bzw. nicht direkt gemessenen Klasse. Ziel der Analyse ist, die kleinste Anzahl an Klassen zu finden, die die Variablen zusammenfasst. Es geht also in erster Linie darum, eine sparsame Klassifizierung der Individuen zu schaffen.

Eine latente Klasse ist als jene nicht beobachtete Variable zu verstehen, die den Zusammenhang zwischen zwei oder mehreren beobachteten (manifesten) Variablen erklärt. Manifeste Variablen kann man sich als Symptome einer Krankheit vorstellen. So braucht nur beobachtet werden, dass jemand niest, hustet und eine rote Nase hat, um mit einer gewissen Wahrscheinlichkeit zu schlussfolgern, dass er*sie erkältet ist. Die Erkältung selbst muss dabei nicht direkt gemessen werden. Es reicht, wenn die Symptome beobachtet werden. Auf analoge Weise geht die latente Klassenanalyse vor, um Individuen zu klassifizieren (Box 14.3). Wenn diese Personen sichtbare Eigenschaften teilen, wird davon ausgegangen, dass sie zu einer Kategorie gehören, die sie als Gruppe beschreibt. Wer ein Trikot trägt und sonntags ins Stadion geht, wird als Fußballfan beschrieben. Wer jeden Tag joggt und monatlich an einem Marathon teilnimmt, wird als Sportler*in bezeichnet. Diese sehr intuitive und für Menschen ja fast automatische Art, Kategorien zu erzeugen und anzuwenden, wird von der latenten Klassenanalyse, anhand von Wahrscheinlichkeitsrechnungen in ein mathematisches Modell überführt und statistisch geschätzt.

Box 14.3: Latente Klassenanalyse (LCA)

Die latente Klassenanalyse wurde ursprünglich entwickelt, um abzuschätzen, inwieweit kategoriale Variablen in der Analyse von Kontingenztabellen unabhängig sind (Goodman 2006: 3–10). Eine grundlegende Annahme des Modells besteht darin, dass die manifesten Variablen innerhalb einer Klasse voneinander unabhängig sind (die so genannte konditionale Unabhängigkeit). Abgesehen von einer gemeinsamen latenten Klasse stehen somit die manifesten Variablen in keinerlei Zusammenhang zueinander.

Zu betonen ist weiterhin der probabilistische Charakter der LCA: Jede individuelle Kombination von manifesten Variablen gehört einer latenten Klasse mit höherer oder niedrigerer Wahrscheinlichkeit an. Diese Wahrscheinlichkeit hängt von der Anzahl der Klassen ab, die vorab nicht bekannt und daher exploratorisch herausgefunden werden muss. Dies impliziert die Schätzung desselben Modells mit einer jeweils unterschiedlichen Anzahl von Klassen, bis das Modell gefunden wird, das die beste und sparsamste Anpassung an die Daten bietet.

Beispielsweise testet eine Marketingfirma einen neuen Müsliriegel und bittet vier Proband*innen, das Produkt anhand von vier Merkmalen zu bewerten. Das Ergebnis der Bewertung sieht wie folgt aus (Tabelle 14.4):

Tab. 14.4: Produktbewertung anhand von vier Merkmalen

	Textur	Geschmack	Geruch	Verpackung
Proband 1	gut	gut	gut	gut
Proband 2	gut	gut	gut	schlecht
Proband 3	schlecht	schlecht	gut	schlecht
Proband 4	schlecht	schlecht	schlecht	schlecht

Wie können die Proband*innen in möglichst wenigen Typen klassifiziert werden? Eine einfache Lösung wäre, jede*r Proband*in als eine separate Kategorie zu deklarieren. So wären es insgesamt vier Gruppen, die vier unterschiedliche Kombinationen von Merkmalen aufweisen. Das wäre allerdings weder sparsam noch besonders hilfreich.

Eine latente Klassenanalyse würde zwei Klassen vorschlagen: eine Klasse mit meist positiven Bewertungen und eine mit meist negativen Bewertungen. Proband*in 1 und Proband*in 4 würden eindeutig zu der positiven bzw. negativen Klasse gehören. Und Proband*in 2 und 3? Da die Methode probabilistische Aussagen macht, würde sie vorschlagen, dass Proband*in 2 mit einer größeren Wahrscheinlichkeit zur positiven als zu negativen Klasse gehört, Proband*in 3 dagegen bei der negativen Klasse besser aufgehoben wäre. Nimmt die Komplexität der Antwortmuster zu, ist eine größere Anzahl an Klassen erforderlich, um die Individuen zu klassifizieren.

Die Analyse der Netzwerkeigenschaften der Studierenden ergab eine Einteilung in fünf Klassen als beste Lösung. Die fünf Klassen bieten eine gute Bilanz zwischen Genauigkeit (viele Klassen) und Sparsamkeit (wenige Klassen) und gruppieren Studierende in klar abgrenzbaren Typen je nach Eigenschaften ihrer Netzwerke. Die daraus resultierenden Netzwerktypen unterscheiden sich sowohl in der Zusammensetzung (familiäre Beziehungen, Stärke), der Struktur (Dichte und Transitivität) als auch der transnationalen Ausrichtung.

Bei der genaueren Betrachtung der Klassen wird deutlich, dass Studierende jeder Nationalität in einem mehr oder weniger starken Umfang in jeder der Klassen enthalten sind (vgl. Tabelle 14.5). So sind in Klasse 1 bspw. 20 chinesische Studierende, was 4 Prozent dieser Gruppe ausmacht. Dennoch lässt sich grob verallgemeinert sagen, dass die internationalen Studierenden eher zu den Klassen vier und fünf tendieren, während die meisten einheimischen Studierenden in den ersten beiden Klassen vorzufinden sind. Die dritte Klasse scheint eine ausgewogenere Mischung aus allen Studierenden zu enthalten, ist gleichzeitig aber auch die kleinste Gruppe.

Tab. 14.5: Sample Verteilung nach latenten Klassen (Quelle: eigene Darstellung)

	Klasse 1	Klasse 2	Klasse 3	Klasse 4	Klasse 5
Gesamt	102	254	76	170	212
Chinesische Studierende	20 (4 %)	70 (13,9 %)	44 (8,7 %)	130 (25,7 %)	179 (35,4 %)
Japanische Studierende	0 (0 %)	7 (14,6 %)	7 (14,6 %)	12 (25 %)	15 (31,3 %)
Deutsche Studierende	82 (23,5 %)	177 (50,7 %)	25 (7,2 %)	28 (8 %)	18 (5,2 %)

Im Folgenden werden die Charakteristiken der einzelnen Netzwerkklassen vorgestellt, wie sie durch die LCA ermittelt wurden.

Klasse 1: Kohäsive, lokale Familiennetzwerke

Die erste Klasse an Netzwerken hat von allen Netzwerkarten die höchste Dichte und Transitivität (vgl. Abbildung 14.4). Die meisten Kontakte kennen sich also auch untereinander, was sich dadurch erklären lässt, dass viele Kontakte aus der Familie kommen, in Deutschland leben und sich schon viele Jahre lang kennen. Außerdem kommen die meisten Kontakte aus dem gleichen Herkunftsland wie die Befragten und haben häufig Kontakt. In diesen Netzwerken gibt es wenige Kontakte mit akademischem Hintergrund und ebenso wenige mit Auslandserfahrungen.

Gruppe 1

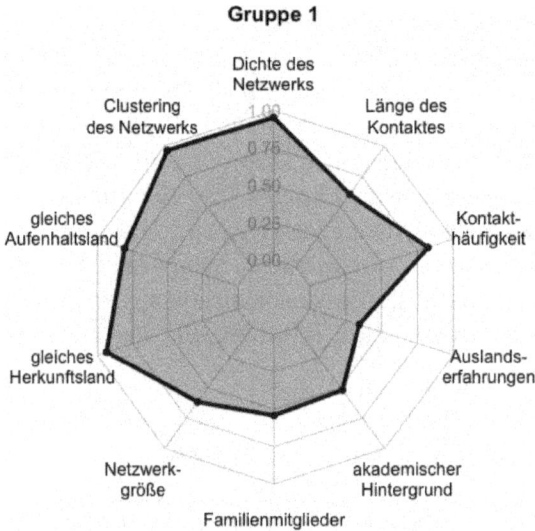

Abb. 14.4: Klasse 1 (Quelle: eigene Darstellung)

Klasse 2: Relativ kohäsive, lokale Familiennetzwerke

In der zweiten Klasse sind zwar auch relativ viele Familienangehörige in den Netzwerken enthalten, allerdings ist die Dichte und Transitivität deutlich geringer als in der ersten Klasse (vgl. Abbildung 14.5). Auch hier leben die meisten Kontakte in Deutschland und viele stammen aus dem gleichen Herkunftsland, aber die Kontaktfrequenz ist deutlich niedriger. Auch kennen die Befragten viele der angegebenen Kontakte nicht schon ihr ganzes Leben lang, sondern erst einige Jahre. Auch in diesen Netzwerken gibt es wenige Kontakte mit akademischem Hintergrund oder Auslandserfahrungen.

Klasse 3: Gemischte persönliche Netzwerke

In der dritten Klasse mischen sich transnationale und lokale Kontakte, obwohl recht viele der Kontakte aus dem gleichen Herkunftsland stammen (vgl. Abbildung 14.6). Im Gegensatz zur zweiten Klasse kennen sich sehr viele der Kontakte untereinander, es sind aber weniger Familienangehörige darunter. Die Beziehungen bestehen erst relativ kurz. Dennoch ist die Kontaktfrequenz sehr hoch. Die Kontakte haben häufiger akademischen Hintergrund und bereits Erfahrungen im Ausland.

Gruppe 2

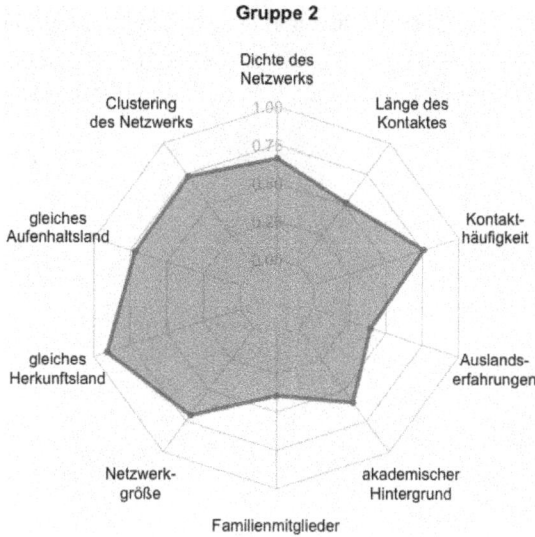

Abb. 14.5: Klasse 2 (Quelle: eigene Darstellung)

Gruppe 3

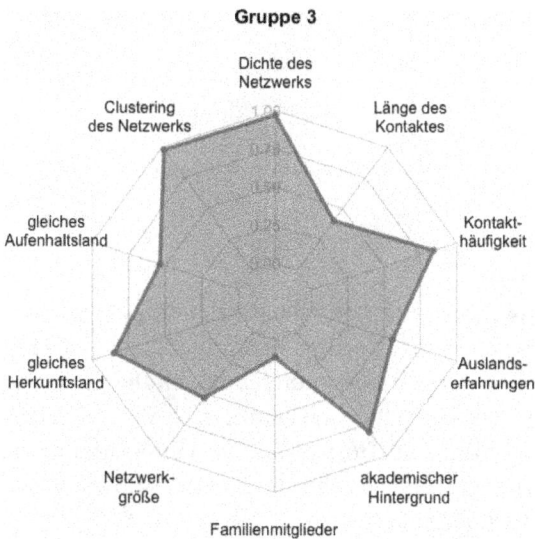

Abb. 14.6: Klasse 3 (Quelle: eigene Darstellung)

Klasse 4: Akademische, leicht transnationale Netzwerke

Befragte mit dieser Klasse an sozialen Netzwerken haben weniger Kontakte innerhalb Deutschlands, auch wenn diese relativ selten aus ihrem Herkunftsland

stammen (vgl. Abbildung 14.7). Zumindest einige Kontakte kennen sich untereinander und viele waren bereits selbst im Ausland. Wie in der Klasse drei, so haben
die Befragten häufigen Kontakt zu ihrem Netzwerk, auch wenn sie sich erst kurze
Zeit kennen.

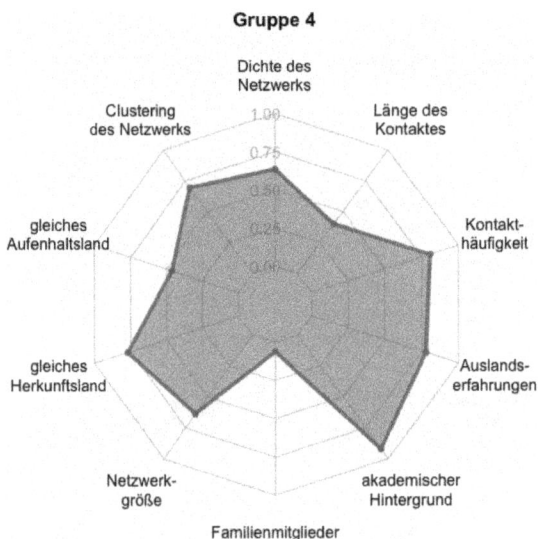

Abb. 14.7: Klasse 4 (Quelle: eigene Darstellung)

Klasse 5: Offene, akademische, transnationale Netzwerke

Die Kontakte in der letzten Netzwerkklasse leben zumeist außerhalb Deutschlands und kommen nicht unbedingt aus dem gleichen Herkunftsland wie die Befragten (vgl. Abbildung 14.8). Sie kennen sich kaum untereinander. Die Befragten
mit diesen Netzwerken sehen ihre Kontakte selten und kennen sich erst seit kurzer
Zeit. Ihnen gemeinsam sind der akademische Hintergrund und ihre Auslandserfahrungen. Wie schon in den vorherigen beiden Netzwerkklassen sind auch hier
wenige Familienmitglieder unter den Kontakten.

Insgesamt wird ersichtlich, dass eine höhere Transnationalität der Kontakte
mit niedrigerer Dichte sowie einer höheren Transitivität der Netzwerke, einhergeht. Die Typologisierung an sich ist das Kernstück der Analyse und zeigt, dass
die Nationalität der Studierenden zwar einen tendenziellen Einfluss auf die Gestaltung der sozialen Netzwerke hat, diese aber nicht umfassend erklären kann.

Gruppe 5

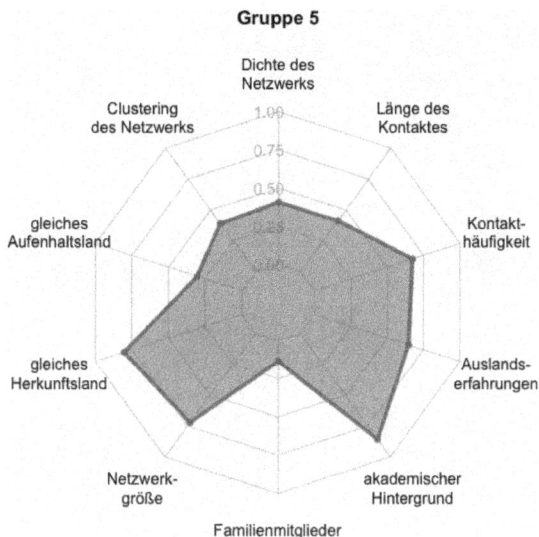

Abb. 14.8: Klasse 5 (Quelle: eigene Darstellung)

Um einen Eindruck von der Wirksamkeit dieser Typologie zu vermitteln, werden im Folgenden beispielhaft Auswirkungen einiger Netzwerk-Charakteristiken auf die Studierenden gezeigt.

Unterschiede der ausgewählten Variablen nach Netzwerkklassen

Obwohl bereits anhand der Betrachtung der ausgewählten Variablen nach den Samples einige Unterschiede ersichtlich waren, wird erst unter der Hinzunahme der Netzwerkstrukturen deutlich, wie sehr sich diese auch innerhalb einer Sample-Gruppe unterscheiden können.

So sind die negativen Emotionen nicht nur in den ersten beiden Klassen, in denen relative viele deutsche Studierende enthalten sind, weit verbreitet, sondern auch und sogar noch stärker in der fünften Klasse, zu der vor allem internationale Studierende gehören. Die Häufigkeit von empfundenen negativen Emotionen scheint also weder mit der Transitivität, noch mit der Transnationalität der Netzwerke zu korrelieren (vgl. Abbildung 14.9). Sie geht jedoch Hand in Hand mit der Häufigkeit von persönlichen Gesprächen im Netzwerk.

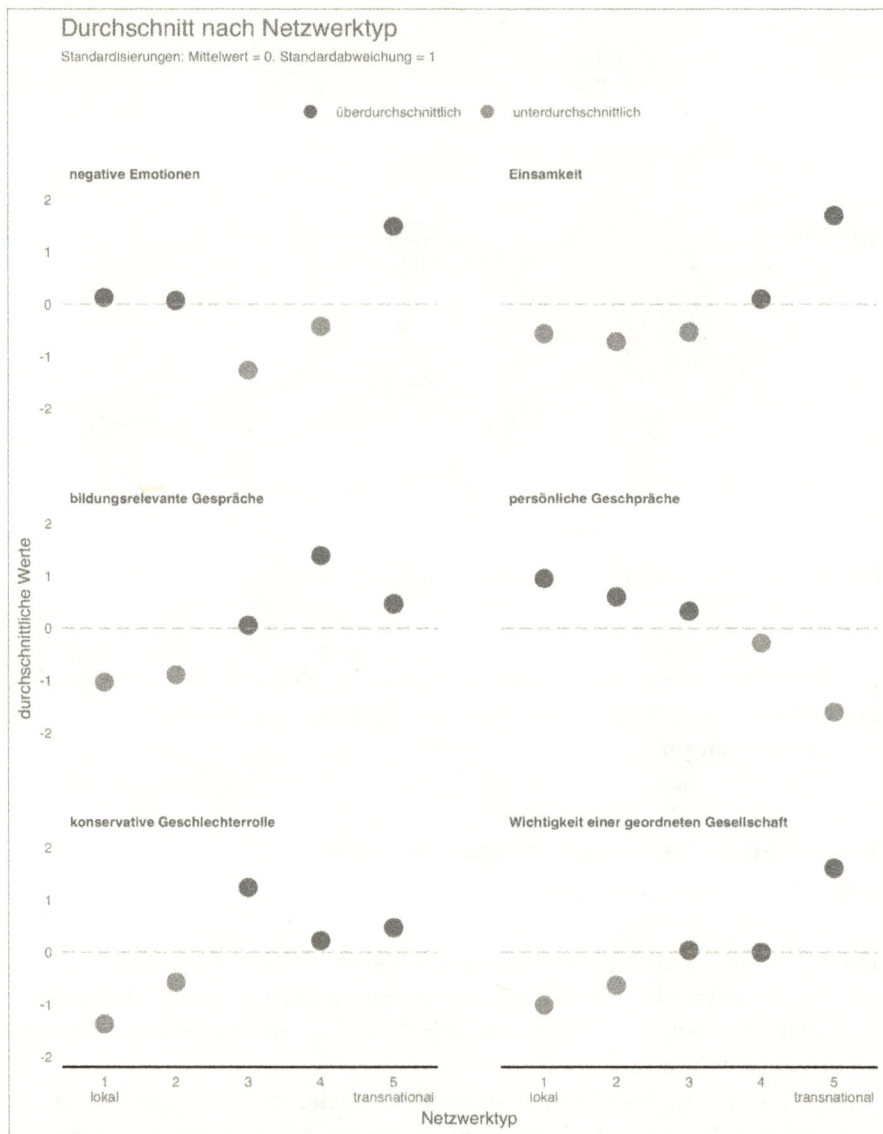

Abb. 14.9: Durchschnitte der ausgewählten Variablen nach Netzwerkklassen (Quelle: eigene Darstellung)

Die Häufigkeit empfundener Einsamkeit hingegen ist in den ersten beiden Klassen noch relativ gleich niedrig und steigt dann bis zur fünften Klasse hin an. Damit verläuft sie parallel zur der transnationalen Ausrichtung der Netzwerke und dem Anteil an Familienmitgliedern, aber nur bedingt parallel zur Häufigkeit der Kontakte und der Transitivität oder Dichte. Auch die Überzeugung, eine geordnete Gesellschaft sei wichtiger als individueller Handlungsspielraum, korreliert in vergleichbarer Weise mit den Netzwerkvariablen.

Der Blick auf die Variable zur Geschlechtereinstellung ist interessant, denn hier sind die Befragten mit Netzwerken der dritten Klasse besonders konservativ, deren Netzwerkvariablen sich zumeist im Mittelfeld befanden. Lediglich die Dichte der Netzwerke ist in dieser Klasse ebenfalls sehr hoch.

Auch bei der Betrachtung der vorhandenen Gesprächsthemen ergeben sich interessante Unterschiede zwischen den Netzwerkklassen. Die Variable „persönliche Gespräche" verläuft antiproportional zur Transnationalität der Netzwerke und proportional zum Anteil der Familienmitglieder; sie ist also in der ersten Klasse am höchsten und nimmt dann mit jeder Klasse ab. Genau andersherum verhält es sich mit den bildungsbezogenen Gesprächen. Sie kommen besonders häufig in der vierten und etwas geringer auch in der fünften Klasse vor und nehmen mit Absinken der Transnationalität ebenfalls ab.

Die Zusammenhänge zwischen Netzwerktyp und Unterschieden im Wohlbefinden und Einstellungen von Individuen lassen verschiedene Erklärungen zu, die hier nur unvollständig umrissen werden können. Beispielsweise korreliert die Anzahl der Familienmitglieder mit dem Austausch über persönliche Themen. Eine Vielzahl dieser engen Bindungen sorgt für emotionalen Rückhalt, der auch dann noch gegen Einsamkeit vorbeugt, wenn die Studierenden seltener Kontakt zur Familie haben. Anders sieht es aus, wenn die Netzwerke aus weniger Familienmitgliedern bestehen und stattdessen mehr akademische Kontakte vorhanden sind. Der Austausch über bildungsrelevante Themen bietet sich hier an, persönliche Gespräche sind dagegen schwieriger zu verwirklichen. Studierende mit diesen Netzwerken fühlen sich häufiger einsam, haben gleichzeitig möglicherweise aber auch bessere Möglichkeiten, sich an die neue universitäre Umgebung anzupassen.

Ähnlich verhält es sich bei den negativen Emotionen, die sich aus Traurigkeit, Ruhelosigkeit, Überanstrengung und Wertlosigkeit zusammensetzen. Hier zeigt sich jedoch der Zusammenhang zu emotionaler Unterstützung nur im extremen Fall bei der fünften Klasse, die über besonders wenige persönliche Gespräche und stark ausgeprägte negative Emotionen berichtete. Eine Mischung aus beiden Arten der Unterstützung – wie sie in der dritten Netzwerkklasse zu finden ist – scheint die bessere Kombination zu sein, wenn es um das Gefühlsleben der Befragten geht.

Erklärungen zu den Einstellungen der Befragten können nur schwer gegeben werden. Zu bedenken ist aber, dass die Dichte ein guter Anhaltspunkt für die vorhandene soziale Kontrolle darstellt. Eine hohe Dichte kann somit einen Hinweis darauf geben, dass die Einstellungen der Studierenden von denen ihrer Netzwerke stark beeinflusst werden und stabiler über die Zeit bleiben. Es wäre dementsprechend davon auszugehen, dass sich die Einstellung der Studierenden in den Klassen 4 und 5 über die Zeit stärker verändern als die von Studierenden in den Klassen 1 und 2. Die Beantwortung der Frage, ob das tatsächlich der Fall ist, würde eine Längsschnittstudie erfordern, in der Daten über Netzwerke und Einstellungen in regelmäßigen Abständen erhoben werden.

Schluss

Anhand des Beispiels der erhobenen Daten im Projekt *Bright Futures* wurde gezeigt, wie eine Netzwerkanalyse aussehen kann und welche Fragestellungen mit ihrer Hilfe beantwortet werden können. Wichtig ist hierbei, zu betonen, dass mit der latenten Klassenanalyse und der Typologisierung der Netzwerke nur Zusammenhänge beobachtet werden können, jedoch keine Kausalitätsaussagen getroffen werden können.

Dennoch lässt sich zeigen, dass die Sample-Zugehörigkeit nicht unbedingt darüber entscheidet, wie die Netzwerke gestaltet werden. Vielmehr sind fünf Typen von Netzwerken erkennbar, die relativ unabhängig von der Nationalität der Studierenden sind, auch wenn sich hierin Tendenzen offenbaren. Dieser Zusammenhang ist für das Verständnis der Erfahrungen und Lebens- sowie Lernbedingungen der Studierenden von enormer Bedeutung, da unterschiedlich gestaltete Netzwerke nicht nur auf die Art der Erfahrungen einwirken, sondern auch Möglichkeiten, mit Problemen und Herausforderungen umzugehen, vorgeben können (siehe hierzu auch die Implikationen für die Sozialintegration von Studierenden in Kapitel 15).

Eben darin liegt der Hauptverdienst der Netzwerkanalyse: ein Verständnis der Erlebnisse internationaler Studierender, die nicht auf der ethnischen Herkunft oder dem Herkunftsland basiert, sondern hauptsächlich auf der Art der Netzwerke, in die sie eingebettet sind. Die zukünftige Forschung kann diese Erkenntnisse weiter ausbauen und die Tendenz, Erfahrungen der Studierenden zu homogenisieren und damit den „methodologischen Nationalismus" zu überwinden (Aksakal et al. 2018; Bilecen 2014; Bilecen & Faist 2015; Madge et al. 2015; vgl. Kapitel 10).

Literatur

Aksakal, M., B. Bilecen & K. Schmidt, 2018: Qualitative Sampling in Research on International Student Mobility: Insights From the Field in Germany. *Globalisation, Societies and Education* 17(5):610–621.

Avenarius, C., 2010: Starke und schwache Beziehungen. In: Stegbauer, C. & R. Häußling (Hrsg.), *Handbuch Netzwerkforschung*, S. 99–112. Wiesbaden: VS Verlag für Sozialwissenschaften.

Bearman, P. S. & J. Moody, 2004: Suicide and Friendships Among American Adolescents. *American Journal of Public Health* 94:89–95.

Bhochhibhoya, A., Y. Dong & P. Branscum, 2017: Sources of Social Support Among International College Students in the United States. *Journal of International Students* 7(3):671–686.

Bilecen, B., 2014: *International Student Mobility and Transnational Friendships*. London: Routledge.

Bilecen, B. & T. Faist, 2015: International Doctoral Students as Knowledge Brokers: Reciprocity, Trust and Solidarity in Transnational Networks. *Global Networks – A Journal of Transnational Affairs* 15(2):217–235.

Bilecen, B., M. Gamper & M. J. Lubbers, 2018: The Missing Link: Social Network Analysis in Migration and Transnationalism. *Social Networks* 53:1–3.

Bochner, S., N. Hutnik & A. Furnham, 1985: The Friendship Patterns of Overseas and Host Students in an Oxford Student Residence. *Journal of Social Psychology* 125:689–94.

Borgatti, S. P., A. Mehra, D. J. Brass & G. Labianca, 2009: Network Analysis in the Social Sciences. *Science* 323:892–895.

Boyd, M., 1989: Family and Personal Networks in International Migration: Recent Developments and New Agendas. *The International Migration Review* 23:638–670.

Brooks, R. & J. Waters, 2011: *Student Mobilities, Migration and the Internationalization of Higher Education*. London: Palgrave Macmillan.

Brown, L., 2009: An Ethnographic Study of the Friendship Patterns of International Students in England: An Attempt to Recreate Home Through Conational Interaction. *International Journal of Educational Research* 48:184–193.

Burt, R. S., 1992: *Structural Holes: The Social Structure of Competition*. Cambridge/Mass: Harvard University Press.

Burt, R. S., 2005: *Brokerage and Closure: An Introduction to Social Capital*. Oxford: Oxford University Press.

Cross, R., S. P. Borgatti & A. Parker, 2001: Beyond Answers: Dimensions of the Advice Network. *Social Networks* 23:215–235.

De Wit, H., P. Agarwal, M. E. Said, M. T. Sehoole & M. Sirozi, 2008: *The Dynamics of International Student Circulation in a Global Context*. Rotterdam: Sense Publishers.

Espinoza, V., 1999: Social Networks Among the Urban Poor: Inequality and Integration in a Latin American City. In: Wellman, B. (Hrsg.), *Networks in the Global Village. Life in Contemporary Communities*, S. 147–184. Boulder, CO: Westview Press.

Faist, T. & B. Bilecen, 2019: Transnationalism. In: Gold, S. J. & S. J. Nawyn (Hrsg.), *The Routledge International Handbook of Migration Studies*, S. 499–511. London: Routledge, 2. Aufl.

Freeman, L. C., 2004: *The Development of Social Network Analysis. A Study in the Sociology of Science*. Vancouver: Empirical Press.

Gargiulo, M. & M. Bernassi, 2000: Trapped in Your Own Net? Network Cohesion, Structural Holes, and the Adaptation of Social Capital. *Organization Science* 11:183–196.

Goodman, L. A., 2006: Latent Class Analysis. The Empirical Study of Latent Types, Latent Variables and Latent Structures. In: Hagenaars, J. A. (Hrsg.), *Applied Latent Class Analysis*, S. 3–55. Cambridge: Cambridge University Press.

Granovetter, M., 1973: The Strength of Weak Ties. *American Journal of Sociology* 78:1360–1380.

Haas, J. & T. Malang, 2010: Beziehungen und Kanten. In: Stegbauer, C. & R. Häußling (Hrsg.), *Handbuch Netzwerkforschung*, S. 89–98. Wiesbaden: VS Verlag für Sozialwissenschaften.

Holt-Lunstad, J., T. B. Smith & J. B. Layton, 2010: Social Relationships and Mortality Risk: A Meta-Analytic Review. *PLOS Medicine* 7: e1000316.

Kelo, M., U. Teichler & B. Wächter, 2006: *EURODATA – Student Mobility in European Higher Education*. Bonn: Lemmens Verlags & Mediengesellschaft.

King, R. & E. Ruiz-Gelices, 2003: International Student Migration and the European „Year Abroad": Effects on European Identity and Subsequent Migration Behavior. *International Journal of Population Geography* 9:229–252.

Klemenčič, M., 2018: European Higher Education in 2018. *European Journal of Higher Education* 8:375–377.

Klemenčič, M., 2019: 20 Years of the Bologna Process in a Global Setting: The External Dimension of the Bologna Process Revisited. *European Journal of Higher Education* 9:2–6.

Lin, N., 2001: *Social Capital. A Theory of Social Structure and Action*. Cambridge: Cambridge University Press.

Madge, C., P. Raghuram & P. Noxolo, 2015: Conceptualizing International Education: From International Student to International Study. *Progress in Human Geography* 39:681–701.

Marsden, P., 2011: Survey Methods for Network Data. In: Scott, J. (Hrsg.), *The SAGE Handbook of Social Network Analysis*, S. 370–388. Los Angeles, CA: SAGE.

Montgomery, C., 2010: *Understanding the International Student Experience (Universities into the 21st Century)*. Hampshire: Palgrave Macmillan.

Montgomery, C. & L. McDowell, 2009: Social Networks and the International Student Experience – An International Community of Practice? *Kingdom Journal of Studies in International Education* 13:455–466.

Moreno, J. L., 1936: *Who Shall Survive? Foundations of Sociometry, Group Psychotherapy and Sociodrama*. New York, NY: Beacon House.

Nadel, S., 1957: *The Theory of Social Structure*. London: Cohen & West.

Newman, M., 2018: *Networks. An Introduction*. Oxford: Oxford University Press.

Onnela, J. J., J. Saramäki, J. Hyvönen, G. Szabó, D. Lazer, K. Kaski, J. Kertesz & A. L. Barabasi, 2007: Structure and Tie Strength in Mobile Communication Networks. *Proceedings of the National Academy of Sciences* 18:7332–7336.

Pearson, R. E., 1997: *Beratung und soziale Netzwerke. Eine Lern- und Praxisanleitung zur Förderung sozialer Unterstützung*. Weinheim: Beltz.

Portes, A. & J. Sensenbrenner, 1993: Embeddedness and Immigration: Notes on the Social Determinants of Economic Action. *American Journal of Sociology* 98:1320–1350.

Sacerdote, B., 2011: Peer Effects in Education: How Might They Work, How Big Are They and How Much Do We Know Thus Far? In: Hanushek, E. A., S. Machin & L. Woessmann (Hrsg.), *Handbook of the Economics of Education*, S. 249–277. Amsterdam: Elsevier.

Simmel, G., 1908: *Soziologie: Über die Formen der Vergesellschaftung*. Berlin: Duncker & Humblot.

Stegbauer, C., 2008: Weak und Strong Ties. Freundschaft aus netzwerktheoretischer Perspektive. In: Stegbauer, C. (Hrsg.), *Netzwerkanalyse und Netzwerktheorie. Ein neues Paradigma in den Sozialwissenschaften*, S. 105–119. Wiesbaden: VS Verlag für Sozialwissenschaften.

Valente, T., 2010: *Social Networks and Health: Models, Methods, and Applications*. Oxford: Oxford University Press.

Van Mol, C., 2014: *Intra-European Student Mobility in International Higher Education Circuits. Europe on the Move*. Basingstoke: Palgrave Macmillan.

Van Mol, C. & J. Michielsen, 2015: The Reconstruction of a Social Network Abroad. An Analysis of the Interaction Patterns of Erasmus Students. *Mobilities* 10:423–444.

van der Wende, M. C., 2000: The Bologna Declaration: Enhancing the Transparency and Competitiveness of European Higher Education. *Higher Education in Europe* 25:305–310.

White, H. C., 1963: *An Anatomy of Kinship: Mathematical Models for Structures of Cumulated Roles*. Englewood Cliffs: Prentice Hall.

von Wiese, L., 1933: *System der Allgemeine Soziologie als Lehre von den sozialen Prozessen und den sozialen Gebilden der Menschen*. München: Duncker & Humblot.

Wissenschaft Weltoffen, 2018: DAAD, Daten und Fakten zur Internationalität von Studium und Forschung in Deutschland. http://www.wissenschaftweltoffen.de/publikation/wiwe_2018_verlinkt.pdf (letzter Aufruf: 25.12.2018).

Yeh, C. J. & M. Inose, 2003: International Students' Reported English Fluency, Social Support Satisfaction, and Social Connectedness as Predictors of Acculturative Stress. *Counselling Psychology Quarterly* 16:15–28.

Ziegler, R., 2010: Deutschsprachige Netzwerkforschung. In: Stegbauer, C. & R. Häußling (Hrsg.), *Handbuch Netzwerkforschung*, S. 39–60. Wiesbaden: VS Verlag für Sozialwissenschaften.

Takuma Fujii

15 Integration in die transnationalen Kunstwelten: Japanische Studierende der schönen Künste

Einleitung

Integration ist ein inflationär verwendeter Begriff im Alltag und in der Wissenschaft. Der Begriff ist mehrdeutig, was möglicherweise dazu beiträgt, dass er unter Migrationssoziolog*innen unbeliebt ist. Es ist vollkommen gängige Praxis, mit diesem Begriff gegenteilige Phänomene (z. B. Assimilation/Akkulturation vs. Pluralismus usw.) zu beschreiben.[1] So wird Integration oft – vor allem im US-amerikanischen Kontext – mit dem Begriff Assimilation (vgl. Kapitel 9) gleichgesetzt. Im europäischen Kontext wird dieser letztere Begriff mit der Unterdrückung von ethnischen Minderheiten während des 19. und 20. Jahrhunderts assoziiert (Heckmann 2015: 75). Insofern ist es wenig verwunderlich, dass (migrationssoziologische) Wissenschaftler*innen in Bezug auf die Verwendung des Integrationsbegriffs uneinig sind.[2] Der vorliegende Beitrag beruht auf der Überzeugung, dass der Begriff als ein analytisches Mittel für die Deskription eines Istzustands anstatt eines Sollzustands wissenschaftliche Beachtung verdient. Das Schlüsselwort Transnationalisierung impliziert, dass der Integrationsbegriff nicht nur auf nationalstaatliche, sondern auch auf regionale, supranationale Einheiten (wie Stadt, Europäische Union) und vor allem auf quer zu Staaten liegende nichtstaatliche Bindungen (hier: Kunstwelten) Bezug nehmen kann. Daher geht es bei einer transnationalisierten sozialen Frage stets auch darum zu klären, inwiefern Migrant*innen und Nichtmigrant*innen in transnationalen sozialen Räumen integriert sind (siehe Kapitel 1).

Das Ziel des Beitrags ist es nicht, die Begriffsgeschichte zu diskutieren oder das Begriffsverständnis der klassischen Integrationstheorien zu wiederholen

---

1 Zur Debatte des Integrationsbegriffs siehe den Sammelband Ezli et al. (2013), u. a. den Beitrag von Rauer (2013) in Bezug auf die Bundesrepublik Deutschland, zur europäischen Integration siehe Wiener & Diez (2009) und zur unterschiedlichen Auffassung des Begriffs aus verschiedenen migrationssoziologischen Denkrichtungen und einem multiperspektivischen Ansatz siehe Faist (2000b; Faist 2003).

2 Zum Beispiel versucht Esser den Assimilationsbegriff (Integrationsbegriff) zu entpolitisieren (vgl. Heckmann 2015: 77). Amelina (2013) möchte den Assimilationsbegriff durch einen Inklusionsbegriff ersetzen (siehe weiter unten). Zu neueren migrationssoziologischen Debatten in Deutschland über Integration und Assimilation siehe Pries (2014).

https://doi.org/10.1515/9783110680638-015

(und diese zu verwerfen). Dazu gibt es schon eine hinreichende Zahl an Einführungstexten (z. B. Aigner 2017). Vielmehr geht es um die Erweiterung und empirische Anwendung des fruchtbaren Begriffs aus den theoretischen Perspektiven, die zwar ursprünglich nicht als Integrationstheorien entwickelt wurden, sich aber durchaus als solche reinterpretieren lassen, nämlich (a) Figurationssoziologie und Feldsoziologie; (b) Professionelle Sozialisation und Identität; (c) Transnationale Ansätze. Vor diesem theoretischen Hintergrund wird ein flexiblerer Integrationsbegriff vorgeschlagen. Während die klassischen Integrationstheorien überwiegend auf der scharfen Trennung von Mehrheitsgesellschaft und Zugewanderten basieren, geht das Integrationskonzept des vorliegenden Beitrags von Folgendem aus:

- Die Mehrheitsgesellschaft ist deutlich heterogener als oft unterstellt.
- Integration betrifft nicht nur Migrant*innen, sondern alle Menschen.
- Hochdifferenzierte Gesellschaften bestehen aus mehreren Feldern, in denen Kapitalien (Ressourcen) je nach Position unterschiedlich verteilt sind.
- Akteur*innen (z. B. Migrant*innen) werden nicht nur in ein einziges soziales Gefüge (z. B. Nationalstaat) integriert, sondern simultan auch in diese verschiedenen Felder (z. B. Kunstfelder), in denen ein spezifischer Habitus verlangt wird und die Einverleibung von spezifischem Kapital (z. B. Wissen über Konventionen/Institutionen/Normen/Werten) für eine erfolgreiche Integration erforderlich ist.
- Die Felder gehen über die Grenzen der Nationalstaaten hinaus.
- Migrant*innen bleiben in den Feldern der Herkunft integriert (Transnationalität).

Dass man den Begriff Integration nicht nur auf die Aufnahmegesellschaft, sondern ebenso auf andere Gesellschaften, z. B. Herkunftsland, beziehen kann, wird inzwischen selbst von dem prominentesten deutschen Vertreter der Assimilationstheorie berücksichtigt (Esser 2006: 24). Hinter vielen Varianten der Assimilationstheorie steckt aber die hier skeptisch betrachtete Grundunterstellung, dass die Aufnahme- wie Herkunftsgesellschaft aus relativ homogenen Gruppen von Menschen usw. besteht. In einer funktional hochdifferenzierten, demokratisch-föderalistischen Gesellschaft wie der Bundesrepublik Deutschland war das niemals der Fall. Im Vergleich zur früheren Phase der nationalstaatlichen Geschichte ist die Gesellschaft heute ethnisch und kulturell noch vielfältiger. Jeglicher Versuch, „die nationale Identität nicht auf eine freie Willensgemeinschaft, sondern auf ethnische und kulturelle Zugehörigkeit" zu gründen, transformiert „die Integration der Zuwanderer [in] ein kaum lösbares Problem" (Münch 1995: 19). Solch eine „Willensgemeinschaft" setzt zur Integration keine ethnisch-kulturelle Homogenität voraus, sondern nur das Streben nach einem gemeinsamen Ziel, z. B. einer demokratischen Ordnung im politischen Bereich oder Schönheit und Künstlertum in der Kunst. Treibel (2008) stellt das alltägliche Integrationsverständnis und die Annahme vieler Integrationstheorien, dass sich Migrant*innen an Werten und Normen der Mehrheitsgesellschaft – der sogenannten Leitkultur – anpassen (sollen), in Frage. Während die „Mehrfachintegration" in der Assimilationstheorie, wenn überhaupt davon die Rede ist, zumeist nur auf die Aufnahme- oder Herkunftsgesellschaft beschränkt ist, bemisst Treibel dieser eine zentrale Bedeutung bei. Menschen werden in unterschiedliche gesellschaftliche Teilbereiche (Wirtschaft, Politik, Kunst, Familien, Freundschaft usw.) integriert, und „Integrationswerte" können eben nicht (nur) an dem Realisierungsgrad der nationalen Leitkultur gemessen werden (falls diese überhaupt existiert). Für Treibel muss der Integrationsbegriff sowohl Migrant*innen als auch Nichtmigrant*innen einschließen. In der Tat gibt es mehr als ein oder zwei soziale Gefüge (Aufnahmegesellschaft und/oder Herkunftsland), in die man integriert werden kann, z. B. Wirtschaft, politisches System und usw. Gegenteilige Beispiele dafür sind deutsche Langzeitarbeitslose und ausländische Top-Manager*innen von multinationalen Konzernen in Deutschland. Durch diesen Fokus auf Integration in verschiedenen Bereichen bzw. Feldern, die jenseits von Nationalstaaten liegen, wird der „methodologische Nationalismus" umgangen (vgl. Kapitel 10).

Damit ist dennoch nicht gemeint, dass die Integration in die Nationalstaaten bagatellisiert oder gar geleugnet werden sollte. In der Tat: Vor allem der gegenwärtige, politische Integrationsdiskurs, ob Befürworter*innen oder Gegner*innen des Integrationskonzepts, reproduziert erfolgreich antagonistische Schemata von Migrant*innen und Einheimischen. In diesem Beitrag wird nun argumentiert, dass aufgrund der Transnationalisierung und der gesellschaftlichen Differenzierung die nationalstaatliche Integration nur eine Integrationsform unter vielen anderen ist. Die Vergleichsgruppen der wissenschaftlichen Analysen müssen daher nicht nur auf Migrant*innen (z. B. Japaner*innen) und Einheimische (z. B. Deutsche) eingeschränkt werden. Vielmehr besteht eine Möglichkeit, unterschiedliche Einheiten innerhalb der Kategorie „Migrant*innen" zu vergleichen, z. B. japanische Expatriates vs. japanische Künstler*innen in Düsseldorf; japanische Musikstudierende vs. französische Musikstudierende in Nordrhein-Westfalen; Personen, die ohne Abschlüsse einer ausländischen Musikhochschule international agieren, vs. Personen, die trotz des ausländischen Abschlusses ins Heimatland zurückkehren und überwiegend national agieren; Personen, die schon in der Kindheit von berühmten ausländischen Musikmeister*innen gescoutet werden, und Personen, die einen üblichen Bildungsweg einschlagen usw.

Dieser Beitrag, der von diesen Überzeugungen ausgeht, besteht aus den folgenden Schritten: Da es sich bei dem Beispiel (japanisch-transnationale Kunst- und Musikstudierende), das das vorliegende Integrationskonzept verdeutlichen soll, um eine Integrationsform in Bezug auf Kunstwelten handelt, soll diese zunächst in Anlehnung an Howard S. Becker kurz illustriert werden. Anschließend wird diskutiert, dass Integration nicht (nur) auf die Unterschiede in ethnisch-kulturellen Merkmalen zurückzuführen ist, sondern in einem hohen Maße auch von komplexeren Verflechtungsfigurationen abhängt. Zudem unterliegt Integration den Machtrelationen innerhalb des sozialen Gefüges, in das Migrant*innen integriert werden. Im dritten Abschnitt wird der Aspekt der Integration auf der Ebene der Kunstwelten erörtert. Schlüsselwörter sind Professionalisierung und professionelle Identitäten. Genauso wie zahlreiche Migrant*innen sich im Laufe des Aufenthalts zunehmend mit dem Zuwanderungsland identifizieren und deren kulturelle Werte und Normen verinnerlichen, entwickeln Migrant*innen, die z. B. einen Bildungsabschluss im Zuwanderungsland anstreben, eine professionelle Identität, die für die erfolgreiche Integration in die Profession unausweichlich ist, und eignen sich feld- und untergruppenspezifisches Wissen an. Personen, die bereits eine professionelle Identität in ihrem Heimatland gebildet haben, werden im Laufe des Ausbildungsprozesses und während der beruflichen Karriere professionell resozialisiert. Im vierten Abschnitt wird der transnationale Aspekt der Integration näher betrachtet. Dabei werden u. a. Migrationstheorien geschildert, die den methodologischen Nationalismus der konventionellen Integrationstheorien überwinden wollen. Migrant*innen werden nicht ausschließlich in einen einzigen Nationalstaat integriert. Viele von ihnen erhalten ihre Kontakte zu anderen Ländern, vor allem dem Herkunftsland, aufrecht.

Das Ziel dieses Beitrags ist es, an einem Musterbeispiel die theoretischen Zusammenhänge verständlich zu machen. Als Beispielfall werden Interviewdaten verwendet, die im Rahmen der internationalen Forschungsprojekte *Bright Futures* und *Asian Educational Mobilities*[3] erhoben wurden. Dabei wurden bisher 18 japanische Studierende an deutschen Kunst- und Musikhochschulen in einer semistrukturierten Form in ihrer Muttersprache befragt.

---

3 Vergleiche Kapitel 14 für ausführliche Informationen des Projekts *Bright Futures*. *Asian Educational Mobilities (A Comparative Study of International Migration of Japanese and Chinese Higher Education Students)* ist ein Erweiterungsprojekt, in welchem nicht nur chinesische Studierende in Deutschland und Großbritannien, sondern auch japanische Studierende in den beiden Ländern in Betrachtung gezogen werden. Das Projekt wird durch ESRC (*Economic and Social Research Council*) und DFG (Deutsche Forschungsgemeinschaft) gefördert und von Yasemin Soysal, Thomas Faist sowie Hector Cebolla Boado geleitet. Siehe http://brightfutures-project.com/new-project-on-asian-educational-mobilities/ (letzter Aufruf: 10.12.2019) für weitere Informationen. Die zitierten Interviewausschnitte wurden von dem Autor dieses Beitrags ins Deutsche übersetzt.

Konventionen in Kunstwelten

Bevor die Integration in die Kunstwelten ausführlicher erläutert werden kann, muss geklärt werden, was im vorliegenden Text unter Kunstwelten verstanden wird.

Den Ausgangspunkt stellt das kunstsoziologische Konzept von Howard S. Becker (2008) dar. Kunstwerke werden in seinem Konzept nicht als eine Schöpfung betrachtet, die eine Einzelperson, ein einziges „Genie" erschafft. Nach Becker beruht jede Kunstwelt auf Kooperationen von Mitwirkenden, beispielsweise Künstler*innen, unterstützendem Personal wie z. B. Distributor*innen, Galerist*innen, Kurator*innen, Handwerker*innen von Kunstwerkzeugen und Instrumenten, (Kunst- und Musik-)Hochschulmitarbeiter*innen, Patron*innen usw., wobei Künstler*innen für den Hauptkern dieser netzwerkartigen Kunstaktivität zuständig sind. Dies ist relativ ersichtlich bei den darstellenden Künsten, wie Film oder Oper, aber selbst Maler*innen und Schriftsteller*innen können nicht vollkommen unabhängig von anderen Personen Kunstwerke erschaffen.

Kooperation bedeutet jedoch nicht unbedingt eine friedliche, reibungslose Zusammenarbeit. Manchmal stoßen unterschiedliche Vorstellungen und Interessen aufeinander. Um Konflikte zu minimieren, bedarf es gewisser Spielregeln, die von Becker als *Konventionen* der Kunstwelten bezeichnet werden. Sie beeinflussen in hohem Maße die Interaktion zwischen Menschen und somit die Entstehung von Kunstwerken. Obwohl die Kunstwelten im Grunde keine geografischen Grenzen haben, könnte man anhand von Konventionen künstliche Grenzlinien ziehen: *„Knowledge of professional culture [...] defines a group of practicing professionals who use certain conventions to go about their artistic business. [...] The group defined by knowledge of these working conventions can reasonably be thought of as the inner circle of the art world"* (Becker 2008: 63).

Zwischen diesen relativ autonomen Gruppen herrschen unterschiedliche Konventionen. Zum besseren Verständnis wird ein stilisiertes Musterbeispiel (Abbildung 15.1) hier kurz geschildert. Die „Knoten" stellen die Akteur*innen der Kunstwelten dar. Die „Kanten" symbolisieren die Beziehungen zwischen den Akteur*innen (vgl. Kapitel 14). Die grauen Kreise um die jeweiligen Subgrafen (ABCX + zwei Knoten auf der linken Seite und PQRX + zwei Knoten auf der rechten Seite) veranschaulichen Konventionen, die die Akteur*innen innerhalb der Kreise teilen. Nehmen wir an, dass X ein japanischer Musikstudent an einer deutschen Hochschule ist. Der Knoten A ist seine Musikprofessorin in Deutschland, P ist seine japanische Musiklehrerin. Neben X studieren B und C auch bei A, sie sind also Kommiliton*innen von X. Mit Q und R, die ebenfalls bei P Musik gelernt haben, chattet X ein paar Mal pro Woche über Online-Kommunikationskanäle. X gehört zur Schnittmenge der linken und rechten Konventionen. Der Umfang der

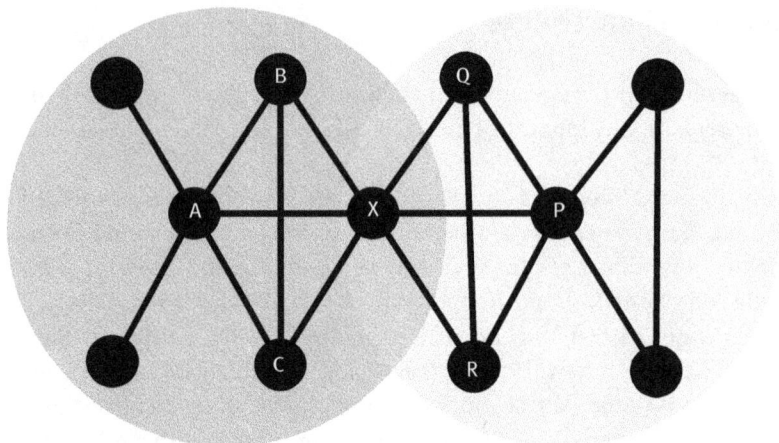

Abb. 15.1: Konventionen definieren die Grenzen der Subgruppen in Kunstwelten (Quelle: eigene Darstellung)

Konventionen ist an diesem Beispiel beliebig; er kann in der Realität regional, national, genrespezifisch oder personenabhängig sein. Hier genügt es, festzustellen, dass X wie alle anderen Akteur*innen in den Kunstwelten unter dem Einfluss diverser Konventionen steht. Je nach der Zugehörigkeit zu Untergruppen und je nach der Beobachtungsperspektive wird X unterschiedlich gekennzeichnet (z. B. als „japanischer Künstler" oder „transnationaler Künstler").

In den folgenden Abschnitten soll detaillierter beleuchtet werden, wie entscheidend das Lernen des Wissens über Konventionen für die Integration in die Kunstwelten ist.

Integration aus figurationssoziologischer und feldtheoretischer Perspektive

Box 15.1: Zugang zum neuen Kunstfeld (Auszug aus einem Interview mit einem japanischen Musikstudenten)
Interviewer: Fühlen Sie sich im Alltag oder Studentenleben gleichbehandelt [...] oder ungleichbehandelt?
Interviewter: Ja [ich fühle mich manchmal ungleichbehandelt]. In der Tat, es gab einen Moment, [wo ich mich ungleichbehandelt fühlte,] und zwar als ich mich für [eine Stelle in der Philharmonie][4] bewerben wollte. Dafür muss man Beziehungen [zu Angehörigen der Philhar-

---

4 Anonymisiert.

monie] haben und eine Einladung bekommen. Ohne Einladung kann man nicht zum Probe-spiel gehen. Schließlich ist es in letzter Zeit für Asiaten schwierig, eine Einladung zu bekom-men. Ich wollte deshalb jemanden in der Philharmonie bitten [mir eine Einladung zu geben], das war eine [Position in der Philharmonie]⁵ mit [ostasiatischer]⁶ Herkunft, sie ist schon lan-ge in der Philharmonie. Ich habe an ihren Musikstunden teilgenommen und bezahlt. Nach der Lektion erhielt ich eine E-Mail von ihr, worin sie sich dafür entschuldigt hat, dass sie mir kei-ne Einladung habe geben können, weil ich Asiate sei. [...] Schließlich sehe ich so [asiatisch] aus, man muss in Bezug auf Musik und auch die Persönlichkeit doppelt oder dreimal so gut [wie Deutsche] sein und Menschen überzeugen, um gleichbehandelt zu werden.

In seinem oft zitierten Text differenziert Lockwood (1969) zwei Integrationsfor-men, nämlich soziale Integration (oder auch Sozialintegration) und Systeminte-gration. Bei einer sozialen Integration handelt es sich um „die geordneten oder konfliktgeladenen Beziehungen der *Handelnden* eines sozialen Systems" (Lock-wood 1969: 125, kursiv im Original), also den Eingliederungsprozess in die Gesell-schaft einzelner Individuen, während sich Systemintegration auf „die geordneten oder konfliktgeladenen Beziehungen zwischen den *Teilen* eines sozialen Systems" (Lockwood 1969: 125, kursiv im Original) bezieht.⁷ Was meint Lockwood eigent-lich aber unter geordneten und konfliktgeladenen Beziehungen? Seine Definition der sozialen Integration ist so allgemein formuliert, dass diverse Erklärungs- und Interpretationsmöglichkeiten möglich sind. Ausgangspunkte dieses Beitrags sind die Figurationssoziologie von Norbert Elias sowie die Feldtheorie von Pierre Bour-dieu. Diese beiden soziologischen Klassiker passen zu der (Um-)deutung der De-finition von Lockwood hervorragend, zumal sie (auch) nicht nur die Integration von Migrant*innen, sondern generell von Menschen, Individuen, Akteur*innen mitberücksichtigen.

Die anfangs zitierte Wahrnehmung einer *bamboo ceiling*⁸ durch den Inter-viewten kann unterschiedlich interpretiert werden. Neben zahlreichen anderen Möglichkeiten könnte es sein, dass das erwähnte Mitglied der Philharmonie bei ihrer Lektion den Interviewten musikalisch nicht gut genug für ihre Organisati-on empfand und ihm einen anderen Grund für die Ablehnung mitgeteilt hat, um nicht die Wahrheit sagen zu müssen. Sagte sie hingegen die Wahrheit und stimm-te seine Vermutung, dass sie ihre Position innerhalb der Philharmonie habe nicht

---

5 Anonymisiert.
6 Anonymisiert.
7 Im Folgenden wird der Begriff Integration im Sinne von sozialer Integration von Migrant*innen und Nichtmigrant*innen verwendet. Zu einer tiefergehenden Unterscheidung von Sozial- und Systemintegration siehe u. a. Esser (1999), Friedrichs & Jagodzinski (1999), Luhmann (1998: 618 ff.) und Scheller (2015: 23 ff.).
8 Dieser Begriff wurde von „*glass ceiling*" abgeleitet und als Karrierehindernisse asiatischer Bür-ger*innen (in den USA) definiert.

gefährden wollen, kann dies als eine Ausschließung eines Migranten durch eine andere Migrantin gedeutet werden. Was auch immer in diesem Fall vorliegt, unser Alltag ist von vielfachen ähnlichen Phänomenen geprägt (siehe z. B. Karrer 2002: 144; Bilecen 2014: 115). Zwar belegen ressourcentheoretische Studien, dass die Wahrnehmung der Gefährdung des eigenen Status und eigener Ressourcen (z. B. die Studienplätze an Musikhochschulen, Stellen bei Orchestern) durch andere ethnische Gruppen (z. B. begabte asiatische Musiker*innen) zur Stigmatisierung dieser Gruppen führen kann (z. B. Blumer 1958; Nagel 1995; Bobo & Hutchings 1996; Maddux et al. 2008; Tawa et al. 2015).[9] Was hier dargestellt wird, scheint jedoch einer anderen, grundsätzlicheren Logik zu folgen. Denn die Ablehnung des japanischen Musikers mit dem Argument, er sei Asiate, entstammt einer ethnisch relativ ähnlichen oder gar gleichen Gruppe. Es ist nicht (nur) eine Frage der Ethnizität, sondern (auch) eine Frage der Macht innerhalb der Figuration.

Unter einer Figuration versteht Treibel in Anlehnung an Norbert Elias „Beziehungsgeflechte von Menschen" (Treibel 2008: 70). Solche Beziehungsgeflechte von Menschen lassen sich nach Hüttermann (2018: 13) durch fünf Grundeigenschaften charakterisieren:

1. Menschen, die zu Figurationen gehören, sind wechselseitig voneinander abhängig.
2. Figuration ist kein statisches Objekt/Ding, sondern stellt einen Prozess dar.
3. Elemente der Figurationen sind u. a. Individuen und ihre Handlungen.
4. Solche menschlichen Verflechtungen sind machtgeladen. Menschliche Praktiken sind die Ursache und Folge dieser Machtstrukturen.
5. Damit eine Figuration angemessen analysiert werden kann, muss man auch den Blick für die Mikroebene schaffen und ihre Perspektive verstehen können, und nicht bloß von oben beobachten.

Diese fünf Grundprämissen beschreiben gut, wie die Position von Elias innerhalb der Soziologie wahrgenommen wird. Er betont die Relevanz der Individuen und ihrer Praxen, gleichzeitig sind sie aber nicht vollkommen (oder besser: nur ein bisschen) autonom, sondern von höheren gesellschaftlichen Zwängen, anderen Individuen, also von der Figuration und deren Machtkonstellation abhängig. Seine Position mag irgendwo zwischen Funktionalisten und Interaktionisten liegen, wie auch Bourdieu konstatiert (siehe unten). Zudem ähnele Elias' Machtbegriff,

---

9 In einem Zeitungsartikel wird dargestellt, dass der Anteil der Asiat*innen an deutschen Musikhochschulen deutlich höher sei als der derjenigen Asiat*innen, die in deutschen Orchestern arbeiten. Zudem gebe es in der deutschen Musikwelt Vorurteile gegenüber Asiat*innen (vgl. Wiegelmann 2009).

nach Hüttermann, dem französischer Philosoph*innen bzw. Soziolog*innen (z. B. Foucault und Bourdieu). Während im deutschen und angelsächsischen Soziologiediskurs der Begriff Macht überwiegend im Sinne von (politischem) Durchsetzungsvermögen verwendet werde, begreife Elias unter Macht *Dynamis* oder *Potentia*, d. h. „allumfassende Kräfte unter Einbeziehung von Widerständen bzw. Gegenkräften" (Hüttermann 2018: 14). Insofern ist Macht von prozessualer Natur; niemand ist stets und *per se* mächtig, jemand oder eine Position in der Figuration ist jemandem bzw. anderen Positionen gegenüber mächtig und die Machtkonstellation wandelt sich stets (vgl. Treibel 2008: 75).

Elias und Scotson bezeichnen die Figurationssoziologie als ein „empirisches Paradigma" (Elias & Scotson 2016), das sie am Beispiel einer Figurationsanalyse einer kleinen englischen Vorortsgemeinde, Winston Parva, zu veranschaulichen versuchen. Dabei konstatieren sie ein deutliches Machtgefälle zwischen Etablierten/Alteingesessenen und Außenseiter*innen/Neuzugewanderten (vgl. Kapitel 1). Den ersteren gelingt es, durch ihre lange gegenseitige Bekanntschaft über Generationen hinweg einen höheren Kohäsionsgrad zu schaffen, während die Neuzugewanderten sich gegenseitig nicht kennen und deshalb weniger organisationsfähig sind. Die Etablierten tendieren dazu, den Außenseiter*innen schlechtere Eigenschaften zuzuschreiben. Die Zugehörigkeit zur Etabliertengruppe ist dennoch nicht pflichtfrei. Man muss gruppenspezifische Normen befolgen und sich der sozialen Kontrolle anderer Mitglieder unterwerfen. Pflegt man Kontakte zu den Außenseiter*innen, so riskiert man „anomische Ansteckung" und schließlich könnte man „in Verdacht geraten, die Normen und Tabus seiner Gruppe zu brechen" (Elias & Scotson 2016: 19). Die Etablierten-Außenseiter*innen-Figuration ist wie jede andere Figuration ein Prozess. Sie und ihre Machtrelationen müssen nicht unbedingt so bleiben, wie Hüttermann bei seiner Untersuchung eines Fallbeispiels verdeutlicht hat: „Aus ehemaligen Außenseitern werden Etablierte" (Hüttermann 2018: 22), die er als „avancierende Fremde" bezeichnet, also ein*e Fremde*r, „der/die gestern kam und sich zunächst in die ihm selbstverständlich zugedachten Außenseiterrollen und die soziale Unterschichtung fügt, diese dann aber zumindest partiell überwindet" (Hüttermann 2018: 31). Die Demarkation zwischen Etablierten und Außenseiter*innen kann kontingent ethnisch ausfallen – wie im Falle der Studie von Hüttermann (Deutsche/Türk*innen). Dies ist jedoch nicht notwendigerweise der Fall, wie Elias und Scotson aufzeigten: „Es gab zwischen ihnen keine Differenzen der Nationalität, der ethnischen Herkunft, der »Hautfarbe« oder »Rasse«; ebenso wenig unterschieden sie sich in Beruf, Einkommenshöhe oder Bildung – mit einem Wort, in ihrer sozialen Klasse. [...] Als einziger Unterschied blieb, dass die Bewohner des einen Bezirks Alteingesessene waren [...] und die des anderen Neuankömmlinge" (Elias & Scotson 2016: 10).

Die Frage lautet nun, ob man anhand der Figurationsanalyse den Beispiel-fall, also Integration in die Kunstwelten, betrachten kann, unter der Annahme, dass das Mitglied der Philharmonie dem Interviewten den wahren Grund der Ab-weisung genannt hat. Hier treten zwei transnationale Asiat*innen gegenüber, die zwar zu einer gleichen/ähnlichen ethnischen Gruppe, aber zu unterschiedlichen Machtgruppen innerhalb der Figuration gehören. Die eine ist die Etablierte, die schon lange als professionelle Künstlerin/Musikerin in der Philharmonie und in der deutschen Kunst-/Musikwelt agiert, während der andere als ein Migrant, der relativ kurz in Deutschland ansässig ist, sowie als Student in der (deutschen bzw. transnationalen) Kunstwelt Außenseiter ist. In der (deutschen) Musikwelt seien ein oder mehrere Vorurteile gegenüber bestimmten Ethnien (Asiat*innen seien fleißig und technisch begabt, aber...) verbreitet (siehe Fußnote 9), die zu unge-schriebenen Quasinormen geworden sein könnten. Verstöße gegen diese Normen (oder Infragestellungen) bringen womöglich das Risiko mit sich, andere Mitglie-der der Etabliertengruppe dazu zu veranlassen, diejenigen, die ein deviantes Verhalten aufweisen, nicht mehr als gehörig zu dem etablierten, professionellen Künstlertum, sondern als Mitglied der künstlerisch „minderwertigen" Außensei-ter*innengruppe, nämlich als Asiat*innen, zu erachten. Es ist sicherlich nicht das einzige, aber ein mögliches Erklärungsmodell.

Wenn es sich um die Machtstrukturen und Integration von Künstler*innen handelt, ist Bourdieus Feldtheorie ebenso wenig wegzudenken. An dieser Stel-le auf seine Theorie einzugehen, erscheint umso passender, zumal Bourdieu, wie bereits erwähnt, bei Elias' Soziologie Analogien zu seinem eigenen Aufsatz konstatiert. Ihre Gemeinsamkeit ist u. a., dass sie beide von objektiven Bezie-hungsverflechtungen (Feld bzw. Figuration) ausgehen, von denen die Individuen zwar im hohen Maße, aber nicht völlig deterministisch abhängen (vgl. Bourdieu & Wacquant 2017: 145; Treibel 2008: 73). Mit anderen Worten: Ihre Theorien sind, ihnen und deren Anhängern zufolge, nicht der Entweder–oder–Logik unterwor-fen, die viele soziologische theoretische Debatten zu pflegen scheinen, nämlich Subjekt/Objekt, Struktur/Handlung, System/Akteur*in, Gesellschaft/Individuum oder Makro/Mikro. Bourdieu schwärmt von Elias wie folgt:

Unter allen lebenden Soziologen [...] steht Elias tatsächlich diesem meinem Ansatz am nächsten. Er hat die Existenz derartiger Strukturen objektiver Bezie-hungen – das, was ich >Feld< nenne – in seinen Schriften glänzend dargestellt. Beim Lesen von Elias bin ich immer wieder frappiert, wie sehr unsere Positionen sich gleichen [...] Ich bewundere ihn (Originale Aufnahme de Leuw & Zimmer-mann 1983; transkribiert und zitiert durch Fröhlich 2014)

Der Feldtheorie von Bourdieu zufolge unterliegt das künstlerische Feld so wie andere soziale Felder der feldspezifischen Eigenlogik und dem Herrscher-Be-herrschten-Antagonismus. Mit den Worten von Bourdieu lässt sich dies wie folgt ausdrücken: „Als ein Feld von aktuellen und potenziellen Kräften ist das Feld auch ein *Feld von Kämpfen* um den Erhalt oder die Veränderung der Konfigurati-on dieser Kräfte" (Bourdieu & Wacquant 2017: 132; kursiv im Original). Ob Felder erhalten bleiben oder sich verändern, hänge von dieser Machtkonstellation der Positionen innerhalb der Felder und der Distribution verschiedener Kapitalsor-ten ab. Ein Kampf um Macht und Legitimation kann zwischen Akteur*innen, aber auch zwischen Kunstarten (etablierten Künsten vs. weniger legitimierten Künsten) stattfinden (vgl. Bourdieu 2015: 33 ff.). Es sei die Aufgabe seiner So-ziologie, die (ungleiche) Ressourcenverteilung zu erforschen (vgl. Bourdieu & Wacquant 2017: 132 ff.). Für die Migrationssoziologie ist seine Feldtheorie von Re-levanz, insofern Migrant*innen (wie jeder andere Mensch) nicht nur dem Sche-ma (ethnische) Mehrheit/Minderheit, sondern auch genau dieser feldinternen Machtkonstellation ausgesetzt sind. Die Frage lautet also, wie sich im Laufe des Migrationsprozesses das Volumen und die Arten der den Migrant*innen zur Ver-fügung stehenden Kapitalien innerhalb der verschiedenen Felder verändern. Dies impliziert schließlich, dass soziale Ungleichheiten und die soziale Frage (d. h. po-litische Konflikte um die ungleiche Verteilung von Kapitalien; vgl. Kapitel 1) kaum mehr im nationalstaatlichen Rahmen erläutert werden können. Wer als lokal und national integriert gilt (indem man z. B. die dortige Amtssprache beherrscht) und schließlich in beiden Kontexten gegenüber weniger integrierten Minderheiten (z. B. ohne die Sprachkenntnisse des betreffenden Landes) privilegiert ist, ist nicht automatisch in transnationalen Feldern (Wirtschaft, Wissenschaft, Politik und Kunst usw.) im gleichen Maße integriert oder privilegiert. Die heutige soziale Frage benötigt daher transnationale Antworten.

Das analytische Potenzial der bourdieuschen Soziologie für die Migrationsso-ziologie lässt sich jedoch nicht auf die konfliktgeladenen Relationen in Feldern re-duzieren. Denn seine Hauptkonzepte wie Habitus, Einverleibung und Kapital sind durchaus als eine Integrationstheorie interpretierbar. Der Erwerb eines feldspezi-fischen Habitus/Kapitals erlaubt Akteur*innen, an feldspezifischen Geschehnis-sen teilzunehmen. „Das Recht auf Eintritt in ein Feld wird durch den Besitz einer besonderen Konfiguration von Eigenschaften legitimiert. Die Erforschung des Fel-des hat u. a. die Bestimmung dieser aktiven Eigenschaften zum Ziel, dieser wirk-samen Merkmale, das heißt dieser Formen von spezifischem Kapital" (Bourdieu & Wacquant 2017: 139). Genau dies ist der Grund, warum der Begriff Integration anstelle von Inklusion in diesem Beitrag bevorzugt wird. Der Begriff Integration beinhaltet mehr als eine bloße Teilnahme an Feldern, nämlich den Prozess der Gewinnung von spezifischem Kapital. Im nächsten Abschnitt wird dieser Aspekt der Integration thematisiert.

Integration in gesellschaftliche Teilbereiche und professionelle Identitäten

---

Box 15.2: Meister-Schülerbeziehung, Selbstständigkeit und Professionalität (Auszug aus einem Interview mit einer japanischen Studentin)

Interviewer: Glauben Sie, dass Sie sich durch ein Auslandsstudium verändert haben? [...] z. B. in Bezug auf Musik oder Ihr [Instrument][10]spiel?

Interviewte: Ja, mein [Instrument][11]spiel [die Art und Weise, wie ich [Instrument][12] spiele] hat sich ziemlich verändert. Aber nicht so konkret, würde ich sagen. Aber, bisher war es das [Instrument[13]-]spiel einer Studentin. Einfach [ging es darum] präzise zu spielen, oder so etwas. Ich hatte nicht so viel Bewusstsein als „Professional". In Japan wurde ich als Studentin kategorisiert. Naja, ich sage es selbst, dass ich Studentin bin. Studierende hierzulande sagen hingegen, dass sie Pianisten sind, oder Flötisten sind. Es gibt viele solche Studierende. In Japan gibt es sie nicht. [...] Ich habe bemerkt, dass ich kein Professional bin, ohne dieses Bewusstsein. Ich dachte so. [...] Ich wollte das ändern und das war auch ein Grund hierher [nach Deutschland] zu kommen. Und am Anfang [des Studiums] hat mein Professor oft gesagt, dass ich keine Schülerin/Studentin bin [nicht so wie eine Schülerin/Studentin spielen soll]. Ich dachte, er pointiert genau das, über das ich gegrübelt habe. [...] In letzter Zeit behandelt er mich als Professional. [Er sagt zu mir, dass] du ein Professional bist. Wie soll ich es ausdrücken, eine gleichwertige Beziehung? Hier [in Deutschland] ist die Beziehung zwischen Lehrern und Schülern/Studenten nicht so [vertikal, hierarchisch wie in Japan], sondern gleichwertig, [sie behandeln Studierende als Professional]. [...] Also denke ich, dass ich mich sehr verändert habe.

Die zweite Komplexität der Integration bezieht sich darauf, dass Migrant*innen nicht nur in eine nationalstaatlich verfasste Gesellschaft integriert werden, sondern simultan in die jeweiligen gesellschaftlichen Teilbereiche. In den gängigen migrationssoziologischen Integrationstheorien bleibt allzu häufig der Aspekt unterbelichtet, dass Migrant*innen sich selbst nicht nur als Migrant*innen, Ausländer*innen oder sogar Außenseiter*innen identifizieren, sondern multiple Identitäten aufweisen und verschiedene soziale Rollen (z. B. Wissenschaftler*innen, Unternehmer*innen, Künstler*innen, Eltern usw.) simultan wahrnehmen und übernehmen (vgl. Broadhead 1983; Caza & Creary 2016).

An dieser Stelle soll noch einmal an die Definition der sozialen Integration von Lockwood (1969: 125) erinnert werden: „die geordneten oder konfliktgeladenen Beziehungen zwischen den Handelnden eines sozialen Systems". Die Kon-

---

10 Anonymisiert.
11 Anonymisiert.
12 Anonymisiert.
13 Anonymisiert.

fliktgeladenheit des Integrationsbegriffs wurde im letzten Abschnitt ausführlich diskutiert. Nun soll dem hinteren Teil des Zitates Aufmerksamkeit geschenkt werden, nämlich „Handelnden eines sozialen Systems". Er verwendet den Terminus „soziales System" anstatt von z. B. „Gesellschaft", da er sich in seinem Aufsatz mit dem soziologischen Funktionalismus auseinandersetzt. Die folgenden Überlegungen basieren auf der Annahme, dass eine partielle Integration der einzelnen Individuen in die Teilsysteme (z. B. Wirtschaft, Politik, Recht oder Kunst) der Gesellschaft möglich ist und Migrant*innen (wie auch Nichtmigrant*innen) nicht unbedingt gesamtgesellschaftlich in alle Teilbereiche auf demselben Niveau integriert werden.

Dieses Denkmuster ist mit dem Assimilationskonzept, wie dem von Esser (2004), durchaus kompatibel. Nach Esser gibt es mindestens vier Varianten der sozialen Integration, nämlich (1) Kulturation (Erwerb von Sprachen, nicht-verbalen Verhaltensmustern, Normen und Werten usw.), (2) Platzierung (Erwerb von Rechten, wie Wahlrecht und Staatsbürgerschaft und beruflichen Positionen usw.), (3) Interaktion (Erwerb des Sozialkapitals, also Freundschaft, Liebesbeziehung usw.) und schließlich (4) Identifikation (Erwerb von Loyalität gegenüber dem sozialen Gefüge, des Zugehörigkeitsgefühls). Diese Schritte betreffen jedoch nicht nur den Prozess der Migration von dem Herkunftsland zu dem Zuwanderungsland, sondern auch den Prozess der Anpassung an gesellschaftliche Teilbereiche, mit anderen Worten: die Professionalisierung der Individuen, die manche Migrant*innen wie unsere Beispielsstudierende in ihren Ausbildungs- wie Umschulungsprozess fortsetzen. Professionalisierung, oder professionelle Sozialisation bedeutet etwa *„the complex process by which a person acquires the knowledge, skills and sense of occupational identity that are characteristic of a member of that profession"* (Du Toit 1995: 168). In Bezug auf angehende Künstler*innen meint Becker (2008: 59): *„Artists learn other conventions – professional culture – in the course of training and as they participate in the day-to-day activities of the art world"*. Auch mit dem Habitus- und Feldkonzept von Bourdieu, wenngleich er – im Gegensatz zu Becker – von objektiven, d. h. willensfreien und unbewussten Relationen ausgeht (vgl. Bourdieu & Wacquant 2017: 127), ist dieses Denkmuster kongruent. Die Theorien der professionellen Sozialisation befassen sich genau mit diesem Aspekt der Integration. Becker et al. (1961) bspw. erforscht die professionelle Sozialisation von angehenden Ärzt*innen, Howkins und Ewens (1999) die von angehenden Krankenpfleger*innen. Es liegen auch Studien in Bezug auf die Professionalisierung/Identifikation von Nachwuchskünstler*innen vor (z. B. Weller 2013; Lindström 2015; Piazza 2017).

In Bezug auf den Beruf mag die Migration (in diesem Falle Auslandsstudium) als eine Art von *career transition* erfasst werden. Ibarra (1999) bezeichnet die professionelle Identität als *„the relatively stable and enduring constellation of* *attributes, beliefs, values, and experiences in terms of which people define themselves in a professional role"* (Ibarra 1999: 764 f.). Ihre Definition beinhaltet also auch den Aspekt der Kulturation in Essers Sinne. Eine solche Identität sei vor allem in relativ frühen Berufskarrieren anpassungsfähig und veränderbar, werde im Laufe der weiteren Karriere mit diversen Erfahrungen verfeinert. Die Migration, vor allem anlässlich eines Studiums, bietet also die Gelegenheit für *„renegotiating both private and public views of the self"* (Ibarra 1999: 766). Mit anderen Worten: Angehende Künstler*innen setzen sich mit der bisherigen Künstleridentität auseinander und entwickeln eine neue. Diese ausgehandelte Identität ist ein Schlüssel für die Integration in gesellschaftliche Teilbereiche (in diesem Falle: Kunstwelten).

Im Gegensatz zur professionellen Sozialisation befassen sich relativ wenige Wissenschaftler*innen mit dem Prozess, den Neiterman & Bourgeault (2015) als professionelle *Re*sozialisation bezeichnen, d. h. *„modifications made to the approach to professional work and professional identity in the process of professional integration, which includes both the universal and the culturally-specific aspects of being a professional, and the intersection of the professional identity with wider cultural norms and ideologies"* (Neiterman & Bourgeault 2015: 74–75). In den Kunstwelten, die im geografisch-politischen Territorium der Bundesrepublik Deutschland existieren, mögen andere Konventionen herrschen als die der Kunstwelten, die sich im geografisch-politischen Territorium Japans befinden.[14] Zwischen den und innerhalb der beliebigen geografischen Räume(-n) existieren transnationale Kunstwelten (-felder oder Figuration) – wie eine Amöbe, deren Gestalt sich ständig verändert (siehe Abbildung 15.2).

Zurück zum Beispiel: Die Beispielsstudierenden erlernen in ihrem Ausbildungs- und (falls sie sich vor der Migration andere Konventionen aneigneten) Umschulungsprozess neben den Techniken und bereichspezifischen, allgemeineren Konventionen (z. B. Darstellungs- und Distributionsmethoden usw.) auch lokale, kultur- und gruppenspezifische Konventionen in den deutschen Kunstwelten. Wie das Interviewzitat am Anfang dieses Abschnitts andeutet, scheinen in deutschen und japanischen Kunstwelten unterschiedliche Konventionen in Bezug auf die Beziehung zwischen dem Lehrpersonal und Kunst-schüler*innen/-studierenden zu herrschen. Dabei geht es weniger um eine tatsächliche hierarchische Beziehung zwischen beiden als um die Wahrnehmung dieser durch die Akteur*innen. Niemand würde bestreiten, dass in Deutschland (deutschen Kunstwelten) keine for-

---

14 Aus pragmatischen Gründen werden zwar im Folgenden die ersteren als „deutsche Kunstwelten" und die letzteren als „japanische Kunstwelten" bezeichnet. Das soll aber nicht bedeuten, dass die Grenzen der Nationalstaaten die der Kunstwelten determinieren. Deutsche wie japanische Kunstwelten sind also nur eine Teilmenge der transnationalen Kunstwelten.

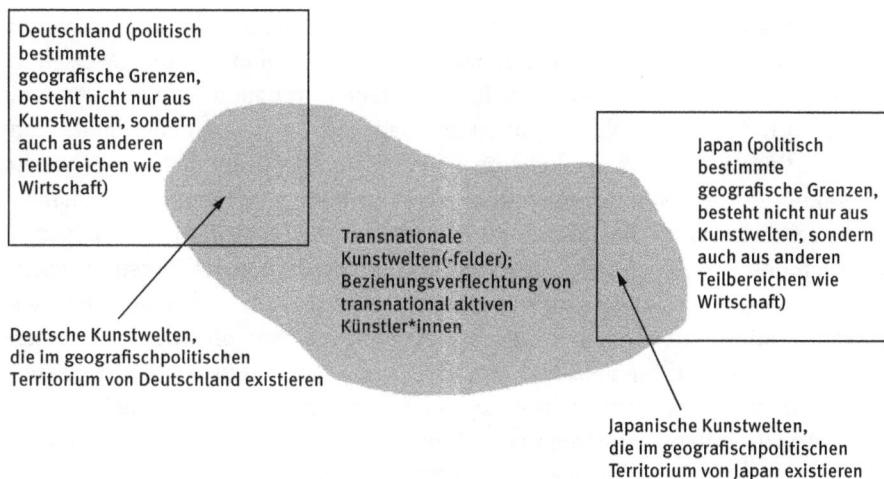

Abb. 15.2: Transnationale Kunstwelten und nationalstaatliche Grenzen (Quelle: eigene Darstellung)

mellen wie informellen Rangordnungen zwischen Lehrer*innen/Professor*innen und Schüler*innen/Student*innen bestehen. Wichtiger ist der Grad, den die japanische Klavierspielerin in Anbetracht ihrer bisherigen (japanischen) Konventionen wahrnimmt. Die Passivität der japanischen (Kunst/Musik-)Studierenden in der Beziehung zu ihren (japanischen Musik-)Lehrer*innen wurde zudem nicht nur von dieser Interviewpartnerin, sondern mehrfach von anderen Interviewteilnehmer*innen (vgl. Fujii im Erscheinen) sowie Beobachter*innen des japanischen/konfuzianistischen Erziehungssystems (z. B. Wray 1999) erwähnt.[15] Die angehenden Künstler*innen aus Japan passen sich an neue Konventionen wie bspw. dieses neue Meister*in-Schüler*in-Beziehungsmuster an, um sich an den künstlerischen Praxen innerhalb der neuen Subgruppe (z. B. Musikwelt in Deutschland, in einer Stadt oder an einer Hochschule) zu beteiligen.

   Zusammenfassend lässt sich sagen: Die Kulturation von angehenden japanischen Künstler*innen erfolgt nicht ausschließlich durch den Erwerb der deutschen Sprache, sondern auch durch das Erlernen der allgemeinen künstlerischen Darstellungsvariante, nicht nur durch den Erwerb der „deutschen"

---

15 Interessanterweise fand eine Studie über ehemalige Musikstudierende in Wien heraus, dass auch einheimische Studierende oft ihre Passivität in der Beziehung zu den Professor*innen spüren (vgl. Bork 2012). Dies steht jedoch keineswegs in Widerspruch mit dem Argument dieses Beitrags. Die Frage ist, um noch einmal zu betonen, nicht ob, sondern inwiefern und im Vergleich zu wann und wem man passiver oder proaktiver ist.

Umgangsformen, Normen oder Werte (falls sie überhaupt existieren), sondern auch das Lernen von spezifischen Konventionen und Kommunikationsweisen in den jeweiligen Teilbereichen wie z. B. Kunstwelten, in denen sie sich befinden, und zwar indem sie Verbindungen zu anderen, internationalen oder deutschen Künstler*innen unterhalten oder – um Beckers Grundannahme des symbolischen Interaktionismus und Essers Definition zu verwenden – mit ihnen interagieren. Nicht selten arbeiten die Kunststudierenden an deutschen Kunst- und Musikhochschulen bereits während des Studiums als professionelle Künstler*innen, und zwar nicht nur im geografisch-politischen Territorium der Bundesrepublik Deutschland, sondern in den transnationalen Kunstwelten, die über die Grenzen der Nationalstaaten hinausgehen (Platzierung). Im Ausbildungs- und Umschulungsprozess an den deutschen Musik- und Kunsthochschulen sowie bei sonstigen künstlerischen Aktivitäten außerhalb der Hochschulen eignen sie sich ein neues, kultur- wie gruppenspezifisches Wissen in Bezug auf die Künste an und reinterpretieren auf diese Weise ihre Künstleridentität (Identifikation, Resozialisation).

Transnationale Integration

> **Box 15.3: Transnationale Praxen und feldspezifische Konventionen (Auszug aus einem Interview mit einer japanischen Studentin)**
> Interviewer: Glauben Sie, dass Sie sich auch in Bezug auf Ihr [Instrument][16] verändert haben?
> Interviewte: Ja, ich habe das Gefühl, dass ich mich verändert habe. [...] [Im Laufe des Auslandsstudiums in Deutschland habe ich bemerkt, dass es wichtiger ist, zu denken] wie ich machen [spielen] möchte, und nicht, wie andere Menschen [über meine Spielweise] denken, und das sagt mein Lehrer/Professor [in Deutschland] auch oft. Er sagt, ich sei keine Musikerin, keine [Instrument][17]spielerin, sondern eine Künstlerin [...] Vor dem Auslandsstudium [in Deutschland] habe ich niemals so gedacht.
> Interviewer: Hat Ihr japanischer [Musik]lehrer/professor nicht so etwas gesagt?
> Interviewte: Nein, überhaupt nicht. Vielmehr [hat er gesagt, ich solle Andere] kopieren [...] Du bist Japanerin und Asiatin, du kannst niemals besser sein als ein Westler, so war seine Erziehung [so hat er mich erzogen]. Als ich letztens, im April anlässlich einer Audition [nach Japan] zurückgeflogen bin [und um seine Ratschläge gebeten habe], hat er wieder das Gleiche gesagt.

---

16 Anonymisiert.
17 Anonymisiert.

Die Resozialisation der angehenden japanischen Künstler*innen bedeutet nicht, dass Wissen, Werte und Normen, die sie sich in japanischen Kunstwelten angeeignet haben, vollkommen in Vergessenheit geraten. Es ist äußerst selten der Fall, dass sie jegliche Verbindungen zu ihren Herkuftskunstwelten verlieren. Sie pflegen weiterhin Kontakte mit ihren ehemaligen Schulkamerad*innen, Kommiliton*innen und Kunst- wie Musiklehrer*innen. Während des Studiums oder nach dem Abschluss arbeiten sie häufig als Künstler*innen in japanischen Theatern, Opern, Konzerten oder Bildungseinrichtungen usw. Eine Musikstudentin (Geige) erzählte während des Interviews, dass sie eigentlich schon nach dem Schulabschluss nach Deutschland kommen wollte; allerdings haben ihre japanischen Musiklehrer*innen ihr dazu geraten, zunächst eine „Basis"[18] in ihrem Heimatland zu etablieren (dass sie zuerst in Japan studieren soll), wenn sie später dort arbeiten möchte. Um erfolgreich in den japanischen Kunstwelten als Künstler*innen zu handeln, müssen die angehenden Künstler*innen neben der Pflege von Beziehungen das Wissen über die Konventionen in diesen Subgruppen der transnationalen Kunstwelten im Gedächtnis behalten und gegebenenfalls einsetzen können. Dies bezeichnen Meinhof & Triandafyllidu (2006: 202) in Anlehnung an die Kapitaltheorie von Bourdieu als transkulturelles Kapital, d. h. „*knowledge, skills and networks acquired by migrants through connections with their country and cultures of origin which are made active at their new places of residence*". Diesem Aspekt der Integration, nämlich Integration in die grenzüberschreitenden Kunstwelten, schenkt die Mehrheit der bisherigen Integrationstheorien kaum Beachtung. Will man konsequent den methodologischen Nationalismus der Migrationsforschung überwinden, sollte man dann auch ein Integrationsmodell entwickeln, das diesen Punkt in Erwägung zieht.

Die Ansätze des Transnationalismus werden häufig mit dem Konzept des ethnischen Pluralismus verwechselt. Der Transnationalismus darf aber als ein dritter Typus der Integrationstheorie, die sich sowohl von der Assimilationstheorie als auch von dem Konzept des ethnischen Pluralismus klar differenziert (Faist 2000a, 2000b), interpretiert werden. Demnach ist der Integrationsbegriff nicht nur für Städte oder Nationalstaaten reserviert (vgl. Kapitel 1). Die Vertreter*innen dieser relativ neuen theoretischen Denkfigur erheben jedoch nicht unbedingt den Anspruch, die beiden Denktraditionen komplett zu ersetzen, sondern lediglich ergänzen (vgl. Kivisto 2015: 24). Insofern ist die transnationale Perspektive nicht nur kompatibel mit dem analytischen Begriff Integration (vgl. Lucassen 2006),

---

18 Beim Nachfragen bestätigte sie die Interpretation des Interviewers, dass sie damit die Beziehungen zu anderen Akteur*innen in der japanischen Musikwelt meint.

sondern leistet geradezu einen entscheidenden Beitrag zur Analyse des Adaptationsprozesses der Migrant*innen.

Die Gesamtheit der Verflechtungen, über die diese transnationalen Aktivitäten betätigt werden, können als ein transnationaler sozialer Raum (*transnational social space*) bezeichnet werden (siehe auch Abbildung 15.2). Faist (2004: 3 f.) definiert ihn wie folgt: „*By transnational spaces we mean relatively stable, lasting and dense sets of ties reaching beyond and across the borders of sovereign states. They consist of combinations of ties and their organizations that cut across the borders of at least two nation-states. Transnational spaces differ from clearly demarcated state territories*". Die Integration der angehenden Künstler*innen erfolgt in diesem Raum.

Wie bereits in den letzten Abschnitten erläutert wurde, ist Integration nicht nur in ein einziges soziales Gefüge (wie die nationalstaatlich verfasste Gesellschaft). Eine gleichzeitige Integration in verschiedene Bereiche, Systeme, Gesellschaften ist möglich. Im Kontext der transnationalen Ansätze verweist der Begriff Integration sowohl auf die Partizipation an diesem als auch auf die Anpassung an diesen transnationalen sozialen Raum. Gerade deshalb ist der Begriff Integration passender als bspw. der der Inklusion – denn die transnationalen Aktivitäten sind genauso wie andere soziale Handlungen gesellschaftlich eingebettet, d. h. nicht von bestimmten kulturellen, normativen und institutionellen Erwartungen abgekoppelt. Der Integrationsbegriff beinhaltet eben nicht nur die bloße Teilnahme an und Teilhabe von Rechten (Platzierung), sondern auch den Lernprozess der Normen, Regeln und Institutionen (Kulturation), die die Verflechtungen in transnationalen sozialen Räumen prägen.

Selbstverständlich kann man aber den Inklusionsbegriff anstatt des Integrationsbegriffs sinnvoll verwenden, um sich deutlicher von dem normativen (nicht analytischen) Integrationsbegriff zu distanzieren. Amelina präferiert den ersteren Begriff, da sie den methodologischen Nationalismus der klassischen Migrationstheorie und den normativen Integrationsbegriff überwinden will (vgl. Amelina 2013: 120–123). In Anlehnung an die Systemtheorie sowie Ansätze des Transnationalismus schlägt sie ein neues Integrationsmodell (oder Inklusionsmodell um ihrem Konzept treu zu bleiben) vor, das mehr der Temporarität, Multilokalität und Transnationalität der Handlungspraktiken Rechnung trägt. Die meisten Migrant*innen und Nichtmigrant*innen der modernen Welt sind weder an einen Ort noch an ein System gebunden. Inklusionsformen lassen sich idealtypisch zwischen Leistungs- und Publikumsrollen unterscheiden. Beispielsweise kann eine japanische Profi-Künstlerin, die in Deutschland sesshaft ist, ein Konzert in Uganda organisieren und gleichzeitig als Universitätsprofessorin einer Musikhochschule in der Wissenschaft/Erziehung inkludiert sein, während sie im politischen System höchstens eine Publikumsrolle spielt, also als nur Wählerin (und eben nicht als Politikerin) inkludiert oder als japanische Staatsangehörige (außerhalb Japans) hier nur sehr beschränkt inkludiert ist. Amelina verknüpft ihre These der gleichzeitigen, multilokalen Inklusion individueller Handlungspotenziale mit dem praxeologischen Kulturverständnis. Demnach seien Kulturen „Deutungsmuster" oder „diskursive Selbst-Problematisierungen", die „in spezifische Felder der sozialen Praxis inkorporiert sind und diese instruieren" (Amelina 2013: 144). Sie dienen als Orientierungsmittel für die Interpretation bestimmter Objekte oder Situationen. Kulturen (oder Konventionen) sind nicht unbedingt an bestimmte Personen, Gruppen oder Länder gebunden, vielmehr können Menschen mehrere Sinnmuster behalten und gegebenenfalls aktivieren oder deaktivieren. Im Gegensatz zu den klassischen Integrationstheorien versteht Amelina also unter dem Begriff Akkulturation keinen einseitigen Prozess, bei dem das Erlernen eines neuen Sinnmusters zum Verlust des alten führt: „Stattdessen kommt es zu Prozessen der Interpretation und Überlagerung verschiedener Sinnmuster und Wissensordnungen hinsichtlich identischer Situationen im mentalen Rahmen eines Akteurs oder Kollektivs" (Amelina 2013: 145). Die Beispielstudentin, die am Anfang dieses Abschnitts zitiert wurde, behält also das Wissen über die bisherigen Konventionen, die z. B. in Japan, in ihrer Schule, in der Beziehung mit ihrem japanischen Musiklehrer usw. gelten, und eignet sich zugleich neue Konventionen an, die in Deutschland, in Musikwelten in Nordrhein-Westfalen, in ihrer Universität und in ihrer Beziehung zu ihrem Professor bedeutsam sind.

Diese alternative Sinngebung des Integrationsbegriffs wird von Rauer (2008) als „universalisierende Beobachtungsperspektive" bezeichnet, welche den Fokus auf „objektive soziale Formen" (funktionale Differenzierung oder transnationale Perspektive) anstatt von „subjektivistischen Konzepten" wie (z. B. nationale) Identität, Ethnizität richtet. Vor allem systemtheoretische und transnationale Ansätze gehören zu dieser theoretischen Perspektive, an die sich auch dieser Beitrag anschließt. Der entscheidende Unterschied zum bisherigen universalisierenden Integrations(Inklusions-)begriff besteht darin, dass sich der vorliegende Beitrag – anstatt der Systemtheorie Luhmanns – an die ebenso prominente Differenztheorie von Bourdieu anlehnt.[19] Die letztere Differenzierungstheorie, die eine gewisse Nähe zu Interaktionisten zeigt (vgl. Bourdieu & Wacquant 2017: 135), lässt sich mit der anderen theoretischen Grundlage dieses Beitrags, nämlich von Becker, einfacher kombinieren, da beide Theorien letztendlich von Handlungen anstatt von Kommunikationen ausgehen.

---

[19] Zu Unterschieden und Gemeinsamkeiten zwischen Bourdieu und Luhmann siehe u. a. Kneer (2016).

Fazit

Integration ist ein vielfältiger Begriff und dieser Beitrag reiht sich in den Anspruch der Einführung ein, dieser Vielfalt gerecht zu werden. Hier wurde Integration in die Kunstwelten aus einer transnationalen Perspektive (universalisierenden Beobachtungsperspektive in Worten von Rauer) betrachtet, die der klassischen Integrationstheorie gegenübersteht. Es wurde von figurations-, feldsoziologischen sowie interaktionistischen Ansätzen ausgegangen, die geeigneter dafür zu sein scheinen, transnationale Praxen der japanischen Künstler*innen zu illustrieren, zumal hier das Auslandsstudium als ein Übergangsprozess (*career transition*) von der Außenseiter*inrolle (Student*innen) zur Etabliertenrolle (Profi-Künstlern) erachtet wird. Die ersten beiden theoretischen Richtungen (also Figurationssoziologie und Feldsoziologie) legen den Schwerpunkt auf die Dynamik der Machtkonstellation innerhalb der Kunstwelten und die letzteren beiden (Feldsoziologie und Interaktionismus) setzen die Aneignung bestimmten Wissens (Konvention/spezifisches Kapital) für den Zugang zu dieser voraus. Insofern erscheint der Begriff Integration passender als Inklusion, da der letztere kein tiefgreifendes feldspezifisches Wissen voraussetzt. Im letzten Abschnitt wurde dieses theoretische Set mit transnationalen Ansätzen kombiniert, um noch stärker zu betonen, dass sich die Konturen von Kunstfeldern und Kunstwelten über die nationalstaatlichen Grenzen hinaus definieren lassen. Dieses Integrationsverständnis betrifft sowohl Migrant*innen als auch Nichtmigrant*innen.

Soziale Ungleichheiten und die transnationalisierte soziale Frage in Kunstwelten sind aufgrund ihrer transnationalisierten Natur nur unzulänglich begreifbar, wenn man von Ungleichheiten zwischen Migrant*innen und Nichtmigrant*innen ausgeht. Zwar scheinen bei einer Integration auch alte soziologische Begriffe wie Ethnizität eine gewisse Rolle zu spielen, aber die Ein- und Ausschließung von Neuankömmlingen wie Musikstudierenden (oder historisch gesehen auch asiatischen Musiker*innen) hängt ebenso von Machtkonstellationen transnationalisierter Kunstwelten sowie erworbenen Kenntnissen (Bildungskapital) ab, die in bestimmten Subgruppen verbreitet sind (siehe den ersten und zweiten Interviewauszug dieses Beitrags). Die ungleiche Verteilung von anderen Kapitalarten, beispielsweise Reputation, unter den Subgruppen (z. B. europäische Musikhochschulen vs. ostasiatische Musikhochschulen) kann die Mobilität von ambitionierten Musikstudierenden begünstigen (vgl. Kapitel 1). Der letzte Interviewauszug zeigte zudem, dass man gleichzeitig in unterschiedlichen Subgruppen der Kunstwelten integriert bleibt bzw. wird, also die Integrationsfrage weit über den nationalstaatlichen Rahmen hinausgeht.

Es stellt sich schließlich die Frage, ob andere Sachgebiete wie Wissenschaft, Wirtschaft oder Politik einer anderen Logik der Integration unterliegen als die

Kunst. Konventionen und spezifische Kapitalien, die es zu erwerben gilt, unterscheiden sich je nach dem Sachbereich (und seiner Subgruppen) sicherlich voneinander – ob dies aber auch für das grundlegende Prinzip der Figurationen, Felder oder Systeme gilt, ist eine empirische Frage. Die wichtigste Erkenntnis soll jedoch eine andere sein: Es gibt nicht „die" Integration(-stheorie). Die wissenschaftliche Bedeutung dieses Begriffs variiert stark je nach der theoretischen Perspektive.

Literatur

Aigner, P., 2017: *Migrationssoziologie. Eine Einführung*. Wiesbaden: VS Verlag für Sozialwissenschaften.

Amelina, A., 2013: Transnationale Inklusion als ein multilokales Phänomen. Ein Abschied vom Assimilationsparadigma der Migrationsforschung? In: Ezli, Ö., A. Langenohl, V. Rauer & C. M. Voigtmann (Hrsg.), *Die Integrationsdebatte zwischen Assimilation und Diversität. Grenzziehungen in Theorie, Kunst und Gesellschaft*, S. 119–155. Bielefeld: transcript.

Becker, H. S., 2008: *Art Worlds*. Berkeley, CA und London: University of California Press.

Becker, H. S., B. Geer, E. C. Hughes & A. L. Strauss, 1961: *Boys in White. Student Culture in Medical School*. New Brunswick und London: Transaction.

Bilecen, B., 2014: *International Student Mobility and Transnational Friendships*. Basingstoke: Palgrave Macmillan.

Blumer, H., 1958: Race Prejudice as a Sense of Group Position. *The Pacific Sociological Review* 1:3–7.

Bobo, L. & V. L. Hutchings, 1996: Perceptions of Racial Group Competition. Extending Blumer's Theory of Group Position to a Multiracial Social Context. *American Sociological Review* 61:951–972.

Bork, M., 2012: Jenseits von „gut" und „böse". Meisterlehre im 21. Jahrhundert – Erkenntnisse aus einer Wiener AbsolventInnen-Studie. Üben und Musizieren: 12–16.

Bourdieu, P., 2015: *Kunst und Kultur. Kunst und künstlerisches Feld*. Nr. 4 in Schriften zur Kultursoziologie. Berlin: Suhrkamp.

Bourdieu, P. & L. J. D. Wacquant, 2017: *Reflexive Anthropologie*. Frankfurt a. M.: Suhrkamp.

Broadhead, R. S., 1983: *The Private Lives and Professional Identity of Medical Students*. New Brunswick, NJ: Transaction.

Caza, B. B. & S. J. Creary, 2016: The Construction of Professional Identity. http://scholarship.sha.cornell.edu/articles/878 (letzter Aufruf: 29.10.2018).

Du Toit, D., 1995: A Sociological Analysis of the Extent and Influence of Professional Socialization on the Development of a Nursing Identity Among Nursing Students at Two Universities in Brisbane, Australia. *Journal of Advanced Nursing* 21:164–171.

Elias, N. & J. L. Scotson, 2016: *Etablierte und Aussenseiter*. Frankfurt a. M.: Suhrkamp.

Esser, H., 1999: Inklusion, Integration und ethnische Schichtung. *Journal für Konflikt- und Gewaltforschung* 1:5–34.

Esser, H., 2004: Was ist denn dran am Begriff der „Leitkultur"? In: Kecskes, R., M. Wagner & C. Wolf (Hrsg.), *Angewandte Soziologie*, S. 199–214. Wiesbaden: VS Verlag für Sozialwissenschaften.

Esser, H., 2006: *Sprache und Integration. Die sozialen Bedingungen und Folgen des Spracherwerbs von Migranten*. Frankfurt a. M.: Campus Verlag.

Ezli, Ö., A. Langenohl, V. Rauer & C. M. Voigtmann (Hrsg.), 2013: *Die Integrationsdebatte zwischen Assimilation und Diversität. Grenzziehungen in Theorie, Kunst und Gesellschaft*. Bielefeld: transcript.

Faist, T., 2000a: Jenseits von Nation und Postnation. Eine neue Perspektive für die Integrationsforschung. In: Faist, T. (Hrsg.), *Transstaatliche Räume. Politik, Wirtschaft und Kultur in und zwischen Deutschland und der Türkei*, S. 339–392. Bielefeld: transcript.

Faist, T., 2000b: *The Volume and Dynamics of International Migration and Transnational Social Spaces*. Oxford: Clarendon.

Faist, T., 2003: Amalgamating Newcomers, National Minority and Diaspora: Integration(s) of Immigrants from Poland in Germany. In: Sackmann, R., B. Peters & T. Faist (Hrsg.), *Identity and Integration: Migrants in Western Europe*, S. 205–234. Aldershot: Ashgate.

Faist, T., 2004: The Border-Crossing Expansion of Social Space: Concepts, Questions and Topics. In: Faist, T. & E. Özveren (Hrsg.), *Transnational Social Spaces: Agents, Networks and Institutions*, S. 1–34. Aldershot: Ashgate.

Friedrichs, J. & W. Jagodzinski, 1999: Theorien sozialer Integration. In: Friedrichs, J. & W. Jagodzinski (Hrsg.), *Soziale Integration*, S. 9–43. Opladen: Westdeutscher Verlag.

Fröhlich, G., 2014: Nobert Elias. In: Fröhlich, G. & B. Rehbein (Hrsg.), *Bourdieu-Handbuch. Leben – Werk – Wirkung*, S. 36–43. Stuttgart, Weimar: Verlag J. B. Metzler.

Fujii, T., im Erscheinen: Integration of Aspiring Artists: Japanese Music Students in Germany. *Asian and Pacific Migration Journal*.

Heckmann, F., 2015: *Integration von Migranten. Einwanderung und neue Nationenbildung*. Wiesbaden: VS Verlag für Sozialwissenschaften.

Howkins, E. J. & A. Ewens, 1999: How Students Experience Professional Socialisation. *International Journal of Nursing Studies* 36:41–49.

Hüttermann, J., 2018: *Figurationsprozesse der Einwanderungsgesellschaft. Zum Wandel der Beziehungen zwischen Alteingesessenen und Migranten in deutschen Städten*. Bielefeld: transcript.

Ibarra, H., 1999: Provisional Selves. Experimenting with Image and Identity in Professional Adaptation. *Administrative Science Quarterly* 44:764–791.

Karrer, D., 2002: *Der Kampf um Integration. Zur Logik ethnischer Beziehungen in einem sozial benachteiligten Stadtteil*. Wiesbaden: Westdeutscher Verlag.

Kivisto, P., 2015: The Revival of Assimilation in Historical Perspective. In: Kivisto, P. (Hrsg.), *Incorporating Diversity: Rethinking Assimilation in a Multicultural Age*, S. 3–29. New York: Routledge.

Kneer, G., 2016: Differenzierung bei Luhmann und Bourdieu. Ein Theorievergleich. In: Nassehi, A. & G. Nollmann (Hrsg.), *Bourdieu und Luhmann. Ein Theorienvergleich*, S. 25–56. Frankfurt a. M.: Suhrkamp.

de Leuw, P. & H.-D. Zimmermann, 1983: *Die feinen Unterschiede und wie sie entstehen. Pierre Bourdieu erforscht den Alltag*. Hessischer Rundfunk.

Lindström, S., 2015: Constructions of Professional Subjectivity at the Fine Arts College. *Professions and Professionalism* 5(2). doi:10.7577/pp.869.

Lockwood, D., 1969: Soziale Integration und Systemintegration. In: Zapf, W. (Hrsg.), *Theorien des sozialen Wandels*, S. 124–137. Köln [u. a.]: Kiepenheuer & Witsch.

Lucassen, L., 2006: Is Transnationalism Compatible with Assimilation? Examples from Western Europe since 1850. *IMIS-Beiträge* S. 15–35.

Luhmann, N., 1998: *Die Gesellschaft der Gesellschaft*. Frankfurt a. M.: Suhrkamp.

Maddux, W. W., A. D. Galinsky, A. J. C. Cuddy & M. Polifroni, 2008: When Being a Model Minority is Good…and Bad. Realistic Threat Explains Negativity Toward Asian Americans. *Personality & Social Psychology Bulletin* 34:74–89.

Meinhof, U. H. & A. Triandafyllidu, 2006: Beyond the Diaspora. In: Meinhof, U. H. & A. Triandafyllidu (Hrsg.), *Transcultural Europe. Cultural Policy in a Changing Europe*, S. 200–222. Basingstoke: Palgrave Macmillan.

Münch, R., 1995: Elemente einer Theorie der Integration moderner Gesellschaften. Eine Bestandaufnahme. *Berliner Journal für Soziologie* 5:5–24.

Nagel, J., 1995: Resource Competition Theories. *American Behavioral Scientist* 38:442–458.

Neiterman, E. & I. L. Bourgeault, 2015: Professional Integration as a Process of Professional Resocialization. Internationally Educated Health Professionals in Canada. *Social Science & Medicine (1982)131: 74–81.*

Piazza, L. M., 2017: Exploring the Artistic Identity/Identities of Art Majors Engaged in Artistic Undergraduate Research. https://scholarcommons.usf.edu/etd/6928/ (letzter Aufruf: 29.10.2018).

Pries, L., 2014: Weder Assimilation noch Abschaffung des Integrationsbegriffs – für ein transnationales Mobilitäts- und Teilhabeverständnis. In: Krüger-Potratz, M. & C. Schroeder (Hrsg.), *Vielfalt als Leitmotiv*, S. 17–36. Göttingen: V & R Unipress.

Rauer, V., 2008: *Die öffentliche Dimension der Integration. Migrationspolitische Diskurse türkischer Dachverbände in Deutschland*. Bielefeld: transcript.

Rauer, V., 2013: Integrationsdebatten in der deutschen Öffentlichkeit (1947–2012). Ein umstrittenes Konzept zwischen „region-building" und „nation-saving". In: Ezli, Ö., A. Langenohl, V. Rauer & C. M. Voigtmann (Hrsg.), *Die Integrationsdebatte zwischen Assimilation und Diversität. Grenzziehungen in Theorie, Kunst und Gesellschaft*, S. 51–85. Bielefeld: transcript.

Scheller, F., 2015: *Gelegenheitsstrukturen, Kontakte, Arbeitsmarktintegration. Ethnospezifische Netzwerke und der Erfolg von Migranten am Arbeitsmarkt*. Wiesbaden: VS Verlag für Sozialwissenschaften.

Tawa, J., R. Negrón, K. L. Suyemoto & A. S. Carter, 2015: The Effect of Resource Competition on Blacks' and Asians' Social Distance Using a Virtual World Methodology. *Group Processes & Intergroup Relations* 18:761–777.

Treibel, A., 2008: *Die Soziologie von Norbert Elias. Eine Einführung in ihre Geschichte, Systematik und Perspektiven*. Wiesbaden: VS Verlag für Sozialwissenschaften.

Weller, J. F., 2013: How Popular Music Artists Form an Artistic and Professional Identity and Portfolio Career in Emerging Adulthood. https://ir.stthomas.edu/caps_ed_lead_docdiss/43/ (letzter Aufruf: 29.10.2018).

Wiegelmann, L., 2009: Asiaten unerwünscht. DIE WELT, 11.08.2009. https://www.welt.de/welt_print/kultur/article4297098/Asiaten-unerwuenscht.html (letzter Aufruf: 01.03.2019).

Wiener, A. & T. Diez, 2009: *European Integration Theory*. Oxford: Oxford University Press.

Wray, H., 1999: *Japanese and American Education. Attitudes and Practices*. Westport, CT: Bergin & Garvey.

Tobias Gehring

16 Eine Vielzahl an Geschichten: Fluchtmigration in Afrika

Einleitung

"The single story creates stereotypes, and the problem with stereotypes is not that they are untrue, but that they are incomplete. They make one story become the only story." (Adichie 2009: 12:57–13:25)

Fallen die Stichworte „Flüchtlinge" und „Afrika", so denken wohl viele an jene Menschen, die sich auf den Weg nach Europa machen. Doch dies ist nur eine von zahlreichen Geschichten, die es über Migration und Flucht in und aus Afrika zu erzählen gibt. Denn zuvorderst findet diese in Form vielfältiger innerafrikanischer Mobilität – nicht als Exodus nach Europa – statt (Faist et al. 2019). So lebten 2015, auf dem Höhepunkt der europäischen „Flüchtlingskrise", 85 Prozent der afrikanischen Flüchtlinge in Afrika, nur 7,5 Prozent in Europa (Prediger & Zanker 2016: 3). Zwar beherbergt Europa zudem u. a. syrische und afghanische Flüchtlinge. Gleichwohl leben allein in Subsahara-Afrika mehr als doppelt so viele Flüchtlinge wie in Europa (ohne die Türkei) (UNHCR 2019: 14).

Um afrikanische Fluchtmigration zu verstehen, bedarf es darum einer Vielzahl verschiedener Geschichten, die vom Weg nach Norden erzählen, aber etwa auch von in die entgegensetzte Richtung verlaufenden Wanderungen in die „Regenbogennation" Südafrika oder von großen Flüchtlingslagern wie Bidibidi in Uganda und Dadaab in Kenia. Erst eine solche Pluralität der Geschichten vermittelt ein angemessenes Bild. Erzählt man hingegen ausschließlich von Flucht aus Afrika nach Europa, schreibt man leicht das pauschalisierende Bild eines „Katastrophenkontinents" Afrika fort, dessen Einwohner*innen ihr Heil in einer vermeintlichen Völkerwanderung suchen.

In ähnlicher Weise sind auch über Flüchtlinge[1] selbst mehr Geschichten zu erzählen, als durch geläufige Bilder von anonymen Menschenmassen aus notleidenden, passiven Opfern vermittelt werden. Während solch eine homogenisieren-

---

[1] Der vorliegende Beitrag befasst sich mit über Landesgrenzen geflüchteten Menschen und lässt Binnenvertriebene außen vor. Da auch letztere geflüchtet, mithin Geflüchtete sind, wird in diesem Beitrag der Begriff „Flüchtling" verwendet, der nach gängiger Definition für erstere Gruppe reserviert ist. Näheres zur Definition der Kategorie „Flüchtling" findet sich in Kapitel 4.

https://doi.org/10.1515/9783110680638-016

de Darstellung Unterschiede und Ungleichheiten zwischen Flüchtlingen ausblendet (Malkki 1996: 387–388), zeigen diverse Beispiele, dass es von Bedeutung ist, welchen sozialen Gruppen Flüchtlinge angehören, da dies ihre Lebenswirklichkeiten in vielerlei Weise beeinflusst.

Diese Überlegungen stecken den Rahmen des vorliegenden Beitrags ab. Im Unterschied zu einer allgemeinen Einführung in die soziologische Flucht- und Flüchtlingsforschung (vgl. Kapitel 4) befasst sich dieser mit Fluchtmigration in einer konkreten Weltregion. Angesichts der beschriebenen Verhältnisse wird dabei einmal nicht Deutschland oder Europa, sondern „Afrika als Zentrum der globalen Fluchtbewegungen" (Prediger & Zanker 2016: 3) in den Blick genommen. In der Auseinandersetzung mit Fluchtursachen (Teil zwei) und Flüchtlingen (Teil drei) tritt die Relevanz verschiedener soziologischer Konzepte – darunter nicht zuletzt Aspekte der Ungleichheit und des Denkens jenseits nationaler Container – zutage. Wichtige Ungleichheiten bestehen zudem auch zwischen Flüchtlingen und Forscher*innen hinsichtlich der Frage, wer in wissenschaftlichen und öffentlichen Diskursen über Fluchtmigration zu Wort kommt. Dies wird in Teil vier thematisiert. Teil fünf bildet das Fazit.

Ursachen afrikanischer Fluchtmigration

1899 erschien der Roman „Herz der Finsternis" von Joseph Conrad. Auch 120 Jahre später steht der Titel des Buches sinnbildlich für ein Bild von Afrika als von Armut, Hungersnöten, korrupten Diktaturen, sogenannten Stammeskriegen und allerlei anderem Unheil gezeichnetem Kontinent. Abgesehen von einer gängigen, jedoch problematischen Unterscheidung zwischen einem „eigentlichen" Afrika südlich der Sahara und Nordafrika wird dabei kaum zwischen verschiedenen Ländern und Regionen differenziert (Machnik 2009). Doch bei der Auseinandersetzung mit Fluchtmigration ist eine Differenzierung auf einer regionalen Ebene notwendig. Gleiches gilt für eine differenzierte Betrachtung der jeweiligen Fluchtursachen im konkreten Einzelfall anstelle eines pauschalen Bildes vom Katastrophenkontinent Afrika.

Ein ungleiches Bild: Fluchtmigration in verschiedenen Teilen Afrikas

Die globale Verteilung von Flüchtlingen zeigt allerdings neben der schon erwähnten Bedeutung Afrikas eine erhebliche Diskrepanz zwischen verschiedenen Regionen des Kontinents, da sich Fluchtmigration innerhalb Afrikas derzeit stark auf ost- und zentralafrikanische Länder konzentriert (vgl. Tabelle 16.1). Zu dieser

Tab. 16.1: Flüchtlinge in und aus verschiedenen Regionen 2018 (Quelle: eigene Darstellung nach Daten des UNHCR, 2019: 65–75)

Region	Flüchtlinge in der Region (in Millionen)	Flüchtlinge aus der Region (in Millionen)
Subsahara-Afrika	6,33	7,19
Zentralafrika, Region der großen Seen	1,45	2
Ostafrika	4,35	4,57
Südliches Afrika	0,21	0,03
Westafrika	0,33	0,59
Asien, Pazifik	4,16	4,8
Naher Osten, Nordafrika	2,65	7,32
Europa	6,44	0,36
Türkei	3,68	0,07
restliches Europa	2,76	0,29
Amerikas	0,53	0,23

Anmerkung: Die Tabelle orientiert sich an den regionalen Unterteilungen des UNHCR und übernimmt daher die angesprochene Zweiteilung Afrikas. Ansonsten ist mit „Afrika" im Rahmen des vorliegenden Beitrages der gesamte Kontinent gemeint.

räumlichen tritt eine zeitliche Variation hinzu, denn bis ins frühe 21. Jahrhundert trieben gerade im westlichen (Sierra Leone, Liberia) sowie im südlichen Afrika (Angola, Mosambik) Bürgerkriege zahlreiche Menschen in die Flucht. Wieso aber fliehen aus manchen afrikanischen Ländern mehr Menschen als aus anderen? Und wieso vergrößert oder verringert sich die Zahl der Menschen, die aus einem bestimmten Land fliehen, im Zeitverlauf? Um diese Fragen zu beantworten, bedarf es der differenzierten Analyse der jeweiligen Fluchtursachen. Diese offenbart, dass hinter Fluchtmigration in Afrika und ihrer raumzeitlich ungleichen Prävalenz einige wiederum ungleichartige Faktoren stehen. Anhand von Fallbeispielen aus unterschiedlichen Herkunftsländern afrikanischer Flüchtlinge werden verschiedene Formen von Fluchtursachen nachfolgend vorgestellt.

Nationale Fluchtursachen im Kontext globaler Transformationen

Ein gemeinsamer Nenner der Beiträge dieses Bandes ist der kritische Blick auf ein Containermodell, welches Gesellschaften als national begrenzte, geschlossene, voneinander weitgehend unabhängige Einheiten versteht (Wimmer & Glick Schiller 2002; vgl. Kapitel 1). Eine an transnationaler Migration orientierte Perspektive betont demgegenüber grenzüberschreitende soziale Beziehungen zwischen Migrant*innen und Menschen in den jeweiligen Herkunftsländern (vgl. Kapitel 7).

Bei der Analyse von Fluchtursachen drückt sich die Abkehr von einer nationalen Containerperspektive so aus:

> Zwar wird Flucht weiterhin als Konsequenz von Umbrüchen im Herkunftsland gedeutet, die Ursachen dieser politischen oder sozialen Umbrüche werden aber nicht allein in den Herkunftsländern lokalisiert, sondern es werden, inspiriert u. a. durch die Dependenztheorie, die globalen Verflechtungen und Dominanzverhältnisse betont. (Niedrig & Seukwa 2010: 183)

Illustrieren lässt sich dies anhand der Einbettung solcher Umbrüche in über Landesgrenzen hinausreichende soziale Transformationen, also tiefgreifende Veränderungen gesellschaftlicher, kultureller, politischer und/oder ökonomischer Art, die mit Krisen und Konflikten einhergehen und damit Fluchtmigration verursachen können (vgl. Kapitel 5). Für Afrika stellen Anfang und Ende der Kolonialzeit wichtige Transformationen dar. Aber auch die globale Epochenwende am Ende des Kalten Krieges hatte, wie in Europa, so auch in Afrika einschneidende Konsequenzen (Speitkamp 2009: 448–469): Bis dahin waren verschiedene Länder Afrikas Schauplätze von Stellvertreterkriegen zwischen den Supermächten gewesen. Zudem hielten sich mit Unterstützung der USA bzw. der UdSSR Diktatoren wie Kongos Mobutu oder Äthiopiens Mengistu teils jahrzehntelang an der Macht, bis sie um 1990 gestürzt wurden. Dies führte vielerorts zu einer (unvollendet gebliebenen) Demokratisierungswelle, mündete bisweilen aber auch in kriegerische Konflikte, etwa in Somalia (Box 16.1).

Box 16.1: Der Bürgerkrieg in Somalia

In Somalia putschte sich 1969 Siad Barre an die Macht. Die von ihm geführte Diktatur wurde zunächst von der Sowjetunion unterstützt. Der verlorene Ogadenkrieg mit dem ebenfalls sozialistischen Äthiopien 1977/78 führte zum Wechsel auf die Seite der USA. Im folgenden Jahrzehnt unterstützten Äthiopien und Somalia Guerillagruppen im jeweils anderen Land. Zu einem Friedensschluss zwischen den Staaten kam es erst 1988, als auch der Kalte Krieg zwischen den Supermächten seinem Ende zuging. Ebendies beförderte den Ausbruch des zum Sturz Barres führenden Bürgerkrieges im gleichen Jahr. Erstens verlor das Barre-Regime seine geostrategische Bedeutung und damit auch die nicht zuletzt für den Unterhalt der Armee wichtige Unterstützung durch die USA. Zum anderen wurden somalische Rebell*innen, getreu der Devise „Jetzt oder nie", durch die Aussicht auf zukünftig auch für sie wegbrechende internationale Unterstützung zum Angriff motiviert (Spilker 2008: 20–21; Menkhaus 2008: 34).
Der Kampf gegen das Barre-Regime von 1988 bis 1991 bildete allerdings lediglich die erste Phase eines bis heute andauernden Krieges, der zur faktischen Dreiteilung Somalias geführt hat. Während der nordwestliche Landesteil Somaliland inzwischen relativ friedlich ist, stellt sich der Konflikt im südlichen Somalia als Kampf zwischen der mit al-Qaida verbündeten islamistischen Miliz al-Shabaab und der von Truppen der Afrikanischen Union unterstützten Regierung dar. Der Bürgerkrieg ist damit erneut in einen geopolitischen Konflikt, den „Krieg gegen den Terror", eingebunden (Malito 2015).

Ethnische Ungleichheiten und Konflikte

Im Gegensatz zum ethnisch recht homogenen Somalia handelt es sich bei den meisten Staaten Afrikas um Vielvölkerstaaten, in denen aufgrund willkürlicher kolonialer Grenzziehungen zahlreiche verschiedene ethnische Gruppen leben. Seit der Unabhängigkeit war diese Konstellation wiederholt ein Ausgangspunkt teils gewaltsamer Konflikte in unterschiedlichen afrikanischen Staaten, die häufig mit Diskriminierungen und Verfolgungen ethnischer Minderheiten einhergingen. Für derartige Konflikte hat sich im Alltagswissen eine Deutung als Stammeskrieg etabliert. Diese Interpretation ist allerdings problematisch.

Zunächst ist der Begriff „Stamm" eng mit kolonialen Stereotypen verbunden und transportiert Assoziationen wie „primitiv" – ebendeshalb gelten ethnische Konflikte in „modernen, zivilisierten" Ländern Europas, wie in Belgien oder Spanien, nicht als Stammeskonflikte (Arndt 2009). Ferner erscheinen in einer solchen Lesart ethnische Differenzen an sich als Konfliktursache. Dabei wird als selbstverständlich vorausgesetzt, dass ethnische Gruppen quasi von Natur aus existieren und die Identität und Solidarität von Individuen prägen. Eine soziologisch gehaltvollere Perspektive sieht ethnische Gruppen hingegen als veränderliche Ergebnisse gesellschaftlicher Ein- und Ausgrenzungsprozesse an und fragt, unter welchen Umständen ethnische Trennlinien, Solidaritäten und Identitäten an Bedeutung gewinnen oder verlieren (Wimmer 2008; vgl. Kapitel 1). Schlussendlich sind neben ethnischen auch andere – politische, historische, ökonomische etc. – Faktoren bei der Analyse entlang ethnischer Grenzziehungen verlaufender Konflikte zu beachten. Am Tuareg-Aufstand in Mali zeigt sich, wie Ethnizität eine, aber mitnichten die alleinige, Rolle in einem Konflikt spielt (Box 16.2).

Box 16.2: Der Tuareg-Aufstand in Mali

Das Lebensgebiet der nomadischen Tuareg im nordwestlichen Afrika erstreckt sich quer über die Grenzen der postkolonialen Staaten Algerien, Mali, Libyen, Niger und Burkina Faso. In all diesen Ländern bilden sie eine Minderheit; ein Tuareg-Staat existiert nicht. Zum numerischen Minderheitenstatus treten in Mali regionale Ungleichheiten zwischen dem bevölkerungsreichen Süden und dem Nordteil des Landes, wo die Tuareg leben, hinzu. Aufgrund der Marginalisierung der Tuareg kam es seit der Unabhängigkeit Malis mehrfach zu Rebellionen. 2012 eroberten separatistische Tuareg die nördliche Landeshälfte Malis und riefen dort den unabhängigen Staat Azawad aus. Gleichzeitig griffen mehrere islamistische Gruppen in den Konflikt ein, die anstelle von ethnischem Separatismus eine an religiösem Extremismus orientierte, oft überregionale Agenda verfolgen. Die islamistischen Milizen verdrängten die Tuareg-Aufständischen im Norden Malis und drangen anschließend auch in südliche Regionen vor. Daraufhin wurden sie ihrerseits von Truppen aus Frankreich und dem Tschad zurückgedrängt. Auch nach einem Friedensabkommen 2015 schwelen weiterhin Konflikte in Mali, die teilweise entlang ethnischer Grenzziehungen verlaufen, aber auch weitere Facetten haben (Goldberg 2018; Cline 2013).

Ressourcenkonflikte

In zahlreichen afrikanischen Staaten finden sich große Vorkommen natürlicher Ressourcen wie Erdöl, Diamanten, Gold oder Kupfer. Nicht immer, aber oft erweisen sich die Ressourcen für die jeweiligen Staaten weit eher als Fluch denn als Segen. So kam es zu kolonialen Zeiten etwa im Zuge des Abbaus von Kautschuk im Kongo zu gravierenden, systematischen Verbrechen an der einheimischen Bevölkerung. Heutzutage manifestiert sich der „Ressourcenfluch" einerseits, bspw. in Angola, in Form sehr großer sozioökonomischer Ungleichheit, da fast ausschließlich eine korrupte Machtelite von den Einnahmen aus dem Ressourcenhandel profitiert (Hammond 2011: 356–361). Andererseits argumentieren etwa Paul Collier und Anke Hoeffler (2004), dass Rebellionen und Bürgerkriege häufig durch die Aussicht auf mit der Ressourcenkontrolle verbundene Profite motiviert sind, nicht durch soziale Missstände wie Ungleichheiten und Diskriminierungen. Die Kämpfe im Ostkongo zeigen die Relevanz von Ressourcen in einem Konflikt, aber auch die Notwendigkeit, diesen nicht allein als Ressourcenkonflikt zu deuten (Box 16.3).

Box 16.3: Die Kämpfe im Ostkongo

Der Osten der Demokratischen Republik (DR) Kongo ist eine ressourcenreiche und zugleich seit langem instabile Region, in der zahlreiche bewaffnete Gruppierungen aktiv sind; wiederholt kam es zu größeren Aufständen wie der Rebellion der Gruppierung M23, die 2012/13 vorübergehend die Millionenstadt Goma eroberte. In der öffentlichen und politischen Debatte werden diese beiden Beobachtungen in einen ursächlichen Zusammenhang gebracht, indem Einnahmen aus dem Ressourcenhandel einerseits als Ziel der Konfliktparteien, andererseits als Mittel zur Finanzierung ihres Kampfes erscheinen. Besondere Aufmerksamkeit wird dabei dem Erz Coltan zuteil, das für elektronische Geräte wie Handys oder Laptops benötigt wird. Ganz im Sinne des diesem Kapitel vorangestellten Zitats ist diese Deutung der Kämpfe im Ostkongo als Ressourcenkonflikt zwar nicht falsch, aber unvollständig und problematisch, wenn sie nicht um weitere Aspekte ergänzt wird (Autesserre 2012: 210–213). Zu nennen ist zuvorderst die Rolle ausländischer Staaten, insbesondere Ruandas: Die Folgen des Völkermordes von 1994 sind eine wesentliche Ursache für die Kongokriege um die Jahrtausendwende, die der heutigen Situation zugrunde liegen. Zudem hat Ruanda auch in jüngerer Zeit bewaffnete Gruppierungen im Kongo wie die M23 unterstützt (Nangini et al. 2014).

Staatliche Repression

Die bisherigen Fallbeispiele beziehen sich auf Staaten, die als Paradebeispiel für Staatszerfall gelten, mit Sezessionsbestrebungen konfrontiert sind oder mit nicht staatlichen Gruppierungen um die Kontrolle über einen Teil ihres Territoriums ringen. Auch der Bürgerkrieg im Südsudan oder der Aufstand der islamistischen Bewegung Boko Haram in Nigeria fügen sich ins Bild von Fluchtmigration infolge innerstaatlicher Kämpfe zwischen staatlichen und nichtstaatlichen Akteur*innen ein. Gleichwohl wäre es verfehlt, hieraus als allgemeine Gesetzmäßigkeit abzuleiten, dass es stets dort zu Fluchtbewegungen kommt, wo Staaten nicht die uneingeschränkte Herrschaft ausüben. Ganz im Gegensatz dazu führte etwa die staatliche Diskriminierung der Tutsi in Ruanda, die 1994 im von einer extremistischen Regierung organisierten Genozid gipfelte, dazu, dass ab den 1960er-Jahren ruandische Tutsi jahrzehntelang als Flüchtlinge in Nachbarstaaten lebten (Prunier 2002: 61–74).

Inwiefern staatliche Herrschaft Fluchtursachen beseitigt oder selbst Flucht verursacht, hängt maßgeblich von ihrer Ausgestaltung ab. Diese tritt in Afrika oft in Gestalt von Mischformen aus autokratischer und demokratischer Herrschaft auf. Denn seit den 1990er-Jahren wurden vielerorts demokratische Elemente wie ein Mehrparteiensystem eingeführt, was aber keineswegs zwangsläufig in eine grundlegende Demokratisierung mündete (Morency-Laflamme 2017). Allerdings sind nur wenige afrikanische Länder noch „reine" Autokratien – so etwa Eritrea (Morency-Laflamme 2017: 114), wo repressive staatliche Herrschaft Menschen in die Flucht treibt (Box 16.4).

Box 16.4: Autokratische Herrschaft in Eritrea
Eritrea wird seit der Unabhängigkeit von Äthiopien 1993 von Präsident Isayas Afewerki regiert. Bis heute sind neben Afewerkis Volksfront für Demokratie und Gerechtigkeit keine weiteren Parteien zugelassen. Ebenso wenig existieren unabhängige Medien. Für nahezu alle Eritreer*innen zwischen 18 und 40 Jahren ist der zeitlich unbegrenzte, nahezu unbezahlte Nationaldienst, ein militärisch organisierter Wehr- und Arbeitsdienst, verpflichtend. Dies führt zu umfassenden Beeinträchtigungen in der Lebensführung der betroffenen Menschen sowie im familiären und gesellschaftlichen Zusammenleben. Eritreer*innen versuchen, sich dem Nationaldienst auf unterschiedliche Weise zu entziehen, etwa durch absichtliches Sitzenbleiben in der Schule oder Schwangerschaften, die bei Frauen zur Freistellung führen. Auch die Flucht wird von vielen als Ausweg gewählt, obwohl sie beim illegalen Grenzübertritt erschossen werden können und zurückgebliebenen Familienangehörigen Strafen drohen (Hirt & Mohammad 2013). Zeug*innen Jehovas, die aus Gewissensgründen grundsätzlich den Militärdienst verweigern, aber auch Angehörige anderer religiöser Minderheiten werden zudem in Eritrea verfolgt und bspw. unter unmenschlichen Bedingungen inhaftiert und gefoltert, bis sie sich einer der offiziell zugelassenen Glaubensausrichtungen anschließen (Kagan 2010: 1200–1204). Das Beispiel Eritrea zeigt somit, dass sowohl diskriminierende Ungleichbehandlungen verschiedener Glaubensgemeinschaften als auch Gleichbehandlungen in Form eines gleichermaßen repressiven Umgangs mit weiten Teilen des Volkes Menschen zur Flucht veranlassen können.

Überwundene Fluchtursachen

Die Analyse von Fluchtursachen lenkt den Blick auf jene Staaten, aus denen derzeit aufgrund verschiedener Missstände Menschen fliehen. Will man verstehen, warum aus manchen Ländern Menschen fliehen und aus anderen nicht, sollte man mit Blick auf letzteren Aspekt aber auch fragen, wo und wie Fluchtursachen erfolgreich überwunden werden konnten. So zählte das UNHCR (*United Nations High Commissioner for Refugees*) 2018 jeweils weniger als 50.000 Flüchtlinge und Binnenvertriebene aus den Ländern Angola, Äquatorialguinea, Liberia, Mauretanien, Mosambik, Namibia, Südafrika und Togo, die in den Jahrzehnten zuvor zwischenzeitlich unter den wichtigsten Herkunftsländern von Flüchtlingen waren (UNHCR 2019: 64–73).

Die Gründe für die Bewältigung von Krisen und Konflikten sind ebenso wie diese Fluchtursachen selbst in lokale und globale, politische, soziale und ökonomische Strukturen eingebettet. Nicht zu vergessen ist aber auch die Rolle von Handlungen konkreter Personen. Das genaue Verhältnis von Strukturen und Handlungen ist Gegenstand einer seit langem bestehenden sozialtheoretischen Debatte. Grundlegend ist der Einsicht zuzustimmen, „dass weder sozialdeterministische Theorien noch Postulate einer jenseits sozialer Begrenzungen und Einflüsse situierten Autonomie des Individuums tragfähig sind" (Scherr 2012: 99–100). In der einen oder anderen Weise sollte also bei der Analyse der Entstehung oder Bewältigung von Fluchtursachen von einem Ineinandergreifen von Handlungen und strukturellen Rahmenbedingungen ausgegangen werden, wie es das Beispiel der Beendigung des liberianischen Bürgerkrieges illustriert (Box 16.5).

Box 16.5: Der Friedensprozess in Liberia

2003 schlossen sich in Monrovia, der Hauptstadt Liberias, Frauen zur *Women of Liberia Mass Action for Peace* zusammen. Ganz in weiß gekleidet demonstrierten sie regelmäßig gewaltfrei für eine Beendigung des mit einer Unterbrechung seit 1989 tobenden Bürgerkrieges. Schließlich gelang es ihnen, Liberias damaligen Präsidenten Charles Taylor zu Friedensverhandlungen zu bewegen. Diese wurden von einem Sit-in um den Verhandlungsort begleitet. Dabei drohten die Frauen allen Männern, die das Gebäude verlassen wollten, ohne eine Einigung erzielt zu haben, mit einem Fluch. Schlussendlich wurden die Verhandlungen erfolgreich abgeschlossen. 2011 erhielt die Anführerin der Bewegung, Leymah Gbowee, die zwischenzeitlich selbst als Flüchtling außerhalb Liberias gelebt hatte, den Friedensnobelpreis. Wie aber auch Gbowee (2009) anerkennt, spielten die Frauen zwar eine wichtige, aber nicht die allein entscheidende Rolle, da etwa auch der westafrikanische Staatenbund ECOWAS (*Economic Community of West African States*) und außerafrikanische Staaten auf Friedensverhandlungen drängten. Grundlegend wird zudem das Ausmaß, in dem Frauen an Friedensprozessen mitwirken können, von Rahmenbedingungen wie z. B. etablierten Geschlechterrollen, wirtschaftlichen Verhältnissen oder Bildungs(un-)gleichheit zwischen den Geschlechtern beeinflusst. Die im internationalen Vergleich besonders bedeutende Rolle, die Frauen im Friedensprozess in Liberia auch nach 2003 weiterhin spielen, ist damit auch eine Folge vergleichsweise günstiger sozialstruktureller Verhältnisse (Justino et al. 2018).

Afrikanische Flüchtlinge:
Homogenität, Heterogenität, Ungleichheit

Standen bislang Ursachen, derentwegen Afrikaner*innen fliehen, im Mittelpunkt, so widmen sich die folgenden Betrachtungen den Flüchtlingen selbst. Den Dreh- und Angelpunkt bildet dabei folgende Beobachtung:

> [G]ender and sexual orientation, age, different abilities, 'race', ethnicity and social class all contribute to make refugees' experience plural and diverse. However, this plurality does not necessarily translate into humanitarian, academic, and media discourses, as these tend to privilege a one-dimensional representation of the refugee which relies heavily on feminized and infantilized images of 'pure' victimhood and vulnerability. (Sigona 2016: 370)

Es besteht also ein Spannungsverhältnis zwischen Homogenität und Heterogenität, zwischen Vorstellungen von „den Flüchtlingen" als gleichförmige Gruppe und Lebenswirklichkeiten, in denen vielfältige Unterschiede zwischen verschiedenen Flüchtlingen relevant sind.

Homogenität, Heterogenität, Ungleichheit

Wie etwa von Heather L. Johnson (2011) oder Liisa Malkki (1996) beschrieben, wird Homogenität diskursiv üblicherweise entweder durch (sprachliche und/oder grafische) Bilder von uniformen Menschenmassen oder durch einen Fokus auf Frauen und Kinder hergestellt. Letztere erscheinen dann nicht als Teilgruppen neben anderen (Männer, ältere Flüchtlinge, etc.), sondern, wie auch in der zitierten Textstelle von Nando Sigona angeklungen, *pars pro toto* als Verkörperungen eines den Flüchtlingen kollektiv zugeschriebenen Status als passive, hilfsbedürftige Opfer.

Eine an Heterogenität orientierte Perspektive macht demgegenüber darauf aufmerksam, dass sich unter Flüchtlingen Personen mit unterschiedlichen Geschlechtern, Religionen, Hautfarben, sexuellen Orientierungen usw. befinden. Bereits dies zeigt, dass Flüchtlinge nicht gleich sind. Gleichwohl bietet sich eine begriffliche Unterscheidung zwischen Heterogenität und Ungleichheit an: Heterogenitäten werden zu Ungleichheiten, wenn aufgrund unterschiedlicher gesellschaftlicher Wahrnehmungen und Bewertungen von Heterogenitäten und daran anschließender Ungleichbehandlungen für das Wohlergehen wichtige materielle und immaterielle Ressourcen ungleich verteilt werden (Diewald & Faist 2011; vgl. Kapitel 1). Beispiele bieten die Diskriminierungen von Schwarzen oder Frauen in rassistischen bzw. patriarchalen Gesellschaften. Für die soziologische Flucht- und Flüchtlingsforschung ergeben sich hieraus mehrere Ansatzpunkte. So lässt sich untersuchen, welche Diskurse über Flüchtlinge in einer Gesellschaft zirkulieren, welche Unterschiede – zwischen Flüchtlingen und anderen Menschen bzw. innerhalb der Gruppe der Flüchtlinge – als relevant erachtet und wie diese bewertet werden. Hierzu eignen sich diskursanalytische Ansätze, die mit der wissenssoziologischen Diskursanalyse Anschluss an etablierte Theorien und Methoden des soziologischen Konstruktivismus und der qualitativen Sozialforschung gefunden haben (Keller 2011). Soziologische Diskursanalysen untersuchen „die Entstehung, die Verbreitung, die Institutionalisierung und den historischen Wandel mehr oder weniger kollektiv geteilter Deutungen" (Schwab-Trapp 2011: 286). Dementsprechend bewegen sie sich auf der Kollektivebene gesellschaftlichen Wissens und zielen, anders als viele andere qualitative Ansätze, nicht auf subjektive Meinungen, Überzeugungen und Absichten (Keller 2011: 78; vgl. Kapitel 11). Als gängigster Weg diskursanalytischer Forschung hat sich die Untersuchung medialer Berichterstattung etabliert (Schwab-Trapp 2011: 287). So wird verschiedentlich erforscht, welche Diskurse über Flüchtlinge insbesondere in Medien des globalen Nordens geführt werden (Wright 2016). Es mangelt allerdings noch an Studien, die entsprechende Analysen mit afrikanischen Medien durchführen.

Ein anderer Forschungsansatz zielt darauf, in der alltäglichen Lebenswelt von Flüchtlingen die Relevanz bestimmter sozialer Gruppenzugehörigkeiten zu untersuchen, was Erkenntnisse über Heterogenitäten und Ungleichheiten liefert. Primär mittels ethnografischer Feldforschung (vgl. Kapitel 11) wurden in diesem Sinne in diversen Ländern Afrikas Studien mit Flüchtlingen durchgeführt. Die nachfolgenden Abschnitte präsentieren exemplarische Ergebnisse solcher Forschungen mit Blick auf unterschiedliche Heterogenitäts- und Ungleichheitsdimensionen.

Geschlecht

Ab den 1970er-Jahren setzten sich Feminist*innen für eine stärkere Berücksichtigung von Frauen in der Sozialforschung ein (Fiddian-Qasmiyeh 2016: 396). In der internationalen Flucht- und Flüchtlingsforschung verhallten diese Appelle nicht ungehört (Fiddian-Qasmiyeh 2016: 396–398). In Deutschland besteht allerdings noch Ausbaupotenzial (Neuhauser et al. 2016: 184–189). Jedoch blieb die Auseinandersetzung mit Flüchtlingsfrauen dahingehend limitiert, dass *„forced migration academics and practitioners largely identified, depicted, and responded to 'refugee women' as apolitical and non-agentic victims"* (Fiddian-Qasmiyeh 2016: 398). Problematisch ist auch die häufige Gleichsetzung von „Gender" und „Frauen". Ein genderreflexiver Zugang sollte dementgegen ebenso Personen mit anderer Geschlechtsidentität berücksichtigen und binäre Vorstellungen von weiblichen Opfern und männlichen Tätern hinterfragen (Krause 2017a; zu Genderperspektiven in der Migrationsforschung siehe auch Kapitel 17).

Aus einer an Ungleichheit orientierten Perspektive ist das Geschlecht von hoher Bedeutung. In den Familien vieler afrikanischer Flüchtlinge herrschen patriarchale Rollenmuster vor, die im Zuge der Flucht ins Wanken geraten können, wenn Frauen, die ohne ihre Männer fliehen, neue Rollen übernehmen oder Lebensverhältnisse in Flüchtlingslagern Geschlechterverhältnisse verändern. Dies kann Frauen neue Chancen eröffnen, aber auch zu Konflikten und häuslicher Gewalt beitragen (Krause 2017a: 82–88). Die folgende Beispielstudie zeigt Chancen, aber auch Risiken einer auf Gleichberechtigung zielenden Politik in Flüchtlingslagern auf (Box 16.6).

Box 16.6: Weibliche Flüchtlinge in Algerien (Fiddian-Qasmiyeh 2010)
Die Westsahara wurde nach dem Abzug der Kolonialmacht Spanien 1976 von Marokko besetzt. Seitdem kämpft die Frente Polisario gegen Marokko, um die Unabhängigkeit der Region zu erlangen. Die von der Frente Polisario verwalteten Flüchtlingslager in Algerien werden weithin für die hier praktizierte Gleichberechtigung und die aktive Rolle von Frauen in diversen Bereichen des Lagerlebens gepriesen. Frauen bringen sich als Krankenschwestern, Lehrerinnen, Mitglieder in politischen Organisationen sowie beim Schutz der Lager gegen eventuelle Angriffe ein. Allerdings können manche Frauen, z. B. Mütter mit kleinen Kindern und damit verbundenen Verpflichtungen im Haushalt, nicht diesem Idealbild der Flüchtlingsfrau entsprechen. Obwohl oft gerade diese Frauen Unterstützung benötigen, konzentrieren sich Hilfsorganisationen auf die Arbeit mit den „idealen" Flüchtlingsfrauen. Während diese von diversen Projekten profitieren, werden die „nicht idealen" Frauen, ebenso wie Mädchen, vernachlässigt. Im Schatten des die Gleichheit von Männern und Frauen lobenden Diskurses verfestigen sich somit Ungleichheiten zwischen verschiedenen weiblichen Flüchtlingen.

Alter

Wer von Flüchtlingen in Afrika spricht, bezieht sich auf eine Gruppe, die zuvorderst aus jungen Menschen besteht. Während in Deutschland etwa ein Drittel aller Flüchtlinge unter 18 Jahre alt ist, bilden Kinder und Jugendliche in Ländern wie Burkina Faso, der DR Kongo, Kenia, Togo oder Uganda die absolute Mehrheit der dort lebenden Flüchtlinge. Dementgegen liegt der Anteil von Flüchtlingen, die mindestens 60 Jahre alt sind, in allen afrikanischen Ländern außer Libyen unter 10 Prozent (UNHCR 2019: Anhang, Tabelle 14). Für Flüchtlinge an den beiden Enden des Altersspektrums ergeben sich verschiedene Besonderheiten gegenüber Flüchtlingen mittleren Alters: So kann für ältere Flüchtlinge das Wissen, mit einiger Wahrscheinlichkeit den Rest des Lebens als Flüchtling zu verbringen, eine besondere Belastung darstellen (Bolzman 2016: 410–411), während sich für Kinder die Frage der Schulbildung stellt (Dryden-Peterson 2016).

Das Thema Bildung stellt einen wichtigen Schnittpunkt der Migrations- und der Ungleichheitsforschung dar (Diefenbach 2010).[2] Auch mit Blick auf Flüchtlingskinder in afrikanischen Ländern ist es von Interesse, welche Bildungschancen ihnen im Vergleich mit einheimischen Kindern offenstehen und welche Ungleichheiten hieraus resultieren. Zudem können zwischen verschiedenen Flüchtlingskindern Ungleichheiten entstehen, wenn Schulen Kindern mit verschiedenartigen Voraussetzungen mal bessere, mal schlechtere Rahmenbedingungen bieten. Hierauf geht die folgende Beispielstudie ein (Box 16.7).

Box 16.7: Flüchtlingskinder mit kommunikativen Behinderungen in Ruanda (Barrett et al. 2019)

Kommunikative Behinderungen betreffen in unterschiedlicher Weise das Sprechen, Hören, Verstehen und sich Verständigen in sozialen Interaktionen, etwa im Schulunterricht. In ruandischen Flüchtlingslagern wird nur ein Bruchteil der Kinder mit kommunikativen Behinderungen als solche registriert. In erster Linie handelt es sich dabei um Kinder mit Hörbehinderungen; andere Formen von kommunikativen Behinderungen und die Bedürfnisse der betroffenen Kinder fallen unter den Tisch. Dementsprechend beschränken sich Inklusionsansätze in Schulen auf Maßnahmen zur Verwendung von Zeichensprache. Für viele Kinder mit kommunikativen Behinderungen ist angemessene Schulbildung damit nicht oder nur in spezialisierten Schulen außerhalb der Flüchtlingslager zugänglich. Kinder auf diese zu schicken, bringt allerdings finanzielle Kosten für die Familien mit sich und trägt auch zur sozialen Isolation dieser Schüler*innen unter den Flüchtlingskindern bei.

Sexuelle Orientierung

Die Migrationsforschung wie auch die Flucht- und Flüchtlingsforschung befassen sich erst seit kurzem intensiver mit der sexuellen Orientierung von Migrant*innen und Flüchtlingen (Fiddian-Qasmiyeh 2016: 400; Lewis & Naples 2014: 912). Für LGBTIQ[3]-Flüchtlinge ist Diskriminierung und Verfolgung wegen ihrer sexuellen Orientierung eine mögliche Fluchtursache, die als solche in der internationalen Flüchtlingspolitik zunehmend anerkannt wird (Lewis & Naples 2014: 912). Zugleich bestehen aber auch Hürden und Hindernisse fort, wenn etwa während des Asylprozesses gefordert wird, die sexuelle Orientierung zu „beweisen" (Lewis 2014). Zudem können LGBTIQ-Flüchtlinge, gleich ob sie aufgrund ihrer sexuellen Orientierung oder aus anderen Gründen fliehen, in den Ländern, in die sie geflohen sind, wiederum verfolgt und diskriminiert werden. Dies ist nicht zuletzt in Afrika der Fall, da in den meisten Ländern des Kontinents Homosexualität illegal

---

2 Migrationssoziologische Zugänge zu Bildung illustrieren auch die Kapitel 14 und 15.

3 Die Abkürzung bezeichnet lesbische, schwule, bisexuelle, transsexuelle, intersexuelle und queere Menschen.

und gesellschaftlich geächtet ist (Msibi 2011). Die folgende Beispielstudie zeigt, was dies für LGBTIQ-Flüchtlinge bedeuten kann (Box 16.8).

Box 16.8: LGBTIQ-Flüchtlinge in Uganda (Nyanzi 2013)

Zu den für das Wohlergehen wesentlichen Ressourcen, zu denen Menschen aufgrund ungleicher gesellschaftlicher Bewertungen von Heterogenitäten ungleichen Zugang haben können, zählt zweifelsohne die Gesundheitsversorgung. Die in Uganda weit verbreitete Diskriminierung von LGBTIQ-Personen schlägt sich unter anderem in diesem Bereich in Benachteiligungen nieder. So bietet das ugandische Gesundheitswesen keine auf die Bedürfnisse von in gleichgeschlechtlichen Beziehungen lebenden Menschen zugeschnittenen Informationen, Beratungsangebote und Materialien zu HIV/AIDS. Zudem berichten LGBTIQ-Flüchtlinge von diskriminierendem Verhalten bis hin zur Verweigerung einer Behandlung durch medizinisches Personal. Die so entstehenden Lücken beim Zugang zu medizinischer Versorgung werden zum Teil von Flüchtlingen selbst gefüllt. So gründeten LGBTIQ-Flüchtlinge in der Hauptstadt Kampala die Organisation Les Saints, die für sexuellen Minderheiten angehörige und/oder als Sexarbeiter*innen tätige Flüchtlinge verschiedene Formen der Unterstützung rund um HIV/AIDS anbietet.

Psychische Gesundheit

Da viele Flüchtlinge vor, während oder auch nach ihrer Flucht traumatische Erfahrungen machen, konzentriert sich die Forschung zu psychischer Gesundheit von Flüchtlingen in Afrika auf die posttraumatische Belastungsstörung (PTBS) (Ssenyonga et al. 2013: 145). Wichtig ist allerdings, zu bedenken, dass Flüchtlinge ebenso wie andere Menschen auch von jeglichen psychischen Erkrankungen und Störungen betroffen sein können, die nicht notwendigerweise mit im Rahmen der Flucht gemachten Erfahrungen zusammenhängen, und dass zugleich nicht jeder Flüchtling von einer solchen betroffen ist (Gladden 2012: 180–181). Ein an persönlichen Traumata orientierter Blick auf Flüchtlinge ist zudem nicht unumstritten. Kritiker*innen problematisieren die Übertragung der in Nordamerika entwickelten Diagnose PTBS auf Afrika sowie den individualistischen Fokus an psychischer Gesundheit orientierter Betrachtungsweisen (Silove et al. 2017: 133–134).

Soziologische Perspektiven auf psychische Gesundheit unterstreichen allerdings gerade die sozio-kulturelle Einbettung dieser Thematik, etwa mit Blick auf gesellschaftliche Faktoren, die zu psychischen Erkrankungen beitragen, oder Diskurse, die aus konstruktivistischer Sicht festlegen, welche psychischen Zustände überhaupt als Erkrankungen oder Störungen gelten. Zudem zeigt sich auch hier, wie ausgehend von unterschiedlichen gesellschaftlichen Bewertungen aus Heterogenitäten Ungleichheiten werden, denn häufig werden psychische Krankheiten gesellschaftlich stigmatisiert. Betroffene sehen sich dann zusätzlich zur

Erkrankung oder Störung als solcher mit sozialer Ausgrenzung, Diskriminierung, Benachteiligung und unmenschlicher Behandlung konfrontiert (Rogers & Pilgrim 2010). Wie die folgende Beispielstudie zeigt, können umgekehrt auch bestehende Diskriminierungen negative Effekte auf die psychische Gesundheit von Flüchtlingen haben (Box 16.9).

> **Box 16.9: Psychische Gesundheit von Flüchtlingen in Südafrika (Thela et al. 2017)**
> Während der Apartheid war in Südafrika starke Ungleichheit zwischen den „Rassen" in diversen Lebensbereichen institutionalisiert. Das neue Südafrika versteht sich hingegen als heterogene „Regenbogennation", in der Menschen unterschiedlicher Abstammung und Hautfarbe auf einer gleichberechtigten Basis zusammenleben. Im Widerspruch zu diesem Idealbild werden Menschen, die aus Ländern wie der DR Kongo und Simbabwe nach Südafrika geflohen oder migriert sind, häufig fremdenfeindlich diskriminiert. Dies ist mit der in Südafrika ausgeprägten sozioökonomischen Ungleichheit verbunden: Gerade arme Südafrikaner*innen nehmen Afrikaner*innen aus anderen Ländern oft als wirtschaftliche Konkurrenz wahr. Für in Südafrika lebende Migrant*innen und Flüchtlinge wirken sich die Diskriminierungserfahrungen negativ auf ihre psychische Gesundheit aus: Sie schlagen sich auch bei Kontrolle anderer Einflussfaktoren in einem höheren Risiko für Symptome von depressiven, posttraumatischen und Angststörungen nieder.

Sozioökonomischer Status

Ein auch und gerade für die Ungleichheitsforschung zentrales Unterscheidungsmerkmal zwischen verschiedenen Menschen ist schließlich ihr sozioökonomischer Status. Die berühmte Schere zwischen Arm und Reich ist nicht nur im Alltag ein gängiger Begriff, sondern auch Bezugspunkt wissenschaftlicher Indizes wie dem Gini-Koeffizienten, der ungleiche Einkommensverteilungen misst. Je höhere Werte dieser Koeffizient annimmt, desto stärker konzentriert sich das Einkommen in einem Land auf reiche Bevölkerungsgruppen. Der Wert Deutschlands (31,7) wird in Afrika u. a. in Sambia, Südafrika, Ruanda, Guinea-Bissau oder der Zentralafrikanischen Republik mit Werten über 50, teils sogar über 60, bei weitem übertroffen (UNDP 2018: 30–33). Nicht allgegenwärtige Armut, sondern vielmehr die Koexistenz großer Armut und großen Reichtums kennzeichnen also das sozioökonomische Profil vieler Länder Afrikas.

Auf Fluchtmigration in und aus Afrika wirkt sich die vielerorts sehr hohe sozioökonomische Ungleichheit in unterschiedlicher Weise aus. Beispielsweise beeinflusst sie maßgeblich, wer über hinreichende finanzielle Ressourcen verfügt, um lange, kostspielige Migrations- und Fluchtwege, wie etwa nach Europa, zurücklegen zu können und wem auch mangels solcher Ressourcen nur die Flucht innerhalb des eigenen Landes oder in ein Nachbarland bleibt. In diesem Sinne wäre denn auch bei steigendem Wohlstand in Afrika zunächst mit ebenfalls steigender Emigration nach Europa zu rechnen (Faist et al. 2019: 15–16). Aber auch unter denjenigen, die innerhalb Afrikas auf der Flucht sind, finden sich Menschen, die im Herkunftsland zumindest mittleren sozialen Schichten angehören. Wie sich dies im Leben nach der Flucht niederschlagen kann, veranschaulicht die folgende Beispielstudie (Box 16.10).

Box 16.10: „Intellektuelle" unter kongolesischen Flüchtlingen in Uganda (Clark-Kazak 2010)

Mit der Selbstbezeichnung als „Intellektuelle" grenzen sich Kongoles*innen aus höheren sozialen Schichten von statusniedrigeren „Dorfleuten" ab. Die Erfahrung der Flucht führt zunächst nicht dazu, dass dieses Statusbewusstsein verschwindet. Die gleichförmigen Lebensbedingungen in ugandischen Flüchtlingslagern, wo sich „Intellektuelle" neben „Dorfleuten" in einem ländlich geprägten Lebensumfeld wiederfinden, führen bei manchen allerdings zur Sorge, ihre statushöhere Position nicht aufrechterhalten zu können. Jüngere „Intellektuelle" sehen Schulbildung als einen Weg, dies zu verhindern. Von Bildung erhoffen sie sich einerseits bessere Chancen bei der Suche nach Arbeit, andererseits mehr Einfluss in ihren Familien, gegenüber anderen Flüchtlingen und im Kontakt mit Organisationen wie dem UNHCR. Während letzteres durchaus realistisch ist, kann es bei der Suche nach Arbeit allerdings *de facto* sogar hinderlich sein, wenn „Intellektuelle" aufgrund ihres höheren Bildungsniveaus einfache, oft körperliche Tätigkeiten, die für Flüchtlinge am ehesten zugänglich sind, für unter ihrer Würde erachten.

Wer spricht? Ungleiche Zugänge zu Sprecher*innenpositionen

In den bisherigen Teilen des Kapitels wurden Fluchtursachen und Flüchtlinge in Afrika nicht aus einer von einfachen, pauschalisierenden Narrativen geprägten Perspektive betrachtet, sondern Unterschiede zwischen diversen Fluchtursachen sowie Heterogenitäten und Ungleichheiten innerhalb der nur scheinbar homogenen Gruppe der Flüchtlinge berücksichtigt. Das damit verbundene Plädoyer für eine Vielzahl an Geschichten beschränkt sich aber nicht auf die Frage, *wie* von Fluchtmigration in Afrika erzählt wird. Vielmehr ist es auch wichtig, *wer* davon erzählt, wessen Stimmen in wissenschaftlichen Debatten und anderen öffentlichen Diskursen Gehör finden, und wer außen vor und stimmlos bleibt.

Wiederholt wurde konstatiert, dass es oft gerade die Flüchtlinge selbst sind, denen in Diskursen über Fluchtmigration nur die Rolle derer, über die von anderen gesprochen wird, bleibt. So diagnostizierte Terence Wright (2016: 463) für Berichte über Flüchtlinge im Fernsehen: *„Rather than being allowed to speak for themselves, they are more commonly spoken about by NGO reps, translators, television reporters, TV studio anchorpersons, and politicians."* Mit Blick auf andere Formen medialer Berichterstattung, etwa in Zeitungen, wurde Ähnliches beobachtet

(Chouliaraki & Zaborowski 2017). Wie bereits einmal erwähnt, mangelt es allerdings noch an Studien, die anhand afrikanischer Medien die Berichterstattung über Flüchtlinge und konkret etwa die Frage, inwieweit dort Flüchtlinge medial zu Wort kommen, untersuchen. Jenseits der Medien analysierte Liisa Malkki (1996) beispielhaft, wie auch und gerade afrikanischen Flüchtlingen in humanitären Kontexten eine Rolle als *„speechless emissaries"* (sprachlose Botschafter*innen) zugewiesen wird. Die Wissenschaft kann einerseits solche Ungleichheiten beim Zugang zur Position als Sprecher*in beschreiben und analysieren – etwa als Ausdruck diskursiver Machtverhältnisse, die es manchen Menschen gestatten, an der öffentlichen Meinungs- und Wissensbildung mitzuwirken, andere, wie Flüchtlinge, aber tendenziell davon ausschließen. Andererseits ist die Wissenschaft selbst ein Diskursfeld, eine öffentliche Arena gesellschaftlicher Wissensproduktion, wo sich derartige Machtverhältnisse widerspiegeln (hierzu grundlegend: Schwab-Trapp 2011: 291–292). So wurde auch der vorliegende Beitrag ebenso wie Kapitel 4 in diesem Band zwar über, aber nicht von Flüchtlingen geschrieben.

Wo Flüchtlinge von Sprecher*innenpositionen ausgeschlossen bleiben, *„they have no power over the creation or production of knowledge about them"* (Donà 2007: 212). Daran anknüpfend wurden Ansätze partizipativer Flucht- und Flüchtlingsforschung entwickelt, die das Ziel haben, die Möglichkeiten der Mitwirkung und Mitbestimmung von Flüchtlingen im Forschungsprozess zu steigern. Dies speist sich einerseits aus forschungsethischen Erwägungen, kann aber andererseits auch zu neuen Erkenntnissen führen, wenn etwa Flüchtlinge Forscher*innen auf verborgen gebliebene Aspekte aufmerksam machen. Allerdings sind solche Ansätze auch mit spezifischen Schwierigkeiten konfrontiert, nicht in jedem Forschungskontext gleichermaßen umsetzbar, und führen insgesamt zur Reduktion, nicht jedoch zur völligen Aufhebung von Machtungleichheiten (Krause 2017b).

Eine andere Konsequenz der Anerkenntnis der Machtposition, die man im wissenschaftlichen Diskurs als Forscher*in gegenüber Flüchtlingen einnimmt, ist die Notwendigkeit eines verantwortungsbewussten Umgangs mit der eigenen Rolle als Sprecher*in. In diesem Sinne wird in der Flucht- und Flüchtlingsforschung häufig argumentiert, dass Forscher*innen nicht nur Wissen generieren, sondern Forschungen so gestalten sollten, dass sie zugunsten von Flüchtlingen politisch relevant sind (Jacobsen & Landau 2003). Es gibt aber auch gehaltvolle Argumente für Forschungen, die nicht auf politische Relevanz zielen. So sieht Oliver Bakewell (2008) die Gefahr, dass Forscher*innen im Bemühen um politische Anschlussfähigkeit in der Politik etablierte Kategorisierungen und Deutungsweisen unkritisch übernehmen. Speziell beim Schreiben über Flüchtlinge in und/oder aus Afrika sollte zudem darauf geachtet werden, im Alltagswissen nach wie vor verankerte rassistische Stereotype und Begriffe in eigenen Texten möglichst nicht zu reproduzieren. Hierzu bedarf es nicht allein guter Absichten, sondern einer ernsthaften, kritischen Auseinandersetzung mit eigenen Vorannahmen und dem eigenen Sprachgebrauch. Die in diesem Beitrag erfolgte Kritik am pauschalen Bild vom vermeintlichen Katastrophenkontinent Afrika bildet dabei lediglich einen Anfang.[4]

Fazit

Beim Blick auf die Verteilung von Flüchtlingen über verschiedene Kontinente tritt die Position von „Afrika als Zentrum der globalen Fluchtbewegungen" (Prediger & Zanker 2016: 3) klar zutage. Dem gegenüber steht eine Vernachlässigung Afrikas in der deutschen Forschung zu Flucht und Flüchtlingen, die sich stark auf Deutschland und Europa konzentriert. „Damit rückt nur ein kleiner Teil der weltweiten Flüchtlinge überhaupt in das Blickfeld deutscher Flucht- und Flüchtlingsforschung" (Kleist 2018: 25). Auch in der internationalen Forschung bestehen, wie am Beispiel der Berichterstattung über Flüchtlinge in afrikanischen Medien angesprochen, teils noch große Lücken.

Dies zu ändern, ist für Soziolog*innen eine lohnende Aufgabe. Denn um dem Phänomen der Fluchtmigration in Afrika soziologisch gerecht zu werden, bedarf es – so das zentrale Argument dieses Kapitels – einer Vielzahl an Geschichten: vielfältiger Geschichten über die Gründe, weswegen Menschen in Afrika auf der Flucht sind; vielfältiger Geschichten, die auf die Besonderheiten von Flüchtlingen aus verschiedenen sozialen Gruppen eingehen; vielfältiger Geschichten nicht nur über, sondern auch von Flüchtlingen. Erst im Lichte einer solchen Vielzahl an Geschichten, die Vergleiche zwischen diversen Fällen ermöglichen, treten Unterschiede, aber auch Ähnlichkeiten und Gemeinsamkeiten der jeweiligen Fälle zutage. Dies gilt mit Blick auf Flüchtlinge und Fluchtursachen in den 54 verschiedenen Ländern Afrikas, aber ebenso mit Blick auf interkontinentale Vergleiche: Auch spezifische Besonderheiten von Fluchtmigration in Deutschland und Europa werden allererst als solche sichtbar, wenn man dem hiesigen Kontext andere, etwa afrikanische, vergleichend gegenüberstellt. Getreu der Devise *„And what should they know of England who only England know?"* (Kipling 1994: 233) ist es somit auch der Erkenntnis des Eigenen, des Nahen und Vertrauten zuträglich, wenn wir mehr über das (bisweilen gar nicht so) Andere, Ferne und Fremde wissen.

---

4 Zur weiterführenden Vertiefung existiert mit dem von Susan Arndt und Nadja Ofuatey-Alazard (2015) herausgegebenen „Wie Rassismus aus Wörtern spricht" ein umfangreiches Nachschlagewerk. Darin werden zahlreiche Begriffe und Konzepte – auch in der Migrationssoziologie gängige wie „Kultur" oder „Migrationshintergrund" – aus rassismuskritischer Perspektive unter die Lupe genommen.

Literatur

Adichie, C. N., 2009: The Danger of a Single Story. TED Talks. https://www.ted.com/talks/chimamanda_adichie_the_danger_of_a_single_story/transcript (letzter Aufruf: 01.09.2019).

Arndt, S., 2009: Stamm. In: Arndt, S. & A. Hornscheidt (Hrsg.), *Afrika und die deutsche Sprache: Ein kritisches Nachschlagewerk*, S. 213–218. Münster: Unrast.

Arndt, S. & N. Ofuatey-Alazard (Hrsg.), 2015: *Wie Rassismus aus Wörtern spricht: (K)Erben des Kolonialismus im Wissensarchiv deutsche Sprache – Ein kritisches Nachschlagewerk.* Münster: Unrast.

Autesserre, S., 2012: Dangerous Tales: Dominant Narratives on the Congo and Their Unintended Consequences. *African Affairs* 111:202–222.

Bakewell, O., 2008: Research Beyond the Categories: The Importance of Policy Irrelevant Research into Forced Migration. *Journal of Refugee Studies* 21:432–453.

Barrett, H., J. Marshall & J. Goldbart, 2019: Refugee Children with Communication Disability in Rwanda: Providing the Educational Services They Need. *Forced Migration Review* 60:36–38.

Bolzman, C., 2016: Older Refugees. In: Fiddian-Qasmiyeh, E., G. Loescher, K. Long & N. Sigona (Hrsg.), *The Oxford Handbook of Refugee and Forced Migration Studies*, S. 409–419. Oxford u. a.: Oxford University Press.

Chouliaraki, L. & R. Zaborowski, 2017: Voice and Community in the 2015 Refugee Crisis: A Content Analysis of News Coverage in Eight European Countries. *International Communication Gazette* 79:613–635.

Clark-Kazak, C., 2010: The Politics of Formal Schooling in Refugee Contexts: Education, Class, and Decision Making Among Congolese in Uganda. *Refuge* 27:57–64.

Cline, L. E., 2013: Nomads, Islamists, and Soldiers: The Struggles for Northern Mali. *Studies in Conflict & Terrorism* 36:617–634.

Collier, P. & A. Hoeffler, 2004: Greed and Grievance in Civil War. *Oxford Economic Papers* 56:563–595.

Diefenbach, H., 2010: Bildungschancen und Bildungs(miss)erfolg von ausländischen Schülern oder Schülern aus Migrantenfamilien im System schulischer Bildung. In: Becker, R. & W. Lauterbach (Hrsg.), *Bildung als Privileg: Erklärungen und Befunde zu den Ursachen der Bildungsungleichheit*, S. 221–245. Wiesbaden: VS Verlag für Sozialwissenschaften.

Diewald, M. & T. Faist, 2011: Von Heterogenitäten zu Ungleichheiten: Soziale Mechanismen als Erklärungsansatz der Genese sozialer Ungleichheiten. *Berliner Journal für Soziologie* 21:91–114.

Donà, G., 2007: The Microphysics of Participation in Refugee Research. *Journal of Refugee Studies* 20:210–229.

Dryden-Peterson, S., 2016: Refugee Education: The Crossroads of Globalization. *Educational Researcher* 45:473–482.

Faist, T., T. Gehring & S. U. Schultz, 2019: Mobilität statt Exodus: Migration und Flucht in und aus Afrika. Bielefeld: Working Paper 165/2019, COMCAD – Center on Migration, Citizenship and Development. https://www.ssoar.info/ssoar/handle/document/61872 (letzter Aufruf: 02.12.2019).

Fiddian-Qasmiyeh, E., 2010: „Ideal" Refugee Women and Gender Equality Mainstreaming in the Sahrawi Refugee Camps: „Good Practice" for Whom? *Refugee Survey Quarterly* 29:64–84.

Fiddian-Qasmiyeh, E., 2016: Gender and Forced Migration. In: Fiddian-Qasmiyeh, E.,
    G. Loescher, K. Long & N. Sigona (Hrsg.), *The Oxford Handbook of Refugee and Forced
    Migration Studies*, S. 395–408. Oxford u. a.: Oxford University Press.
Gbowee, L., 2009: Effecting Change through Women's Activism in Liberia. *IDS Bulletin*
    40:50–53.
Gladden, J., 2012: The Coping Skills of East African Refugees: A Literature Review. *Refugee
    Survey Quarterly* 31:177–196.
Goldberg, P. M., 2018: Mali. Bundeszentrale für politische Bildung. https://www.bpb.
    de/internationales/weltweit/innerstaatliche-konflikte/175842/mali (letzter Aufruf:
    04.09.2019).
Hammond, J. L., 2011: The Resource Curse and Oil Revenues in Angola and Venezuela. *Science
    and Society* 75:348–378.
Hirt, N. & M. S. Mohammad, 2013: „Dreams Don't Come True in Eritrea": Anomie and Family
    Disintegration Due to the Structural Militarisation of Society. *Journal of Modern African
    Studies* 51:139–168.
Jacobsen, K. & L. B. Landau, 2003: The Dual Imperative in Refugee Research: Some Method-
    ological and Ethical Considerations in Social Science Research on Forced Migration. *Disas-
    ters* 27:185–206.
Johnson, H. L., 2011: Click to Donate: Visual Images, Constructing Victims and Imagining the
    Female Refugee. *Third World Quarterly* 32:1015–1036.
Justino, P. R. Mitchell & C. Müller, 2018: Women and Peace Building: Local Perspectives on
    Opportunities and Barriers. *Development and Change* 49:911–929.
Kagan, M., 2010: Refugee Credibility Assessment and the „Religious Imposter" Problem: Case
    Study of Eritrean Pentecostal Claims in Egypt. *Vanderbilt Journal of Transnational Law*
    43:1179–1234.
Keller, R., 2011: *Diskursforschung: Eine Einführung für SozialwissenschaftlerInnen*. Wiesbaden:
    VS Verlag für Sozialwissenschaften.
Kipling, R., 1994: *The Collected Poems of Rudyard Kipling*. Ware: Wordsworth.
Kleist, J. O., 2018: *Flucht- und Flüchtlingsforschung in Deutschland: Akteure, Themen und
    Strukturen*. Osnabrück: IMIS/bicc.
Krause, U., 2017a: Die Flüchtling – der Flüchtling als Frau: Genderreflexiver Zugang. In: Gha-
    deri, C. & T. Eppenstein (Hrsg.), *Flüchtlinge: Multiperspektivische Zugänge*, S. 79–93.
    Wiesbaden: VS Verlag für Sozialwissenschaften.
Krause, U., 2017b: Researching (With) Refugees? Ethical Considerations on Participatory Ap-
    proaches. African Migration, Mobility and Displacement. https://ammodi.com/2017/12/
    11/researching-with-refugees-ethical-considerations-on-participatory-approaches/ (letz-
    ter Aufruf: 01.09.2019).
Lewis, R. A., 2014: „Gay? Prove it!" The Politics of Queer Anti-deportation Activism. *Sexualities*
    17:958–975.
Lewis, R. A. & N. A. Naples, 2014: Introduction: Queer Migration, Asylum and Displacement.
    Sexualities 17:911–918.
Machnik, K., 2009: Schwarzafrika. In: Arndt, S. & A. Hornscheidt (Hrsg.), *Afrika und die deut-
    sche Sprache: Ein kritisches Nachschlagewerk*, S. 204–205. Münster: Unrast.
Malito, D. V., 2015: Building Terror While Fighting Enemies: How the Global War on Terror
    Deepened the Crisis in Somalia. *Third World Quarterly* 36:1866–1886.
Malkki, L., 1996: Speechless Emissaries: Refugees, Humanitarianism, and Dehistoricization.
    Cultural Anthropology 11:377–404.

Menkhaus, K., 2008: Zum Verständnis des Staatsversagens in Somalia: interne und externe Dimensionen. In: Heinrich-Böll-Stiftung (Hrsg.), *Somalia: Alte Konflikte und neue Chancen zur Staatsbildung*, S. 32–55. Berlin: Heinrich-Böll-Stiftung.

Morency-Laflamme, J., 2017: Successes and Breakdowns: Democratisation in Sub-Saharan Africa. In: Mohamedou, M. M. Ould & T. Sisk (Hrsg.), *Democratisation in the 21st Century: Reviving Transitology*, S. 113–134. London und New York, NY: Routledge.

Msibi, T., 2011: The Lies We Have Been Told: On (Homo) Sexuality in Africa. *Africa Today* 58:55–77.

Nangini, C., M. Jas, H. L. Fernandes & R. Muggah, 2014: Visualizing Armed Groups: The Democratic Republic of the Congo's M23. *In Focus. Stability* 3:1–8.

Neuhauser, J., S. Hess & H. Schwenken, 2016: Unter- oder überbelichtet: die Kategorie Geschlecht in medialen und wissenschaftlichen Diskursen zu Flucht. In: Hess, S., B. Kasparek, S. Kron, M. Rodatz, M. Schwertl & S. Sontowski (Hrsg.), *Der lange Sommer der Migration: Grenzregime III*, S. 176–195. Berlin: Assoziation A.

Niedrig, H. & L. H. Seukwa, 2010: Die Ordnung des Diskurses in der Flüchtlingskonstruktion: Eine postkoloniale Re-Lektüre. *Diskurs Kindheits- und Jugendforschung* 5:181–193.

Nyanzi, S., 2013: Homosexuality, Sex Work, and HIV/AIDS in Displacement and Post-Conflict Settings: The Case of Refugees in Uganda. *International Peacekeeping* 20:450–468.

Prediger, S. & F. Zanker, 2016: *Die Migrationspolitik der EU in Afrika braucht einen Richtungswechsel. GIGA Focus Afrika 6*. Hamburg: German Institute of Global and Area Studies.

Prunier, G., 2002: *The Rwanda Crisis: History of a Genocide*. London: Hurst.

Rogers, A. & D. Pilgrim, 2010: *A Sociology of Mental Health and Illness*. Maidenhead: McGraw-Hill.

Scherr, A., 2012: Soziale Bedingungen von Agency. Soziologische Eingrenzungen einer sozialtheoretisch nicht auflösbaren Paradoxie. In: Bethmann, S., C. Helfferich, H. Hoffmann & D. Niermann (Hrsg.), *Agency: Qualitative Rekonstruktionen und gesellschaftstheoretische Bezüge von Handlungsmächtigkeit*, S. 99–121. Weinheim und Basel: Beltz Juventa.

Schwab-Trapp, M., 2011: Diskurs als soziologisches Konzept. In: Keller, R., A. Hirseland, W. Schneider & W. Viehöver (Hrsg.), *Handbuch Sozialwissenschaftliche Diskursanalyse. Band 1: Theorien und Methoden*, S. 283–307. Wiesbaden: VS Verlag für Sozialwissenschaften.

Sigona, N., 2016: The Politics of Refugee Voices: Representations, Narratives and Memories. In: Fiddian-Qasmiyeh, E., G. Loescher, K. Long & N. Sigona (Hrsg.), *The Oxford Handbook of Refugee and Forced Migration Studies*, S. 369–382. Oxford u. a.: Oxford University Press.

Silove, D., P. Ventevogel & S. Rees, 2017: The Contemporary Refugee Crisis: An Overview of Mental Health Challenges. *World Psychiatry* 16:130–139.

Speitkamp, W., 2009: *Kleine Geschichte Afrikas*. Stuttgart: Reclam.

Spilker, D., 2008: Somalia am Horn von Afrika. Nationale und regionale Konfliktlinien in Vergangenheit und Gegenwart. In: Heinrich-Böll-Stiftung (Hrsg.), *Somalia: Alte Konflikte und neue Chancen zur Staatsbildung*, S. 10–31. Berlin: Heinrich-Böll-Stiftung.

Ssenyonga, J., V. Owens & D. K. Olema, 2013: Posttraumatic Growth, Resilience and Posttraumatic Stress Disorder (PTSD) Among Refugees. *Procedia* 82:144–148.

Thela, L., A. Tomita, V. Maharaj, M. Mhlongo & J. K. Burns, 2017: Counting the Cost of Afrophobia: Post-migration Adaptation and Mental Health Challenges of African refugees in South Africa. *Transcultural Psychiatry* 57:715–732.

UNDP (United Nations Development Programme), 2018: *Human Development Indices and Indicators: 2018 Statistical Update*. New York, NY: UNDP.

UNHCR (United Nations High Commissioner for Refugees), 2019: *Global Trends: Forced Displacement in 2018*. Genf: UNHCR.

Wimmer, A., 2008: Ethnische Grenzziehungen in der Immigrationsgesellschaft: Jenseits der Herder'schen Commonsense. *Kölner Zeitschrift für Soziologie und Sozialpsychologie, Sonderheft* 48:57–80.

Wimmer, A. & N. Glick Schiller, 2002: Methodological Nationalism and Beyond: Nation-State Building, Migration and the Social Sciences. *Global Networks* 2:301–334.

Wright, T., 2016: The Media and Representations of Refugees and Other Forced Migrants. In: Fiddian-Qasmiyeh, E., G. Loescher, K. Long & N. Sigona (Hrsg.), *The Oxford Handbook of Refugee and Forced Migration Studies*, S. 460–472. Oxford u. a.: Oxford University Press.

Anna Amelina und Miriam Friz Trzeciak

17 Gender on the Move: Paradigmatische Impulse für eine gendersensible Migrationsforschung

Einleitung

In den öffentlichen Debatten wird die Verschränkung der Geschlechterverhältnisse und Migrationsrealitäten immer wieder kontrovers diskutiert. Prominent sind Medienbilder, die familiäre Strukturen migrantischer Familien als Indikatoren für eine gelungene oder misslungene Integration in die Aufnahmegesellschaft darstellen. Darüber hinaus weisen die Mediendebatten migrantischen Männern und Frauen häufig bestimmte (aggressive oder passive) Formen der Sexualität zu. Und schließlich werden die feministischen Ideen der Gleichberechtigung im Kontext der Migrationsdebatten so interpretiert, dass sie den (als nicht integriert kodierten) Migrant*innen legitime Teilhabemöglichkeiten in der Aufnahmegesellschaft absprechen (Hark & Villa 2015, 2017).

Auch wenn diese und ähnliche Themen mittlerweile einen wichtigen Forschungs- und Kritikgegenstand der gendersensiblen Migrationsforschung ausmachen, dauerte es einige Dekaden, bis sich die beiden Disziplinen – Migrationsforschung und Geschlechterforschung – gegenseitig inspiriert haben (Bereswill et al. 2012). Insbesondere in den Sozial- und den Kulturwissenschaften sind Migrationsprozesse und Geschlechterverhältnisse in den letzten drei Jahrzehnten zunächst hinsichtlich ihrer Wechselbezüge und später auch hinsichtlich ihrer Verwobenheiten diskutiert worden. So sind migrations- und mobilitätsrelevante Forschungsfelder wie Care-Arbeit (Parreñas 2001; Anderson 2006; Lutz 2011), *citizenship* (Yuval-Davis 1997; Erel 2009) oder transnationale Familien (Bryceson & Vuorela 2002) aus der Geschlechterforschung nicht mehr wegzudenken. Umgekehrt, wenn auch in geringerem Umfang, haben Felder, wie die Migrations- oder die kritische Rassismusforschung (etwa unter dem Stichwort Intersektionalität von Gender, *race* und Klasse), wichtige Einblicke für die Analyse der sozialen Konstruiertheit der Geschlechter und Sexualitäten geliefert. In diesem Kontext hat sich seit den 1990er- und verstärkt ab den 2000er-Jahren eine geschlech-

Bei dem vorliegenden Text handelt es sich um eine überarbeitete und gekürzte Fassung von: Amelina A. & M.F. Trzeciak (2019): Gender Mobile und Gendered Mobilities. Paradigmatische Grundlagen der gendersensiblen Migrationsforschung. In: Röder A. & D. Zifonun (Hrsg.), *Handbuch Migrationssoziologie*. Wiesbaden: VS Verlag für Sozialwissenschaften.

https://doi.org/10.1515/9783110680638-017

tersensible und intersektionell ausgerichtete Perspektive auf Migration(-en) und Mobilität(-en) entwickelt, die Migrationsrealitäten im Kontext komplexer Benachteiligungsprozesse analysiert (Lutz & Amelina 2017).

Dieses Kapitel stellt die zentralen theoretischen Ansätze und Forschungslinien der gegenwärtigen Forschungslandschaft im Feld der Migrations- und Geschlechterverhältnisse vor. Ohne Anspruch auf Vollständigkeit zu erheben, werden die profilbildenden Debatten der gendersensiblen Migrationsforschung nachgezeichnet und die bestehenden Wechselbezüge zwischen der Geschlechter- und der Migrationsforschung offengelegt.

In einem ersten Schritt werden die historischen Ursprünge der gendersensiblen Migrationsforschung (insbesondere die Debatte um die „Feminisierung der Migration") skizziert. Von besonderer Relevanz ist hier eine kurze Darstellung der theoretischen Grundlagen der Geschlechterforschung und ihrer wegweisenden Impulse für die gendersensible Migrationsforschung. Drei grundlegende theoretische Perspektiven werden dabei kurz nachgezeichnet: (1) die soziale Konstruktion von Geschlecht (*doing gender*), (2) diskurs- und machttheoretische Zugänge zu Geschlecht (diskursive Verfasstheit von Geschlecht) sowie (3) Intersektionalität, d. h. Ansätze, die sich mit der Verwobenheit und Wechselwirkung von „Achsen der Differenz" wie Geschlecht, Klasse und Ethnizität/*race* befassen.

Im zweiten Schritt werden die zentralen Leitlinien der aktuellen gendersensiblen Migrationsforschung vorgestellt, die thematisch wie folgt strukturiert sind:
– Dezentrierung und Dekonstruktion der zentralen Begriffe der Migrationsforschung (Doing-Migration-Ansatz und Queer Diaspora Studies),
– Forschungen zu vergeschlechtlichten Machtasymmetrien im Kontext transnationaler Wanderungsbewegungen, insbesondere zu Care, transnationalen Familien und transnationaler Mutterschaft und schließlich
– Analysen der Geschlechterverhältnisse im Kontext der Migrationsregulierung (insbesondere Grenzregime- und Migrationsregime-Ansätze) und Postkolonialismus.

Auf Grundlage dieser Ansätze werden im dritten Schritt die künftigen Herausforderungen der gendersensiblen Migrationsforschung identifiziert, zu denen etwa die Denaturalisierung der Forschungsgegenstände, ihre gesellschaftstheoretische und gesellschaftsdiagnostische Einbettung sowie die Reflexion der komplexen Forschungspositionalitäten gehören.

Gender on the Move: Wie haben die Gender Studies die Migrationsforschung inspiriert?

Die sozialwissenschaftliche und die interdisziplinäre Migrationsforschung haben sich in den europäischen und US-amerikanischen Kontexten akademisch bereits Anfang des 20. Jahrhunderts etabliert (Thomas & Znaniecki 1918), während das Feld der Gender Studies in den beiden Kontexten erst in der späten Nachkriegszeit allmählich an den Universitäten institutionalisiert wurde. Zwar existierten einige thematische Berührungspunkte zwischen den beiden Bereichen – etwa in den Feldern der Entwicklungsforschung (Young 1997) und der Ungleichheitsforschung (Aulenbacher 2009) – doch entwickelten sie sich zunächst unabhängig voneinander.

Feminisierung der Migration

In der Migrationsforschung dominierte bis in die 1990er-Jahre hinein ein *male bias*. So hatten Studien zu Migration und Mobilität die Wanderungen implizit als männlich konnotiert (z. B. Ravenstein 1885), wobei junge (und körperlich gesunde) Männer zum Idealtypus des Migranten erhoben wurden, während mobile Frauen als von (Ehe-)Männern abhängige Akteurinnen untersucht wurden (Erel 2003: 179). Eine der frühen Kritiken dieser androzentrischen Perspektive hängt mit der Debatte um die „Feminisierung der Migration" zusammen (Hondagneu-Sotelo 1999: 556). Um die Überbetonung der Rolle der Männer im Kontext der Wanderungsprozesse zu überwinden, wurde der analytische Fokus zunächst auf die Erforschung der Mobilitäten und Motivationen mobiler Frauen gelegt. Die in diesem Kontext entstandenen Studien (Spindler 2011; Treibel 2010) zeigten, dass Frauen weltweit im Zuge der Globalisierung ökonomischer und politischer Beziehungen einen Großteil mobiler Populationen ausmachen. Diese Studien zielten vornehmlich darauf ab, wissenschaftliche Darstellungen von Migrantinnen als passiv und subordiniert infrage zu stellen (Treibel 2010). Sorgten diese Debatten für eine Sensibilisierung der Migrationsforschung, hinsichtlich der Bedeutung der Geschlechterverhältnisse für die Wanderungsprozesse (und umgekehrt), beruhte das Gros der Studien jedoch weiterhin auf einer analytischen Trennung von Gender (d. h. einem sozial hergestellten und somit veränderbaren Geschlecht) und Sex (d. h. einem scheinbar natürlichen und biologisch gedachten Geschlecht). Diese essenzialistischen Annahmen von erworbenen Geschlechterrollen und biologischer Zweigeschlechtlichkeit wurden in die Migrationsforschung über einige Dekaden hinweg tradiert. Der alleinige Fokus auf Frauen und Migration verhinderte, dass Gender als soziale Matrix betrachtet werden konnte, welche die Bewegungen aller mobilen Personen reguliert und ihre vergeschlechtlichten Identitäten hervorbringt (Hondagneu-Sotelo 1999: 556). Obwohl die Studien zur Feminisierung der Migration eine wichtige Grundlage für die gendersensible Migrationsforschung gelegt haben, muss doch kritisch angemerkt werden, dass sie ihren Forschungsgegenstand lange Zeit als zweigeschlechtlich naturalisierten. Dabei wurden die Vielfalt verschiedener Männlichkeiten und Weiblichkeiten sowie Seinsweisen jenseits der heteronormativen Prinzipien ignoriert.

Mit zunehmender Bezugnahme auf die internationalen Debatten der – in Deutschland anfangs noch Frauenforschung genannten – Geschlechterforschung änderte sich diese zuerst männer- und dann teilweise frauenfixierte Perspektive in der Migrationsforschung. Mit den Arbeiten von Geschlechterforscherinnen wie Carol Hagemann-White (1988), Judith Butler (1991) oder Joan W. Scott (1988) setzte sich in der Geschlechterforschung die grundlegende Erkenntnis durch, dass Geschlecht und Zweigeschlechtlichkeit sozial konstruiert sind und dass die im Alltagsverständnis naturalisierenden Annahmen hinterfragt und reflektiert werden müssen. Erstens wurde die im Alltagshandeln naturalisierte Vorstellung von biologisch differenter und naturgegebener Zweigeschlechtlichkeit grundlegend infrage gestellt: Männlich- oder Weiblichkeit wurde nicht mehr im Sinne einer passiv zugeschriebenen Rolle verstanden; stattdessen wurden Prozesse der interaktiven Herstellung von Geschlecht betont. Zweitens wurde nicht nur danach gefragt, wie Geschlecht dar- und hergestellt wird, sondern auch warum und unter welchen historisch spezifischen Gegebenheiten bestimmte Sexualitäten und Geschlechter zum Tragen kommen. Drittens wurde Geschlecht nicht mehr als einzige Analysekategorie begriffen, sondern unter dem Fokus der Intersektionalität kamen weitere Kategorien der Differenz hinzu (Ethnizität/*race*, Klasse, Sexualität Alter/Generation, Behinderung/Gesundheit, Raum u. a.). Diese Impulse haben zumindest in der gendersensiblen Migrationsforschung die Analyseperspektiven auf das Zusammenspiel von Migration und Geschlechterverhältnissen entscheidend verändert.

Impuls 1: „Doing Gender" und die sozialkonstruktivistische Wende

Mit ihrer bahnbrechenden Arbeit zur „Nullhypothese" machte Carol Hagemann-White (1988) im deutschsprachigen Kontext auf die soziale Konstruktion von Geschlecht aufmerksam. Sie zeigte, dass Zweigeschlechtlichkeit kein biologisches Faktum darstellt, sondern dass Geschlecht auf sozialen Konstruktionen basiert, die sich je nach historisch spezifischem Kontext unterscheiden können. Mit ihren Überlegungen schloss Hagemann-White an die englischsprachige Geschlechterforschung an. So hatten in den USA ethnomethodologische Forschungszweige der Geschlechterforschung den Blick auf institutionelle Settings und alltagspraktische Handlungen gelenkt, die bei der Herstellung von Geschlecht eine Rolle spielen (West & Zimmerman 1987; Gildemeister & Wetterer 1992). Insbesondere die Studie von Harold Garfinkel (1967) zum *passing* (im Sinne der sozialen Anpassungsprozesse) der Transfrau Agnes hatte gezeigt, dass Geschlecht nicht angeboren ist, sondern ein kulturelles und veränderbares Produkt darstellt, das – so Garfinkels These – fortlaufend mit jeder menschlichen Aktivität vollzogen werde (Gildemeister 2008: 137).

Unter dem Stichwort „Doing Gender" argumentierten Candace West und Don H. Zimmermann (1987) anschließend, dass Geschlecht nicht *a priori* als ontologische Tatsache begriffen werden könne. Sie betonten die (inter-)aktive, jedoch größtenteils präreflexive Hervorbringung von Geschlecht durch soziale Routinen und Interaktionen in Alltagssituationen und grenzten sich damit von einer Theorie der erworbenen, d. h. passiven Geschlechterrollen ab. West und Zimmermann folgerten, dass die soziale Herstellung der Geschlechterverhältnisse unvermeidbar ist, d. h., dass jedes Gesellschaftsmitglied einem Geschlecht zurechenbar konstruiert wird. Genderbezogene Zuschreibungen seien somit unvermeidbar und in jeder Interaktion und sozialen Situation von Relevanz. Der paradigmatische Satz *„a person's gender is not simply an aspect of what one is, but, more fundamentally, it is something that one does, and does recurrently, in interaction with others"* (West & Zimmerman 1987: 140) wurde in diesem Zusammenhang zur Chiffre einer ethnomethodologischer Wende in der Geschlechterforschung. Er verweist auf die genuin sozialen Prozesse der Herstellung der Geschlechterverhältnisse.

Impuls 2: „Gender Trouble"
und die diskursive Verfasstheit von Geschlecht

Konnten die sozialkonstruktivistischen Arbeiten rekonstruieren, wie Geschlecht aktiv im Alltag dar- und hergestellt wird, so war es mit den auf der Mikroebene ansetzenden Methoden nicht möglich, zu erklären, warum Geschlecht und Sexualität auf spezifische Weise, nämlich anhand einer Ordnung der Zweigeschlechtlichkeit und Heterosexualität, (re-)produziert werden. Ebenso wenig vermochten sie die Komplexität der unterschiedlichen Artikulationen von Männlichkeit und Weiblichkeit oder auch von *female masculinities* (Halberstam 1998) oder *queer masculinities of straight men* (Heasley 2005) zu erklären. Zur Beantwortung dieser Fragen wenden sich queerfeministische Ansätze der Bedeutung von Sprache und sprachlichen Ordnungen zu. Insbesondere die diskurs- und machttheoretischen Arbeiten von Michel Foucault sowie das dekonstruktivistische Projekt Jacques Derridas bilden die Grundlagen von Queer Theory und Queer Studies. Im Kontext der diskursiven Wende (Foucualt) richtet sich der dekonstruktivistische Blick auf historisch spezifische Machtkonstellationen, die spezifische Ordnungen von Geschlecht und Sexualität hervorbringen (Engel & Schuster 2007). Heterosexualität und Zweigeschlechtlichkeit werden hier als Effekte diskursiver Konstruktionsprozesse begriffen, die in die Verhältnisse von Wissen, Macht und Herrschaft eingebettet sind (Engel & Schuster 2007).

So argumentierte Judith Butler, eine der prominentesten Vertreter*innen der Queer Theory, dass nicht nur die Vorstellungen von Gender, dem sozialen Geschlecht, sondern auch die von Sex, dem biologischen Geschlecht, diskursiv verfasst seien. Mit ihren Gedanken zu *„Gender Trouble"* (1990) dekonstruierte Butler die Annahme eines natürlichen Geschlechterkörpers und erklärte, dass vermeintlich stabile Subjekte (wie etwa die feministische Identität „Frau") über performative Sprachhandlungen erzeugt und durch soziale und kulturelle Praktiken stabilisiert werden. Wie Butler zu zeigen versuchte, gibt es keinen vordiskursiven Zugriff auf den Körper, sondern dieser wird entweder als männlich oder als weiblich und gleichzeitig heterosexuell durch ein Herrschaftssystem, das Butler die heterosexuelle Matrix nennt, diskursiv hervorgebracht. In dieser Denkweise erweist sich der anatomische Körper (Sex) als ebenso kontingent und damit historisch änderbar, wie das soziale Geschlecht (Gender). Erst durch das Zusammenspiel der drei Komponenten – anatomischer Geschlechtskörper (Sex), soziales Geschlecht (Gender) und erotisches Begehren (*desire*) – werden intelligible, d. h. sozial sinnhafte Subjekte normativ erzeugt und naturalisiert. Dabei bildet die heterosexuelle Matrix eine Art sozialer und kultureller Ordnung, die binäre, in Opposition zueinander stehende, zweigeschlechtliche, heterosexuelle Körper produziert.

Impuls 3: Intersektionalitätsforschung

Intersektionelle Perspektiven nehmen die Verwobenheiten und Verflechtungen von verschiedenen Achsen der Differenz/Ungleichheit in den Blick (Anthias 2001; Klinger & Knapp 2007; Walby 2009; Winkler & Degele 2009).[1] Bereits 1977 hatte

---

1 Der Begriff „Achsen der Differenz" wird in der Forschung zumeist verwendet, um auf die Vielfalt der Zugehörigkeitskonstruktionen hinzuweisen, während „Achsen der Ungleichheit" als Begriff das mehrdimensionale Verständnis der Ungleichheitsgenese hervorhebt. Hier und im Weiteren werden die beiden Begriffe synonym verwendet.

das *Combahee River Collective* ([1977] 1983), ein Zusammenschluss Schwarzer lesbischer Feministinnen, die These von der Mehrfachunterdrückung („*interlocking systems of oppression*", Collins 1990) geprägt und damit die Debatte um die Verwobenheiten und Gleichzeitigkeiten von Subordinierungsformen von Sexismus, Rassismus und Klassismus angestoßen. Mit der Metapher der Straßenkreuzung führte später die feministische und Schwarze Rechtswissenschaftlerin und Vertreterin der *Critical Race Theory* Kimberlé W. Crenshaw (1989) das Konzept der *intersection* (Verschränkung) von *gender, race* und *class* ein, das sie am Beispiel der institutionellen Benachteiligung Schwarzer Arbeiterinnen im Kontext des US-amerikanischen Rechtssystems veranschaulichte.

Während dieses kritisch-politische Projekt sich zunächst vornehmlich der Analyse der klassischen Ungleichheitstriade *race, class* und *gender* widmete, entbrannte in der internationalen und deutschsprachigen Forschung später eine Diskussion über die genauere Anzahl der relevanten Differenzkategorien (Hancock 2007; Winkler & Degele 2009: 15). So stehen zurzeit neben der Kategorie Geschlecht auch Sexualität, Klasse, Ethnizität/*race*, Alter/Generation, Behinderung/Gesundheit und Raum (z. B. Norden/Süden) zur Disposition (für eine ausführliche Darstellung siehe Lutz und Amelina 2017: 78). Unter den verschiedenen Typologien der Intersektionalitätsforschung ist die von Leslie McCall (2005) vorgeschlagene Differenzierung zwischen einem interkategorialen (eher durch quantitative Zugänge geprägt), einem intrakategorialen (eher durch qualitative Zugänge geprägt) und einem antikategorialen (eher anti-essenzialistisch geprägt) Ansatz eine der prominentesten. Die Vertreter*innen des interkategorialen Ansatzes, zu denen McCall selbst gehört, arbeiten in den meisten Fällen quantitativ-deskriptiv. Soziale Kategorien werden dabei weniger hinsichtlich ihrer sozialen Verfasstheit betrachtet als vielmehr in Bezug auf gegenseitige Wechselwirkungen hin analysiert. Insgesamt tendiert dieser Ansatz zu einer essenzialisierenden Perspektive auf soziale Ungleichheit, weil Gender, Ethnizität/*race* und Klasse teilweise als Attribute von als natürlich gedachten Gruppen begriffen werden. Die Vertreter*innen der intrakategorialen Richtung arbeiten aus einer qualitativen Perspektive die Effekte verschiedener sich überlagernder oder miteinander verwobener Kategorien der Ungleichheit heraus. Sie analysieren Achsen der Differenz zwar als historisch spezifische soziale Produkte, betrachten sie jedoch als weitgehend stabil. Dagegen argumentieren die Vertreter*innen der antikategorialen Ansätze, dass die Dimensionen der Ungleichheit gesellschaftlich konstruiert und in die gesellschaftlichen Strukturen (auf der Mikro-, Meso- und Makroebene) eingebettet sind. Aus einer poststrukturalistischen und gleichzeitig oftmals qualitativen Perspektive geht es ihnen darum, die sich wandelnden Klassifikations- und Unterscheidungssysteme innerhalb der Differenzachsen offenzulegen.

Insgesamt bedeuten die Impulse der Intersektionalitätsdebatten für die Migrationsforschung, dass die im Kontext von Migration generierten sozialen Positionen durch das Zusammenspiel verschiedener Dimensionen sozialer Ungleichheit hervorgebracht werden. Auf diese Weise ist es möglich, die vergeschlechtlichten Erwartungen und Positionierungen von Migrant*innen in ihrer Verwobenheit mit anderen Ungleichheitsdimensionen in den Blick zu nehmen.

Von der Vergeschlechtlichung der Migration zur Migrantisierung der Geschlechterverhältnisse: Zum aktuellen Stand im Feld der gendersensiblen Migrationsforschung

Die Vielfalt der Ansätze der aktuellen gendersensiblen Migrationsforschung ist in mancherlei Hinsicht von den vorgestellten Impulsen aus den Gender Studies inspiriert worden. Allerdings sind diese Ansätze auch ein Ergebnis der laufenden Theoriedebatten im Feld der Migrations- und Mobilitätsforschung, welche die transnationalen und kritischen Perspektiven hervorgebracht haben.[2] Ziel dieses Abschnitts ist vor allem, ohne Anspruch auf Vollständigkeit, einen Überblick über jene wesentlichen Konzepte und Ansätze zu bieten, die gender- und queertheoretische Impulse aufgenommen haben. Hier lassen sich insgesamt drei thematische Leitlinien unterscheiden.

Die erste zielt auf die Dekonstruktion der zentralen Begriffe der Migrationsforschung wie „Migration" und „Diaspora" ab. Deshalb werden im Folgenden als Erstes Doing-Migration- und Queer-Diaspora-Ansätze präsentiert. Diese stellen das akademische Wissen, auf dem die wichtigsten Kategorien der Migrationsforschung beruhen, aus der sozialkonstruktivistischen und der queerfeministischen Perspektive infrage.

Die zweite thematische Leitlinie zielt auf die Analyse der vergeschlechtlichten Machtverhältnisse und -abhängigkeiten innerhalb transnationaler Familien und grenzüberschreitender Care- bzw. Fürsorgegemeinschaften ab. Dabei stehen diejenigen Familienformen im Mittelpunkt, in denen die einzelnen Familienmitglieder, trotz der geografischen Distanz, in Fürsorgeverpflichtungen involviert sind. Hier werden die Ansätze vorgestellt, die sich mit Sorge- und Fürsorge-Arbeit, transnationalen Familien und transnationaler Mutterschaft befassen.

Die dritte thematische Leitlinie in der aktuellen gendersensiblen Migrationsforschung analysiert Wanderungsbewegungen vor dem Hintergrund des Zusammenspiels zwischen dominanten vergeschlechtlichten Wissensformen und in-

---

2 An dieser Stelle kann aus Platzgründen nicht im Einzelnen auf diese Debatten eingegangen werden, für eine Übersicht siehe Lutz und Amelina 2017.

stitutionellen Machtkomplexen sowie Machtasymmetrien (z. B. Norden/Süden). Hier werden vor allem Ansätze in Themenbereichen wie Migrations-/Grenzregime, gendersensible und feministisch orientierte postkoloniale Theorien betrachtet.

Dezentrierung und Dekonstruktion der Migrationsforschung: Der Doing-Migration-Ansatz und Queer Diaspora Studies

Eine weitverbreitete Selbstkritik der soziologisch ausgerichteten Migrationsforschung lautet, dass die Migrationsforschung häufig die von ihr verwendeten Analysekategorien unhinterfragt aus der außerakademischen Empirie gewinnt, ohne den analytischen Gehalt des begrifflichen Vokabulars zu reflektieren (Wimmer & Glick Schiller 2003; Brubaker 2013). Inspiriert von dieser Einsicht haben zwei vergleichsweise neuere Theorieperspektiven: der Doing-Migration-Ansatz und Queer Diaspora Studies, einen Versuch unternommen, die zentralen Kategorien der Migrationsforschung (Migration und Diaspora) in Bezug auf deren analytische Aussagekraft hin zu untersuchen (vgl. Kapitel 3). Der erstgenannte Ansatz ist von der Intersektionalitätsforschung inspiriert worden und weist darüber hinaus eine gewisse Nähe zur Doing-Gender-Perspektive auf, wohingegen die Queer Theory eine der wichtigsten Grundlagen des Queer Diaspora Ansatzes darstellt.

Der Doing-Migration-Ansatz beruht auf der sozialkonstruktivistisch, wissenssoziologisch und intersektionalitätstheoretisch beeinflussten Einsicht, dass „Migration" nicht lediglich eine Praxis der räumlichen Bewegung ist (vgl. Kapitel 1), sondern im Kern durch ein Zusammenspiel von institutionellen Routinen, routinisierten Verhaltensweisen, Machtbeziehungen und (vergeschlechtlichten, ethnifizierten/rassifizierten, klassenspezifischen) Wissensbeständen erzeugt wird (Amelina 2017a; Lutz & Amelina 2017). Begriffe wie „Migration", „Mobilität" oder „Sesshaftigkeit" werden in diesem Zusammenhang als Kategorien zur Beschreibung und Bewertung sozialer Praxis angesehen.[3] Auch wenn diese konzeptionelle Perspektive nicht wie der Doing-Gender-Ansatz auf ethnomethodologischen, sondern auf praxeologischen Prämissen[4] aufbaut (Reckwitz 2006), weist sie über

---

3 Der Doing-Migration-Ansatz speist sich aus drei teils unterschiedlichen Ansätzen: dem Motility-Ansatz von Flamm and Kaufman (2006), dem sozialwissenschaftlichen *mobility turn* (Urry 2007; Büscher & Urry 2009) und den sozialkonstruktivistischen Perspektiven auf Raum (Brenner 1998).
4 Während die ethnomethodologischen Ansätze alltägliche Interaktionsstrategien zwischen sozialen Akteur*innen betrachten (Garfinkel 1967), gehen die praxeologisch orientierten Ansätze davon aus (siehe stellvertretend Reckwitz 2006), dass soziale Realität durch gewohnheitsmäßige oftmals unbewusst ausgeführte Routinen (re-)produziert wird.

die Betonung (all-)täglicher routinierter und wissensbasierter Praxen doch eine gewisse analytische Nähe zum Doing-Gender-Ansatz auf.

Insgesamt werden in diesem Ansatz vier Aspekte aufeinander bezogen: (a) die organisationellen und institutionellen Routinen der sozialen Herstellung von Migration (z. B. durch Ausstellung von Pässen, Grenzkontrollen, Gewährung oder Nichtgewährung von Zugang zum Arbeitsmarkt); (b) routinisierte Verhaltensweisen auf der Face-to-Face-Ebene von Interaktionen (z. B. Alltagsfragen zur nationalen Zugehörigkeit, Sprechen in Landessprachen, Reisen als soziale Aneignungspraxis); (c) Machtbeziehungen (z. B. Verteilung von Lebenschancen anhand von Geburtsortzugehörigkeiten, Zusammenwirken politischer Organisationsformen auf verschiedenen Ebenen); und (d) Wissensbestände (z. B. Diskurse über Zugehörigkeit, Containerstaaten, Homogenität, die territoriale Gebundenheit sogenannter Völker). Hier ist es besonders wichtig zu betonen, dass die in Bezug auf „Migration" konstruierten Wissensbestände sowohl institutioneller als auch nicht institutioneller Natur sein können; sie beinhalten soziale Klassifikationssysteme bzw. Heterogenitäten, die sowohl in Bezug auf Geschlecht als auch auf Ethnizität/*race*, Klasse, Sexualität, usw. eine Hierarchisierung der als „Migrant*innen" markierten Akteur*innen hervorbringen. Diese Annahme ist durch die Intersektionalitätsforschung (insbesondere die der antikategorialen Variante) beeinflusst worden.

Das Ziel des Doing-Migration-Ansatzes besteht also darin offenzulegen, dass es sich bei „Migration" nicht wie häufig angenommen um eine dauerhafte grenzüberschreitende Bewegung aus einem Emigrationsstaat in einen Immigrationsstaat handelt. Stattdessen ist Migration als Komplex von Praktiken und in diese eingebettete Diskursen zu verstehen, der sowohl von mobilen als auch von nichtmobilen Akteur*innen zur Klassifikation von sozialräumlicher (und weiteren Formen von) Zugehörigkeit und zur Verteilung von Chancen (z. B. der Partizipation in verschiedenen gesellschaftlichen Teilbereichen) verwendet wird. Landesinterne Wanderungen z. B. werden häufig als unproblematisch kategorisiert, weil von einer versöhnenden Homologie von Kultur, Gemeinschaft und Raum ausgegangen wird, während transnationale und postkoloniale soziale Räume durch das Assimilationsparadigma als störende (oder zersetzende) Kräfte wahrgenommen werden. Im Folgenden wird kurz skizziert, welche Vorteile eine ähnlich gelagerte anti-essenzialisierende Perspektive auf den Diaspora-Begriff bietet (vgl. Kapitel 8).

Mit dem Begriff der Queer Diaspora prägte Gayatri Gopinath (2005) eine Methodologie zur Analyse der nicht heterosexuellen Begehrensformen, Identifikationen, kulturellen Verortungen, Praktiken und Kämpfen (Klesse 2015: 136). „Diaspora" wird dabei nicht im klassischen Sinne als generationenübergreifende ethnische oder religiöse Gemeinschaft mit einer geografischen Verortung, bspw. dem

Ankunfts- und Aufenthaltsort der Migration, definiert (z. B. Cohen 2008), sondern als hybrider soziokultureller Raum verstanden, der verschiedene vergeschlecht-lichte und sexualisierte „Formen der Relationalität innerhalb und zwischen dia-sporischen Formationen" in den Blick nimmt (Klesse 2015: 136).

Ein wesentliches Ziel der Queer Diaspora Studien besteht in der Offenlegung vielfältiger Geschlechtsidentitäten und Sexualitäten, die sich jenseits der hete-rosexuellen Matrix (Butler 1991) reproduzieren. Aus dieser Perspektive hat die Migrationsforschung den sozialen Formen der Sexualisierung der migrantischen und kolonisierten „Anderen" sehr lange wenig Beachtung geschenkt. Selbst in Mi-grationsstudien, die queere Migrationen berücksichtigten, wurden diese zumeist als Ausnahmefälle betrachtet, welche die heterosexuelle Norm stabilisieren (zur Kritik siehe Kosnick 2010). Beispielsweise werden Schwule, Lesben, Bisexuelle, Transgender oder *queer persons of color* in der einschlägigen Literatur oftmals nicht als Handelnde dargestellt, sondern viktimisiert. Darüber hinaus wurden die geschlechtlichen und sexuellen Mehrfachzugehörigkeiten in einigen Studien ten-denziell zum Problemfall gemacht, etwa im Kontext der Debatten um „Integra-tion", wenn die weiße Mehrheitsgesellschaft als „tolerant", „offen" und „zivili-siert", die migrantische „Bevölkerung" hingegen als „traditionell", „gefährlich" oder „antidemokratisch" rassifiziert wird (zur Kritik siehe Haritaworn et al. 2008; Barglowski et al. 2017).

Ausgehend von diskurs- und queertheoretischen Ansätzen zielen diese Stu-dien darauf ab, das Zusammenspiel heterogener Geschlechterbeziehungen und Sexualitäten im Kontext machtvoller (postkolonialer) Ordnungen der Migration zu analysieren (Manalansan 2006). Diese Studien nehmen „Konfigurationen der Macht" wie etwa verschiedene diasporische Kreise (z. B. *queers of color* in Metro-polen wie London oder Berlin) in den Blick. Sie befassen sich zudem mit Formen von Ethnifizierung/Rassifizierung, Vergeschlechtlichung und Sexualisierung, mit denen bestimmte soziale Gruppen wie bspw. deutsch-türkische oder kubanische Queers in medialen und politischen Diskursen konfrontiert werden (Brah 1996: 183, zit. n. Klesse 2015: 136). Schließlich zeigen die in dieser Forschungstraditi-on stehenden Studien, wie im Zuge von Debatten über Migration und Integrati-on in Deutschland queer einerseits als weiß und die europäischen „Mehrheits-gesellschaften" als tolerant und Minderheitengruppen als diskriminierend kon-struiert werden. So werden bspw. als muslimisch identifizierte Bürger*innen und Migrant*innen als „Andere" in einer als weiß und christlich imaginierten Mehr-heit heterosexualisiert und als homophob dargestellt (Heidenreich 2005; El-Tayeb 2012). Zusammengefasst haben die Queer and Feminist Diaspora Studies es sich zum Ziel gesetzt, soziale Kategorisierungen und ihre Machteffekte in Bezug auf Sexualisierung und Vergeschlechtlichung in deren Interdependenz zu beleuch-ten. Dabei gelingt es diesen Studien, die heteronormativen Annahmen der klassischen Diasporaforschung offenzulegen, die auf Vorstellungen einer übergenerationalen heterosexuellen Reproduktion der „migrantischen Diasporagemeinden" aufbaut.

Während der Doing-Migration-Ansatz Geschlechterbeziehungen als spezifische, in die routinisierte Praxis eingebettete ethnifizierten/rassifizierten und vergeschlechtlichten Wissensformen analysiert und somit auf die grundsätzliche Kritik an der Wissensproduktion der akademischen Migrationsforschung übt, widmen sich die Queer Diaspora Studies der Untersuchung grenzüberschreitender Vergemeinschaftungsprozesse im Kontext heterogener Geschlechter- und Sexualitätsformen. Der Beitrag dieser Studien liegt vor allem darin, die impliziten heteronormativen Argumentationsmuster der klassischen Diaspora- und Migrationsansätze zu dekonstruieren.

Care – transnationale Familien – transnationale Mutterschaft: Analyse der vergeschlechtlichten Machtasymmetrien im Kontext transnationaler Wanderungsbewegungen

Während es den anti-essenzialistischen Ansätzen primär darum geht, den analytischen Gehalt der Begriffe der gendersensiblen Migrationsforschung zu reflektieren, befassen sich die Ansätze im Themenbereich Care/Fürsorge, transnationale Familien und transnationale Mutterschaft mit der Entstehung und Reproduktion geschlechtsspezifischer Hierarchien im Kontext von Wanderungsbewegungen. Diese Ansätze sind in der transnational orientierten Migrationsforschung (z. B. Faist 2000; Basch et al. 2005) entwickelt worden, die Migration als Wanderungen versteht, die einerseits einen prinzipiell nicht abschließbaren und multidirektionalen Charakter besitzen können und andererseits die Herausbildung dauerhafter, intensiver (z. B. politischer, ökonomischer, familiärer) sozialer Beziehungen zwischen Entsende- und Aufnahmeländern begünstigen. Die hier vorzustellenden Ansätze sind insbesondere vom Doing-Gender-Ansatz und teilweise von der Intersektionalitätsforschung beeinflusst worden.

So werden mit dem Begriff *care* (Sorge/Fürsorge) erziehende, betreuende und versorgende Tätigkeiten bezeichnet, die im Rahmen entsprechender Institutionen (Kindergärten, Krankenhäuser, Pflegeheime) und/oder in Privathaushalten verrichtet werden. In diesem Zusammenhang haben feministische (insbesondere marxistisch orientierte) Ansätze vielfach auf das Verhältnis zwischen männlich konnotierter bezahlter produktiver (Erwerbs-)Arbeit und weiblich konnotierter unbezahlter reproduktiver (Haus-)Arbeit hingewiesen (Federici 2010, 2012). Ausgehend von dieser gesellschaftlichen Differenzierung werden zum einen Sorge-

und Fürsorgearbeit umfassende Sektoren „feminisiert". In diesem Sinne werden entsprechende Tätigkeiten als „Frauenberufe" definiert und schlechter entlohnt. Zum anderen bleibt bei steigender Anzahl der Frauen in bezahlter Erwerbsarbeit die Care-Arbeit im Privathaushalt asymmetrisch verteilt und zunehmend (im Kontext der Entstehung transnationaler Arbeitsmärkte) an die „Migrant*innen" delegiert. Im gegenwärtigen Forschungsfeld der Care-Studien finden sich vor allem zwei prominente Ansätze: *global care chains* (globale Versorgungsketten; siehe Hochschild 2000) und Care-Zirkulation (Baldassar & Merla 2014).

Der Global-Care-Chains-Ansatz befasst sich mit Care-Netzwerken zwischen Haushalten des Globalen Nordens und solchen des Globalen Südens, die durch von Migrant*innen verrichtete Pflegetätigkeiten miteinander über größere Entfernungen hinweg verknüpft werden. Dabei basiert dieser Ansatz auf der Vorstellung, dass innerhalb einer transnational organisierten Familie ein Care-Austausch auf die Fürsorge gebende migrierende Mütter und zurückbleibende, Fürsorge erhaltende Familienmitglieder beschränkt sei, wobei Erstere in den Globalen Norden zögen, um dort Geld zu verdienen und ihren Familienangehörigen Geldüberweisungen in den Globalen Süden zu schicken. Zentral für diesen Ansatz ist der Begriff des „emotionalen Mehrwerts", der Haushalten des Globalen Südens durch Haushalte des Globalen Nordens entzogen wird, weil die migrierten Frauen eben für Kinder (und andere Angehörige) dieser Haushalte Fürsorge leisten, statt sie ihren eigenen, in den Entsendeländern zurückgelassenen Familienangehörigen (insbesondere Kindern) angedeihen zu lassen. So betont dieser Ansatz einerseits „soziale Kosten der Migration" im Sinne emotionaler Ungleichheiten (Yeates 2009), andererseits werden globale Ungleichheiten im Kontext grenzüberschreitender Ausbeutungsverhältnisse kritisiert.

Mit dem Care-Zirkulation-Ansatz (Baldassar & Merla 2014) wird demgegenüber die grenzüberschreitende Mobilität von Care im Kontext familiärer und verwandtschaftlicher Netzwerkbeziehungen als multidirektional verteilt analysiert. Vertreter*innen dieses Ansatzes setzen sich dafür ein, Care-Beziehungen nicht nur im Kontext der migrantischen Erwerbsarbeit, sondern auch im Kontext der „moralischen Familienökonomie" zu betrachten. Dabei sollen die Routinen der Herstellung von Familie – im Sinne eines *doing family* – sowohl im Kontext krisenhafter Familienereignisse, als auch im Kontext alltäglicher Fürsorgeverpflichtungen, zwischen entfernt voneinander lebenden Familienmitgliedern in den Blick genommen werden. Dabei wird vom biologistisch definierten Familienbegriff Abstand genommen; stattdessen wird Familie als Konstellation von Praktiken auf Grundlage spezifischer normativer Prinzipien (z. B. Verbindlichkeit, Loyalität, Sorge) verstanden, denen im Rahmen des alltäglichen Lebens familiäre Bedeutung zugeschrieben wird. Beide Ansätze, Global-Care-Chains und

Care-Zirkulation, sind an die Studien zu transnationalen Familien und transnationaler Mutterschaft anschlussfähig, wobei Letztere stark durch die Forschung zu globalen Versorgungsketten beeinflusst worden sind (Koshulap 2007).

Als transnationale Familien werden in der aktuellen Migrationsforschung jene sozialen Einheiten definiert, in denen Familienmitglieder im Zuge von Migrationsbewegungen über nationale Grenzen hinweg Beziehungen zueinander pflegen (z. B. über Care, Geldüberweisungen, symbolische Bindungen) (Bryceson & Vuorela 2002; Baldassar & Merla 2014). Diese Familienform kann heute nicht mehr als Abweichung vom Ideal der vermeintlich natürlich sesshaften bürgerlichen Kleinfamilie verstanden werden, das angesichts gestiegener beruflicher Mobilitätserwartungen als überholt gilt (Schneider 2014). Außerdem rekurriert die aktuelle Familienforschung aufgrund der „Diversität der Familienformen" (Stacey 1991) auf ein dynamisches und offenes Familienkonzept, das vor allem den Zusammenhang gegenseitiger Verantwortung als konstitutive Prämisse von Familien begreift (siehe auch Schmidt 2002). In der transnational organisierten Familie – egal ob mono- oder polygam – fallen Haushalt und Familie nicht mehr zusammen, zumal sie gleichzeitig über verschiedene Länder verteilt und verbunden sind (Charsley & Liversage 2013; Mazzucato & Schans 2011). Die aktiv zu leistende (Re-)Produktion transnationaler Verbindungen durch (migrierte, ebenso wie durch gebliebene) Familienmitglieder verweist auf die soziale Konstruktion der Familieneinheit in Interaktionen und in Diskursen jenseits biologistischer Grundlagen. Die alltägliche ein- wie ausschließende (Re-)Produktion von Familie ist in diesem Sinne zugleich an Vorstellungen von der „richtigen Familie" gebunden und hat sowohl mit Konsens als auch mit Dissens in Bezug auf (Macht-)Hierarchien unter ihren Mitgliedern umzugehen. Vielfach sind die Herstellung und Reproduktion transnationaler Familien durch juristische Diskurse und durch Machtbeziehungen nationaler Migrationsregime, sowohl der Entsende- als auch der Zielländer der Migration, beeinflusst (Brennan 2004; Parreñas 2005): Juristische Regelungen der Nationalstaaten (z. B. Einschränkungen der Reisefreiheit und Beschränkungen im Zugang zu sozialen Rechten) entsprechen selten transnationalen Praktiken der multilokalen Familien (Barglowski et al. 2015), was dazu führt, dass transnationale Familienführung häufig stigmatisiert wird (Lutz 2017).

Studien zu transnationaler Mutterschaft befassen sich mit einer spezifischen Konstellation im Kontext transnationaler Familienbeziehungen, in dem als (Care-)Arbeiterinnen in ein Zielland migrierte Mütter ihre Kinder im Entsendeland zurücklassen. Die Entscheidung dazu ist häufig mit der Motivation verbunden, den Kindern sowohl sozialen Aufstieg zu ermöglichen, als auch den Haushalt im Herkunftsland zu erhalten. Analysen transnationaler Mutterschafts-

Arrangements (Hondagneu-Sotelo & Avila 1997) sollten drei Themenbereichen besondere Aufmerksamkeit schenken. Erstens sollten die Organisation der lokalen Betreuung im Entsendeland und deren Auswirkungen auf die Kinder in den transnationalen Familien berücksichtigt werden, da die im Entsendeland, aufgrund der Abwesenheit von Müttern entstandene Betreuungslücke, häufig durch andere (als weiblich definierte) Familienmitglieder kompensiert wird. Zweitens darf im Kontext solcher transnationalen Betreuungsarrangements die Analyse der Geschlechterverhältnisse nicht vernachlässigt werden, denn migrierende Väter und Mütter sind mit unterschiedlichen vergeschlechtlichten Erwartungen und Anforderungen (finanzielle vs. emotionale Unterstützung) im Hinblick auf die Organisation der Betreuung konfrontiert. Drittens sollte die Forschung in diesem Feld Formen von Umverteilung geschlechtsspezifischer Care-Arbeit im Haushalt transnationaler Familien in den Blick nehmen. Diesbezüglich wird jedoch nicht die Transformation von Geschlechterordnungen (Sassen 1998) deutlich, sondern deren Persistenz (Lutz & Palenga-Möllenbeck 2011): Zurückbleibende Väter treten in der Regel trotz des Verlassens der „Ernährerrolle" nicht an die Stelle migrierter Mütter; stattdessen übernehmen Großmütter, Tanten, ältere Töchter oder – wo dies nicht möglich ist, gegen Entlohnung – Freundinnen und Nachbarinnen die Fürsorgearbeit.

Festzuhalten ist, dass es den hier vorgestellten Ansätzen weniger darum geht, Spielarten der Geschlechter- und Sexualitätsbeziehungen jenseits der heterosexuellen Matrix (Butler 1991) zu identifizieren, als vielmehr darum, die Machteffekte der heteronormativen (transnational organisierten) Familien- und Fürsorgeprojekte aufzuzeigen, die sich in Form (innerfamiliärer) Hierarchien und Asymmetrien niederschlagen.

Macht – Wissen – Migration: Geschlecht im Kontext von Migrationsregulierung und Postkolonialismus

Soziologische Analysen der gesellschaftlichen Kontextualisierung von Migrationsprozessen sowie von institutionellen Formen ihrer Regulierung zeigen häufig wenig Interesse an der Berücksichtigung der Bedeutung von Geschlechterverhältnissen. Studien, die in diesem Abschnitt vorgestellt werden, zielen auf die Überwindung dieser Haltung ab, indem sie die Wechselbeziehungen zwischen dominanten vergeschlechtlichten Wissensformen und institutionellen Machtkomplexen in den Blick nehmen. Sie setzen ihre Forschungen an den Makroperspektiven an, indem sie dauerhafte institutionelle Konfigurationen analysieren, etwa (1) die Migrationsregulierung (insbesondere in Migrationsregime- und Grenzregimestudien) und (2) postkoloniale Räume. Gemeinsam ist diesen (an der Makroebene) orientierten Ansätzen, dass sie auf der Annahme einer diskursiven Verfasstheit von Geschlecht beruhen und sich insbesondere für vergeschlechtlichte Wissensformen sowie für Prozesse ihrer Inkorporierung in die institutionellen Settings von Wanderungsbewegungen interessieren.

Migrations- und Grenzregimestudien sind in der jüngeren Vergangenheit zu einem prominenten Feld innerhalb der internationalen Migrationsforschung avanciert. In diesem Feld wurden die analytischen Werkzeuge entwickelt, die es ermöglichen, die komplexen, umkämpften und widersprüchlichen Dynamiken von Migrations- und Grenzpolitiken zu analysieren (Horvath et al. 2017: 302). Trotz der Vielfalt der Migrations- und Grenzregimetheorien[5] hat sich vor allem die Stoßrichtung der Gouvernementalitäts-Ansätze als fruchtbare Grundlage für die Analyse von Gender im Kontext der Migrationsregulierung entwickelt. Deshalb wird hier stellvertretend für die gouvernementalitäts-theoretische Perspektive das Konzept des Grenzregimes eingeführt und in Bezug auf die Thematisierung der Geschlechterverhältnisse betrachtet.

Im Wesentlichen befassen sich Studien im Feld der Grenzregimeforschung mit Prozessen des *(un-)doing border* oder des *(re-)bordering*, d. h. mit der gesellschaftlichen Produktion, Verhandlung und Verlagerung von Grenze(-n) (paradigmatisch z. B.: die Transit Migration Forschungsgruppe 2007; Heimeshoff et al. 2014; Hess et al. 2017; Tsianos & Karakayali 2010). Im Fokus stehen spezifische (nationale und supranationale) Machtformationen, die politische Rationalitäten und Subjektpositionen im Feld von Grenzen und humaner Mobilität hervorbringen. Aus dieser Perspektive sind Grenzen nicht als geografische Gebilde zu verstehen, sondern als soziale Demarkationen, die sich in gesamtgesellschaftliche Verhältnisse einschreiben (Hess et al. 2017). So bringt das Ensemble aus multiplen Akteur*innen (Polizeibeamt*innen, Frontex-Mitarbeiter*innen, aber auch Migrant*innen und deren Unterstützer*innen), Grenzschutztechnologien und nichtmenschlichen Aktanten (Infrarotkameras, Drohnen, Spürhunde) immer wieder neue Grenzformationen hervor.[6]

---

5 Hier lassen sich grob vier Typen von Ansätzen unterscheiden: i) Migrationsregime-Ansätze aus dem Feld der internationalen Beziehungen; ii) der in sozialpolitischen Analysen verwendete Begriff des *(welfare) regimes* im Anschluss an Esping-Andersen (1990); iii) Ansätze auf Grundlage der französischen Regulationstheorie; und iv) Gouvernementalitäts-Ansätze (Horvath et al. 2017: 302).

6 Über den Fokus auf die widerständigen Praktiken mobiler Personen und deren Möglichkeiten, das Grenzgeschehen zu beeinflussen, werden diese Personen als handlungsmächtig konzeptualisiert.

Dabei interessieren sich Grenzregimeanalysen auch und insbesondere für Prozesse der Vergeschlechtlichung und Sexualisierung politischer Rationalitäten im Feld der Migrationsregulierung. Beispielsweise konnten Johanna Neuhauser, Helen Schwenken und Sabine Hess (2017) in ihrer Studie der medialen Repräsentationen von Flucht und Migration zeigen, dass die Kategorie „Geschlecht" in den öffentlichen Diskursen überbelichtet ist, etwa im Falle rassifizierender und sexualisierender Zuschreibungen geflüchteter Männer als „patriarchal". Diese „repressiven" Positionierungen dienen rechten Bewegungen und vielen Parteien als Grund und Anlass, eine Verschärfung von Migrations- und Grenzpolitiken zu fordern. Gleichzeitig argumentieren die Autor*innen dieser Studie, dass die Analyse der Geschlechterverhältnisse im Mainstream der akademischen Migrationsforschung nach wie vor unzureichend durchgeführt wird, da etwa geflüchtete Frauen erneut als abhängig und vulnerabel dargestellt werden. Die Analyse von Neuhauser et al. verweist nicht nur auf die Notwendigkeit gendersensibler Grenzregime- bzw. Migrationsregimeforschung, sondern auch auf die Komplexitäten im Spannungsfeld vom Wissen um „Geschlecht" sowie auf institutionalisierte Grenzformationen und ihre Machteffekte. Ähnlich argumentieren (intersektionell inspirierte) Studien, die das europäische Migrationsregime in den Blick nehmen (z. B. Amelina 2017b). Aus dieser Perspektive sollte die (auf mehreren sozialräumlichen Ebenen) organisierte europäische Migrationsregulierung als Nexus von Institutionen, Macht und Wissen konzeptualisiert werden. Das institutionelle Wissen – und das ist hier der wichtigste Punkt – inkorporiert vergeschlechtlichte und ethnifizierende/rassifizierende und klassenbezogene Wissensbestände, etwa in Form spezifischer Klassifikationen, die bei administrativen Entscheidungen bezüglich der Familienzusammenführung, des Zugangs zu sozialen Rechten oder der Vergabe von Arbeitsgenehmigungen relevant werden.

De- und postkoloniale Perspektiven auf Migration und Geschlechterverhältnisse haben herausgestellt, dass die Wanderungsbewegungen nicht nur durch Migrations-/Grenzregimes und durch bestimmte Formen politischer Mitgliedschaft gerahmt sind, sondern sich auch im Kontext hegemonial gelagerter postkolonialer Machtbeziehungen vollziehen (Castro Varela & Dhawan 2009a). De- und postkoloniale Theorien haben die Erforschung von Wanderungsbewegungen um eine Analyse postkolonialer Ordnungen ergänzt, die sich zwischen den Ländern des Globalen Nordens und des Globalen Südens aufspannen. Diesen Studien liegt die Annahme zugrunde, dass postkoloniale, ursprünglich durch den Kolonialismus geschaffene Strukturen, Lebens- und Arbeitsverhältnisse die wesentlichen Bedingungen gegenwärtiger Migrationsprozesse generieren. So argumentierte die postkoloniale Denkerin Gayatri Chakravorty Spivak (1988a), dass Kolonialismus, Imperialismus und transnationale Wanderungen zueinander in Korrespondenz stehen. In diesem Licht betrachtet können bspw. die gegenwärtigen Migrationen von

Mexiko in die USA und Kanada sowie von Afrika nach Europa (trotz großer Verschiedenheit in Formen und Motivationen) als imperialistische Kontinuitäten „einer geschlechtsspezifischen Aufteilung des internationalen Arbeitsmarkts" (Castro Varela & Dhawan 2009b: 16) gesehen werden, die den Ländern des Globalen Nordens Wohlstand auf Kosten des Globalen Südens beschert haben (Castro Varela & Dhawan 2005).

Dekoloniale Ansätze haben diese „Kolonialität der Migration", insbesondere mit Bezug auf weltsystemtheoretische Arbeiten, rekonstruiert (z. B. Bhambra 2017; Gutiérrez Rodríguez 2018). Kategorien wie *race* (Quijano 2000), Geschlecht (Lugones 2007, 2008) aber auch verschiedene Formen von Bürgerschaft (Boatcă & Roth 2015) werden in diesem Zusammenhang als Konstruktionen verstanden, die in die „Kolonialität der Macht" eingebettet sind und ungleich gelagerte Lebenschancen und Positionalitäten (re-)produzieren. Ins analytische Blickfeld geraten so rassifizierende/ethnifizierende und vergeschlechtlichende Wissenssysteme kolonialer Kontexte, die Wanderungen und soziale Bewegungen ermöglichen oder einschränken. Ein Beispiel ist die bereits beschriebene transnationale Arbeitsmigration von (Care-)Arbeiter*innen, die aus den Ländern des Globalen Südens in solche des Globalen Nordens einwandern. Die soziale Mobilität dieser Arbeiter*innen in den Empfängerstaaten bleibt, wie die Forschung vielfach gezeigt hat, weitgehend durch die Strukturen des (auf koloniale Wissensbestände zurückgehenden) institutionellen Rassismus beschränkt (Nghi Ha 2009).

Auf ähnliche Weise, jedoch mit stärkerem Bezug auf poststrukturalistische Ansätze (insbesondere Foucault), die von postkolonialen Intellektuellen, wie Edward Said (1978), Stuart Hall (1994), Gayatri Chakravorti Spivak (1988b) oder Homi Bhabha (1994) weiterentwickelt wurden, richten postkoloniale Ansätze das Interesse auf die Verschränkung von Macht und Wissen. Diese diskurs- und machtanalytische Richtung der Migrationsforschung arbeitet die Produktionsbedingungen vergeschlechtlichter und migrantischer „Subjekte der Macht" heraus (Rose 2015: 335). Die postkoloniale Migrationsforschung fokussiert dabei auf Prozesse des *othering*, d. h. des Prozesses der Abwertung von Migrant*innen seitens der weißen Mehrheitsgesellschaft. Diese Arbeiten re- und dekonstruieren Prozesse der Rassifizierung, Ethnifizierung und Vergeschlechtlichung bspw. von intellektuellen Migrantinnen (Gutiérrez Rodríguez 1999), widmen sich der Analyse migrantischer Positionalitäten (Spies 2010) und untersuchen die Entstehung exkludierender, prekarisierender und subjektivierender Auswirkungen von Zugehörigkeitsordnungen (Mecheril 2003). Festzuhalten ist, dass beide Ansätze, der dekoloniale wie der postkoloniale, dazu anregen, prekarisierte Lebenswelten hinsichtlich ihres Potenzials für Widerstand und die Entstehung subversiver

(Gender-)Praktiken und Wissensformen zu untersuchen (FeMigra 1994; Castro Varela 2008). Dabei sind inhaltliche Überschneidungen und Korrespondenzen zwischen der de- und postkolonialen Migrationsforschung und den Queer Diasporas Studies nicht zu übersehen.

Ansatzpunkte für zukünftige Forschungen: Herausforderungen und Perspektiven gendersensibler Migrationsforschung

Ungeachtet der innovativen und facettenreichen Anregungen, die von neueren queertheoretischen und gendersoziologischen Migrationsansätzen ausgehen, wird sich die gendersensible Migrationsforschung zukünftig einer Reihe weiterer theoretischer und methodologischer Herausforderungen stellen müssen.

Eine dieser Herausforderungen besteht in der Weiterentwicklung der antiessenzialistischen Perspektiven innerhalb der Gender- und Migrationsforschung. Mögliche weiterführende Perspektiven wären hier Ansätze, die an die sogenannte antikategoriale Intersektionalitätsforschung (Walby et al. 2012) anschließen und Gender, Ethnizität/race, Klasse und weitere Achsen der Differenz sowie Verschränkungen zwischen diesen als sozial konstruiert, historisch spezifisch und veränderbar begreifen. Die Weiterführung der De-Naturalisierungs- und Dezentrierungstendenzen spielt dabei eine wichtige Rolle, weil sie den Blick auf die Analyse neuer, bisher übersehener Phänomene lenkt, wie etwa die (Re-)Produktion nichtbinärer Gender-Identitäten im Feld von Zugehörigkeitskämpfen.

Eine weitere Herausforderung besteht in der Verknüpfung gendersensibler Migrationsforschung mit den gesellschaftstheoretischen Perspektiven und Diagnosen der soziologischen Theoriebildung (siehe Castles 2010). Die Einbeziehung gesellschaftstheoretischer Überlegungen war nicht immer das primäre Analyseziel der gendersensiblen Migrationsforschung. Die vielfältigen Perspektiven der oben vorgestellten Ansätze sind bereits sehr erfolgreich in den gegenwärtigen soziologischen Kanon etabliert worden, wie etwa die der Queer Theory und der Intersektionalitätsforschung mit ihrer Betonung der Komplexität von Privilegierung und Benachteiligung oder auch die gendersensiblen postkolonialen Ansätze, denen es immer mehr gelingt, die Dominanz eurozentrischer Perspektiven in der Migrationsforschung infrage zu stellen. Gleichwohl würde eine gesellschaftstheoretische Rahmung – wie etwa die der Theorie postmigrantischer Vergesellschaftung (Foroutan et al. 2018) oder die feministisch orientierten Gesellschaftsdiagnosen (Klinger 2019) – weitere wichtige Ansatzpunkte für die Analyse gesellschaftlicher Makrotendenzen im Zusammenspiel von (Post-)Migration und Geschlechterverhältnissen offenlegen.

Literatur

Amelina, A., 2017a: After the Reflexive Turn in Migration Studies: Towards the Doing Migration Approach. Working Paper Series „Gender, Diversity and Migration" Nr. 13, Goethe Universität, Frankfurt. https://www.fb03.uni-frankfurt.de/67001816/amelina_doing_migration. pdf (letzter Aufruf: 14.05.2020).

Amelina, A., 2017b: *Transnationalizing Inequalities in Europe: Sociocultural Boundaries, Assemblages and Regimes of Intersection*. New York, NY: Routledge.

Anderson, B., 2006: *Doing the dirty work? Migrantinnen in der bezahlten Hausarbeit in Europa*. Berlin: Assoziation A.

Anthias, F., 2001: The Material and the Symbolic in Theorizing Social Stratification: Issues of Gender, Ethnicity and Class. *British Journal of Sociology* 52(3):367–390.

Aulenbacher, B., 2009: Arbeit, Geschlecht und soziale Ungleichheiten: Perspektiven auf die Krise der Reproduktion und den Wandel von Herrschaft in der postfordistischen Arbeitsgesellschaft. *Arbeits- und Industriesoziologische Studien* 2(2):61–78.

Baldassar, L. & L. Merla, 2014: Locating Transnational Care Circulation in Family Studies. In: Baldassar, L. & L. Merla (Hrsg.), *Transnational Families, Migration and the Circulation of Care: Understanding Mobility and Absence in Family Life*, S. 25–60. Abingdon: Routledge.

Barglowski, K., A. Amelina & B. Bilecen, 2017: Coming Out Within Transnational Families: Intimate Confessions Under Western Eyes. *Social Identities*. doi:10.1080/13504630. 2017. 1310041.

Barglowski, K., B. Bilecen & A. Amelina, 2015: Approaching Transnational Social Protection: Methodological Challenges and Empirical Applications. *Population, Space and Place* 21(3):215–226.

Basch, L., N. Glick Schiller & C. Szanton Blanc, 2005: *Nations Unbound: Transnational Projects, Postcolonial Predicaments, and Deterritorialized Nation-States*. Abingdon: Routledge.

Bereswill, M., P. Rieker & A. Schnitzer, 2012: *Migration und Geschlecht: Theoretische Annäherungen und empirische Befunde*. Weinheim und Basel: Beltz Juventa.

Bhabha, H. K., 1994: *The Location of Culture*. London: Routledge.

Bhambra, G. K., 2017: The Current Crisis of Europe: Refugees, Colonialism, and the Limits of Cosmopolitanism. *European Law Journal* 23(5):395–405.

Boatcă, M. & J. Roth, 2015: Unequal and Gendered: Notes on the Coloniality of Citizenship. *Current Sociology* 64(2):191–212.

Brah, A., 1996: *Cartographies of Diaspora: Contesting Identities*. London: Routledge.

Brennan, D., 2004: *What's Love Got to Do With It? Transnational Desires and Sex Tourism in the Dominican Republic*. Durham: Duke University Press.

Brenner, N., 1998: Between Fixity and Motion: Accumulation, Territorial Organization and the Historical Geography of Spatial Scales. *Environment and Planning D: Society and Space* 16(4):459–481.

Brubaker, R., 2013: Categories of Analysis and Categories of Practice: A Note on the Study of Muslims in European Countries of Immigration. *Ethnic and Racial Studies* 36(1):1–8.

Bryceson, D. F. & U. Vuorela, 2002: *The Transnational Family: New European Frontiers and Global Networks*. Oxford: Berg.

Büscher, M. & J. Urry, 2009: Mobile Methods and the Empirical. *European Journal of Social Theory* 12(1):99–116.

Butler, J., 1991: *Das Unbehagen der Geschlechter*. Frankfurt a. M.: Suhrkamp.

Castles, S., 2010: Understanding Global Migration: A Social Transformation Perspective. *Journal of Ethnic and Migration Studies* 36(10):1565–1586.

Castro Varela, M., 2008: Wer bin ich? Und wer sagt das? Migrantinnen und die Zumutungen alltäglicher Zuschreibungen. *Quer* 15:23–29.

Castro Varela, M. & N. Dhawan, 2005: *Postkoloniale Theorie. Eine kritische Einführung*. Bielefeld: transcript.

Castro Varela, M. & N. Dhawan, 2009a: Europa provinzialisieren? Ja, gerne! Aber wie?! *Femina Politica* 2:9–18.

Castro Varela, M. & N. Dhawan, 2009b: Queer mobil? Heteronormativität und Migrationsforschung. In: Lutz, H. (Hrsg.), *Gender Mobil? Geschlecht und Migration in transnationalen Räumen*, S. 102–121. Münster: Westfälisches Dampfboot.

Charsley, K. & A. Liversage, 2013: Transforming Polygamy: Migration, Transnationalism and Multiple Marriages Among Muslim Minorities. *Global Networks* 13(1):60–78.

Cohen, R., 2008: *Global Diasporas: An Introduction*. Abingdon: Routledge.

Collins, P. H., 1990: *Black Feminist Thought: Knowledge, Consciousness and the Politics of Empowerment*. Boston, MA: Unwin Hyman.

Combahee River Collective, [1977] 1983: A Black Feminist Statement. In: Moraga, C. & G. Anzaldúa (Hrsg.), *This Bridge Called My Back: Writings by Radical Women of Color*, S. 210–218. New York, NY: Kitchen Table Press.

Crenshaw, K. W., 1989: Demarginalizing the Intersection of Race and Sex: A Black Feminist Critique of Antidiscrimination Doctrine, Feminist Theory, and Antiracist Politics. *University of Chicago Legal Forum* 1989(1):139–167.

El-Tayeb, F., 2012: „Gays Who Cannot Properly Be Gay": Queer Muslims in the Neoliberal European City. *European Journal of Women's Studies* 19(1):79–95.

Engel, A. & N. Schuster, 2007: Die Denaturalisierung von Geschlecht und Sexualität: Queer/feministische Auseinandersetzungen mit Foucault. In: Anhorn, R., F. Bettinger & J. Stehr (Hrsg.), *Foucaults Machtanalytik und Soziale Arbeit*, S. 135–153. Wiesbaden: VS Verlag für Sozialwissenschaften.

Erel, U., 2003: Soziales Kapital und Migration: Die Kraft der Schwachen? In: Varela, M. Castro & D. Clayton (Hrsg.), *Migration, Gender, Arbeitsmarkt: Neue Beiträge zu Frauen und Globalisierung*, S. 154–185. Königstein im Taunus: Ulrike Helmer.

Erel, U., 2009: *Migrant Women Transforming Citizenship: Life-stories from Britain and Germany*. London: Routledge.

Esping-Andersen, G., 1990: *The Three Worlds of Welfare Capitalism*. Princeton, NJ: Princeton University Press.

Faist, T., 2000: *The Volume and Dynamics of International Migration and Transnational Social Spaces*. Oxford: Oxford University Press.

Federici, S., 2010: Der Feminismus und die Politik der Commons. In: Federici, S. (Hrsg.), *Aufstand aus der Küche: Reproduktionsarbeit im globalen Kapitalismus und die unvollendete feministische Revolution*, S. 87–105. Münster: Edition Assemblage.

Federici, S., 2012: *Revolution at Point Zero: Housework, Reproduction, and Feminist Struggle*. Oakland, CA: PM Press.

FeMigra, 1994: Wir, die Seiltänzerinnen: Politische Strategien von Migrantinnen gegen Ethnisierung und Assimilation. In: Eichhorn, C. & S. Grimm (Hrsg.), *Gender Killer: Texte zu Feminismus und Kritik*, S. 49–63. Berlin: Edition ID Archiv.

Flamm, M. & V. Kaufmann, 2006: Operationalising the Concept of Motility: A Qualitative study. *Mobilities* 1(2):167–189.

Foroutan, N., J. Karakayali & R. Spielhaus (Hrsg.), 2018: *Postmigrantische Perspektiven: Ordnungssysteme, Repräsentationen, Kritik*. Frankfurt a. M.: Campus.

Garfinkel, H., 1967: *Studies in ethnomethodology*. Cambridge: Cambridge University Press.

Gildemeister, R., 2008: Doing Gender: Soziale Praktiken der Geschlechterunterscheidung. In: Becker, R. & B. Kortendiek (Hrsg.), *Handbuch Frauen- und Geschlechterforschung: Theorie, Methoden, Empirie*, S. 137–145. Wiesbaden: VS Verlag für Sozialwissenschaften.

Gildemeister, R. & A. Wetterer, 1992: Wie Geschlechter gemacht werden: Die soziale Konstruktion der Zweigeschlechtlichkeit und ihre Reifizierung in der Frauenforschung. In: Knapp, G.-A. & A. Wetterer (Hrsg.), *Traditionen Brüche: Entwicklungen feministischer Theorie*, S. 201–254. Freiburg im Breisgau: Kore.

Gopinath, G., 2005: *Impossible Desires: Queer Diasporas and South Asian Public Cultures*. Durham, NC: Duke University Press.

Gutiérrez Rodríguez, E., 1999: *Intellektuelle Migrantinnen: Subjektivitäten im Zeitalter von Globalisierung*. Opladen: Leske + Budrich.

Gutiérrez Rodríguez, E., 2018: The Coloniality of Migration and the „Refugee Crisis": On the Asylum–Migration Nexus, the Transatlantic White European Settler Colonialism-Migration and Racial Capitalism. *Refuge: Canada's Journal on Refugees* 34(1):16–28.

Hagemann-White, C., 1988: Wir werden nicht zweigeschlechtlich geboren. In: Hagemann-White, C. & M. S. Rerrich (Hrsg.), *FrauenMännerBilder: Männer und Männlichkeit in der feministischen Diskussion*, S. 224–235. Bielefeld: AJZ.

Halberstam, J., 1998: *Female Masculinity*. Durham, NC: Duke University Press.

Hall, S., 1994: Der Westen und der Rest: Diskurs und Macht. In: Hall, S. (Hrsg.), *Rassismus und kulturelle Identität*, S. 137–179. Hamburg: Argument.

Hancock, A.-M., 2007: When Multiplication Doesn't Equal Quick Addition: Examining Intersectionality as a Research Paradigm. *Perspectives on Politics* 5(1):63–79.

Haritaworn, J., T. Tauqir & E. Erdem, 2008: Gay Imperialism: The Role of Gender and Sexuality Discourses in the „War on Terror". In: Kuntsman, A. & E. Miyake (Hrsg.), *Out of Place: Interrogating Silences in Queerness/Raciality*, S. 71–95. York: Raw Nerve Books.

Hark, S. & P.-I. Villa (Hrsg.), 2015: *Anti-Genderismus: Sexualität und Geschlecht als Schauplätze aktueller politischer Auseinandersetzungen*. Bielefeld: transcript.

Hark, S. & P.-I. Villa, 2017: *Unterscheiden und herrschen: Ein Essay zu den ambivalenten Verflechtungen von Rassismus, Sexismus und Feminismus in der Gegenwart*. Bielefeld: transcript.

Heasley, R., 2005: Queer Masculinities of Straight Men: A Typology. *Men and Masculinities* 7:310–320.

Heidenreich, N., 2005: „Der Kampf der Subkulturen": Homophobie vs. Rassismus? In: Yekani, E. Haschemi & B. Michaelis (Hrsg.), *Quer durch die Geisteswissenschaften: Perspektiven der Queer Theory*, S. 203–215. Berlin: Querverlag.

Heimeshoff, L.-M., S. Hess, S. Kron, H. Schwenken & M. Trzeciak, 2014: *Grenzregime II: Migration – Kontrolle – Wissen: Transnationale Perspektiven*. Hamburg: Assoziation A.

Hess, S., B. Kasparek, S. Kron, M. Rodatz, M. Schwertl & S. Sontowski (Hrsg.), 2017: *Der lange Sommer der Migration: Grenzregime III*. Berlin: Assoziation A.

Hochschild, A., 2000: Global Care Chains and Emotion Surplus Value. In: Hutton, W. & A. Giddens (Hrsg.), *On the Edge: Living with Global Capitalism*. BCA.

Hondagneu-Sotelo, P., 1999: Introduction: Gender and Contemporary U. S. Immigration. *American Behavioral Scientist* 42(4):565–576.

Hondagneu-Sotelo, P. & E. Avila, 1997: „I'm Here, But I'm There": The Meanings of Latina Transnational Motherhood. *Gender & Society* 11(5):548–571.

Horvath, K., A. Amelina & K. Peters, 2017: Re-thinking the Politics of Migration: On the Uses and Challenges of Regime Perspectives for Migration Research. *Migration Studies* 5(3):301–314.

Klesse, C., 2015: Queering Diaspora Space, Creolizing Counter-Publics: On British South Asian Gay and Bisexual Men's Negotiation of Sexuality, Intimacy and Marriage. In: Gutiérrez Rodríguez, E. & S. A. Tate (Hrsg.), *Creolizing Europe: Legacies and Transformations*, S. 133–156. Liverpool: Liverpool University Press.

Klinger, C., 2019: *Die andere Seite der Liebe: Das Prinzip Lebenssorge in der Moderne.* Frankfurt a. M.: Campus.

Klinger, C. & G.-A. Knapp, 2007: Achsen der Ungleichheit – Achsen der Differenz: Verhältnisbestimmungen von Klasse, Geschlecht, „Rasse"/Ethnizität. In: Klinger, C., G.-A. Knapp & B. Sauer (Hrsg.), *Achsen der Ungleichheit: Zum Verhältnis von Klasse, Geschlecht und Ethnizität*, S. 19–41. Frankfurt a. M.: Campus.

Koshulap, I., 2007: Images of Fatherhood in Ukraine: Past and Present. In: Hankivsky, O. & A. Salnykova (Hrsg.), *Gender, Politics and Society in Ukraine*, S. 364–384. Toronto: Toronto University Press.

Kosnick, K., 2010: Sexualität und Migrationsforschung: Das Unsichtbare, das Oxymoronische und heteronormatives Othering. In: Lutz, H., M. T. Herrera Vivar & L. Supik (Hrsg.), *Fokus Intersektionalität: Bewegungen und Verortungen eines vielschichtigen Konzeptes*, S. 145–164. Wiesbaden: VS Verlag für Sozialwissenschaften.

Lugones, M., 2007: Heterosexualism and the Colonial/Modern Gender System. *Hypatia* 22(1):186–209.

Lugones, M., 2008: The Coloniality of Gender. *Worlds and Knowledges Otherwise* 2:1–17.

Lutz, H., 2011: *The New Maids: Transnational Women and the Care Economy.* London: Zed Books.

Lutz, H., 2017: Euro-orphans and the Stigmatization of Migrant Motherhood. In: Ergas, Y., J. Jenson & S. Michel (Hrsg.), *Reassembling Motherhood: Procreation and Care in a Globalized Word*, S. 247–268. New York, NY: Columbia University Press.

Lutz, H. & A. Amelina, 2017: *Gender, Migration, Transnationalisierung: Eine intersektionelle Einführung.* Bielefeld: transcript.

Lutz, H. & E. Palenga-Möllenbeck, 2011: Das Care-Chain-Konzept auf dem Prüfstand: Eine Fallstudie der transnationalen Care-Arrangements polnischer und ukrainischer Migrantinnen. *Gender – Zeitschrift für Geschlecht, Kultur und Gesellschaft* 3(1):9–27.

Manalansan, M. F., 2006: Queer Intersections: Sexuality and Gender in Migration Studies. *International Migration Review* 40(1):224–249.

Mazzucato, V. & D. Schans, 2011: Transnational Families and the Well-being of Children: Conceptual and Methodological Challenges. *Journal of Marriage and Family* 73(4):704–712.

McCall, L., 2005: The Complexity of Intersectionality. *Signs* 30(3):1771–1800.

Mecheril, P., 2003: *Prekäre Verhältnisse: Über natio-ethno-kulturelle (Mehrfach-) Zugehörigkeit.* Münster: Waxmann.

Neuhauser, J., S. Hess & H. Schwenken, 2017: Unter- oder überbelichtet: Die Kategorie Geschlecht in medialen und wissenschaftlichen Diskursen zu Flucht. In: Hess, S., B. Kasparek, S. Kron, M. Rodatz, M. Schwertl & S. Sontowski (Hrsg.), *Der lange Sommer der Migration: Grenzregime III*, S. 176–195. Berlin: Assoziation A.

Nghi Ha, K., 2009: Deutsche Integrationspolitik als koloniale Praxis. In: Dietze, G., C. Brunner & E. Wenzel (Hrsg.), *Kritik des Okzidentalismus: Transdisziplinäre Beiträge zu (Neo-) Orientalismus und Geschlecht*, S. 137–149. Bielefeld: transcript.

Parreñas, R. S., 2001: *Servants of Globalization: Women, Migration and Globalization*. New York, NY: New York University Press.

Parreñas, R. S., 2005: *Children of Global Migration: Transnational Families and Gendered Woes*. Stanford, CA: Stanford University Press.

Quijano, A., 2000: Coloniality of Power, Eurocentrism, and Latin America. *Nepantla: Views from South* 1(3):533–574.

Ravenstein, E. G., 1885: The Laws of Migration. *Journal of the Statistical Society of London* 48(2):167–235.

Reckwitz, A., 2006: *Die Transformation der Kulturtheorien: Zur Entwicklung eines Theorieprogramms*. Weilerswist: Velbrück Wissenschaft.

Rose, N., 2015: Subjekte der Macht bei Judith Butler und Michel Foucault: Machtvolle Diskurse, Subjektivierungen und Widerstand als Ausgangspunkt für eine rassismuskritische Perspektive in der Migrationsforschung. In: Reuter, J. & P. Mecheril (Hrsg.), *Schlüsselwerke der Migrationsforschung: Pionierstudien und Referenztheorien*, S. 323–341. Wiesbaden: VS Verlag für Sozialwissenschaften.

Said, E., 1978: *Orientalism*. New York, NY: Pantheon Books.

Sassen, S., 1998: Überlegungen zu einer feministischen Analyse der globalen Wirtschaft. *Prokla* 28(111):199–216.

Schmidt, U., 2002: *Deutsche Familiensoziologie: Entwicklung nach dem zweiten Weltkrieg*. Wiesbaden: Westdeutscher Verlag.

Schneider, N. F., 2014: Die räumliche Dimension der Herstellung von Familie. In: Jurczyk, K., A. Lange & B. Thiessen (Hrsg.), *Doing Family: Warum Familienleben nicht mehr selbstverständlich ist*, S. 208–221. Weinheim und Basel: Beltz Juventa.

Scott, J. W., 1988: Deconstructing Equality-versus-difference, or, The Uses of Post-structuralist Theory for Feminism. *Feminist Studies* 14(1):32–50.

Spies, T., 2010: *Migration und Männlichkeit: Biographien junger Straffälliger im Diskurs*. Bielefeld: transcript.

Spindler, S., 2011: Feminisierung von Migration: Formen und Folgen weiblicher Wanderungsprozesse. In: Hentges, G. & H.-W. Platzer (Hrsg.), *Europa – quo vadis? Ausgewählte Problemfelder der europäischen Integrationspolitik*, S. 171–186. Wiesbaden: VS Verlag für Sozialwissenschaften.

Spivak, G. C., 1988a: Alte und neue Diasporas: Frauen in einer transnationalen Welt. *Femina Politica* 18(2):19–31.

Spivak, G. C., 1988b: Can the Subaltern Speak? In: Nelson, C. & L. Grossberg (Hrsg.), *Marxism and the Interpretation of Culture*, S. 271–313. Chicago, IL: University of Illinois Press.

Stacey, J., 1991: *Brave New Families: Stories of Domestic Upheaval in Twentieth-Century America*. New York, NY: Basic Books.

Thomas, W. I. & F. Znaniecki, 1918: *The Polish Peasant in Europe and America: Monograph of an Immigrant Group*: Band 2. Boston, MA: R. Badger.

Transit Migration Forschungsgruppe, 2007: *Turbulente Ränder: Neue Perspektiven auf Migration an den Grenzen Europas*. Bielefeld: transcript.

Treibel, A., 2010: Von der exotischen Person zur gesellschaftlichen Normalität: Migrantinnen in der soziologischen Forschung und Lehre. In: Hentges, G., V. Hinnenkamp & A. Zwengel (Hrsg.), *Migrations- und Integrationsforschung in der Diskussion: Biografie, Sprache und*

Bildung als zentrale Bezugspunkte, S. 143–171. Wiesbaden: VS Verlag für Sozialwissenschaften.

Tsianos, V. & S. Karakayali, 2010: Transnational Migration and the Emergence of the European
Border: An Ethnographic Analysis. *European Journal of Social Theory* 13(3):373–387.

Urry, J., 2007: *Mobilities*. Cambridge: Polity Press.

Walby, S., 2009: *Globalization and Inequalities: Complexity and Contested Modernities*. London: Sage.

Walby, S., J. Armstrong & S. Strid, 2012: Intersectionality: Multiple Inequalities in Social Theory. *Sociology* 46(2):224–240.

West, C. & D. H. Zimmerman, 1987: Doing Gender. *Gender & Society* 1(2):125–151.

Wimmer, A. & N. Glick Schiller, 2003: Methodological Nationalism, the Social Sciences, and the
Study of Migration: An Essay in Historical Epistemology. *International Migration Review*
37(3):576–610.

Winkler, G. & N. Degele, 2009: *Intersektionalität: Zur Analyse sozialer Ungleichheiten*. Bielefeld: transcript.

Yeates, N., 2009: *Globalizing Care Economies and Migrant Workers: Explorations in Global Care
Chains*. Houndmills: Palgrave Macmillan.

Young, K., 1997: Gender and Development. In: Visvanathan, N., L. Duggan, N. Wiegersma &
L. Nisonoff (Hrsg.), *The Women, Gender & Development Reader*, S. 51–54. London: Zed
Books.

Yuval-Davis, N., 1997: Women, Citizenship and Difference. *Feminist Review* 57:4–27.

Thomas Faist und Kerstin Schmidt

18 Die sozio-ökologische Frage: Klimawandel und die (Re-)Produktion sozialer Ungleichheiten

Einleitung

Klimawandel und Umweltzerstörung werden in akademischen und öffentlichen Debatten häufig als Treiber von Migration und Zwangsmigration diskutiert. Insbesondere öffentliche Debatten und populärwissenschaftliche Beiträge heizten durch wiederholte Schreckensszenarien hinsichtlich der Anzahl der Personen, die angeblich durch Klima- und Umweltgefahren für das menschliche Leben und die Lebensgrundlagen der Menschen vertrieben werden, die Diskussionen an. Schätzungen verweisen auf Zahlen zwischen 200 und 700 Millionen „Umweltflüchtlingen" (Myers & Kent 1995) oder „Klimaflüchtlingen" (Christian Aid 2007), die in den nächsten Jahrzehnten in Ländern des globalen Südens vertrieben werden könnten. Diese Debatten sind oft durch eine einfache Ursache-Wirkung Beziehung gekennzeichnet. Es wird angenommen, dass Umwelt- und Klimagefahren, beispielsweise Dürren, Überschwemmungen und Stürme, Menschen zwingen, die betroffenen Regionen zu verlassen und andernorts Zuflucht zu suchen. Manchmal wird auch auf langsame und progressive Veränderungen der Lebensumwelten von Personen hingewiesen, bspw. zunehmende Temperaturen und den allmählich steigenden Meeresspiegel.

In diesem Zusammenhang verwenden zwei ganz unterschiedliche, gar gegensätzliche Diskurse das Argument, dass der Klimawandel Millionen von Menschen vertreiben wird. Manche NGOs (*non-governmental organizations*) bedienen sich hauptsächlich eines Diskurses, der das Menschenrecht, in einem sicheren Umfeld zu wohnen, betont. Er fordert die Regierungen der Länder des globalen Südens und des globalen Nordens auf, Maßnahmen gegen den Klimawandel zu ergreifen und die Menschen in den betroffenen Regionen vor seinen Folgen zu schützen (siehe z. B. Amnesty International 2019). Ein anderer Diskurs findet sich in manchen Medien, die vor der großen Anzahl der „Klimaflüchtlinge", die Zuflucht und Unterstützung in Ländern des globalen Nordens suchen werden, warnen. Interessanterweise spielt so das Argument, dass der Klimawandel eine große Anzahl von Menschen im globalen Süden vertreibt und sie dazu zwingt, in Länder des globalen Nordens zu wandern, in die Hände von zwei verschiedenen Gruppierungen: sowohl in die von Menschenrechtsaktivist*innen („wir müssen die vom

https://doi.org/10.1515/9783110680638-018

Klimawandel Betroffenen schützen") als auch in die von Nationalist*innen („wir müssen unsere Länder vor mehr Immigration schützen").

Währenddessen setzen sich akademische Debatten mit diesen öffentlichen Diskursen kritisch auseinander. In den letzten Jahrzehnten veränderte sich jedoch der Fokus dieser Kritik. Die Pionier*innen der kritischen theoretischen Reflexion der Beziehung zwischen Klimawandel, Umweltzerstörung und Migration in den späten 1990er- und 2000er-Jahren argumentierten hauptsächlich entlang dreier Argumentationsstränge.

Erstens zeigten sie, dass das Bild einer einfachen Ursache-Wirkung Beziehung sowohl andere mögliche Ursachen der Migration als auch andere potenzielle Reaktionen auf eine sich wandelnde Umwelt außer Acht lässt (siehe Black 2001; Kniveton et al. 2008). So könnten Menschen, die von Umwelt- und Klimastressoren betroffen sind, auch auf der Suche nach besseren Arbeitsmöglichkeiten oder einem höheren Einkommen migrieren (vgl. Kapitel 5). Oder sie könnten lokale Anpassungsstrategien nutzen, um ihren Lebensunterhalt zu sichern, wie beispielsweise die Erwerbsarbeit in nichtlandwirtschaftlichen Tätigkeiten. Außerdem sei es aufgrund der Tatsache, dass es selten nur einen Grund für Migrationsentscheidungen gibt, unmöglich zu definieren, wer ein „Umweltflüchtling" oder ein „Klimaflüchtling" ist. Dementsprechend sei es auch nicht möglich „Umweltflüchtlinge" oder „Klimaflüchtlinge" zu zählen oder Schätzungen über zukünftige Entwicklungen im Hinblick auf die Anzahl von „Klimaflüchtlingen" vorzunehmen (Dun & Gemenne 2008).

Zweitens gibt es Stimmen, die argumentieren, es sei politisch kontraproduktiv, von „Umweltflüchtlingen" oder „Klimaflüchtlingen" zu sprechen. Dies sei vor allem der Fall, weil die rechtliche Kategorie „Flüchtling" eindeutig durch die Genfer Konvention definiert wird (vgl. Kapitel 3 und 4). In dieser Hinsicht gibt es keine juristische Grundlage für den Schutz von Personen, die durch Klimawandel oder Umweltstressoren vertrieben werden. Verhandlungen über eine Erweiterung der Genfer Konvention und die Ergänzung von Klimawandel und Umweltzerstörung als Fluchtursachen, so die Argumentation weiter, seien möglicherweise mit den meisten Staaten nicht zielführend. Dies liege daran, dass die Genfer Konvention in ihrer ursprünglichen Bedeutung dem Schutz von Menschen vor Verfolgung diene. Dieses Anliegen dürfe nicht mit dem Schutz vor anderen potenziellen Fluchtursachen vermischt werden, da ansonsten die Gefahr eines Bedeutungsverlustes der Verbindlichkeit der Genfer Flüchtlingskonvention bestehe (Black 2001; Kibreab 1997).

Der dritte Argumentationsstrang thematisiert die möglichen Implikationen der Begriffe „Umweltflüchtling" oder „Klimaflüchtling". Diese Konzepte legten nahe, dass Menschen die hilflosen Opfer von Umweltbedingungen seien. Stattdessen sollte jedoch die menschliche Handlungskompetenz bei der Entscheidung zu migrieren oder zu bleiben mit in Betracht gezogen werden. Dieser Kritik zufolge sollte Migration als Anpassungsstrategie an die sich verändernden Umwelt- und Klimabedingungen verstanden werden. Daher sei die dem Begriff „Flucht" unterliegende Konnotation einer mangelnden Anpassung abzulehnen. Dies gelte ebenso für das Argument, dass Migration ein letzter Ausweg sei, wenn keine anderen Strategien der Anpassung mehr zur Verfügung ständen (Tacoli 2009; Hunter 2005; Black et al. 2013). Nach diesem Verständnis profitieren Menschen möglicherweise von Migration, indem entweder ein ganzer Haushalt eine gefährdete Region verlässt, oder indem finanzielle Rücküberweisungen von Haushaltsmitgliedern getätigt werden, mit denen sich unter anderem auch die Folgen von Klimawandel und Umweltzerstörung zu gewissen Teilen ausgleichen lassen.

Aktuellere akademische Beiträge beschäftigen sich mit einer Metaanalyse der bestehenden Forschung über den Nexus zwischen Klimawandel und Migration. Diese Analysen machen auf mindestens zwei Probleme aufmerksam. Erstens lassen die Ergebnisse empirischer Forschung bisher keine eindeutigen und allgemeingültigen Schlüsse über den Einfluss von Klimawandel auf Migrationsentscheidungen zu (Piguet 2013). Dies liegt zum Teil an den verschiedenen konzeptuellen und methodologischen Ansätzen, die den empirischen Studien zu Grunde liegen und die – je nach Forschungstradition – zwischen verschiedenen Disziplinen variieren. Dadurch kommen verschiedene Studien sogar in den gleichen geografischen Kontexten zu teils widersprüchlichen Ergebnissen, so dass globale Prognosen schwierig bis unmöglich erscheinen.

Zweitens wird aus einer wissensphilosophischen Perspektive kritisiert, wie Menschen, die von Klimawandel und Umweltzerstörung betroffen sind, in akademischen Diskursen dargestellt werden: entweder als Opfer von natürlichen Kräften oder als Akteur*innen, die dagegen ankämpfen. Daher wird von einem Teil der Forscher*innen das Konzept „Klimaflüchtling" als eine externe Zuschreibung, die Menschen als hilflose Opfer des Klimawandels darstellt, abgelehnt (Farbotko & Lazrus 2012). Als ähnlich problematisch wurde der akademische Diskurs, dass „Klimaflüchtlinge" nur aus dem globalen Süden in den globalen Norden wandern, betrachtet. Eine solche Darstellung betont aus der Sicht dieser Kritiker*innen die Dichotomie zwischen *ihnen* – den Opfern des Klimawandels – und *uns* – denjenigen, die im globalen Norden wohnen und zu denen die „Klimaflüchtlinge" angeblich fliehen (Aufenvenne & Felgentreff 2013). Diese Praxis des *othering* ist in vielen Fällen ein Bestandteil öffentlicher Debatten über Migration und wird in Diskursen über „Klimaflüchtlinge" verstärkt angewandt. Daneben finden sich auch Stimmen, die vor dem neoliberalen Argument warnen, die Zwangsmigrant*innen diskursiv für ihr eigenes Schicksal verantwortlich zu machen. Dies ist insbesondere dann der Fall, wenn Migration als Anpassungsstrategie an den Klimawandel und die Umweltzerstörung verstanden wird (Bettini & Gioli 2016). Dabei werden die lokalen und nationalen Regierungen sowohl der Länder, in denen die Effekte des Klimawandels sichtbar werden, als auch der Länder, die für die meisten CO_2 Emissionen verantwortlich sind, von ihrer Verantwortung befreit. Diese Argumentation zeigt Parallelen zu vergangenen akademischen und politischen Debatten über den Zusammenhang zwischen Entwicklung und Migration auf. In diesen Debatten wird Migration ebenfalls entweder als Ausdruck gescheiterter Entwicklung oder als Strategie zur Förderung wirtschaftlicher Entwicklung in Ländern des globalen Südens verstanden. Der Entwicklungseffekt entstehe vor allem aus den Geldrücksendungen an die, die nicht migriert sind (de Haas 2010; Faist 2008).

Wie dieser Überblick der bestehenden akademischen Forschung über die Verknüpfung zwischen Klimawandel, Umweltzerstörung und Migration zeigt, gibt es viele Ansichten darüber, was untersucht werden sollte, wie es untersucht werden sollte und wie die Ergebnisse interpretiert und verwendet werden sollten. Jedoch fehlen bisher überzeugende Konzepte und Forschungsdesigns dazu, wie empirisches und theoretisches Wissen über diese Beziehung systematisch weiterentwickelt werden kann. Ein wichtiger Grund hierfür ist die Tatsache, dass soziale und ökologische Erklärungen der Migration bis jetzt nur selten zusammen thematisiert werden.

Angesichts dieser Ausgangslage resümiert das Kapitel die bisherige Forschung über Klimawandel und Migration. Das Hauptargument ist, dass eine neue Generation von Forschung benötigt wird, die das Augenmerk stärker auf die Produktion und Reproduktion von sozialen Ungleichheiten legt. Der Schlussteil verknüpft Migration und Ungleichheiten als sozio-ökologische Frage im Kontext des Klimawandels.

Die Wechselwirkung zwischen Klimawandel und Migration aus soziologischer Perspektive

Eine soziologische Perspektive auf Migration fokussiert die sozialen Mechanismen, die mit menschlicher Mobilität zusammenhängen. Die Migrationssoziologie fragt sowohl nach den Ursachen (vgl. Kapitel 5), der Dynamik (vgl. Kapitel 6) und den Ergebnissen der Migration in Herkunfts- und Zielland (vgl. Kapitel 9) als auch nach der Bedeutung von grenzüberschreitenden Verbindungen und Interaktionen zwischen Migrant*innen und Nichtmigrant*innen (vgl. Kapitel 7 und 8). Ebenso betrachtet eine soziologische Perspektive auf Migration die soziale Konstruktion verschiedener Kategorien von Migrant*innen (vgl. Kapitel 3), Zwangsmigrant*innen und Fluchtmigrant*innen (vgl. Kapitel 4) und die auf der

Zugehörigkeit zu diesen Kategorien basierende Zuschreibung von Attributen. Anders ausgedrückt beschäftigt sich die Migrationssoziologie mit verschiedenen gesellschaftlichen Dynamiken, um die Ursachen und Folgen von Migration sowie Migrationsprozesse in verschiedenen Kontexten zu verstehen. Dabei werden Umweltfaktoren oder klimatische Einflüsse und deren Wechselwirkung mit Migration jedoch im Allgemeinen nicht betrachtet.

Klassische Migrationstheorien (vgl. Kapitel 5), die eher eine wirtschaftswissenschaftliche als eine soziologische Perspektive abbilden, erklären Migration im Allgemeinen mit Unterschieden zwischen der wirtschaftlichen Situation im Herkunftsland und im Zielland. So argumentieren ökonomische Theorien rationaler Wahl, dass Menschen das Ziel haben, ihr Einkommen zu maximieren und somit ihre Lebensumstände zu verbessern. Dies können sie – in manchen Fällen – erreichen, indem sie von einem Land in ein anderes Land (internationale Migration) oder zwischen zwei Regionen in einem Land (Binnenmigration) wandern. Andererseits basieren die von strukturalistischen Ansätzen inspirierten Migrationstheorien auf dem Argument, dass historisch entstandene globale Ungleichheiten Menschen aus ärmeren Ländern des globalen Südens dazu zwingen, auf der Suche nach Arbeit in den globalen Norden zu ziehen. Diese unterschiedlichen Erklärungsansätze haben gemeinsam, dass Erklärungen für Migration in der sozialen Umwelt gesucht werden, während die ökologische Umwelt in diesen kaum eine Rolle spielt (Piguet 2013).

Die Diskrepanz zwischen politischen Debatten über Menschen, die im Kontext von Klimawandel migrieren (müssen), und wissenschaftlichen Erklärungsansätzen für Migration kann aus verschiedenen Perspektiven wie folgt verstanden werden. Einerseits können ökologische Gesichtspunkte als blinder Fleck in sozialwissenschaftlichen und soziologischen Erklärungsansätzen für Migration aufgefasst werden. Andererseits lässt die oft hoch politisierte Debatte über die Rolle des Klimas oder der Umwelt als ein Grund für (Zwangs-)Migration oft soziale Faktoren außer Acht. Dies wird in der oben schon erwähnten Annahme einer linearen Beziehung zwischen dem Klima oder der Umwelt und Migration deutlich, wobei die Multikausalität der meisten Migrationsentscheidungen ignoriert wird (Kritz et al. 1992). Darüber hinaus wurde bereits vor mehr als zehn Jahren die generell mangelnde Berücksichtigung sozialer Zusammenhänge in öffentlichen und politischen Debatten über Klimawandel moniert (Terry 2009). Um soziologische Erkenntnisse in diese Debatten über Ursachen und Folgen des Klimawandels einzubringen, bedarf es einer Auseinandersetzung mit dem Thema Klimawandel in der theoretischen Soziologie und in der empirischen Sozialforschung.

Zwei Schritte müssen unternommen werden, um die vorherrschende Perspektive des menschlichen Exzeptionalismus in der Soziologie zu überwinden, d. h. die Idee, dass Menschen außerhalb und über der Natur stehen. Erstens muss die gegenseitige Interaktion zwischen Ökologie und Natur auf der einen Seite und Gesellschaft und Kultur auf der anderen Seite betrachtet werden. Solche Ansätze finden wir, zumindest implizit, in den Arbeiten von Karl Marx ([1894] 2012), der sich mit der gegenseitigen Transformation von Natur und Gesellschaft im Kapitalismus auseinandersetzte und eine gnadenlose Ausbeutung der Natur durch den Menschen konstatiert. Dadurch entstünde eine „metabolische Kluft" (*metabolic rift*) zwischen menschlicher Tätigkeit und ökologischer Verfasstheit (Foster 2000). Doch spricht diese Konzeptualisierung immer noch von Natur und Gesellschaft als zwei getrennten Sphären. Außerdem basiert sie auf der Idee einer linearen Beziehung, also dass menschliche Aktivitäten im kapitalistischen System notwendigerweise zur Umweltzerstörung führen. Das ist in dieser Einfachheit eine kontroverse Annahme. Deshalb ist ein zweiter Schritt nötig. Wenn sich Natur und Kultur, Ökologie und Gesellschaft gegenseitig bedingen, sollte dies als wechselseitige Beziehung begriffen werden, also als Nexus. Ohne ökologische Grundlagen wäre soziales Leben schlicht unmöglich. Zum Beispiel sind Menschen ein Teil ihres sozionatürlichen Umfelds, indem sie Luft und Keime einatmen, was wiederum Leben und Veränderung ermöglicht.

Diese grundsätzliche Einsicht trifft auch auf menschliches Handeln und Klimawandel zu. Auf der einen Seite „ist [Klimawandel] direkt oder indirekt auf menschliche Aktivitäten zurückzuführen, die die Zusammensetzung der globalen Atmosphäre verändern und die zusätzlich zu den über vergleichbare Zeiträume beobachteten natürlichen Klimaschwankungen auftreten" (UNFCCC 1992: 3; eigene Übersetzung). Seit den späten 1980er-Jahren sind die Berichte des oft als „Weltklimarat" bezeichneten *International Panel on Climate Change* (IPCC) Teil der wissenschaftlichen Konstruktion eines Konsenses. Dieser ist in Bezug auf einen bedeutenden Kernfaktor über die Zeit relativ stabil geblieben: Das Klima ist empfindlich gegenüber der Erhöhung des atmosphärischen CO_2, was sich in einem projizierten Anstieg der globalen Durchschnittstemperatur ausdrückt. Nichtsdestotrotz besteht auch in der naturwissenschaftlichen Klimaforschung noch kein Konsens über die genauen Auswirkungen des Klimawandels auf die zukünftig zu erwartenden Lebensbedingungen in verschiedenen Regionen der Erde.

Auf der anderen Seite beeinflusst Klimawandel auch menschliches Handeln. Tatsächlich deuten die verfügbaren Daten auf einen positiven Zusammenhang zwischen dem Ausmaß der globalen Migrationsströme und dem Maß an Überfischung, Wüstenausbreitung, Wasserknappheit, Bodenversalzung, Abholzung, Luftverschmutzung, Bodenerosion und Begleitverschmutzung (z. B. Faist & Schade 2013). Allerdings gibt es – wie in der Einleitung bereits dargestellt – keine allgemein anerkannten Prognosen über die genauen Auswirkungen von Klimawandel auf Migration in verschiedenen geografischen Kontexten. Dies wird unter anderem auch am Beispiel Mexiko deutlich (siehe Box 18.1). Die negativen Auswirkungen des Klimawandels können als eine auf der globalen aber auch auf der lokalen Ebene wirkende Form der Umweltzerstörung verstanden werden (Schmidt-Verkerk 2012). Umweltzerstörung beinhaltet darüber hinaus jedoch auch Prozesse, die nicht kausal und direkt mit der Erderwärmung zusammenhängen, beispielsweise die Auswirkungen von Entwicklungsprojekten (z. B. dem Dammbau).

Box 18.1: Klimawandel und Migration in Mexiko

Mexiko stellt ein interessantes Beispiel für die Vielschichtigkeit empirischer Ergebnisse über den Zusammenhang zwischen Klimawandel und Migration dar. So sagen mehrere quantitative Studien voraus, dass aufgrund der zunehmenden Gefahr von hauptsächlich durch Dürre verursachten Missernten, die Migration zwischen Mexiko und den USA in den kommenden Jahren und Jahrzehnten wahrscheinlich stark ansteigen wird (Colunga & Rivera 2011; Deheza & Mora 2013; Feng et al. 2010; Hunter et al. 2011; Munshi 2003; Nawrotzki et al. 2013; Sánchez Cohen et al. 2012). Jedoch erkennen manche der Autor*innen dieser Studien auch an, dass Prognosen dieser Art von mehreren Faktoren abhängen. Dazu zählen beispielsweise die Länge und die Intensität der Dürren, die verschiedene Regionen des Landes auf unterschiedliche Art und Weise betreffen können (Nawrotzki et al. 2013). Zudem beeinflussen andere, nicht ausschließlich umweltbezogene Faktoren Migrationsentscheidungen. So stellen etwa Armut und hohe Arbeitslosenquoten einen wichtigen Kontext für Auswanderung dar (Sánchez Cohen et al. 2012). Auch das Einkommen und andere Ressourcen eines Haushalts haben einen starken Einfluss auf die Migrationsentscheidung. Dies bedeutet auch, dass in Regionen, in denen das Klima rauer wird, manche Einzelpersonen und ganze Haushalte vielleicht eher zur Migration neigen als andere, obwohl alle auf die gleiche Art und Weise von der klimatischen Veränderung betroffen sind. Außerdem heben Deheza und Mora (2013) die Relevanz von nicht-ökonomischen Faktoren für die Migrationsentscheidung hervor, beispielsweise Bildungsziele, der Wunsch in einem ruhigen Umfeld zu leben und der Wunsch mit Familienmitgliedern (wieder) zusammen zu leben. Eine weitere Studie, die auf qualitativen Interviews im mexikanischen Bundesstaat Zacatecas in 2008 und 2018 basiert, stellt die Annahme in Frage, dass alle Bewohner*innen in ländlichen Gegenden, die Subsistenzlandwirtschaft betreiben, ihre Dörfer verlassen, wenn die landwirtschaftliche Produktion abnimmt. Vielmehr sind diejenigen, die Land besitzen und somit Subsistenzwirtschaft betreiben können, meistens älter und migrieren nicht mehr. Dahingegen besitzen die jungen Menschen, die in den meisten Fällen migrieren, oft noch kein Land. Außerdem hat die Studie gezeigt, dass diejenigen, deren Lebensunterhalt von Subsistenzwirtschaft abhängt, sich rechtzeitig alternative Einkommensquellen – wie z. B. Erwerbsarbeit in der nächstgelegenen Stadt – suchen. Andererseits bewirtschaften häufig diejenigen weiterhin ihr Land, die nicht von Landwirtschaft als (einziger) Erwerbsquelle abhängig sind. Sie tun dies aus verschiedenen Gründen, wie z. B. dem Willen, die Tradition der Subsistenzwirtschaft in der Familie aufrecht zu erhalten oder sich mit etwas zu beschäftigen, um ihrem Alltag einen Sinn zu geben (Schmidt 2019). Wie das Beispiel Mexiko verdeutlicht, ist der Zusammenhang zwischen klimabedingten Ernteausfällen und Migration vielschichtig und kann nicht auf einen einfachen Kausalzusammenhang reduziert werden.

Der Gegensatz zwischen „Natur" und „Kultur" im Kontext von klimabedingter Migration

Der Gedanke, der den oben erläuterten Schätzungen von Millionen von zukünftigen „Klimaflüchtlingen" zugrunde liegt, ist, dass Menschen auf die Folgen des Klimawandels mit Abwanderung aus den betroffenen Regionen reagieren. Dieser Umweltdeterminismus beruht auf der Idee, dass die Ökologie/Natur auf der einen Seite und die Gesellschaft/Kultur auf der anderen Seite eindeutig voneinander getrennt werden könnten. Die Trennung von Natur und Kultur sowie das Verständnis von Migration als quasimechanistische und uni-lineare Reaktion auf den Klimawandel sind aus mindestens zwei Gründen jedoch nicht plausibel. Erstens haben Menschen das Klima verändert; infolgedessen hat der Chemiker Paul Crutzen in den 1990er-Jahren den Begriff „Anthropozän" geprägt. Dieser Begriff verweist darauf, dass ein Zeitalter herrscht, in dem Menschen durch ihren Lebenswandel einen großen Einfluss u. a. auf die Entwicklung des Klimas gewonnen haben. Zweitens werden die Gefahren, die mit dem Klimawandel assoziiert werden, von verschiedenen Gruppen von Menschen unterschiedlich wahrgenommen. Kurzum: Es gibt verschiedene Grade an Verwundbarkeiten, was sich darauf zurückführen lässt, dass Menschen auf unterschiedliche Art und Weise mit ihrer natürlichen Umwelt interagieren.

Das in der Einleitung zu diesem Sammelband erläuterte Konzept der sozialen Ungleichheit kann auch hilfreich sein, um die Vielschichtigkeit des Zusammenhangs zwischen Migration und Klimawandel zu verdeutlichen. Soziale Ungleichheiten zwischen Bewohner*innen des globalen Südens und des globalen Nordens werden durch den Klimawandel verstärkt. So sind die armen Teile der Weltpopulation, sprich, diejenigen, die am wenigsten zur Erderwärmung beigetragen haben, am schwersten davon betroffen (HDR 2007).

Wie weiterhin aus Jahrzehnten von Forschung über internationale Migration hervorgeht, sind es im Allgemeinen nicht die ärmsten Schichten einer Gesellschaft, die grenzüberschreitend migrieren (Ahmed 1997; vgl. Kapitel 6). Somit kann eine hohe Verwundbarkeit gegenüber dem Klimawandel, die arme Menschen im globalen Süden ganz besonders betrifft, in vielen Fällen mit geringeren Möglichkeiten zu migrieren einhergehen. Um diese Komplexität erfassen zu können, muss die Beziehung zwischen Klimawandel und Migration – und die damit verbundenen sozialen Ungleichheiten – durch eine Perspektive der Wechselwirkung zwischen sich gegenseitig bedingenden sozio-ökologischen Treibern ergänzt werden. Wichtige Fragen in diesem Zusammenhang lauten: Wie beeinflussen soziale Ungleichheiten im Kontext von Klimawandel Migration und wie (re-)produziert Migration solche Ungleichheiten? Welche Mechanismen sind dabei am Werk?

Das Anthropozän wird nicht nur durch die klassische soziale Frage geprägt (Faist 2009) – wie der Konflikt zwischen Kapital und Arbeit im 19. Jahrhundert – sondern kann gegenwärtig nur als sozio-ökologische Frage verstanden werden. Mit anderen Worten sind wir nicht nur mit den Dynamiken und Konsequenzen der Ausbeutung von Menschen durch Menschen konfrontiert. Vielmehr wird dieser grundlegende Mechanismus ergänzt und überschneidet sich mit der Ausbeutung der Natur durch den Menschen. Dazu gehören auch die Folgen, die diese Art der Ausbeutung im Gegenzug für die Lebensgrundlage der betroffenen Menschen und für die sich dadurch verändernden sozialen Beziehungen hat. Um diese Veränderungen zu erfassen, bedarf es einer Analyse der Auswirkungen des Klimawandels auf Migration und die damit zusammenhängenden sozialen Ungleichheiten.

Die Auswirkungen des Klimawandels haben sehr verschiedene Prozesse hervorgerufen: Daher kann Migration sowohl als Folge von langsam fortschreitender Zerstörung als auch von sofortigen Verwüstungen verstanden werden. Langsam fortschreitende Veränderungen, bspw. in der Form von steigendem Meeresspiegel, können in den letzten Jahrzehnten in vielen pazifischen Inselstaaten beobachtet werden (z. B. Shen & Gemenne 2011). Dennoch liegt das Hauptaugenmerk der empirischen Forschung auf schnell einsetzender Zerstörung, wie zum Beispiel der Überschwemmung von Flussdelta-Städten in Bangladesch (Black et al 2013; Etzold et al. 2016), sowie auf den Folgen des Klimawandels, die mittelfristig spürbar werden, wie z. B. Dürren (vgl. Schmidt 2019 für das Fallbeispiel Mexiko). In vielen Ländern auf der Welt setzen langsam, mittelschnell und schnell eintretende klimatische Veränderungen jedoch auch gleichzeitig ein, wie z. B. in Kenia (siehe Box 18.2).

Box 18.2: Verschiedene Klimastressoren in Kenia
Die Republik Kenia in Ostafrika ist schon seit Langem anfällig für verschiedene extreme Wetterbedingungen, nämlich Dürren und Überschwemmungen. Es ist wahrscheinlich, dass der Klimawandel zu einer Zunahme in der Häufigkeit und dem Ausmaß dieser extremen Wetterbedingungen führen wird (SEI 2009; Schade 2011). Seit 1964 waren etwa 58 Millionen Menschen in Kenia von mehr als 100 Katastrophen wie Dürren, Überschwemmungen und damit im Zusammenhang stehenden Epidemien betroffen (CRED 2016). Die große Mehrheit dieser Klimaereignisse fand innerhalb der letzten zweieinhalb Jahrzehnte statt. Etwa 83 Prozent der Landmasse von Kenia wird als arid oder semiarid eingestuft. Daher sind große Flächen des Landes der Bedrohung durch Wasserknappheit in Verbindung mit sich verändernden Niederschlags- und Temperaturmustern ausgesetzt (NEMA 2005; NCPD 2013). Zahlreichere und extremere Dürren und der damit verbundene Rückgang von fruchtbaren Böden sind die wichtigsten Konsequenzen. Manche Teile der trockenen Regionen sowie andere Teile des Landes sind darüber hinaus auch häufig von Überschwemmungen betroffen. Diese entstehen vor allem dann, wenn Flüsse über die Ufer treten, wie es in den Regionen Tana River County und Garissa County der Fall ist. Die Auswirkungen dieser Naturkatastrophen hängen von der Intensität der Dürren oder Überschwemmungen ab, sind jedoch auch stark mit menschengemachten Verän-

derungen der Umwelt- und Lebensbedingungen verknüpft. Diese beeinträchtigen oftmals die stark ressourcenbasierten Lebensgrundlagen der Bevölkerung und haben somit möglicherweise auch Einfluss auf die traditionellen Bewältigungsstrategien im Kontext von Umweltveränderungen. Tatsächlich bestreitet ein Großteil der kenianischen Bevölkerung ihren Lebensunterhalt auf der Grundlage von Landwirtschaft. Dieser Lebenswandel ist besonders anfällig für natürliche und menschenverursachte Umweltveränderungen. Daher könnte Migration als Reaktion auf Umwelt- und Klimastressoren in Verbindung mit anderen sozialen Entwicklungen zukünftig an Bedeutung gewinnen (Nyaoro et al. 2016).

Darüber hinaus könnten langsam eintretende Veränderungen als Folge des Klimawandels in Zukunft nicht revidierbare Kipppunkte erreichen und somit noch viel drastischere Auswirkungen haben. Daher ist es wichtig, das Zerstörungsparadoxon zu berücksichtigen (vgl. Giddens 2009). Dieses Paradoxon besagt, dass die gefährlichen Auswirkungen des Klimawandels nicht sofort im täglichen Leben sichtbar sind. Daher, so das Argument, unternehmen viele Menschen nichts dagegen, bis die Konsequenzen drastisch werden. Aber dann ist es vielleicht zu spät, um entweder den Klimawandel zu verlangsamen oder sich an dessen Folgen anzupassen. Diese Situation könnte mit der von Raucher*innen verglichen werden. Raucher*innen sind sich in der Regel bewusst, dass ihr Verhalten gefährlich ist. Aber der meiste Schaden entsteht, bevor die negativen Auswirkungen auf die Gesundheit offensichtlich werden. Also hören viele Raucher*innen nicht auf, bis es zu spät ist. Dieses Zerstörungsparadoxon hat wichtige Implikationen für die Migrationsforschung insofern, als dass nicht zu erwarten ist, dass als Folge von Klimawandel sofortige Gegenmaßnahmen ergriffen werden, die gegebenenfalls Zwangsmigration verhindern könnten.

Die Migrationsforschung kann einen wichtigen Beitrag zum Verständnis der Folgen von Klimawandel und Umweltzerstörung leisten, wenn sie die internen Dynamiken von grenzüberschreitender Mobilität untersucht und Konzepte, wie etwa kumulative Kausalität, anwendet (vgl. Kapitel 6). Eine Soziologie der Migration sollte erforschen, wie Menschen, Gruppen und Organisationen versuchen mit der Transformation ihrer sozio-ökologischen Umwelten zurechtzukommen. Solch eine Perspektive setzt jedoch einen Abschied von der lang wertgeschätzten Annahme des menschlichen Exzeptionalismus, vor allem in der Disziplin der Soziologie, voraus. Seit Langem erhalten Soziolog*innen den Gedanken aufrecht, dass Menschen eine dualistische Beziehung mit der Umwelt haben – indem sie zwar physischen und biologischen Grenzen unterworfen, aber dennoch einzigartig in ihrer Möglichkeit für kulturelle und symbolische Kommunikation sind. Vor diesem Hintergrund müssen soziologische Annahmen über soziale Fakten verstanden werden. Die Soziologie geht davon aus, dass die Ursache eines sozialen Faktes immer in anderen sozialen und gerade eben nicht psychologischen oder biologischen Fakten gefunden werden muss. Diese Annahme einer „objektiven Realität der sozialen Fakten", die von einem der Gründungsfiguren der Soziologie aufgestellt wurde (Durkheim [1895] 1964), übertrumpfte bisher alle Bemühungen, ökologische Faktoren in die Analyse des sozialen Lebens miteinzubeziehen. Diese Perspektive verhindert die Diskussion von nicht rein soziologischen Faktoren und führt daher zur Ablehnung oder zumindest zur Unterschätzung von biologischen und physischen Faktoren. Dem Zusammenspiel von biologischen, physischen und sozialen Faktoren wird daher auch nicht die gebührende Beachtung geschenkt. Eine der nennenswerten Folgen hiervon ist, dass noch heute der weit verbreitete Glaube vorherrscht, dass die biophysische Umwelt bei der Untersuchung des sozialen Lebens ignoriert werden kann. Diese Annahme ist auch mit dem Glauben an den Ausnahmecharakter der menschlichen Spezies verknüpft. Doch, wie durch den Klimawandel deutlich wird, sind Menschen definitiv nicht frei von ökologischen Eingrenzungen obwohl, oder vielleicht weil, sie natürliche Prinzipien manipulieren. Es ist wichtig, solch einen „Exzeptionalismus" (Dunlap & Catton 1979) auch in der Migrationsforschung abzulehnen und sozio-ökologische Fakten mit einzubeziehen.

Drei Generationen der Debatte um Klimawandel und Migration

Die bisherigen Überlegungen zur Einbettung ökologischer Faktoren in die soziologische Analyse menschlicher Gesellschaften sind insbesondere auch für das Verständnis der Wechselwirkung von Klimawandel und Migration von Bedeutung. Der Nexus zwischen Natur und Gesellschaft bzw. Kultur hat im Hinblick auf die Beziehung zwischen Klimawandel und Migration bisher zwei ganze Generationen der Wissenschaft durchlaufen. Eine dritte Generation, die auf den Schultern der zweiten steht, diese aber ausbaut, wird dringend benötigt. Die erste Generation der Forschung, die Debatten um den Nexus zwischen Klimawandel und Migration von den 1980er-Jahren bis Anfang der 2000er-Jahre dominierte, konzentrierte sich auf das Konzept des Umweltflüchtlings, der durch den langsam und schnell einsetzenden Klimawandel verwundbar ist. Der Fokus lag also auf Vulnerabilität. Die bekannteste Definition versteht unter Umweltflüchtlingen „diejenigen Menschen, die gezwungen wurden, ihren traditionellen Lebensraum zu verlassen, entweder vorübergehend oder endgültig, aufgrund einer beträchtlichen Störung der Umwelt (natürlich und/oder durch Menschen ausgelöst), die ihre Existenz gefährdet und/oder ernsthaft ihre Lebensqualität beeinflusst." (El-Hinnawi 1985; eigene Übersetzung) Solch eine Definition passte zu einer alarmistischen Perspektive, in der die Auswirkungen von Umweltzerstörung – und in späteren Veröffentlichungen des Klimawandels – die Lebensgrundlage vieler Menschen und die staatliche und menschliche Sicherheit bedrohen. Dies, so die Argumentation weiter, führe unweigerlich zu gewaltsamen Konflikten – welche wieder mehr Zwangsmigration (vgl. Kapitel 4) erzeugten. Szenarien entlang dieses Denkmusters sagten voraus, dass Umweltveränderung und Umweltkatastrophen Millionen von Menschen zwingen würden, sehr bald ihre Heimat zu verlassen (z. B. Myers & Kent 1995). Entlang dieser Argumentationslinie führe der Umweltdruck zu Konkurrenz und Konflikten um Land, z. B. zwischen bäuerlichen Produzent*innen und Pastoralist*innen. Dadurch ergäben sich negative Eingriffe in ökologisch fragile Gebiete, was schließlich zur Verarmung der Bevölkerung führe. Diese Entwicklungen, so der weitere Gedankengang, verursachten wiederum politische und ethnische Konflikte, die Gewalt und Krieg auslösten, die wiederum oft direkte Fluchtursachen sind. Folglich müssten Millionen von Zwangsmigrant*innen ihr Land verlassen, um im globalen Norden Asyl zu beantragen oder dort als undokumentierte Migrant*innen einzureisen. Diese Kategorien von Migrant*innen wiederum sowie diejenigen Personen, die in benachbarte Länder flüchteten, würden in der Regel als Herausforderung für den sozialen Zusammenhalt und die nationalen Identitäten der dort bereits ansässigen Bevölkerung gesehen (vgl. Kapitel 8).

Die gerade geschilderte Kette an kumulativen Kausalitäten erscheint auf den ersten Blick plausibel. Mit dem Anstieg des Meeresspiegels oder dem Abholzen großer Waldflächen erscheint es erst einmal offensichtlich, dass Menschen mobil werden müssen. Dennoch gibt es ausführliche Hinweise darauf, dass diese einfache Kausalitätskette, die von Zerstörung zu Konflikt und weiter zu Migration führt, möglicherweise zu simpel gestrickt ist. Ein offensichtlicher Kritikpunkt wird sofort sichtbar: Wie schon erwähnt, sind sich verschlechternde klimatische Bedingungen selten die einzige Ursache von Abwanderung und Auswanderung. In der Regel ist Migration ein Prozess, der durch mehrere Ursachen begünstigt wird – in diesem Fall die Intersektion von natürlichen Bedingungen und die Wahrnehmung, dass die Lebenschancen im Ausland besser sind. Anders gesagt gibt es immer multiple Ursachen, auch im Falle von Zwangsmigration (vgl. Kapitel 3 und 4). Sogar in einem Fall wie Bangladesch, das oft als Paradebeispiel für umweltbedingte Vertreibung dient, finden sich komplexe Ursachen für Verarmung und Flucht: Landbesitzverhältnisse, ethnische Spaltungen und – sehr wichtig – ökonomische Entwicklungsprojekte. Exogene Faktoren, solange sie nicht überwältigender Natur sind, wie etwa Überschwemmungen oder Vulkanausbrüche, führen selten zu der massiven und direkten mechanischen Reaktion der Abwanderung. Sogar auf vielen pazifischen Inselstaaten, deren Einwohner*innen ein zukünftiges Ansteigen des Meeresspiegels als Bedrohung empfinden, sind neben dem Klimawandel, andere Ursachen, bspw. wirtschaftliche Möglichkeiten im Ausland, ein wichtiger Migrationsgrund (Fornalé et al. 2016).

Trotz dieser Kritikpunkte erfüllte die erste Generation der Forschung eine sehr wichtige Funktion, indem sie eine eklatante Lücke in den gängigen Migrationstheorien (vgl. Kapitel 5) aufzeigte. Es waren die Umweltforschung und Aktivist*innen, die den Nexus dramatisierten, indem sie eine sehr hohe Anzahl an Migrant*innen vorhersagten, während Migrationsforscher*innen die Allgegenwart von räumlicher Mobilität aufzeigten und darauf hinwiesen, dass Prognosen über klimainduzierte Migration nicht zu den bestehenden Kenntnissen über das weltweite Migrationsgeschehen passten. Schließlich belaufen sich bestehende internationale Migrationsflüsse auf nicht mehr als derzeit 3,5 Prozent der Weltbevölkerung. Jedoch verweist die Tatsache, dass Migrationstheorien erfolgreich langsam eintretende Veränderungen und damit zusammenhängende Migration erklären konnten – nicht aber die Reaktionen auf schnell einsetzende Veränderungen, auf eine wesentliche Lücke in den Migrationstheorien.

Der Diskussion innerhalb der ersten Generation der Forschung lag die Idee zugrunde, dass es möglich sei, Klimawandel abzumildern. Als es in der ersten Dekade des neuen Millenniums mehr und mehr offensichtlich wurde, dass der Klimawandel voranschreiten würde, begann sich der Diskurs über den Nexus auch langsam zu verändern. In der zweiten Generation waren es Anpassung und der Schutz der menschlichen Sicherheit, die ihren Weg auf die Agenden von Politik und Forschung fanden. In Bezug auf Anpassung bedeutet dies, dass Menschen sich an die sich verändernden Klima- und Umweltbedingungen anpassen können und auch sollten. Dies helfe, um die schädlichen Auswirkungen des Klimawandels zu mäßigen. Expert*innen des IPCC zufolge, die Klimawandel dokumentieren und dessen Ursachen und Folgen erklären, ist Adaption an den Klimawandel notwendig. Diese ist zu verstehen als „der Prozess der Anpassung an tatsächliches oder zu erwartendes Klima und dessen Auswirkungen. In menschlichen Systemen hilft Anpassung, Schäden zu verringern und vorteilhafte Möglichkeiten zu erkunden" (IPCC 2014: 5; eigene Übersetzung). Dabei kann zwischen zwei Formen von Anpassung unterschieden werden. Zum einen nutzen Menschen die Adaption vor Ort, beispielsweise die Konstruktion von Deichen zum Schutz vor Überschwemmungen, oder eine an neue klimatische Verhältnisse angepasste Landwirtschaft. Des Weiteren kann Binnenmigration oder internationale Migration von Individuen oder Familien, aber auch die Umsiedlung ganzer Dörfer, als Anpassungsstrategie an den Klimawandel verstanden werden. Alle genannten Anpassungsstrategien haben gemeinsam, dass es sich nicht um eine mechanische Anpassung an den Klimawandel handelt, sondern um eine aktive Intervention durch Menschen (vgl. Simonet 2010).

Zur Legitimation dieser sich verändernden Perspektive begannen Migrationstheorien nicht nur in der Klimawandelforschung eine größere Rolle zu spielen, sondern auch in der Politikgestaltung. Allerdings geschah dies in einem relativ geringen Ausmaß im Vergleich zum Einfluss der Klimaforschung und des Klima-aktivismus, der immer wieder die Konsequenzen des Klimawandels auch auf bestehende Migrationsmuster skandalisierte. Nichtsdestotrotz zeigen die Berichte des IPCC, dass Migration als Anpassungsstrategie an den Klimawandel in den darin besprochenen wissenschaftlichen Publikationen an Signifikanz gewonnen hat. Insbesondere haben Ansätze wie zum Beispiel der *New Economics of Labour Migration* (NELM; Stark & Bloom 1985, vgl. auch Kapitel 5) und der *„livelihood-*Ansatz" (De Haan & Zoomers 2003) eine wichtige Rolle im Narrativ der Anpassung gespielt. Diese Ansätze gehen davon aus, dass (potenzielle) Migrant*innen auf Risiken reagieren, indem sie Handlungskompetenz ausüben und Entscheidungen im Familienzusammenhang treffen. Beispielsweise stellt NELM Migrationsentscheidungen als Reaktionen darauf dar, dass es für Ernterisiken in vielen Ländern des globalen Südens keine formale Versicherung gibt. Damit zusammenhängend ist es auch oft ein Ziel Einkommen zu diversifizieren (Poirine 1997). Der *„livelihood-*Ansatz" wiederum weist auf Ungleichheiten zwischen Gruppen in der Verteilung und Verfügbarkeit von Ressourcen hin und interpretiert Migration als einen Weg, um Einkommensquellen durch Rücküberweisungen zu diversifizieren (vgl. Massey et al. 1993).

Diese auf Adaption zielende zweite Generation der Forschung ist durch ein weiteres Konzept gekennzeichnet. Sicherheit wird nicht nur als Staatssicherheit gesehen, sondern als menschliche Sicherheit, welche als Gegengewicht zur Staatssicherheit verstanden werden kann. Menschliche Sicherheit wird definiert als „ein Zustand der vorhanden ist, wenn der lebenswichtige Kern des menschlichen Lebens geschützt ist und, wenn Menschen die Freiheit und die Möglichkeit haben, in Würde zu leben." (IPCC 2014: 759; eigene Übersetzung) Menschliche Sicherheit wird häufig von einem anderen Begriff begleitet: Resilienz. Der*die resiliente Migrant*in ist der Idealtypus einer sich an die veränderten ökologischen Verhältnisse angepassten Person. Laut der Terminologie des Foresight Report (2011) sind resiliente Migrant*innen auch unter widrigen Umständen mobil, handeln vorzugsweise unternehmerisch, schmieden ihr eigenes Schicksal und üben sich in „transformativer Anpassung" (eigene Übersetzung). Daher kann die Figur des*der resilienten Migrant*in als die neoliberale Verkörperung des idealen Typus von Migrant*in verstanden werden (Bettini 2014).

Insgesamt ist die Verwendung des Konzepts Resilienz als Strategie zur Anpassung an den Klimawandel eng verbunden mit den Hauptideen des Nexus zwischen Migration und Entwicklung. So wurde im jüngsten Zyklus dieser Debatte die Idee von „Migrant*innen als Entwicklungsagent*innen" postuliert. In diesem von der Weltbank ausgehenden Narrativ wird argumentiert, dass Migrant*innen in der Lage seien, nicht nur sich selbst sondern auch ihre zurückgebliebenen Familienangehörigen und größere Kollektive finanziell und ideell zu unterstützen. So seien finanzielle und soziale Rücküberweisungen die Hauptmechanismen, um einen sogenannten *„triple win"* für Migrant*innen und deren Angehörige, das Herkunfts- sowie das Zielland der Migrant*innen zu erreichen. Diesem Narrativ folgend, tragen Migrant*innen andererseits auch die Verantwortung für ihren Lebensunterhalt und ihre finanzielle und soziale Absicherung. Übertragen auf das Narrativ um die Wichtigkeit von Migration als Anpassungsstrategie im Kontext von Klimawandel bedeutet dies, dass die Migrant*innen selbst dafür verantwortlich sind, die Anpassung an den Klimawandel zu bewältigen. Damit werden nationale und lokale Regierungen in den betroffenen Herkunftsländern der Migrant*innen, die Regierungen in den Zielländern – die im Allgemeinen für die meisten CO_2 Emissionen verantwortlich sind – sowie die internationale Staatengemeinschaft aus ihrer Verantwortung entlassen.

Wie aus den vorangegangenen Ausführungen hervorgeht, wird eine dritte Generation von Forschung benötigt, die direkt auf der zweiten Generation aufbaut. So sollte die Grundidee, dass Menschen über Handlungsoptionen verfügen, und dass Migration eine Anpassungsstrategie an den Klimawandel sein kann, durchaus beibehalten werden. Allerdings ist das Konzept der Resilienz mit Vorsicht zu handhaben, u. a. weil es bisher nicht gelungen ist, die dabei wirkenden sozialen Mechanismen zu bestimmen. Der nächste Schritt oder gar die nächste Generation von Forschung über den Nexus zwischen Klimawandel und Migration muss die Beobachtung mit einbeziehen, dass die Anpassung an widrige klimatische Veränderungen der Reproduktion von sozialer Stratifizierung und sozialen Ungleichheiten Vorschub leistet. Ein wichtiges empirisches Ergebnis in dieser Hinsicht ist, dass diejenigen, die wenig Macht, Status und Ressourcen haben und somit in Anbetracht dieser Kriterien relativ benachteiligt sind, am stärksten den zerstörerischen Auswirkungen des Klimawandels ausgesetzt sind (McLeman et al. 2016). Sicher ist, dass die Gefährdung durch Klimawandel am höchsten in denjenigen Weltregionen ist, die ökonomisch gesehen Rohstoffwirtschaften sind, nur eine schwach institutionalisierte Zivilgesellschaft haben, hohe Einkommens- und Vermögensungleichheiten aufweisen und von relativ niedriger Pressefreiheit geprägt sind (Roberts & Parks 2007).

Soziale Ungleichheiten als Ergebnis und als Ausgangspunkt für Migration

Wie bereits in der Einleitung dieses Bandes angesprochen, bestehen soziale Ungleichheiten aus der ungleichen Verteilung der Kosten und Nutzen von materiellen und symbolischen Gütern zwischen Individuen, Gruppen, Organisationen, Regionen und Staaten (vgl. Kapitel 1). In Bezug auf Ungleichheit im Kontext von Klimawandel, Umweltzerstörung und Migration lassen sich die Zusammenhänge in zwei Richtungen betrachten: zum einen soziale Ungleichheiten, die (teilweise) durch Klimawandel verursacht oder verstärkt werden sowie deren Auswirkungen auf Migrationsentscheidungen und zum anderen die Auswirkungen von Migration im Kontext des Klimawandels auf soziale Ungleichheiten.

Im Hinblick auf soziale Ungleichheiten, die zur Migration führen, ist es eine fundierte Erkenntnis, dass Heterogenität innerhalb der Gesellschaft eine wichtige Rolle spielt, da insbesondere die ärmsten Segmente der Bevölkerung den größten Klimarisiken ausgesetzt sind. Wie einige Fallstudien in verschiedenen Ländern gezeigt haben (siehe McLeman et al. 2016), ist es jedoch auch in diesem Kontext schwierig, eine allgemeingültige Aussage zu treffen. Wenn überhaupt, dann haben die ärmsten Gruppen oft nur die Option innerhalb ihres Landes mobil zu sein, obwohl internationale Grenzen zu überqueren in manchen Fällen die einzig mögliche langfristige Strategie ist. Dies ist insbesondere dann der Fall, wenn Inselstaaten im Pazifik versinken. In einem solchen Fall ist daher möglicherweise die Umsiedlung von Bewohner*innen betroffener Regionen notwendig. So wurden z. B. die Bewohner*innen einer Insel des Inselstaates Kiribati alle umgesiedelt (Schade 2013). Jedoch können Umsiedlungsprogramme auch als Misserfolg enden. So wurden beispielsweise Inuits in Alaska in Regionen umgesiedelt, die nun langsam in den Sümpfen verschwinden (Bronen 2013).

Besonders prekär ist im Allgemeinen die Situation für sogenannte „*trapped populations*" (Ayeb-Karlsson et al. 2018), die weder in der Lage sind, sich vor Ort an die Folgen des Klimawandels anzupassen, noch Migration als Anpassungsstrategie zu nutzen. Diese Kategorie von Menschen umfasst den Großteil derer, die von Umweltzerstörung und Klimawandel betroffen sind. Zudem besteht bei der Intersektion von beispielsweise Klasse und Geschlecht eine offensichtliche Verknüpfung: Frauen sind besonders gefährdet, auch unter den Eigentumslosen und Armen. So ist bei Frauen die Wahrscheinlichkeit, dass sie in Folge einer Naturkatastrophe sterben, achtmal höher als bei Männern (Adeniji 2011; IPCC 2014: Kapitel 11).

Menschen, die nicht mittellos sind, vermögen durch Migration teilweise Chancenhortung (Tilly 2005) zu betreiben. Voraussetzung dafür ist allerdings, dass ihnen ein gewisses Maß an finanziellen Ressourcen und/oder an sozialen Bindungen zur Verfügung steht, um die Kosten und Risiken grenzüberschreitender Migration zu reduzieren. Neben den gut bekannten Heterogenitäten, wie zum Beispiel Klasse, Geschlecht, Alter, Religion, Staatsbürgerschaft oder Ethnizität, sind es räumliche Heterogenitäten, die entscheidend sind, um mit den durch Klimawandel induzierten Risiken zurechtzukommen. Bevölkerungsgruppen in

urbanen Gegenden haben tendenziell mehr Möglichkeiten, um mit Klimazerstörung umzugehen, diejenigen im globalen Norden mehr als diejenigen im globalen Süden, etc. Dennoch migrieren Menschen in dieser Hinsicht oft in die falsche
Richtung, hin zu hochwassergefährdeten Gebieten, nicht weg von ihnen. Dies ist
z. B. der Fall für Migration in urbane Gebiete in niedrig liegenden Flussdeltas, wie
zum Beispiel Dhaka oder Shanghai (Lassailly-Jacob & Peyraut 2016).

Es besteht in der Migrationsforschung mittlerweile ein weitgehender Konsens
darüber, dass finanzielle und soziale Rücküberweisungen aus grenzüberschreitender Migration oft Klassenstrukturen in den Emigrationsregionen reproduzieren. Außerdem gibt es eine Fülle an Hinweisen darauf, beispielsweise aus den
pazifischen Inselstaaten und Mexiko, dass Rücküberweisungen eine zweifache
Wirkung zeigen, indem sie zur Armutsminderung beitragen *und* Ungleichheiten
verstärken (vgl. Aksakal & Schmidt 2015). Im Allgemeinen sind Rücküberweisungen wegen des allgegenwärtigen Risikos des *moral hazard* (vgl. Kapitel 8) –
sowohl auf der nationalstaatlichen Ebene als auch auf der Haushaltsebene –
kein reiner Segen: Regierungen von Nationalstaaten nutzen finanzielle Rücküberweisungen, um Währungsdefizite auszugleichen. Darüber hinaus besteht
die Gefahr, dass strukturelle Reformen in der Bereitstellung von sozialer Sicherung, z. B. in den Sektoren Gesundheit und Bildung, unterbleiben. Somit könnten sich die Regierungen dieser Nationalstaaten ihrer Verantwortung gegenüber
ihren Bürger*innen entziehen, da diese entweder selbst migrieren oder durch
Rücküberweisungen abgesichert sind. Auf der Haushaltsebene können durch
Rücküberweisungen finanzielle Abhängigkeiten entstehen. So verlassen sich einige Haushalte auf ein regelmäßiges Einkommen aus dem Ausland. Die Nutzung
möglicher lokaler Einkommensquellen wird deshalb in manchen Fällen vernachlässigt (Horst et al. 2014).

Rechtlicher Status ist eine weitere Heterogenität, die eng mit sozialen Ungleichheiten im Kontext von Migration verbunden ist. Er ist entscheidend, weil
er die Festlegung der politisch-rechtlichen Kategorie Klimaflüchtling betrifft. Eines der grundlegenden Hindernisse – und hier gewinnt die sozio-ökologische
Frage wieder an Bedeutung – ist die Schwierigkeit der rechtlichen Anerkennung
von Migrant*innen im Kontext des Klimawandels als Flüchtlinge, was für ihren
Schutz sorgen würde (Kälin 2015; vgl. Kapitel 3 und 4). Doch obwohl kein ein-
deutiger juristischer Fall in Bezug auf der Kausalität zwischen Klimawandel und
Migration hergestellt werden kann, gibt es reichlich Plausibilität und daher sozia-
len Raum für „Norm-Unternehmer*innen" (Sunstein 1996; eigene Übersetzung).
Diese Kategorie der Unternehmer*innen versucht aktiv bestimmte Normen wie
Menschenrechte für Flüchtlinge in Situationen der klimabedingten Migration auf-
zustellen. Eine Initiative versucht beispielsweise, die Um- und Neuansiedlung von
Menschen, die in von Umweltzerstörung und Klimawandel betroffenen Regionen

leben, zum Eckpfeiler eines Klimaflüchtlingsregimes zu machen (Bierman & Boas 2008). Die Autor*innen argumentieren, dass sich der Begriff „Klimaflüchtling" auf Menschen bezieht, die vor den direkten Auswirkungen des Klimawandels wie steigender Meeresspiegel, extremer Wettervorkommnisse, Dürren und Wasserknappheit innerhalb eines Landes oder über Grenzen hinweg fliehen. Jedoch ist die Verwendung des Begriffs „Flüchtling" in diesem Kontext aufgrund seiner rechtlichen Bedeutung gemäß der Genfer Flüchtlingskonvention höchst umstritten. Tatsächlich hat der Hochkommissar der Vereinten Nationen für Flüchtlinge *(United Nations High Commissioner on Refugees*, UNHCR) die Verwendung des Begriffs „Klimaflüchtling" oder „Umweltflüchtling" und jegliche Bemühungen das Mandat der Konvention auszubreiten bisher abgelehnt. So argumentierte der UNHCR, dass die Gewährung des Flüchtlingsstatus für Klimaflüchtlinge nur die Definition verzerren und die extrem knappen Ressourcen des internationalen Flüchtlingsregimes belasten würde (vgl. Goodwin-Gill & McAdam 2017).

Ausblick: Hin zur sozio-ökologischen Frage

Die erste Generation der Forschung über Klimawandel und Migration unterschätzte die Anpassungsfähigkeit von Menschen im Angesicht von wegweisendem ökologischem Wandel, indem ein mechanistischer Ansatz verfolgt wurde. Dieser leitete direkt aus der Beobachtung von Umweltzerstörung eine erhöhte Migrationsquote ab, ohne die Handlungsmöglichkeiten von Personen, Gruppen und Organisationen und die gesellschaftliche Gestaltung durch Institutionen genügend zu berücksichtigen. Die zweite Generation fokussierte auf eine bestimmte Form von Handeln bzw. Agency: Die Migrant*innen, die sich erfolgreich an den Klimawandel anpassen. Diese neuere Generation erkannte zwar das Handlungspotenzial von Akteur*innen und den dazu passenden institutionellen Rahmen. Jedoch ging sie oft einher mit einer neoliberalen Version von Anpassung und Mobilität, indem sie implizit vorausschauend und präventiv handelnde Migrant*innen als Lösungsstrategie für mit Klimawandel und Umweltzerstörung im Zusammenhang stehende Probleme für Menschen in den betroffenen Regionen präsentierte. Indem ein kombinierter Blick auf „Natur/Kultur" bzw. „Ökologie/ Gesellschaft" gerichtet wird (vgl. Mooney et al. 2011), ist sichtbar, dass Migration die tieferen Strukturen von sozialen Ungleichheiten unberührt lässt und exkludierende Mechanismen verstärkt (Faist 2016).

Die Forschung muss daher erweitert werden, um nicht nur Klimawandel und Migration mit Ungleichheiten zu verbinden, sondern auch, um physische Gewalt mit einzubeziehen. Meistens werden Klimawandel und Gewalt als zwei getrennte Bedrohungen behandelt, wobei jede davon potenziell zu der weltweiten Bewegung von (Zwangs-)Migrant*innen beiträgt. Neuere Arbeiten legen weiterhin nahe, dass Klimawandel und Gewalt korrelieren und möglicherweise kausal miteinander verbunden sind. Tatsächlich ist bereits bekannt, dass zivile Gewaltausbrüche eng mit Variationen in der *El Niño Southern Oscillation* (ENSO) verknüpft sind (Hsiang et al. 2011). Die Wahrscheinlichkeit für den Ausbruch eines gewaltsamen Konflikts verdoppelt sich in *El Niño* Jahren im Vergleich zu *La Niña* Jahren. Ebenso gibt es Hinweise auf eine Verbindung zwischen der Erderwärmung und einem erhöhten Risiko von physischer Gewalt in vielen Teilen von Subsahara Afrika (Burke et al. 2009). Angesichts des Potenzials des Klimawandels, die Häufigkeit und Schwere von Wetterereignissen wie *El Niño* zu beeinflussen, kann die globale Erwärmung nicht nur dazu führen, Migration direkt durch Vertreibung zu verstärken, sondern diese auch indirekt durch gewaltsame Konflikte in den betroffenen Gebieten der Welt zu erzeugen. Auch hier lösen Bürgerkriege noch mehr Migrations- und Flüchtlingsströme aus. Dennoch sind die damit verbundenen sozialen Mechanismen nicht hinreichend erforscht.

Insgesamt gilt es Migration in den Kontext allgemeiner sozioökonomischer Transformationen zu setzen. Schon Karl Marx sprach von einem Riss in der metabolischen Interaktion zwischen Natur und Gesellschaft/Kultur, der von der Form der kapitalistischen Produktion und der wachsenden Kluft zwischen urbanen und ländlichen Regionen stammt. Er sprach von einem „unheilbaren Riss im interdependenten Prozess des sozialen Stoffwechsels" (Marx [1894] 2012: Kapitel 47). Für Marx war diese Kluft mit jeglicher Form von Nachhaltigkeit unvereinbar (vgl. Rosa et al. 2015). In dieser Hinsicht gleicht die Ausbeutung der Menschen der Ausbeutung der Erde. Auf ähnliche Weise hat eine weitere Gründungsfigur der Soziologie, Max Weber, verkündet, dass die industrielle Gesellschaft so lange operativ sein würde, „bis der letzte Zentner fossilen Brennstoffs verglüht ist" (van der Pot 1985: 846). Jedoch ist in der Zwischenzeit deutlich geworden, dass zwar Kapitalismus eine beständige und global wirkende Kraft ist, sie aber gleichzeitig „lokal an allen Stellen" gedacht werden muss (Latour 1993: 117; eigene Übersetzung). Es ist eben genau auf der lokalen Ebene, wo Konflikte über die Anpassung an die Klimazerstörung und der Kampf dagegen in den letzten Jahren stattgefunden haben, weit weg von spektakulären, aber letztendlich eher die Themen vertagenden globalen internationalen Konferenzen. Es waren bisher nicht globale Klimaübereinkommen, sondern die Resultate lokaler Klimakonflikte, die etwas Fortschritt in der Bekämpfung der zügellosen Karbonisierung gebracht haben.

Literatur

Adeniji, G., 2011: Adapting to Climate Change in Africa. *Jotoafrica* 6:1–8.

Ahmed, I., 1997: Exit, Voice and Citizenship. In: Hammar, T., G. Brochmann, K. Tamas & T. Faist (Hrsg.), *International Migration, Immobility and Development. Multidisciplinary Perspectives*, S. 159–186. Oxford: Berg.

Aid, Christian, 2007: Human Tide: The Real Migration Crisis. London: Christian Aid. https://www.christianaid.org.uk/sites/default/files/2017-08/human-tide-the-real-migration-crisis-may-2007.pdf (letzter Aufruf: 14.05.2020).

Aksakal, M. & K. Schmidt, 2015: Migration and Social Protection as Adaptation in Response to Climate-Related Stressors: The Case of Zacatecas in Mexico. In: Hillmann, F., M. Pahl, B. Rafflenbeul & H. Sterly (Hrsg.), *Environmental Change, Adaptation and Migration: Bringing in the Region*, S. 80–97. London: Palgrave Macmillan.

Aufenvenne, P. & C. Felgentreff, 2013: Umweltmigranten und Klimaflüchtlinge – Zweifelhafte Kategorien in der aktuellen Debatte. In: Felgentreff, C. & M. Geiger (Hrsg.), *Migration und Umwelt*, Nr. Heft 44 in IMIS-Beiträge, S. 19–44. Osnabrück: Institut für Migrationsforschung und Interkulturelle Studien.

Ayeb-Karlsson, S., C. D. Smith & D. Kniveton, 2018: A discursive review of the textual use of 'trapped' in environmental migration studies: The conceptual birth and troubled teenage years of trapped populations. *Ambio* 47(5):557–573.

Bettini, G., 2014: Climate Migration as an Adaption Strategy: De-securitizing Climate-Induced Migration or Making the Unruly Governable? *Critical Studies on Security* 2(2):180–195.

Bettini, G. & G. Gioli, 2016: Waltz with development: insights on the developmentalization of climate-induced migration. *Migration and Development* 5(2):171–189.

Bierman, F. & I. Boas, 2008: Protecting Climate Refugees: The Case for a Global Protocol. Environment: Science and Policy for Sustainable Development: 9–16.

Black, R., 2001: Environmental Refugees: myth or reality? UNHCR Arbeitspapier 34. Genf: Hochkommissar der Vereinten Nationen für Flüchtlinge. https://www.unhcr.org/research/working/3ae6a0d00/environmental-refugees-myth-reality-richard-black.html (letzter Aufruf: 15.05.2020).

Black, R., D. Kniveton & K. Schmidt-Verkerk, 2013: Migration and Climate Change: Toward an Integrated Assessment of Sensitivity. In: Faist, T. & J. Schade (Hrsg.), *Disentangling Migration and Climate Change*, S. 29–54. Dordrecht: Springer.

Bronen, R., 2013: Climate-Induced Displacement of Alaska Native Communities, Alaskan Immigration Justice Project. Brookings-LSE Project on Internal Displacement.

Burke, M. B., E. S. Shanker, J. A. Dykema, & D. B. Lobell, 2009: Warming Increases the Risk of Civil War in Africa. *Proceedings of the National Academy of Sciences* 106(49):20670–20674.

Colunga, M. & F. Rivera, 2011: Drought and Mexico-US migration. In: Gemenne, F., P. Brücker & D. Ionesco (Hrsg.), *The state of environmental migration*, S. 91–106. Paris: IDDRI.

CRED (Centre for Research on the Epidemiology of Disasters),, 2016: EM-DAT Database. http://www.emdat.be/database (letzter Aufruf: 15.05.2020).

De Haan, L. & A. Zoomers, 2003: Development Geography at the Crossroads of Livelihood and Globalisation. *Tijdschrift voor Economische en Sociale Geografie* 94(3):350–362.

Deheza, E. & J. Mora, 2013: Climate change, migration and security – Best-practice policy and operational options for Mexico. Whitehall Report 1–13, The Royal United Services Institute for Defence and Security Studies, London.

Dun, O. & F. Gemenne, 2008: Defining 'environmental migration'. *Forced Migration Review* 31:10–11.

Dunlap, R. E. & W. R. Catton, 1979: Environmental Sociology. *Annual Review of Sociology* 5:243–273.

Durkheim, É., [1895] 1964: *The Rules of Sociological Method*. New York, NY: Free Press.

El-Hinnawi, E., 1985: *Environmental Refugees*. Nairobi: United Nations Environmental Programme.

Etzold, B., A. Ahsan Uddin, H. Selim Reza, N. Sharmind & T. Afifi, 2016: Rainfall Variability, Hunger, and Social Inequality, and Their Relative Influences on Migration: Evidence from Bangladesh. In: McLeman, R., J. Schade & T. Faist (Hrsg.), *Environmental Degradation and Social Inequalities*, S. 27–42. Dordrecht: Springer.

Faist, T., 2008: Migrants as Transnational Development Agents: An Inquiry into the Newest Round of the Migration-Development Nexus. *Population, Space and Place* 14(1):21–42.

Faist, T., 2009: The Transnational Social Question: Social Rights and Citizenship in a Global Context. *International Sociology* 24(1):7–35.

Faist, T., 2016: Cross-Border Migration and Social Inequalities. *Annual Review of Sociology* 42:323–346.

Faist, T. & J. Schade, 2013: The Climate-Migration Nexus. A Reorientation. In: Faist, T. & J. Schade (Hrsg.), *Disentangling Migration and Climate Change: Toward an Analysis of Methodologies, Political Discourses and Human Rights*, S. 3–25. Dordrecht: Springer.

Feng, S., A. B. Krueger & M. Oppenheimer, 2010: Linkages among climate change, crop yields and Mexico-US cross-border migration. *Proceedings of the National Academy of Sciences* 107(32):14257–14262.

Foresight Report, 2011: *Foresight: Migration and Global Environmental Challenge. Final Project Report*. London: The Government Office for Science.

Fornalé, E., J. Guélat & E. Piguet, 2016: Framing Labour Mobility Options in Small Island States Affected by Environmental Changes. In: McLeman, R., J. Schade & T. Faist (Hrsg.), *Environmental Degradation and Social Inequalities*, S. 366–405. Dordrecht: Springer.

Foster, J. B., 2000: *Marx's Ecology: Materialism and Nature*. New York, NY: Monthly Review Press.

Giddens, A., 2009: *The Politics of Climate Change*. Cambridge, MA: Polity Press.

Goodwin-Gill, G. S. & J. McAdam, 2017: *UNCHR and Climate Change, Disasters, and Displacement*. Genf: United Nations High Commissioner on Refugees (UNHCR).

Haas, De & H., 2010: Migration and development: A theoretical perspective. *International migration review* 44(1):227–264.

HDR (Human Development Report), 2007: *Fighting Climate Change: Human Solidarity in a Divided World*. New York, NY: United Nations Development Program.

Horst, C., M. B. Erdal, J. Carling & K. F. Afeef, 2014: Private Money, Public Scrutiny? Contrasting Perspectives on Remittances. *Global Networks* 14(4):514–32.

Hsiang, S. M., K. C. Meng & M. A. Crane, 2011: Civil Conflicts Are Associated with the Global Climate. *Nature* 476:438–441.

Hunter, L. M., 2005: Migration and Environmental Hazards. *Population and Environment* 26(4):273–302.

Hunter, L. M., S. Murray & F. Riosmena, 2011: *Climatic variability and U. S. migration from rural Mexico*. Boulder: University of Colorado, Institute of Behavioral Sciences.

International, Amnesty, 2019: Climate Change and Human Rights. https://www.amnesty.ca/sites/amnesty/files/climate%20change%20letter%20writing.pdf.

IPCC (Intergovernmental Panel on Climate Change), 2014: *Climate Change 2014: Synthesis Report. Contribution of Working Groups I, II and III to the Fifth Assessment Report of the Intergovernmental Panel on Climate Change [Core Writing Team, R. K. Pachauri & L. A. Meyer (Hrsg.)]*. Genf: IPCC.

Kälin, W., 2015: Klimaflüchtlinge, Katastrophenvertriebene oder schutzlose Migranten? – Flucht in Zeiten des Klimawandels. *VHS-Bulletin* Nr. 4:10–18.

Kibreab, G., 1997: Environmental Causes and Impact of Refugee Movements: A Critique of the Current Debate. *Disasters* 21(1):20–38.

Kniveton, D., K. Schmidt-Verkerk, C. Smith & R. Black, 2008: Climate Change and Migration: Improving Methodologies to Estimate Flows IOM Migration Research Series Paper No. 33. Genf: Internationale Organisation für Migration. http://www.iom.cz/files/Climate_Change_and_Migration_MRS_331.pdf (letzter Aufruf: 15.05.2020).

Kritz, M. M., L. L. Lim & H. Zlotnik (Hrsg.), 1992: *International migration systems: a global approach*. Oxford: Clarendon.

Lassailly-Jacob, V. & M. Peyraut, 2016: Social and Spatial Inequality Linked to Flood-Induced Displacements in Burkina Faso in 2009 and 2010. In: McLeman, R., J. Schade & T. Faist (Hrsg.), *Environmental Degradation and Social Inequalities*, S. 57–72. Dordrecht: Springer.

Latour, B., 1993: *We Have Never Been Modern*. Cambridge, MA: Harvard University Press.

Marx, K., [1894] 2012: *Das Kapital*: Band 3: Der Gesamtprozess der kapitalistischen Produktion. Berlin: Dietz.

Massey, D., J. Arango, G. Hugo, A. Kouaouci, A. Pellegrino, & J. Taylor, 1993: Theories of International Migration: A Review and Appraisal. *Population and Development Review* 19(3):431–466.

McLeman, R., J. Schade & T. Faist, 2016: *Environmental Degradation and Social Inequalities*. Dordrecht: Springer.

Mooney, H., A. Duraiappah & A. Larigauderie, 2011: Evolution of Natural and Social Science Interactions in Global Change Research Programs. *PNAS* 10(1):3665–3672.

Munshi, K., 2003: Networks in the modern economy: Mexican migrants in the U. S. Labor Market. *The Quarterly Journal of Economics* 118(2):549–599.

Myers, N. & J. Kent, 1995: *Environmental Exodus, an Emergent Crisis in the Global Arena*. Washington, D.C: Climate Institute.

Nawrotzki, R. J., F. Riosmena & L. M. Hunter, 2013: Do rainfall deficits predict U. S.-bound migration from rural Mexico? Evidence from the Mexican census. *Population Research and Policy Review* 32:129–158.

NCPD (National Council for Population and Development), 2013: *Kenya Population Situation Analysis*. Nairobi: Government of Kenya and United Nations Population Fund.

NEMA (National Environmental Management Authority of Kenya), 2005: *Report on Kenya's Capacity Needs to Implement Article 6 of the United Nations Framework Convention on Climate Change*. Nairobi: NEMA, Ministry of Environment and Natural Resources.

Nyaoro, D, J. Schade & K. Schmidt, 2016: *Assessing the Evidence: Migration, Environment and Climate Change in Kenya*. Genf: Internationale Organisation für Migration (IOM).

Piguet, E., 2013: From „Primitive Migration" to „Climate Refugees": The Curious Fate of the Natural Environment in Migration Studies. *Annals of the Association of American Geographers* 103(1):148–162.

Poirine, B., 1997: A Theory of Remittances as an Implicit Family Loan Arrangement. *World Development* 25(4):589–611.

van der Pot, J. H., 1985: *Die Bewertung des technischen Fortschritts. Eine systematische Über-sicht der Theorien*: Band 2. Assen und Maastricht: Van Gorcum.

Roberts, J. T. & B. C. Parks, 2007: *A Climate of Injustice: Global Inequality, North-South Politics, and Climate Policy*. Cambridge, MA: MIT Press.

Rosa, E. A., T. K. Rudel, R. York, A. K. Jorgenson & T. Dietz, 2015: The Human (Anthropogenic) Driving Forces of Global Climate Change. In: Dunlap, E. R. & R. J. Brulle (Hrsg.), *Climate Change and Society: Sociological Perspectives*, S. 32–60. New York, NY: Oxford University Press.

Schade, J, 2011: Human rights, climate change, and climate policies in Kenya. How climate vari-ability and agrofuel expansion impact on the enjoyment of human rights in the Tana Delta. Research Mission Report, Center on Migration, Citizenship and Development (COMCAD) & Köln: FIAN Deutschland, Bielefeld.

Schade, J., 2013: Climate Change and Planned Relocation: Risks and a Proposal for Safeguards. In: Faist, T. & J. Schade (Hrsg.), *Disentangling Migration and Climate Change*, S. 183–206. Dordrecht: Springer.

Schmidt, K., 2019: The meaning of farming beyond being a livelihood strategy: the complex linkages between climate change, agriculture and international migration in Zacatecas, Mexico. *International Review of Sociology* 29(2):197–214.

Schmidt-Verkerk, K., 2012: *The potential influence of climate change on migratory behaviour – a study of drought, hurricanes and migration in Mexico*. Doctoral thesis, University of Sussex, Brighton.

SEI (Stockholm Environment Institute), 2009: The Economics of Climate Change in Kenya: Fi-nal Report submitted in advance of COP15. http://kenya.um.dk/en/~/media/Kenya/Documents/Economics%20of%20Climate%20Change%20in%20Kenya%20Final%20Report%20Dec%202009.jpg (letzter Aufruf: 02.05.2020).

Shen, S. & F. Gemenne, 2011: Contrasted Views on Environmental Change and Migration: The Case of Tuvaluan Migration to New Zealand. *International Migration* 49(S1): e224–e242.

Simonet, G., 2010: The Concept of Adaptation: Interdisciplinary Scope and Involvement in Cli-mate Change. Sapiens 3(1). http://journals.openedition.org/sapiens/997 (Letzter Aufruf: 25.03.2020).

Stark, O. & D. E. Bloom, 1985: The New Economics of Labor Migration. *The American Economic Review* 75(2):173–178.

Sunstein, C. R., 1996: Social Norms and Social Roles. *Columbia Law Review* 96(4):903–968.

Sánchez Cohen, I., U. Oswald Spring, G. Díaz Padilla, J. Cerano Paredes, M. A. Inzunza Ibarra, R. López López, & J. Villanueva Díaz, 2012: Forced migration, climate change, mitigation and adaptive policies in Mexico: Some functional relationships. *International Migration* 51(4):53–72.

Tacoli, C., 2009: Crisis or adaptation? Migration and climate change in a context of high mobili-ty. *Environment & Urbanization* 21:513–525.

Terry, G., 2009: No Climate Justice Without Gender Justice: An Overview of the Issues. *Gender & Development* 17(1):5–18.

Tilly, C., 2005: *Identities, Boundaries and Social Ties*. Boulder, CO: Paradigm Publishers.

UNFCCC (United Nations Framework Convention on Climate Change), 1992: *United Nations Framework Convention on Climate Change*. Bonn: UNFCCC.

Autor*innenangaben

Anna Amelina, Professorin für Interkulturalität, Institut für Philosophie und Sozialwissenschaften, BTU Cottbus-Senftenberg, E-Mail: anna.amelina@b-tu.de

Mustafa Aksakal, Dr. phil., Koordinator des Graduiertenkollegs World Politics an der Universität Bielefeld. E-Mail: mustafa.aksakal@uni-bielefeld.de

Başak Bilecen, Dr. phil., ist Juniorprofessorin für theoretische Soziologie an der Universität Groningen. E-Mail: b.bilecen@rug.nl

Andrés Cardona, Dr. phil., ist Gründer und Chief Data Scientist von Internodes Consulting. E-Mail: andres.cardona@internodes-consulting.com

Isabell Diekmann, MA, ist wissenschaftliche Mitarbeiterin an der Fakultät für Soziologie der Universität Bielefeld und am Institut für Migrationsforschung und Interkulturelle Studien an der Universität Osnabrück sowie Doktorandin an der Fakultät für Soziologie der Universität Bielefeld. E-Mail: isabell.diekmann@uni-bielefeld.de

Thomas Faist, PhD, ist Professor für Soziologie der Transnationalisierung, Entwicklung und Migration an der Fakultät für Soziologie der Universität Bielefeld. E-Mail: thomas.faist@uni-bielefeld.de

Margit Fauser, Dr. phil., ist Professorin für Migration, Transkulturalität und Internationalisierung in der Sozialen Arbeit an der Hochschule Darmstadt. E-Mail: margit.fauser@h-da.de

Miriam Friz Trzeciak, Dr. phil., Post-Doc, ist wissenschaftliche Mitarbeiterin am Lehrstuhl Interkulturalität an der BTU Cottbus-Senftenberg, E-Mail: trzeciak@b-tu.de

Joanna Jadwiga Fröhlich, geb. Sienkiewicz, Dr. phil., war von 2013 bis 2019 wissenschaftliche Mitarbeiterin an der Fakultät für Soziologie der Universität Bielefeld. E-Mail: joanna.froehlich@web.de

Takuma Fujii, MA, ist wissenschaftlicher Mitarbeiter und Doktorand an der Fakultät für Soziologie der Universität Bielefeld. E-Mail: takuma.fujii@uni-bielefeld.de

Tobias Gehring, MA, ist Doktorand an der Fakultät für Soziologie der Universität Bielefeld. E-Mail: tobias.gehring@uni-bielefeld.de

Janina Jäckel, war wissenschaftliche Mitarbeiterin an der Fakultät für Soziologie der Universität Bielefeld bis 2019.

Natalya Kashkovskaya, MA, ist wissenschaftliche Mitarbeiterin und Doktorandin an der Fakultät für Soziologie der Universität Bielefeld. E-Mail: natalya.kashkovskaya@uni-bielefeld.de

Johanna Paul, MA, ist wissenschaftliche Mitarbeiterin und Doktorandin an der Fakultät für Soziologie der Universität Bielefeld. E-Mail: johanna.paul@uni-bielefeld.de

Kerstin Schmidt, PhD, ist wissenschaftliche Mitarbeiterin an der Fakultät für Soziologie der Universität Bielefeld. E-Mail: kerstin.schmidt1@uni-bielefeld.de

Inka Stock, PhD, ist Gastwissenschaftlerin an der Fakultät für Soziologie der Universität Bielefeld. E-Mail: inka.stock@uni-bielefeld.de

Christian Ulbricht, Dr. phil., ist wissenschaftlicher Mitarbeiter an der Fakultät für Soziologie der Universität Bielefeld. E-Mail: christian.ulbricht@uni-bielefeld.de

https://doi.org/10.1515/9783110680638-019

Glossar

Agency

Unter Agency wird das individuelle Vermögen verstanden, selbst unter scheinbar ausweglosen Umständen, zielgerichtet handeln und entscheiden zu können. Agency-fokussierte Ansätze stellen Individuen als soziale Akteur*innen und ihr kontextgebundenes und erfahrungsbasiertes Wissen in den Mittelpunkt und versuchen somit homogenisierende und essenzialisierende Darstellungen von sehr heterogenen Gruppen zu vermeiden. In der Migrationsforschung wird diese Perspektive bspw. eingenommen, um zu verstehen, wie migrierende Personen immer auch einen gewissen, wenn auch beschränkten Grad an Einfluss auf den Migrations- bzw. Fluchtprozess haben – man migriert und wird nicht migriert. Damit soll vermieden werden, Flüchtlinge nur als passive Opfer oder Hilfsempfänger*innen zu sehen.

Assimilation

Aufgrund seines großen Verwendungsbereichs ist die Bedeutung des Begriffs sehr weit und divers. In der soziologischen Forschungstradition vereinen sich unter dem Begriff verschiedene Theorien, die die „Angleichung" von Personen und Gruppen an ein anderes gesellschaftliches Bezugssystem beschreiben und erklären.

Arbeitsmigration/Arbeitsmigrant*innen

Als Arbeitsmigrant*innen werden Menschen bezeichnet, die zum Zwecke der Aufnahme einer Erwerbstätigkeit innerhalb ihres Landes oder in ein anderes Land migrieren. Im Falle von internationaler Arbeitsmigration bestehen verschiedene rechtliche Rahmenbedingungen, nach denen die Zielländer Zuwanderung zum Zwecke der Erwerbsarbeit steuern. Dabei basieren Selektionsprozesse häufig in Bezug auf die Herkunftsländer der Arbeitsmigrant*innen sowie auf deren Qualifikationsniveau. Eine häufige Unterscheidung, die auch in der Migrationssoziologie Anwendung findet, besteht zwischen hochqualifizierten und geringer qualifizierten Arbeitsmigrant*innen.

Asylsuchende/Asylbewerber*innen

Als Asylsuchende werden Personen bezeichnet, die sich außerhalb ihres Herkunftslandes aufhalten und in einem anderen Staat einen Asylantrag gestellt haben. Das Asylverfahren, welches über ihren Schutzanspruch entscheidet, wurde jedoch noch nicht abgeschlossen. Ein internationales Abkommen, welches Asyl und damit einhergehende Rechte definiert, gibt es nicht. Artikel 14 der „Allgemeinen Erklärung der Menschenrechte" von 1948 besagt: „Jeder hat das Recht, in anderen Ländern vor Verfolgung Asyl zu suchen und zu genießen." Jedoch ist es unter Einbehaltung internationaler und regionaler Standards der Souveränität den jeweiligen Staaten überlassen, über die Gründe zur Gewährung von Asyl zu entscheiden.

Binnenmigration/Binnenmigrant*innen

Als Binnenmigration oder Binnenwanderung wird die räumliche Mobilität von Personen oder Gruppen von Personen bezeichnet, die innerhalb eines geografisch oder politisch begrenzten Raumes stattfindet. Häufig wird mit diesem Begriff die Migration innerhalb eines Nationalstaats bezeichnet. Er kann sich aber auch auf Migration innerhalb einer supranationalen Einheit – wie z. B. der Europäischen Union – oder auf Migration innerhalb einer Region in einem Nationalstaat – wie z. B. einem Bundesstaat – beziehen.

https://doi.org/10.1515/9783110680638-020

Binnenvertriebene
Binnenvertriebene (*internally displaced persons*, IDPs) sind laut „*Guiding Principles on Internal Displacement*" (1998) „Personen oder Personengruppen, die zur Flucht gezwungen oder verpflichtet wurden oder ihre Häuser oder üblichen Wohnsitze verlassen mussten, insbesondere infolge von oder zum Zwecke der Vermeidung der Auswirkungen von bewaffneten Konflikten, Situationen allgemeiner Gewalt, Menschenrechtsverletzungen oder natürlichen oder von Menschen verursachten Katastrophen, und die keine international anerkannte Staatsgrenze überquert haben". Da sie ihren Wohnort verlassen mussten, aber keine staatlichen Grenzen überschritten haben, haben sie Anspruch auf den vollen Umfang staatsbürgerlicher Rechte ihres Herkunftsstaates und erhalten im Gegensatz zu Flüchtlingen keinen international regulierten rechtlichen Schutzstatus. Eine Schwierigkeit bei ihrem Schutz erwächst aus dem Umstand, dass der betreffende Staat den Schutz dieser Bevölkerungsgruppe oftmals nicht garantieren kann oder will; so etwa im Fall ethnischer Minderheiten.

Boundary Making
Ein theoretisches Konzept, das die Entstehung, Stabilisierung und Auflösung der Grenzen zwischen Gruppen diskutiert. Die Hauptaussage lautet, dass Gruppen nicht durch die Bestimmung eines (kulturellen) Kerns definiert werden, sondern sich durch die Abgrenzung zu anderen Gruppen sozial konstruieren. Die Grenze definiert die Gruppe.

***Citizenship*, siehe Staatsbürgerschaft**

Diaspora
Unter Diaspora wird hier eine Gruppe von Personen in einem Zielland verstanden, die sich auf ein imaginiertes oder reales Ursprungs- bzw. Heimatland bezieht, manchmal eine Rückkehroption propagiert und daher dazu tendiert, Anforderungen der Assimilation im Land der Niederlassung zurückzuweisen.

Diskurs
Der Begriff Diskurs wird bereits innerhalb des für die gegenwärtige Diskursanalyse grundlegenden Werks Michel Foucaults uneinheitlich verwendet. Anschauliche Definitionen, etwa als Praktiken, welche die Dinge erzeugen, von denen sie sprechen (Foucault) oder als Fluss von Wissen durch die Zeit (Siegfried Jäger) setzen dementsprechend unterschiedliche Akzente. Ungeachtet der Uneinheitlichkeit der Definitionen können jedoch zentrale Aspekte wie der Fokus auf kollektives Wissen und dessen Verflechtungen mit Macht oder die wirklichkeitserzeugende – anstelle einer abbildenden – Rolle von Sprache und Diskursen benannt werden.

Doing Gender
Unter dem Stichwort Doing Gender betonten Candace West und Don H. Zimmermann (1987) die (inter-)aktive, jedoch größtenteils präreflexive Hervorbringung von Geschlecht durch soziale Routinen und Interaktionen als unvermeidbar (*unavoidable*) in Alltagssituationen. Sie grenzten sich damit von einer Theorie der erworbenen, d. h. passiven Geschlechterrollen (*roles*) ab. West und Zimmermann folgerten, dass Gender unvermeidbar ist, d. h., dass jedes Gesellschaftsmitglied einem Geschlecht zurechenbar und damit rechenschaftspflichtig (*accountable*) sein muss.

Drittstaaten
Drittstaaten sind – im weiteren Sinne – diejenigen Länder, die ein bestimmtes internationales Abkommen nicht unterzeichnet haben. Im Kontext von Migration werden mit dem Begriff häufig Staaten bezeichnet, die nicht Mitglied der Europäischen Union sind und deren Bürger*innen

daher nicht das Recht auf Freizügigkeit zwischen den Mitgliedsstaaten der Europäischen Union genießen.

Epistemologie

Die Epistemologie ist die Theorie und die Philosophie des Wissens. Epistemologische Debatten behandeln vor allem Fragen danach, was als akzeptables Wissen in einer Disziplin gelten kann oder sollte. In der Soziologie sind epistemologische Probleme oft mit Methoden verknüpft und behandeln die Frage, ob und wie die methodologischen Rahmenrichtlinien einer Forschung wirkliches Wissen über die soziale Welt generieren.

Essenzialisierung

Wenn Forscher*innen ethnische oder nationale Zugehörigkeit naturalisieren, d. h. Migrant*innen zuallererst als Mitglied einer ethnischen Gruppe gesehen werden, wie z. B. „Türk*innen", „Mexikaner*innen" oder „Filipinos", dann kommen deren Rollen als Arbeiter*innen, Eltern, Kinder, Partner*innen und Mitglieder von lokalen Gemeinschaften nicht zur Geltung. Diese Essenzialisierung begreift Gruppen als homogen und berücksichtigt nicht deren interne Heterogenität. Somit produziert Essenzialisierung u. a. den Primat einer nationalen oder ethnischen Perspektive.

Externalisierungspolitik

Unter diesem Begriff werden politische Maßnahmen kritisch diskutiert, die das Ziel haben, Migrant*innen aufzuhalten, bevor sie die Grenzen des Ziellandes, bzw. die Außengrenzen der Europäischen Union erreichen. Beispiele für Formen von Externalisierungspolitik sind die finanzielle Unterstützung der Migrationskontrolle in Herkunfts- und Transitländern – insbesondere in Nordafrika – sowie Rückführungsabkommen zwischen der Europäischen Union und den Herkunftsländern von Migrant*innen zur Regelung der Abschiebung von irregulär eingewanderten Migrant*innen.

EU-Bürger*innen

Staatsbürger*innen eines EU-Mitgliedsstaates sind gleichzeitig auch Bürger*innen der Europäischen Union. Durch diese Form der verschachtelten Bürgerschaft besitzen EU-Bürger*innen sowohl die Rechte des jeweiligen Nationalstaates sowie der EU, ebenso wie sie den Pflichten beider politischer Einheiten unterliegen. Beispiele für Rechte von EU-Bürger*innen sind das aktive und passive Wahlrecht bei Europawahlen sowie das Recht auf die Wahl des Wohnsitzes innerhalb der EU nach dem Freizügigkeitsprinzip.

Fachkräfteeinwanderungsgesetz

Das Fachkräfteeinwanderungsgesetz trat am 1. März 2020 in Kraft. Es regelt den Zuzug von Hochschulabsolvent*innen und Beschäftigten mit qualifizierter Berufsausbildung aus Drittstaaten nach Deutschland. Das Gesetz wurde von der Bundesregierung verabschiedet, um den Bedarf der Wirtschaft nach Arbeitsmigrant*innen abzudecken, die über bestimmte berufliche Kenntnisse und Fähigkeiten verfügen.

Feminismus

Feminismus bezeichnet eine Vielzahl von politischen und sozialen Bewegungen sowie Strömungen der politischen Theorie. Ausgangspunkt ist die Forderung nach Anerkennung, Gleichberechtigung und Inklusion von Frauen in der Gesellschaft und die Beseitigung der damit verbundenen sozialen Ungleichheiten. Da sich feministische Bewegungen in Ausrichtung, Zielen und Argumentationen unterscheiden, verwenden viele Autor*innen den Begriff im Plural.

Figuration

Figuration ist der zentrale Begriff von Norbert Elias' Soziologie und bedeutet die komplexe Verflechtung unter Menschen. Eine der wichtigsten Annahmen dieses theoretischen sowie methodologischen Konzepts ist, dass Menschen wechselseitig abhängig und Machtrelationen ausgesetzt sind, welche jedoch nicht statisch bleiben, sondern sich prozessual verändern. Die machtgeladene Figuration reproduziert sich durch menschliche Handlungen und Praktiken.

Flüchtling

Internationale Abkommen wie die „Genfer Flüchtlingskonvention" der Vereinten Nationen oder die Flüchtlingskonvention der Afrikanischen Union definieren einen Flüchtling als Person, die aus bestimmten (je nach Abkommen unterschiedlich definierten) Gründen in ein anderes Land flieht. Flüchtlinge in einem politisch-rechtlichen Sinne unterscheiden sich insoweit von Binnenvertriebenen, die innerhalb ihres eigenen Landes geflüchtet sind, sowie von anderen Zwangsmigrant*innen, deren Migrationsgründe (z. B. Naturkatastrophen) meist nicht offiziell als Fluchtgründe anerkannt sind. Der Begriff Flüchtling und die Verwendung politisch-rechtlicher Definitionen sind in der Fluchtforschung umstritten. Grundlegend geht es dabei um die Frage, wem Staaten (temporär oder dauerhaft) Schutz gewähren (sollen).

Fluchtmigration

Während der Begriff → Zwangsmigration diverse Erscheinungsformen unfreiwilliger Migration abdeckt, kann mit dem Begriff Fluchtmigration ein Fokus speziell auf Fluchtbewegungen zum Ausdruck gebracht werden. Orientiert man sich an den in internationalen Flüchtlingskonventionen verankerten Fluchtformen und -ursachen, wird der Fokus noch einmal enger zugeschnitten, da dann etwa auch Binnenvertriebene nicht berücksichtigt werden.

Forschungsdesign

Das Forschungsdesign (oder Studiendesign) beschreibt den Aufbau einer Studie. Damit ist häufig gemeint, ob es sich um eine quantitative Fragebogenstudie mit statistischer Auswertung, experimentelle Studie oder qualitative Studien mit qualitativen und/oder ethnografischen Auswertungsmethoden handelt. Ein Forschungsdesign kann aber auch in den einzelnen Schritten (u. a. → Qualitative Methoden der Sozialforschung und → Quantitative Methoden der Sozialforschung) mischen, was man als → Mixed-Methods-Forschungsdesign beschreibt.

Freizügigkeit(-sprinzip) (Europäische Union)

Artikel 21 des Vertrags über die Arbeitsweise der Europäischen Union besagt: „Jeder Unionsbürger hat das Recht, sich im Hoheitsgebiet der Mitgliedstaaten vorbehaltlich der in den Verträgen und in den Durchführungsvorschriften vorgesehenen Beschränkungen und Bedingungen frei zu bewegen und aufzuhalten". Dementsprechend können alle EU-Bürger*innen, nicht jedoch alle Drittstaatsangehörige mit gültigem Aufenthaltsstatus, in einem EU-Mitgliedsland ihren Wohn- und Arbeits- bzw. Studienort frei wählen.

Fremdheit

Im soziologischen Verständnis bezieht sich der Begriff nicht auf Eigenschaften von Personen oder Gruppen, sondern bezeichnet eine Beziehungsqualität, die sich ändern kann. Fremdheit ist eine gesellschaftliche Definition, die nur in Bezug auf das Eigene verstanden werden kann. Das, was als fremd gilt, ist das Spiegelbild einer Selbstdefinition einer Person oder Gruppe.

Geflüchtete (siehe → Flüchtlinge)

Genfer Flüchtlingskonvention

Das „Abkommen über die Rechtsstellung der Flüchtlinge", meist kurz als „Genfer Flüchtlingskonvention" (GFK) bezeichnet, ist das wichtigste Dokument des internationalen Flüchtlingsschutzes und definiert, wer internationalen Schutz als → Flüchtling bekommen soll. Es legt Mindeststandards für den staatlichen Umgang mit Personen fest, die die Voraussetzung der Flüchtlingseigenschaft erfüllen. Demnach ist eine Person berechtigt, als Flüchtling anerkannt zu werden, die aufgrund ihrer Rasse, Religion, Nationalität, Zugehörigkeit zu einer bestimmten sozialen Gruppe oder politischen Überzeugung verfolgt wird und über internationale Grenzen flieht. Die Konvention wurde 1951 verabschiedet und trat 1954 in Kraft. 1967 wurde sie durch das „Protokoll über die Rechtsstellung der Flüchtlinge" ergänzt. Sie bildet zusammen mit dem 1950 gegründeten UN-Flüchtlingshilfswerk UNHCR (*United Nations High Commissioner for Refugees*) den Grundpfeiler des heutigen internationalen Systems des Flüchtlingsschutzes.

Heterogenität

Heterogenität bezeichnet den Zustand, dass sich Menschen in vielerlei Weise voneinander unterscheiden, z. B. durch Geschlecht, Alter oder Religion. Heterogenitäten werden dann zu → sozialen Ungleichheiten, wenn aufgrund unterschiedlicher gesellschaftlicher Wahrnehmungen und Bewertungen von Differenzen und daran anschließender Ungleichbehandlungen für das Wohlergehen wichtige materielle und immaterielle Ressourcen ungleich verteilt werden.

Heterosexuelle Matrix

Aus Perspektive der Queer Theory werden intelligible Körper entweder als männlich oder als weiblich und gleichzeitig heterosexuell durch ein Herrschaftssystem hervorgebracht, das Judith Butler als die heterosexuelle Matrix (1990) konzeptualisiert hat. In dieser Denkweise erweist sich der anatomische Körper (*sex*) als ebenso kontingent und damit historisch änderbar wie das soziale Geschlecht (*gender*). Erst durch das Zusammenspiel der drei Komponenten – anatomischer Geschlechtskörper (*sex*), soziales Geschlecht (*gender*) und erotisches Begehren (*desire*) – werden sozial sinnhafte Subjekte normativ erzeugt und naturalisiert. Die heterosexuelle Matrix bildet eine Art sozialer und kultureller Ordnung, die binäre, in Opposition zueinanderstehende, zweigeschlechtliche, heterosexuelle Körper produziert.

Idealtypen

Der Begriff der Idealtypen entstand als Teil von Max Webers „verstehender Soziologie", in der er menschliche Handlungen in ihren Sinnzusammenhängen zu begreifen versuchte. Ein Idealtyp ist ein auf seine wesentlichen Charakteristika reduziertes Abbild sozialer Gruppen. Somit erleichtert das Konzept des Idealtypen das Verständnis menschlichen Handelns und darauf aufbauend die Konstruktion soziologischer Theorien. Zum Beispiel ist Bürokratie in ihrer idealen Form unpersönlich und rational und basiert auf Regeln, anstatt ein Band der Verwandtschaft, Freundschaft oder patrimonialer oder charismatischer Autorität zu sein.

Initiierung von Migrationsbewegungen

Der Begriff bezieht sich auf den Beginn von Wanderungen. Dies bedeutet, dass im Gegensatz zu der Aufrechterhaltung die ursächlichen Einflussfaktoren in Betracht gezogen werden.

Integration

Ebenso wie → Assimilation beschreibt auch das Konzept der (Sozial-)Integration in der Migrationsforschung Vorstellungen von sozialen Wandlungsprozessen, die durch Einwanderung hervorgerufen werden. Als *terminicus technicus* wird der Begriff Integration verwendet, um Prozesse zu beschreiben, welche die Möglichkeiten von Einwanderer*innen erhöhen, an den wertvollen Ressourcen einer nationalen Gesellschaft in ganz verschiedenen gesellschaftlichen Bereichen, wie z. B. auf dem Bildungs- und Arbeitsmarkt, teilzuhaben. Dazu gehört ebenfalls ein hohes Maß an sozialer Akzeptanz. In der soziologischen Theorie ist der Integrationsbegriff weder für Migrant*innen noch für Nationalstaaten reserviert. Vielmehr wird er genutzt, um die geordnete oder konfliktbeladene Sozialintegration und Systemintegration zu beschreiben. Sozialintegration meint die Integration einzelner Menschen (sowohl Migrant*innen als auch Nichtmigrant*innen) oder kleinerer sozialer Einheiten in das größere soziale Gefüge, z. B. Städte, Bundesländer, Nationalstaaten, Europäische Union oder transnationale soziale Räume. Systemintegration bezieht sich auf das Funktionieren von Subsystemen und auf die Beziehungen zwischen den Subsystemen eines sozialen Systems.

Internationale Studierende

Als internationale Studierende werden Studierende bezeichnet, die außerhalb ihres Herkunftslandes einen Teil ihres Hochschulstudiums (z. B. im Kontext eines ERASMUS Aufenthaltes) oder ein ganzes Hochschulstudium absolvieren. Häufig werden internationale Studierende nicht als Migrant*innen, sondern als mobile Menschen wahrgenommen. So wird internationale Studierendenmobilität auch als Teil der Globalisierung und der Internationalisierung des Hochschulsystems verstanden. Besonders im deutschen Kontext gibt es weitere Unterschiede. Bildungsinländer sind Studierende mit ausländischer Staatsangehörigkeit, die ihre Hochschulzugangsberechtigung in Deutschland erworben haben oder eine ausländische Hochschulzugangsberechtigung erworben haben und dann in Deutschland einen Studienabschluss in Form von Bachelor, Master oder Promotion erlangt haben. Bildungsausländer*innen können sowohl eine ausländische Staatsangehörigkeit als auch eine ausländische Hochschulzugangsberechtigung haben. Ein*e deutsche*r Staatsangehörige*r, der*die im Ausland sein*ihr Abitur gemacht hat, gilt ebenfalls als Bildungsausländer*in. Maßgeblich ist, wo das Abitur und wo der Studienabschluss erwirkt wurde, unabhängig von der Staatsbürgerschaft.

Internationale Migration

Unter internationaler bzw. grenzüberschreitender Migration versteht man verschiedene Formen menschlicher Wanderung, die sich über Staatsgrenzen hinweg vollzieht. Internationale Migration schließt alle rechtlichen Migrationskategorien als auch undokumentierte Grenzübertritte mit ein und bezieht sich sowohl auf freiwillige Formen von Migration als auch auf → Zwangsmigration. Internationale Migrant*innen werden dementsprechend als Personen definiert, die in einem anderen Land als in ihrem Geburtsland leben. Um kurze Auslandsaufenthalte wie Geschäftsreisen oder Tourismus von der Definition auszuschließen, wird manchmal ein Mindestaufenthalt von drei Monaten bzw. einem Jahr als Bedingung für internationale Migration vorausgesetzt.

Intersektionalität

Intersektionelle Perspektiven nehmen die Verflechtungen von verschiedenen Achsen der Differenz/Ungleichheit in den Blick. Ende der 1970er-Jahre hatte das *Combahee River Collective*, ein Zusammenschluss schwarzer lesbischer Feministinnen, die These von der Mehrfachunterdrückung geprägt und die Debatte um die Verwobenheiten von Ausgrenzungen wie Sexismus, Rassismus und Klassismus angestoßen. Mit der Metapher der Straßenkreuzung führte Kimberlé W. Crenshaw das Konzept der *intersection* (Verschränkung) von *gender*, *race* und *class* ein, das sie am Beispiel der institutionellen Benachteiligung Schwarzer Arbeiter*innen im Kontext des US-amerikanischen Rechtssystems veranschaulichte.

Kapital (soziales, kulturelles, ökonomisches, symbolisches)
In Anlehnung an Pierre Bourdieu lässt sich Kapital als Ressourcen bezeichnen, die für die Macht-kämpfe in den einzelnen Feldern eingesetzt werden können. Diese Ressourcen umfassen kultu-relles Kapital (z. B. Bildung, Bücher, Zertifikate, Kunstwerke usw.), ökonomisches Kapital (z. B. Geld), soziales Kapital (Zugriff auf soziale Netzwerke) und symbolisches Kapital, welches mit anderen Kapitalarten einhergeht und dessen Besitz zu sozialer Anerkennung führt. Das feldspe-zifische Kapital gewährleistet den Eintritt in das entsprechende → soziale Feld.

Kategorisierung
Als Kategorisierung bezeichnet man die Einteilung von Gegenständen, Ereignissen, Lebewesen und Personen in Sammelbegriffe. Sie dienen dazu Zusammenhänge zu abstrahieren und Ver-allgemeinerungen anhand verschiedener Charakteristika zu ermöglichen. Dabei besteht jedoch auch die Gefahr essenzialistischer Zuschreibungen von Attributen, die auf der Zugehörigkeit zu bestimmten Kategorien basieren.

Klimaflüchtlinge
Der Begriff Klimaflüchtling wird für Personen verwendet, die aufgrund von klimatischen Verän-derungen ihr Herkunftsland bzw. ihre Heimatregion verlassen (müssen). Vielfach ist er mit For-derungen nach der Anerkennung des Klimawandels als Fluchtursache verbunden, was sowohl im Hinblick auf eine Erweiterung der Genfer Flüchtlingskonvention als auch ein neues Abkommen speziell zum Schutz von Klimaflüchtlingen diskutiert wird. Der Begriff wird jedoch auch stark kritisiert, insbesondere in der sozialwissenschaftlichen Migrationsforschung. Die Kritik basiert vorwiegend darauf, dass Klimaflucht keine rechtliche Kategorie darstellt. Des Weiteren impli-ziert der Begriff, dass Menschen nur aus einem einzigen Grund, nämlich Klimawandel, migrieren und dass diese Migrationsbewegungen über Ländergrenzen verlaufen. Beides ist empirisch nicht haltbar.

Klimamigration/Klimamigrant*innen
Ebenso wie der Begriff des → Klimaflüchtlings wird der Begriff der Klimamigrant*innen für Perso-nen verwendet, die aufgrund von klimatischen Veränderungen ihr Herkunftsland bzw. ihre Hei-matregion verlassen. Das Konzept Klimamigration kann als eine Weiterentwicklung bzw. Spezi-fizierung des Konzepts Umweltmigration verstanden werden. Die *International Organization for Migration* (IOM) definiert Umweltmigrant*innen als „Personen oder Personengruppen, die vor-wiegend aufgrund plötzlicher oder fortschreitender Veränderungen in der Umwelt, die sich nach-teilig auf ihre Lebensbedingungen auswirken, veranlasst werden, ihre gewohnte Umgebung zu verlassen und die dies vorübergehend oder dauerhaft tun und die entweder innerhalb ihres Lan-des oder ins Ausland migrieren."

Konvention
Konventionen sind Spielregeln des menschlichen Zusammenlebens. Sie beeinflussen die Art und Weise, wie Menschen aufeinander bezogen handeln. Nach Howard Becker stellen Konventionen eine Grundlage für Kooperationen in Kunstwelten dar. Das Wissen über künstlerische Konventio-nen definiert die Grenzen der Subgruppen in den Kunstwelten.

Konzept
Ein Konzept ist eine Bezeichnung einer höheren Abstraktionsstufe mit Bezug auf einzelne Ereig-nisse, Vorkommnisse, Vorfälle, Situationen und andere Phänomene.

Latente Klassenanalyse (LCA)
LCA beschreibt ein Klassifikationsverfahren, bei dem beobachtbare Variablen latenten Variablen zugeordnet werden, um unterschiedliche Klassen aufzuspüren. So wird eine Wahrscheinlichkeit ermittelt, mit der eine Person anhand ihrer Merkmale einer Klasse zugeordnet werden kann.

Lernart
Die von L. Dee Fink entwickelte Taxonomie des nachhaltigen Lernens besteht aus sechs Lernarten, die vor allem über die Lernziele definiert werden: Fachwissen, Anwendung, Verknüpfung/Integration, menschliche Dimension, Werte und Lernen wie man lernt. Alle Lernarten beeinflussen und stimulieren einander, sodass verschiedene Lernziele nicht separat voneinander erreicht werden.

Melting Pot
Es ist die Vorstellung eines möglichen Ergebnisses von → Assimilationsprozessen. Die Kulturen von sozialen Gruppen, die anhand ihrer nationalen Identität identifiziert werden, vermischen sich und gehen in einer neuen, gemeinsamen nationalen Kultur auf.

Methodologie
Methodologie bezeichnet allgemein die Methodenlehre. Sie vermittelt zwischen Theorie und Methode und beschreibt das konzeptionelle Vorgehen sowie das empirische Forschungsdesign.

Methodologischer Nationalismus
Der methodologische Nationalismus in den Sozialwissenschaften tendiert dazu, den Container des Nationalstaates als quasinatürliche soziale und politische Struktur zu behandeln. Der Begriff bezieht sich auf Ansätze, die Staat und Gesellschaft für kongruent und in territorialer Hinsicht für identisch halten. Diese Deckungsgleichheit von gesellschaftlichen Praktiken und staatlicher Herrschaft begründet dann eine Erhebung von Daten innerhalb eines nationalstaatlichen Containers. Aus diesem Grund gilt es, die jeweilige(-n) Untersuchungseinheit(-en) umsichtig und gegebenenfalls auch jeweils neu zu definieren. Während der Staat eine Untersuchungseinheit bilden kann – z. B. öffentliche Maßnahmen im Zusammenhang mit der Diaspora – bieten sich auch andere mögliche Untersuchungseinheiten an. Diese sind von der Forschungsfrage abhängig und können auch auf Verwandtschaftsgruppen, lokale Gemeinschaften oder (transnationale) Organisationen konzentriert sein.

Migrant*innenkategorien
Die Einteilung von Migrant*innen in verschiedene Migrant*innenkategorien basiert zum einen auf verschiedenen rechtlichen Kategorien wie Arbeitsmigrant*innen, internationale Studierende, Familienmigration und Zwangsmigration bzw. Flucht. Sie ist somit mit verschiedenen Rechten im Hinblick auf die Einreise in das Zielland und den Aufenthalt dort verbunden. Daneben werden Migrant*innen auch in der sozialwissenschaftlichen Migrationsforschung in verschiedene Kategorien eingeteilt, was die rechtlichen Kategorien teilweise aber nicht notwendigerweise vollständig widerspiegelt. Obwohl der Bezug auf Migrant*innenkategorien in der sozialwissenschaftlichen Migrationsforschung als Analyseeinheiten zum einen durchaus hilfreich ist, so wird er auch kritisiert, da so Zuschreibungen über positive und negative Attribute aus politischen und öffentlichen Diskursen über Migrant*innen reproduziert werden.

Migrationshintergrund
Laut amtlicher Statistik hat eine Person einen Migrationshintergrund, wenn sie selbst oder mindestens ein Elternteil nicht mit deutscher Staatsangehörigkeit geboren wurde. Migrationshintergrund beschreibt jedoch ein Konstrukt, das über verschiedene Faktoren, z. B. Geburtsort, Staats-

angehörigkeit oder Sprache, operationalisiert werden kann. Während der Begriff Migrationshintergrund ursprünglich entstand, um Lebensrealitäten und soziale Ungleichheiten von Menschen mit familiärer Migrationsgeschichte analysieren zu können, stellt sich mittlerweile die Frage, inwiefern durch die Verwendung des Begriffs als politisch-alltagsweltliche Kategorie eine Stigmatisierung und Fortschreibung des „Anders-Seins" und damit eine Herstellung von Differenz stattfindet.

Migrationssystem

Migrationssysteme beziehen sich auf spezifische Migrationskorridore bzw. Wanderungspfade, die Regionen, Länder und Gemeinden miteinander verbinden, ohne zwangsläufig eine geografische Nähe aufzuweisen. Als analytische Perspektive versucht man über Migrationssysteme eine ganzheitliche Sichtweise auf die mit der Migration in Verbindung stehenden kulturellen, sozialen, ökonomischen und politischen Faktoren zu entwickeln, um so die dynamische Natur der Migration besser zu erfassen. Das Konzept berücksichtigt u. a. auch → Netzwerke von Institutionen, Organisationen und Migrant*innen, die auf der Mesoebene ein Scharnier zwischen Mikro- und Makroebene bilden.

Mixed Methods

Mixed-Methods-Forschung, auch Methodenplurale Forschung genannt, beschreibt ein → Forschungsdesign, bei dem einzelne Teile sowohl der qualitativen als auch der quantitativen Methodologie, Datenerhebung und/oder Methoden entstammen.

Mixed Migration

Der Begriff der gemischten Migration (*mixed migration*) wurde in Anbetracht der zunehmenden Diversität und Komplexität von Migrationsbewegungen eingeführt, um zu beschreiben, dass die Grenzen zwischen Migrant*innenkategorien zunehmend verschwimmen. Sowohl die Beweggründe zur Migration als auch die Zusammensetzung der Gruppen von Migrant*innen können während unterschiedlicher Migrationsetappen gemischt und komplex sein, etwa hinsichtlich der Motive bei der Entscheidung zum und im Verlauf des Migrationsprozesses, der Wahl der Route und Transportmittel oder der Zusammensetzung der Gemeinschaften aus dem Herkunftsland während der Migration oder am Zielort.

Mobilität

Mobilität von Menschen kann sich auf vielfältige räumliche Bewegung zwischen mindestens zwei Orten beziehen, so etwa zum Zwecke von Arbeits- und Studienaufenthalten, Urlaubsreisen oder dem Pendeln zwischen dem Wohnort und dem Arbeitsplatz. Auch die Mobilität von Objekten, Bildern und Informationen, die Zusammenhänge zwischen verschiedenen Formen von Mobilität und auf die daraus resultierenden sozialen Konsequenzen gehören dazu. Daher ist ein weiterer wichtiger Aspekt der Zusammenhang zwischen räumlicher und sozialer Mobilität (→ soziale Ungleichheiten). Die Unterscheidung zwischen den Begriffen „Migration" und „Mobilität" ist von zentraler Bedeutung und wird auf verschiedene Arten und Weisen gehandhabt. Im ursprünglichen Sinne kann man argumentieren, dass Migration eine Unterform von Mobilität ist, d. h. jede Form von Migration ist auch Mobilität, aber nicht jede Form von Mobilität ist Migration. Ein relativ einfaches Unterscheidungsmerkmal bezieht sich dabei auf die Länge des Aufenthalts am Zielort. So definieren die Vereinten Nationen Migration als den Wechsel des Aufenthaltsortes von Personen über den Zeitraum von mindestens einem Jahr (→ Migration). Mit dem Begriff Mobilität hingegen wird eher die zunehmende Entwicklung hin zu zeitlich begrenzten Aufenthalten am Zielort verbunden.

Multi-sited research
Multi-sited research beschreibt und analysiert, wie Menschen, Objekte, Artefakte, Ideen, Symbole und Waren über Ländergrenzen hinweg in transnationalen sozialen Räumen zirkulieren. Dabei sind sowohl theoretische als auch methodologische Folgerungen verbunden. Der Forschungsansatz zielt auf Konnektivität (Verwobenheit) und nimmt dabei an, dass das Lokale mit dem Globalen verbunden ist. Dies impliziert, dass die Forscher*innen diese Transaktionen über die Grenzen von Staaten hinweg verfolgen und empirisch systematisieren.

Multikulturalismus
Der Begriff lässt sich in seiner deskriptiven und normativen Verwendung unterscheiden. Deskriptiv beschreibt Multikulturalismus die demografische Tatsache, dass Gesellschaften durch Einwanderung u. a. ethnisch diverser geworden sind. Aus der normativen Sichtweise beschreibt Multikulturalismus die politische Forderung nach der Anerkennung von Gruppenrechten auf der Grundlage einer positiven Bewertung der kulturellen Praktiken von Minderheiten. Unter diesen werden auch teilweise Migrant*innengruppen gefasst.

Nachhaltiges Lernen
Als eine Perspektive auf den Lernprozess grenzt sich nachhaltiges Lernen von der klassischen Taxonomie des Lernens ab, die kognitive Prozesse in den Fokus nimmt. Nachhaltiges Lernen konzentriert sich auf die dauerhaften Änderungen, die wichtig in Bezug auf das Leben der Lernenden sind.

Netzwerk
Sammlung von Elementen und Verbindungen, die zur Darstellung von Systemen (u. a. → Migrationssystemen) verwendet wird. Der Begriff Netzwerk bezeichnet die Verknüpfungen zwischen Knoten. Die Knoten können Personen, Länder, Flughäfen, Universitäten, Wörter oder Homepages sein. Die Linien oder Kanten können soziale Beziehungen in Form von Freundschaften oder Arbeitsbeziehungen sein oder sie können Handelsbeziehungen oder sogar feindliche Beziehungen darstellen.

Netzwerkanalyse
Analyse der Sozialstruktur von der Ebene der Beziehungen aus mit unterschiedlichen Methoden- und Theorieschwerpunkten. Anstelle von individuellen Merkmalen oder Makrostrukturen wie Organisationen oder Systemen werden Beziehungen zwischen Akteuren analysiert und zu Mustern zusammengefasst. Netzwerkanalyse ist ein interdisziplinäres Feld mit Anwendungen in den Natur- und Sozialwissenschaften.

Ontologie
In der Philosophie beschäftigt sich die Ontologie mit metaphysischen Fragen der Existenz der Menschheit, in der Soziologie hingegen geht es bei ontologischen Debatten vor allem um die Eigenschaften und die Existenz der Facetten des sozialen Lebens und der sozialen Welt. Eine zentrale Frage behandelt hier vor allem, welche Bestandteile der sozialen Welt objektiv existieren und welche soziale Konstruktionen sind.

Operationalisierung
Operationalisierung meint die Messbarmachung von theoretischen Konstrukten, also letztendlich den Übersetzungsprozess von der latenten, nicht direkt messbaren Ebene in die manifeste und damit empirisch erfassbare Ebene. Das kann beispielsweise die Übersetzung theoretischer

Konstrukte wie Integration, Rassismus oder Migrationshintergrund in konkrete Fragen eines Fragebogens sein. Diese konkreten Fragen fungieren dann wiederum als Indikatoren für die latenten Konstrukte.

Positionalität

Positionalität betrifft erstens das Verhältnis von Forscher*innen und Teilnehmer*innen an der Forschung. So gehören beispielsweise Interviewer*innen und Befragte häufig ganz verschiedenen sozialen Klassen an, was z. B. Antworten aktivieren kann, die den Forscher*innen genehm erscheinen könnten. Positionalität bezieht sich zweitens auf grenzüberschreitende Forschungsprojekte, in denen Forscher*innen aus Emigrations-, Transit- und Immigrationsländern zusammenarbeiten. Probleme können sich hier hinsichtlich einer Unausgewogenheit der Verteilung von Fördermitteln und der Interpretation von sozialwissenschaftlichen Konzepten ergeben.

Qualitative Methoden der Sozialforschung

Unter qualitativen Methoden der Sozialforschung werden hier rekonstruktive Verfahren gefasst, die dem Paradigma der verstehenden Soziologie folgen. Ihr Ziel ist es, Perspektiven, Deutungen und Handelsmuster aus Sicht der handelnden Menschen verstehbar zu machen. Dazu werden eine Reihe unterschiedlicher Forschungsmethoden eingesetzt, wie z. B. Ethnografie, qualitative Interviews, Fokusgruppen oder auch partizipative und nicht partizipative Beobachtung.

Quantitative Methoden der Sozialforschung

Quantitative Methoden der empirischen Sozialforschung beziehen sich auf die Arbeit mit numerischen Daten. Sie zeichnen sich durch ein hohes Maß an Standardisierung, Vergleichbarkeit und Verallgemeinerbarkeit aus. Im Vordergrund steht dabei das Testen theoriegeleiteter Hypothesen unter Zuhilfenahme statistischer Verfahren mit dem Ziel, soziale Wirkweisen und Zusammenhänge zu erklären. Prominente Datenerhebungsverfahren in der Migrationssoziologie sind standardisierte Befragungen (Surveys), quantitative Inhaltsanalyse und experimentelle Designs.

Queer Theory

Die Kulturtheorie der Queer Theory, eine Strömung und kritische Antwort insbesondere auf feministische Theorien der Differenz, hat sich in den 1990er-Jahren in den USA herausgebildet. Im Zentrum stehen die Dekonstruktion und Denaturalisierung der Konstruktion und Wissensformen rund um vermeintlich „natürlich" hergeleitete Sexualitäten und Geschlechter. Dabei wird mit Differenzierungen wie biologisches Geschlecht (*sex*), soziales Geschlecht (*gender*) und sexuelles Begehren (*desire*) gearbeitet, die nicht in eins gesetzt werden können.

Rurale Transformation

Der Begriff beschreibt die durch globale, politische und wirtschaftliche Umstrukturierungen zustande kommenden sozioökonomischen und ökologischen Umbrüche im ländlichen Raum. In Ländern des Globalen Südens können diese Veränderungen das gesellschaftliche Zusammenleben insoweit beeinträchtigen, dass dadurch interne und internationale Migrationen befördert oder gar initiiert werden können (→ Initiierung von Migration).

Segmentierte Assimilation

Das Konzept problematisiert die Vorstellung einer linear verlaufenden Assimilation und zeigt, dass die Angleichung an eine dominante Kultur, z. B. an die weiße, protestantische Mittelschichtskultur in den USA, auch scheitern kann, indem sich Einwander*innen an andere zum Teil marginalisierte Segmente einer Gesellschaft anpassen.

Soziale Ungleichheiten

Soziale Ungleichheiten beziehen sich auf die ungleiche Verteilung von Kosten und Gewinnen in Bezug auf Güter in und zwischen sozialen Einheiten wie Individuen, Gruppen, Organisationen und Staaten. Die involvierten Güter können dabei ökonomischer (z. B. Einkommen, Land, Arbeitskraft), politischer (z. B. fiskalische Befugnisse, Arbeitsplatzkontrolle, Regierungsmacht), kultureller (z. B. Lebensstil, kulturelles Kapital), sozialer (z. B. Zugang zu sozialen Netzwerken, Prestige, Reputation) und rechtlicher (z. B. Pflichten und Rechte, Bürgerschaft) Art sein. Soziale Ungleichheiten, die aus → Kategorisierungen von → Heterogenitäten entstehen, wie etwa Einkommens- und Vermögensunterschiede entlang von Geschlechtergrenzen oder ethnischen Grenzen, resultieren in ungleichen Erträgen, die häufig relativ stabil sind.

Soziales Feld

Pierre Bourdieu spricht von sozialem Feld im Sinne von Strukturen objektiver Beziehungen, welche in Elias' Soziologie als Figuration bezeichnet wird (→ Figuration). Doch im Feld spielt neben den zwischenmenschlichen Interdependenzen und Machtrelationen ein zusätzlicher Mechanismus, nämlich die feldspezifische Eigenlogik, eine Rolle. Diese gewährleistet die Autonomie einzelner Felder.

Sprecher*innenposition, ungleicher Zugang zur

In medialen, wissenschaftlichen und anderen Diskursen ist es nicht für alle Menschen gleichermaßen möglich, öffentlich zu Wort zu kommen und ihre Äußerungen in den Prozess gesellschaftlicher Wissens- und Meinungsbildung einzubringen. Je nach diskursivem Feld (z. B. Medien, Wissenschaft, Religion, Belletristik) unterscheiden sich dabei die formellen oder informellen Regeln, die bestimmen, wer in welchem Ausmaß zu Wort kommt. Man spricht daher von ungleichem Zugang zu Sprecher*innenpositionen.

Staatsbürgerschaft

Staatsbürgerschaft ist ein normatives und umstrittenes Konzept. Es kann sowohl als juristisches Konzept als auch als politisches Konzept verstanden werden. Als juristisches Konzept ist es Staatsangehörigkeit. Es beschreibt es die volle Mitgliedschaft in einem Staat und die damit einhergehende Bindung an das dort herrschende Recht und die Unterwerfung unter die Staatsmacht. Als politisches Konzept enthält es drei Hauptelemente – gleiche politische Freiheit, Rechte und Pflichten und Zugehörigkeit zu einem Kollektiv. Das Konzept *citizenship* ist nicht unbedingt auf einen Nationalstaat bezogen, also am ehesten mit Bürgerschaft zu übersetzen. *Citizenship* als Status der Mitgliedschaft kann also bspw. auch die lokale Ebene (z. B. Stadtbürgerschaft) oder die regionale Ebene (z. B. EU-Bürgerschaft) betreffen.

Transnationale soziale Räume

Der Begriff bezieht sich auf grenzübergreifende nachhaltige und kontinuierliche plurilokale Transaktionen, d. h. Kommunikation über Orte in mehreren Staaten hinweg. Das grundlegendste Element ist die Kommunikation zwischen individuellen bzw. kollektiven Akteur*innen. Die regelmäßigen Praktiken werden zu sozialen Strukturen verknüpft, die wiederum soziale und symbolische Bindungen beeinflussen.

Transnationalisierung

Transnationalisierung bezieht sich auf Interaktionen, Ereignisse und Strukturen, die quer oder jenseits der Grenzen von Nationalstaaten liegen. Sie nimmt vor allem nicht staatliche Akteur*innen in den Blick.

Transnationalisierte soziale Frage

Das Konzept soziale Frage verweist auf die Wahrnehmung und die politische Mobilisierung in Bezug auf → soziale Ungleichheiten. Eine solche Mobilisierung basiert auf Normen der Gleichheit, die als unfair oder ungerecht eingestuft werden. Die Meta-Norm Gleichheit in demokratischen Systemen treibt die Aufdeckung und Skandalisierung von Ungleichheiten voran. Die Normen von Gleichheit, die von verschiedenen Akteur*innen als Maßstab für die Wahrnehmung und Bewertung von sozialen Ungleichheiten dienen, stehen in direktem Widerspruch zu den verbreiteten Formen der Naturalisierung und damit der Rechtfertigung von Ungleichheiten. Transnationalisiert ist die soziale Frage insofern, als sie auf verschiedenen Ebenen über, unter und zwischen Nationalstaaten auftreten kann, also auch lokal, regional, supranational und global.

Transnationalität

Transnationalität bezeichnet die sozialen Aktivitäten von Akteur*innen in → transnationalen sozialen Räumen. Der Begriff beschreibt ein Spektrum grenzübergreifender Interaktionen in verschiedenen Sphären des sozialen Lebens – familiäre, soziokulturelle, wirtschaftliche und politische – welches von Reisen über das Versenden finanzieller Überweisungen bis hin zum Austausch von Ideen reicht. So gesehen stellen transnationale Interaktionen einen Marker für → Heterogenität dar, ähnlich wie Alter, Geschlecht, Bürgerschaft, sexuelle Orientierung, kulturelle Vorlieben und Sprache. Transnationalität kann als ein Kontinuum von niedrig bis hoch verstanden werden, d. h. von sehr wenigen und kurzlebigen bis hin zu vielfältigen und dichten Bindungen.

Umweltmigration/Umweltmigrant*innen – siehe Klimamigration

Ursachen von Migration

Die Ursachen stellen jene Faktoren dar, die über strukturelle Ungleichheiten die Lebenschancen soweit beeinträchtigen, dass Menschen sich dazu genötigt fühlen können, ihre Herkunftsregion zu verlassen. Beispiele stellen etwa Umweltzerstörung oder repressive Staatspolitiken dar.

Zwangsmigration

Als allgemeiner Begriff für verschiedene Formen unfreiwilliger Migration schließt Zwangsmigration neben international anerkannten Flüchtlingen auch andere Migrant*innen, → Asylsuchende oder → Binnenvertriebene ein, die beispielsweise vor Konflikten, Entwicklungsprojekten, Hungersnöten oder Umweltveränderungen fliehen oder von Menschenhandel betroffen sind. Aufgrund der Diversität gegenwärtiger Vertreibungsprozesse, die sich allein durch Beschäftigung mit Personen mit einem rechtlichen Flüchtlingsstatus nicht erfassen lässt, sprechen Forschende zunehmend von erzwungener Migration (*forced migration*), um die komplexen Treiber, Prozesse und Auswirkungen dieser Dynamiken konzeptualisieren zu können. Der Begriff Zwangsmigration wird hier weiter verstanden als → Fluchtmigration/Flüchtlingsmigration. Jedoch überlappen sich die Bedeutungen dieser Konzepte.

Abbildungsverzeichnis

https://doi.org/10.1515/9783110680638-021

Tabellenverzeichnis

https://doi.org/10.1515/9783110680638-022

Stichwortverzeichnis

https://doi.org/10.1515/9783110680638-023